A Despesa Pública Justa

A Despesa Pública Justa

UMA ANÁLISE JURÍDICO-CONSTITUCIONAL
DO TEMA DA JUSTIÇA NA DESPESA PÚBLICA

2016

Maria d'Oliveira Martins

A DESPESA PÚBLICA JUSTA

AUTORA
Maria d'Oliveira Martins

EDITOR
EDIÇÕES ALMEDINA, S.A.
Rua Fernandes Tomás, nºs 76-80
3000-167 Coimbra
Tel.: 239 851 904 · Fax: 239 851 901
www.almedina.net · editora@almedina.net

DESIGN DE CAPA
FBA.

PRÉ-IMPRESSÃO
João Jegundo

IMPRESSÃO E ACABAMENTO
ARTIPOL - ARTES TIPOGRÁFICAS, LDA.
Abril, 2016

DEPÓSITO LEGAL
408260/16

Apesar do cuidado e rigor colocados na elaboração da presente obra, devem os diplomas legais dela constantes ser sempre objeto de confirmação com as publicações oficiais.
Toda a reprodução desta obra, por fotocópia ou outro qualquer processo, sem prévia autorização escrita do Editor, é ilícita e passível de procedimento judicial contra o infrator.

BIBLIOTECA NACIONAL DE PORTUGAL – CATALOGAÇÃO NA PUBLICAÇÃO

MARTINS, Maria d'Oliveira

A despesa pública justa : uma análise
jurídico-constitucional do tema da justiça na
despesa pública. – (Teses de doutoramento)
ISBN 978-972-40-6556-4

CDU   342

*Ao Tiago
e aos nossos filhos
Teresa, Pedro, João, Isabel e Graça*

NOTA DA AUTORA

Este texto corresponde à dissertação apresentada, na Faculdade de Direito da Universidade Católica Portuguesa, em Abril de 2015, para a obtenção do grau de Doutor em Ciências Jurídico-Políticas. Foi objecto de provas públicas em 25 de Janeiro de 2016, perante um júri presidido pela Reitora da Universidade Católica Portuguesa, a Professora Doutora Maria da Glória Garcia e constituído pelos Professores Doutores Jorge Miranda, Manuel Afonso Vaz, João Loureiro, Nazaré da Costa Cabral, António Cortês, Eduardo da Paz Ferreira e Rui Medeiros. E obteve a classificação final de 18 valores.

A presente publicação é o culminar de um caminho que não foi inteiramente trilhado em solidão. É, pois, tempo de agradecer a todos os que, cada um à sua maneira, foram tornando este percurso menos pedregoso.

A minha primeira palavra de agradecimento vai para o Professor Rui Medeiros, cujo incentivo e amizade foram fundamentais para que os anos de investigação e de escrita parecessem menos longos e eremíticos. Não tenho dúvidas em reconhecer que as conversas que tivemos foram decisivas para ultrapassar as angústias e hesitações que fui sentindo. Muito lhe agradeço a orientação deste trabalho desde a primeira hora, a disponibilidade permanente para tudo ler e aceitar discutir e a sinceridade que sempre colocou nos debates que tivemos.

Agradeço também ao Professor Eduardo da Paz Ferreira. Agradeço, antes de mais, ter aceitado co-orientar a investigação numa fase em que o tema ainda era um pouco nebuloso. Mas agradeço, sobretudo, por me ter feito acreditar, no final, que tinha uma ideia válida para apresentar à Academia. Nessa altura, percebi que a entrega estava próxima. Finalmente!

Não posso também deixar de expressar a minha gratidão à Universidade Católica Portuguesa por ter criado as condições para que pudesse estudar e escrever com tranquilidade.

Num trabalho que demorou anos a fazer, é devida ainda uma palavra de gratidão a todos os que se dispuseram a gastar algum tempo a discutir as ideias que fui desenvolvendo, em especial ao meu tio Afonso d'Oliveira Martins, ao Conselheiro José F. F. Tavares, à Professora Marie Christine Esclassan, ao Professor Jorge Pereira da Silva, ao Professor João Confraria e ao Professor Fernando Araújo. Gostaria de deixar também uma palavra de especial gratidão ao Professor António Cortês, com quem tanto aprendi. Cada uma à sua maneira, as conversas que fui tendo ao longo do tempo foram quebrando a tentação do isolamento e em muitos pontos, foram fundamentais para abrir novas perspectivas.

Impõe-se também um agradecimento à minha família e amigos, sempre disponíveis e querendo sempre aliviar as penas do caminho.

Não esqueço, naturalmente, o apoio incansável dos meus Pais ao longo destes anos.

A minha última palavra vai para aqueles que tornaram o tempo devotado ao doutoramento, num tempo tão feliz e memorável. A eles dedico este livro. Aos meus filhos Teresa, Pedro, João, Isabel e Graça agradeço a alegria que transmitem e sobretudo o incentivo para nunca desistir e para querer tornar-me numa melhor pessoa. Ao Tiago, o meu Marido, agradeço a paciência e os conselhos sempre tão cheios de bondade e sabedoria. Para o Tiago, esta dedicatória tem, como sempre, o sentido de uma partilha integral de vida, que todos os dias tenho vontade de renovar.

RESUMO

A presente dissertação é composta por duas partes.

A primeira passa em revista as mais relevantes abordagens filosóficas sobre a distribuição justa de bens que se foram afirmando ao longo da História; a sua selecção e estudo teve em vista identificar aquelas que exercem maior influência sobre o debate contemporâneo sobre a despesa pública, e em que medida contribuem para o mesmo.

A segunda parte situa-se no plano da discussão jurídico-constitucional sobre a despesa pública, em Portugal. Ela começa por evidenciar um aparente alheamento do texto constitucional relativamente ao tema da Justiça na despesa pública. Dá também nota da medida em que a recepção dos critérios de convergência económica adoptados no seio da União Europeia tem aproximado o entendimento sobre o gasto público de uma lógica estritamente contabilística, em que "cortar" parece ser a palavra de ordem. E termina recentrando o debate sobre a despesa pública no paradigma de distribuição justa de bens, que se identifica como sendo o principal critério jurídico-constitucional.

A presente dissertação avança, por fim, com uma proposta de noção de *despesa pública justa*, conferindo centralidade à *reserva do financeiramente possível*, sem porém prescindir de identificar deveres de prestação pública que constrangem a liberdade do legislador orçamental.

INTRODUÇÃO

Basta abrir os jornais e ver as notícias para perceber o quanto a distribuição de bens, quer a operada pelo mercado, quer a levada a cabo pelo Estado está longe de se guiar exclusivamente por critérios de Justiça ou até mesmo de pura racionalidade. Tal sucede, porque no mercado esta mesma distribuição depende de factores aleatórios como, por exemplo, de heranças, casamentos ou poupanças de vida ou ainda do investimento em educação feito pelas famílias[1]. E no Estado porque, muitas vezes, a distribuição de bens ditada por ele se deixa capturar por clientelas partidárias, porque se deixa distorcer por comportamentos individuais e colectivos, porque cria dependências e vícios ou porque simplesmente as entidades públicas que agem em seu nome não se protegem contra a corrupção ou contra a prossecução de interesses privados com o dinheiro público.

Não obstante esta constatação empírica, partimos para esta dissertação com uma vontade de não sucumbir ao derrotismo da realidade e de não abdicar de encontrar a Justiça que deve nortear os juízos distributivos, sobretudo os feitos pelo Estado.

A escolha deste tema – a despesa pública justa – surgiu-nos há uns anos quase como que natural. Por um lado, enxertou-se no caminho que temos feito no sentido de encararmos a disciplina de Finanças Públicas como uma disciplina ética e não meramente contabilística. Por outro, pareceu encaixar-se na perfeição numa época em que os temas financeiros começavam a invadir a esfera dos problemas jurídico-constitucionais.

---

[1] E como admitem RICHARD e PEGGY MUSGRAVE, a distribuição de rendimentos, neste domínio, pode até depender, nalguns mercados imperfeitos, de factores tão arbitrários como ligações familiares, estatuto social, sexo e até mesmo raça – *Vide* MUSGRAVE, Richard A. e MUSGRAVE, Peggy B., 1989, pp. 74-76.

Estes dois factores mostraram que, numa altura de crise e de combate ao desperdício, não poderíamos prescindir de uma reflexão feita sob a perspectiva da Justiça. Só tomando a Justiça como fio de prumo seria possível partir-se para um combate sério contra as despesas supérfluas, podendo fundar-se um modelo público de distribuição de bens que servisse de forma genuína o bem comum: "Um Estado que não se regesse segundo a justiça, reduzir-se-ia a um grande bando de ladrões, como Agostinho disse outrora: «*Remota itaque iustitia quid sunt regna nisi magna latrocinia*»?" (Bento XVI – *Deus Caritas Est*).

Mas, para além desta vontade de contribuirmos com a nossa reflexão para um pensamento financeiro baseado em valores, moveu-nos ainda, ao longo destes anos de trabalho, o desejo de aprofundar um tema que em Portugal nos parecia estar descurado. Se é certo que o conceito de justiça fiscal – relativo às receitas públicas – estava sobejamente desenvolvido, não encontrávamos qualquer conceito que se lhe assemelhasse da parte das despesas públicas. O que nos causou estranheza, até porque sabemos que as grandes decisões de despesa constituem "o outro lado da questão da justiça fiscal"[2].

Apresentados os principais motivos de escolha do tema, resta-nos explicar que o trabalho que ora vem a lume, representa o trajecto que fomos fazendo numa área em que quase tudo estava por desbravar.

Um vez que o fulcro do nosso tema, estava na Justiça começámos pelos textos que nos remetiam para ela – na sua vertente de distribuição de bens. É por isso que iniciamos o presente estudo com a enunciação dos critérios teóricos que se foram afirmando ao longo da História em relação à distribuição justa de bens. Não pretendemos, naturalmente, com esta enunciação esgotar o universo de critérios de Justiça para a despesa pública já pensados. O objectivo foi o de apontar apenas aqueles que mais influenciam o debate contemporâneo sobre a despesa pública e a distribuição de bens.

Ao longo do tempo que demoramos a completar esta primeira parte, fomos, aliás, ficando cada vez mais convencidos de que não era possível tentar uma definição do conceito de despesa pública justa prescindindo do conhecimento da evolução da teoria da Justiça. Por um lado, porque é na reflexão acerca da Justiça que compreendemos que qualquer tipo de Estado – desde o mínimo ao prestador – que não queira ser aleatório no seu dispêndio, tem critérios estudados desde a Antiguidade que podem nortear as múltiplas distribuições de bens que opera. E por outro, porque é na reflexão acerca da teoria da Justiça que encontramos as respostas ideais a perguntas que um Estado que

---

[2] SANCHES, J. L. Saldanha 2010, p. 15.

realiza despesa não pode deixar de se colocar: deverá aceitar-se ou corrigir-se a distribuição original de bens? Deverá ser-se indiferente ou corrigir a desigualdade que o livre comércio gera?

É também por meio da discussão da teoria da Justiça que entramos no intenso debate que se trava acerca do papel do Estado na economia, ao qual os ordenamentos jurídicos não são de modo algum alheios, como fica patente pela utilização constitucional e pela manipulação política de alguns conceitos filosóficos.

Não escondemos que os critérios de distribuição de bens que ora se apresentam acabam por juntar elementos da discussão em torno da teoria da Justiça e da discussão do pensamento económico, que em tantos pontos se intersectam. Com efeito, à medida que íamos avançando neste estudo, fomos chegando à conclusão de que não é possível partir para a análise do tema da despesa pública sem contar com a evolução do pensamento económico. A história da despesa pública mostra até sobejamente que a vida real e o comércio influenciam decisivamente o modo de intervenção do Estado: em épocas de estabilidade económica, tende a reduzir-se a intervenção pública; em épocas de crise, o Estado tende a intervir mais intensamente, de forma a restabelecer as normais condições de funcionamento do mercado. Assim, não obstante o predomínio da análise ser filosófico, sentimos que não deveríamos cair na tentação de menorizar os critérios económicos perante os que são fornecidos pela teoria da Justiça – até porque a filosofia moral tem vindo a integrar argumentos da teoria económica. Com efeito, a racionalidade económica subjacente aos critérios de realização da despesa pública, tem impelido os Estados, na prática, a modificar a forma como se encara a despesa. Demais a mais, não é indiferente à própria teoria da Justiça o modo público de actuação, na prática: surgem novos e mais abrangentes critérios de distribuição de bens a partir do momento em que o Estado assume, por razões económicas, em maior medida um papel interventor/provedor na economia[3].

---

[3] Resta dizer que este nosso ponto de partida colhe alguma inspiração no trabalho já desenvolvido, no mesmo sentido, por RICHARD e PEGGY MUSGRAVE (MUSGRAVE, Richard A. e MUSGRAVE, Peggy B., 1989, pp. 76 e ss.), embora não nos abstenhamos de apresentar desenvolvimentos e actualizações que reflectem uma leitura pessoal da Teoria da Justiça e do pensamento económico. É importante notar que ao contrário do casal MUSGRAVE, para nós, não se trata de identificar apenas os problemas de Direito Financeiro envolvidos nas distribuições do Estado. Para nós, a enunciação destes paradigmas procura trazer luz à compreensão da visão que foi sendo expressa, ao longo do tempo, no texto constitucional e no debate jurídico e político que se tem desenvolvido em torno de questões concretas de despesa e acerca dos quais daremos nota na segunda parte deste trabalho.

Com base nestas reflexões que procuram retirar do debate sobre a despesa pública a espuma dos dias que turva o seu entendimento, abriremos um segundo capítulo nesta dissertação, mais voltada para captar o debate sobre despesa pública em Portugal, à luz da nossa Constituição.

Nesta segunda parte, começaremos por evidenciar o aparente alheamento do texto constitucional em relação ao tratamento deste tema da Justiça na despesa pública, explicando de seguida qual a concepção de gasto público que dela parece resultar. Daremos, depois, nota da medida em que a recepção dos critérios de convergência da União Europeia tem feito com que o entendimento sobre o gasto público se aproxime de uma lógica contabilística, mais próxima das correntes de libertação do Estado, em que "cortar" é a palavra de ordem.

Esta parte do trabalho terminará numa busca de recentrar o debate sobre a despesa pública sobre um paradigma de despesa que identificamos como sendo a grande influência jurídico-constitucional: aquele que assenta na ideia de que a benevolência se integra na Justiça. Antes de mais, procuraremos confirmar este entendimento recorrendo aos termos da análise jurídico-constitucional que tem sido feita em torno do tema da despesa pública. Por fim, concluíremos no sentido da insuficiência dessa mesma abordagem, avançando com uma proposta própria de despesa pública justa, conferindo centralidade à *reserva do financeiramente possível*, sem porém prescindir de identificar deveres de prestação pública, que constrangem a liberdade do legislador orçamental.

Parte I
A despesa pública justa de um ponto de vista filosófico

1. Visão geral do tema: do conceito pré-moderno ao conceito moderno de Justiça distributiva

Tal como anunciado na introdução, iniciaremos a presente dissertação apresentando os principais critérios de distribuição pública de bens, tal como nos vão sendo sugeridos pela literatura da teoria da Justiça. Poderíamos ter optado aqui por várias arrumações das diferentes correntes de pensamento que fomos identificando. A mais óbvia seria, provavelmente, a cronológica. Mas como se verá essa não foi a nossa opção. A nossa compreensão partirá assim da existência de dois conceitos de justiça distributiva distintos: um pré-moderno – assim denominado por registar predomínio desde a Antiguidade até ao século XVIII – e outro moderno – prenunciado já no início do século XVIII e difundido juntamente com os ideais da Revolução Francesa. Procuraremos, depois, em torno destes, arrumar as várias ideias, em função da sua similitude e/ou aproximação em relação a essas grandes famílias de pensamento.

A titulo introdutório, cumpre desde já explicar que associaremos a justiça distributiva na concepção pré-moderna a uma concepção formal de Justiça, tomada como virtude e que em nada se confunde com a ideia de redistribuição de bens pelo Estado. Nesta concepção, por exemplo, o cuidado com os mais pobres tende a não ser tratado como uma questão de Justiça a que o Estado deva atender[4]. Tomaremos como paradigmáticas da defesa desta concepção, as ideias de ARISTÓTELES, um dos seus clássicos expoentes máximos, o qual ao discorrer sobre o tema, na Antiguidade, nunca se afasta do plano da dis-

---

[4] Aliás, como é mantido por S. TOMÁS DE AQUINO. *Vide* também neste sentido FLEISCHACKER, Samuel, 2004, p. 22.

tribuição daquilo que é de cada um: não se refere, pois, à redistribuição de bens pelo Estado[5/6].

Na concepção moderna, pelo contrário, não é possível compreender a justiça distributiva sem o Estado. Esta é a concepção em que se funda a ideia de Justiça que está mais generalizada nos Estados ocidentais.

O ponto histórico que identificamos como berço da concepção moderna situa-se no séc. XVIII e baseia-se, por um lado, na alteração da ideia acerca dos pobres[7] e, por outro, na progressiva integração da benevolência no âmbito da Justiça – a benevolência sai da esfera voluntária privada para entrar na esfera do Estado[8]. Esta transição fica a dever-se, na Europa, à confluência das ideias iluministas e contratualistas – proporcionando uma nova forma de encarar o Homem e a relação deste com o Estado e a sociedade –, tendo como pano de fundo um intenso debate sobre a desigualdade e o luxo nas sociedades comerciais modernas[9].

Como ficará mais claro à medida que o texto se for desenrolando, identificaremos os pensamentos de Rousseau, Smith e Kant como estando na origem da grande alteração de mentalidade dos finais do séc. XVIII e do princípio do séc. XIX, em relação aos pobres – bem patente, de resto, nas óperas *Bodas de Fígaro* e *Barbeiro de Sevilha* –, decisiva para esta alteração da ideia de Justiça. Em comum todos os Autores referidos, partindo da existência de sérias desigualdades entre ricos e pobres e, opondo-se ao igualitarismo[10], advogam medidas redistributivas para acabar com as maiores desigualdades e evitar a pobreza excessiva. Por sua influência, o conceito de Justiça passa, a partir daqui – pelo menos em termos teóricos, já que a passagem à prática foi mais lenta –, a abarcar a redistribuição de propriedade pelo Estado de forma a minimizar ou erradicar a pobreza[11].

---

[5] Fleischacker, Samuel, 2004, p. 20.

[6] Na referência a este tema, Cícero e S. Tomás de Aquino também não chegam tão longe. Cícero, aliás, opõe-se veementemente a toda a redistribuição da propriedade, apesar de introduzir a beneficência na Justiça – Fleischacker, Samuel, 2004, pp. 20 a 22.

[7] Esclareça-se também que só por volta dos séculos XV e XVI a pobreza começou a constituir verdadeiramente um sinal de problema nas cidades. Os pobres viviam, nessa altura, de esmolas ou trabalhos ocasionais – Geremek, 1995, pp. 147 e ss.

[8] *Vide* Umberto Eco explicando a passagem à modernidade pela junção de conceitos como "«direito», «lei» e «Estado»" – Eco, 2011, p. 197.

[9] Hont e Ignatieff *in* Hont e Ignatieff (ed.), 1985, p. 2

[10] Por exemplo, Smith defende que a desigualdade é a condição necessária para as motivações económicas mais elementares – Araújo, Fernando, 2001, p. 742.

[11] Fleischacker, Samuel, 2004, p. 57. Freitas do Amaral fala de Kant como "um dos principais precursores do Estado Social" – Amaral, D. Freitas do, 2012, p. 310.

Rousseau foi mesmo um dos primeiros do seu tempo a apresentar uma dura crítica à "ridícula noção" da necessidade de cobrar impostos aos pobres de forma a tirá-los da indolência[12]. Porém, aquilo que se prenunciava com Rousseau e Smith, torna-se então cristalino com Kant: "Kant fica muito próximo da noção moderna de justiça distributiva", embora não a afirmando explicitamente[13]. O pensamento kantiano acaba por operar mudanças significativas no que toca ao modo de encarar as funções do Estado: o conceito de dignidade humana que avança "constitui [...] o portal através do qual o conteúdo igualitário e universalista da moral é importado para o direito"[14]. A partir do momento em que o adopta, o Estado passa a cultivar uma atitude vigilante em relação às desigualdades dos seus cidadãos, de forma a acabar com as mais profundas delas.

A afirmação plena desta forma de justiça distributiva na Europa dar-se-á com a Revolução Francesa[15]. Embora a vertente social dos direitos da pessoa se tenha afirmado na Declaração dos Direitos do Homem e do Cidadão de 1793[16], "a França conheceu com a Constituição da II República, de 4 de Novembro de 1848, uma declaração de direitos que, tendo sido já qualificada de «texto precursor do século XX», acentua essa mesma tendência evolutiva na tutela da pessoa humana"[17]. Fala-se já aí da promoção do "bem-estar" dos cidadãos[18]. A Revolução Francesa acaba, desta forma, por ser, na Europa, o momento em que as ideias teóricas passam à prática: "A Revolução Francesa revela a revolução teórica que é realizada pelo idealismo da razão prática [...]"[19].

---

[12] Rousseau, Jean-Jacques, 1913, p. 282.
[13] Fleischacker, Samuel, 2004, p. 27.
[14] Habermas, Jürgen, 2012, p. 37.
[15] Embora certos autores demonstrem a sua utilização, quer noutros países, quer mesmo até um pouco antes da Revolução Francesa. "The idea that at least some goods should be distributed to everyone has already made an appearance in the 1780's in the land redistribution proposals of Thomas Spence and William Ogilvie [...]. About one of these proposals [...] Paine says that it is 'not a matter of grace and favour, but of right'. So here was an explicit statement that a certain kind of aid to the poor is demanded by justice rather than charity" – Fleischacker, Samuel, 2004, p. 57. Assinalando já a existência de deveres do Estado no século XVII na Nova Inglaterra em relação à educação pública e de uma sociedade caracterizada pela "preocupação contínua de bem-estar" – Otero, Paulo, 2009, p. 258.
[16] Note-se que, embora não tenha chegado a vigorar, a Declaração dos direitos do Homem e do Cidadão, subjacente à Constituição de 1793 "postula uma intervenção social activa, criando a génese dos direitos sociais" (artigos 21º e 22º), fruto de uma radicalização dos ideais revolucionários franceses – Otero, Paulo, 2009, p. 245.
[17] Otero, Paulo, 2009, p. 248.
[18] Veja-se o preâmbulo desta Constituição. *Vide* ainda o artigo 13º da mesma Constituição.
[19] Tosel, A., 1990, p. 25.

Na relação que se estabelece entre estas duas concepções de Justiça – moderna e pré-moderna, é interessante notar, desde já, que, embora a concepção moderna seja a antítese da pré-moderna, a primeira não nega, nem põe totalmente de parte a ideia do mérito em que se baseava a segunda. Pode mesmo dizer-se que concepção moderna de Justiça se constrói sobre a anterior perspectiva. Por um lado, porque é claro que a perspectiva oitocentista continua a assentar no conceito alargado de justiça distributiva pré-moderna, o que justifica que ainda hoje no conceito de justiça distributiva moderna se inclua, num conceito muito lato de Justiça, os deveres de pais para com os filhos, de beneficiários para com benfeitores, de amigos e vizinhos entre si e para com toda a gente "de mérito"[20]. E, por outro lado, porque o mérito – principal critério clássico de atribuição justa de bens – nunca foi totalmente descartado como critério de Justiça. É certo que, como diz FLEISCHACKER, na perspectiva moderna "é suposto que todos acedam a certos bens independentemente do mérito". Porém o funcionamento desta justiça moderna não está totalmente solto do mérito que começa por rejeitar. Não podemos negar, que ainda hoje o mérito continua a ser relevante no que toca por exemplo à distribuição de certos bens, como trabalhos ou recompensas. Daí que FLEISCHACKER, num esforço de caracterização da justiça moderna não se fique pela citação anterior, sentindo a necessidade de a completar dizendo "o mérito não é suposto ser aplicado até que alguns bens básicos (casa, cuidados médicos, educação) tenham sido distribuídos a todos"[21].

Resta explicar que, não prescindiremos nesta análise que ora apresentamos, de procurar ir dando conta dos reflexos que estas ideias foram tendo no plano da despesa pública. E nesse caso, socorrer-nos-emos amiúde de exemplos retirados da nossa realidade portuguesa. Talvez este seja, de facto, o aspecto mais dissonante desta primeira parte, pois que esta se esperava ser mais geral e filosófica. No entanto, pensamos que se justifica plenamente esta descida ao terreno, para permitir ao leitor ir percebendo, a par e passo, as implicações que as novas ideias foram tendo na vida do Estado e das pessoas. Tal como ficará patente, a Justiça, tal como é entendida no seu sentido moderno, implicou um óbvio acréscimo de despesa, sobretudo sentido nos séculos XIX e XX. Embora, como procuraremos demonstrar, nem toda a despesa desse período seja explicável com recurso às ideias oitocentistas, o certo é que sua evolução se deu no meio de um intenso debate que se foi desenvol-

---

[20] FLEISCHACKER, Samuel, 2004, p. 75.
[21] FLEISCHACKER, Samuel, 2004, p. 5.

vendo, numa tensão entre ideias modernas e pré-modernas. Aliás, no seio das teorias económicas – sobretudo no debate que se trava entre keynesianos e monetaristas já no século XX – fica bem patente uma tensão entre estas duas visões de despesa, ou seja, entre teorias modernas e, teorias se não pré-modernas de justiça, pelo menos, advogando menos aplicação das ideias modernas, em prol da libertação do Estado. Procuraremos, ainda a este propósito, dar também nota da tensão notória das ideias oitocentistas de aumento de despesa em relação ao predomínio do liberalismo económico[22] de Estados com funções limitadas à defesa nacional, polícia e administração[23]. É de notar que será ainda à luz deste liberalismo que no final do séc. XIX, os "economistas alemães Schmoller e Wagner acrescent[am] a redistribuição de riqueza às funções legítimas e normais do governo"[24/25].

Uma última nota para explicar que esta divisão que fazemos – entre a pré--modernidade e a modernidade – é apenas conceptual. E portanto falhará nalguns aspectos. Com isto, queremos dizer que não escondemos que é possível encontrar no período pré-moderno algumas ideias de justiça distributiva que associaríamos ao conceito moderno de Justiça, assim como no período moderno, ideias que se afastam desse modelo e nos remetem para uma outra compreensão do Estado. HONT e IGNATIEFF, por exemplo, encontram "justiça distributiva moderna em muitos aspectos da tradição natural"[26]. HABERMAS, por seu turno, identifica "as raízes directas do conceito da dignidade humana na filosofia grega, sobretudo no estoicismo e no humanismo romano – por exemplo, em CÍCERO"[27], embora reconhecendo que estas

---

[22] O liberalismo económico é caracterizado, por um lado, pelo reconhecimento de que o mercado pode beneficiar todos os seus intervenientes mutuamente e, por outro, pela ideia de que o Estado apenas intervém para protecção dos direitos pessoais de liberdade, segurança e propriedade.
[23] TANZI, V. e SCHUKNECHT, L., 2000, pp. 4 e 5: "Around 1870, unweighted average public expenditure amounted to only about 10 percent of gross domestic product". Vide FERREIRA, J. E. Dias, 1949, pp. 44-45, mostrando que a despesa aumenta significativamente sobretudo depois de 1900, embora depois entre o início do regime liberal até ao início do século XX a despesa pública tenha quintuplicado.
[24] TANZI, V. e SCHUKNECHT, L., 2000, p. 5.
[25] Sinal claro desta alteração paulatina de paradigma é também a afirmação do juiz americano DAVID BREWER, numa conhecida decisão jurisdicional: "O alívio dos pobres – o cuidado por aqueles que são incapazes de cuidar de si próprios – está entre os objectos inquestionados do dever público" – KANSAS SUPREME COURT, 1875.
[26] FLEISCHACKER, Samuel, 2004, p. 28.
[27] HABERMAS, Jürgen, 2012, p. 45. Também PAULO OTERO ensina que "a centralidade da pessoa humana no discurso filosófico e político não é produto resultante da Revolução Francesa: desde muito cedo, o ser humano tornou-se ponto nuclear de reflexão, argumento decisivo de discussão

raízes "não constituem uma ponte semântica para o sentido igualitário do conceito moderno"[28]. Porque, como ensina HABERMAS, "nessa época, a *dignitas humana* baseava-se no facto de o ser humano possuir uma posição ontológica distinta do Universo, posição especial que este assume, devido às propriedades da espécie, como ser dotado de razão e conseguir reflectir, ao contrário, dos seres vivos «inferiores»"[29]. Inversamente, na crítica contemporânea às políticas de redistribuição do Estado encontramos muitos Autores que retornam à defesa de critérios formais de justiça distributiva, aproximando-se da visão que identificamos como pré-moderna.

Não obstante termos consciência desta debilidade, não hesitamos porém em sufragá-la, não só por a acharmos útil para efeitos de arrumação de ideias e distinção clara de épocas, em termos de pensamento dominante, mas também porque foi ela que nos forneceu o fio de Ariadne, tão útil para evitar que nos perdêssemos para sempre no grande e tentador oceano da literatura sobre a Justiça, sem que conseguíssemos extrair conclusões para a matéria da despesa pública, que era afinal o interesse último da escolha do tema da nossa dissertação.

2. Visão analítica dos principais critérios de distribuição de bens
2.1. Justiça pré-moderna: o conceito aristotélico-tomista de justiça

Não é possível falar do critério clássico de Justiça sem começarmos por referir a fórmula de que parte: "dar a cada um o que é seu", traduzida no brocardo latino *honeste vivere, neminem laedere, suum cuique tribuere* ("viver honestamente, não ofender ninguém e dar a cada um o que é seu")[30]. Esta referência dá aliás o mote para a compreensão desta perspectiva de Justiça. Ela deixa patente

---

e critério justificativo da actuação do poder" (OTERO, Paulo, 2009, p. 57), destacando traços humanistas no pensamento greco-romano – PROTÁGORAS, DEMÓCRITO, SÓCRATES, filosofia estóica e CÍCERO, destacando embora a influência estóica deste último autor (*Ibidem*, pp. 62-94) ou destacando a "Revolução judaico-cristã no sentido da descoberta da pessoa, à imagem e semelhança de Deus (*Ibidem*, p. 94). Esta preocupação tem já algum reflexo na forma de pensar o Estado, veja-se por exemplo, em PÉRICLES a concepção de democracia "já não apenas política, mas social" – PRÉLOT, M. e LESCUYER, J., 2000, p. 54. Mas, continua OTERO, só "o constitucionalismo setecentista e oitocentista na Europa Continental representam [...] um ponto de chegada desse processo histórico de consciencialização da centralidade da pessoa humana na limitação do poder do Estado" (*Ibidem*, p. 59) e na forma de conceber a despesa do Estado, acrescentaríamos nós. *Vide* PRÉLOT, M. e LESCUYER, J., 2000, p. 23, falando de PROTÁGORAS, ANTÍFONO e CALÍCLES como tendo trazido para o Estado "um preocupação nova, a da natureza humana".

[28] HABERMAS, Jürgen, 2012, p. 45.
[29] HABERMAS, Jürgen, 2012, p. 45.
[30] ULPIANO, *Digesta* 1.1.10.1; *Institutiones* 1.1.3.

que estamos perante um critério formal Justiça: ainda que se discorde dos resultados da atribuição dos bens de acordo com estes critérios, esta perspectiva não prevê qualquer orientação no sentido da correcção destes mesmos resultados. Baseando-nos nas palavras de HAYEK, já fruto do envolvimento no debate sobre a distribuição de bens sob o predomínio da justiça distributiva moderna, poderíamos mesmo dizer que, neste contexto, o qualificativo de "justo" não servia para qualificar o funcionamento das instituições sociais ou o comportamento de uma qualquer hipostasiação de sociedade[31]. Assim, e à luz da visão que estes critérios fornecem, não se podendo responsabilizar ninguém pelas consequências da aplicação das regras de justiça formais, nada haveria a exigir do Estado, para além da estrita observância dos princípios já mencionados.

A Justiça baseada no mérito
O mérito é reconhecidamente um dos primeiros critérios a ser formulado em matéria de justiça distributiva. O conceito de justiça distributiva aristotélico, marcante na perspectiva clássica da teoria da Justiça e dominante até finais do século XVII, está, aliás, assente sobre essa base.

Para ARISTÓTELES, a justiça distributiva é uma forma de justiça particular[32] "que se manifesta nas distribuições das magistraturas, de dinheiro ou das

---

[31] HAYEK, F. A., 2013, pos. 4878 (versão kindle) e FLEW, A., 1995, p. 77.
[32] Note-se que ARISTÓTELES distingue dois tipos de justiça: a universal e a particular. A justiça universal é aquela em que cabem todas as virtudes (FLEISCHACKER, Samuel, 2004, p. 19). É "a virtude completa, embora não de modo absoluto, mas em relação ao próximo. Por isso, a justiça é muitas vezes considerada a maior das virtudes e «nem Vésper, nem a estrela-d'alva são tão maravilhosas»; e proverbialmente, «na justiça se resumem todas as virtudes». (...) Ela é completa porque a pessoa que a possui pode exercer a sua virtude não só em relação a si mesmo, como também em relação ao próximo, uma vez que muitos homens exercem a sua virtude nos assuntos privados, mas não em suas relações com as outras pessoas. (...) somente a justiça, entre todas as virtudes, é o "bem de um outro", pois de facto, ela se relaciona com o próximo, fazendo o que é vantajoso a um outro, quer se trate de governante, ou de um membro da comunidade. (...) Aquilo que é justiça praticada em relação ao próximo, com uma determinada disposição de carácter e em si mesmo, é virtude" (ARISTÓTELES, 2003, pp. 105 e 106). Para ARISTÓTELES, a associação da justiça universal com as outras virtudes prende-se com o facto de a lei que deve ser cumprida mandar cumprir todas as virtudes éticas (exemplo: "respeitar a igualdade implica, quando necessário, agir com coragem, ou com temperança") (LACERDA, B. Amaro, 2001) (Para ARISTÓTELES, o justo é "o que obedece às leis, o que se atribui estritamente o que é seu (e aqui poderá estar a remota origem do *suum cuique tribuere*), e o que age com equidade: numa formulação consabida, mas elucidativa, o que trata o igual igualmente e o desigual desigualmente, na medida da sua desigualdade", por contraposição ao injusto que viola a lei, se atribui a si mesmo mais do que é seu e que "foge à iniquidade, o iníquo" – vide CUNHA, P. Ferreira da, 2002).

outras coisas que são divididas entre aqueles que têm parte na constituição"[33] e que impõe que essas mesmas distribuições sejam feitas não segundo critérios de igualdade absoluta, mas de igualdade proporcional ou relativa, ou seja, "«de acordo com o mérito de cada um» (...)"[34]. Neste conceito de justiça distributiva, verifica-se uma proporção geométrica ("o todo está para o todo assim como cada parte está para a parte correspondente"[35]) e não uma verdadeira igualdade[36].

Resta dizer que no que toca à prestação pública de bens, não há razão para nos afastarmos desta ideia de mérito. Notando-se, porém, que a distribuição de que falava ARISTÓTELES tem mais a ver com bens políticos (direito de voto e acesso a cargos públicos[37]) do que propriamente com bens materiais.

Na distribuição de bens, o conceito aristotélico acabado de explicar impõe, portanto, que eles sejam repartidos na proporção daquilo que cada um merece. Por exemplo, na distribuição de fundos comuns de uma sociedade, deverá atentar-se aos fundos trazidos por cada um dos sócios[38]. É, portanto, a afir-

---

O conceito de justiça particular é um conceito especificamente jurídico, e, portanto, contraposto ao de justiça universal (CUNHA, P. Ferreira da, 2002). A justiça particular aristotélica tem a ver com a distribuição de bens e honras e divide-se em justiça correctiva e distributiva. A justiça correctiva (porque corrige as relações de desigualdade), também chamada de justiça comutativa (porque versa trocas ou permutas), destina-se a assegurar a aplicação estrita do princípio da igualdade. Fala-se aqui de uma proporção aritmética e não em proporção geométrica. Trata-se aqui assegurar que nas transacções voluntárias seja atribuído a cada um aquilo que rigorosamente lhe é devido mediante a aplicação de um critério de igualdade e nas involuntárias de restabelecer a igualdade em situações em que ela foi quebrada (quando há um dano que deve ser reparado). Neste caso, para ARISTÓTELES, "o igual é o meio-termo entre a linha maior e a linha menor, de acordo com uma proporção aritmética, e essa é a origem do termo díkaion (justo), em razão de ser uma divisão em duas partes iguais (dikha), como se devesse ser entendida como díkaion (...)" (ARISTÓTELES, 2003, p. 111).

[33] ARISTÓTELES, 2003, p. 108.
[34] ARISTÓTELES, 2003, p. 109.
[35] ARISTÓTELES, 2003, p. 109. E ARISTÓTELES explica e exemplifica: "o justo envolve (...) no mínimo quatro termos, e a razão entre esses dois termos é a mesma que existe entre o outro par, pois há uma distinção equivalente entre as pessoas e as coisas. Desse modo, assim como o termo A está para B, o termo C está para D; ou, alternando, assim como A está para C, B está para D. Por conseguinte, também o todo mantém a mesma relação para com o todo; essa combinação é efectuada pela distribuição, e se os termos forem combinados da maneira que indicamos, terá sido efectuado justamente" – ARISTÓTELES, 2003, p. 109.
[36] Na Política Aristóteles há também a associação entre a igualdade e o mérito – ARISTÓTELES, 1998, pp. 231-235 e 353.
[37] FLEISCHACKER, Samuel, 2004, p. 23.
[38] ARISTÓTELES, 2003, p. 110.

mação do mérito como critério de distribuição de bens. E é, justamente, do mérito que depende a distinção entre justiça distributiva e correctiva, pois é este que explica o recurso à igualdade proporcional ou relativa em detrimento da igualdade absoluta.

ARISTÓTELES refere vários critérios para apreciar o mérito – "os democratas o identificam com a condição de homem livre, os partidários da oligarquia com a riqueza (ou nobreza de nascimento), e os partidários da aristocracia com a excelência"[39] – não mostrando porém preferência por qualquer deles. Como explica SAMUEL FLEISCHACKER, mais do que assumir uma posição substancial, o Estagirita pretende uma apresentação formal acerca do que é a justiça distributiva e acerca da relevância do mérito nesse conceito[40]. Só no séc. XVII, é que o trabalho será mencionado como fonte primária do mérito, pela mão de JOHN LOCKE[41]. E é de notar que embora no séc. XIX já se dessem os primeiros passos na concretização de uma justiça distributiva moderna ao nível estadual, procedendo à redistribuição de bens pelo Estado, encontramos ainda quem defenda que só por virtude do seu labor, os trabalhadores mereciam uma maior parte na partilha dos bens: COBBET, PROUDHON, THOMAS HODGSKIN e MARX. É, por isso, interessante notar, no seguimento daquilo que dizíamos na introdução acerca do facto de a Justiça moderna se construir por cima desta concepção pré-moderna, que esta ideia do mérito – sobretudo na versão em que associa o mérito ao trabalho – ainda hoje é reconhecida, seja por autores com ideias mais associadas à direita libertária ou pela esquerda marxista: "a noção de direito aos frutos do próprio trabalho é sempre capaz de unir libertários de direita e marxistas de esquerda (por muito grande que seja o desconforto que possam sentir ao se verem assim na companhia uns dos outros)"[42].

---

[39] ARISTÓTELES, 2003, p. 109.
[40] FLEISCHACKER, Samuel, 2004, pp. 19 e 20.
[41] LOCKE, 1988, pp. 285 e ss. e Capítulo V do *Second Treatise*. "A afirmação de que a propriedade depende do trabalho servia os propósitos políticos de Locke como parte do argumento de que a tributação requer o consentimento do povo. O Rei não tinha direito a cobrar impostos sem o consentimento do Parlamento, defendia Locke, uma vez que os impostos saem da propriedade das pessoas e a propriedade [...] radica no direito pré-político de possuir os frutos do trabalho" – FLEISCHACKER, Samuel, 2004, pp. 25 e 37. Neste sentido v. também, já no séc. XVIII, ROUSSEAU, Jean-Jacques, 1755, p. 124; ROUSSEAU, Jean-Jacques, 1782, p. 187; e no século XIX, criticamente, HERBERT SPENCER afirma que a perspectiva de LOCKE choca com a questão prévia de saber se a pessoa que empregou o trabalho numa coisa tinha esse direito – SPENCER, Herbert, 2009 (b), pp. 82 e 83.
[42] SEN, Amartya, 2012, p. 53.

Dos autores clássicos, é de notar que S. Tomás de Aquino, na sua *Summa Theologica*, adere em grande parte à concepção de justiça aristotélica. Daí o paradigma clássico de Justiça ser aqui designado de aristotélico-tomista. Não obstante partirmos da existência de uma comunhão de muitos aspectos entre os dois autores, não podemos deixar de admitir – até porque as ideias vão fluindo livremente ao longo da História, não se compadecendo com os espartilhos que arranjamos para as explicar conceptualmente – que S. Tomás dá já início ao caminho da ponderação de alguns elementos substancialistas, ao arrepio do formalismo aristotélico. Estamos a pensar, em concreto, nas alusões que faz sobre a igualdade ou a necessidade, a que adiante nos referiremos.

No pensamento clássico não podemos deixar ainda de fazer referência ao pensamento estóico, que reforça esta ideia de justiça pré-moderna, defendendo que "nem a moral nem o direito podem ser construídos arbitrariamente pela vontade humana"[43].

A equidade para corrigir resultados injustos
Admitindo que nalguns casos pontuais a aplicação destes critérios de igualdade proporcional ou absoluta poderia conduzir a resultados injustos, Aristóteles introduz na *Ética a Nicómaco* o tema da equidade. É, por isso, interessante observar na perspectiva aristotélica, o cruzamento dos temas da Justiça (já concebida como acima se viu como uma verdadeira virtude jurídica) e da equidade.

Para Aristóteles a equidade é ela própria uma forma superior de Justiça. Com efeito, a equidade é no seu pensamento uma forma de correcção da justiça legal[44] (e, portanto, da justiça particular nas suas vertentes quer de justiça distributiva, quer de justiça correctiva), uma vez que "não é possível fazer uma afirmação universal que seja correcta em relação a certos casos particulares"[45]. A equidade é o que permite que, no caso em que a lei não consegue dar uma resposta justa, o aplicador da mesma diga o que o próprio legislador teria dito ou o que ele teria incluído na lei se tivesse conhecimento do dito caso particular. "Por isso, o equitativo é justo e superior a uma espécie de justiça, embora não seja superior à justiça absoluta, e sim ao erro decorrente do carácter absoluto da disposição legal. Desse modo, a natureza do equitativo é uma correcção da lei quando esta é deficiente em razão da sua

---

[43] Nemo *in* Nemo, Philippe e Petitot, Jean, 2006, p. 79 (*vide* pp. 73-80).
[44] Sobre a importância da justiça legal *vide* Otero, Paulo, pp. 81-83.
[45] Aristóteles, 2003., p. 125.

universalidade"[46]/[47]. De esclarecer que para ARISTÓTELES, a utilização de equidade seria feita em casos excepcionais, nunca retirando protagonismo ao mérito como critério central na compreensão da justiça distributiva. É de notar, para além disso, que a introdução da equidade em nada altera a concepção que se tem acerca da distribuição pública. A equidade não serve ainda para questionar os efeitos da distribuição a operar, mas apenas a resolver um caso difícil no seu seio.

2.2. Da justiça pré-moderna à moderna ou da benevolência como forma de justiça
Influência do pensamento judaico-cristão
Embora dominante, o pensamento pré-moderno de Justiça foi sendo progressivamente alterado. Das alterações mais significativas de que daremos nota, algumas devem ser lidas ainda no enquadramento de um pensamento clássico, pois apenas no século XVIII é que se pode falar verdadeiramente de uma transição de paradigma.

É de assinalar que uma das influências mais marcantes para a alteração – ainda que muito lenta – da concepção de Justiça foi o pensamento judaico-cristão[48]. Há quem olhe para a Bíblia como "uma revolução moral anunciadora de transformações societais maiores"[49], vendo nela a afirmação, quer de um sentido cósmico da liberdade, quer da valorização absoluta da pessoa ou mesmo da afirmação do conceito de democracia. A liberdade humana é encarada como

---

[46] ARISTÓTELES, 2003, p. 125.
[47] Como explica PAULO FERREIRA DA CUNHA: "A equidade – diz o filósofo [ARISTÓTELES] – "sendo superior a uma certa justiça, é ela mesma justiça, e não é pertencente a um género diferente ((do justo)) que ela é superior ao justo. Há pois identidade do justo e do equitativo, e todos os dois são bons, apesar de o equitativo ser o melhor dos dois". A explicação prende-se de novo com o direito legal, voluntário, positivo. Continua o nosso autor [ARISTÓTELES]: "O que torna as coisas difíceis é que o êquo, sendo absolutamente justo, não é o justo segundo a lei, mas um correctivo da justiça legal", para a especialidade do caso. Decerto foi nesta formulação que se fundou a interpretação da equidade como o jarro de água que deveria dissolver o concentrado intoxicante de demasiado direito positivo..." – CUNHA, P. Ferreira da, 2002. "A equidade permite que a universalidade da lei possa ceder perante casos concretos que, não previstos pelo legislador no seu enunciar do princípio universal, têm de ser rectificados em nome da justiça" – OTERO, Paulo, 2009, p. 84.
[48] Ainda que ao longo do tempo essas ideias tenham sido laicizadas ou tenham escondido essa raiz teológica à conta de um pensamento anti-clerical e anti-religioso – NEMO *in* NEMO, Philippe e PETITOT, Jean, 2006, p. 95. Dando nota da proximidade da Declaração de Direitos de Virgínia e da Declaração de Independência dos Estados Unidos em relação ao pensamento cristão – *vide* MIRANDA, Jorge, 2007, p. 46.
[49] NEMO *in* NEMO, Philippe e PETITOT, Jean, 2006, p. 85.

um reflexo da liberdade divina. PAULO OTERO fala, a propósito do Antigo Testamento, da afirmação de um Deus "que respeitando a liberdade de cada um, nunca obriga directamente o seu povo a um comportamento determinado, apesar de punir quem viola as suas prescrições"[50].

No Novo Testamento, a humanização de Deus eleva a dignidade humana a outro nível, com reflexos profundos na compreensão do princípio da igualdade, da concepção da dignidade do Homem e da relação deste com o poder político[51].

A forma de entender o relacionamento do Homem com os outros membros da sociedade, também é alterada por estas ideias e sobretudo por força da afirmação do cristianismo. EMMANUEL LÉVINAS fala a este propósito de uma revolução ética, consistindo esta na assunção da "responsabilidade pelos outros"[52]. Assunção esta que modifica a forma como se encara a Justiça e a distribuição de bens que sob ela se deve operar. Diferentemente da filosofia apregoada pelos filósofos pagãos que implica igualdade e reciprocidade entre os homens em sociedade, JESUS CRISTO mostra que "a relação ética é fundamentalmente dissimétrica [...]. Esta relação in-justa é aquilo que os Evangelhos chamam «amor»"[53].

A própria ideia de um mundo melhor e da criação, como uma obra divina inacabada, está na base da ideia de progresso sobre a qual se construirá, mais tarde, a ideia de justiça social. "[...] À medida que a moral judaico-cristã penetrará as sociedades ocidentais, o indivíduo será cada vez mais protegido pela moral e, em breve, pelo direito"[54]. Parece-nos que isto também se aplica às ideias que se vão desenvolvendo em torno do tema da distribuição de bens. Aliás, como se perceberá, o nosso estudo aponta-nos para que a viragem se tenha feito pela entrada paulatina da benevolência no seio da justiça. Benevolência que pode ser aqui vista também e nesta perspectiva bíblica como caridade. Preferimos ainda assim utilizar no texto a expressão benevolência e beneficência[55], não só porque a caridade está hoje muito conotada com a

---

[50] OTERO, Paulo, 2009, p. 95.
[51] OTERO, Paulo, 2009, pp. 96-100.
[52] NEMO *in* NEMO, Philippe e PETITOT, Jean, 2006, pp. 87-88 – "Le sujet accepte d'endosser une responsabilité pour toute souffrance humaine, même s'il n'a en rien la cause de cette souffrance [...]. Il accepte de payer une dette qu'il n'a pas contractée, dont il hérite à sa naissance avec la condition humaine [...] ».
[53] NEMO *in* NEMO, Philippe e PETITOT, Jean, 2006, p. 88.
[54] NEMO *in* NEMO, Philippe e PETITOT, Jean, 2006, p. 91.
[55] Poderíamos usar também as expressões benemerência ou até mesmo filantropia.

doutrina social católica, mas também porque a influência das ideias judaico-
-cristãs para a compreensão do papel do Estado passou por um processo de
secularização ou laicização que não deve ser menosprezado[56].

*Um passo em frente no que toca à atribuição de bens: o problema da necessidade, ainda
à luz da teoria clássica de Justiça*
Apesar de a filosofia tomista beber muito da perspectiva aristotélica, a verdade é que não a repete, introduzindo-lhe ideias novas, como é o caso da ideia da necessidade, fazendo entrar já no pensamento clássico elementos de origem personalista, baseados na compreensão cristã bíblica que acabamos de enunciar. Por isso, consideramo-la como um avanço em matéria de distribuição de bens[57].

A necessidade constitui um importante acrescento tomista à teoria do mérito, na medida em que reconhecendo a sua insuficiência, no seio da justiça particular, acaba por abrir a porta a outro tipo de preocupações no que toca à distribuição de bens, afastando, ainda que em casos excepcionais, o mérito como único critério a ponderar.

Na *Summa Theologica*[58], S. TOMÁS defende, a propósito do tratamento dos vícios da justiça comutativa – mais concretamente quando se refere ao roubo – que a necessidade poderia justificar licitamente a aquisição da propriedade de uma coisa, numa situação em que a sua falta colocasse a pessoa numa situação de perigo iminente[59] (por exemplo, numa situação em que está em causa a preservação da própria vida[60]). Note-se, porém, – o que de resto, é resultado óbvio da adesão tomista à filosofia aristotélica no que toca ao tema da Justiça – que o Doutor da Igreja ora em referência não reconheceu a necessidade como critério geral na atribuição de bens. Só a necessidade manifesta e urgente, em caso de perigo iminente, conjugada com a ausência de outro remédio possível, poderia justificar a utilização e mesmo a apropriação lícita

---

[56] Embora tenhamos nota que no século XIX em Portugal se fale em "caridade oficial", a propósito das primeiras manifestações de intervenção do Estado a favor dos mais pobres – MARIA ANTÓNIA LOPES *in* MATTOSO, José, 1993, p. 503, fazendo referência ao discurso do Ministro FERRÃO DE CARVALHO MÁRTENS, de 1867.
[57] NEMO in NEMO, Philippe e PETITOT, Jean,, 2006, p. 98, afirmando que S. TOMÁS acaba por procurar conjugar as leis do Evangelho com a doutrina antiga, embora sem a abolir.
[58] Questão 66 da parte segunda da II parte – artigo 7º.
[59] FLEISCHACKER, Samuel, 2004, pp. 28 a 30. Embora o Autor reconheça que isto esteja longe do reconhecimento de uma regra que imponha a distribuição da propriedade de acordo com as necessidades dos pobres (p. 30).
[60] GRÓCIO, Hugo, 1925, p. 193.

de propriedade alheia[61]. Significativo do não reconhecimento da necessidade como critério de atribuição de bens é o facto de este tema ser tratado sob a rubrica da justiça comutativa, totalmente à margem da justiça distributiva[62].

Mais tarde, HUGO GRÓCIO seguirá S. TOMÁS neste ponto, considerando, porém, limites muito estreitos para esta forma de aquisição da propriedade: *a)* que a necessidade não fosse de outra forma evitável; *b)* que a pretensão de aquisição de um direito com base na já referida necessidade cessasse perante uma igual necessidade do seu possuidor; *c)* que sempre que possível a aquisição de um direito baseada na necessidade gerasse um dever de restituição[63]. Mas tanto num como noutro Autor, a necessidade surge fora do normal curso da Justiça. Não mais do que uma excepção a ela[64/65].

ADAM SMITH também seguirá S. TOMÁS e GRÓCIO, já no séc. XVIII, no que toca ao direito de necessidade. Todavia, não faremos a ele referência aqui, pois como melhor se explicará mais adiante, a integração smithiana da benevolência no seio do tema da Justiça não poderia deixar de destoar neste contexto de ideias aristotélico-tomistas.

A benevolência como manifestação da Justiça como virtude
Num desenvolvimento da ideia clássica de que na Justiça universal cabem todas as virtudes, assistiu-se ainda ao aprofundamento de uma ideia de distribuição de bens não legalmente prevista[66], mas devida pelo apelo a valores como os da amizade, familiaridade, generosidade, compaixão. Esta ideia permite-nos pressentir que os ventos começam – ainda que muito lenta-

---

[61] AQUINO, S. Tomás de, Questão 66 (da parte segunda da II parte), artigo 7º.
[62] FLEISCHACKER, Samuel, 2004, p. 29.
[63] GRÓCIO, Hugo, 1925, pp. 193 e ss.
[64] Também DAVID HUME se refere a este direito de necessidade numa abordagem muito idêntica à de GRÓCIO – HUME, David, 1963, p. 186, número 147.
[65] Também HOBBES avança no sentido da consideração da necessidade, numa "antecipação histórica da ideia de um mínimo de existência – "o direito «a um lugar onde viver e a todas as coisas necessárias à vida»" (OTERO, Paulo, 2009, p. 166) – trata-se aqui do direito a servir-se do fogo, do ar e da água.
[66] Note-se que na perspectiva de S. TOMÁS DE AQUINO, a beneficência é claramente alheia à Justiça: "Beneficence simply means doing good to someone. This good may be considered in two ways, first under the general aspect of good, and this belongs to beneficence in general, and is an act of friendship, and, consequently, of charity: because the act of love includes goodwill whereby a man wishes his friend well, as stated above (23, 1; 27, 2). Now the will carries into effect if possible, the things it wills, so that, consequently, the result of an act of love is that a man is beneficent to his friend. Therefore beneficence in its general acceptation is an act of friendship or charity" – AQUINO, S. Tomás de – *Summa Theologica*, Questão 31 (da parte segunda da II parte), artigo 1º.

mente – a soprar noutra direcção. O primeiro indício da mudança é o tratamento do tema da benevolência no âmbito mais vasto da Justiça. O início deste aprofundamento deve-se, em grande parte, a CÍCERO com a introdução a este tema, no seu *De officis*, sendo mais tarde feito também por GRÓCIO e PUFENDORF.

Para CÍCERO, a Justiça é apresentada como a base ordenadora que permite que todas as virtudes floresçam. A Justiça para CÍCERO tem dois corolários: não prejudicar outro, a não ser quando se é provocado por acto injusto, e utilizar as coisas comuns em prol das coisas comuns e as coisas privadas em benefício próprio[67]. Só na Justiça "o esplendor de virtude atinge o ponto máximo a partir do qual os homens são chamados bons"[68]. Seria por meio da Justiça que se geraria o ambiente propício à prática das virtudes como a beneficência.

Por outro lado, a beneficência correspondia, para o mesmo Autor, à bondade ou liberalidade[69]. Os únicos limites que lhe colocava eram os seguintes: primeiro, que a benignidade não prejudicasse aqueles em favor dos quais agimos bondosamente, nem aos outros; e segundo, que o benefício não ultrapassasse as possibilidades, dando-se a cada um segundo o seu merecimento[70].

Na referida obra, a distinção entre ambas – Justiça e benevolência – é cristalina: os deveres de Justiça são legalmente exigíveis ao passo que os resultantes da beneficência não o são. Porém, esses deveres são apresentados de forma interligada. Se é certo que a leitura da obra de CÍCERO não nos permite afirmar ainda com certeza que a beneficência é uma forma de justiça, como o será feito claramente mais tarde, ela não pode deixar de admitir que as duas virtudes estão interligadas, na medida em que o exercício da virtude da beneficência não poderá lesar em caso algum os direitos de outrem. Parece, pois, claro que no pensamento ciceroniano a beneficência aparece referida no tema da Justiça e que por ela é constrangida[71], o que se nota na prescrição já referida de limites ao exercício da beneficência. Ao referir-se-lhes é o próprio CÍCERO que afirma "Eis aí o fundamento da justiça, à qual todas essas questões se referem"[72]. É de sublinhar que pouco depois, a tradição cristã

---

[67] CÍCERO, M. Túlio, 1999, p. 13.
[68] CÍCERO, M. Túlio, 1999, p. 13.
[69] "Os vínculos de sangue prendem os homens pela benevolência e pela caridade" (CÍCERO, M. Túlio, 1999, pp. 29 e 30)
[70] CÍCERO, M. Túlio, 1999, p. 25.
[71] FLEISCHACKER, Samuel, 2004, p. 21.
[72] CÍCERO, M. Túlio, 1999, p. 25.

adoptou uma ideia semelhante à de Cícero, defendendo os pobres, sustentando assim a sua concepção de justiça[73].

O passo decisivo para um tratamento mais minucioso da benevolência no âmbito da Justiça foi dado por Hugo Grócio que, aparentemente seguindo o pensamento aristotélico em matéria de Justiça, acaba por distinguir no I Livro da sua obra *De jure belli ac pacis* dois conceitos de Justiça, embora eles não coincidam exactamente com os clássicos: justiça atributiva e justiça expletiva (*iustitia expletrix*)[74], fazendo-os corresponder, respectivamente, a direitos sem tutela legal e a direitos legalmente exigíveis. Para Grócio, a justiça expletiva corresponderia àquilo que seria entendido como Justiça em sentido próprio ou como Justiça em sentido estrito. Estava portanto ligada aos direitos legais. Grócio fá-la corresponder à noção de justiça comutativa aristotélica. A ela associa a aplicação de uma proporção aritmética. Diferentemente, a justiça atributiva era a que, segundo o próprio Grócio correspondia à justiça distributiva aristotélica, associada por isso à aplicação de uma proporção geométrica. Proporção esta que assentaria no mérito de cada um[75].

Apesar de relacionada com a justiça distributiva, o âmbito da justiça atributiva grociana não coincide com o referido conceito aristotélico. Com efeito, ao descrevê-la Grócio coloca no seu seio "aquelas virtudes que têm como propósito fazer bem aos outros, como a generosidade, a compaixão, o cuidado em matérias de governo"[76]. Ou seja, introduz no seio da justiça o direito de receber caridade, embora este conte com a limitação de não ser legalmente exigível[77]. Deixa, portanto, de fora do conceito aristotélico de justiça distributiva todas as situações de distribuição de bens legalmente exigíveis que ao abrigo desse conceito poderiam estar.

---

[73] Rodrigues, A. dos Reis, 2004, p. 25, refere a existência de uma tradição unânime entre os autores cristãos no sentido da defesa do destino universal dos bens: "Logo na Didaké (nome grego da "Doutrina dos Doze Apóstolos"), encontramos a seguinte afirmação, tanto mais valiosa quanto pertencerá ainda à primeira, o mais tardar à segunda geração cristã: "Não voltarás costas ao necessitado, mas compartilharás todas as coisas com o teu irmão e não dirás que são propriedade tua. Pois se compartilhas [com ele] na imortalidade quanto mais nos bens corruptíveis?". Nesta linha, destacam-se S. Basílio, S. Cirilo de Alexandria, S. Agostinho e S. João Crisóstomo, (com textos sobre os ricos, sobre o destino universal dos bens, sobre a comunidade da natureza e sobre os pobres) ou Santo Ambrósio (com vários textos sobre a titularidade universal de bens) – *Ibidem*, p. 28. *Vide* ainda Spanneut, M., 2002, pp. 121-126 e 167.
[74] Grócio, Hugo, 1925, Livro I, secção VIII, pp. 36 e 37.
[75] Grócio, Hugo, 1925, Livro I, secção VII, p. 36.
[76] Grócio, Hugo, 1925, Livro I, secção VII, p. 36.
[77] No mesmo sentido Edmundson, W. A., 2004, p. 21.

E então de duas uma: ou se entende que Grócio, com a sua contraposição, acaba por remeter, na prática, para a distinção entre justiça particular e justiça universal aristotélica, alterando a terminologia da primeira para justiça expletiva (com redução à justiça comutativa e sem referência à justiça distributiva) e a segunda para justiça atributiva (com a remissão para as virtudes de generosidade, compaixão) (Pufendorf, por exemplo, comentando o pensamento de Grócio, não vê no conceito de justiça atributiva grociana mais do que uma referência ao conceito de justiça universal aristotélica[78]); ou então entende-se que Grócio acaba por corromper a clássica concepção de justiça distributiva, reduzindo a clássica figura da justiça distributiva à beneficência ciceroniana, sob a nova designação de justiça atributiva. Seguindo qualquer um dos entendimentos, uma coisa é clara e não pode deixar de ser posta em relevo: embora não seja óbvia a verdadeira correspondência com o pensamento aristotélico, Grócio quis que a beneficência ciceroniana passasse a ser encarada como um imperativo de Justiça e não mais como um tema a ela alheio ou apenas sujeito ao seu constrangimento[79]. Neste ponto, está um passo à frente de Cícero: o que parecia desenhar-se no pensamento deste último Autor com contornos difusos, aparece mais claro em Grócio. A relação que estabelece entre a justiça atributiva e a justiça distributiva aristotélica (embora a correspondência não seja exacta), deixa-nos a pensar até se Grócio não terá antecipado a ideia que conduzirá no séc. XVIII a uma viragem decisiva no que toca ao tratamento do tema da Justiça e que consiste na integração da benevolência na justiça distributiva. Notamos, porém, que se a ideia era esta, Grócio ficou aquém do que acabou por ser conseguido nomeadamente por Smith e Kant, na medida em que não foi capaz de estabelecer uma relação manifesta entre benevolência e uma distribuição de bens legalmente prevista.

O tema da beneficência foi, todavia, retomado e desenvolvido séculos mais tarde por Pufendorf na sua obra *De jure naturae et gentium*. Ao passo que Hugo Grócio apenas tinha diferenciado os direitos exigíveis e não exigíveis legalmente, Pufendorf vai mais longe na caracterização, respectivamente, dos direitos perfeitos e imperfeitos, baseando-se na sua pioneira descoberta

---

[78] Pufendorf, Samuel, 1750, p. 138.
[79] Neste sentido v. Fleischacker, Samuel, 2004 p. 23, embora este Autor reconheça que "it is unclear why attributive justice" should be considered a part of justice at all, or how one could possibly interpret Aristotle's two kinds of justice as dividing along the lines of what can and cannot be enforced. (Aristotle's "distributive justice" is supposed to characterize the constitution of a state – to characterize how rights to vote and hold office get distributed – so how could it possibly not be enforced?)".

de que os verdadeiros direitos – os perfeitos – se caracterizam pela correlação entre direitos e deveres[80]. Assim, distingue os direitos perfeitos como os que são honrados por acções ou omissões devidas, dos imperfeitos que não têm correlação com nenhum dever específico[81]. Com esta distinção, Pufendorf remete[82], com algumas correcções, para a divisão aristotélica entre justiça universal – relacionada com o cumprimento de deveres de amizade, afeição, respeito, reconhecimento, humanidade, beneficência e a que associa os direitos imperfeitos – e justiça particular, a que associa os direitos perfeitos[83].

Os referidos direitos perfeitos são exercidos em favor de alguém, encontram-se no comércio jurídico e apresentam-se sob duas formas possíveis: os de justiça distributiva e os de justiça permutativa. Os primeiros corresponderiam a direitos perfeitos que resultassem de convenções celebradas entre a sociedade e os seus membros (e vice-versa) e que seriam atribuídos de acordo com critérios de igualdade geométrica – usando-se o mérito, na tradicional linha aristotélica, como critério para aferir do cumprimento da igualdade na referida proporção[84]. Os segundos equivaleriam a direitos perfeitos que resultassem dos contratos particulares, associados, portanto, a uma distribuição feita segundo critérios de igualdade aritmética[85]. Para o mesmo Autor, a violação de direitos perfeitos legitimaria a parte lesada ou a mover uma acção judicial ou a usar a força para impor esses mesmos direitos contra a parte lesante.

Pelo contrário, os direitos imperfeitos não se encontrariam no comércio jurídico. Por isso, o seu incumprimento geraria apenas injustiça, sem que a parte lesada pudesse fazer valer judicialmente ou pela força a sua pretensão (*eg.* não posso exigir que alguém mostre gratidão por benefícios recebidos ou que alguém aproveite uma oportunidade para conceder um benefício[86]).

Pufendorf acabou ainda por reconhecer que alguns dos direitos imperfeitos pudessem ser tornados legalmente exigíveis pelo Estado, na esteira do que já tinha defendido Cícero[87].

---

[80] Edmundson, W. A., 2004, p. 25.
[81] Edmundson, W. A., 2004, p. 26.
[82] Afastando-se de Hugo Grócio – *vide* comparação Pufendorf, Samuel, 1750, pp. 135 e ss.
[83] Pufendorf, Samuel, 1750, p. 135.
[84] Pufendorf, Samuel, 1750, pp. 136-137.
[85] Pufendorf, Samuel, 1750, p. 138.
[86] Pufendorf, Samuel, 1994, pp. 46 e 47.
[87] "What remains mysterious [em Cícero], though, is how what in other hands would be an unenforceable imperfect right becomes an enforceable perfect right in hands of the "superior" authority of the state" – Edmundson, W. A., 2004, pp. 21 e 22.

Não é, porém, "implausível encontrar a semente da moderna noção de justiça distributiva já em Pufendorf. Embora Pufendorf não diga ainda nada para sugerir que a propriedade privada deveria ser redistribuída [...] ou que a existência da pobreza constitui algum tipo de injustiça"[88]. O máximo que PUFENDORF defende, aponta para uma certa preocupação com a vulnerabilidade humana, que tem a ver com "o dever de cuidar da alimentação dos súbditos que «por causa de uma desgraça de que não foram culpados não possam sustentar-se a si mesmos» "[89]. Esta semente da noção de justiça moderna está decerto ligada com o facto de PUFENDORF fazer da dignidade da pessoa humana o centro do seu sistema de direito natural[90].

Chegados a este ponto, é de notar que nem CÍCERO nem GRÓCIO, nem PUFENDORF fizeram muito mais do que trazer o tema da benevolência para o tratamento da matéria da Justiça, deixando na prática quase intocados os conceitos clássicos de justiça. É ainda de ressaltar que, não obstante a mencionada introdução paulatina da benevolência na Justiça, a maioria dos Autores que trataram este tema até ao final do séc. XVII não se afastou dos quadros clássicos. A benevolência foi até aí, salvas raras excepções, comumente encarada com distância em relação à Justiça[91].

A referência a este aprofundamento serve para mostrar que sob o aparente consenso em torno dos conceitos de justiça aristotélico-tomistas, se foi formando uma base que permitiu a renovação da discussão deste tema, já no séc. XVIII.

Uma nota para explicar que "nenhum pensador de filosofia do direito antes de Smith – nem Aristóteles, nem S. Tomás de Aquino, nem Grócio, nem Pufendorf, nem Hutchenson, nem William Blackstone ou David Hume – colo-

---

[88] FLEISCHACKER, Samuel, 2004, p. 25.
[89] OTERO, Paulo, 2009, p. 185. Vide PUFENDORF, Samuel, 1962, no ponto 11 do Capítulo XI do Livro II: "Rulers are not indeed bound to support their subjects, except that charity commands a special care of those who, because of some undeserved misfortune, are unable to sustain themselves. However, since the funds necessary to the maintenance of the state are to be gathered from the property of the citizens, and the strength of a state consists also in the courage and the riches of its citizens, rulers must, therefore, see to it, so far as in them lies, that the property of the citizens increases".
[90] CORTÊS, António, 2005, p. 608.
[91] LOCKE, já no séc. XVII, no seu tratamento do tema da justiça, mostra adesão clara à oposição entre direitos de justiça e caridade (LOCKE, John, 1988, p. 170 – *First Treatise*, §42). No fim do mesmo século é também interessante a leitura de textos de QUAKER JOHN BELLERS – os quais acabam por influenciar em certa medida o pensamento de KARL MARX – em que o mesmo sugere a resolução do problema da pobreza através do exercício da caridade voluntária. Caridade esta que é tratada sem estar em correlação com o tema da justiça. Com efeito, para este autor, era do interesse dos ricos cuidar dos pobres e da sua educação – BELLERS, Q. J., 1696.

cou a justificação da propriedade privada sob o tema da justiça distributiva. Litígios sobre propriedade, como violações de propriedade, eram matérias de justiça comutativa"[92].

Dominava ainda a ideia de que "a interacção espontânea dos homens produzia já por ela própria uma ordem, que esta ordem era benéfica, e que o Estado devia deixá-la estar, deixá-la viver, ou mesmo – é a tese formal de Cícero – que não tinha outra missão para além de respeitar o direito, que lhe torna possível a implementação e a manutenção desta ordem social"[93].

A benevolência como manifestação de Justiça como virtude, financiada por impostos – primeiras manifestações da justiça moderna
Se a referência à benevolência no seio da teoria da Justiça nos permite antever sinais de mudança, a alteração de paradigma começa a ficar bem clara no século XVIII.

Já com uma visão bastante distinta de Justiça e defendendo claramente a intervenção pública para efeitos de correcção da distribuição de bens destacamos, agora, o pensamento de ROUSSEAU, mais próximo do pensamento aristotélico, e o de ADAM SMITH, subscrevendo as linhas de orientação de HUGO GRÓCIO e também PUFENDORF[94] em matéria de Justiça. O pensamento destes autores não deve porém ser visto isoladamente, pois que se enquadra na plena afirmação do liberalismo político e económico que precedeu as revoluções americana e francesa. Vive-se o momento do reconhecimento da liberdade e da igualdade dos homens (HOBBES). É o tempo da afirmação da ideia de que a sociedade e o Estado existem para servir o indivíduo (ideia de que os governos actuam em nome do povo – SUÁREZ/HOBBES – ou com o consentimento do povo como afirma LOCKE ou MONTESQUIEU). E da afirmação de que os direitos do homem à vida, à propriedade e à iniciativa privada (HOBBES/LOCKE) actuam como limite e fundamento do seu poder.

A inspiração de Jean-Jacques Rousseau
Começamos por ROUSSEAU. Mais do que alterar a perspectiva clássica da Justiça, ROUSSEAU pretende inspirar as pessoas a uma cidadania activa, mais

---

[92] FLEISCHACKER, Samuel, 2004, p. 27.
[93] NEMO *in* NEMO, Philippe e PETITOT, Jean,, 2006, p. 73
[94] Sem esquecer naturalmente que PUFENDORF foi um dos Autores com mais influência no pensamento político e filosófico escocês do séc. XVIII, pela mão de GERSHOM CARMICHEL, antecessor de HUTCHESON e ADAM SMITH na cadeira de Filosofia Moral da Universidade de Glasgow – FLEISCHACKER, Samuel, 2004, p. 25.

favorecedora da igualdade (e, consequentemente, também da liberdade). Na alusão de Rousseau ao tema da Justiça, tanto em *Discours sur l'origine et les fondements de l'inegalité parmi les hommes* [95] como em *Émile, ou de l'Éducation*, resulta, aliás, como evidente uma remissão para o mérito como critério na distribuição de bens. Para o mesmo Autor, os cidadãos não devem, porém, ser distinguidos pelo seu mérito pessoal, sob pena de arbitrariedade no seu tratamento, mas sim pelos serviços reais que prestam ao Estado, já que esses são susceptíveis de um cálculo mais exacto[96].

Assim, não obstante a clareza no sentido do fim das desigualdades, por meio de medidas redistributivas, o mais inspirador no discurso rousseauniano acaba mesmo por ser a proposta no sentido de que se acredite no poder do Estado e dos seus cidadãos para resolver as desigualdades sociais, já que as mesmas constituem, do seu ponto de vista, um obstáculo à verdadeira democracia. Como ensina Fleischaker, "aquilo com que Rousseau contribuiu para o distributivismo foi algo de mais geral: uma atitude de suspeição perante a sociedade comercial; uma atenção para com os seus custos, particularmente para os mais desfavorecidos; e a sugestão de que a solução para os seus problemas assenta mais na política do que nas atitudes religiosas ou filosóficas que podem permitir aos que sofrem ultrapassar os seus problemas"[97]. Ilustrativo disto mesmo é a significativa afirmação de Kant em que reconhece a inspiração do pensamento rousseauniano: "[Com Rousseau] aprendi a honrar a humanidade [...]"[98].

Rousseau propõe medidas legislativas que visam, em última análise, uma redistribuição de bens favorecedora da moderação nos bens e na posição, na inveja e na avareza[99]. Rousseau segue aqui uma linha de certo modo inspirada em Thomas More, responsabilizando a propriedade privada "pela desigualdade social e pela desarmonia entre os homens"[100]. No entanto, não propõe como More uma via utópica. Rousseau constrói antes uma solução

---

[95] Rousseau, Jean-Jacques, 1755, nota 15, pp. 261 e 262.
[96] *Vide* também a este propósito Rousseau, Jean-Jacques, 1755, p. 124, em que se liga o trabalho à aquisição da propriedade (mais uma vez, o mérito na aquisição de bens). Esta ideia volta a ser reforçada na obra *Émille*.
[97] Fleischacker, Samuel, 2004, p. 56.
[98] Kant, Immanuel, 1764, p. 44. Referindo também a influência de Rousseau sobre Kant *vide* Prélot, M. e Lescuyer, G., 2001, pp. 82-83.
[99] Rousseau, Jean-Jacques, 1913, pp. 45 e 46. Note-se, aliás, que a liberdade é a par da igualdade um dos fins dos sistemas de legislação, tal como Rousseau os concebe (p. 45). No sentido de que Rousseau não propõe em concreto políticas redistributivas – Amaral, D. Freitas do, 2012, p. 227.
[100] Otero, Paulo, 2009, p. 199.

"fazendo da propriedade privada o elemento fundador da sociedade civil"[101]. Para ROUSSEAU "o direito de propriedade é o mais sagrado de todos os direitos de cidadania, e é mesmo mais importante em certos aspectos do que a própria liberdade"[102]. Para ROUSSEAU, só o poder, a riqueza e a pobreza excessivos poderiam dar origem a situações intoleráveis: o poder em demasia poderia dar azo à violência; e a riqueza e a pobreza excessivas poderiam dar lugar à compra ou venda, respectivamente, de cidadãos entre si. Por isso, ROUSSEAU, propõe uma redistribuição de bens. Mais do que retirar riqueza aos seus possuidores, esta deveria prevenir situações de acumulação da mesma ou situações favorecedoras da extrema pobreza[103]. Para além disso, propõe também impostos equitativos e proporcionais baseados numa *ratio* composta pela diferença das condições dos contribuintes e do carácter supérfluo das suas posses[104]: "É por esses impostos, de facto, que os pobres são aliviados e os encargos lançados sobre os ricos, isso é possível para evitar contínuo aumento da desigualdade de riqueza"[105].

Adam Smith e a solicitude para com os pobres
Diferentemente do que sucede com ROUSSEAU, no tratamento da justiça, ADAM SMITH recorre às noções de HUGO GRÓCIO de justiça comutativa e atributiva. Para o mesmo Autor, a justiça comutativa teria como objecto os direitos perfeitos (remissão para o conceito de justiça expletiva de HUGO GRÓCIO, "entendida de acordo com o valor central do *neminem laedere*[106]")[107]. Por seu turno, a justiça atributiva teria como objecto os direitos imperfeitos que caem para além dos confins da legiferação e jurisdição (remissão para o conceito de justiça atributiva, "próxima já dos paradigmas da solidariedade e da «mutualidade de serviços»"[108])[109].

---

[101] OTERO, Paulo, 2009, p. 198.
[102] ROUSSEAU, Jean-Jacques, 1913, p. 271.
[103] ROUSSEAU, Jean-Jacques, 1913, p. 267.
[104] ROUSSEAU, Jean-Jacques, 1913, pp. 278-281 e 285.
[105] ROUSSEAU, Jean-Jacques, 1913, p. 284.
[106] ARAÚJO, Fernando, 2001, p. 1091.
[107] SMITH defende, em direito penal, o retributivismo. E este, na sua apreciação, é a expressão do princípio do *neminem laedere*, na medida em que se trata de um desrespeito dos deveres negativos de abstenção e respeito – ARAÚJO, Fernando, 2001, p. 1121.
[108] ARAÚJO, Fernando, 2001, p. 1091.
[109] Na selecção do critério para a atribuição de bens, SMITH critica os critérios baseados na necessidade ou no mérito entendendo que os mesmos estariam sempre irremediavelmente viciados pela apreciação subjectiva dos mesmos. SMITH assenta a administração da justiça na protecção da propriedade privada – ARAÚJO, Fernando, 2001, p. 1105, nota 2550.

Para o Professor escocês, a benevolência, central para a compreensão da solicitude para com os pobres, era encarada como um dever de justiça atributiva, a que correspondia um direito imperfeito. E neste ponto acaba por seguir a tradição que o precedeu (aristotélico-tomista). Ou seja, Smith encara a benevolência como a meta da perfeição moral e algo que não vincula as pessoas[110]. Como ele mesmo o afirma "agora os homens só são obrigados a não fazer mal uns aos outros e agir de forma justa e com justiça em suas relações, mas não são obrigados a quaisquer actos de benevolência, os quais são deixados inteiramente à sua própria boa vontade"[111].

Apesar disso, na medida em que a benevolência corresponde a um dever de justiça atributiva (ainda que não pudesse ser forçada nem a sua falta ser juridicamente sancionada), Smith defende que esta deveria ser cultivada pela liderança política. Esta defesa assenta numa função ética da liderança política, em especial do poder legislativo a quem cabe o desempenho desta tarefa[112]. Ou seja, "Smith reconhece a legitimidade de usar o poder do Estado para «impor... deveres de beneficência»"[113].

Adam Smith propõe, em concreto, antes de mais, o subsídio do Estado no ensino de escrita e aritmética aos mais pobres, na medida em que este não possa ser financiado pelos pais dessas crianças. Em segundo, reforçando a sua solicitude para com os pobres[114], Smith acrescenta elementos à sua lista de despesas públicas, chegando "ocasionalmente a admitir tarefas redistributivas do Estado e finalidades extrafiscais da tributação"[115]. Com efeito, defende que os ricos devem contribuir para um certo alívio dos pobres (por exemplo, pagando taxas sobre o transporte de bens de luxo, carros e mala-posta um pouco superiores às que são impostas a transportes de primeira

---

[110] "[...] Adam Smith points out, the notion of benevolence as encompassing 'the general happiness of mankind' would require man to do something of which God is no doubt capable but that is beyond the powers of man" – Coase, R. H., 1976, p. 17.
[111] Smith, Adam, 1982, p. 172. Vide Peart, S. J. e Levy, D. M., 2008, p. 13.
[112] Araújo, Fernando, 2001, pp. 1109 e 1110.
[113] Fleischacker, Samuel, 2004, p. 26.
[114] "Adam Smith was undoubtedly more solicitous toward the common people than toward the rich and powerful" – Rimlinger, 1983, p. 228.
[115] Neste sentido Araújo, Fernando, 2001, p. 1258 ou Sen, Amartya, 2010, p. 30. Contrariamente, Musgrave nega o carácter redistributivo do sistema fiscal Smithiano: [nesse mesmo sistema fiscal] "there was little economic scope for the exercise of beneficence through the budget, even if redistribution through the mandatory use of taxation had been defensible" – Musgrave in Wilson, T. e Skinner, A., 1976, p. 310. Para este Autor, a beneficência em Smith tem uma natureza voluntária – sendo apenas recompensada pela simpatia –, que impossibilita a sua imposição (Ibidem, p. 301).

necessidade[116]). Para SMITH, "não é muito despropositado que os ricos contribuam para a despesa pública não só em proporção com o seu rédito, mas com alguma coisa mais do que nessa proporção"[117]. Defende ainda que nalguns casos o Estado deve intervir a favor de uma descida de grandes fortunas em benefício dos mais pobres (por exemplo, nos casos em que essas grandes fortunas ultrapassassem certos limites ou nos casos em que as disparidades económicas fossem excessivas)[118]. De acordo com isto, SMITH defendeu ainda alguns cuidados na cobrança de receita, de forma a que esta não recaísse principalmente sobre os pobres, segundo ele, porque são os "que se encontram em piores condições para o fazerem"[119/120].

A defesa intransigente da desigualdade na distribuição de fortunas de que parte, aliada ao seu elenco de despesas e admissão de tarefas redistributivas por parte do Estado, redundam, nos textos smithianos, na sustentação de uma ideia, muito comparada com o princípio da diferença de RAWLS segundo a qual, nas palavras de BRAHAM, "os mais pobres estão ainda 'melhor', senão até melhor ainda, sob uma desigualdade institucionalizada do que sob um sistema alternativo viável em que a paz e a ordem foram quebradas e toda a gente foi reduzida à igualdade da pobreza"[121].

A solicitude smithiana para com os pobres tem na sua base um igualitarismo moral, que parte do princípio de que todas as pessoas têm um igual valor moral[122]. Com efeito, para SMITH as diferenças existentes entre as pessoas, não sendo intrínsecas, derivam apenas do meio em que vivem, sendo potenciadas pela divisão de trabalho. Divisão esta que paradoxalmente acaba por deixar clara a igualdade entre todos, na medida em que apresenta os sujeitos

---

[116] SMITH, Adam, 2006, p. 337.
[117] SMITH, Adam, 2006, p. 512.
[118] SMITH, Adam, 1982, p. 194-196: "So that in the present state of things a man of great fortune is rather an advantage than disadvantage to the state, providing that there is a gradual descent of fortunes betwixt the great ones and others of the least and lowest fortune" (*Ibidem*, p. 196). ARAÚJO, Fernando, 2001, p. 721, nota 1649.
[119] SMITH, Adam, 2006, p. 341.
[120] Note-se, embora, que ADAM SMITH não tem problemas em defender impostos sobre bens de luxo também para pobres: "I dislike all taxes that may affect the necessary expenses of the poor. They, according to circumstances, either oppress the people immediately subject to them, or are repaid with great interest by the rich, i.e. by their employers in advanced wages of their labour. Taxes on the luxuries of the poor, upon their beer and other spirituous liquors, for example, as long as they are so moderate as not to give much temptation to smuggling, I am so far from disapproving, that I took upon them as the best of sumptuary laws" – MOSSNER, E. C. E ROSS, I. S., 1977, p. 327
[121] BRAHAM, M. 2006, p. 11.
[122] BRAHAM, M. 2006, p. 1. No mesmo sentido, FLEISCHACKER, Samuel, 2004, p. 65.

económicos como interdependentes entre si na sua sobrevivência. A compreensão desta igualdade do valor moral dos indivíduos acaba por deitar luz sobre toda a teoria de SMITH. Acaba também por explicar a alteração de paradigma no que respeita à compreensão de todo o programa de actuação do Estado que defende (com papel activo na instrução popular[123] e na redistribuição da riqueza). Contribuindo para alterar a visão dos pobres, SMITH sustenta uma teoria da justiça que procura dar a todos, oportunidades semelhantes[124], baseando-se na ideia de que a natureza humana é igual em ricos e pobres.

É, porém, um facto que em nenhum ponto da teoria de SMITH se encontra a medida da distribuição a operar materialmente: "Em certo sentido, o máximo que Smith nos providencia explicitamente é uma medida de pobreza: o estado de coisas E1 é pelo menos tão bom quanto E2 se, e somente se, E1 tem pelo menos o mesmo número de pessoas acima do nível de subsistência do E2"[125]. SMITH acaba apenas por concentrar a avaliação da igualdade de oportunidades na possibilidade de todos beneficiarem da experiência de sentimentos nobres, generosos e de ternura e na capacidade de todos emitirem juízos justos[126]. Nas palavras de BRAHAM, "a teoria smithiana da justiça não é simplesmente uma conta liberal de justiça como a liberdade natural "à la" Buchanan (1954), mas também uma conta do bem como florescimento [/ desenvolvimento] humano [...]. Portanto, a justiça smithiana tem de ser entendida tanto negativamente, como a redução ou minimização desses obstáculos (como a privação material, a dominação, a opressão, a falta de autonomia do indivíduo), quanto positivamente, em termos de oferta de oportunidades para desenvolver e actuar de acordo com a sua consciência"[127].

Abrimos aqui um parêntesis para explicar como coadunar o liberalismo Smithiano com a sua solicitude para com os pobres. E uma ideia simples é sufi-

---

[123] É esta igualdade do valor moral de cada um que torna a defesa da instrução pública numa das pedras de toque da teoria de SMITH. Com efeito, é através desta que todos os membros da sociedade se podem equiparar. Além de que é esta que permite a mobilidade social: "the more educated a worker is, the easier it is for him to move out of low-paid manual labour and climb the socioeconomic ladder. And the more labourers who move up the ladder, the smaller becomes the gap in socioeconomic inequality" – BRAHAM, M., 2006, p. 16.
[124] Como afirma FERNANDO ARAÚJO, "a transformação do trabalho em mercadoria, depois tida por Marx como a base da alienação, é para Smith a esperança de que os trabalhadores possam destacar-se da sua própria produtividade, isto é, possam desempenhar em relação a ela uma função de comerciantes" – ARAÚJO, Fernando, 2001, p. 1105.
[125] BRAHAM, M., 2006, p. 20.
[126] BRAHAM, M., 2006, p. 22.
[127] BRAHAM, M., 2006, pp. 23 e 24.

ciente para o fazer: SMITH é um liberal que assenta toda a sua teoria na ideia optimista de que a dinâmica social regenera todas as imperfeições que dela possa advir, mas que, nos casos em que este efeito regenerador não ocorre[128], crê numa certa eficácia da intervenção reguladora do Estado.

Expliquemos melhor. O liberalismo de SMITH não é compreendido sem a alusão à ideia da mão invisível[129] – já defendida por MANDEVILLE e DAVID HUME[130] –, que parte dos pressupostos mecanicistas que adopta em toda a sua obra[131/132]. Para SMITH, a mão invisível corresponde a forças invisíveis que dirigem os corpos[133/134]. Em concreto, é a mão invisível que faz com que cada empresário ao pensar nos seus próprios bem e segurança, acabe por ser guiado a atingir um fim que não fazia parte das suas intenções: o bem público, no sentido de que o conjunto das suas acções acaba por contribuir para que o rédito anual da sociedade seja o maior possível. É, portanto, esta mão invisível que começa por operar a redistribuição automática da riqueza. SMITH é, portanto, um optimista, ao sustentar com base na ideia da mão invisível, que mesmo sem intervenção do Estado, os agentes económicos, até sem o saber, agem de forma globalmente equilibrada, satisfazendo em geral as necessidades dos outros agentes com os quais interagem ("o rico que, para alimentar as suas extravagâncias, sustenta involuntariamente os pobres, ou o agente

---

[128] RIMLINGER, 1983, p. 224.
[129] A qual é referida não só na *Teoria dos Sentimentos Morais*, mas também na *Riqueza das Nações* – SMITH, Adam, 1976, p. 274 e SMITH, Adam, 2006, p. 757 e 758 (IV, ii, 9º parágrafo).
[130] PETSOULAS, C., 2001, pp. 6 e 8 (aqui rejeitando uma ligação da "ordem espontânea" de HAYEK com a ideia da mão invisível oitocentista).
[131] "A sociedade humana, quando a consideramos a uma certa luz abstracta e filosófica, aparece como uma grande, uma imensa máquina, cujos movimentos regulares e harmoniosos produzem milhares de efeitos agradáveis. Como em qualquer outra máquina bela e nobre que tenha sido produto do engenho humano, tudo o que tenda a tornar os seus movimentos mais suaves e fáceis retira desse efeito uma beleza própria, e pela mesma razão torna-se desagradável tudo o que tenda a obstruí-los; e assim a virtude, que afinal não é senão o polimento das engrenagens da sociedade, necessariamente agrada; enquanto o vício, como a ferrugem que as faz friccionar e ranger umas contra as outras, é necessariamente ofensivo" – SMITH, Adam, 1976, p. 316 *apud* ARAÚJO, Fernando, 2001, p. 714. Referindo-se também ao mecanicismo, COASE considera-o usual no séc. XVIII – COASE, R. H., 1976, pp. 1 e 18.
[132] SMITH adopta até um discurso mecanicista, o que, para além de tudo o mais, "que lhe dá um alcance persuasivo inigualável" – ARAÚJO, Fernando, 2001, p. 711.
[133] SMITH, Adam, 1976, p. 274: "All the events in this world were conducted by the providence of a wise, powerful, and good God, we might be assured that whatever happened tended to the prosperity and perfection of the whole".
[134] "A «mão invisível» é, em Adam Smith, antes do mais uma alusão cifrada ao ascendente estóico do seu mecanicismo – é a «mão invisível de Júpiter»" – ARAÚJO, Fernando, 2001, p. 720.

económico em geral que involuntariamente promove o interesse público, no duplo sentido de provocar benefícios sociais e de consolidar a ordem económica, quando se concentra no seu interesse particular"[135]). Confia, pois, "num automatismo que remedeia essa imperfeição [o conhecimento incompleto do real] e assegura a harmonia do desfecho global"[136]. Com esta visão, SMITH sustenta a virtualidade regeneradora da dinâmica social[137].

Apesar de crer no automatismo da mão invisível, "[...] Smith não era um anarquista económico. A actividade governamental faz parte inerente do seu sistema de liberdade natural"[138] (com as suas actividades de defesa, administração da justiça, instrução pública, etc.). Para além das actividades que têm a ver com o normal funcionamento do Estado, SMITH admite que "o homem é levado pela natureza a corrigir, em certa medida, aquele arranjo de coisas que ela própria teria de outro modo determinado"[139], sem porém deixar de reconhecer que "o curso natural das coisas não pode ser inteiramente controlado pelos esforços impotentes do homem; a corrente é demasiado forte e rápida"[140]. Defende assim o desempenho de um papel regulador sempre que a mão invisível não opera com o seu carácter regenerador[141]. Nestas situações, tal como fará em vários pontos da sua obra, SMITH defende a intervenção do Estado a favor dos mais pobres[142][143]. Apresenta, assim, a sua solicitude pela condição dos pobres e a sua consciência social[144], a qual não deixa obviamente de jogar com a sua abordagem mecanicista nem com o seu optimismo. Aliás complementa a sua visão, corrigindo as suas falhas[145]. O que até é compreensível

---

[135] ARAÚJO, Fernando, 2001, p. 721.
[136] ARAÚJO, Fernando, 2001, p. 729.
[137] ARAÚJO, Fernando, 2001, p. 773.
[138] MUSGRAVE *in* WILSON, T. e SKINNER, A., 1976, p. 296.
[139] SMITH, 1976 p. 168, *apud* ARAÚJO, Fernando, 2001, p. 724.
[140] SMITH, 1976 p. 168, *apud* ARAÚJO, Fernando, 2001, p. 724.
[141] BRAHAM, M., 2006, p. 4: "In a number of passages (*eg.* WN II, ii, V, I, *g*) he [Adam Smith] discusses cases where uncoordinated private action actually fails to benefit all members of society and the unfettered market distorts individual incentives".
[142] Como o nota RIMLINGER, SMITH não hesita em mostrar-se a favor da regulação pública, sempre que esta tenha efeitos sociais favoráveis – RIMLINGER, 1983, p. 231.
[143] *Vide* PHILIPPE NEMO defendendo que este pensamento é ainda tributário do pensamento clássico, quando diz que o Estado apenas pode *restabelecer* a ordem e nunca *criá-la* – NEMO *in* NEMO, Philippe e PETITOT, Jean, 2006, p. 73.
[144] ARAÚJO, Fernando, 2001, p. 721, nota 1649.
[145] "Mas vimos também que Smith tem uma consciência social que é já sensível às agudas disparidades que nenhuma «mão invisível» parece conseguir rectificar; e que nele o fundamento último da legitimação política não é um vazio formalismo, antes se inclina ostensivamente para o utilitarismo consubstanciado na posição «whig»; e ainda que, como seguidor atento da vanguarda

se tivermos em conta que para Smith, "o primeiro objectivo da economia política como ramo da «ciência do legislador» é "proporcionar um rendimento ou uma subsistência abundante às pessoas, ou mais propriamente habilitá-las a obter esse rendimento ou subsistência para si próprias", e só depois é que aparece a obtenção de receitas públicas; ou, na própria síntese de Adam Smith, primeiro os indivíduos, depois o soberano"[146].

É justamente aqui que pensamos que está o carácter inovador do pensamento de Adam Smith em matéria de despesa pública: embora ainda dentro do pensamento clássico de respeito pela realidade que preexiste à acção do Estado (e neste aspecto Smith é um autor que defende um conceito de justiça pré-moderno) lança a ideia moderna de que o Estado e os seus dirigentes podem ir além disso e agir, modificando a realidade.

A tónica na inviolabilidade humana e a plena integração da benevolência na Justiça distributiva com Kant

Ao contrário do que sucede com Rousseau e Smith, a ideia do auxílio aos pobres adquire com Kant uma dimensão inédita. O que se deve essencialmente ao cruzamento de dois factores: uma concepção de justiça distributiva que se afasta da linha aristotélica e grociana e a defesa de uma ideia de dignidade humana com implicações práticas.

Para Kant, a justiça distributiva é um dos termos da tricotomia em que se divide a justiça pública – consistindo esta na "[...] relação de seres humanos entre si que contém as condições sob as quais todos possam gozar dos seus

---

filosófica, deposita no mecanismo da política a esperança numa redenção social que possa chegar pelo caminho da pedagogia. Tudo isso pareceria apontar, pois, para a necessidade de consagração de uma qualquer função ética na liderança política – para a difusão por padrões positivos de conduta -, não fosse o iluminismo partilhar todo ele da convicção de que isso equivaleria essencialmente ao aspecto mais «tenebroso» da hierarquia medieval. É, pois, com um primor máximo de cautela que Smith concede, a propósito das práticas sociais benevolentes que "por vezes, um superior pode efectivamente, com a aprovação universal, obrigar os que estão sob a sua jurisdição a comportarem-se a esse respeito, com certo grau de correcção uns para com os outros [...] ele pode, pois, prescrever regras que não apenas proíbem danos recíprocos entre concidadãos, mas impõem até certo ponto bons ofícios mútuos [...] de todos os deveres de um legislador, contudo, este é o que requer maior sensibilidade e reserva para se cumprir correcta e criteriosamente. Negligenciá-lo por completo expõe a comunidade a desordens graves e a extremos chocantes, e levá-lo longe de mais equivale a destruir toda a liberdade, segurança e justiça" (Smith, Adam,1976, p. 81). Observação que, muito mais do que o ecletismo metodológico ou a ductilidade pragmática explica os subtis equilíbrios que Adam Smith constantemente emprega nos domínios da política económica" – Araújo, Fernando, 2001, pp. 1109 e 1110.

[146] Araújo, Fernando, 2001, p. 1265.

direitos, bem como a condição formal sob a qual isso é possível, de acordo com a ideia de uma vontade legislativa para todos [...]"[147] –: justiça preventiva, justiça comutativa e justiça distributiva[148]. Esta tricotomia toma como referência a possibilidade (justiça preventiva), a actualidade (justiça comutativa) e a necessidade (justiça distributiva) da posse de objectos de acordo com as leis. Em termos de justiça preventiva, a lei diz "que conduta é intrinsecamente justa no que respeita à sua forma (*lex iusti*)"[149]; na justiça comutativa a lei diz que "objectos são capazes de ser externamente cobertos pela lei, em termos da sua matéria, ou seja, que modo de ser possuído é de direito (*lex juridica*)"[150]; em termos de justiça distributiva, a lei diz "qual é a decisão de um tribunal num caso particular de acordo com a lei sob a qual ele cai, ou seja, o que é assente como direito (*lex iustitiae*)"[151] o que significa que ela diz de que forma é que a justiça é distribuída[152]. De acordo com esta tricotomia kantiana, a justiça distributiva está relacionada com o recurso aos tribunais em casos concretos e consubstancia-se nas sentenças dadas em casos particulares[153]. É esta justamente que distingue, segundo o mesmo Autor, o estado de natureza do estado de direito[154] ou ainda que permite a passagem do direito privado para o direito público.

Tratando desta forma a justiça distributiva, KANT afasta-se da abordagem clássica da matéria da justiça. FLEISCHACKER atribui a distância em relação à linha tradicional no tratamento da Justiça ao facto de KANT estar insuficientemente familiarizado com os trabalhos clássicos de filosofia política e do

---

[147] KANT, Immanuel, 2008 (II), pp. 84 e 85.
[148] KANT, Immanuel, 2008 (II), p. 85.
[149] KANT, Immanuel, 2008 (II), p. 85. "Protective justice is supposed to give us the form of law (what makes law possible)" – FLEISCHACKER, Samuel, 2004, p. 69.
[150] KANT, Immanuel, 2008 (II), p. 85. "[...] commutative justice [is supposed to give us] the content of law (its actuality)" – FLEISCHACKER, Samuel, 2004, p. 69.
[151] KANT, Immanuel, 2008 (II), p. 85 "[...] and distributive justice [is supposed to give us] the mechanism by which laws are enforced (made "necessary")" – FLEISCHACKER, Samuel, 2004, p. 69.
[152] "É notável o modo como um defensor da legalidade identifica várias vezes o Direito com o tribunal que o aplica. Compreende-se: não bastam as leis para haver direito, é necessária uma instância de poder imparcial que legitime, em concreto, a coerção" – CORTÊS, António, 2005, p. 623.
[153] KANT, Immanuel, 2008 (II), p. 94: "For a verdict (a sentence) is an individual act of public justice (*iustitiae distributivae*) performed by an administrator of the state (a judge or court) [...]".
[154] KANT, Immanuel, 2008 (II), p. 86: "From private right in the state of nature there proceeds the postulate of public right: when you cannot avoid living side by side with all others, you ought to leave the state of nature and proceed with them into a rightful condition, that is a condition of distributive justice". *Vide* também p. 89.

Direito[155]. Com este afastamento, KANT passa a encarar a justiça distributiva como judicialmente exigível. Esta é a grande novidade relevante. Com efeito, a justiça distributiva é na filosofia kantiana a própria aplicação do direito pelo tribunal. E é isto que também lhe permite ir mais longe do que ROUSSEAU ou SMITH, concebendo o cuidado do Estado para com os pobres como um verdadeiro dever de Justiça.

Não obstante a sua concepção de Justiça estar afastada da perspectiva clássica, no que toca à dignidade humana, o seu pensamento espelha muito da reflexão que o antecede: "O antecedente próximo da ideia de dignidade humana em Kant estará provavelmente no pensamento de Pufendorf que colocava já a questão da dignidade humana (*dignitas humanae naturae*) no centro do seu sistema de direito natural"[156]. O antecedente mais longínquo encontra-se na configuração judaico-cristã da pessoa humana[157]. E a ideia de ajuda aos mais necessitados deriva justamente deste conceito de dignidade humana[158].

A ideia da ajuda aos pobres parte da necessidade que sente de "manter a razão à escala da experiência humana"[159] e do princípio da humanidade que enuncia: "Actua de maneira que trates sempre a humanidade, seja na tua pessoa seja na pessoa de outrem, nunca simplesmente como um meio, mas sempre como um fim em si mesma"[160]. Na filosofia kantiana, a dignidade humana encontra-se justamente nesta exigência de se "ser tratado como fim"[161]. E é esta dignidade que equipara todos os homens: "é na dignidade que se fundamenta o respeito que lhe devem todos os restantes seres racionais do mundo, tal como é pela dignidade que cada homem se pode valorar em pé de igualdade perante os demais"[162].

"Kant não se limita a dissertar especulativamente sobre o imperativo categórico e a fórmula da 'humanidade em cada pessoa como fim em si' "[163].

---

[155] FLEISCHACKER, Samuel, 2004, p. 69.
[156] CORTÊS, António, 2005, p. 608 e OTERO fazendo referências à utilização do conceito de dignidade da pessoa humana por PUFENDORF e por HUMBOLDT, abrindo no entanto a possibilidade de este último já estar sob influência do pensamento kantiano – OTERO, Paulo, 2009, pp. 184 e 203.
[157] OTERO, Paulo, 2009, p. 212.
[158] "Não obstante a questão em torno da dignidade humana ser nuclear no pensamento de Kant, a verdade é que a expressão "dignidade humana" só a título ocasional surge na sua obra" – OTERO, Paulo, 2009, p. 208.
[159] CORTÊS, António, 2005, p. 608.
[160] KANT, Immanuel, 2008 (I), pp. 106 e 107.
[161] OTERO, Paulo, 2009, p. 209.
[162] OTERO, Paulo, 2009, p. 209.
[163] CORTÊS, António, 2005, p. 610.

Com efeito, a sua ideia "tem diversas implicações práticas, nos mais diversos domínios da existência humana"[164]. Estas implicações fazem com que fale em desenvolvimento da personalidade para cumprimento do dever de perfeição própria e do auxílio aos necessitados para cumprimento do fim da felicidade alheia que devemos cumprir.

"Kant afirma que há um dever de auxílio face à necessidade alheia"[165]. Na filosofia kantiana, o dever para com os pobres radica, em primeiro lugar, na ideia da insuficiência da ajuda aos pobres feita apenas por caridade ou favor, exposta nos *Fundamentos da Metafísica da Moral*. Em segundo lugar, na perspectiva de que a pobreza resulta da injustiça de os pobres terem sido injustamente privados dos seus bens em favor dos ricos – com efeito, para KANT, a economia é um jogo de soma zero, em que o ganho de uns corresponde à perda de outros (KANT sugere que as pessoas são pobres só porque os seus direitos de propriedade foram invadidos pelos ricos – "o que era chamado pelos predecessores de Kant de 'justiça comutativa' requer programas redistributivos para os pobres, diz ele, uma vez que a riqueza e a pobreza podem vir somente por via da fraude ou do roubo"[166]). Por último e em terceiro lugar, na ideia de que para ter verdadeiro valor moral, a ajuda aos outros ou, se quisermos, a benevolência deve ser praticada por dever e não apenas por inclinação[167]. De facto, a sua prática por inclinação, embora justa e agradável, é na sua filosofia despojada de valor moral[168]. Para KANT essa ajuda aos pobres deve ser encarada como um dever. "Note-se que para Kant não há um direito de necessidade. A pessoa oprimida pela pobreza não pode utilizar isso como pretexto para se apropriar indevidamente de bens alheios. Mas o auxílio ao próximo que se encontra numa situação de necessidade tem a imperatividade de um dever"[169/170].

Para KANT esta ajuda não deve partir apenas de uma benevolência voluntária, pois a mesma traz problemas associados à corrupção moral, à inferiorização daqueles que estão dependentes da ajuda e à dependência incerta

---

[164] CORTÊS, António, 2005, p. 610.
[165] CORTÊS, António, 2005, p. 613. Falando de um dever positivo de agir resultante da dignidade humana kantiana – OTERO, Paulo, 2009, p. 211.
[166] FLEISCHACKER, Samuel, 2004, p. 70.
[167] KANT, Immanuel, 2008 (I), p. 69.
[168] Para KANT, o valor moral da acção benevolente resulta do mero princípio de volição do dever de acordo com o qual ela foi levada a cabo, independentemente do propósito da mesma ter sido atingido ou não – KANT, Immanuel, 2008 (I), pp. 71 e 72.
[169] CORTÊS, António, 2005, p. 614.
[170] KANT, Immanuel, 2008 (II), p. 28.

do coração e temperamento das pessoas. Para evitar estes problemas, Kant propõe a provisão pelo Estado. "Kant observa que dar esmolas 'bajula o orgulho do doador' enquanto degrada aqueles a quem as esmolas são dadas. 'Seria melhor', diz ele, 'ver se o pobre não podia ser ajudado de alguma outra forma que não implique ser degradado por aceitar esmolas' [...]. A provisão estatal aos pobres tem, na visão de Kant, vantagens morais sobre a caridade privada"[171]. Encarando a ajuda aos pobres como dever estadual, fica justificada a alegação de que a contribuição para este fim deve, então, ser realizada por todos, por meio dos impostos. A benevolência para com os mais pobres deveria assim deixar de ser um favor, mas um dever. Apesar de Kant ser associado a uma "concepção peculiarmente forte de direitos de propriedade"[172], que até o faz ser considerado como fonte do libertarismo, ele defende – fazendo o caminho inverso ao dos libertários – uma acção do Estado no sentido do cuidado para com os pobres, suportada por meio de impostos. E "ao contrário dos libertários contemporâneos [...] ele não apresenta nenhuma preocupação quer sobre uma possível tensão geral entre direitos de propriedade e impostos, quer sobre a possibilidade de que o uso do dinheiro de impostos para fins de redistribuição pode entrar em conflito com a obrigação do Estado de manter os direitos de propriedade de todos"[173].

O apuramento dos deveres do Estado nesta matéria será ainda moldado pela perspectiva que Kant tem acerca da natureza humana. Em concreto, da ideia que a realização das potencialidades do Homem apenas é possível quando este se encontra em condições favoráveis. Kant associa o desenvolvimento das capacidades do Homem ao progresso político, económico e educacional. "Portanto, o valor da vida de uma pessoa requer o desenvolvimento das suas potencialidades, para isso pode ser necessário que a sociedade forneça as circunstâncias materiais para desenvolver essas potencialidades para todos aqueles que de outra forma não as têm"[174].

Kant defende concretamente que o Estado tem o dever de manter organizações visando assistir aqueles que se encontrassem em situação desfavorável: de cuidado aos pobres, casas de crianças abandonadas (expostas) e organizações da igreja (instituições de caridade ou religiosas)[175]. E justifica-o com uma ideia simples: se o povo que se une numa sociedade pretende asse-

---

[171] Fleischacker, Samuel, 2004, p. 71.
[172] Fleischacker, Samuel, 2004, p. 69.
[173] Fleischacker, Samuel, 2004, p. 70.
[174] Fleischacker, Samuel, 2004, p. 74.
[175] Kant, Immanuel, 2008 (II), p. 100.

gurar a sua perpetuação, deve manter aqueles membros que não conseguem sustentar-se a si próprios[176]. Para o financiamento destas actividades (e das despesas implicadas), KANT propõe, em geral, quer a cobrança de impostos pelo Estado, quer a criação de fundos estaduais e o uso dos juros que eles geram. Em particular, no caso dos pobres, propõe a cobrança de uma contribuição corrente[177].

Deve notar-se que na filosofia kantiana a consideração da justiça de uma acção é independente da justeza das suas consequências. Quer isto dizer, que para o apuramento da justiça de uma acção são desconsiderados os propósitos ou objectivos da mesma – em termos de saber se foram ou não cumpridos[178]. Com efeito, basta para afirmar a justeza de uma acção o apuramento do princípio da vontade em que ela se apoiou. Se a vontade é justa, então a acção também o será. Aplicada à benevolência, esta ideia redunda na falta de interesse em saber – para o apuramento da justeza de conduta benevolente – se os seus resultados são ou não realmente de ajuda aos outros; o que é importante é apurar a existência de vontade de cumprimento do dever de ajuda aos outros para se dizer que essa acção é justa ou dotada de valor moral.

Sugestões para a instituição de um Estado Social no rescaldo da Revoluções Americana e Francesa
São ainda de destacar deste período – mas já após a Revolução Francesa – os contributos de CONDORCET e de THOMAS PAINE, este último já do outro lado do Atlântico, ajudando a um vislumbre mais cristalino das ideias para a instituição de um Estado social[179], o que demonstra como as ideias do século XVIII são favoráveis a este entendimento da Justiça, promovendo uma distribuição de bens já norteada por uma ideia de benevolência.

CONDORCET defende um modelo de bem-estar social, prevendo que o progresso da humanidade se faria inevitavelmente no sentido da destruição da desigualdade entre as nações, da promoção da igualdade dentro da própria nação e da real melhoria no desenvolvimento do Homem (*human*

---

[176] KANT, Immanuel, 2008 (II), p. 101.
[177] KANT, Immanuel, 2008 (II), pp. 101-102. No caso das crianças abandonadas, apresenta duas soluções – a da contribuição por parte dos solteiros ricos, uma vez que são em parte eles que têm de ser culpados pelo abandono de crianças, e a do estabelecimento de casas de crianças abandonadas – mas diz que a questão não está ainda resolvida de forma a não ofender nem os direitos nem a moral.
[178] TOSEL, A., 1990, p. 42 sobre a diferença entre legislação jurídica e legislação moral.
[179] AMARAL, D. Freitas do, 2012, p. 260 e PRÉLOT, M. e LESCUYER, G., 2001, pp. 70-71.

improvement)[180]. Este autor antevê, desta forma, já no século XVIII um modelo de Estado social[181], o qual seria o resultado do desenvolvimento da compreensão humana[182]. Uma das ideias que desenvolve tem a ver com a instrução pública[183], vendo nela um meio de promoção da igualdade[184] entre as pessoas. Para CONDORCET, a instrução torna as pessoas livres das relações de dependência que podem ter entre si, capazes de gerir a sua vida, os seus negócios ou a sua economia doméstica com conhecimento dos seus direitos e escapando ao conhecimento mecânico do processo das artes e da mera rotina da profissão[185]. Chega mesmo a relacionar a aquisição de conhecimento com a felicidade e o desenvolvimento humano[186].

Para responder à questão de saber que regras asseguram melhor o respeito pelo princípio da igualdade e pelos direitos naturais, CONDORCET propõe a aplicação de uma aritmética ou de uma "matemática social" que permitisse escolher as opções disponíveis.

Juntamente com CONDORCET, THOMAS PAINE foi também um precursor do Estado social. Este último, definindo "como prioritário o propósito de colocar o Estado ao serviço dos mais pobres"[187]. Para PAINE uma porção dos ganhos de um país deveria ser aplicada na subsistência e conforto de todos, sobretudo dos mais pobres[188], tendo em vista a felicidade de todos[189]. Indo mais longe do que CONDORCET, PAINE fala não só da instrução pública, mas também de despesas para o combate à pobreza, subsídios para educação[190], subsídios para idosos com mais de 50 e 60 anos, subsídios de maternidade e para des-

---

[180] CONDORCET, 1795, p. 317.
[181] CONDORCET, 1795, p. 346, falando em "general welfare of the human species" e *ibidem*, p. 255 ligando o bem-estar social com a ideia de desenvolvimento humano (*human improvement*).
[182] CONDORCET, 1795, p. 317.
[183] PRÉLOT, M. e LESCUYER, G., 2001, p. 70. Estes autores referem que o plano que CONDORCET traçou para a instrução pública "terá considerável influência nas instituições escolares do século XIX e do século XX".
[184] CONDORCET, 1795, p. 335-336. Para CONDORCET o resultado de uma instrução para todos será o da igualdade real. A diferença de talentos e de informação já não será uma barreira entre os homens.
[185] CONDORCET, 1795, p. 333.
[186] CONDORCET, 1795, pp. 346 e 355.
[187] AMARAL, D. Freitas do, 2012, p. 260.
[188] PAINE, Thomas, 2012, II Parte, capítulo 5.
[189] PAINE, Thomas, 2012, II Parte, capítulo 5.
[190] Ligando, aliás, os subsídios de combate à pobreza com os subsídios à educação: "By adopting this method, not only the poverty of the parents will be relieved, but ignorance will be banished from the rising generation, and the number of poor will hereafter become less, because their abilities, by the aid of education, will be greater" – PAINE, Thomas, 2012, II Parte, capítulo 5.

pesas de funeral[191] ("os milhões que são superfluamente gastos pelo Governo são mais do que suficientes para reformar aqueles males e para beneficiar a condição de todos os homens da nação [...][192]). Com isto PAINE não põe em causa o direito de propriedade. "O mal estava, sim, segundo ele, em o Estado tributar de menos os ricos e, por isso, não poder ajudar mais os pobres"[193].

Repercussões do pensamento kantiano
Em KANT muitos encontraram a "nova regra de vida"[194] que procuravam para a sociedade revolucionária, no entanto "será preciso esperar mais de meio século para que o pensamento político de KANT adquira na vida política francesa a posição hegemónica que poderia ter ocupado de início"[195].

O pensamento de KANT deve ser lido e enquadrado no meio da afirmação do liberalismo na Europa e da abolição de um regime monárquico de tipo senhorial. É neste pensamento da época que deve ser lido e interpretado o constitucionalismo moderno que surge em finais do século XVIII e a visão de uma limitação dos poderes do rei e do poder político pela afirmação dos direitos fundamentais. Com efeito, este constitucionalismo acaba por ser um reflexo dos ideais antropocêntricos contratualistas, iluministas e liberais oitocentistas, expressando uma atitude optimista de transformação da sociedade. Só a esta luz é que compreendemos, de resto, a intervenção do Estado – ainda que tímida no século XIX – no sentido de libertar o Homem para que este saísse "da sua menoridade"[196].

É de notar, porém, que o liberalismo económico, imperante até ao início do século XX, impede o Estado de ir mais longe na sua acção social e na promoção da dignidade humana proclamada por KANT. Só verdadeiramente no período do pós-guerra do século passado é que o pensamento de KANT e a ideia de dignidade da pessoa humana adquirem novo sentido. Pode dizer-se, neste caso, que "a experiência de desrespeito pela dignidade humana possui uma função desveladora". "[...] Só nessa altura, sob influência doutrinária de DÜRIG e posterior acolhimento pelo Tribunal Constitucional alemão [...] sustenta-se [...] que a dignidade é violada quando a pessoa é degradada ao nível

---

[191] PAINE, Thomas, 2012, II Parte, capítulo 5.
[192] AMARAL, D. Freitas do, 2012, p. 260.
[193] AMARAL, D. Freitas do, 2012, p. 262.
[194] PRÉLOT, M. e LESCUYER, G., 2001, p. 83.
[195] PRÉLOT, M. e LESCUYER, G. 2001, p. 83. V. p. 87 em que explica que "[...] depois do Termidor, o kantismo começa a perder a força".
[196] MIRANDA, Jorge, 2007, p. 45.

de uma coisa ou de um objecto do actuar estatal, na medida em que a pessoa deixe de ser considerada como sujeito autónomo e fim em si para ser tratada como instrumento ou meio de realização de fins alheios"[197]. Afirma-se então a ideia de dignidade da pessoa humana, cujo respeito "interdita o Estado de dispor de um qualquer indivíduo como meio para um outro fim, mesmo que seja para salvar a vida de muitas outras pessoas"[198].

Indiciado logo pela repercussão imediata que o pensamento do século XVIII teve no que toca ao desenvolvimento de uma ideia de justiça social, podemos dizer que na história constitucional moderna é a dignidade da pessoa humana e os deveres que ela acarreta para o Estado que mudam a face da actuação pública. Deixam de bastar os clássicos direitos de propriedade, de iniciativa privada e de segurança e a mera abstenção do Estado para a sua protecção. A promoção da dignidade humana obriga à criação de condições para que todos acedam aos direitos. Condições estas que se expressam sob a forma de direitos sociais[199].

A dignidade humana foi, sem dúvida, a fonte dos direitos humanos. Ainda no presente esta afirmação continua a ser verdadeira. É comum, ainda hoje, o recurso à dignidade por parte dos tribunais para enunciação de novos direitos ou para protecção da pessoa face a riscos emergentes ou realidades novas e imprevistas[200]. É também na dignidade que ainda hoje se descobre "o nexo lógico entre as quatro conhecidas categorias de direitos: os direitos fundamentais só podem cumprir politicamente a promessa moral de respeitar a dignidade humana de todas as pessoas se agirem em articulação uns com os outros de forma igual, em todas as categorias"[201].

O desenvolvimento da ideia de justiça social em Portugal
Após explicar, como no plano das ideias, se processou a passagem da justiça pré-moderna à moderna, pensamos que esta referência não fica completa se não demonstrarmos como esta mesma passagem se fez concretamente em Portugal e que impactos concretos teve em termos de despesa pública. Referiremos, em especial, o caso português pois interessa-nos sublinhar, neste passo, que a adesão a uma concepção moderna de gasto público já tem no nosso país

---

[197] NOVAIS, J. Reis, 2004, p. 57.
[198] HABERMAS, Jürgen, 2012, p. 29. Com reflexos ainda hoje v. Tribunal Constitucional Federal, BvR 357/05 de 15 de Fevereiro de 2006.
[199] HABERMAS, Jürgen, 2012, p. 36.
[200] HABERMAS, Jürgen, 2012, p. 33.
[201] HABERMAS, Jürgen, 2012, p. 35.

raízes sólidas e antigas – não só sociais, mas também jurídico-constitucionais. Raízes estas, que permitem perceber com mais profundidade que a opção da Constituição da República Portuguesa de 1976, no sentido de aderir a este paradigma de despesa não se cingiu a uma moda, nem é um mero fruto de um circunstancialismo da época.

Foram os ideais liberais modernos que trouxeram para Portugal a assistência pública aos pobres[202] já no século XIX[203], fruto da evolução do pensamento filosófico, do qual acabámos de dar nota no presente trabalho. Se é certo que, como apontava MARNOCO E SOUZA, as constituições modernas foram dominadas pela "teoria individualista que levou a definir os direitos individuaes como liberdades e os direitos do Estado como poderes de dominio"[204], a verdade é que já LOPES PRAÇA apontava em 1878, o direito aos socorros mútuos surgindo como um dos elementos não individualistas, enxertado na realidade constitucional, "justificado de um modo incontestável pela philosophia, [e] pela sciencia da humanidade"[205].

Isto não significa, porém, que o Estado não tivesse antes disso qualquer intervenção na assistência aos pobres. Pelo contrário, a sua história remonta à Idade Média[206]. Por um lado, o estudo da história das misericórdias portuguesas tem mostrado a forte ligação destas com o reforço do poder real[207], sendo que a primeira misericórdia foi fundada em 1498 pela RAINHA D. LEONOR[208] e a sua instituição é entendida como uma afirmação de poder do rei, sobretudo

---

[202] MARIA ANTÓNIA LOPES *in* MATTOSO, José, 1993, p. 501. *Vide* também p. 502 da mesma obra, referindo o repúdio liberal pela caridade como virtude cristã sobre a qual assenta a assistência aos pobres. MARIA ANTÓNIA LOPES afirma que atitude de repúdio remonta já aos finais do século XVIII, ilustrando com um trecho pombalino, datado de 20 de Abril de 1775, proibindo a distribuição de esmolas à porta dos hospitais.

[203] Sobre a influência das ideias francesas, v. SOUZA, Marnoco e, 1913, p. 54. MARCELLO CAETANO ensina que as ideias francesas, apesar de não terem sido inicialmente bem-vindas em Portugal, por causa da associação com as invasões francesas, acabaram por influenciar a Constituição de 1822. Esta influência, sentida sobretudo ao nível das sociedades secretas, deveu-se à reacção que se gerou contra os ingleses e o Governo de BERESFORD – CAETANO, Marcello,1969, p. 376.

[204] O indivíduo surge dotado da sua liberdade, "ao passo que o Estado surge como devendo desempenhar uma função de protecção e de garantia, precisando para isso do domínio e da coacção, a fim de desempenhar a sua missão num meio social em que nem todos são razoáveis e bem intencionados" – SOUZA, Marnoco e, 1913, p. 37.

[205] PRAÇA, J. J. Lopes, 1878, p. 107. O mesmo autor afasta, no entanto, a hipótese de este direito assentar em pressupostos comunistas ou socialistas. No mesmo sentido SOUZA, Marnoco e,1913, p. 54.

[206] "A primeira intervenção estruturada e sistemática na assistência pública portuguesa" coube a D. MANUEL I, se bem que com intervenções anteriores – ABREU, L., 2002, p. 418.

[207] SÁ, I. G. e LOPES, M. A., 2007, p. 6.

[208] SÁ, I. G. e LOPES, M. A., 2007, p. 6.

A DESPESA PÚBLICA JUSTA

em face da alta aristocracia que, a título individual ou por meio de confrarias, auxiliava os mais pobres. Por outro lado, muitos autores mostram que, nesta altura, se evidenciou a tendência de "racionalizar, modernizar e secularizar os mecanismos de apoio à pobreza e à doença, ao mesmo tempo que operacionalizavam os recursos existentes"[209]. No entanto, e como o demonstram os textos fundacionais destas misericórdias do século XV e XVI, baseados em textos evangélicos e na virtude da caridade, estamos ainda longe da afirmação de um dever do Estado. Ainda que o trabalho das misericórdias tivesse um largo espectro[210], podemos dizer que até ao século XIX a assistência aos pobres assentava muito na ideia da benevolência como virtude[211/212].

A assistência aos pobres só foi assumida como dever do Estado – a "caridade oficial" como é referida em muitos textos da época – no século XIX como, de resto, está espelhado nos textos das Constituições que vigoraram em Portugal no século XIX: a de 1822, a Carta de 1826 e a Constituição de 1838[213/214].

[209] ABREU, L., 2002, pp. 417-418.
[210] SÁ, I. G. e LOPES, M. A., 2007, p. 7.
[211] A benevolência era muitas vezes encarada como um instrumento de ascensão social – SÁ, I. G. e LOPES, M. A., 2007, pp. 6 e 14: "Por todo o século XVII e XVIII chama a nossa atenção a caridade espectáculo [...]" (referindo-se aos célebres "bodos aos pobres"). V. ainda *ibidem*, p. 15 referindo-se ao facto de que ser-se ajudado dependia de um "jogo, [em] que se traficavam influências e se negociava a imagem de quem pedia e quem dava". No século XVIII a filantropia elitista era uma moda – ESTEVES, A., 2008, p. 233.
[212] Ainda que muitos autores afirmem que em Portugal "no início de Quinhentos já vigorava na Europa um sistema de assistência que, pela sua modernidade, se afastara dos princípios que tinham norteado o exercício da caridade na Idade Média" – ABREU, L., 2002, p. 418.
[213] LOPES PRAÇA também via na Constituição de 1822 a garantia de socorros públicos – PRAÇA, J. J. Lopes, 1878, p. 105. Embora MARCELLO CAETANO só refira a assunção de "compromissos do Estado, correspondentes ao que se haveria de chamar direitos sociais" a partir da Carta Constitucional de 1826 – CAETANO, Marcello, 1969, p. 392. No sentido do texto – vide CANOTILHO que fala já na Constituição de 1822 de "direitos a prestações" (CANOTILHO, J. J. Gomes, 2003, p. 131). Também no mesmo sentido GOUVEIA, J. Bacelar, 2011, p. 423: "o texto da C1822 ficou conhecido pela preocupação, certamente *avant la lettre*, com alguns objectivos sociais, inscritos na parte final do articulado constitucional". BACELAR GOUVEIA fala a este propósito dos objectivos de ensino; da criação de estabelecimentos de instrução pública; da fundação, conservação e aumento de casas de misericórdia e hospitais. GOMES CANOTILHO e BACELAR GOUVEIA dão ainda nota de que a Carta Constitucional de 1826 mantém os direitos fundamentais previstos na Constituição de 1822 com a "garantia de «socorros públicos», de «instrução primária e gratuita a todos os cidadãos» e de «Colégios Universitários»" (CANOTILHO, J. J. Gomes, 2003, p. 143 e GOUVEIA, J. Bacelar, 2011, p. 436). O mesmo sucede com a Constituição de 1838, embora com uma vigência escassa (GOUVEIA, J. Bacelar, 2011, p. 450). Também sobre as Constituições liberais – MIRANDA, Jorge, 2011, pp. 262-289.
[214] Sobre o entendimento dos direitos fundamentais nos textos liberais *vide* SCHMITT, Carl, 1982, pp. 165 e ss., distinguindo os direitos fundamentais liberais – direitos individuais em sentido pró-

Só então é que a benevolência deixa de ser encarada como virtude, é desligada do amor a Deus e é encarada como um dever jurídico público. O direito aos socorros mútuos, já constante da Constituição de 1822, insere a benevolência na esfera do direito[215]. A intervenção do Estado era tida como a única capaz de auxiliar os mais necessitados de forma criteriosa e eficaz[216]. É de registar que, desde então, são muitas as vozes que "consideram os socorros oficiais «desvio ou ofensa dos princípios da ciência económica»[217].

Como o Estado não tinha capacidade financeira suficiente para construir um sistema de raiz ao serviço desta "caridade oficial", houve um aproveitamento de toda a rede de misericórdias, hospitais e outros estabelecimentos[218]. A mudança de paradigma e a passagem à modernidade espelha-se porém já nalguns aspectos do Código Administrativo de 1842[219], embora não se resuma só a isso. Não se tratava, todavia, aí da adopção de um Estado social ou sequer do reconhecimento de direitos sociais nos moldes em que os conhecemos hoje. Bem longe disso, pois as preocupações sociais só se afirmam verdadei-

---

prio: liberdade, propriedade privada, segurança, direito de resistência e liberdade de consciência e religião – assentes no princípio da distribuição de outras exigências sociais (*Ibidem*, p. 170). Para SCHMITT, os direitos essencialmente a prestações positivas do Estado tinham uma estrutura distinta dos primeiros. Esses direitos seriam limitados, ao contrário dos direitos individuais que seriam ilimitados. Esses direitos seriam condicionados, pressupondo uma organização estatal (*Ibidem*, p. 174).

[215] Com uma terminologia muito próxima, embora preferindo usar o termo caridade *vide* LOPES PRAÇA: "[O sistema de olhar para os indivíduos isoladamente que poderia levar à negação do direito aos socorros públicos] converte a caridade n'um mysterio moral totalmente estranho á esphera do direito" – PRAÇA, J. J. Lopes, 1878, p. 106.

[216] De notar que no século XVIII "o sufocante peso das despesas hospitalares, os gastos com a cura dos militares [...], a ausência de investimento do Estado no sector, o notório desinvestimento no Purgatório por parte dos fiéis, entre vários outros factores, haveriam de exercer uma pressão avassaladora sobre as Misericórdias". Estas encontram-se pois numa situação económica difícil. A devolução de algumas tarefas ao poder local algumas das suas tarefas não pode por isso deixar de ser vista também desta perspectiva – ABREU, L., 2002, p. 430.

[217] MARIA ANTÓNIA LOPES *in* MATTOSO, José, 1993, p. 503.

[218] *Vide* MARIA ANTÓNIA LOPES *in* MATTOSO, José, 1993, p. 501, referindo-se a uma coexistência da assistência do Estado com a assistência da Igreja, a caridade individual, as misericórdias, as irmandades e confrarias e o associativismo mutualista muito em voga nos anos 50 do século XIX. *Vide* em tom crítico quer sobre a acção das misericórdias no século XIX, quer sobre a fiscalização exercida pelo Estado sobre elas, PRAÇA, J. J. Lopes, 1878, p. 109: "As misericórdias jazem entregues ao abandono de administrações, raras vezes exemplares, vegetando sob uma fiscalização administrativa, tão descuidada como ineficaz".

[219] *Vide* artigo 133º, nº VIII (neste caso retomando uma Lei de 1836), referindo-se à assunção pelas Câmaras Municipais das despesas com o serviço de expostos. Esta tarefa era assim retirada das Misericórdias.

ramente a partir do Constitucionalismo Republicano[220], embora esse ainda estivesse muito marcado pela visão individualista adoptada pelas Constituições modernas.

O século XIX é, pois, marcado por um equilíbrio entre a acção reduzida do Estado e a acção caritativa particular: "a caridade só actua na desgraça"[221]. Competiria aos montepios, às sociedades de socorros mútuos, às cooperativas e às sociedades de trabalho fazer uma parte significativa do trabalho: impedir que se caísse na indigência[222]. Mais do que pela criação de muitas instituições de auxílio aos mais pobres, o papel do Estado no século XIX – tirando alguns casos particulares de assunção de despesa pública – foi sobretudo marcado pelo seu papel na fiscalização dessas instituições[223], na imposição de prioridades assistenciais e na desamortização dos seus bens (leis de desamortização das misericórdias de 1866 e 1895)[224].

Ainda assim dão-se importantes avanços ao nível da despesa pública, em relação ao período anterior[225]: em 1834 o Estado dá amparo a órfãos e crianças abandonadas; e em 1867 foram extintas as rodas de expostos, sendo a sua extinção acompanhada pela criação pública de hospícios em que surgiram maternidades, creches e em que eram concedidos subsídios às mães pobres[226]. É ainda no século XIX que se dão os primeiros passos no sentido da instrução elementar, da educação cívica e moral e do provimento de agasalhos aos mais necessitados. Tudo isto subsidiado pelo Estado. É também desta altura a assunção de algumas despesas por parte do Estado com creches, casas de correcção para menores, hospitais pediátricos e dispensários para crianças

---

[220] GOUVEIA, J. Bacelar, 2011, p. 424.
[221] *Vide* MARIA ANTÓNIA LOPES *in* MATTOSO, José 1993, p. 503, falando de um equilíbrio entre assistência e previdência.
[222] Defendendo que o Estado só deve actuar como última instância, sob pena de "converter o Estado em esmoler nacional" – PRAÇA, J. J. Lopes, 1878, pp. 110 e 111. MARNOCO E SOUZA, já sobre a Constituição de 1911, defendia "a necessidade da collaboração da assistencia privada e da assistencia publica, pois só assim se pode obter uma organização racional da assistencia".
[223] Embora só em 1905 as misericórdias reconheçam expressamente a sua subordinação à supervisão do Estado – SÁ, I. G. e LOPES, M. A., 2007, p. 29.
[224] SÁ, I. G. e LOPES, M. A., 2007, pp. 23 e 24, dando nota que em meados do século XIX se adoptou um discurso mais liberal, no sentido de que o Estado não teria obrigação de dar assistência aos pobres, mas tão-só de superintender, inspecionar e vigiar as instituições que o faziam.
[225] MARIA ANTÓNIA LOPES *in* MATTOSO, José, 1993, pp. 505 e 507.
[226] *Vide* FERREIRA, J. E. Dias, 1949, pp. 44 e 45, dando nota da evolução das despesas públicas desde o início do regime liberal. Nesta evolução do século XIX verifica-se um primeiro aumento de despesas públicas na década de 60 e depois um aumento mais significativo no final do século (períodos de 1890-91 e 1893-1894).

e lactários[227]. Em meados do século, começam ainda a ser atribuídos subsídios extraordinários às famílias indigentes, vítimas de situações catastróficas. As sopas dos pobres datam igualmente dos anos de 1850 [228]. É além disso deste mesmo século o provimento do sustento dos presos pobres e o pagamento de alimentação, roupa e tratamento médico para estes mesmos reclusos[229]. São já assumidas no século XIX despesas públicas com obras públicas com o objectivo de acudir à miséria e à escassez de subsistência[230].

Só mais tarde é que o direito à assistência pública surgirá como direito fundamental. Isso sucederá apenas na Constituição de 1911[231] (artigo 3º, nº 29º)[232], por força do ideário republicano e, sobretudo, da ideia de laicização social do Estado, numa tentativa de redução da influência social da Igreja Católica[233]. Nesta Constituição de 1911, para além dos direitos fundamentais liberais típicos, encontra-se espelhada a preocupação da igualdade social, que era um dos princípios correspondentes à ideologia republicana: "Contestou-se na discussão parlamentar a necessidade de consignar o direito á assistencia publica na Constituição [de 1911]. Mas o direito á assistencia entrelaça-se intimamente com os direitos individuaes e representa uma affirmação de solidariedade social, que muito convinha fazer na constituição"[234]. Embora,

---

[227] Maria Antónia Lopes in Mattoso, José, 1993, p. 507.
[228] Maria Antónia Lopes in Mattoso, José 1993, p. 508.
[229] Antes do século XIX, os presos pagavam o seu próprio sustento e o alojamento enquanto estivessem encarcerados – Maria Antónia Lopes in Mattoso, José 1993, p. 510.
[230] Maria Antónia Lopes in Mattoso, José 1993, p. 508.
[231] Sobre este direito de assistência pública e sobre o seu conteúdo – assistência aos que carecem do necessário por incapacidade física (doentes, idosos e crianças), assistência aos que carecem de trabalho, assistência ao que não querem trabalhar – v. Souza, J. J. Marnoco e 1913, pp. 179- 182. Gouveia, J. Bacelar, 2011, p. 408, falando de uns "tímidos" direitos sociais e p. 406 afirmando que "do ponto de vista do pensamento político, a C1911 ainda se reivindica da filosofia liberal, quer em termos de direitos fundamentais, quer no plano da intervenção económica do Estado".
[232] V. Lei de 1911 criando a Direcção-Geral de Assistência, o Conselho Nacional de Assistência Pública, as Comissões de assistência distritais e municipais (25.05.1911); Lei de 1924, por meio da qual o Governo salda as dívidas as misericórdias que mantêm serviços de assistência e prevê um adicional até 5% sobre todas as contribuições gerais directas do Estado para reverter para as instituições de beneficência que dele necessitem.
[233] Este era um dos vectores do programa republicano de 11 de Janeiro de 1891 – Caetano, Marcello, 1969, pp. 435-436 e Gouveia, J. Bacelar, 2011, pp. 455-456. Bacelar Gouveia chama a atenção para a influência, neste ponto de Antero de Quental, defendendo a laicização do Estado e a assunção de novas tarefas sociais. Tratava-se para Antero de Quental de uma verdadeira Revolução, uma Revolução que não seria "mais do que o Cristianismo do mundo moderno" – Quental, Antero, 1871.
[234] Souza, Marnoco e, 1913, p. 180.

neste ponto, seja interessante a nota, já dos nossos dias, de BACELAR GOU-VEIA, o qual, a propósito da manutenção no texto constitucional de 1911 dos direitos sociais das Constituições do século XIX, afirma "a grande decepção deste texto constitucional", apontando para "a escassa mudança introduzida nos direitos sociais, apenas se notando o entendimento de o ensino primário ser não só gratuito, mas também obrigatório, o que era obviamente pouco para a tão propalada concepção social"[235].

Mesmo assim, e já com a afirmação de um direito social de assistência pública no início de século XX, até à I Guerra, o crescimento das despesas públicas é pouco significativo[236]. O que provavelmente encontra explicação, quer na protecção social que já vinha sendo dada desde o século XIX, quer no apoio que o Estado procura no trabalho das misericórdias. Veja-se, ilustrativamente, a propósito deste último ponto, o Decreto de 1 de Novembro de 1924 definindo a "assistência obrigatória a prestar pelas misericórdias em cada concelho: socorro aos doentes em hospitais e domicílio, protecção às grávidas e recém-nascidos, assistência à primeira infância desvalida e aos velhos e inválidos do trabalho caídos em indigência"[237/238].

Uma nota final para indicar que apesar de sublinharmos aqui o papel da integração da benevolência na Justiça, os estudos sobre a despesa pública que se conhecem apontam mais causas de aumento desta mesma despesa que não devem ser menosprezados. Ou seja, estas considerações não ignoram que para o aumento exponencial de despesa pública desde finais do século

---

[235] GOUVEIA, J. Bacelar 2011, p. 461. Falando também de um lugar "mais do que modesto" dos direitos sociais, económicos e culturais na Constituição de 1911 – CANOTILHO, J. J. Gomes, 2003, p. 170. Em especial, sobre o ensino gratuito *vide* PRAÇA, J. J. Lopes, 1878, pp. 28-33. Sobre o ensino gratuito e obrigatório – SOUZA, Marnoco e, 1913, pp. 92-96, abordando a questão da obrigatoriedade e da gratuidade, não encontrando uma sobreposição necessária entre ambos os conceitos.

[236] FERREIRA, J. E. Dias, 1949, pp. 44-45.

[237] SÁ, I.G. e LOPES, M. A. 2007, p. 31.

[238] Não obstante o que aqui fica dito, para nós, não há dúvidas de que verdadeiramente a primeira Constituição portuguesa com o objectivo de operar uma mutação global da ordem socioeconómica foi a de 1933 (FRANCO, A. L. Sousa e MARTINS, G. Oliveira, 1993, p. 121. Segundo estes autores a experiência constitucional corporativista de 1933 socializou, estatizou e burocratizou o sistema capitalista em que se implementou – *Ibidem*, p. 123). Com efeito, nesta Constituição, o Estado não só surge investido de obrigações no que toca à educação (artigos 42º – 44º) ou no que toca à promoção e favorecimento de instituições de solidariedade, previdência, cooperação e mutualidade (artigo 40º), como também surge como dirigente da ordem económica, assegurando a função social dos meios de produção e da economia de mercado "integrada numa economia nacional corporativa [...], baseada na colaboração e não na concorrência, e visando a utilidade social da riqueza" – *Ibidem*, p. 126.

XIX intervieram outros factores totalmente alheios à ideia da benevolência, nomeadamente, "o alargamento dos poderes tributários, as crescentes facilidades de recurso ao crédito público[,] a iniciativa parlamentar em matéria de despesas"[239] ou até o desenvolvimento de novas técnicas, mais dispendiosas.

2.3. Critérios de justiça moderna
a) Justiça moderna: ascensão e declínio
Antes de avançarmos para a compreensão das correntes de pensamento tributárias das ideias de Justiça moderna – a qual nos permitirá fazer a ponte com a actualidade –passaremos a uma breve referência, não só às razões político-sociais que estão por detrás das alterações constitucionais que à sua luz foram sendo promovidas, mas também às circunstâncias em que o paradigma moderno de despesa se desenvolveu, para melhor contextualizar a sua análise.

Justiça moderna: resposta à questão ética da pobreza e ao problema do desespero social
Foi já ao abrigo da concepção de justiça moderna que os acontecimentos dos séculos XIX e XX – sobretudo com o surgimento da questão social e da grande depressão – precipitaram uma aceleração da intervenção do Estado na economia[240]. Era a concretização da ideia de que "só o Estado podia intervir activamente contra as consequências do colapso financeiro"[241].

Nessa altura a intervenção crescente do Estado fez-se muitas vezes em torno da questão ética da pobreza já suscitada no séc. XVIII: "o que fazer com um número tão elevado de gente local debilitada, desfavorecida e permanentemente pobre que se tinha mudado para as cidades industriais e sem cujo trabalho o capitalismo florescente da época teria sido inconcebível?"[242]. No plano político, e procurando fazer eco desta perspectiva ética de reflexão dos problemas sociais para os quais o liberalismo económico não encontrava solução, recorde-se o discurso de LLOYD GEORGE de 30 de Julho de 1909 (*Limehouse Speech*[243]), apresentando o Orçamento do Povo (*People's Budget*). Este orçamento foi considerado, à época, por muitos, como um orçamento

---

[239] MARTINEZ, P. Soares, 1967, p. 69.
[240] Interessante a este nível é a questão de saber em que medida é que o aumento de despesa pública é real ou meramente aparente – FERREIRA, J. E. Dias, 1949, p. 33. Sobre a mesma questão, mas já sobre a evolução de despesa no século XX – MARTINEZ, P. Soares, 1967, pp. 61-74 e FRANCO, A. L. Sousa (vol. II), pp. 8-14.
[241] JUDT, Tony, 2012, p. 335.
[242] JUDT, Tony, 2012, p. 336. Embora este autor chame a atenção para que o debate em torno da resolução dos problemas tenha extravasado esta questão em muitos países.
[243] Com versão completa disponível em www.parliament.uk.

socialista[244]. Recorde-se que este Orçamento, rejeitado em Novembro de 1909, acabou por ser aprovado em 1910, deixando um rasto de crise constitucional[245]. E foi a sua aprovação que permitiu a implementação de políticas sociais (pensões, reformas e seguros de desemprego), subsidiadas por via fiscal. Este discurso tinha, já no início do século XX, subjacentes as noções de justiça social, distribuição de riqueza e correcção do poder desigual, propondo desde logo uma política orçamental, tendo em vista socorrer os mais pobres: "Propomo-nos fazer mais por meio do Orçamento. Arrecadamos dinheiro para prover aos males e aos sofrimentos que decorrem do desemprego. Arrecadamos dinheiro com a finalidade de auxiliar as nossas associações de socorros mútuos para prover aos doentes e às viúvas e aos órfãos"[246].

Porém, a explicação desta crescente intervenção pública não se deve bastar com esta abordagem ética. Não se pode esquecer que em muitos casos, ela se deu sobretudo com o intuito pragmático de impedir que o desespero social degenerasse em protesto político, como sucedeu na Alemanha, com o início de um sistema de segurança social[247], com a atribuição de um subsídio de desemprego, a protecção industrial das fábricas e as restrições às horas de trabalho[248]. Foi o estabelecimento pragmático de um *welfare state* por oposição a um *warfare state* (WILLIAM BEVERIDGE). É interessante notar que TONY JUDT chama a atenção para o facto de a questão pragmática não estar completamente desprendida da ética. "Muitos daqueles que [...], no início do século XX, se destacaram como planificadores, especialistas de política social e até ministros do governo trabalhista ou liberal fizeram o seu começo em obras sociais neo-cristãs e organizações de caridade concebidas para mitigar a pobreza"[249].

---

[244] SOUZA, Marnoco e, 1913, p. 413.
[245] A sua aprovação em 18 de Agosto de 1911 do *Parliament Bill* teve como efeito a perda do direito de veto da Câmara dos Lordes em matéria financeira, o que deu consequentemente mais poder à Câmara dos Comuns.
[246] Discurso de LLOYD GEORGE.
[247] O primeiro sistema de segurança social foi introduzido na Alemanha na década de 80 do séc. XIX e nos anos 20 do séc. XX já muitos países tinham sistemas rudimentares de segurança social – TANZI, V., e SCHUKNECHT, L., 2000, pp. 5 e 9.
[248] JUDT, Tony, 2012, p. 336.
[249] *Vide* JUDT, Tony, 2012, p. 336. A primeira Constituição a assumir este paradigma moderno foi a Constituição de Weimar de 1919 – SANTOS, A. C., GONÇALVES, M. E, e MARQUES, M. M., 2014, p. 39, nota 19: "A Constituição de Weimar (1919) contempla, entre outras, as figuras da nacionalização, da programação económica, da função social da propriedade, da intervenção do Estado na vida económica, da participação dos trabalhadores na gestão das empresas, permitindo a construção de um verdadeiro direito público da economia".

Justiça moderna e liberalismo político e económico
É interessante notar que o desenvolvimento do paradigma moderno de despesa pública iniciou o seu desenvolvimento tendo o liberalismo, quer político, quer económico, como pano de fundo, o que acabou por travar inicialmente o crescimento do gasto do Estado de forma descontrolada. Com efeito, as ideias de neutralidade económica impediam todo e qualquer aumento de despesa para além de receitas tributárias e patrimoniais existentes, tendo em conta que vigorava a regra de equilíbrio orçamental. Desta regra, resultavam as obrigações de reduzir as receitas e as despesas ao mínimo e de conseguir que estas se equiparassem anualmente[250]. Também no plano do liberalismo político, destaca-se a tendência para redução ao mínimo da intervenção do Estado, atendendo à finalidade para que o Estado fora criado: a promoção da liberdade e dos direitos individuais (direito à vida, à segurança e à propriedade)[251].

É de recordar que o liberalismo está associado, em geral, às ideias de segurança, prudência[252] e de neutralidade das finanças públicas e a uma ideia de que a despesa pública é improdutiva, devendo limitar-se ao essencial, roçando idealmente o défice[253]. E está também, associado a uma regra de equilíbrio orçamental que se sente particularmente neste tempo de mudança de paradigma[254]. Demonstrativo disto mesmo é o que diz BURTON sobre a situação inglesa: "o conceito e a introdução de uma regra de equilíbrio orçamental na constituição fiscal britânica era um produto de inovação constitucional do século XIX, projectada para enfrentar os preconceitos implícitos do sistema político em evolução"[255].

---

[250] Com efeito, como explicava RAUL YBARRA SAN MARTIN havia a ideia de que tanto os défices como os excedentes provocavam danos. Os primeiros por gerarem inflação (senão mesmo a bancarrota) e os segundos por gerarem deflação. Assim, "el volumen de los gastos debe estar siempre determinado por el de los recursos obtenidos por los ingresos ordinarios" – MARTIN, R. Ybarra San, 1964, p. 20. V. FRANCO, A. L. Sousa, 2001 (vol. I), p. 379 apontando-lhe a crítica da rigidez.
[251] Nas palavras de BASTIAT, o Estado novecentista, sendo tido como agressivo, actuando apenas pela força, "não tinha outra função que não a legítima defesa dos direitos individuais". Porque, como continua BASTIAT, "ele não tem autoridade delegada excepto para assegurar o respeito pelas vidas e propriedade de todos" – BASTIAT, F., 2007, p. 498.
[252] GILLES, W., 2009, pp. 120-121.
[253] MARTIN, R. Ybarra San, 1964, p. 20 e GILLES, W., 2009, p. 120: "[...] le budget de l'État ne devait pas peser sur l'économie. Pour ce faire, il devait être strictement équilibré, c'est à dire ne contenir ni déficit, ni excédent".
[254] Em muitos países, entre os quais incluímos Portugal, surge já no séc. XIX a obrigatoriedade de assistência pública aos pobres, que parece seguir nesta linha. FLEISCHACKER, Samuel, 2004, p. 82, referindo-se ainda aos casos da Noruega, Suécia e Finlândia.
[255] BURTON *in* BUCHANAN, J. M., BURTON, J., e WAGNER, R. F., 1978, p. 41.

Chegados a este ponto é legítimo perguntar: como se explica então o favorecimento do crescimento da despesa pública já desde finais do século XIX? Uma resposta plausível a esta questão é a que nos é apresentada por ELISABETH ANDERSON, a qual associa o liberalismo contratualista a uma ideia de cidadania baseada numa certa ideia de reciprocidade, mas que não é entendida de forma estrita (à semelhança do que sucede por exemplo, com o libertarismo contemporâneo, quando exige reciprocidade nas trocas no mercado e não admite outra forma de distribuição de bens sem ser nessa sede[256]).

A ideia de partida dos liberais é, pois, a de que os cidadãos têm deveres e benefícios num sistema de cooperação. Ou seja, os mais pobres entrariam neste sistema por participarem num sistema de cooperação, dependendo assim a ajuda a fornecer a estes pelo Estado da condição de estes cumprirem a sua parte na sociedade[257]. Para receber auxílio, estes devem pois trabalhar, por exemplo. Quanto mais não seja para incentivar a produção do mínimo social mais alto possível[258]. Porém, como ANDERSON chama a atenção, entre os liberais contratualistas acaba por se abrir espaço para a ponderação das exigências de reciprocidade em função das circunstâncias concretas: dos efeitos que produzem, do significado moral de não ter trabalho ou entendimento social sobre estas exigências. Podendo assim os liberais defender a intervenção do Estado no sentido da eliminação dos obstáculos para aceder a esse mesmo trabalho[259]. Num entendimento mais favorável à intervenção do Estado, alguns liberais chegariam mesmo a defender "não só o alívio dos sofrimentos impostos pelas distribuições do mercado, mas a prossecução da igualdade para além desse ponto"[260]. Os liberais acabam assim por aqui partilhar o entendimento – ainda que em menor escala – dos utilitaristas nos termos do qual as exigências de trabalho rígidas poderiam impor custos graves aos beneficiários dos auxílios do Estado que não conseguem obter trabalho[261]. Acabando, nesse caso, por defender o auxílio do Estado prescindindo dessa

---

[256] Para os libertários, como se verá cada um deve ser auto-suficiente.

[257] Se uns cidadãos não trabalham, os outros cidadãos pensarão que estes não estão a cooperar em termos justos – ANDERSON, Elisabeth, 2004, p. 245.

[258] ELISABETH ANDERSON, falando do paradigma liberal e das exigências que comporta em termos de trabalho, refere que as exigências de trabalho que são pressuposto de cuidado por parte do Estado não precisam porém de ser construídas de forma a estigmatizarem as pessoas – ANDERSON, 2004, Elisabeth, p. 245.

[259] Para muitos, no século XIX, a educação pública surge, quer como um meio para defesa do alargamento do sufrágio, quer para sustentar a ideia de crescimento económico – V. AMARAL, D. Freitas do, 2012, p. 362 falando do pensamento de GUIZOT, procurando descrever o capitalismo burguês.

[260] ANDERSON, Elisabeth, 2004, p. 246.

[261] ANDERSON, Elisabeth, 2004, p. 253.

reciprocidade. É por essa via, aliás, que se diz que o "liberalismo contratualista tem sido associado com a social democracia do Estado de bem-estar, que oferece benefícios incondicionais a todos os cidadãos"[262], o que aliás é corroborado pelo desenvolvimento contemporâneo do pensamento liberal contratualista. Como se demonstrará, os autores cujo pensamento se filia no liberalismo político – como é o caso de JOHN RAWLS – admitem intervenção do Estado em favor dos mais desfavorecidos[263].

O keynesianismo como aprofundamento da justiça moderna
Não obstante o início do século XX apresentar já um forte aumento da despesa pública, a revisão definitiva das funções do Estado só se deu com mais desembaraço depois da grande depressão e da II Guerra Mundial[264], com a verificação do abandono definitivo dos pressupostos da ideologia liberal. Foi, aliás, por essa altura que BEVERIDGE (o Relatório de Beveridge data de 1942) e ATTLEE (que aplicou as medidas de BEVERIDGE) conseguiram rever a Nova Lei dos Pobres inglesa que criticavam por agravar o problema da pobreza, substituindo-a por medidas sociais. Mesmo na maior parte dos países, a legislação do estado providência inicia-se por volta de 1944 e 1945, desenvolvendo-se amplamente depois disso[265]. E neste ponto se vislumbra que a resposta à questão ético-social da pobreza que serviu para explicar um primeiro aumento da intervenção do Estado, não pode, de facto, justificar toda a evolução que esta mesma intervenção registou posteriormente. Como explica THIMOTHY SNYDER, interpelando TONY JUDT "se BEVERIDGE é metade desta história, o economista JOHN MAYNARD KEYNES é a outra metade"[266]. Ou seja, se BEVERIDGE representa de certa forma "uma sensibilidade cristã vitoriana", com KEYNES tudo é diferente. O aumento de despesa do Estado que defende não assenta nas ideias de defesa dos pobres, mas numa crítica que faz ao liberalismo por não conseguir resolver o gravíssimo

---

[262] ANDERSON, Elisabeth, 2004, p. 245.
[263] Embora ELISABETH ANDERSON a este propósito chame a atenção para o facto de RAWLS fugir desta regra de reciprocidade, quando, com o princípio da diferença, não defende outra fonte de apropriação legítima de bens para os menos favorecidos para além da participação no sistema de apropriação – ANDERSON, Elisabeth, 2004, p. 245.
[264] Apontando também para o período das guerras como período de aceleração das despesas públicas – DOUAT, E., e BADIN, X., 1999, p. 36. Já também neste sentido BURDEAU, Georges, 1972, pp. 374-377.
[265] GAUDEMET, P. M. e MOLINIER, J. 1996, pp. 96 e ss. dando nota do crescimento das despesas no século XX em França, na Grã-Bretanha, nos EUA, na Suíça.
[266] JUDT, Tony, 2012, p. 340.

problema do desemprego[267/268]. É preciso notar que a crise de 1929 colocou a economia num ponto tão baixo "que se tornou discutível a capacidade de auto-regeneração do sistema"[269].

Foi a adesão às teorias keynesianas que deixou definitivamente para trás uma visão económica liberal, fortemente marcada pela *lei de Say*[270], pela teoria da moeda[271] e pela compreensão da despesa pública como um mal necessário[272]. Para os seguidores de KEYNES a despesa pública não serve apenas para a "satisfação pura de necessidades públicas", como o entendiam os autores liberais clássicos, devendo ser encarada como um instrumento de intervenção do Estado na economia[273]. Afirma-se pois, aqui, como diz SOUSA FRANCO, "uma economia de despesa"[274].

---

[267] "The most important Agenda of the State relate not to those activities which private individuals are already fulfilling, but to those functions which fall outside the sphere of the individual, to those decisions which are made by *no one* if the State does not make them" – KEYNES, J. M., 1926, cap. 4 (2).

[268] KEYNES, já em 1926, defendia no cap. 4: "I believe that the cure for these things is partly to be sought in the deliberate control of the currency and of credit by a central institution, and partly in the collection and dissemination on a great scale of data relating to the business situation, including the full publicity, by law if necessary, of all business facts which it is useful to know. These measures would involve society in exercising directive intelligence through some appropriate organ of action over many of the inner intricacies of private business, yet it would leave private initiative and enterprise unhindered. [...]. My second example relates to savings and investment. I believe that some coordinated act of intelligent judgment is required as to the scale on which it is desirable that the community as a whole should save, the scale on which these savings should go abroad in the form of foreign investments, and whether the present organization of the investment market distributes savings along the most nationally productive channels. [...] My third example concerns population. The time has already come when each country needs a considered national policy about what size of population, whether larger or smaller than at present or the same, is most expedient". "A resposta convencional – deflação, orçamentos apertados e espera – já não era tolerável. [...] A Teoria Geral de 1936 remete o poder estatal, fiscal e monetário para o centro do pensamento económico, em vez de os tomar por excrescências desagradáveis no corpo da teoria económica clássica " – JUDT, Tony, 2012, p. 343.

[269] CUNHA, P. de Pitta e, 1962, p. 20.

[270] A *lei de Say* "basicamente sustentava que as disparidades entre oferta e procura acabam todas por ser resolvidas através do mecanismo de preços [... vendo nela ínsita] a tese de que não existiriam *nunca* verdadeiros obstáculos estruturais, e agregados para o pleno emprego" – ARAÚJO, Fernando, 2006, p. 639.

[271] A teoria da moeda "subentendia total neutralidade da moeda como instrumento de trocas, dando-a como «véu das trocas»" – ARAÚJO, Fernando, 2006, p. 793.

[272] MARTINS, M. Oliveira, 2014, pp. 65 e 66.

[273] FRANCO, A. L. Sousa, 2001 (vol. II.), pp. 5.

[274] Ao contrário do que defendiam os autores clássicos para quem a economia é de oferta. Com esta ideia da economia de despesa, os keynesianos desvalorizam a poupança como causa da expansão

Entre as soluções que propõe[275], KEYNES sugere que se encare a despesa pública como um instrumento do crescimento ou da estabilidade económica[276]. Para KEYNES o Estado não deveria adoptar, em períodos de crise, uma atitude passiva, deveria, em vez disso e através da realização de despesas públicas, promover o aumento da procura agregada, da produção e do emprego[277]. Com efeito, no seu juízo "as despesas públicas são o elemento variável de procura agregada mais fácil de manejar pelos Governos"[278]. Considerando, por exemplo, o problema do desemprego como uma falha de mercado que é necessário ser resolvida pelo Estado, KEYNES e os seus seguidores propõem a prossecução de políticas expansionistas de despesa visando produzir efeitos sobre o emprego e a produção.

Esta visão tem reflexos na forma de encarar o Estado: a partir daqui, admite-se o alargamento das suas funções. O Estado, de acordo com o seu pensamento, fica autorizado a colmatar a insuficiência dos investimentos privados, nomeadamente, lançando grandes obras públicas que teriam o efeito de estimulação da economia, através dos salários oferecidos e do aumento do poder de compra que daí adviria. O Estado adquire também o poder de intervir sobre as componentes económicas da vida em sociedade[279]. AVELÃS NUNES fala mesmo a este propósito de "uma socialização bastante ampla do investimento[280]: "o estado deve [...] intervir de modo a preencher, através do acréscimo de despesas públicas, o vazio resultante do facto de os particulares

---

económica pelo aumento da oferta, valorizando a despesa – consumo e investimento – como causa do aumento do rendimento nacional – FRANCO, A. L. Sousa, 2001 (vol. II.), p. 26.

[275] Uma das soluções que defende é a alavancagem das políticas monetárias através das taxas de juro. Para KEYNES, a manipulação das taxas de juro teria como efeito injectar ou retirar moeda de circulação (teoria da preferência pela liquidez) "até que a oferta e procura equilibrem à taxa de juro pretendida" (ARAÚJO, Fernando, 2006, p. 794-795.). O objectivo aqui seria o aumento do consumo e do investimento. Como explica FERNANDO ARAÚJO, "dado que no curto prazo são de esperar desvios significativos face às condições de pleno emprego, não pode partir-se do princípio de que ocorrerá a neutralidade monetária, devendo antes partir-se do princípio oposto, o de que a política monetária é relevante para a determinação dos valores do emprego e do PIB, e de que a falta de uma política monetária pode deixar a economia exposta tanto a efeitos inflacionários como a efeitos depressivos".

[276] NUNES, A. J. Avelãs, 1991, p. 343.

[277] KEYNES defende a intervenção do Estado na economia com o objectivo de estimular e regular o fluxo corrente do investimento. AVELÃS NUNES considera mesmo que KEYNES defende "uma socialização bastante ampla do investimento" – NUNES, A. J. Avelãs, 1991, p. 347.

[278] NUNES, A. J. Avelãs, 1991, pp. 347-348.

[279] BOUVIER, M., ESCLASSAN, M. C. e LASSALE, J. P., 2010, pp. 198-208.

[280] NUNES, A. J. Avelãs, 1991, pp. 347 e 377. Embora o pensamento de KEYNES tenha de ser compreendido nas versões de JOHN HICKS, HANSEN ou SAMUELSON que acabam por compatibilizar

deixarem de fazer certas despesas de investimento"[281]. Não há, porém, uma fórmula única para descrever as funções do Estado de acordo com o pensamento de KEYNES. O que, aliás, que fica patente no facto de muitos dos seguidores da sua doutrina sustentarem uma flexibilidade na actuação do Estado – as políticas devem ser flexíveis para se adaptarem às flutuações cíclicas da economia (*fine tuning*). Esta flexibilidade leva à defesa de uma maior discricionariedade: as autoridades devem ter condições para observar a realidade e decidir sobre as medidas julgadas mais correctas em cada momento[282].

Depois de KEYNES, a despesa pública deixa, pois, de ser olhada como um mal, passando a ser encarada como um instrumento político, vendo-se nela até vantagens. Vantagens estas que estão traduzidas nos conceitos keynesianos do multiplicador de investimento, do "acelerador" e do "propulsor" ou "oscilador".

Em Portugal, a influência desta visão e da recepção destes conceitos na compreensão do fenómeno da despesa pública fica patente na literatura jurídico-financeira que existe sobre o tema[283]. SOARES MARTINEZ, TEIXEIRA RIBEIRO, PITTA E CUNHA e SOUSA FRANCO, por exemplo, abordam-nos amplamente e utilizam-nos para explicar os efeitos económicos das despesas públicas[284]. Para estes autores, os efeitos da despesa pública vão para além daquilo que é a satisfação da necessidade pública que se visa cobrir: "os efeitos económicos de uma despesa pública, não se circunscrevendo ao interesse da satisfação das necessidades públicas por ela visadas, situam-se nos sucessivos planos dos fluxos de rendimento que provocam, seguindo as transferências de riqueza que se processam na base daquela despesa pública"[285]. Trata-se aqui da assimilação das ideias do multiplicador e do acelerador, as quais acabam por contribuir para a difusão de uma ideia de que as despesas públicas podem ser um bem[286]. Corroborando esta visão, diz SOARES MARTINEZ,

---

a teoria keynesiana com o modelo da economia de mercado. *Vide* ainda BOUVIER, M., ESCLASSAN, M. C. e LASSALE, J. P., 2010, p. 207.

[281] NUNES, A. J. Avelãs, 1991, pp. 380-381.

[282] NUNES, A. J. Avelãs, 1991, p. 398.

[283] Mesmo a própria realidade espelha este entendimento. Vejam-se por exemplo os Planos de Fomento implementados em Portugal desde 1953, feitos segundo inspiração keynesiana. A este propósito *vide* com interesse ROLLO, M. Fernanda, 2008, *passim*.

[284] MARTINEZ, P. Soares, 1967, pp. 77, RIBEIRO, J. J. Teixeira, 1997, pp. 173-181, CUNHA, P. de Pitta e, 1962 *passim* e ss. e FRANCO, A. L. Sousa, 2001 (vol. II), pp. 21 e ss.

[285] MARTINEZ, P. Soares, 1967, p. 82. SOARES MARTINEZ faz ainda uma referência à ideia da "onda de despesa", anterior à ideia keynesiana que acabou por se generalizar.

[286] SOUSA FRANCO diz mesmo que embora o multiplicador se aplique em princípio a despesas de investimento, "aplica-se também a todas as despesas públicas que podem variar intencionalmente" – FRANCO, A. L. Sousa, 2001 (vol. II), p. 21.

"oferecem maior interesse os efeitos económicos das despesas públicas do que os das privadas, porque enquanto os particulares realizam as suas despesas para satisfação de necessidades próprias [...], o Estado, na actualidade, por influência do entendimento relativo às suas funções, realiza pelo menos grande parte das suas despesas tendo em vista os efeitos económicos que lhes são atribuídos [...]"[287].

Por força deste entendimento keynesiano, as despesas públicas acabam por ser comummente relacionadas com o rendimento nacional, o emprego, o consumo ou os investimentos[288]. Por um lado, por causa da aceitação do multiplicador, a partir da qual se reconhece à despesa pública a qualidade de repercussão de efeitos quase *ad infinitum* em futuras distribuições de rendimento[289/290] (os efeitos, maiores ou menores, dependeriam da propensão marginal para o consumo, uma vez que "só não tem efeito de multiplicação a parcela de rendimento que fica por gastar"[291]). E, por outro, por força do reconhecimento do acelerador, segundo o qual a despesa pública estaria intimamente relacionada com os novos investimentos, advindo estes do acréscimo de consumos que esta poderia proporcionar[292]. Ao passo que o multiplicador partia do investimento que gerava consumo, o acelerador partia do consumo que depois daria origem a novos investimentos.

Numa perspectiva mais geral, a despesa é ainda associada, por influência de autores de inspiração keynesiana – como é o caso de HICKS ou SAMUELSON –, a um efeito propulsor. "Este princípio exprime os efeitos do estímulo conjunto, global («*leaverage effect*») do multiplicador e do acelerador"[293]. Trata-se

---

[287] MARTINEZ, P. Soares, 1967, p. 81.
[288] Veja-se a distinção de despesa de que parte TEIXEIRA RIBEIRO (despesas-compra e despesas-transferência) que parte da ideia de criação ou não de rendimento – RIBEIRO, J. J. Teixeira, 1997, pp. 143-144.
[289] O multiplicador, tal como formulado originalmente por KAHN, pretendia que uma despesa pública aplicada para reabsorver desempregados poderia mesmo teoricamente repercutir-se até se alcançar o pleno emprego – "Em pleno emprego, como não é possível expandir a oferta, o multiplicador traduzir-se-á numa pura expansão da procura global, em termos monetários, gerando alta de preços" – FRANCO, A. L. Sousa, 2001 (vol. II), pp. 22 e 26-27.
[290] Tal como entendido por KEYNES, este implicava que qualquer despesa adicional de investimento teria efeitos necessariamente em futuras distribuições de rendimento – FRANCO, A. L. Sousa, 2001 (vol. II), pp. 22-23.
[291] FRANCO, A. L. Sousa, 2001 (vol. II), pp. 27 e ss. Este autor dá nota das actualizações feitas pelos seguidores do pensamento keynesiano ao multiplicador – multiplicadores sequenciais, periódicos, sectoriais
[292] FRANCO, A. L. Sousa, 2001 (vol. II), pp. 35-37.
[293] MARTINEZ, P. Soares, 1967, p. 99.

aqui de uma adaptação das ideias keynesianas à realidade: "um investimento inicial, autónomo, provoca [...] aumentos de consumo; estes, por sua vez, provocam novos investimentos (investimentos induzidos), os quais se amplificam em novos consumos acelerados; e assim sucessivamente"[294]. A despesa pública surge assim associada a um efeito de estímulo geral da economia[295].

Tendo em conta as repercussões que esta concepção teve na despesa pública é até legítimo perguntar se este acrescenta algo ao paradigma de justiça moderna ou se não forma mesmo um novo paradigma.

Sendo certo que tudo isto nos poderia levar a pensar que o keynesianismo, difundido no século XX, e que é associado a um forte disparo da despesa pública, poderia ter de alguma forma desvelado um novo paradigma no que toca ao gasto do Estado, a verdade é que apenas olhamos para ele como um elemento (ainda que muito relevante) de aprofundamento do paradigma moderno de despesa. Para nós, ele não veio fornecer um novo substrato para a despesa pública, mas sim permitir que os Estados abrissem os cordões à bolsa, abalando a fé que se colocava no equilíbrio orçamental e iniciando um caminho – em muitos países sem retorno à vista – ascendente de gasto público[296]. O Estado, até aqui concebido para satisfazer necessidades públicas e prosseguir uma política redistributiva, abre-se a novas funções, assumindo as funções de estabilização e de desenvolvimento económico, dando assim resposta aos problemas de desemprego e da inflação[297].

KEYNES lança, assim, já num contexto de justiça moderna, um novo olhar sobre a despesa pública e seus efeitos, mostrando que esta pode ter um papel a desempenhar no que toca à resolução das situações de crise. Para KEYNES, a despesa pública é instrumental para aumentar a propensão ao consumo[298], convencido que estava de que a intervenção do Estado em certos

---

[294] FRANCO, A. L. Sousa, 2001 (vol. II), p. 39.
[295] *Vide* RIBEIRO, J. J. Teixeira, 1997, pp. 180-181, relacionando o efeito-propulsão com o equilíbrio orçamental: o efeito será mais pequeno se o orçamento estiver equilibrado e maior se as despesas públicas são cobertas com empréstimos dos particulares (e maior ainda se forem cobertas mediante criação de moeda).
[296] "O aumento das despesas públicas seria a única forma de provocar a recuperação, gerando o acréscimo da despesa global sem diminuir a despesa privada; e o seu financiamento [...] devia ser assegurado pela criação de moeda ou por empréstimos que, sendo pré-financiamentos, provocavam a criação de moeda escritural" – FRANCO, A. L. Sousa, 2001 (vol. I), p. 385.
[297] MUSGRAVE, Richard. A., 1959, p. 23: "It is thus of paramount importance for the success of free economic systems to develop compensatory measures which can maintain high employment when private economic activity threatens to slacken and which can maintain price-level stability when demand threatens to exceed available supplies".
[298] NUNES, A. J. Avelãs, 1991, p. 12.

domínios poderia ser contra-cíclica[299], ajudando à saída da crise, numa situação de depressão económica. Estava em causa o domínio prático dos efeitos de uma ferramenta de intervenção do Estado. Naturalmente não ignoramos que o seu pensamento e a influência dos seus seguidores acabaram por juntar ao paradigma moderno de justiça da despesa uma visão económica que rompe por completo com a ideia da mão invisível clássica. KEYNES reforça até a sua ideia com o desenvolvimento da ideia do multiplicador[300]. Como bem ilustra o pensamento dos seus discípulos, trata-se aqui da afirmação de um regime de finanças funcionais que rompe com os postulados de auto-regulação do mercado[301]. Para KEYNES, "uma intervenção do estado mais ampla e mais coordenada é considerada elemento indispensável ao ajustamento recíproco da propensão ao consumo e do estímulo ao investimento"[302].

Não escondemos, naturalmente, que o pensamento keynesiano foi sedutor para os decisores políticos, quer pela afirmação plena de um novo papel do Estado – um Estado que não só intervém, corrigindo, a distribuição de bens, mas que também domina os ciclos económicos –, quer pela ideia de admissão de défices em tempo de recessão económica[303]. Embora se espe-

---

[299] "O aumento das despesas públicas poderia compensar a quebra do investimento privado e a redução dos impostos poderia minar o obstinado espírito de poupança das pessoas" – NUNES, A. J. Avelãs. 1991, p. 12. Era o fim da ideia clássica segundo a qual "as depressões aceitavam-se como inevitáveis e encaravam-se com fatalismo" – CUNHA, P. de Pitta e, 1962, p. 19.

[300] MARTINEZ, P. Soares, 1967, p. 85

[301] KEYNES rejeita as ideias da teoria clássica de finanças neutras, segundo as quais é o livre jogo do mercado que assegura o equilíbrio da economia e o pleno emprego. Para este Autor, a "moeda não é neutra", mas sim uma reserva de valor. Para KEYNES, "a taxa de juro não poderia ser o elemento de ligação entre as decisões de aforro e as decisões de investimento, pressuposto em que os «clássicos» assentavam a sua defesa da lei de Say e a afirmação do «dogma» do pleno emprego". Vendo que o mercado não ultrapassa por si só uma situação de depressão económica e de desemprego e que as medidas de ordem monetária – por exemplo, redução da taxa de juro – não bastavam para reanimar a economia, KEYNES defende uma política pública activa de combate à depressão e ao desemprego – NUNES, A. J. Avelãs, 1991, pp. 78-80. Alguns autores concluem ilustrativamente que do *money does not matter*, KEYNES dá um salto para o *fiscal policy only matter* – NUNES, A. J. Avelãs, 1991, p 96. Mais à frente AVELÃS NUNES chama porém a atenção para que o keynesianismo posterior acabou por abandonar nos anos 50 do século XX esta formulação reducionista, com a "redescoberta da moeda" – *Ibidem*, pp. 448-449.

[302] NUNES, A. J. Avelãs, 1991, p. 12.

[303] Embora entre os decisores não tenha ficado tão clara a ideia de que em tempo de prosperidade, a despesa pública deveria baixar para fazer contraciclo. Vide CUNHA, P. de Pitta e, 1962, p. 30-33, em que explica que a mudança de posição relativamente ao equilíbrio não se deve exclusivamente a KEYNES, já que na própria escola clássica se foi formando um entendimento favorável a alguma intervenção do Estado na economia (STUART MILL/BASTABLE/BLAKE/SCHÄFFLE/SCHANZ/CARL DIETZEL), associando mesmo a ideia da autonomização da disciplina das finanças públi-

rasse que "mesmo no curto prazo, o recurso ao financiamento do défice seria prudente e moderado, e não excessivo e prejudicial"[304]. O pensamento keynesiano foi sedutor também – e talvez mesmo sobretudo por isso – pela ideia de estabilidade que trazia implícita "contra a imagem de uma economia inerentemente instável, desgovernada por uma 'lei natural' de uma coordenação geralmente suave das actividades económicas"[305]: "perante a completa desorientação no comportamento dos sujeitos económicos privados, impunha-se que o Estado utilizasse as forças cumulativas num sentido racional, para, como alguém disse sugestivamente, se conseguir salvar o capitalismo de si mesmo"[306]. Como explica TONY JUDT, não era o emprego que era uma obsessão para os Estados, mas a ideia de estabilidade que preocupava muitos governos: "isso não só implicava medidas para conservar os empregos, como medidas para manter estável a moeda e garantir que as taxas de juro não flutuassem descontroladamente, destruindo as poupanças"[307].

O impacto da difusão do pensamento keynesiano, embora não imediato[308], foi imenso, por várias razões. Primeira, porque a grande depressão "foi vista como um monumental falhanço da economia de mercado e do *laissez-faire*[309]". O sucesso das ideias keynesianas prende-se, assim, com o abandono da ideia de que o Estado deve deixar de ser um mero espectador de um abstracto

---

cas aos autores que "pela primeira vez se sentiram inclinados a aceitar o valor dos instrumentos financeiros na realização do equilíbrio económico e a admitir, consequentemente, a integração das finanças públicas na economia geral".

[304] BURTON in BUCHANAN, J. M., BURTON, J. e WAGNER, R. E., 1978, p. 55. *Vide* ainda pp. 47-51 sobre os pressupostos desta teoria referidos como "presupositions of Harvey Road". "The «presuppositions of Harvey Road» embodied the notion that macroeconomic policy is to be made by a small, select, and sophisticated elite, whose members are both fully informed and personally desinterested in securing private advantage" – BUCHANAN, J. M., 1995, p. 352.

[305] BUCHANAN e WAGNER *in* BUCHANAN, J. M., BURTON, J. E WAGNER, R. E., 1978, p. 14: "An important element in the Keynesian paradigm was the absence of an equilibrating process by which inconsistencies among the plans of the participants in the economic process became self-correcting. [...] 'Fine tuning' became the ideal of Keynesian economic policy".

[306] CUNHA, P. de Pitta e, 1962, p. 23.

[307] JUDT, Tony, 2012, p. 347.

[308] BUCHANAN e WAGNER, *in* BUCHANAN, J. M., BURTON, J. E WAGNER, R. E., 1978, p. 15: "While the Keynesian vision of the nature of our economic order and the proper pattern of budgetary policy gained dominance in academia in the 1940s and 1950s, it did not filter into the general climate of American opinion until the 1960s".

[309] CUNHA, P. de Pitta e, 1962, p. 22: "A depressão de 1930 veio confirmar até que ponto eram erróneas, ou revoltantes, as conclusões dos economistas clássicos". Sobre a origem da ideia de *laissez-faire* – v. KEYNES, J. M., 1926, capítulo 2. Foi esta descrença nas ideias liberais que gerou, de resto, por parte de muitos curiosidade pelas novas soluções sociais avançadas na Alemanha, Itália e mesmo a Rússia.

homo oeconomicus, por um lado, e com a assunção de que o Estado é um agente económico[310/311], por outro. Segunda, porque a sua difusão foi facilitada por influência do *New Deal* e do novo paradigma de despesa que este ajudou a construir: os Estados europeus foram autorizados a aumentar as suas despesas com políticas públicas favorecedoras da criação de emprego, contrariando os efeitos da grande depressão[312]. E, terceira, porque é preciso não esquecer que nessa altura, a tarefa de instituição de um Estado social estava em parte facilitada pelo aumento de impostos que as guerras já tinham gerado. Como assinalam TANZI e SCHUKNECHT "em 1937, a despesa pública tinha aumentado para uma média de 22,8 porcento ou para cerca do dobro do nível de 1913"[313]. É nesta altura que se quebra "a resistência dos contribuintes ao agravamento da carga tributária" e que os Governos se aproveitam da tolerância dos contribuintes para fazerem "não apenas despesas que só anteriormente não faziam por falta de receitas, como sobretudo, despesas cuja necessidade é sugerida pelas próprias perturbações sociais"[314/315].

É preciso notar ainda que enquanto aumentava a intervenção do Estado, o conceito de dignidade da pessoa humana ganhava pleno significado[316].

---

[310] As primeiras medidas tomadas pelos Estados apresentaram, como ensina PITTA E CUNHA "um carácter empírico e decidiram-se precipitadamente, para acudir aos sectores onde o desemprego se mostrava mais angustioso" – CUNHA, P. de Pitta e, 1962, p. 21.

[311] NUNES, A. J. Avelãs, 1991, pp. 13-14. V. ainda pp. 43-44 sobre distinção entre keynesianos radicais e moderados.

[312] TANZI, V. e SCHUKNECHT, L., 2000, p. 9. *Vide* CUNHA, P. de Pitta e, 1962, p. 53, chamando a atenção para o facto de a administração de Roosevelt ter sido marcada "pelo contraste entre a adesão formal ao princípio do equilíbrio do orçamento e a admissibilidade de facto, dos défices como meio de combater a depressão".

[313] TANZI, V. e SCHUKNECHT, L., 2000, p. 9. No caso português, *vide* FERREIRA, J. E. Dias, 1949, pp. 44-45: em 1913 a despesa era de 79.000 contos; no final da década de 30 do século XX, era de 3 milhões de contos (!). DIAS FERREIRA chama, porém, a atenção para o facto de o aumento a despesa se ficar a dever por um lado a melhoramentos realizados em estradas, caminhos-de-ferro, escolas, estabelecimentos de assistência, etc. e por outro, a factores como a "complexidade e a desorganização de muitos serviços", o "aumento desmedido do pessoal", a "má distribuição de verbas", a "atribuição ao Estado de funções que os particulares poderiam bem desempenhar" ou o "encarecimento do custo dos serviços".

[314] RIBEIRO, J. J. Teixeira, 1997, p. 137, falando ainda dos efeitos da despesa (efeito-deslocação e efeito-apreciação) que explicam que atingidos certos níveis de despesa, elas não se reduzem por via de regra, tendo pelo contrário uma tendência crescente.

[315] Questiona-se mesmo a viabilidade prática de manter o equilíbrio anual (os gastos com a primeira guerra mundial, a crise de 1929, o rearmamento e a segunda guerra e a paz armada foram as grandes despesas que contribuíram para o desequilíbrio das finanças – MARTIN, R. Ybarra San, 1964, p. 22.

[316] Para isso contribuíram muitos factores. Foi no séc. XX – e sobretudo também depois da II Guerra Mundial – que o conceito filosófico kantiano de dignidade humana e o de justiça distributiva

A expressão *justiça distributiva* no sentido moderno que temos vindo a apontar é, de resto, um produto do século XX[317]. Sobretudo a partir da II Guerra Mundial, a noção de justiça distributiva passou a estar de mão dada com o reconhecimento dos direitos sociais. À cidadania civil e política, já antes reconhecida, junta-se a cidadania social: "após a II Guerra Mundial, a temática dos direitos sociais passou a inserir-se num discurso alargado sobre a cidadania"[318].

O diferente modo de encarar a pessoa e o acréscimo de direitos que este trouxe, veio também alterar a forma de dispêndio público. Surge nesta altura (sobretudo na segunda metade do século XX até à década de oitenta[319]), a ideia de programação, planeamento ou planificação económica da despesa pública, associada quer à revisão das funções do Estado, quer ao aumento das suas despesas. Ao contrário da ideia que podemos hoje ter acerca do planeamento – imediatamente associando planificação económica a um modelo económico soviético –, só para a Europa de Leste é decisiva esta influência do modelo soviético. Pelo contrário, na Europa ocidental, o planeamento/planificação foi sendo implementado nos vários países a gosto de cada um[320]. Aliás, como ensina NAZARÉ DA COSTA CABRAL, "o sucesso das políticas económicas

---

que dele decorre adquiriram plenamente o significado que hoje lhe reconhecemos com ALFRED MARSHALL. Foi o plano MARSHALL que permitiu que, em grande medida, alguns países europeus conseguissem atingir os seus objectivos de política pública "sem desencadear formidáveis protestos políticos" e afastando os cenários de regresso ao fascismo ou de perturbação comunista – JUDT, Tony, 2012, pp. 351-352. , com o *New Deal* (e a *Social Security*) e finalmente a Declaração Universal dos Direitos Humanos (ONU, 1948), "[n]uma resposta manifesta aos crimes em massa cometidos sob o regime nazi, bem como aos massacres da Segunda Guerra Mundial" – HABERMAS, Jürgen, 2012, pp. 29 e 30.

[317] "Even Babeuf, as far as I know, does not seem to have used the phrase "distributive justice" in its modern sense, but he did attribute to everyone a full-fledged right – a perfect, strict, enforceable right – to an equal share in all wealth, and justice has been treated by the natural law tradition since Grocius as correlative with perfect rights claims" – FLEISCHACKER, Samuel, 2004, p. 57.

[318] VIEIRA, M. B. e SILVA, F. C., 2010, p. 105. Na esteira de T. H. MARSHAL estes autores abordam este conceito de cidadania social (pp. 105 e 106).

[319] CABRAL, Nazaré da Costa, 2008, p. 137.

[320] *Vide* CABRAL, Nazaré da Costa, 2008, pp. 39-48 sobre a relação estabelecida entre programação e os sistemas capitalistas e o planeamento e os sistemas socialistas. V. ainda pp. 73-140 referindo as diferenças entre os vários tipos de planeamento: uma planificação geral e global, como era a socialista ou outras, com particular desenvolvimento do modelo francês de planeamento integral. V. ainda referência mais genérica em JUDT, 2012, pp. 349-350. TONY JUDT compara o planeamento inglês ao escandinavo, dizendo que este último era mais orientador e menos regulador do que o inglês e fala do planeamento francês (centralizado e orientador), do alemão (com políticas socio-económicas localizadas) e do italiano (canalizando o dinheiro público para objectivos regionais particulares). Sobre o planeamento inglês – BURTON *in* BUCHANAN, J. M. BURTON, J. e WAGNER, R. E., 1978, pp. 61-67. *Vide* ainda SANTOS, A. C., GONÇALVES, M.E. e MARQUES, M. M.,

levadas a cabo nos anos cinquenta e sessenta [...] ficou a dever-se a uma utilização conjugada eficaz não apenas dos instrumentos de intervenção (entre si) da política económica (ou seja, das políticas monetária e orçamental), mas também destes com os chamados instrumentos de conhecimento", na medida em que foram objecto de uma implementação planeada e coerente[321].

A adesão às ideias keynesianas e o consequente aumento da despesa pública trouxeram, porém, consigo problemas graves às economias. Os maiores foram os défices orçamentais[322]. Se na teoria keynesiana, os défices deveriam ser simétricos aos excedentes orçamentais, compensando-os, na prática, "[...] a política fiscal tenderá a ser aplicada assimetricamente: os défices serão criados com frequência, mas os excedentes só se materializarão raramente"[323]. É que, de facto, a exigência de excedentes orçamentais era impopular porque requeria muitas vezes aumento de impostos sem se poder oferecer aumento de despesa. Rapidamente, portanto, se viu no aumento do défice e no aligeiramento das restrições ao crédito público uma maneira fácil de aumentar despesa sem aumentar impostos. É o abandono do princípio constitucional clássico do orçamento equilibrado. "Défices orçamentais, inflação e crescimento do governo – todos são intensificados pela destruição keynesiana dos antigos princípios constitucionais de são financiamento"[324].

As suas debilidades e outros problemas – o "paradoxo da estagflação" (STEIN) ou o "dilema da estagflação" (SAMUELSON) "que veio pôr em causa a correcção da análise contida na *Curva de Philips* e das teorias e políticas keynesianas em geral"[325] – começaram a fazer desaparecer a base de apoio do keynesianismo. AVELÃS NUNES vê mesmo na atribuição do prémio Nobel da economia a MILTON FRIEDMAN um símbolo da "consagração das teses monetaristas, com a recuperação das concepções neo-clássicas, que afirmavam

---

2014, p. 229-230, referindo os Planos de Fomento do Estado Novo como "a primeira experiência de planeamento formal".

[321] CABRAL, Nazaré da Costa, 2008, p. 60.

[322] Abandona-se a ideia da assimilação dos empréstimos do Estado aos empréstimos privados, intimamente ligada à ideia de que o Estado ao endividar-se desviava fundos que poderiam ser melhor aproveitados pelos privados – CUNHA, P. de Pitta e, 1962, p. 34. "O objectivo do equilíbrio do orçamento é preterido em benefício da finalidade mais ampla de realização do equilíbrio económico geral" (*Ibidem*, p. 55). "[...] as correntes keynesianas perfilham as concepções do défice funcional ou de excedente funcional, em função do estado da economia" – FRANCO, A. L. de Sousa, 2001 (vol. I), p. 385.

[323] BUCHANAN e WAGNER in BUCHANAN, J. M., BURTON, J. e WAGNER, R. E., 1978, p. 18.

[324] BUCHANAN e WAGNER in BUCHANAN, J. M., BURTON, J. e WAGNER, R. E., 1978, p. 23.

[325] NUNES, A. J. Avelãs, 1991, p. 26 e também pp. 289 e 445 reconhecendo que o debate entre monetaristas e keynesianos foi particularmente intenso na década de 70 do século passado.

a capacidade da economia para alcançar um nível de equilíbrio do emprego independentemente da interferência dos governos"[326]/[327]. Abre-se assim a porta para a crítica ao paradigma moderno de despesa que vinha a ganhar força desde o século XVIII[328]. Resta dizer que grande parte do debate sobre a despesa pública do séc. XX centra-se justamente aqui: entre aqueles que apoiam o pensamento keynesiano e os que o refutam, até porque os efeitos práticos desta teoria se afastaram muito daquilo que tinha sido idealizado, quer em matéria de crescimento das despesas, quer em matéria de multiplicação de défices orçamentais[329]. Entre os críticos à visão keynesiana destacamos as respostas da escola austríaca (VON MISES e HAYEK), dos monetaristas da escola de Chicago (STIGLER e MILTON FRIEDMAN), a resposta neoclássica ou até mesmo dos defensores da teoria da agência. Incidindo nos planos constitucional e político, são ainda de referir, no contexto deste debate do século XX sobre a despesa, a resposta da escola da *Public Choice* e da *Public Finance*[330].

Não obstante a contestação e a manifestação por muitos de um desejo de inversão de marcha na despesa pública, o Estado social registou um enorme desenvolvimento entre a década de 60 e 80 do séc. XX[331]. Foi até neste con-

---

[326] NUNES, A. J. Avelãs, 1991, p. 39 e pp. 120 e ss. para conhecer as principais críticas dirigidas pelos monetaristas às ideias Keynesianas. PITTA E CUNHA afirma, em abono da verdade, que aquilo que as correntes monetaristas realmente "atingem frontalmente é a versão corrente, simplificada, das teorias keynesianas, e não já a concepção que se filia directamente na obra do grande economista britânico" – CUNHA, P. de Pitta e, 2000, p. 953.

[327] *Vide* ainda BUCHANAN, James, 1975, capítulo 10, ponto 7.10.27, avançando uma razão para a preferência dos libertários em relação aos liberais: "The libertarians are scarcely preferred over their liberal counterparts. They score effectively when they point to the analytically demonstrable and empirically verified flaws in the collectivist alternatives".

[328] Falando da revisão de 1971 (Lei nº 3/71, de 16 de Agosto) da Constituição de 1933 como "uma afloração da ideologia neo-liberal que, ao tempo, procurava influenciar uma nova política económica no âmbito do regime [...] (mais pela supressão de expressões anteriores, próprias do corporativismo de raiz cristã, do que pelos novos conceitos utilizados)" – FRANCO, A. L. de Sousa e MARTINS, G. d'Oliveira, 1993, p. 130.

[329] BURTON *in* BUCHANAN, J. M., BURTON, J. e WAGNER, R. E., 1978, p. 56, CUNHA, P. de Pitta e, 1962, p. 24. *Vide* ARAÚJO, Fernando, 2006, p. 769-770, referindo ainda que o facto de dados internacionais demonstrarem que o acréscimo de despesa pública não gera necessariamente crescimento económico também contribui para o descrédito do keynesianismo.

[330] Denunciando o mau funcionamento das ideias keynesianas num ambiente político dominado por *lobbies* ou outras pressões institucionalizadas ou ainda denunciando que os interesses macroeconómicos nem sempre coincidem com os interesses de conquista e manutenção do poder – v. BUCHANAN e WAGNER *in* BUCHANAN, J. M., BURTON, J., e WAGNER, R. E., 1978, p. 19, falando de irrealismo das propostas de KEYNES.

[331] *Vide* OCDE, 2012, p. 5, dizendo que os valores de despesa social dos anos 60 mais do que duplicaram num espaço de 50 anos. "This is related to the introduction and increased generosity

texto que MUSGRAVE definiu o Estado daquele tempo através da enumeração das suas funções de alocação, estabilização e redistribuição[332/333]. Mas, a este crescimento do Estado não foi, naturalmente, indiferente a popularidade que o socialismo gozava na época[334].

Como se percebe a partir desta breve exposição sobre o contexto histórico em que o paradigma moderno de despesa se desenvolveu entre os século XIX e XX, o paradigma moderno de despesa apesar de partir de um só ponto – integração da benevolência na Justiça –, acaba por beneficiar de várias referências – não só filosóficas, mas também políticas e até económicas . E como vamos apercebendo, estas ideias vão-se cruzando no tempo e no espaço e vão moldando e influenciando a actuação pública a cada momento. São essas ideias que, de resto, marcam o debate que se gera em torno do papel que o Estado deve ou não assumir na economia. Segue-se por isso uma análise de cada um dos mais importantes critérios de justiça moderna utilizados, de forma a aprofundar a compreensão sobre o quadro histórico que acabamos de apresentar.

b) Critérios utilitaristas e o Estado de bem-estar
Utilitarismo e justiça

Apesar de muito contribuírem para uma nova visão do Homem e para o surgimento de exigências que hoje estão intimamente ligadas com a justiça dis-

---

of social programmes, particularly in the 1960's and 1970's, while in more recent years the effect of ageing populations on pensions and health-related spending is becoming more important".
GAUDEMET, P. M. e MOLINIER, J., 1996, p. 101: "Il est nécessaire d'ajouter qu'au cours de la période la plus récente, le années 1981 et 1982 ont été marquées par une augmentation massive et délibérée des dépenses publiques [...]".

[332] MUSGRAVE, Richard A., 1959, pp. 6-27. TANZI, V. e SCHUKNECHT, L., 2000, p. 10 chamam a atenção para que o desenvolvimento da teoria dos bens públicos e do conceito de exterioridade sugeriram depois disso o crescimento do papel de alocação do Estado.

[333] MUSGRAVE defendeu ao logo da sua vida "a consistent favorable view of the beneficial functions of the government sector" – BUCHANAN, J. M. e MUSGRAVE, Richard A., 1999, pos. 48 (versão kindle) (as palavras são de HANS-WERNER SINN na introdução a este livro).

[334] GAUDEMET, P. M. e MOLINIER, J. 1996, pp. 204-206, referindo-se à "política financeira socializante do século XX". Neste texto, dão também nota das principais alterações que estas trouxeram sobretudo ao nível fiscal: com a generalização da ideia do imposto sobre o rendimento global (para seguir a ideia de "prendre l'argent là oú il est"), as ideias dos impostos sobre as grandes fortunas ou sobre o capital, a não tributação do mínimo vital. "[...] les mécanismes de transfert et de redistribution des revenues, qui auraient paru scandaleux au siècle dernier dans la mesure où ils portaient atteinte au droit de propriété et à la liberté économique, sont préconisés par les nouvelles classes dominantes au nom de la justice sociale afin d'assurer la mise en place de structures sociales plus équitables et de structures économiques plus efficaces que celles qui découlent du libre jeu des lois économiques" (*Ibidem*, p. 206).

tributiva, o utilitarismo não é classicamente associado ao desenvolvimento do tema da Justiça (sobretudo na sua vertente hedonista)[335]. Isto leva-nos, por isso, a começar a abordagem a estes critérios a ter de justificar a nossa opção de incluirmos o utilitarismo como um dos critérios de justiça de despesa pública.

E temos essencialmente duas razões que nos levam a considerar o utilitarismo no tratamento do tema da justiça.

A primeira prende-se com a concessão do benefício da dúvida a esta corrente, uma vez que já os filósofos utilitaristas originais contestavam este afastamento da ideia de Justiça[336]. DAVID HUME, por exemplo, considerava que a "utilidade pública é a única origem da justiça"[337], visto que os homens actuam de acordo com os seus interesses. HUME via já na utilidade "a fonte do mérito inerente ao humanitarismo, encontrando-se também a obrigação moral numa relação de proporção com a utilidade"[338]. STUART MILL, por outro lado, respondia ao alegado afastamento do tema da justiça, explicando que a Justiça que ele defendia era a que se baseava na utilidade e não em qualquer padrão imaginário[339/340].

A segunda razão para não deixarmos cair o utilitarismo, prende-se com o reconhecimento da riqueza da discussão contemporânea, que não descura a própria relação da ideia de utilidade com a Justiça[341]. Reforçando esta

---

[335] ROSAS, J. Cardoso, 201, p. 19: "[o utilitarismo] não constitui uma concepção da justiça em sentido estrito, ou seja, uma especificação do conceito geral de justiça. STUART MILL, por exemplo, reconhecia isso mesmo ao confirmar que a utilidade e a felicidade como critérios de certo e errado eram afastados da ideia da Justiça – MILL, J. S., 1991, p. 176.

[336] "Ainda que o primado do princípio da utilidade entre necessariamente em choque com qualquer ideia sobre o primado da justiça e dos direitos, a tentativa de conciliação entre as duas perspectivas é um *locus classicus* do pensamento utilitarista [...]" – ROSAS, J. Cardoso, 201, p. 19.

[337] OTERO, Paulo, 2009, p. 196.

[338] OTERO, Paulo, 2009, p. 196.

[339] "While I dispute the pretensions of any theory which sets up an imaginary standard of justice not grounded in utility, I account the justice which is grounded on the utility to be the chief part, and incomparably the most sacred and binding part, of all morality. Justice is a name for certain classes of moral rules, which concern the essentials of human well-being more nearly, and are therefore of more absolute obligation, than any other rules for the guidance of life; and the notion which we have found to be of the essence of the idea of justice, that of a right residing in an individual, implies and testifies to this more binding obligation" – MILL, J. S., 1991, p. 195.

[340] Veja-se também neste sentido HARE, defendendo que, apesar de a utilidade parecer distante da justiça, a resposta à questão de saber como se pode ser justo em relação aos interesses concorrentes das pessoas, não pode deixar de passar pela consideração dos interesses das várias pessoas. Sendo este justamente o foco do conceito de utilidade – HARE *in* SEN, Amartya e WILLIAMS, B., 1982, p. 26.

[341] Alguns autores utilitaristas chegam até a negar a consideração de utilidades que sejam desrazoáveis do ponto de vista da justiça ou mesmo ilegítimas (utilitarismo indirecto).

mesma relação é de relembrar que muitos autores contemporâneos (é o caso de RAWLS ou NOZICK, embora com abordagens bem distintas) partem até de uma crítica ao utilitarismo para afirmar novas ideias em matéria de concepção de Justiça.

De qualquer forma – ou mesmo que não se queira aceitar as razões invocadas -, ainda que não seja sempre um padrão de Justiça, a utilidade será um padrão de acerto ou de rectidão (*standard of rightness*)[342] que poderá ser tido em conta quando chega a hora de o Estado proceder à distribuição de bens. Para muitos autores, utilitarismo é mesmo uma fórmula de igual consideração de interesses. Como explica KYMLICKA, esta igual consideração está implícita em MILL, embora seja mais claramente afirmada por utilitaristas contemporâneos como HARSANYI, GRIFFIN, SINGER e HARE[343]. PETER SINGER, por exemplo, "«não pensa a igualdade em termos de justiça, mas antes em termos de igualdade de bem-estar», que interpreta como «satisfação dos interesses individuais»"[344]. E, é nessa medida, que nos interessa manter o utilitarismo dentro da discussão sobre a Justiça, para ficarmos com uma perspectiva tão completa quanto possível dos juízos distributivos que poderão estar por detrás da despesa pública. Até porque, como transparece da leitura de RAWLS – a qual até começa como uma crítica ao utilitarismo –, parece-nos que "na nossa sociedade o utilitarismo opera como um tipo de pano de fundo tácito contra o qual as outras teorias têm de se afirmar e defender a elas próprias"[345]. E ignorá-lo não parece ser a melhor opção.

Utilitarismo e justiça social
Referimo-nos ao utilitarismo à cabeça dos critérios de justiça moderna de despesa pública, por ter sido dos primeiros a procurar justificar a entrada do Estado em certos domínios de que os clássicos o apartavam. É, aliás, interessante notar que a equivalência entre o termo justiça distributiva e justiça social remonta a esta época. Mais concretamente a um utilitarista confesso: JOHN STUART MILL[346/347].

---

[342] KYMLICKA, Will, 2002, p. 30.
[343] "Hare, in fact, finds it difficult to imagine any other way of showing equal consideration for each person [...]" – KYMLICKA, Will, 2002 p. 33.
[344] ROSAS, J. Cardoso, 2011, p. 19
[345] KYMLICKA, Will, 2002, p. 10.
[346] "John Stuart Mill trata explicitamente os dois termos como equivalentes" – HAYEK, F. A., 2013, pos. 5526 (versão kindle).
[347] Como explica HAYEK, a justiça social surge ainda intimamente ligada com uma noção de mérito/merecimento – "é justo que cada um obtenha aquilo (bom ou mau) que merece" – HAYEK,

Olhando para o relógio da história, o utilitarismo surge ainda no séc. XVIII, tendo tido bastante influência no pensamento do século XIX: "os utilitaristas originais eram «Filósofos Radicais» que acreditavam na possibilidade de repensar completamente a sociedade inglesa. O utilitarismo, nesse tempo, era identificado com um programa político progressivo e reformista – a extensão da democracia, da reforma penal, das provisões de bem-estar, etc."[348]. Não obstante a sua origem oitocentista/novecentista, a sua influência ultrapassou em muito esse limite temporal. Com efeito, toda a corrente económica que se desenvolveu em torno da ideia de bem-estar – *welfare economics* – ajudou à propagação das suas ideias por todo o século XX e à sua difusão (e crítica) a propósito do tema da despesa pública.

Justiça utilitarista
Na perspectiva utilitarista, o justo é definido como aquilo que maximiza o bem-estar. "Mais precisamente, são justos os actos e instituições que, de entre todas as alternativas existentes, produzem o maior bem ou, pelo menos, o mesmo bem que qualquer dos outros actos e instituições que podem ser efectivamente escolhidos (...)"[349]. É de notar, porém, que para os utilitaristas não existe uma única distribuição que em concreto deva ser feita, mas muitas possíveis. Na realidade, "a distribuição correcta é aquela que produz a máxima satisfação"[350]. Como explica Rawls, no utilitarismo as noções de bem e Justiça ligam-se intimamente: parte-se de uma noção de bem, encontrada de forma independente da Justiça. Mas chama-se Justiça àquilo que maximiza esse mesmo bem[351].

O que define o utilitarismo – embora este esteja longe de ser caracterizado por um pensamento único – é a ideia de maximização do bem-estar agregado. Parte-se pois, por um lado, da ideia de utilidade e, por outro, da ideia da maximização da utilidade, reconhecendo igual peso à utilidade de cada pessoa[352], como forma de optimização do bem-estar.

F. A., 2013, pos. 5535 (versão kindle).
[348] Kymlicka, Will, 2002, pp. 45 e 46: "Utilitarianism arose in Britain at a time when much of society was still organized to benefit a small, privileged elite at the expense of the (rural and working-class) majority. [...] In these circumstances, utilitarianism's commitment to secularism and maximization meant that it sided clearly with the historically oppressed majority against the privileged elite" (*Ibidem*, p. 47).
[349] Rawls, John, 2001, p. 42.
[350] Rawls, John, 2001, p. 43.
[351] Rawls, John, 2001, p. 42.
[352] Kymlicka, Will, 2002, p. 12.

De acordo com o pensamento utilitarista original, a utilidade correspondia à promoção da felicidade[353]. A sua maximização deveria operar, então, com base num cálculo hedonístico[354] (o cálculo felicífico – *felicific calculus*[355])[356]. Estamos perante o bem-estar hedonista (*welfare hedonism*). Todas as acções (tanto as pessoais como as estaduais) deveriam ser tidas por certas ou erradas, dependendo de quanto elas tendessem a promover ou a prejudicar a felicidade (*Greatest Happiness Principle*)[357/358]. Os seus defensores advogavam a ideia de que "o governo não deveria apenas garantir aos homens a prossecução da felicidade sem os molestar, mas também deveria proporcionar a sua felicidade e entregá-la à sua porta"[359/360].

Embora este bem-estar hedonista (*welfare hedonismo*) corresponda à visão mais conhecida do utilitarismo, não se pode reduzir o conceito de utilidade a isto. Por exemplo, JOHN STUART MILL destaca-se de imediato deste entendimento. Com efeito, para este autor os prazeres não são todos iguais: "Nem o prazer apenas e sem mais, nem a utilidade oposta ao prazer [...]. O único fim

---

[353] Notando a anterioridade da ideia de promoção da felicidade – localizando a preferência pela felicidade já na filosofia moral grega e claramente a ideia da promoção da felicidade no Iluminismo – VEENHOVEN, R., 1994, p. 102.

[354] "Now private ethics has happiness for its end; and legislation can have no other.[...] Thus far, then, private ethics and the art of legislation go hand in hand" – BENTHAM, Jeremy,1907, p. 313.

[355] O cálculo felicífico é feito de acordo com um cálculo muitíssimo complexo feito a partir dos factores descritos no Cap. IV de BENTHAM, Jeremy, 1907, pp. 29 e ss.

[356] *Vide* crítica dirigida pelos utilitaristas ao pensamento kantiano em MILL, J. S., 1991, p. 134. O utilitarismo de MILL critica o pensamento de KANT na parte em que este falha *"almost grotesquely"* em demonstrar a inexistência de contradição ou de qualquer tipo de impossibilidade moral ou física na adopção das mais hediondas regras de conduta por todos os seres racionais.

[357] BENTHAM, Jeremy, 1907, pp. 1 e 2. *Vide* também MILL, J. S., 1991, p. 137.

[358] O princípio da utilidade traduz-se, de acordo com as palavras de BENTHAM, na "propriedade de qualquer objecto, segundo a qual ele tende a produzir benefício, vantagem, prazer, bem ou felicidade (...) ou a prevenir o acontecimento de prejuízo, dor, mal ou infelicidade à parte cujo interesse é considerado: se a parte é a comunidade em geral, então a felicidade da comunidade; se é um indivíduo particular, então a felicidade é individual"- BENTHAM, Jeremy, 1907, p. 2.

[359] SPENCER, Herbert, 2009 (a), p. 175.

[360] NOZICK critica esta ideia hedonista de utilidade. Em primeiro lugar, pondo em causa a ideia de que a dependência de sentimentos como prazer, dor ou felicidade poderia levar longe demais: ou fazendo com que os animais (que também sentem) fossem integrados nestes cálculos ou conduzindo a resultados iníquos: "maximizing the average utility allows a person to kill everyone else if that make him ecstatic, and so happier than average" (NOZICK, Robert, 2006, p. 46). Em segundo lugar, afirma que se tudo dependesse em última análise dos sentimentos das pessoas, então não haveria diferença entre viver e estar ligado a uma máquina de sensações (*the experience machine*) (2006, pp. 42-45). Muitos autores consideram esta como a maior crítica ao utilitarismo hedonista – KYMLICKA, Will, 2002, p 13.

do homem é a felicidade detectada pela inteligência, a sensibilidade e os sentimentos morais. Algumas espécies de prazer têm mais valor que outras [...]"[361].

O utilitarismo evoluiu porém, sendo possível hoje conceber a utilidade como um estado mental não hedonista, valorizando não só a felicidade, mas também outros factores, por exemplo, experiências recompensadoras[362] ou aquilo que as pessoas preferem[363] (utilidade como sinónimo de preferência) ou ainda aquilo que as pessoas preferem racionalmente, mesmo que não experienciem o resultado dessas escolhas[364] (a utilidade com o sentido de preferências informadas – RICHARD HARE). A utilidade passa assim a significar a maximização das preferências das pessoas[365]. Esta forma de utilitarismo não hedonista é hoje a mais comum, uma vez que permite a cada um definir o que é o sofrimento e a dor e evita a definição de uma unidade absoluta de utilidade para fazer comparações interpessoais[366].

Tendo em conta que existem inúmeros utilitarismos, poderemos dizer, sem falhar e sem privilegiar nenhuma corrente, que, para os autores utilitaristas, a maximização da utilidade corresponde a tornar tão elevada quanto possível a soma de utilidades aferidas[367/368]. Quando se fala de utilitarismo fala-se

---

[361] Está aqui em causa a refutação da ideia de BENTHAM segundo a qual "prejudice apart, the game of push-pin is of equal value with the arts and sciences of music and poetry" – PERROUX, François, 1981, p. 184 e MILL, J. S., 1991, p. 138: "It is quite compatible with the principle of utility to recognize the fact, that some *kinds* of pleasure are more desirable and more valuable than others". V. ainda WOODARD considerando que MILL é ainda um hedonista (WOODARD, C., 2013, p. 802).

[362] KYMLICKA, Will, 2002, p. 14: "Utilitarians who adopt this account accept that the experience of writing poetry, the mental state accompanying it, can be rewarding, without being pleasurable. Utilitarianism is concerned with all valuable experiences, whatever form they take".

[363] KYMLICKA critica esta abordagem, chamando a atenção para as preferências enganadas ("Someone who has planned for years to be a lawyer may get to law school and realize that they have made a mistake" – KYMLICKA, Will, 2002, p. 15) e para as preferências adaptativas ("The extreme version of this phenomenon is the case of the 'contented slave', who adapts the her enslavement by claiming she does not want freedom" – *Ibidem*, pp. 15 e 16).

[364] KYMLICKA, Will, 2002, pp.16-20.

[365] *Vide* GANDJOUR, A. e LAUTERBACH, K. W., W., 2003, p. 232, apontando para a consideração das preferências como critério diferenciador entre o utilitarismo e a economia de bem-estar: "[...] in contrast to welfare economics, which considers actual preferences, preference utilitarianism often takes into account rational and well-informed preferences".

[366] GANDJOUR, A. e LAUTERBACH, K. W., 2003, *passim* e sobretudo em pp. 239 e ss, falam de vários tipos de utilitarismo: "act utilitarianism", "rule utilitarianism", "preference utilitarianism" e "negative utilitarianism". Referir-nos-emos mais à frente e em detalhe ao último. Com um conceito de "act utilitarianism" e "rule utilitarianism" – SMART, J. J. C., 1961, pp. 4 e 9-12.

[367] SANTOS, J. Costa, 1993, p. 125.

[368] Como reconhece KYMLICKA "Once we reject the simple accounts of welfare as happiness or preference satisfaction, there is no straightforward method to measuring utility" (KYMLICKA, Will, 2002, p. 20).

portanto da conjugação de três factores: consequencialismo; prossecução do bem-estar e soma das utilidades individuais[369].

Cálculos da utilidade
De acordo com o utilitarismo original, para aferir da felicidade da comunidade[370], ter-se-ia em conta a soma de interesses dos vários indivíduos que a compõem de forma a obter a máxima felicidade do maior número. "Na moldura conceptual pré-Pareto, a distinção entre bem-estar social e as utilidades individuais estava livre de ambiguidade. As utilidades individuais eram assumidas para serem directamente fornecidas por introspecção e o bem-estar social era simplesmente a sua soma"[371]. De acordo com a corrente de pensamento marginalista, formada no seio do utilitarismo original, os recursos deveriam então ser "distribuídos de forma a nivelarem-se as utilidades marginais entre todos os indivíduos"[372] para se atingir "o máximo valor possível para o resultado da soma das utilidades individuais"[373]. Desta forma se atingiria o referido *Greatest Happiness Principle*, que mais não é do que a maximização do bem-estar social em que as pessoas são consideradas como estando numa situação de igualdade, umas em relação às outras[374].

Porém, a forma de cálculo tendente a aferir da soma de utilidades alterou-se com o tempo. É, por isso, comum distinguir entre as correntes utilitaristas, uma fase pré-Pareto e outra paretiana. A alteração da fórmula de cálculo está, como explica COSTA SANTOS, relacionada com uma das críticas que se fazia ao pensamento utilitarista. Dizia-se que a maximização de utilidade da comunidade, aferida pela simples soma de utilidades (utilidade total), poderia ser sempre conseguida com um aumento demográfico, ainda que paradoxalmente esse aumento não contribuísse na prática para o aumento da utilidade individual[375]. Para evitar isso mesmo, ao invés de se basear na soma total de utilidades passou, então, a considerar-se a maximização da utilidade média

---

[369] GANDJOUR, A. e LAUTERBACH, K. W., 2003, p. 231 e SEN, Amatya, 2003, p. 74.
[370] Muito crítico em relação ao utilitarismo *vide* SPENCER, Herbert, 2009 (a), pp. 8 e ss.. SPENCER defende que o nível de felicidade é infinitamente variável (*Ibidem*, p. 8) e que se cada um tentar assegurar "a maior felicidade para o maior número" a sociedade cairá rapidamente numa confusão (*Ibidem*, p. 15).
[371] HARSANYI *in* ARROW, K. J. e SCITOVSKY, T., 1969, p. 53.
[372] SANTOS, J. Costa, 1993, p. 125.
[373] SANTOS, J. Costa, 1993, p. 125.
[374] MILL, J. S., 1991, pp. 198 e 199.
[375] "O certo é que, pelo menos a partir de um certo crescimento demográfico, a utilidade *per capita* seria decrescente. Assim, a elevação da utilidade total será acompanhada de uma diminuição da

ou da utilidade *per capita*[376]. O bem-estar social deixa assim de ser encarado como uma quantidade objectiva. O bem-estar colectivo passa a depender da utilidade individual[377/378].

Seja sob a forma de utilidade total ou média, o utilitarismo apresenta, como se vê, um carácter agregativo. Como diz Rawls, "a via natural para o utilitarismo (ainda que não a única) consiste em adoptar para a sociedade, como um todo, o princípio da escolha racional que se aplica a um sujeito isolado"[379]. O utilitarismo parte, assim, de um tratamento conjunto dos indivíduos como se a sociedade fosse uma só pessoa[380]. E é esse o traço mais atractivo, de resto, do utilitarismo: procurar para a sociedade aquilo que cada um procura na sua vida (felicidade, bem-estar...)[381].

Utilitarismo e papel do Estado
O utilitarismo é tido como progressista, uma vez que "exigiu que os costumes e autoridades que tinham oprimido as pessoas durante séculos fossem testados contra o paradigma da melhoria humana («o homem é a medida de todas as coisas»)"[382]. É progressista também, uma vez que acaba por advogar mecanismos de redistribuição de riqueza devido ao declínio marginal da utilidade do dinheiro, no sentido de demonstrar que para os pobres este tem maior utilidade do que para os ricos.

Tendo em vista a melhoria do bem-estar colectivo, o utilitarismo novecentista advogou a atribuição de certas responsabilidades ao Estado. Entre

---

utilidade média, o que parece contraditório com o objectivo de maximização do bem-estar colectivo" – Santos, J. Costa, 1993, p. 127.
[376] "In the modern approach, however, the distinction is far less clear. [...] our social welfare concept has come logically nearer to an individual utility concept" – Harsanyi *in* Arrow, K. J. e Scitovsky, T., 1969, p. 53.
[377] "Rather, each individual is supposed to have a social welfare function of his own, expressing his own individual values". "(...) Each individual's utility function is now regarded as dependent (...) on the economic (and other) conditions of all other individuals community (...)" – Harsanyi *in* Arrow, K. J. e Scitovsky, T., 1969, p. 53.
[378] "Thus if we accept individualistic ethics and set public policy the task of satisfying the preferences of the individual members of the society (...), our social welfare function will always tend to take the form of a sum (...) of individual utilities; but whether the weights given to these individual utilities have an objective basis or not will depend wholly on the extent of our factual (psychological) information" – Harsanyi *in* Arrow, K. J. e Scitovsky, T., 1969, p. 60.
[379] Rawls, John, 2001, p. 44.
[380] Rosas, J. Cardoso, 2011, p. 40.
[381] Kymlicka, Will, 2002, p. 11: "No matter how secular we are, we cannot deny that happiness is valuable, since it is something we value in our own lives".
[382] Kymlicka, Will, 2002, p. 12.

estas responsabilidades está o auxílio aos mais pobres[383]. No século XIX, foi à luz do utilitarismo que se sugeriu que o auxílio aos pobres deveria ser feito por meio da revisão da lei dos pobres (*poor law*) (substituindo a multiplicidade de autoridades independentes, constituídas pelas paróquias, pela Companhia Nacional da Caridade – *National Charity Company*)[384]; por meio da criação de hospitais para doentes pobres curáveis e feridos e também para doentes incuráveis e desamparados; através da criação de estabelecimentos para a manutenção ocasional e emprego dos pobres válidos no caso em

---

[383] Em concreto, no seu *Manual de Economia Política*, BENTHAM refere que o aumento da riqueza passaria, por um lado, pelo aumento da segurança (BENTHAM, Jeremy, 1843 (b), pp. 41 e 42) e, por outro, pela tomada de medidas estaduais visando impedir a diminuição da população devida ao seu empobrecimento. Neste último aspecto, defende em concreto medidas como: a criação de hospitais para doentes pobres curáveis e feridos e também para doentes incuráveis e desamparados; a criação de estabelecimentos para a manutenção ocasional e emprego dos pobres válidos em casos em que uma e outro fossem insusceptíveis de ser obtidos pelas vias normais. Esta última medida visa em concreto não só a preservação da população e a prevenção do ócio e dos crimes em sociedade; e a criação de estabelecimentos para a prevenção ou mitigação de doenças contagiosas (embora BENTHAM admita que no que toca a esta matéria muito pode ser feito em matéria de instrução) (*Ibidem*, pp. 72 e 73).
Na sua obra *Principles of the Civil Code*, BENTHAM coloca a assistência aos pobres no plano dos deveres do Estado, em face do reconhecimento da insuficiência da economia individual e das contribuições voluntárias para a resolução do problema da pobreza (BENTHAM, Jeremy, 1843 (vol. 1), pp. 314 e ss.). Avança, no entanto, algumas cautelas a ter na elaboração de uma lei com este objectivo. Neste sentido, defende que a lei não pode oferecer assistência independente do trabalho, sob pena de encorajar o ócio e a prodigalidade (*Ibidem*, p. 314) e que esta não pode exigir mais do que o estritamente necessário para não corresponder a uma punição dos industriosos em benefício dos ociosos (*Ibidem*, p. 316). Em geral, no que toca às leis dos pobres, BENTHAM defende a necessidade de introduzir na lei, mecanismos para impedir o crescimento da pobreza, de acordo com o factor subsistência (um dos quatro pilares que o legislador deve ter em conta na distribuição de direitos e obrigações de acordo com o cálculo felicífico, a saber subsistência, abundância, igualdade e segurança – p. 302. *Vide* também BENTHAM, Jeremy, 1843 (vol. 9), pp. 11 e ss). Para este mesmo Autor, estas deveriam evitar a fome mas evitar a todo o custo a indolência.
No seu texto *Tracts on Poor Laws and Pauper Management*, BENTHAM expõe as suas ideias no que toca ao auxílio aos pobres, preconizando a substituição do papel das paróquias no auxílio aos pobres por uma entidade nacional, a Companhia Nacional da Caridade (*National Charity Company*). Entidade esta que manteria os pobres empregados em casas de indústria (*industry houses*), distribuídas por todo o país tão equitativamente quanto possível. A Companhia Nacional da Caridade teria, só para dar o exemplo, obrigações de manutenção dos pobres capazes na condição de trabalharem; recebimento de doentes até que se curassem; recebimento de menores, entregues pelos pais durante a sua instrução. A referida Companhia seria financiada nomeadamente por taxas para os pobres; pelo produto do trabalho dos pobres menores em aprendizagem e de todos os outros pobres de acordo com certas regras; por multas e compensações devidas a filhos ilegítimos; e donativos anuais (BENTHAM, Jeremy, 1843 (vol. 3), Livro I)
[384] BENTHAM, Jeremy, 1843 (vol. 8), p. 369.

que uma e outro fossem insusceptíveis de ser obtidos pelas vias normais; e pela criação de estabelecimentos para a prevenção ou mitigação de doenças contagiosas. Com relevância na defesa destes ideais utilitaristas, BENTHAM defendeu que a assistência aos pobres deveria constar, claramente, da lista de deveres do Estado, em face do reconhecimento da insuficiência da economia individual e das contribuições voluntárias para a resolução do problema da pobreza[385].

As ideias utilitaristas, sobretudo as benthamianas, tiveram tradução concreta nalgumas medidas adoptadas em Inglaterra no séc. XIX[386], como é o caso da reforma das leis dos pobres (*poor laws*) (*Poor law Amendment Act of 1834*)[387]. No que toca ao auxílio aos pobres, estas ideias contribuíram para uma defesa mais intensa da educação com intervenção do Estado, com o argumento de que a ignorância conduz à infelicidade[388/389].

---

[385] BENTHAM, Jeremy, 1843 (vol. 1), pp. 314 e ss.
[386] BREBNER, J. B., 1948, p. 64. BREBNER chega mesmo a reconhecer que "there was an astonishingly consistent inclination to resort the Benthamite formula for state intervention" (BREBNER, J. B., 1948, p. 65).
[387] BREBNER, J. B., 1948, pp. 70 e ss.
[388] BENTHAM, Jeremy, 1815. Nesta obra, BENTHAM expõe o seu plano educativo para as classes mais abastadas. Para BENTHAM, a educação era encarada como um instrumento de organização social, de forma a que os pobres pudessem melhorar a sua condição. Ao passo que a educação dos ricos deveria ser subsidiada pelos seus beneficiários, a dos pobres deveria ser assumida pelo Estado, financiada pelo fundo destinado à assistência aos pobres. A educação é, por isso, no pensamento de BENTHAM encarada como parte do tema do auxílio estadual aos pobres.
[389] JOHN STUART MILL foi um dos utilitaristas defensores da educação subsidiada pelo Estado, embora não tenha com isso abdicado da sua defesa acérrima da liberdade individual, em grande parte conseguida à custa da não interferência do Estado na esfera privada. O pensamento de STUART MILL acerca desta questão resulta de uma tentativa de reconciliação das duas grandes correntes de pensamento que se opunham: a herdada do final do séc. XVIII de PRIESTLEY e GODWIN (de liberdade negativa) e a tributária das ideias utilitaristas (J. A. ROEBUCK) que começavam a difundir-se (liberdade positiva) – WEST, E. G., 1965, p. 2 e 3 (sobre os conceitos de liberdade positiva e negativa *vide* BERLIN – *Two concepts of liberty, in* BERLIN, Isaiah 1969). Para GODWIN, o primeiro dos escritores a "fazer uma afirmação clara dos princípios anarquistas" (MARSHALL, P., 1993, p. 191 *apud* SMITH, M. K., 1998), a educação deveria assentar na auto-educação e, portanto, na abstenção do Estado neste domínio. Para a defesa do seu ponto de vista, GODWIN baseava-se, por um lado, no argumento de que só o conhecimento precedido e acompanhado pelo desejo é que conduz à felicidade e, por outro, na natureza corrupta do Estado que decerto tenderia para a monopolização da verdade: a difusão do conhecimento que lhe fosse mais conveniente, a formação das consciências de acordo com um só modelo (muitas vezes já obsoleto) (Cfr. GODWIN, William, 1783; GODWIN, William, 1797; GODWIN, William, 1842, livro VI, cap. VIII).
Para ROEBUCK, pelo contrário, a educação deveria ser obrigatória e subsidiada pelo Estado. Com efeito, para este Autor é possível que o Estado instrua as pessoas no sentido de as tornar felizes. Para ROEBUCK, a educação deveria mesmo ser umas das principais preocupações do Estado, uma

É de resto de notar, que os utilitaristas foram pioneiros na defesa das questões da saúde pública, do encurtamento das horas de trabalho e no melhoramento das suas condições e do acesso do grande público à arte[390]. E, em geral, os primeiros a lançar o movimento que conduziu ao Estado providência/de bem-estar (*welfare state*).

Nos séculos XX e XXI, o pensamento utilitarista continua a ter defensores, embora os autores mais recentes tenham procurado ajustar os seus termos à discussão que se trava nesse momento sobre a justiça distributiva. KYMLICKA – numa nota interessante – considera porém o utilitarismo contemporâneo bem mais conservador do que o novecentista. Para justificar esta sua afirmação aponta duas causas: por um lado, o facto de o utilitarismo ter de se cingir à moralidade dos direitos, das responsabilidades, do interesse público da justiça distributiva e, por outro, o facto de ter de se submeter ao respeito pelos direitos das minorias[391].

Um dos pensadores utilitaristas mais influentes é PETER SINGER, cuja reflexão se baseia nos argumentos baseados no sofrimento e na felicidade[392], procurando tomá-los de forma imparcial e desprendidos de qualquer apriorismo moral[393]. Nalguns autores contemporâneos (como é o caso de SINGER),

---

vez que é o melhor meio de regular a moralidade pública e de melhorar o bem-estar (WEST, E. G., 1965, pp. 6 e ss.).

Fazendo a ponte entre as duas correntes dominantes, MILL defende a educação obrigatória para todas as crianças, não deixando porém de criticar a instituição de um aparelho centralizado de educação, assegurado pelo Estado. Defensor da ideia de que a liberdade individual é sagrada, MILL circunscreve a possibilidade de intervenção do Estado a casos excepcionais: apenas nos casos em que ela evite um prejuízo ou uma lesão a outrem. No caso em apreço, a interferência do Estado seria justificada para prevenir o prejuízo da falta de desenvolvimento das faculdades mentais das crianças de uma sociedade ("o mal para evitar outro mal") ou mesmo a lesão na própria liberdade individual ("a coação para evitar a coação"). Nestes termos, sustenta a obrigatoriedade da educação, por parte do Estado, através de um sistema de exames públicos, em que este apenas interfere para aferir o nível de conhecimentos das crianças em aprendizagem. O próprio modelo de educação proposto por MILL assenta na livre determinação das matérias de estudo e de quem ministra o seu ensino pelos próprios interessados ou pelos pais. Obvia assim a tendência estadual para o despotismo e para a difusão de uma verdade padronizada, já apontada por GODWIN assegurando mesmo assim um papel decisivo para o Estado no controlo da educação, tal como fora feito por ROEBUCK.

[390] FLEISCHACKER, Samuel, 2004, p. 106.
[391] KYMLICKA, Will, 2002, pp. 45-48.
[392] Para SINGER, "we can make the world a better place by causing there to be less pointless suffering in one particular place, at one particular place, at one particular time, then there would otherwise have been" – SINGER, Peter, 1995, pp. 226-235.
[393] SINGER, Peter, 1973. Para PETER SINGER, o utilitarismo é tido como uma forma de igual consideração de interesses.

"[...] o neo-utilitarismo [até] faz rejuvenescer as orientações benthamistas, fornecendo-lhe uma nova formulação e procedendo à sua integração nas roupagens contratualistas que têm servido de suporte a algumas das mais recentes e importantes reflexões sobre o conceito de justiça"[394]. É de notar, porém, criticamente que a filosofia de SINGER vai a um ponto que BENTHAM nunca sonhara, quando coloca os animais ao nível das pessoas[395](!).

A defesa do utilitarismo contemporâneo não prescinde obviamente de atribuir um papel interventivo ao Estado. SMART fala, a propósito do utilitarismo, de um apelo a uma "benevolência generalizada"[396]. Afinal, o utilitarismo é uma filosofia de distribuição de bens consequencialista. A ideia da maximização da utilidade que sustenta traz assim necessariamente associada a ideia de uma autoridade central que assume como tarefa a redistribuição de riqueza entre os indivíduos, seja pela via dos impostos, seja pela via de subsídios (*i.e.* despesa pública)[397]. Porém, como reconhece DASGUPTA, a verdade é que um Estado utilitarista não carece necessariamente de surgir como um Estado autoritário ("mesmo numa estrutura hierárquica de autoridade, como uma empresa, é admitida alguma discricionariedade a cada membro"[398]). Com efeito, chega mesmo a afirmar que há sempre formas de liberdade individual que se coadunam com a promoção do bem-estar social.

Que tipo de distribuição de bens sugere o utilitarismo? Se bem que os autores utilitaristas não ofereçam por si só um específico padrão distributivo[399], a

---

[394] SANTOS, J. Costa, 1993, p. 129. *Vide* SCANLON *in* SEN, Amartya e WILLIAMS, B. p. 103 e ss. Este autor considera – não obstante partir do princípio de que o contratualismo procure fornecer uma base diferente da moralidade – mesmo que "contractualism offers a particularly pausible account of moral motivation [to utilitarianism]".

[395] Com o argumento de que "se só as experiências de prazer, dor, felicidade, etc. [...] são moralmente relevantes, então os animais devem ser contados nos cálculos morais na medida em que eles têm capacidades e experiências". Como exemplos da defesa que igual consideração de todos se baseia na capacidade de sofrimento e portanto não deve distinguir entre as formas de vida – humanas ou animais – em relação a esta capacidade *vide* SINGER, Peter, 1979, capítulo 3 e SINGER, Peter, 1985, pp. 1-10.

[396] SMART, J. J. C., 1961, p. 7.

[397] DASGUPTA *in* SEN, Amartya e WILLIAMS, B., p. 200.

[398] DASGUPTA *in* SEN, Amartya e WILLIAMS, B., p. 217. Neste caso a autora responde à crítica de HAYEK que pressupõe que o Estado assuma totalmente as decisões do mercado, tornando as pessoas em unidades fungíveis "with no other definite or durable relations to one another than those determined by the all-comprehensive organisation", como o próprio afirmava. Só em casos extremos de racionamento de alimentos ou de guerra faria sentido, para DASGUPTA, um sistema de comando em que o Estado assume poderes mais restritivos da liberdade individual.

[399] "A característica marcante da visão utilitarista da justiça é de que, para ela, não importa, a não ser indirectamente, o modo como a soma das satisfações é distribuída entre os sujeitos, da

verdade é que, como explica JORGE COSTA SANTOS, a defesa do utilitarismo pode contribuir para "exercer alguma pressão no sentido da igualdade na repartição da riqueza e do rendimento"[400/401]. Convém, porém, explicar, que esta pressão não é suficiente para confundir os dois critérios – o utilitarista e o igualitário[402]. Com efeito, a minimização de desigualdades em que pode desembocar a defesa do utilitarismo, concorre com outro fim utilitarista: o aumento da felicidade média[403]. Assumimos portanto que a intervenção

---

mesma forma que não importa, também salvo indirectamente, a forma como os sujeitos distribuem as suas satisfações no tempo. Em ambos os casos, a distribuição correcta é aquela que produz a máxima satisfação". (...) Mas, em si mesma, nenhuma distribuição da satisfação é preferível a outra, salvo em situações de igualdade, onde uma distribuição mais igualitária é favorecida" – RAWLS, John, 2001, p. 43.

[400] SANTOS, J. Costa, 1993, p. 125. V. também RAWLS, John, 2001, p. 43.

[401] Mesmo quando se considera a maximização da utilidade média ou da utilidade *per capita* e o bem-estar colectivo passa a depender a utilidade individual, não se exclui que este cálculo possa conduzir a uma repartição igualitária dos bens, embora não fosse esse o seu objectivo: "assim, sendo dado um certo volume de recursos sobre cuja repartição importa decidir, e tendo todos os sujeitos uma igual probabilidade de virem a ficar com qualquer uma das parcelas, se se admitir que eles tenham aversão ao risco, então a sua escolha inclinar-se-á no sentido de uma partilha igualitária" – SANTOS, J. Costa, 1993, p. 128.

[402] Apesar de a perspectiva utilitarista ter elementos em comum a igualitária, elas não se confundem. Em comum com o igualitarismo, o utilitarismo apresenta o facto de definir um critério de justiça atendendo aos resultados (justiça substantiva). Porém, a perspectiva utilitarista distingue-se com clareza da anterior. Com efeito, não importa aqui a igualdade como um fim (sendo possível até admitir que "o utilitarismo pode conduzir a todos os tipos de desigualdade" – MIRRLEES *in* SEN, Amartya e WILLIAMS, B., 1982, p. 76) Os utilitaristas não olham, pois, para a forma concreta de satisfação das necessidades das pessoas, pois o seu objectivo não é, à partida, a igualdade entre todos. Nesta perspectiva, as distribuições são feitas independentemente dos resultados, desde que o seu resultado coincida com a máxima satisfação. Ou seja, o utilitarismo pode conduzir a uma posição agregada mais vantajosa que deixe algumas pessoas numa situação de especial desfavorecimento – OTT, J., 2005, p. 398. Mas como acima foi dito, o juízo utilitarista não é necessariamente alheio à igualdade. Com efeito, em caso de situações de igualdade no que toca a resultados de satisfações máximas, os utilitaristas acabam por preferir situações favorecedoras de uma maior igualdade (embora seja discutível que as utilidades individuais sejam idênticas). Por isso é que COSTA SANTOS diz que por vezes o utilitarismo pode ou não acabar por desembocar na defesa de concepções profundamente igualitárias de riqueza, dependendo da semelhança ou dissemelhança atribuída às utilidades marginais obtidas pelos indivíduos. De qualquer forma uma coisa é certa: as melhorias em relação ao bem-estar colectivo apenas serão possíveis enquanto não estiverem niveladas as utilidades marginais entre todos os indivíduos. Neste sentido, é possível – mesmo sem anular a diferença de juízos em relação ao critério igualitário – defender como faz COSTA SANTOS que "o critério utilitarista é radicalmente igualitário" – Cfr. SANTOS, J. Costa, 1993, pp. 126, 127 (em especial nota 190) e 128.

[403] GAINER, M., 2003, p. 454 e 455 também pressupondo que filosoficamente há uma tensão entre igualitarismo e utilitarismo, embora na prática isso não seja tão claro (na p. 462 da mesma

de Estado utilitarista pode assumir as mais variadas formas (mais ou menos igualitárias). Dentre as várias distribuições que sugere, o utilitarismo parece favorecer a ideia da distribuição de bens dos mais favorecidos para os menos favorecidos[404] até ao ponto de igual utilidade marginal, seguindo a lei da utilidade marginal decrescente[405/406/407].

Como mostra a discussão contemporânea acerca do utilitarismo, a consideração da dor e do prazer obriga até a alargar os horizontes e a considerar no âmbito dos deveres dos Estados a resolução dos problemas da pobreza e da fome dos países mais pobres. Com efeito, o utilitarismo da acção (*act utilita-*

---

obra, acaba por admitir que "it appears that policies in line with the utilitarian tradition are also consistent with egalitarianism"). Vide também OTT, J. 2005, pp. 397-420, defendendo porém que, na prática, utilitarismo e igualitarismo convergem quanto à ideia de que as polícias que maximizam o nível de felicidade também maximizam a igualdade da felicidade. JAN OTT acaba por defender que "utilitarians and egalitarians should always be able to reach agreements about socio-economic policies, directed at empowerment of women, promoting economic freedom, and stimulating good governance in terms of voice and accountability, political stability, government effectiveness, regulatory quality, rule of law and control of corruption" (*Ibidem*).

[404] Sobre as exigências a fazer para que os mais pobres recebam benefícios, v. ELISABETH ANDERSON afirmando que os utilitaristas não "olham para a obrigação de trabalhar como moralmente fundamental" para receber ajuda do Estado (ANDERSON, Elisabeth, 2004, p. 244).

[405] SMART, J. J. C., 1961, p. 7 (e também p. 32 distinguindo benevolência de altruísmo), embora como SIDGWICK reconhece a pura lógica utilitarista poderá levar a agir por outros meios que não os de uma filantropia universal – SIDGWICK, 2011, p. 201.

[406] GANDJOUR, A. and LATERBACH, K. W., 2003, p. 237-237 apontando algumas críticas aduzidas a este entendimento. Criticamente AMARTYA SEN aponta ao utilitarismo a incapacidade de se preocupar com níveis de bem-estar, mas apenas com as diferenças de bem-estar – SEN, Amartya, 1974, p. 307.

[407] Para alguns autores, a chave para se falar na distribuição justa de bens estaria na substituição do conceito de utilidade pelo de saúde, pela mais fácil medição da mesma (utilidade como qualidade de vida relacionada com a saúde). Neste domínio, tratar-se-ia de maximizar o total da saúde, através da alocação de recursos. GANDJOUR and LATERBACH assinalando este facto chamam a atenção para o seguinte ponto: ao contrário do que se possa crer, aqueles que tivessem uma saúde má ou que precisassem de cuidados urgentes não deixariam de ser tratados por um utilitarista "presumindo que nenhum tratamento é entendido como injusto ou causa de desutilidade colectiva" (embora abram a hipótese de algumas variantes de utilitarismo não defenderem o tratamento dos mais desfavorecidos).

Nem mesmo substituindo a utilidade pela saúde é possível chegar a uma receita concreta de distribuição de bens. Os utilitaristas o que fazem é tomar decisões concretas com base em provas empíricas de ganhos de utilidade e perdas em relação a políticas de decisão alternativas (*vide* HARSANYI, 1969). Os críticos a esta perspectiva de substituição de utilidade pela saúde opõe-se a ela afirmando que "utility captures more than health. [...] There is a great deal of evidence [...] suggesting that utility is influenced by factors independent of health, such as social relationships and health" (GANDJOUR, A. and LATERBACH, K. W., 2003, p. 238).

rianism), quando directamente aplicado até às últimas consequências, parece exigir sacrifícios às sociedades mais ricas em benefício das mais pobres[408]. Ou seja, apresenta uma ideia de despesa pública que vai para além daquilo que resultaria da promoção do bem-estar interno.

É, neste ponto, interessante recordar a doutrina dos anos 1970 de PETER SINGER, defendendo que se deve dar "até chegar ao nível de utilidade marginal – ou seja, o nível em que, ao dar mais, eu iria causar mais sofrimento a mim ou aos meus dependentes do que aliviar com a minha dádiva"[409]. Para este filósofo, a ideia referida não é só válida no plano interno do Estado, como também no plano internacional. Com efeito, tal como advoga, para um utilitarista não só é indiferente saber se a pessoa que eu posso ajudar mora a dez metros ou a muitos quilómetros de distância[410], como também não há distinção entre "casos em que eu sou a única pessoa que poderia fazer qualquer coisa e casos em que eu sou apenas um entre milhões na mesma posição"[411]. Está, pois, aqui em causa a universalização de toda a lógica de bem-estar e o argumento que a sustenta da igual consideração de todos, uma vez que a humanidade é a mesma perante a dor e o sofrimento.

A este propósito, SINGER retoma o tema da relação entre a benevolência e a Justiça (ou entre caridade e dever, na terminologia de SINGER)[412], para justificar a universalização dos deveres de prestação que defende, reconhecendo que "as contribuições particulares não são suficientes"[413] e que por isso

---

[408] CARSON, Tom, 1993, p. 312.

[409] SINGER, Peter, 1972.

[410] É interessante ler reforçando este aspecto particular da ideia de SINGER, o livro de PETER UNGER (UNGER, 1996), que inicia justamente demonstrando isto mesmo com os exemplos conhecidos como "the vintage sedan" e "the envelope" (embora os pontos de vista dos dois autores não sejam sempre coincidentes, como o mostra o artigo em que SINGER faz uma crítica a este mesmo livro – SINGER, Peter, 1999).

[411] SINGER, Peter, 1972.

[412] SINGER, Peter, 1972: "The traditional distinction between duty and charity cannot be drawn, or at least, not in the place we normally draw it. Giving money to the Bengal Relief Fund is regarded as an act of charity in our society. The bodies which collect money are known as "charities." These organizations see themselves in this way – if you send them a check, you will be thanked for your "generosity." Because giving money is regarded as an act of charity [...]. The charitable man may be praised, but the man who is not charitable is not condemned".

[413] Embora neste ponto PETER SINGER chame a atenção para a desresponsabilização dos governos – SINGER, Peter, 1972: "Giving privately, it is said, allows the government and the noncontributing members of society to escape their responsibilities". Embora SINGER ache mais plausível o oposto: "The opposite view – that if no one gives voluntarily, a government will assume that its citizens are uninterested in famine relief and would not wish to be forced into giving aid – seems more plausible".

"deveríamos fazer campanha activa promovendo padrões inteiramente novos para as contribuições públicas e privadas no que toca ao alívio da fome"[414].

É, porém, de sublinhar que esta conclusão tem sido alvo de discussões particularmente acesas, não podendo por isso considerar-se, sem mais, como uma derivação de todo o pensamento utilitarista. Entre as objecções apresentadas, fala-se da existência de limites para os sacrifícios[415] ou ainda de que a resolução dos problemas que SINGER sugere está muito para além das nossas capacidades[416], ou até que a ajuda dos Estados seria desnecessária por haver já outras organizações privadas a prestarem essa ajuda. Criticamente, defende-se ainda que a ajuda a dar, nesta lógica universalista, nem sempre seria útil. Nalguns casos, ela poderia mesmo ser contraproducente por contribuir para o crescimento excessivo da população[417] e para a dependência económica[418]. JOHN ARTHUR, num dos textos mais ácidos contra este entendimento de SINGER, chega mesmo a refutar a relação que este último estabelece entre esta benevolência e a Justiça, defendendo que a benevolência nunca poderá deixar de ter como fundamento os direitos e o mérito (*rights and deserts*). Para JOHN ARTHUR, a igual consideração de todos – subjacente ao pensamento de SINGER – nunca poderá ser feita à custa da universalização do dever de

---

[414] SINGER, Peter, 1972.

[415] Numa resposta a esta crítica SINGER também fala de limites. E por isso defende duas versões da vertente universalista do utilitarismo: uma versão utilitarista forte – que ele claramente prefere – traduzida no princípio que já mencionámos "we ought to give until we reach the level of marginal utility – that is, the level at which, by giving more, I would cause as much suffering to myself or my dependents as I would relieve by my gift"; e uma versão mais moderada "it may not follow that we ought to reduce ourselves to the level of marginal utility, for one might hold that to reduce oneself and one's family to this level is to cause something significantly bad to happen". CARSON recusa esta objecção dizendo que o utilitarismo não coloca limites aos sacrifícios. O seu princípio de acção assenta apenas no balanço entre os sacrifícios e benefícios impostos – CARSON, Tom, 1993, p. 312.

[416] "Hare then argues that, from a utilitarian point of view, it would be a mistake to impart to people intuitive moral principles which require them to make large material sacrifices for others" – CARSON, Tom, 1993, p. 314 (e ainda pp. 415-321 desenvolvendo uma perspectiva crítica em relação a esta objecção). A ideia aqui é "we ought to be preventing as much suffering as we can without sacrificing something else of comparable moral importance" – SINGER, Peter, 1972.

[417] SINGER, Peter, 1972, fala da exigência de um controlo efectivo do crescimento da população, abrindo a possibilidade de negar ajuda se os países não aplicam medidas efectivas de controlo da população: "I now think that there is a serious case for saying that if a country refuses to take any steps to slow the rate of its population growth, we should not give it aid. But since we are not under an obligation to give aid unless that aid is likely to be effective in reducing starvation or malnutrition".

[418] TOM CARSON refuta esta objecção dizendo "it is reasonable to act so as to alleviate a known and very great evil, even if we thereby run an indeterminate risk of contributing to an even greater evil (famine and destitution on a greater scale in future)" – CARSON, Tom, 1993, p. 313.

prestar, a qual viola grosseiramente direitos legitimamente constituídos[419]. Para este autor, não há dúvida que a fonte dos direitos a prestações concretas deve assentar em deveres assumidos ou promessas feitas. E que sem estes – deveres ou promessas – um estranho nunca poderia invocar quaisquer direitos perante outrem. Como ARTHUR nota, a visão utilitarista de SINGER apenas conduz a uma lógica sacrificial radical de uns pelos outros, a qual ainda por cima nem teria garantias de resolver todos os problemas (com efeito, em todas estas críticas ARTHUR reconhece implicitamente que o benefício do dispêndio do rendimento das pessoas ricas não compensaria o benefício que poderia ser auferido pelas pessoas nos países pobres[420]). Para ele, a versão forte do utilitarismo de SINGER reduz-se a um apelo a uma visão heróica do Homem, já que defende que, em última análise, as pessoas se devem sacrificar umas pelas outras, independentemente das relações – até de proximidade – que se estabelecem entre elas. Ao olhos de ARTHUR, a defesa de SINGER surge de tal forma radical que ele até questiona se os sacrifícios impostos por este último autor se deveriam ater apenas aos bens materiais e se não obrigariam mesmo a sacrifícios físicos: dar um olho, um rim ou mesmo a prestação de serviços sexuais em prol do bem-estar dos outros[421].

Vantagens e problemas do utilitarismo quanto à ideia de utilidade de que parte
Como dissemos, o utilitarismo continua a ter os seus adeptos, uma vez que continua a seduzir muitos no que toca às decisões de políticas públicas.

Em primeiro lugar, porque os argumentos do sofrimento e da felicidade sobre que assenta apelam à nossa experiência humana, parecendo trazer o plano de análise para o nosso nível de experiência. Não podemos deixar de nos identificar com afirmações como aquela em que SINGER diz, por exemplo, que "sabemos por experiência própria que quando a dor e o sofrimento são agudos, todos os outros valores passam para segundo plano"[422]. Já para não dizer que a sua lógica também seduz pela consideração ética que permite das obrigações para com a comunidade. Avessa a uma lógica estritamente individualista, o utilitarismo abre-se à comunidade procurando a maximização das utilidades de todos (por igual[423]).

---

[419] "So equality demands equal consideration of interests as well as respect for certain rights" – ARTHUR, John, 1984, p. 847.
[420] CARSON, Tom, 1993, p. 313.
[421] ARTHUR, John, 1984, p. 847.
[422] SINGER, Peter, 1995, pp. 226-235.
[423] Veja-se por exemplo em SINGER, o utilitarismo como manifestação da igual consideração de interesses.

Em segundo lugar, porque a visão que os utilitaristas nos proporcionam desafia as convenções sociais, propondo uma perspectiva de ponderação de todos os interesses em conflito, não excluindo nenhum à partida. Como vimos, o utilitarismo não consente proibições assentes em pressupostos morais ou religiosos, exigindo a quem condena determinado comportamento que demonstre como ele torna a vida pior[424]. As suas conclusões chegam até a ser tomadas como científicas, neutras ou livres de juízos valorativos e ainda como as únicas objectivamente capazes de conseguirem recomendar aquilo que seria melhor para a sociedade[425].

Em terceiro lugar, porque se encaixa bem num tipo de pensamento que considera a eficiência, os resultados e o dinheiro empregue, num cálculo de meios utilizados e fins atingidos.

Em quarto lugar, porque o utilitarismo surge em muitos casos como um facilitador da tomada de decisões. Por um lado, dando directivas fáceis de entender e aparentemente demonstráveis segundo cálculos matemáticos de utilidade (promoção e aumento do bem-estar da maioria, por exemplo). E por outro, promovendo processos de decisão mais rápidos, sobretudo quando a alternativa a estas soluções utilitaristas parece ser a do seu adiamento – com todos os custos que isso implicaria – na esperança de que todos se pusessem de acordo sobre ela[426]. Com efeito, aqueles que usam os juízos utilitaristas admitem, assim, que "é possível adicionar, subtrair e medir custos e benefícios subjectivos individuais (em termos económicos, as «utilidades») para chegar a uma «utilidade» ou «custo social líquido», podendo-se a partir daí "aconselhar a favor ou contra uma determinada política social"[427].

Não obstante a sedução do utilitarismo, ele coloca problemas que muitos pensadores não têm deixado passar em claro.

---

[424] KYMLICKA aponta como exemplos de comportamentos que são tidos como moralmente errados e que beneficiam com esta abordagem consequencialista utilitarista a homossexualidade, o jogo, a dança, o consumo de bebidas alcoólicas, a utilização de linguagem rude – KYMLICKA, Will, 2002, p 11. Com efeito, como fica patente pela leitura dos textos de PETER SINGER, a máxima que o Estado deve aplicar no que toca à consideração dos comportamentos das pessoas em sociedade é aquela que JOHN STUART MILL já deixara na sua obra *On Liberty*, segundo o qual: "[...] the only purpose for which power can be rightfully exercised over any member of a civilized community, against his will, is to prevent harm to others. His own good, either physical or moral, is not sufficient warrant... Over himself, over his own body and mind, the individual is sovereign" – SINGER, Peter, 2006.
[425] ROTHBARD, Murray N., 1995, pp. 1-2, embora contestando estas conclusões.
[426] *Vide* GANDJOUR, A. and LATERBACH, K. W., 2003, p. 235, chamando a atenção para o facto de a recusa do cálculo do bem-estar poder leva a decisões baseadas na intuição e no egoísmo.
[427] ROTHBARD, Murray N., 1995, p. 2.

Em primeiro lugar, porque o utilitarismo falha quando simplifica em demasia a realidade. Por exemplo, quando parte da ideia geral de uma sociedade com sujeitos isomorfos[428] ou até mesmo quando acha que é possível uma ordenação das utilidades[429] e uma comparação interpessoal das mesmas[430]. Simplifica também as coisas, pressupondo que seria possível agregar as vontades, quando na realidade é muito difícil fazê-lo pelas diferentes percepções que as pessoas têm da utilidade; ou ainda pressupondo – falsamente – que satisfação dos desejos individuais é, por si só, um critério de justiça, quando se sabe que estes podem ser moldados por um processo que precede a própria escolha[431].

Em segundo lugar, porque a estrita aplicação de uma lógica utilitarista acaba por passar muitas vezes por cima de valores, tidos como fundadores do Estado contemporâneo[432], como é o caso do valor da dignidade da vida humana, permitindo facilmente a adesão a uma lógica sacrificial como a que se segue: "se nada melhorasse o bem-estar de uma pessoa com deficiência, pelo facto de estar permanentemente em coma, o utilitarista acharia fácil

---

[428] MIRRLEES *in* SEN, Amartya, e WILLIAMS, B., 1982, p. 76, embora reconheça abertura para a possibilidade de consideração de isomorfismos parciais ou até do abandono do próprio isomorfismo, se se arranjar um compromisso com as funções de utilidade usadas – *Ibidem*, pp. 80 e 84. No mesmo sentido, *vide* HAHN *in* SEN, Amartya e WILLIAMS, B., 1982, p. 187 que diz que além de parecidos os agentes devem ser eles próprios utilitaristas para as decisões da economia de bem-estar ser racionais.
[429] O princípio do conhecimento disperso hayekiano parte justamente do reconhecimento de que o Estado dispõe apenas de informação parcial – *vide infra*. "Dasgupta and Hammond (1980) and Mirrlees (1981) have shown that the best that a utilitarian government can garantee to be achieved under this information structure is the maximum uniform distribution of utilities that is technologically feasible" – DASGUPTA *in* SEN, Amartya e WILLIAMS, B., 1982, p. 213.
[430] ANDERSON, Elisabeth, p. 2003, p. 7: "Utility measures are deeply positional, immediately tied to the individuals agent's parochial and idiosyncratic view of the world. They are so positional that they do not permit interpersonal utility comparisons".
[431] ELSTER *in* SEN, Amartya e WILLIAMS, B., 1982, pp. 219 e ss.: está em causa o problema da formação adaptativa das preferências, a que ELSTER se refere como o problema das "uvas amargas" (*sour grapes*), recordando a fábula de Esopo da raposa e das uvas, cuja moral é a de que é fácil desprezar aquilo que não se pode obter. V. também ANDERSON, Elisabeth, p. 2003, p. 7 referindo-se ao facto de a utilidade falhar no tratamento das preferências das pessoas em caso de extrema pobreza ou falta de liberdade. Neste caso, a atenção sobre a utilidade não permite ver que nestes casos os desejos e as necessidades pessoais se adaptam – "From the perspective of utility, where there is no desire, there is no unsatified desire. So utility measure fail to register deprivations as such, to the extent that poor and downcast have adapted to them".
[432] SMART reconhece que "it is not difficult to show that utilitarianism could, in certain exceptional circumstances, have some very horrible consequences" – SMART, J. J. C., 1961, p. 69. *Vide* ainda TOM CARSON rebatendo as afirmações de HARE em defesa do utilitarismo no que toca a esta lógica sacrificial – CARSON, Tom, 1993, pp. 309, 312.

dizer que não se transfeririam mais recursos para essa pessoa"[433]. Para além do valor que aqui apontamos mais têm sido mencionados como sendo descurados pelo utilitarismo: autonomia, liberdade, amizade e justiça[434].

Em terceiro lugar, porque nada garante que não haja erros nos cálculos de utilidade a realizar (negligência de provas ou benefício de certas pessoas), sendo certo até que o utilitarismo está mais focado na avaliação dos resultados do que no processo de escolha em si mesmo[435].

Para além destas críticas, a análise do pensamento utilitarista não deixa de suscitar certas apreensões. Com efeito, nem mesmo os factores que devem intervir nos cálculos da utilidade são unânimes, havendo inúmeros autores a questionar aquilo que poderia entrar nesse mesmo cálculo: Quanto à previsão das consequências devemos avaliá-las objectivamente ou subjectivamente[436]? Devemos incluir no cálculo utilitarista as relações especiais que estabelecemos[437]? Deverão ser consideradas, neste cálculo, mesmo as utilidades que sejam desrazoáveis do ponto de vista da justiça ou mesmo ilegítimas (por exemplo, as que pressupõem discriminação) ou deverão ser introduzidos juízos de razoabilidade quanto às escolhas a fazer[438/439]? E as preferências egoístas devem ser consideradas (no caso de se aderir a um utilitarismo de maximização das preferências)? Mesmo a questão do universo a consi-

---

[433] MIRRLEES in SEN, Amartya e WILLIAMS, B., 1982, p. 80. *Vide* ilustrativamente as posições que PETER SINGER defende sobre o aborto e a eutanásia, tratando-os como semelhantes (uma vez que recusa atribuir um significado moral ao nascimento como linha divisória), na medida em que vê neles seres sem consciência de si, não-racionais e não-autónomos, recusando por isso aplicação do direito à vida ou ao respeito da autonomia – "if they have no experiences at all, and can never have any again, their lives have no intrinsic value" – SINGER, Peter, 1993, pp. 175-217.

[434] FRANKENA, *apud* GANDJOUR, A. and LATERBACH, K. W., 2003, p. 234.

[435] MIRRLEES in SEN, Amartya e WILLIAMS, B., 1982, p. 82.

[436] GANDJOUR, A. and LATERBACH, K. W., 2003, p. 234.

[437] KYMLICKA, Will, pp. 22- 26.

[438] KYMLICKA, Will, 2002, p. 27.

[439] Dentro do pensamento utilitarista há quem negue a possibilidade de contar com essas utilidades, com o argumento de que um juízo não utilitário na escolha das decisões a tomar maximizaria a sua utilidade. Estaríamos assim perante uma espécie de utilitarismo indirecto – um *Government House utilitarianism* – KYMLICKA, Will, 2002, p. 31. Mas, pelo contrário, também há quem quem sustente que todas as utilidades devem ser agregadas mesmo as ilegítimas (HARE). HARE, por exemplo, fá-lo considerando que é a única forma de mostrar igual consideração por todas as pessoas. Os utilitaristas que se opõem ao utilitarismo indirecto sustentam que ele colide com a essencialidade do utilitarismo: "Utilitarianism is essentially a 'standard of rightness', not a 'decision-procedure' [...]. What defines utilitarianism is the claim that the right act is the one that maximizes utility, not the claim that the right act is the one that maximizes utility, not the claim that we should deliberately seek to maximize utility" (KYMLICKA, Will, 2002, p. 30).

derar para efeitos de fazer o cálculo da utilidade é muito controversa (veja-se o facto de alguns utilitaristas colocarem os direitos dos animais ao nível dos direitos das pessoas, com o argumento de que "se só as experiências de prazer, dor, felicidade, etc. [...] são moralmente relevantes, então os animais devem ser contados nos cálculos morais na medida em que eles têm capacidades e experiências"[440]).

Entre os vários autores que lemos, destacamos as críticas em relação ao utilitarismo de KANT, de RAWLS e NOZICK. De KANT é de destacar a preocupação de desprendimento do Homem das sensações de dor e prazer e a afirmação da sua única sujeição à Razão. Com efeito, para KANT só o primado da Razão tornaria o Homem livre. De RAWLS destacamos a sua crítica à colocação da ideia de Justiça antes da ideia de Bem, considerando assim que o utilitarismo falha justamente no princípio de que parte – a ideia de Bem –, deixando em aberto a questão de saber como se acha esse Bem que se deve maximizar, uma vez que, para os utilitaristas, não se parte da Justiça, chega-se a ela[441]. Do pensamento de NOZICK destacamos a destruição do próprio pressuposto da dor e o prazer de que parte – numa crítica clara ao utilitarismo hedonista –, como critérios de Bem. Veja-se a este propósito a sua referência à máquina de experiências (*the experience machine*), concluindo que as pessoas têm necessidades para além das suas experiências[442].

No entanto, a crítica que é mais comum encontrar-se ao pensamento utilitarista é aquela que já é feita por KANT e que depois é desenvolvida por muitos outros autores. A ideia de que no utilitarismo as pessoas podem ser instrumentalizadas em favor de outras, autorizando, em certas circunstâncias, "um bem-estar e uma liberdade menores para alguns, em benefício da maior felicidade de outros"[443].

---

[440] "Bentham, we may note, does count animal's happiness equally in just the way we have explained" – NOZICK, Robert, 2006, p. 40. Como exemplos da defesa que a igual consideração de todos se baseia na capacidade de sofrimento e portanto não deve distinguir as formas de vida (humanas ou animais) com esta capacidade *vide* SINGER, Peter, 1979, capítulo 3; SINGER, Peter, 1985, pp. 1-10.
[441] RAWLS, John, 2001, p. 421.
[442] NOZICK, Robert, 2006 pp. 42-45. Os utilitaristas preocupados com estas críticas encontraram resposta na consideração do hedonismo vertical que considera apenas os prazeres verdadeiros – WOODARD, C., 2013, p 796.
[443] RAWLS, John, 2001, p. 431. *Vide* OTT, J., 2005, p. 399: "A moral objection is that utilitarianism justifies the interests of minorities to increase the average level of happiness, which could, in extreme cases, lead to slavery, to discrimination, and to creating scapegoats in times of national problems".

Popper e a proposta de um utilitarismo negativo
O utilitarismo que até aqui considerámos é o chamado utilitarismo positivo – aquele que obriga à maximização da felicidade/ preferências/ bem-estar. Porém, na sua obra *Sociedade Aberta e os seus Inimigos*, POPPER sugere-nos outra forma de utilitarismo, que nos traz de volta ao âmago das preocupações que estiveram na base da alteração do entendimento de Justiça e que devemos considerar pelas implicações que traz na perspectiva da despesa pública. A propósito da formulação de um dos princípios da ética humanitária e igualitária – o da urgência do sofrimento e da dor –, KARL POPPER propõe a substituição da fórmula da maximização da felicidade pela fórmula do "menor sofrimento evitável para todos", ou da "minimização do sofrimento"[444]. Enunciou assim o que se apelida de utilitarismo negativo. E a sua formulação foi feita no sentido de fornecer um princípio fundamental de políticas públicas.

A ideia de POPPER era a de fazer uma proposta que não pressupusesse um tratamento simétrico aos problemas de sofrimento e aos de felicidade. Com efeito, como defende "a promoção da felicidade é, em qualquer caso, muito menos urgente do que a prestação de ajuda para aqueles que sofrem e na tentativa de evitar o sofrimento"[445]. Para POPPER, a prioridade ao sofrimento que expressa esta forma de utilitarismo tem, sobre a ideia utilitarista de maximização de felicidade, a vantagem de obviar um dos inconvenientes desta mesma maximização da felicidade: o da produção de um ditador benevolente.

Muitos autores têm manifestado preferência em relação a este utilitarismo. Apontando, por um lado, que "a felicidade é apenas uma questão de sorte"[446]. E, por outro, mostrando que esta forma de utilitarismo negativo afasta o grave inconveniente do utilitarismo positivo, no sentido de permitir a felicidade do maior número à custa do sofrimento das minorias[447]. Conforme explica KAUFMAN, pode extrair-se deste utilitarismo um princípio de justiça do bem comum e que importa reter neste domínio pelas implicações que pode ter quanto à forma de encarar a despesa pública: o da prioridade da eliminação ou, pelo menos, da redução do sofrimento existente. Daqui resultaria também o princípio da máxima ponderação quanto ao sofrimento inevitável dos

---

[444] POPPER, Karl, 2003, pp. 257 e 258 (nota 6 do capítulo 5 do vol. I). Chamando a atenção para o facto de o sofrimento ir para além da infelicidade – SMART, J. J. C., 1961, p. 28.
[445] POPPER, Karl, 2003, pp. 257 e 258 (nota 6 do capítulo 5 do vol. I)
[446] TAMMELO *apud* KAUFMAN, Arthur, 2004, p. 261.
[447] TAMMELO *apud* KAUFMAN, Arthur, 2004, p. 261. KAUFMAN vê no princípio ético de prioridade de RAWLS um reflexo deste utilitarismo negativo, uma vez que oferece prioridade aos que estão em desvantagem, as pessoas menos felizes.

membros individuais da sociedade[448]. Seria, por assim dizer, um "utilitarismo cirúrgico", procurando apenas aquilo que seria necessário melhorar para reduzir o sofrimento existente[449].

Sobre a forma mais comum de utilitarismo, aponta-se a este utilitarismo negativo a vantagem de permitir encontrar mais facilmente consensos. Com efeito, é tida por mais fácil a concordância em relação às misérias a erradicar do que em relação aos bens a promover na sociedade. Para além disso, atribui-se a esta forma negativa o benefício de permitir evitar uma distribuição de bens que desfavoreça aqueles que por si já se encontravam numa situação de desvantagem social ou económica[450]. Não obstante as vantagens que se lhe reconhecem, esta forma de utilitarismo também é criticada, por ser "demasiado comedid[a] no que respeita à universalização de conteúdos éticos e jurídicos"[451]/[452].

Estado de bem-estar
A influência do utilitarismo (na sua versão positiva, entenda-se) estendeu-se muito para além do prestígio dos seus defensores. Como explica ROTHBART, toda a filosofia social seja do século XIX, ainda sob os princípios do *laissez-faire*, como do século XX, acabou por fundamentar-se invariavelmente na filosofia utilitarista[453]. Mesmo hoje o utilitarismo tem uma faceta muito

---

[448] KAUFMAN, Arthur, 2004, p. 262, formulando mesmo o "imperativo categórico da (tolerância)": "Age de tal modo que as consequências da tua acção sejam concordantes com a máxima prevenção ou diminuição da miséria humana"
[449] Para uma comparação entre o pensamento de KARL POPPER e a filosofia política de RAWLS – vide ROSAS, J. Cardoso, 2012, pp. 73 e ss.
[450] GANDJOUR, A. e LAUTERBACH, K. W., 2003, p. 241.
[451] KAUFMAN, Arthur, 2004, p. 261. Vide ROSAS, J. Cardoso, 2012, p. 119, considerando-o próximo de uma visão hayekiana e dificilmente compatível com a defesa de uma qualquer concepção de justiça social.
[452] Outros mais radicalmente criticam-no com o argumento de que, se tomado apenas por si, ele poderia permitir chegar uma conclusão absurda "nomeadamente a de exterminar a raça humana para minimizar o sofrimento" – SMART, R. N., 1958: "Suppose that a ruler controls a weapon capable of instantly and painlessly destroying the human race. Now it is empirically certain that there would be some suffering before all those alive on any proposed destruction day were to die in the natural course of events. Consequently the use of the weapon is bound to diminish suffering, and would be the ruler's duty on NU [negative utilitarianism] grounds." SMART chega mesmo a considerar contraditórios os princípios que POPPER enuncia juntamente com este: "In any event, even if we allow «Tolerate the tolerant» and «No tyranny» to stand as principles alongside NU [negative utilitarianism], there will be a conflict between them and NU regarding our example". Vide também GANDJOUR, A. e LAUTERBACH, K. W., 2003, p. 241.
[453] ROTHBARD, Murray N., 1995, p. 1.

visível no processo de adopção de políticas públicas, aparecendo sob a forma de análises de custo-benefício, em que se pesam os custos e os benefícios sociais das decisões públicas (normalmente usando o método de KALDOR-HICKS). ROTHBARD chega mesmo a reconhecer que actualmente "a maioria dos economistas é utilitarista nas questões éticas e kantiana nas epistemológicas"[454].

Em concreto, a preponderância do utilitarismo faz-se sentir na difusão de um pensamento que visa a promoção do bem-estar (*welfarism*)[455]. Esta visão de bem-estar[456] contribui mesmo para a afirmação de uma perspectiva agregativa de democracia, sendo tomada como um mecanismo de associação de preferências individuais[457/458/459].

Embora a influência do utilitarismo seja clara na promoção do estado de bem-estar, a verdade é que hoje a compreensão deste último nos leva para além do próprio utilitarismo. A associação que aqui se faz entre a promoção de bem-estar e agregação de preferências individuais, não pode, pois sem mais, ter o sentido de prender o Estado de bem-estar ao utilitarismo que acabámos de estudar. Com efeito, o conceito de bem-estar é bem mais vasto que este[460]. Ou seja, o Estado de bem-estar não é necessariamente utilitarista, uma vez que é compatível com uma variedade de teorias morais[461], embora seja difícil não reconhecer que o utilitarismo acabe por ser, pela sim-

---

[454] ROTHBARD, Murray N., 1995, p. 1.

[455] "What welfarism implies is that the only good that can be morally relevant is well-being. No other good can play any role in moral considerations and only those consequences of actions that affect the well-being of people can be morally relevant" – SCHROTH, J., 2007, p. 134.

[456] O conceito de bem-estar é ele próprio controvertido – V. WOODARD, C., 2013, *passim*, referindo-se às categorias de bem-estar.

[457] ANDERSON, Elisabeth, 2003, p. 11. ELIZABETH ANDERSON opõe esta perspectiva de democracia a uma outra, uma visão deliberativa da democracia (JOHN DEWEY, JÜRGEN HABERMAS e IRIS YOUNG): "This conception stresses the universal accessibility of a state's permanent residents to equal citizenship, freedom of speech, assembly, and the press, and mechanisms for holding public officials accountable for their actions [...] as the core institutions of democracy".

[458] Chamando a atenção para o facto desta concepção de Estado de bem-estar ficar exposta às críticas do utilitarismo – ATKINSON, Anthony B., 2011, p. 158-159.

[459] Esta perspectiva é criticada dizendo-se que ela implica que se parta falsamente da presunção de que os agentes políticos são omniscientes e benevolentes ao mesmo tempo, sabendo exactamente discernir o que é o interesse público – BUCHANAN, James, 1995, p. 352.

[460] "Adherents of classical utilitarianism, average utilitarianism, egalitarianism or the difference principle could all be welfarists and hold that well-being is the only intrinsic good" – SCHROTH, J., 2007, p. 136.

[461] Contrariamente ao que acontece com o utilitarismo em que a "promotion of well-being is the only goal of morality" – SCHROTH, J., 2007, p. 136.

plicidade e pelas vantagens com que se apresenta, o método mais usado nas abordagens de bem-estar.

A este propósito, deter-nos-emos brevemente na compreensão daquilo que é o paradigma de Estado de bem-estar, o qual tem reflexos na teoria económica das políticas públicas[462]. É que hoje, como bem assinala FRANK HAHN, "mesmo para um não-utilitarista, estes argumentos da Economia de Bem-estar são relevantes e importantes"[463].

Antes de mais, é necessário explicar que o Estado de bem-estar se caracteriza por um processo de escolhas sociais a partir da utilidade que é atribuída por cada indivíduo, com vista à sua maximização[464]. As escolhas sociais fazem-se, pois, mediante a ordenação dos estados sociais com base nos níveis de bem-estar atingidos pelos vários indivíduos nesses mesmos Estados[465].

Foi justamente a discussão em torno da forma de maximização da utilidade que fez surgir a economia de bem-estar, a qual visa o estudo do bem-estar colectivo e dos seus critérios de maximização. Nas origens do seu estudo estão os trabalhos do final do séc. XIX de LÉON WALRAS (escola neoclássica) e ALFRED MARSHALL[466], embora só com PARETO e PIGOU se tenha dado início à teoria do bem-estar colectivo propriamente dito.

Começamos por PARETO que se ocupou da maximização do bem-estar social.

Para PARETO, a formulação do bem-estar colectivo em termos relativos assenta no cruzamento dos conceitos de ofelimidade ("aptidão de um bem satisfazer uma qualquer necessidade humana"[467]) e utilidade ("aptidão de um bem para contribuir para o desenvolvimento ou a prosperidade de um indi-

---

[462] HAHN *in* SEN, Amartya e WILLIAMS, B., p. 187.
[463] HAHN *in* SEN, Amartya e WILLIAMS, B., p. 187.
[464] "To be a social-welfarist [...] one should be ready to appraise the admissibility of options in problems of social choice using a welfare function as a standard of social value and, to this extent, to appraise the legitimacy of social choice mechanism" – LEVI *in* SEN, Amartya e WILLIAMS, B., p. 240.
[465] Tirando proveito destes cálculos de bem-estar, foram construídos modelos positivos de comportamentos do mercado para daí retirar conclusões quanto à tomada de medidas pelo Estado, tendo em vista melhorias de bem-estar (MUSGRAVE é um dos autores que procura retirar conclusões para a acção do Estado desta forma).
[466] Embora estes estivessem "mais interessados no estudo do equilíbrio dos mercados do que nos problemas do bem-estar colectivo" – SANTOS, J. Costa, 1993, p. 40.
[467] SANTOS, J. Costa, 1993 p. 42. A ofelimidade respeita às preferências que cada sujeito faz em relação aos seus consumos.

víduo ou de um grupo"[468])[469]/[470]. De acordo com este autor, haveria melhoria de bem-estar no caso de se melhorar a situação de todo o grupo, ou no caso de se alterar para melhor a situação de pelo menos um indivíduo, sem reduzir a dos demais[471]. A esta luz seria "relativamente eficiente em termos paretianos – qualquer melhoria de bem-estar que não afect[ass]e a situação dos restantes membros da sociedade"[472]. O máximo da eficiência corresponderia então ao máximo de ofelimidade para uma colectividade, situação em que não seria possível melhorar a situação de um indivíduo sem prejudicar a de outrem. Está-se aqui perante o *óptimo* de PARETO[473].

É necessário, porém, explicar aqui que a expressão *óptimo* não será porventura a mais adequada, pois para PARETO o *óptimo* é sempre relativo e nunca absoluto. Com efeito, "o ponto máximo de ofelimidade de uma colectividade é algo que para PARETO não existe. Em primeiro lugar, porque sendo a ofeli-

---

[468] Sobre o conceito de utilidade – CULLIS, J., e JONES, P., 1992, p. 10. *Vide* também SANTOS, J. Costa, 1993 p. 42. A utilidade pressupõe um juízo também sobre as preferências de terceiros para além do que é formulado por cada um dos indivíduos quanto aos próprios padrões de consumo. Bem-estar – resulta do cruzamento de ofelimidade com utilidade. Por isso, SOUSA FRANCO diz: "(...) o bem-estar depende, não apenas das preferências reveladas por cada um dos membros da sociedade, mas também da visão de ele tem das condições gerais de bem-estar, em consequência de a posição social das pessoas e dos grupos resultar como que de um novo contrato social (...)" (FRANCO, A. L. Sousa, 2001 (vol. I), p. 24).

[469] "O máximo de ofelimidade de um indivíduo é atingido quando ele se encontra numa posição de equilíbrio do consumidor, apresentando, como tal, uma função subjectiva de preferências independentes. O máximo de utilidade de um indivíduo é também obtido quando ele se encontra numa posição de equilíbrio, mas apresentando uma função subjectiva de preferências interdependentes" – SANTOS, J. Costa, 1993, p. 45.

[470] Para PARETO a aferição do bem-estar deveria ser feita individualmente (daí a nossa referência atrás ao entendimento pré-Pareto). Ou seja, o indivíduo é o único a poder medir ou a quantificar a sua própria utilidade ou satisfação e não há observador externo que possa fazer comparações de utilidade entre indivíduos.

[471] FRANCO, A. L. Sousa, 2001 (vol. I), p. 23. Podendo ainda depois falar-se dos óptimos de primeiro e segundo graus: O óptimo de Pareto de primeiro grau, verifica-se se, em concorrência perfeita, se verificarem três condições: "1º a taxa marginal de um dado par de bens deve ser idêntica para todos os consumidores que consomem esses bens; 2º a taxa marginal de substituição de um dado par de factores de produção deve ser a mesma para todos os bens em que esses factores são empregues; 3º a taxa marginal de substituição de um dado par de bens para qualquer consumidor é a mesma que a taxa marginal de transferência desses dois bens na produção". Os óptimos de segundo grau verificam-se "quando por virtude de um constrangimento, limitação ou dado de política-económica, não é possível realizar uma das condições de Pareto" (FRANCO, A. L. Sousa, 2001 (vol. I), p. 24).

[472] SANTOS, J. Costa, 1993, p. 45. V. CULLIS, J., e JONES, P., 1992, p. 2, referindo-se ainda à ideia de que os pressupostos para aceitação do óptimo de PARETO são controversos.

[473] Embora a expressão *óptimo* não seja a mais correcta – FRANCO, A. L. Sousa, 2001 (vol. I), p. 23.

midade reportada aos indivíduos isoladamente considerados não se pode falar de ofelimidade da sociedade. Em segundo lugar, porque existem múltiplos pontos de máximo de ofelimidade para a colectividade e, sendo impossível comparar ou somar as ofelimidades dos indivíduos, não se pode saber qual o maior desses máximos"[474]. No entanto, como assinala COSTA SANTOS, apesar de não reconhecer a existência de ofelimidade de uma colectividade, PARETO reconhece a existência de utilidade de uma colectividade (correspondente "à maximização dessa função de utilidade colectiva"[475]).

Como é muito difícil a verificação de decisões PARETO-superiores[476], muitas das teorias avançadas em termos de bem-estar, partem das dificuldades denunciadas quanto à concretização prática deste óptimo. Em primeiro, lugar, veja-se o caso dos autores que defendem as teorias do segundo óptimo (ou até mesmo do enésimo óptimo) que acabam por pôr em causa a ideia de promoção da eficiência no mercado[477], de que parte VILFREDO PARETO, caindo-se "numa espécie de vazio quanto às condições de eficiência"[478]. Em segundo, destacam-se as críticas ao subjectivismo deste óptimo, sempre dependente de juízos de valor[479] e da opção por uma concepção mais paternalista que elas trazem implícita, em que terceiros cuidam de saber o que será melhor para o bem-estar geral (concepção que tem a sua face mais visível na provisão de bens de mérito[480]).

Não obstante as dificuldades quanto à verificação do *óptimo* de PARETO, a verdade é que o seu critério permite classificar os possíveis estados ou situações sociais, quer no âmbito daquelas que seriam as situações óptimas, quer as não

---

[474] SANTOS, J. Costa, 1993, p. 46.
[475] SANTOS, J. Costa, 1993, p. 47.
[476] Em busca do *optimum optimorum* foram feitas várias tentativas. A primeira delas por PIGOU. Também partindo da ideia da maximização da utilidade social, PIGOU, na esteira de PARETO, desenvolveu a teoria do bem-estar económico, tendente ao apuramento do montante óptimo de despesas públicas, de forma a que o Estado pudesse ser o seu principal promotor. Entendia o Autor por bem-estar económico (*economic welfare*) "that part of economic welfare that can be brought directly or indirectly into relation with the measuring-rod of money" – PIGOU, 1932, p. 11.
[477] A teoria do segundo óptimo, partindo do princípio de que existem incapacidades de mercado e que o Estado tem um papel muito importante no restabelecimento das condições de eficiência que o mercado por si só, chega à conclusão que muito dificilmente o Estado conseguirá suprir todas essas falhas do mercado. Com este entendimento, desenvolve a ideia de que "não sendo possível satisfazer alguma das condições de eficiência em algum sector da economia, as melhores posições que se poderão alcançar não se atingem satisfazendo as restantes condições, ainda que seja viável a sua realização" – SANTOS, J. Costa, 1993, p. 85.
[478] SANTOS, J. Costa, 1993 p. 85.
[479] SANTOS, J. Costa, 1993, p. 88.
[480] FRANCO, A. L. Sousa, 2001 (vol. I), p. 40.

óptimas. É certo que não oferece por si só um critério justo de distribuição de bens, mas permite testar a eficiência em termos de consequências sociais de uma determinada política pública. No sentido de perceber quem beneficia e quem fica prejudicado com a mesma. Assim, e apesar das críticas e das insuficiências assacadas à ideia de Pareto, o facto é que muitas das teorias de distribuição de bens assentam justamente nesta ideia de equilíbrio paretiano. E, com efeito, encontramos remissões para o equilíbrio de Pareto em muitas teorias que aqui estudamos – liberais, igualitárias e até mesmo libertárias. É preciso notar que não obstante a influência utilitarista, a verdade é que no âmbito das teorias de bem-estar foram surgindo alternativas à sua versão utilitarista. A teoria de justiça de Rawls e a ideia de potencialidades (*capabilities*) defendida por Amartya Sen contam-se entre estas.

Dadas as dificuldades em obter políticas Pareto-superiores, os economistas procuraram, no entanto, desenvolver uma noção de eficiência paretiana que tende a afastar-se das comparações interpessoais de bem-estar. "É este o cepticismo que motiva o desenvolvimento da noção de eficiência Kaldor-Hicks"[481], que permite que haja uma compensação – normalmente sob a forma de transferência de dinheiro – para os perdedores, por parte dos ganhadores, de forma a que uma política pudesse ser Pareto-superior. Hoje, aliás, quando pensamos em termos do aproveitamento eficiente dos recursos, pensamos na função de bem-estar social e nos critérios económicos que nos permitem achar uma distribuição de recursos óptima. Pensamos, por isso, numa eficiência, no sentido de Kaldor-Hicks[482]. É nesta que se baseiam, aliás, as análises custo-benefício (*cost-benefit analysis*) que hoje se fazem na perspectiva de encontrar soluções eficientes. De acordo com este critério, abre-se a hipótese de anular os prejuízos através do pagamento de uma compensação/indemnização[483]. Esta compensação/indemnização poderia ser real (sentido forte do critério da compensação) ou hipotética (sentido fraco, na medida em que se abre apenas a hipótese de uma compensação)[484]. De acordo com este critério: "uma situação óptima ocorre quando nenhuma das possíveis alternativas ao *status quo* passe o teste da compensação"[485].

---

[481] Adler, Mathew D., 2006, p. 71.
[482] Sobre o nome *vide* nota 150 de Santos, J. Costa,1993, pp. 101-102.
[483] Na versão de Kaldor os beneficiados pagariam uma compensação aos prejudicados; na versão de Hicks os prejudicados deveriam aceitar a alternativa se não pudessem pagar aos seus beneficiados compensação pela manutenção do *status quo*.
[484] Santos, J. Costa, 1993, p. 96.
[485] Santos, J. Costa, 1993, p. 96.

O critério da compensação tem vantagens sobre o óptimo de PARETO: desde logo, a vantagem de permitir averiguar se uma distribuição de recursos é mais eficiente que outra. Para além disso, este critério de KALDOR-HICKS tem a vantagem de prescindir de comparações intersubjectivas, através da ideia de compensação. Tem porém também inconvenientes. Em primeiro lugar, convém esclarecer que tanto o critério de PARETO como o de KALDOR--HICKS são meros critérios de eficiência, nada dizendo sobre aquilo que seria óptimo em termos de justiça social[486]. Com efeito, o que está aqui em causa é, pois, apenas uma apreciação de eficiência e não de Justiça. A maximização de bem-estar não oferece, por si só, nenhum critério de repartição de recursos. Em segundo lugar, a sua assimetria faz com que em certos casos apresente resultados contraditórios[487]. Em terceiro lugar, embora este critério parta do princípio que se podem calcular as perdas e os ganhos individuais, passa ao lado do facto de estes serem "conceitos psíquicos puramente subjectivos, que os observadores exteriores não podem medir nem sequer estimar"[488]. A tentativa de ultrapassar este problema e de encontrar o melhor dos critérios foi feita com a definição da função de bem-estar social[489] (BERGSON/SAMUELSON), procurando ordenar os critérios de optimização da distribuição dos recursos associados a critérios substantivos de repartição ideal dos mesmos. Porém, os seus esforços não resistiram ao teorema da impossibilidade de ARROW, o qual diz basicamente que é impossível racionalmente fazer derivar uma decisão social a partir de preferências individuais[490]. Com efeito, o interesse público é mais fruto da estratégia e da manipulação política, do que ditado pela pura agregação das preferências dos eleitores[491].

Tendo em conta este pano de fundo, devemos perguntar-nos que efeitos teve esta ideia de bem-estar em matéria de despesa pública.

Do entendimento paretiano da economia de bem-estar resultam dois teoremas, o directo e o converso, dos quais derivam implicações para a despesa

---

[486] SANTOS, J. Costa, 1993, p. 96 e 116.
[487] SANTOS, J. Costa, 1993, pp. 105 e 106.
[488] ROTHBARD, Murray N., 1995, pp. 3 e 4 mostrando que a compensação tem insuficiências quando tenta dar a tudo um valor de mercado, mesmo quando ele não pode ser dado.
[489] Exprimindo "as preferências dos indivíduos não só em relação ao seu próprio bem-estar como, também, em relação à situação da comunidade no seu conjunto e à distribuição de utilidades entre os seus membros" – SANTOS, J. Costa, 1993, p. 143.
[490] SEN, Amartya, 2003, pp. 258 e 259.
[491] Mesmo a formulação de "uma menos ambiciosa função da escolha colectiva não resistiu aos teoremas de SEN e de GIBBARD-SATTERHWAITE"- SANTOS, J. Costa, 1993, p. 203. Sobre os teoremas da impossibilidade v. *Ibidem*, pp.157-187.

pública, na medida em que, por exemplo, tornam necessária a intervenção do Estado na vida económica para resolver os problemas resultantes das incapacidades de mercado (bens públicos, exterioridades, monopólios…), no sentido da promoção da concorrência perfeita. BUCHANAN diz mesmo que a economia do bem-estar se tornou numa teoria das falhas de mercado[492], com a agravante de partir da visão ingénua de que os resultados das acções corresponderiam exactamente àquilo que era a intenção dos governantes.

Não obstante pouco mais – o que já não é pouco – se retirar como consequência para a despesa pública, como o reconhecem alguns autores, é preciso não escamotear que mesmo um entendimento fraco do critério de bem-estar consubstanciado no óptimo de PARETO conflitua necessariamente com alguns direitos ou liberdades[493]/[494]. Com efeito, não custa associar a economia de bem-estar à intervenção do Estado no sentido de uma "redistribuição adequada dos recursos iniciais"[495]. E tal como sucede com o entendimento utilitarista, a verificação do óptimo de PARETO acaba por desembocar, muitas vezes, numa defesa do igualitarismo: a comparação intersubjectiva a que leva, pode resultar na desejabilidade de uma situação de igualdade. Tal como explica SOUSA FRANCO com um exemplo, a melhor distribuição (óptima) considerada para o bem-estar social é a mais igualitária[496].

Em suma, o Estado de bem-estar surge associado inequivocamente a um aumento da intervenção pública, tendente a aumentar a felicidade geral[497].

---

[492] BUCHANAN, James, 1975, capítulo 10, ponto 7.10.18.
[493] DASGUPTA in SEN, Amartya e WILLIAMS, B., p. 200: "Sen has recently noted that certain minimal demands of 'liberty' may conflict with certain rights that individuals are entitled to".
[494] Não obstante, para os seus defensores, não se trata de um desrespeito/uma violação desses mesmos direitos. Trata-se sim de os ver numa perspectiva dinâmica ("muitas vezes [os direitos individuais] chocam uns com os outros e entram em conflito com outros objectivos sociais") – DASGUPTA in SEN, Amartya e WILLIAMS, B., p. 201.
[495] CULLIS, J., e JONES, P., 1992, p. 9. O Estado de bem-estar surge associado a despesas de saúde, de educação, de segurança social, de habitação económica e de apoio ao desemprego – AMARAL, D. Freitas do, 2012, p. 401.
[496] FRANCO, A. L. Sousa, 2001 (vol. I), p. 25. Também reconhecendo que o óptimo de PARETO supõe, pelo menos, uma adequada dotação inicial de recursos – SANTOS, J. Costa, 1993, p. 188.
[497] "It appears that a larger Welfare State positively affects over-all levels" – GAINER, M., 2003, p. 455, embora este autor acabe por demonstrar que o Estado de bem-estar não beneficia os mais desfavorecidos numa medida maior do que aquele em que o faz a todos (*Ibidem*, p. 459: "I find that the effect of the size of the Welfare State does not impact the least-advantaged more than the average person").

A agregação de vontades e o conceito de interesse público
O pressuposto de que a agregação de vontades, utilizada pelos utilitaristas e pelos defensores do Estado de bem-estar, corresponde ao interesse público suscita um interessante debate acerca daquilo que dita esse mesmo interesse público.

O teorema da impossibilidade de ARROW é justamente um dos que põe a nu a fragilidade dos modos de encontrar o bem-estar, tendo em vista a agregação de utilidade. Com efeito, este teorema mostra que "literalmente tudo pode acontecer quando os votos são tomados em conta. No seu maior cinismo, ele revela que, através da manipulação da agenda e do voto estratégico, os processos maioritários podem ser transformados ao equivalente a ditaduras"[498].

A escola da escolha pública (*Public Choice*) é outra das vozes críticas a tomar em consideração neste debate. Com origens no texto seminal de BUCHANAN e TULLOCK, *The Calculus of Consent*, esta escola critica também aquilo que se designa de interesse público achado pelos mecanismos democráticos maioritários, demonstrando que o interesse do Estado está inteiramente dominado por interesses particulares. A ideia de que parte é a do interesse próprio (*self-interest*), considerando os governos como meros mecanismos de agregação das preferências privadas. É a ideia de política sem a visão romântica do republicanismo[499]. Referimo-nos a esta visão já que é a partir da difusão das suas ideias que muitos economistas assumem que a legislação é produto de grupos de interesses especiais[500], pondo fim a uma visão ingénua de que a vida política se limitava à busca da promoção do interesse público. É a partir do desenvolvimento dos estudos da escolha pública que passa a justificar-se então uma maior atenção em relação ao fenómeno do *rent-seeking*. O que gera uma enorme desconfiança em relação à actividade do Estado.

---

[498] MASHAW *in* FARBER, Daniel A. e FRICKEY, Philip P., 1991, p. 42.
[499] Consideramos aqui sob o termo republicanismo na esteira de MASHAW. Nos seus termos, o papel do Governo iria para além daquilo que é a agregação das preferências individuais, procurando aquilo que seria o interesse público, considerado em sentido moral (naquilo a que apelidam de visão romântica). Fazendo um contraste entre a teoria da escolha pública, o liberalismo e o republicanismo na resposta à questão de saber o que é o interesse público, v. MASHAW *in* FARBER, Daniel A. e FRICKEY, Philip P., 1991, pp. 42- 47.
[500] O legislador actuaria tendo a vista a sua reeleição e os eleitores tendo em vista os seus próprios interesses. Sendo que muitas vezes pequenos grupos de interesses acabam, pela sua capacidade de organização, por ter uma influência desproporcionada – FARBER, Daniel A. e FRICKEY, Philip P., 1991, p. 22.

c) *Critérios igualitaristas*

Exposto que está o critério utilitarista, passaremos à explicitação da perspectiva igualitarista, identicamente relevante no seio desta visão moderna de Justiça que procuramos aqui ilustrar. Evitaremos reduzir esta perspectiva a um só entendimento, pela diversidade de pontos de vista que se manifestam no seu seio. Para o fazer, socorrer-nos-emos de uma divisão que nos parece sugestiva das ideias que no seu interior se manifestam: igualdade horizontal e vertical.

Na primeira incluiremos, quer as primeiras ideias de defesa de modelos de sociedades igualitárias, quer as ideias socialistas (partindo neste caso das ideias de MARX, tão influentes na discussão política do século XIX e XX, embora admitindo que nem todas elas preconizam este igualitarismo tão radical). Na segunda incluiremos a defesa de concepções, cuja defesa da igualdade se deixa limitar por outras ideias (nomeadamente o reconhecimento das aptidões e dos merecimentos individuais), tendo em comum a defesa de um tratamento igual apenas para as pessoas que estão na mesma situação. Dentro igualdade vertical, chamaremos a atenção para o pensamento JOHN RAWLS, atendendo à difusão do seu pensamento e à centralidade dos seus escritos em matéria de Justiça.

Igualdade horizontal
Ainda sob o predomínio de uma perspectiva pré-moderna de justiça distributiva – embora já defendendo a erradicação da grande desigualdade económica – muitos autores defenderam o tratamento igual de todos ou a igualdade horizontal.

FLEISCHACKER fala, a este propósito, de três tradições igualitárias: "(1) experiências cristãs na vida comunitária, destinadas a exprimir uma indiferença aos bens materiais, baseada em razões religiosas, preparando, assim, os fiéis para a segunda vinda de Cristo, (2) propostas platónicas de redução da violência e aumento do sentimento de companheirismo comum, minimizando as diferenças entre ricos e pobres, e (3) propostas republicanas cívicas de redistribuição da riqueza de forma a minimizar a corrupção da esfera política e aumentar a capacidade da *polis* para expressar a vontade dos seus cidadãos"[501]. Como exemplos da primeira tradição, este autor aponta a ordem franciscana, o movimento anabaptista (1534-35) e ainda outros movimentos comunais dos séculos XIX e XX. Na segunda tradição, exemplifica com THOMAS MORE (*A utopia* – 1516) ou CAMPANELA (*A Cidade do Sol* – 1623) no

---
[501] FLEISCHACKER, Samuel, 2004, p. 43.

seguimento de PLATÃO, protagonizando a defesa do igualitarismo utópico[502]. Na terceira, fala de JAMES HARRINGTON (*The Commomnwealth of Oceana* de 1656) ou dos *Levellers* do séc. XVII, os quais chegam mesmo a influenciar ROUSSEAU[503], com as suas ideias de atribuição de igualdade política a todos os homens e de proclamação de um governo que agisse para proveito e segurança de todos[504].

Não obstante FLEISCHACKER afirmar com convicção que nenhum destes autores, se ancora na virtude da Justiça[505] quando defende estas ideias de igualdade, optamos por lhes fazer referência, uma vez que elas constituem, em muitos aspectos, antecipações das ideias modernas que surgirão mais claramente no século XVIII.

---

[502] N'*A utopia* de THOMAS MORE, encontramos já a ideia de uma sociedade igualitária, assente da propriedade comum – baseada na ideia platónica de que a propriedade privada corrompe – como claro prenúncio daquilo que será uma concepção de justiça distributiva moderna (OTERO, Paulo, 2009, p. 164). É de notar que a sua defesa utópica da propriedade comum radicava na convicção de que só assim poderia haver equidade e justiça na distribuição de bens (*Ibidem*, p. 162). Como nota PAULO OTERO revela-se já aqui "um modelo de sociedade motivado por finalidades de bem-estar social", embora num contexto de "um dirigismo omnipresente do Estado que vai ao ponto de o vestuário ter a mesma forma e cor para todos os habitantes da ilha" – *Ibidem*, p. 163.
Ilustrando estas ideias de bem-estar social, promovido directamente pelo Estado vejam-se estas passagens significativas de THOMAS MORE, escritas em 1516: "Uma trombeta marca a hora das refeições. Então toda a sifograntia encaminha-se para o *refeitório comum*, com excepção dos indivíduos acamados em casa ou no hospital. É permitido ir ao mercado à procura de víveres para o consumo particular, mas só depois que as *mesas públicas* estiverem completamente providas"; "Começa-se sempre por servir os doentes, que são alojados em *enfermarias públicas*"; "O que ainda lhes aumenta a confiança é a habilidade extrema na táctica militar; é enfim, acima de tudo, a excelente educação que recebem, desde a infância, nas *escolas e instituições da república*"; "Na Utopia, ao contrário, onde tudo pertence a todos, não pode faltar nada a ninguém, desde que os *celeiros públicos* estão cheios. A *fortuna do Estado nunca é injustamente distribuída naquele país*; não se vêm nem pobres nem mendigos, e ainda que ninguém tenha nada de seu, no entretanto todo mundo é rico"; "A república utopiana garante essas vantagens aos que, inválidos hoje, outrora trabalharam tão bem quanto os cidadãos activos aptos a trabalhar. Gostaria de ver alguém, aqui, que ousasse comparar esta justiça à justiça das outras nações. Eu, de mim, estou pronto a morrer se me mostrarem nas outras nações o menor sinal de equidade e justiça" – MORE, Thomas, 2001 (os sublinhados são nossos).
[503] FLEISCHACKER, Samuel, 2004, p. 43.
[504] *Vide* Agreement of the People apresentado por este movimento em 1647 (disponível em http://www.constitution.org/eng/conpur074.htm).
[505] FLEISCHACKER, Samuel, 2004, p. 44: "So Christian concerns about the evils of wealth, Platonic concerns about social harmony, and civic republican worries about political corruption interweave with one another, to some extent, to produce a variety of arguments for mitigating the differences between rich and poor" (*vide* também neste sentido as pp. 40, 42 e 48 do mesmo autor e da mesma obra).

O fascínio pelas ideias socialistas que marcou o aumento da despesa pública no século XX
Evidentemente no âmbito do paradigma moderno de despesa, são de considerar, no âmbito do igualitarismo horizontal, as ideias socialistas e comunistas que se difundiram sobretudo no final do século XIX.

Ao mesmo tempo que nós não temos dúvidas em afirmar que a alteração de paradigma da despesa a que vimos fazendo referência seria impossível sem o desenvolvimento e o aprofundamento de uma nova concepção de dignidade humana no séc. XVIII, não faltará quem apenas recorde, para a explicar, a forte influência das ideias marxistas e a difusão do movimento socialista na Europa que se fazem sentir já no século XIX[506]. Não sendo esse o nosso caminho – embora não tenhamos dúvidas de que estas ideias e o "fascínio do marxismo" (TONY JUDT) que caracterizou o final do século XIX e marcou o início do século XX, muito impulsionaram uma alteração política de entendimento da despesa pública –, pensamos, no entanto, que estas vozes acabam por desvelar a riqueza do debate que se iniciou no século XVIII e que ficou longe de se quedar pelas ideias kantianas.

Precursor destas ideias socialistas foi BABEUF, em cujo igualitarismo revolucionário podemos ver a base da afirmação do moderno conceito de justiça distributiva. Também com ideias igualitaristas podemos apontar SAINT-SIMON, defensor inequívoco do aumento do intervencionismo do Estado. Porém, o expoente máximo deste igualitarismo horizontal, cujo pensamento teve influência decisiva na forma de conceber a despesa pública contemporânea, foi KARL MARX[507].

Fará sentido referir, neste ponto, a teoria marxista quando é o próprio autor que rejeita a ideia de Justiça e de distribuição justa? Claro que sim. Embora MARX seja peremptório quando diz que o problema não está na distribuição mas na produção (por isso, é que considera o problema da distribuição obsoleto), ainda assim, não devemos apartá-lo do problema da distribuição de bens, pelo menos na primeira fase da ditadura do proletariado. Pois, como KYMLICKA explica, as objecções que MARX apresenta em relação ao capitalismo acabam por ser distributivas, uma vez que a tónica que ele coloca na produção tem reflexos directos na distribuição de bens que gera[508]. Não podemos, porém, esconder que na fase mais avançada do comunismo, MARX prescinde mesmo da Justiça. Neste estádio, a Justiça é substituída pelo Amor[509].

---

[506] TANZI, V., e SCHUKNECHT, L., 2000, p. 5.
[507] Embora MARX se distancie claramente do socialismo utópico de que falávamos há pouco.
[508] KYMLICKA, Will, 2002, p. 171.
[509] "Love or Justice" – KYMLICKA, Will, 2002, p. 173. Uma nota para dizer que KYMLICKA critica este entendimento fazendo, aliás, uma interessante análise sobre a benevolência e a Justiça,

Do pensamento igualitarista marxista, retém-se uma crítica ao modelo de Estado capitalista[510]. A crítica que MARX dirige ao capitalismo prende-se com o facto de este ter operado uma "inversão dialéctica", legitimando a apropriação do trabalho pelo capitalista e não pelo trabalhador[511]. O capitalismo proporcionou aquilo a que MARX chamava de "roubo", "extorsão", "desfalque" ou de imposição de "trabalhos forçados" (aos trabalhadores por parte dos capitalistas) a que era necessário pôr cobro. Era isto especificamente – a exploração dos trabalhadores – que, para MARX, tornava o capitalismo um sistema injusto.

Pela inversão que MARX observa no capitalismo, este qualifica-o como um sistema de subjugação e de exploração. A ideia que move MARX é, pois, essencialmente, a de que "o trabalho humano é o único factor de produção que é relevante numa perspectiva social [...]. Assim sendo, [mesmo os] lucro, juro e renda puros, como retornos de propriedade pura, devem ser atribuídos ao trabalho"[512]. É esta luz que se compreende a perspectiva marxista dos direitos e liberdades garantidos pelos Estados capitalistas. Por um lado,

---

defendendo que não é inevitável a exclusão mútua, fazendo assim apelo a uma perspectiva que considere ambas como valores complementares. De acordo com as palavras de KYMLICKA "while love is my motivation, justice may be the standard I appeal to, given that love yields conflicting imperatives". Exemplificando, KYMLICKA diz que até entre amigos a Justiça é útil, uma vez que é a virtude que permite que os amigos saibam o que têm de fazer uns pelos os outros (*Ibidem*, p. 174).

[510] Embora como RAWLS explica, o próprio MARX tivesse um entendimento da Justiça que assumia algumas das suas premissas: a ideia de que "a justiça consiste em normas legais e judiciais prevalecentes e internas à ordem social e económica; e a ideia de que "a justiça tem a ver com trocas no mercado e para além disso com a distribuição de rendimentos e de bens de consumo que daí resulta" (RAWLS, John, 2013, p. 388. RAWLS fala por isso a este propósito de um entendimento marxista da justiça comutativa e distributiva, interpretando-os de forma limitada). A sua crítica ao capitalismo seria, pois, feita em nome da liberdade e da auto-realização (RAWLS, John, 2013, p. 391). É, aliás, a esta luz que RAWLS lê, no pensamento marxista, a crítica à ideia de exploração do trabalho da classe trabalhadora e ao facto de o Estado se encontrar ao serviço de uma classe: a burguesia (FRANÇOIS PERROUX fala mesmo de uma confusão entre a disciplina industrial e a disciplina estatal" – PERROUX, François, 1963, p. XVIII). A este propósito de assunção da aceitação de MARX de algumas ideias capitalistas, RAWLS chama até a atenção para o facto de MARX afirmar, em certo ponto, que o processo que ele propõe visa justamente aplicar as leis da propriedade e da troca, tal-qualmente elas eram entendidas na sociedade capitalista, falando especificamente da ideia da apropriação do trabalho de cada um (referindo-se assim ao princípio lockeano de apropriação de bens) (RAWLS, John, 2013, p. 397-399. "Esta teoria foi muitas vezes usada para discutir sob que condições competitivas livres a distribuição de riqueza e rendimentos sob o capitalismo é justa" – *Ibidem*, p. 400).

[511] Para uma crítica e actualização do conceito de exploração *vide* KYMLICKA, Will, 2002, pp. 182 e ss.

[512] RAWLS, John, 2013, p. 404.

vendo nesses direitos a causa que faria com que os agentes económicos capitalistas pensassem "na sua posição como sendo justa e nos seus rendimentos e riqueza como merecidos"[513]. E, por outro, vendo neles a expressão do egoísmo mútuo dos cidadãos, chamando a atenção para um reconhecimento meramente formal dos mesmos.

No modelo de sociedade ideal que MARX propõe, "todos os membros da sociedade [...] têm igual direito a ter acesso e a usar os meios de produção e os recursos naturais da sociedade"[514]. Com base neste princípio geral, MARX defende que numa primeira fase (socialista), o Estado deveria assumir um papel mais interventivo na economia[515], sobrepondo-se aqui a ideia da solidariedade social sobre os direitos individuais[516]. Isto seria possível graças à consciência do lugar que cada um ocupa na sociedade[517] e à libertação das ideias de exploração de classes. Nesta fase, os produtores associar-se-iam livremente e o excedente que fosse gerado pelo trabalho deveria ser usado pelo Estado para a promoção da saúde, educação e bem-estar da sociedade ou como garantia contra acidentes, em benefício do trabalhador. Tratava-se aqui de usar o capitalismo como elemento acelerador do socialismo. É interessante, neste ponto, atentar sobre o que diz JOHN RAWLS a este respeito, para explicar a razão pela qual este trabalho excedentário, considerado injusto à luz do sistema capitalista, não é tido como injusto na primeira fase do socialismo. Para este autor, não haveria aqui injustiça no aproveitamento deste excedente, uma vez que a actividade económica seguiria "um plano democrático e público, em que todos participam em igualdade de circunstâncias"[518]. Com efeito, ao passo que no capitalismo, este excedente "não é de forma alguma controlado

---

[513] RAWLS, John, 2013, p. 416. *Vide* também p. 371.
[514] RAWLS, John, 2013, p. 407.
[515] "L'État, qui a cessé d'être le Capital, organise la production et distribue les tâches" – PERROUX, François, 1963, p. XVII).
[516] MARNOCO E SOUZA aponta esta corrente como diametralmente oposta à corrente individualista em que se fundam os direitos públicos individuais – "só o indivíduo é um ser real, livre e responsável, [...] funcionando a sociedade politica unicamente no seu interesse". De acordo com esta teoria, os direitos sociais seriam inadmissíveis. (SOUZA, Marnoco e, 1913, p. 35). "A corrente socialista ou solidarista, nega os direitos publico individuaes como incompatíveis com o principio da solidariedade social. Segundo a doutrina da solidariedade de Duguit, o individuo não tem direitos, mas deveres sociaes" (*Ibidem*).
[517] RAWLS recorda a este propósito a recusa de MARX em aceitar o socialismo utópico, por razões meramente ideais. O socialismo de MARX é um socialismo de base científica, uma vez que a justiça distributiva que advoga apenas deve fundar-se nas relações e produção que de facto existem – RAWLS, John, 2013, p. 412.
[518] RAWLS, John, 2013, p. 419.

pelos trabalhadores, através por assim dizer dos seus votos democráticos, nem é, em geral, para benefício deles", na sociedade socialista passar-se-ia exactamente o contrário[519]. Isto não significa porém o reconhecimento de que a sociedade socialista é perfeita. Pelo contrário. Ainda que sem exploração do trabalho, a sociedade socialista seria ainda injusta, neste primeiro estágio, uma vez que assentaria, mais uma vez, na divisão de trabalho, fundada por sua vez nas capacidades individuais desiguais, o que geraria sempre privilégios naturais[520].

Numa segunda fase (comunista), a divisão de trabalho persistente seria definitivamente abandonada e "aqueles que participam na vida social não t[eriam] razão para estar em conflito com os outros: o Estado torna[r]-se[-ia] desnecessário para eles"[521]. A igualdade horizontal marxista desejada (sociedade sem classes) não seria, portanto, feita à custa da despesa pública, mas sim da reconciliação da sociedade[522]. Neste ponto é MARX, sem dúvida, um "libertário", por prescindir do Estado (embora o termo hoje esteja conotado com outro tipo de libertação, como veremos de seguida). Valeria, então, a regra "de cada um de acordo com a sua capacidade, para cada um de acordo com as suas necessidades".

Qual o significado então desta regra? Ela deve ser encarada como um princípio de justiça[523]. Com efeito, pode ver-se a necessidade como um critério que permite a igual consideração de todos e, portanto, que favorece a justiça na distribuição dos bens operada em sociedade[524].

Em que medida é que estas ideias contribuíram para o aumento da despesa?

---

[519] RAWLS, John, 2013, p. 387.
[520] Interessante é ver a explicação que RAWLS aventa no sentido de perceber porque é que MARX não se limita a aceitar um princípio da diferença como o que ele próprio formulou. RAWLS pensa que a adopção de tal princípio seria incompatível com o igualitarismo radical que ele defende "acesso igual aos recursos da sociedade – sem coerção". RAWLS convence-se assim que o princípio da diferença seria achado como coercivo por Marx: "Seria conferir direitos a algumas pessoas (os que seriam ajudados) quanto ao modo como as outras pessoas usarão os seus poderes – garantindo que todos respeitem o princípio libertário da ala esquerda do direito a igual acesso" – RAWLS, John, 2013, pp. 423 e 424.
[521] PERROUX, François, 1963, p. XVII.
[522] "K. Marx attribue à la lutte sociale un autre rôle, qui est de nous conduire à la société réconciliée" – PERROUX, François, 1963, p. XLVII.
[523] Embora RAWLS pense que não se trata propriamente "de um preceito de justiça, ou de um princípio de direito. É simplesmente um preceito descritivo ou um princípio que é exacto relativamente ao que é feito e ao modo como as coisas acontecem no período mais alto do comunismo" – RAWLS, John, 2013, p. 426.
[524] KYMLICKA, Will, 2002, p. 188.

Embora tenha como finalidade o comunismo, a teoria marxista acaba por ter impacto imediato no aumento da despesa pública, sobretudo na primeira fase da ditadura do proletariado. Como a perspectiva marxista não é neutra em relação às finalidades que os indivíduos devem prosseguir, ela acaba por colocar o Estado – enquanto durasse – ao serviço dessas mesmas finalidades, para assim contribuir para pôr um ponto final nas relações de opressão entre as classes (burguesia e proletariado). O Estado assume-se, assim, como proprietário de quase tudo e de todos os meios de produção[525]. Para os marxistas, a melhor forma de atingir o comunismo seria a de abolir o trabalho assalariado e socializar os meios de produção. Os recursos à disposição da sociedade deveriam ser depois "distribuídos de forma a encorajar as pessoas a atingir a auto-realização através da produção cooperativa"[526]. É, pois, pela via da nacionalização dos lucros das empresas e da assunção de serviços que possam beneficiar todos os trabalhadores que o Estado assume despesa que vai bem para além daquelas que tinha numa economia puramente capitalista. É a ideia de que o Estado se torna um agente económico que "produz e distribui primariamente bens e serviços"[527].

Para efeitos de alteração do paradigma da despesa pública, a consideração do pensamento marxista é, porém, insuficiente, até porque como vimos, de acordo com esta perspectiva o intervencionismo do Estado é transitório.

É, pois, importante dar um passo adiante e recordar a experiência socialista soviética, a qual foi tida como um exemplo no que toca ao modelo preconizado de intervenção do Estado.

Foi com LENINE que um emergiu novo modelo de Estado: o Estado colectivista e totalitário[528]. Modelo este que faz com que FREITAS DO AMARAL

---

[525] BURDEAU, Georges, 1976, p. 492: "il est évident qu'il ne peut y avoir de pouvoir véritablement populaire sans l'élimination de la classe possédante".

[526] KYMLICKA, Will, 2002, pp. 190 e 191. Este autor chama a atenção para o facto de neste ponto o marxismo assumir uma posição diametralmente oposta à do libertarismo em que a liberdade deve servir para as pessoas prosseguirem os fins que entenderem e não aqueles que o Estado impõe. Para os marxistas, a realização através do trabalho deveria sobrepor-se a qualquer aspiração que as pessoas pudessem ter nos planos familiar, de amizade, de consumo, de lazer ou outro. GEORGES BURDEAU a propósito da ideia de distribuição de bens pelas cooperativas serve-se do conhecimento de algumas experiências socialistas para dizer que, em muitos casos, a diferença entre a propriedade do Estado e das cooperativas tendeu a apagar-se: "[...] la proprieté coopérative n'est admise que dans la mesure où «les leviers de commande de l'economie nationale se trouvent entre les mains de l'État socialiste" – BURDEAU, Georges, 1976, p. 496.

[527] NABAIS, Casalta, 2008, p. 13.

[528] "C'est Lénine qui a dissocié l'idéologie de l'état présent de la société qu'elle reflèterait, pour en faire une vue de l'avenir désirable" – BURDEAU, Georges, 1976, p. 466. Como diz GEORGES

afirme que LENINE acabou por ir mais longe do que PLATÃO ou THOMAS MORE na defesa do igualitarismo horizontal[529]. E, no que nos importa aqui, na defesa de um igualitarismo com consequências em termos do crescimento exponencial de despesa pública. Para LENINE, o Estado deveria assumir, para além das funções de soberania, funções de planeamento central, estatizando toda a economia (nomeadamente, nacionalizando empresas e assumindo o financiamento e a gerência de escolas, hospitais, meios de comunicação social, instituições culturais e desportivas). Essa assunção de despesa pública seria, no fundo, a base de defesa dos interesses da classe trabalhadora[530]. Este modelo influenciou a defesa do comunismo por toda a Europa – muitos referem-se a este como marxismo-leninismo.

Para além de todas estas influências em matéria de aumento da intervenção e, portanto, da despesa do Estado, é de notar ainda que a compreensão contemporânea da despesa pública não pode deixar de ter em conta as influências indirectas do marxismo sobre os trabalhadores que viviam em sistema capitalista[531]. Para se compreender a evolução da despesa pública no século XX – para além do que já dissemos sobre o keynesianismo e o abandono dos pressupostos liberais – é necessário, pois, compreender o "socialismo liberal"[532] que se desenvolveu, fruto do cruzamento do modelo marxista com outras influências, que acabaram por admitir a continuação do sistema capitalista, com a contrapartida de um aumento da intervenção do Estado, tendo em vista a melhoria das condições de vida dos trabalhadores.

Quando falamos neste socialismo liberal, estamos a pensar sobretudo em ÉDUARD BERNSTEIN[533]. De acordo com o socialismo democrático que se foi desenvolvendo à luz do seu pensamento, preconiza-se a abolição de todas as

---

BURDEAU, foi LENINE que transformou a teoria filosófica de MARX "num instrumento de combate" (*Ibidem*, p. 467).

[529] AMARAL, D. Freitas do, 2012, p. 476.

[530] Como explica GEORGES BURDEAU, no comunismo soviético o Estado conservou-se de forma a responder à ameaça do capitalismo que o rodeava por todos os lados. Para o fazer, recorda a afirmação de STALINE do livro "O Estado e a Revolução" – "Chez nous, dans la période du communisme, l'État sera-t-il conservé? Oui, il le sera si n'est pas liquidé l'encerclement capitaliste, si n'est pas supprimé le danger d'agressions guerrières venant de l'étranger... Non, il ne subsistera pas et il disparaîtra, si l'encerclement capitaliste est supprimé et s'il est remplacé par l'entourage socialiste" – BURDEAU, 1973, p. 236.

[531] AMARAL, D. Freitas do, 2012, p. 403.

[532] RAWLS, John, 2013, pp. 373.

[533] BERNSTEIN defendeu a implementação de reformas socialistas e democráticas, nomeadamente através da aprovação de leis laborais e da previsão de instrumentos para melhoria das condições dos trabalhadores – AMARAL, D. Freitas do, 2012, pp. 433-438.

formas de exploração, opressão ou alienação, mas com respeito da vontade popular livremente expressa pelo sufrágio directo, universal e secreto. Há, neste autor, uma rejeição clara da via leninista de socialismo. Em concreto, dos mecanismos não democráticos de exercício do poder, da recusa de liberdade e pluralismo e do desrespeito pelos direitos das minorias[534]. Este socialismo chega mesmo a afastar a ideia marxista de ditadura do proletariado.

De acordo com o socialismo democrático, o Estado deveria promover a socialização dos meios de produção, de forma a dar aos trabalhadores o controlo, quer do poder político, quer do poder económico. Para além disso, promoveria a formação de cooperativas e associações de médias e pequenas unidades produtivas de tipo familiar. A este Estado incumbiria ainda a função de planificação da economia (planificação democrática e descentralizada), desempenhando um papel de coordenação das políticas sectoriais e das desigualdades. O Estado, de acordo, com este pensamento socialista democrático teria, assim, um papel fortemente interventivo na economia, podendo até vedar sectores à iniciativa privada (estava aqui em causa o controlo público de sectores estratégicos para a economia, das indústrias de base e das infra-estruturas sociais fundamentais). A ideia aqui era a de não permitir que o mercado fosse o centro da economia, para que esta não funcionasse unicamente dependente do lucro.

Foi este cruzamento desta ideias socialistas – na maior parte dos casos, com manutenção do sistema capitalista – que acabou por ser em grande medida (muito por força da sua recepção do socialismo democrático por parte dos partidos sociais-democratas) o sustento do Estado de bem-estar durante o século XX, na Europa. Concordamos neste ponto com NAZARÉ COSTA CABRAL quando afirma que "ao contrário daquele que era o fim histórico sugerido por Engels [...] , o que em boa verdade ficou, foi, resignado, um Estado gigante e omnipresente, o grande proprietário dos bens, verdadeiro *deus ex-machina*, dirigindo aquela que era a máquina da economia"[535].

---

[534] SOUSA, A. Rebelo de e MARTINS, G. Oliveira, 1978, pp. 13-26.
[535] "À força de uma tal evidência, quedou ao pós-marxismo e mesmo ao pós-leninismo, uma tónica discursiva de consolação – contra as veleidades planeadoras e programadoras que já se faziam sentir no capitalismo ocidental -, procurando evidenciar os aperfeiçoamentos de racionalização introduzidos no sistema de planificação em geral e quinquenal particular e assente numa ideia vagamente tautológica, de que só num contexto socialista planificado seria possível encontrar um regime político óptimo" – CABRAL, Nazaré da Costa, 2008, p. 99.

Igualdade vertical

A compreensão do entendimento do igualitarismo ficará, porém, incompleta apenas com a referência à ideia de igualdade horizontal. Parece-nos também interessante desenvolver dentro do paradigma igualitarista de despesa pública aquele em que a concepção igualitária se cruza com a ideia do reconhecimento das aptidões e dos merecimentos individuais ou de um tratamento igual para as pessoas que estão na mesma situação. Estamos pois aqui a falar de igualdade vertical, em que "a defesa da repartição igualitária é limitada a categorias de indivíduos iguais, preservando-se o tratamento desigual entre indivíduos ou situações desiguais"[536].

Esta perspectiva – absorvida em grande medida pelo pensamento social-democrata – foi, a par da influência marxista, um dos pilares do crescimento e expansão da despesa pública no século XX.

Para não se pensar que o caminho da igualdade vertical apenas se iniciou com a perspectiva moderna de despesa pública, é interessante notar – à semelhança do que também apontámos para o igualitarismo horizontal – que ainda quando predominava a perspectiva clássica de justiça, já se davam passos para a ponderação de elementos substancialistas de igualdade.

Passos nesse sentido foram dados, por exemplo, na filosofia tomista. A este respeito, é desde logo de sublinhar a importante afirmação de S. Tomás, segundo a qual deveria ser pecaminoso o comportamento de favor em relação a uma pessoa simplesmente porque se trata de uma certa pessoa. A importância desta asserção prende-se com o facto de esta permitir ver um pouco mais além da perspectiva formal aristotélica.

É, pois, logo com S. Tomás que se torna claro que um favor feito a uma pessoa corresponde a um comportamento desviante da justiça distributiva, uma vez que permite a atribuição de algo a alguém, não pela causa que o torna merecedor desse bem, mas simplesmente porque se trata de uma certa pessoa[537]. Nestes termos, é um importante contributo da filosofia tomista a asseveração de que a consideração da proporção de bens a conceder, nos termos da justiça distributiva, deve ter em conta factores com ligação com os bens a ser distribuídos (para que, por exemplo, na avaliação dos candidatos a professor seja apenas tido em conta o conhecimento que este apresentam e não as pessoas em si; ou, noutro caso, para que a consanguinidade possa ser tida em conta para efeitos de apuramento dos herdeiros de uma propriedade,

---

[536] Santos, J. Costa, 1993, p. 131.
[537] Questão 63 (parte segunda da II parte), artigo 1º da *Summa Theologica*.

mas não para escolha de uma pessoa para ocupação uma posição de autoridade eclesiástica[538]).

Não obstante não querermos deixar de chamar a atenção para este ponto, o foco da nossa atenção no tratamento desta dimensão da igualdade vai centrar-se no autor, já sob o paradigma da justiça moderna, que mais influenciou a concepção de igualdade com reflexos evidentes na despesa pública. Destacamos aqui JOHN RAWLS, reconhecendo que é este a grande referência contemporânea no que toca a este tipo de igualitarismo que ora consideramos.

John Rawls e a defesa da justiça social liberal
É importante situar, em primeiro lugar, o pensamento de JOHN RAWLS para compreendermos que não se trata de um defensor de um puro igualitarismo e sabermos o que podemos esperar[539]. RAWLS situa-se entre os critérios liberal e o igualitário, ou seja, faz uma defesa de uma ideia de justiça social liberal: RAWLS defende "a igualdade das liberdades fundamentais – dos direitos-liberdades, civis e políticos –, juntamente com a importância da igualdade de oportunidades e de uma distribuição equitativa em termos económicos"[540]. A sua ideia é, pois, dar prioridade à igualdade das liberdades, removendo apenas as desigualdades que colocam alguém em desvantagem[541]. RAWLS conjuga, portanto, a igualdade das liberdades com uma perspectiva de solidariedade[542]. Daí a pertinência da referência às suas ideias neste capítulo.

A Justiça como equidade (*justice as fairness*) de RAWLS foi desenvolvida em textos sucessivos, escritos entre o final dos anos 50 e o início dos anos 70 do séc. XX, e resulta, em parte, de uma influência confessada da filosofia de

---

[538] Questão 63 (da parte segunda da II parte) da *Summa Theologica*.
[539] KYMLICKA não vê diferença entre a concepção social-democrata e a liberal-igualitária, uma vez que muitos defensores da social democracia acabaram por afirmar a sua adesão as ideias rawlsianas – KYMLICKA, Will, 2002, pp. 166 e 195. *Vide* também *Ibidem*, p. 190: "The lines drawn between contemporary analytical Marxism and contemporary left-liberal political philosophy are fuzzy" (citando ROEMER).
[540] ROSAS, J. Cardoso, 2011, p. 21. Daí João CARDOSO ROSAS falar, a propósito do pensamento rawlsiano, de uma concepção liberal-igualitária.
[541] KYMLICKA, Will, 2002, p. 55.
[542] Chamando-se a atenção para uma recusa de um igualitarismo do tipo socialista: "[...] a teoria rawlsiana proíbe o socialismo de Estado, tal como o que existiu nos países do "socialismo real" (porque desrespeita o primeiro princípio da justiça), assim como um regime de *laissez-faire*, prevalecente em algumas sociedades capitalistas (porque desrespeita o segundo princípio da diferença)" – ROSAS, J. Cardoso, 2011, p. 45. *Vide* no mesmo sentido, falando de uma compatibilização da ideia de existência de desigualdades materiais com o tratamento jurídico de acordo com o princípio da igualdade – KYMLICKA, Will, 2002, p. 166.

KANT, caldeada por alguns traços do utilitarismo novecentista (falamos apenas de alguns traços, uma vez que o pensamento de RAWLS também parte da crítica a alguns aspectos da filosofia utilitarista).

Dentre as influências kantianas, destacam-se, no pensamento de RAWLS, as ideias de inviolabilidade e dignidade da pessoa moral e da consequente prevalência da liberdade que daí resulta – "A liberdade e igualdade de todos e de cada um constituem propriedades morais básicas, assentes precisamente nos dois poderes morais de cada indivíduo ou cidadão: a capacidade para uma concepção do bem e a capacidade para um sentido de justiça"[543]. Conjugada com esta influência, a teoria de Justiça rawlsiana parte ainda da afirmação da felicidade humana, do rigor matemático e da defesa de uma justiça dependente dos factos naturais sobre a vida dos homens em sociedade (e não de esquemas morais abstractos como se fossem ditados por uma vontade divina), advogados pelo utilitarismo. Notamos porém, desde já, que entre as duas influências mais claras do seu pensamento – a kantiana e a utilitarista – RAWLS, dá prevalência à primeira sobre a segunda. Isto mesmo transparece quando ele próprio afirma que "cada pessoa beneficia de uma inviolabilidade que decorre da justiça, a qual nem sequer em benefício do bem-estar da sociedade como um todo poderá ser eliminada"[544].

De destacar ainda como ponto de partida para as suas ideias igualitaristas que RAWLS adere a uma "ideia de sociedade como um sistema cooperativo entre cidadãos livres e iguais"[545].

A ideia de Justiça que RAWLS apresenta parte da existência de dois princípios básicos, estabelecidos pelos cidadãos por meio de acordos hipotéticos[546]

---

[543] ROSAS, J. Cardoso, 2011, p. 23.
[544] RAWLS, John, 2001, p. 27.
[545] ROSAS, J. Cardoso, 2011, p. 23.
[546] Os princípios de justiça rawlsianos seriam definidos através de acordos hipotéticos, fruto de um jogo de regateio (*bargaining game*) em que cada jogador submete sucessivamente aos demais uma série de propostas, entendendo-se por jogadores pessoas, livres e iguais, razoáveis, racionais, mutuamente desinteressadas e não invejosas, que negoceiam a coberto de um véu da ignorância (RAWLS, John, 2001, p. 34), numa tentativa de cooperação, a obtenção de vantagens mútuas. Este jogo termina quando haja unanimidade acerca de um determinado conjunto de princípios de justiça razoável para todos (WOLLF, Robert Paul, 1977, pp. 23 e 24 e OÑA, F. Vallespín, 1985, p. 89), não obstante as divergências de concepções ou convicções morais, filosóficas ou religiosas de cada um, em cada momento (OÑA, F. Vallespín, 1985, p. 72). Esta unanimidade assentará no consenso quanto à satisfação do desejo que todos têm quanto aos bens primários (direitos e liberdades, oportunidades e poderes, rendimentos e riqueza e ainda o autorrespeito, cujo desejo correspondente é satisfeito através da realização dos desejos quanto aos demais bens primários – RAWLS, John, 2001, pp. 90 e 332). (*Vide* sobre o mútuo desinteresse SANDEL, Michael, 1982,

– partindo da racionalidade como "capacidade para escolher fins e para eleger os meios mais adequados para atingir esses fins"[547]. Estes acordos seriam unânimes, e portanto razoáveis para todos, não obstante as divergências que pudessem surgir, na prática, a cada momento nas relações entre essas mes-

pp. 55 a 59; sobre a importância da inexistência de inveja ou das características dos sujeitos em jogo WOLFF, Robert Paul, 1977, pp. 34 a 37).
Uma das chaves para a compreensão deste *bargaining game* é o conceito de posição original (SANDEL considera a posição original de RAWLS como o meio que este Autor descobriu para rejeitar a metafísica de KANT e preservar, ao mesmo tempo, a sua força moral «com o objectivo de uma teoria empírica»" –SANDEL, Michael, 1982, p. 24). Para RAWLS, "a posição original constitui o *statu quo* inicial adequado, o qual garante que os acordos nele alcançados são equitativos" (RAWLS, John, 2001, p. 37). Esta posição original resulta de "uma sofisticada acumulação de elementos inspirados no esquema da teoria dos jogos ou da decisão racional em geral" (OÑA, F. Vallespín, 1985, p. 69). Ela não constitui uma realidade (como se disse acima, ela é apenas tomada hipoteticamente), devendo antes ser encarada como uma "forma de pensar" (SANDEL, Michael, 1982, p. 102). A posição original é conseguida através da submissão dos jogadores a uma série de condicionantes formais que os obrigam a manter-se imparciais (*vide* OÑA, F. Vallespín, 1985, p. 71 a 73), aparecendo apenas motivados por promover a sua concepção de bem. A posição original faz com que os sujeitos contratantes sejam encarados como pessoas morais, livres e iguais, capazes de seleccionar princípios de justiça ideais. Coloca-os, portanto, no plano da justiça processual pura. A compreensão da posição original passa também por saber aquilo que as partes não sabem e aquilo que sabem. O que as partes não sabem é definido pela ideia de véu da ignorância. Com o véu da ignorância, RAWLS visa "anular os efeitos das contingências específicas que levam os sujeitos a oporem-se uns aos outros e que os fazem cair na tentação de explorar as circunstâncias naturais e sociais em seu benefício" (RAWLS, John, 2001, p. 121). Ou seja, coloca os sujeitos naquilo a que se dá o nome de ponto de vista moral. Desta forma, nega-lhes o conhecimento de todos os factores que seria inadequado ter em conta no momento da formulação de juízos morais (WOLFF, Robert Paul, 1977, p. 61). Note-se que o véu da ignorância apenas mantém grande densidade na fase em que os sujeitos elegem os princípios de justiça. À medida em que forem avançando na concretização dos princípios de justiça eleitos (plasmando-os primeiro numa constituição, depois em leis e, por fim, aplicando-os aos casos concretos), o véu da ignorância vai sendo levantado. – *vide* RAWLS, John, 2001, pp. 163 a 167): o lugar ocupado na sociedade, a raça, o sexo, a classe social, a riqueza, a sorte, a força ou qualquer outra característica natural, a concepção de bem que defendem, os seus valores, objectivos, os propósitos de vida, etc. – SANDEL, Michael, 1982 p. 24 – ("as partes não sabem como é que as várias alternativas vão afectar a sua situação concreta e são obrigadas a avaliar os princípios apenas com base em considerações gerais" – RAWLS, John, 2001, p. 121. Esta ideia de véu da ignorância foi introduzida como resposta à crítica que alguns Autores dirigiram a RAWLS no sentido de que o conhecimento das faculdades e talentos por parte de cada um dos sujeitos contratantes, os levaria a discordar quanto aos princípios a serem estabelecidos, já que cada um defenderia aquilo que melhor servisse os seus interesses – WOLFF, Robert Paul, 1977, pp. 48 a 55). Aquilo que as partes sabem é que dão valor aos bens primários e que, portanto, querem definir critérios que permitam o acesso aos mesmos (como explica MICHAEL SANDEL, o valor dado aos bens primários, no interesse comum das partes, constitui a motivação para que as partes cheguem a um acordo entre si – SANDEL, Michael, 1982 p. 25).
[547] ROSAS, J. Cardoso, 2011, p. 23.

mas pessoas. Aliás, a expressão "justiça como equidade" que ele utiliza deriva da sua convicção de que os referidos princípios, definidos pelos cidadãos em certas condições, são necessariamente equitativos[548].

Estes princípios visam a resolução dos conflitos surgidos em sociedade, em torno da distribuição de benefícios e encargos[549], e o encontro de um consenso que assenta na satisfação do desejo que todos têm em relação a certos bens primários. Ou seja, o objecto da Justiça rawlsiana tem a ver com os bens (vantagens e encargos) dependentes de distribuição na sociedade: bens "que são essenciais para cada um e instrumentais em relação aos diferentes projectos de vida dos indivíduos" (direitos e liberdades, oportunidades e poderes, rendimentos e riqueza e o auto-respeito[550]/[551]). Neste ponto, vai mais longe do que MARX, que nunca chegou a dizer em concreto que bens deveriam ser distribuídos, quando avança a sua ideia de distribuição de acordo com a necessidade.

Os dois princípios básicos de Justiça que RAWLS enuncia[552] são os seguintes: "*Primeiro princípio* (I): Cada pessoa deve ter um direito igual ao mais amplo sistema total de liberdades básicas iguais que seja compatível com um sistema semelhante de liberdades para todos. *Segundo princípio* (II): As desigualdades económicas e sociais devem ser distribuídas por forma a que, simultaneamente: *a)* redundem nos maiores benefícios possíveis para os menos beneficiados, de uma forma que seja compatível com o princípio da poupança justa; *b)* sejam a consequência do exercício de cargos e funções abertos a todos em circunstâncias de igualdade equitativa de oportunidades". Estes dois princípios estão sujeitos a duas regras de prioridade[553].

A ideia geral que os dois princípios transmitem é a de uma distribuição igual de liberdades, admitindo-se apenas a desigualdade que permitir o bene-

---

[548] RAWLS, John, 2001, p. 37.
[549] Para RAWLS, a justiça é entendida "como problema distributivo e regulador de interesses contrapostos" – OÑA, F. Vallespín, 1985, p. 66.
[550] Se, para RAWLS, a satisfação das necessidades de direitos e liberdades, oportunidades e poderes, rendimentos e riqueza, se faz, directamente a partir dos dois princípios de justiça que enuncia, a satisfação da necessidade de autorrespeito resulta do esquema de benefício mútuo que acaba por resultar da aplicação dos mesmo dois princípios. A cooperação que eles expressam acaba por contribuir para a valorização de cada Homem e, portanto, para um acréscimo do seu autorrespeito.
[551] RAWLS, John, 2001, pp. 90 e 332.
[552] Estes princípios foram apresentados por RAWLS em sucessivas formulações até chegar à considerada final que tomaremos em conta na nossa análise – RAWLS, John, 2001, p. 112.
[553] Estes princípios estão sujeitos a duas regras de prioridade:
"I. Os princípios de justiça devem ser ordenados lexicalmente e, portanto, as liberdades básicas devem poder ser restringidas apenas em nome da própria liberdade.

fício de todos, "num sistema de cooperação e vantagem mútua"[554] e que esteja associada a cargos e funções abertos a todos. O que RAWLS sugere é, pois, uma maximização do bem-estar geral (que nos remete para o *óptimo* de PARETO, já que o pensamento rawlsiano é enquadrado no Estado de bem-estar[555]/[556]), afirmando em simultâneo que seria injusto promover a felicidade geral, deixando algumas pessoas pior do que poderiam estar[557] (ou seja, embora nos remeta para o *óptimo* de PARETO, recusa-se a aceitá-lo a todo o custo). Os dois princípios de Justiça são, pois, encarados como a "solução *maximin* [em que se maximiza o mínimo] para o problema social"[558].

Esta solução *maximin* visa "ordenar as alternativas em função dos seus piores resultados possíveis, adoptando aquela cujo pior resultado possível é superior ao pior resultado de qualquer outra"[559]. Aplicação da regra *maximin* funda-se em três razões: *a)* em primeiro lugar, no véu de ignorância e na circunstância de este impedir o conhecimento das condições de vida que cada um vai ter, pois, o impedimento da escolha da classe social e a incerteza que isso gera, faz com que a opção se coloque ao nível da sociedade que se pretende, interessando apenas fazer com que a classe mais desfavorecida viva melhor; *b)* em segundo lugar, no facto de a pessoa que escolhe ter uma

---

Há duas situações: *a)* uma restrição de liberdade deve fortalecer o sistema total de liberdade partilhado por todos; *b)* as desigualdades no que respeita à liberdade devem ser aceitáveis para aqueles a quem é atribuída a liberdade menor.
Segunda regra de prioridade:
II. O segundo princípio da justiça goza de prioridade lexical face aos princípios de eficiência e da maximização da soma de benefícios; e o princípio da igualdade equitativa de oportunidades tem prioridade sobre o princípio da diferença. Há dois casos: *a)* qualquer desigualdade de oportunidades deve melhorar as daqueles que dispõem de menos oportunidades; *b)* uma taxa excessiva de poupança deve, quanto ao resultado final, melhorar a situação daqueles que a suportam" – RAWLS, John, 2001, p. 239.

[554] ROSAS, J. Cardoso, 2001, pp. 25 e 26.
[555] Embora CARDOSO ROSAS chame a atenção para o facto de RAWLS não ser "propriamente um liberal do Estado-Providência", uma vez que "os Estados-Providência existentes permitem um grande número de desigualdades que não são compatíveis com os princípios de justiça e, muito especialmente, com o princípio da diferença" – ROSAS, J. Cardoso, 2011, p. 44.
[556] Não obstante a integração do pensamento rawlsiano no Estado de bem-estar, este não se confunde com o paradigma de despesa pública utilitarista. Sobre as diferenças entre o rawlsianismo e o utilitarismo *vide* GAINER, M., 2003, pp. 454, 456 vendo no princípio da diferença – em que se troca de certa forma a desigualdade pelo aumento do nível geral de bem-estar – "um trade-off entre igualitarismo e utilitarismo". Não se pode falar aqui de a maximização do bem-estar mas na maximização dos bens sociais primários para os mais desfavorecidos.
[557] SMART, J. J. C., 1961, p. 37
[558] RAWLS, John, 2001, p. 132
[559] KUKATHAS, Chadran e PETTIT, Philip, 1995, p. 54

concepção de bem, segundo a qual pouco ou nada lhe interessa o facto de obter ganhos acima do mínimo[560/561]; e *c)* por último, na circunstância de as alternativas a este modelo – modelo *maximax* ou modelo de maximização da utilidade esperada – serem de rejeitar por terem consequências difíceis de aceitar[562] (como seria o caso da escravatura). A aplicação desta regra faz com que a teoria de RAWLS seja considerada como estando dominada por uma regra de pessimismo[563].

Esta solução *maximin* contraria as fórmulas utilitaristas de pensamento: "as partes não estão interessadas em maximizar a média daquilo que podem obter, mas antes em maximizar o mínimo daquilo que cada uma delas pode obter"[564]. A utilidade agregada poderia até conduzir a uma sociedade mais próspera do que a ideia de justiça rawlsiana. Porém, não impede que haja pessoas numa situação especialmente desfavorecida, ao contrário do que sucede com a justiça rawlsiana.

Compreendida que está a solução *maximin* adoptada, resta saber quais os critérios fixados então por RAWLS para distribuição de bens, a que passaremos em seguida, referindo os seus três pontos principais.

Distribuição igual da liberdade mais ampla, com restrição admissível apenas para o bem da própria liberdade
Em primeiro lugar, as liberdades correspondentes aos direitos de cidadania de primeira geração[565], devem ser, em princípio, distribuídas igualmente da

---

[560] RAWLS, John, 2001, p. 133.
[561] ROSAS, J. Cardoso, 2011, p. 38: "as partes estão interessadas em obter um mínimo, mas estão menos preocupadas em obter um acréscimo – têm aversão ao risco, portanto [...]".
[562] RAWLS, John, 2001, p. 133 e 134.
[563] WOLFF, Robert Paul, 1977, p. 147.
[564] ROSAS, J. Cardoso, 2001, p. 41. ROSAS fala mesmo de vantagens da teoria rawlsiana sobre o pensamento utilitarista: baseadas, por um lado, na estabilidade que oferece, por oposição a uma relação de tensão que se estabelece à luz utilitarista, gerada pela dificuldade de uma pessoa em aceitar sacrifícios em nome do bem-estar médio e, por outro, no respeito próprio que é produzido numa sociedade bem ordenada, onde todos podem desenvolver os seus planos de vida – *Ibidem*, p. 42.
[565] RAWLS estabelece um elenco das liberdades básicas: a liberdade de expressão e de reunião; a liberdade de consciência e de pensamento; as liberdades da pessoa, que incluem a proibição da opressão psicológica e da agressão física (direito à integridade pessoal); o direito à propriedade privada e à protecção face à detenção e à prisão arbitrárias, de acordo com o princípio do domínio da lei (*rule of law*). E estabelece que "de acordo com o primeiro princípio, estas liberdades devem ser iguais para todos" – RAWLS, John, 2001, p. 68. "As liberdades básicas são civis e políticas, correspondendo *grosso modo* ao que se costuma designar como a primeira geração dos direitos de cidadania" – ROSAS, J. Cardoso, 2011, p. 28.

forma mais ampla, apenas podendo ser restringidas para o bem da própria liberdade. A aplicação do direito igual ao mais amplo sistema total de liberdades básicas iguais é o resultado de as partes no jogo de regateio se encontrarem em posições simétricas. A simetria das partes obriga a que partam de um princípio que exija igualdade para todos. De facto, na posição original, não se vislumbra justificação para que alguns sujeitos consintam, quanto ao seu estatuto de cidadãos, em sofrer desvantagens particulares assim como não se vislumbra que outros esperem obter mais do que uma parte igual à dos outros.

Pela aplicação da primeira regra de prioridade da liberdade, a regra relativa à igual distribuição das liberdades básicas goza de prioridade sobre a segunda e apenas pode ser restringida para salvaguarda da própria liberdade nas situações expressamente por ela previstas. A prevalência da liberdade exprime a convicção de RAWLS no sentido "de que o mútuo respeito da cidadania expressa o reconhecimento recíproco da personalidade moral por parte dos homens. É [...] a forma sob a qual Rawls incorpora a sua teoria no imperativo kantiano de tratar a humanidade [...] sempre como um fim e nunca como um meio. Alienar uma porção das liberdades próprias por uma vida mais cómoda equivaleria, na opinião de Rawls a vender a primogenitura como ser humano por um prato de lentilhas"[566].

Em segundo lugar, é necessário atender às diferenças na formulação dos primeiro e segundo princípios de justiça. Quando no primeiro se fala em "liberdades" e no segundo em "desigualdades económicas e sociais", pensamos que, num e noutro, RAWLS se refere a realidades distintas. Com o primeiro princípio visa aludir a questões de direitos e liberdades e com o segundo princípio a questões de distribuição de oportunidades, rendimento e riqueza[567]. Assim e tendo em conta esta diferença, como explica CARDOSO ROSAS, só podemos ler esta formulação dos princípios como não admitindo a possibilidade da desigualdade quanto à distribuição do valor da liberdade, introduzindo porém, essa possibilidade quanto aos aspectos económicos e sociais[568]. Ou se quisermos, esta formulação traz a garantia de que "as liberdades [...] nunca serão sacrificadas em nome do bem-estar"[569].

O primeiro princípio, nas palavras de RAWLS, corresponde, assim, à "parte ideal da teoria da justiça [...] e produz os princípios que caracterizam uma

---

[566] WOLFF, Robert Paul, 1977, p. 83.
[567] Se bem que na sua primeira formulação ambos tivessem o mesmo objecto (distribuição de liberdades, rendimentos e riqueza) – neste sentido vide WOLFF, Robert Paul, 1977, pp. 41 a 43.
[568] ROSAS, J. Cardoso, 2011, p. 26.
[569] ROSAS, J. Cardoso, 2011, p. 41.

sociedade bem ordenada sob circunstâncias favoráveis"[570], ao passo que o segundo princípio corresponde à "teoria não ideal", em que "as partes colocam a questão dos princípios a adoptar sob condições menos perfeitas"[571].

Igualdade equitativa de oportunidades
Entrando na parte da teoria rawlsiana não ideal, temos que, pela aplicação da segunda parte do segundo princípio, a igualdade de oportunidades deveria sujeitar-se a uma distribuição equitativa. Está aqui em causa o aperfeiçoamento dos resultados atingidos pela aplicação da igualdade em sentido liberal[572]. Não se trata, pois, de uma admissão da ideia das "carreiras abertas às competências"[573]. Mas, sim, – por força do princípio da diferença – da correcção da diversidade de condições socioeconómicas em que cada um nasce e vive, de forma a que "ninguém fique excluído de oportunidades reais apenas devido às contingências do seu nascimento"[574]. A igualdade equitativa de oportunidades supõe a correcção de algumas diferenças sociais e culturais e o oferecimento de vantagens a todos aqueles que têm as mesmas motivações (uma igualdade *ex ante*).

Por um lado, quando RAWLS se refere a esta dimensão da aplicação deste mesmo princípio da igualdade de oportunidades, está a pensar concretamente na garantia de o Estado oferecer "possibilidades iguais de educação e de cultura às pessoas que possuem capacidades e motivações semelhantes, quer através de subsídios às escolas privadas, quer através da criação de um sistema de ensino público"[575]; ou de apoiar "a igualdade de oportunidades na actividade económica e na livre escolha da ocupação"[576], por meio, por exemplo, ou do policiamento da conduta das empresas e das associações privadas ou da tomada de providências no sentido de evitar "o estabelecimento de restrições monopolistas e de barreiras que protejam o acesso às situações mais procuradas"[577]. Está ainda a pensar na garantia por parte do Estado de

---

[570] RAWLS, John, 2001, p. 199.
[571] RAWLS, John, 2001, p. 199.
[572] RAWLS, John, 2001, pp. 76 e 77.
[573] Estabelecendo uma diferença clara entre um sistema de igualdade de oportunidades em sentido formal e um sistema de igualdade equitativa de oportunidades – ROSAS, J. Cardoso, 2012, pp. 45-47.
[574] ROSAS, J. Cardoso, 2011, p. 32. ROSAS fala mesmo de uma superação do princípio de PARETO, o qual "nada faz para compensar aqueles que são menos beneficiados pela lotaria natural" (*Ibidem*, p. 32).
[575] RAWLS, John, 2001, p. 221.
[576] RAWLS, John, 2001, p. 221.
[577] RAWLS, John, 2001, p. 221.

"um mínimo social, quer através de subsídios de família e de subsídios especiais em caso de doença e desemprego ou, mais sistematicamente, pela utilização de mecanismos como o suplemento gradual de rendimento (o chamado imposto de rendimento negativo)"[578].

Por outro lado, indo mais longe, defende que a distribuição de carreiras e lugares deve ser feita, num contexto em que todos os sujeitos concorrem entre si, segundo regras de justiça processual. De facto, RAWLS entende que ainda que se conseguisse eliminar totalmente a influência das contingências sociais isso não seria suficiente já que, sem introdução de regras de justiça processual, continuaria a permitir-se que a distribuição da riqueza e do rendimento fosse determinada pela distribuição natural de capacidades e talentos[579]. A introdução dessas regras faria com que ninguém pudesse dizer que a distribuição de funções sociais fora feita de acordo com os seus desejos e necessidades, já que ela seria promovida de acordo com a aplicação de um justo sistema público de regras[580]. Neste sistema de regras, não é apenas justo o resultado da colocação em determinadas carreiras e lugares. A aplicação do sistema de regras torna justo qualquer resultado a que se chegue. É, pois, a aplicação deste sistema público de regras que determina as legítimas expectativas de cada um, em relação à distribuição de carreiras e lugares nas instituições que promovem a atribuição de direitos e deveres e a distribuição adequada dos encargos e benefícios[581]. Apenas juntando estas duas vertentes – correcção das desigualdades iniciais e regras de justiça processual – se obteria um sistema em que todos podem, mediante a aplicação das regras de justiça processual, aceder a todas as carreiras e lugares.

Pela aplicação da segunda parte da segunda regra de prioridade, o princípio da igualdade equitativa de oportunidades tem prioridade sobre o princípio da diferença. O que significa que não se pode trocar a igualdade de oportunidades por nenhum benefício socioeconómico.

---

[578] RAWLS, John, 2001, p. 221. Vide também ROSAS, J. Cardoso, 2011, p. 28 e 29: "[a igualdade equitativa de oportunidades] parece requerer, pelo menos, duas coisas: uma limitação das grandes fortunas pela via fiscal (os grandes desequilíbrios de riqueza geram desigualdade de oportunidades); o acesso efectivo de todos ao sistema de ensino e formação profissional (mas há ainda outros aspectos que RAWLS quase não menciona, como por exemplo, o acesso a cuidados de saúde básicos).
[579] RAWLS, John, 2001 p. 77.
[580] "[...] Para se aplicar a noção de justiça processual pura à distribuição, é necessário estabelecer-se um sistema justo de instituições e administrá-lo de forma imparcial" – RAWLS, John, 2001, p. 87
[581] RAWLS, John, 2001, pp. 84 a 88.

A distribuição de bens socioeconómicos: os princípios da diferença e da poupança justa
De acordo com princípio da diferença, apesar de se partir de uma ideia básica de igualdade (expressa no primeiro princípio), as partes contratantes acabam por reconhecer que as desigualdades económicas e sociais fazem parte do contexto de Justiça que não deve ser ignorado pelos sujeitos, até porque, como ROBERT PAUL WOLFF chama a atenção, a própria desigualdade pode estar na origem de excedentes que a todos beneficiam – o excedente da desigualdade[582].

Deste modo, não só porque fazem parte do contexto de Justiça, mas também porque se supõe que uma certa distribuição desigual pode ser benéfica[583], as desigualdades acabam por ser admitidas pela estrutura básica, na condição de elas melhorarem a situação de todos, incluindo as dos menos beneficiados[584]. Os sujeitos contratantes (na posição original e sujeitos ao véu da ignorância), mesmo aceitando a existência da desigualdade, nunca aceitariam que esta conduzisse a uma distribuição de bens que levasse algumas pessoas a ficarem sob a linha da igualdade. De facto, estando todos numa posição de igualdade original e revestidos do véu da ignorância, nenhum dos contratantes tem razão para querer menos do que aquilo que resulta da aplicação deste mesmo princípio da igualdade.

É nisto justamente que consiste o princípio da diferença: a admissão da desigualdade em certas condições, desde que ela beneficie todos (principalmente os menos favorecidos). A ideia é, no fundo, a de que "o benefício de todos não se atinge mediante os tradicionais critérios utilitaristas ou paretianos, mas antes mediante a maximização da posição daqueles que estão pior colocados à partida – o que conduz, como é óbvio, a uma aproximação entre os extremos, ou a uma igualização tendencial"[585]. A ideia é, pois, a de defender que, nalguns casos, uma distribuição desigual traz mais benefícios do que a aplicação cega do princípio da igualdade. E é justamente aqui que

---

[582] WOLFF, Robert Paul, 1977, pp. 35 a 37.
[583] É isto que afasta RAWLS de uma perspectiva de "real igualdade de oportunidades". Para RAWLS esta deve ser substituída pelo princípio da diferença – *vide* ROSAS, J. Cardoso, 2012, pp. 51 e 52: "Numa sociedade rawlsiana, o «princípio da diferença» faz todo o trabalho que é necessário para transformar a igualdade equitativa de oportunidades numa igualdade real".
[584] Não faltando aqui quem diga que o princípio da diferença só poderia ser aplicado através da socialização dos meios de produção, confundindo-se aqui com o marxismo – KYMLICKA, Will, 2002, p. 177.
[585] ROSAS, J. Cardoso, 2001, p. 29.

Rawls acaba por prescindir definitivamente do utilitarismo (do positivo, pelo menos[586]) na sua concepção de bem-estar social.

O princípio da diferença parte do pressuposto segundo o qual as desigualdades existem, podendo ser benéficas nalguns casos. Porém, visa corrigir as diferenças arbitrárias entre os membros da sociedade. Desta forma, visa assegurar que ninguém obtém ganhos ou perdas a partir da sua posição arbitrária na distribuição de talentos ou de qualidades naturais ou da sua posição inicial na sociedade sem que dê ou receba uma compensação[587]. Explicando melhor, o princípio da diferença decompõe-se nos subprincípios da compensação e da vantagem mútua.

O subprincípio da compensação impõe que a sociedade dê atenção aos que nasceram em posições menos beneficiadas, de forma a corrigir as contingências naturais e obter maior igualdade[588]. O grupo menos beneficiado, na teoria rawlsiana, poderia ser identificado a partir da escolha de uma posição social particular (exemplo: o dos trabalhadores não qualificados) – neste caso, consideravam-se como menos favorecidos os que tivessem aproximadamente o mesmo rendimento e riqueza – ou a partir da determinação do rendimento e riqueza relativamente aos valores medianos. Rawls abre ainda a possibilidade de se destacarem grupos menos beneficiados a partir de características naturais fixas (sexo, raça, cultura)[589].

O subprincípio da vantagem mútua impõe a adopção de um método de cooperação social, em que o bem-estar de cada um depende de todos. Os sujeitos não obtêm vantagens à custa uns dos outros. À luz deste subprincípio só as vantagens recíprocas são admitidas: os mais afortunados só beneficiam se também os menos afortunados tiverem vantagem nisso[590]. A ideia não é a de retirar o direito dos mais beneficiados aos dons naturais (já que esses estariam sempre protegidos pelo primeiro princípio), mas a de promover um sistema de cooperação em que se procura minimizar a influência dos factores arbitrários nas condições a reconhecer a cada membro da sociedade. Ou seja,

---

[586] Embora possamos admitir aqui alguma proximidade entre o pensamento rawlsiano e o utilitarismo negativo de Popper do qual falámos acima, na medida em que o primeiro coloca os menos beneficiados sob a protecção do Estado.

[587] Kymlicka, Will, 2002, pp. 177 e 178, afirmando que, com isto, Rawls acaba por atacar, de certa forma, o problema da exploração numa perspectiva de resolução de problemas contemporâneos, embora não trate o tema nos mesmos termos de Marx (exploração com o sinónimo do fenómeno da extorsão capitalista da mais-valia do trabalho).

[588] Rawls, John, 2001, p. 95.

[589] Rawls, John, 2001, pp. 93 e 94.

[590] Rawls, John, 2001, pp. 97 e 98.

o princípio da diferença permite olhar para a distribuição natural de talentos como um bem comum e defender a partilha dos benefícios da distribuição, qualquer que ela seja[591].

A ideia geral é a de que o cumprimento do princípio da diferença depende da intervenção das instituições sociais. As legítimas expectativas das pessoas relativamente aos bens não se fundam na sua posse, (uma vez que esta se baseia em critérios arbitrários: na distribuição de talentos ou qualidades naturais ou ainda na posição inicial na sociedade), mas naquilo que é fixado pelas instituições sociais em aplicação dos dois princípios da justiça, os quais visam afastar toda a arbitrariedade[592].

Tanto o princípio do estabelecimento de liberdades iguais, quanto o princípio da diferença servem o bem de todos. Através destes procura-se o benefício comum. Tenta-se, com eles, afirmar os objectivos de cada homem: "ao distribuir as desigualdades de forma a causarem vantagens recíprocas, e ao absterem-se da exploração das contingências da natureza e das circunstâncias sociais, num quadro de liberdades iguais, os sujeitos expressam o seu respeito recíproco ao nível da própria constituição da sociedade"[593/594].

Os princípios rawlsianos devem ser conjugados com o princípio da justa poupança, de acordo com a segunda parte da segunda regra de prioridade. O princípio da poupança justa foi introduzido para resolver o problema da justiça intergeracional. Este princípio limita a aplicação do princípio da diferença no que respeita às relações entre gerações, através de uma justiça verti-

---

[591] SANDEL, Michael, 1982, p. 70.
[592] Esta ideia geral resulta muito clara sobretudo depois da compreensão da crítica que NOZICK lhe dirige, baseada na sua teoria da apropriação (*entitlement theory*), a qual se opõe diametralmente à ideia de apropriação de RAWLS. NOZICK contradiz RAWLS apelando à sua noção de merecimento. Para NOZICK, o merecimento, em RAWLS, não determina a apropriação de um bem, já que a apropriação apenas poderia ter lugar sob regras aplicadas e condições estabelecidas pela estrutura básica da sociedade. Para NOZICK, por isso, as legítimas expectativas em RAWLS apenas podem fundar-se nas instituições sociais e não mais na arbitrariedade da distribuição dos bens primários – SANDEL, Michael, 1982, pp. 82 a 103.
[593] RAWLS, John, 2001, p. 150.
[594] *Vide*, numa abordagem crítica à primeira formulação ao princípio da diferença (formulado como "As desigualdades económicas e sociais devem ser distribuídas por forma a que [...] se possa razoavelmente esperar que elas sejam em benefício de todos", WOLFF, Robert Paul, 1977, pp. 44 a 48, 57 a 59. Para este Autor, o princípio II *b)* "coloca tantos problemas como os que resolve" (WOLFF, Robert Paul, 1977, p. 45), uma vez que nem sempre é possível saber qual seria a mesma prática sem as desigualdades. A segunda formulação a este princípio, contemplando o benefício dos mais desfavorecidos também é apreciada pelo mesmo autor nas pp. 62 e 63, reconhecendo que esta segunda fórmula "resolve imediatamente dois dos mais graves problemas colocados pela primeira forma do modelo".

cal: ele implica que se abdique de ganhos imediatos possíveis, tendo em vista melhorar o padrão de vida das gerações posteriores menos beneficiadas[595]. De acordo com o mesmo, nenhuma geração deve formular princípios apenas em seu benefício[596]. Todas as gerações devem partilhar "o encargo de acumulação de capital e da elevação do padrão de civilização e cultura"[597]. O princípio da poupança resulta do facto de as partes, no acordo hipotético, serem consideradas como responsáveis pelas sucessivas gerações da sua família, tendo o dever natural de sustento e fomento das instituições justas: "cada geração não deve apenas salvaguardar os ganhos de cultura e civilização e manter intactas as instituições justas que forem estabelecidas, mas também pôr de lado uma quantidade de capital acumulado efectivo. Esta poupança pode assumir várias formas, desde investimento líquido em maquinaria e outros meios de produção até ao investimento no saber e na educação"[598].

RAWLS não estabelece uma medida concreta de poupança justa. Mas afirma ser possível ir definindo tal poupança justa em cada momento, tendo em vista o fim para que a mesma foi estabelecida: manter e promover as instituições justas e as liberdades iguais para todos. Qualquer poupança adicional será ditada por razões diferentes das que presidem ao princípio da poupança justa. De acordo com o que RAWLS afirma, "cada época deve contribuir com a sua justa parte para a obtenção das condições necessárias para a existência das instituições e para o reconhecimento do justo valor da liberdade; mas, para além disso, nada pode ser exigido"[599]. E a poupança dependerá naturalmente do nível de vida da geração em causa.

A justa poupança deve conjugar-se com o primeiro princípio da justiça. Com efeito, "a soma das transferências e benefícios sob a forma de bens públicos essenciais deve ser agora organizado por forma a aumentar as expectati-

---

[595] RAWLS, John, 2001, p. 233.
[596] "Dado que os sujeitos na posição original sabem que são contemporâneos (admitindo o presente como o momento do contrato), podem favorecer a sua geração recusando-se a fazer quaisquer sacrifícios pelos seus sucessores: reconhecem simplesmente o princípio de que ninguém tem o dever de poupar para a posteridade.[...] Nestas condições, o véu da ignorância não permite os resultados desejados. É por isso que, para tratar do problema da justiça intergeracional, modifico a hipótese de motivação e acrescento uma limitação suplementar. Graças a essas modificações, nenhuma geração pode formular princípios que sejam deliberadamente concebidos em seu próprio benefício e podemos deduzir daí limitações importantes aos princípios da poupança. Qualquer que seja a situação dos sujeitos no tempo, cada um deles será forçado a escolher para todos". – RAWLS, John, 2001, p. 123.
[597] RAWLS, John, 2001, p. 229.
[598] RAWLS, John, 2001, p. 228.
[599] RAWLS, John, 2001, p. 237.

vas dos menos favorecidos, de modo a que sejam compatíveis com o nível de poupança exigido e com a manutenção das liberdades iguais para todos"[600].

Têm sido detectadas algumas objecções ao conceito de justa poupança de RAWLS.

Ab ovo porque a primeira geração não beneficia de qualquer transmissão de riqueza "o que faz com que não se possa sustentar que aos indivíduos colocados atrás do «véu da ignorância» seja indiferente o posicionamento na primeira geração ou em qualquer uma das restantes"[601]. Em segundo lugar, porque este entendimento acaba por contrariar o princípio da diferença, que é uma das bases da doutrina contratualista rawlsiana[602], já que as gerações presentes se sacrificam em função das futuras "podendo destruir o capital existente ou desviar encargos para as gerações seguintes"[603]. Para RAWLS este não era verdadeiramente um problema, pois a ajuda entre gerações vai apenas e necessariamente num só sentido – das mais antigas para as mais novas. É, portanto, "um facto natural" – para fazer uso das suas palavras – que afastaria aqui a ideia de aplicação do princípio da diferença. "Necessário é apenas que as diferentes gerações se ponham de acordo quanto a um princípio de poupança que garanta a cada geração receber o quinhão que lhe cabe da geração anterior e contribuir com a sua parte para as gerações que lhe sucedem"[604]. Por último, é de notar que RAWLS acaba por introduzir elementos altruístas na discussão, acabando por desvirtuar a sua ideia contratual inicial[605].

Hoje, a perspectiva de justa poupança de RAWLS deve ser, indubitavelmente, complementada com a ideia de responsabilidade pelo futuro de HANS JONAS. Com efeito, oito anos volvidos sobre a *Teoria da Justiça*, HANS JONAS levará mais longe a ideia de responsabilidade para com o futuro dirigida à subsistência da vida humana, formulando, a este propósito, um novo impe-

---

[600] RAWLS, John, 2001, p. 240
[601] FERREIRA, Eduardo da Paz, 1995, p. 86.
[602] "[...] O ponto mais frágil na construção de Rawls é aquele que foi especialmente posto em relevo por Kenneth Arrow e que se prende com o facto de a transmissão de herança de uma geração para outra ir tendencialmente contrariar o princípio da diferença, que era uma das bases do contrato social defendido por Rawls" – FERREIRA, Eduardo da Paz,1995, p. 86.
[603] FERREIRA, Eduardo da Paz, 1995, p. 87.
[604] SILVA, J. Pereira da, 2010, p. 464.
[605] FERREIRA, Eduardo da Paz, 1995, p. 87. Já KANT defendia exactamente esta mesma ideia de que é necessário que as velhas gerações se ocupem em preparar um edifício que as gerações vindouras possam elevar. Embora enigmático, este é o único processo de os seres racionais – não obstante a sua finitude – chegarem ao estádio de "perfeição do desenvolvimento das suas disposições" – KANT, Immanuel, 2002, p. 25.

rativo categórico: "Age de tal forma que os efeitos da tua acção sejam compatíveis com a permanência de uma vida humana autêntica na Terra"/ "Age de tal forma que os efeitos da tua acção não sejam destrutivos para a futura possibilidade dessa vida"[606]. Este imperativo permite abandonar a ideia contratualista de correspondência de direitos e deveres que ainda se encontra subjacente ao pensamento de RAWLS[607], afirmando uma ideia de solidariedade intergeracional "só comparável (mas não assimilável) à relação dos pais com os filhos"[608].

Traduzindo o pensamento de Rawls em despesa pública
Vertendo o pensamento rawlsiano em linguagem legislativa, apercebemo-nos da complexidade do modelo de Estado social que RAWLS advoga, colocando a sua fasquia bem longe da simplicidade da intervenção social do século XVIII, mas bem mais próximo do modelo Estado com que chegámos ao final do século XX.

A este propósito, poderíamos dizer, em primeiro lugar, que a sua noção de justiça "[...] requer a constitucionalização das liberdades básicas dos cidadãos, assim como das regras do processo político democrático, de acordo com as próprias liberdades políticas consagradas no primeiro princípio"[609]. Esta constitucionalização deveria necessariamente traduzir a prioridade do primeiro princípio sobre o segundo.

Para além disso, na organização económica da sociedade, deveriam ser tomadas medidas no sentido da realização da igualdade de oportunidades e o princípio da diferença[610], embora sem nunca pôr em causa as liberdades garantidas. Em concreto, esta organização deveria ter em vista a garantia de possibilidades iguais de educação e de cultura; a garantia da igualdade de oportunidades na actividade económica e na livre escolha de ocupação; o policiamento da conduta das empresas e das associações privadas; e a garantia de um mínimo social[611].

Para cumprimento destes objectivos, a organização económica de uma sociedade justa deveria assentar, para RAWLS, numa estrutura básica estadual

---

[606] JONAS, Hans, 2004, p. 40.
[607] SILVA, J. Pereira da, 2010, p. 468: "De certa forma, o recurso à técnica contratualista para definir também o princípio da poupança justa representa ainda a reminiscência vaga de uma ideia de reciprocidade sinalagmática, num domínio em que, todavia, ela é objectivamente irrealizável".
[608] SILVA, J. Pereira da, 2010, p. 467.
[609] ROSAS, J. Cardoso, 2011, p. 43.
[610] KUKATHAS, Chadran, e PETTIT, Philip, 1995, p. 68.
[611] RAWLS, John, 2001, p. 221.

dividida em quatro funções[612]. Primeiro, a função de afectação de recursos, mantendo o sistema de preços em condições de permitir uma concorrência eficaz e impedir a formação de um poder de mercados desrazoável e identificando e corrigindo, através de impostos ou subsídios, desvios da regra de eficiência que são causados pela incapacidade dos preços em medirem correctamente os benefícios sociais e os custos. Segundo, a função de estabilização para manter o pleno emprego. Terceiro, a função das transferências, fixando um mínimo social[613], uma vez que os preços não têm em conta as carências existentes. E quarto, a função de distribuição, mantendo uma situação justa no que respeita à distribuição, através da tributação e dos necessários ajustamentos dos direitos reais. À função de distribuição caberia, por um lado, corrigir a distribuição de riqueza e prevenir que as concentrações de poder se façam em detrimento do justo valor da liberdade política e da igualdade equitativa de oportunidades (ela aplica por exemplo impostos sobre a herança e doações e estabelece restrições aos legados), e, por outro, fornecer bens públicos e efectuar as transferências necessárias para satisfazer o princípio da diferença (sistema de tributação para recolha de rendimento).

Crítica ao rawlsianismo e afirmação de um "Estado de bem-estar reforçado"
No último quartel do séc. XX, por força da difusão do pensamento rawlsiano, a discussão teórica sobre a justiça distributiva acabou por girar em torno dos termos em que este último autor concebeu a teoria da Justiça. Ilustrativamente, veja-se o que afirma NOZICK a propósito da obra de JOHN RAWLS: "A Teoria da Justiça é um trabalho poderoso, profundo, subtil, de largo espectro e sistemático sobre filosofia política e moral [...] é uma fonte de ideias luminosas, integradas conjuntamente num todo adorável. Os filósofos políticos devem agora trabalhar dentro da teoria de RAWLS ou explicar porque não o fazem"[614]. Isto porque RAWLS não só foi pioneiro na organização e explicação das "intuições conflituantes que as pessoas tiveram por todo o século sobre a distribuição justa de bens"[615] mas também fornece uma definição clara daquilo que é a justiça distributiva[616].

---

[612] RAWLS, John, 2001, pp. 221 a 224.
[613] Como deve ser estabelecido o mínimo social? "o mínimo deve ser fixado no ponto que, tendo em conta o nível salarial, maximiza as expectativas do grupo menos favorecido" – RAWLS, John, 2001, p. 228.
[614] NOZICK, Robert, 2006, p. 183.
[615] [...] "conflicting intuitions people had had for over a century about the just distribution of goods" – FLEISCHACKER, Samuel, 2004, p. 115.
[616] FLEISCHACKER, Samuel, 2004, p. 115.

A discussão no final do séc. XX faz-se, pois, ainda no âmbito do paradigma de justiça moderna. No entanto, apesar de a discussão se centrar muito na aceitação ou recusa do pensamento rawlsiano, não devemos assumir o entendimento actual nesta matéria como uniforme. Ou seja, embora o pensamento de RAWLS se tenha tornado um pensamento dominante, não devemos pensar que o Estado social está fechado a mais influências. O pensamento de AMARTYA SEN é o exemplo não só de uma voz dissonante, mas também de uma visão mais exigente de despesa pública e que acaba por ser determinante para a compreensão de uma reivindicação crescente em relação àquilo que o Estado pode prestar.

A diferença relativamente ao pensamento de RAWLS fica patente ao longo de um dos seus últimos trabalhos *A Ideia de Justiça*, na parte em que chama a atenção para uma dicotomia existente no tratamento do tema da justiça social. Separa assim o *institucionalismo transcendental* e a *comparação centrada em realizações*, embora admitindo o predomínio da primeira perspectiva na actual filosofia política. De acordo com a lição de SEN, o *institucionalismo transcendental* caracteriza-se, por um lado, pela concepção da justiça formal perfeita, baseada em certas suposições comportamentais (e não em comportamentos efectivos), e por outro, numa aposta "em tentar que as instituições sejam as certas"[617]. A *comparação centrada em realizações* assenta, contrariamente, "em comparações de sociedades que já existiam ou, então, que tinham toda a viabilidade de virem a existir na realidade, não confinando a sua análise a indagações transcendentais em busca da sociedade perfeitamente justa"[618]. Identifica com a primeira corrente o pensamento contratualista de HOBBES, LOCKE, ROUSSEAU, KANT e RAWLS, bem como o pensamento contemporâneo de DWORKIN[619], DAVID GAUTHIER e NOZICK. A todos estes associa uma busca de instituições justas e de imperativos tidos por socialmente adequados (conjugando instituições e comportamentos acertados)[620]. Com a corrente comparativa, associa ADAM SMITH, CONDORCET, BENTHAM, MARY WOLLSTONECRAFT e JOHN STUART MILL, uma vez que estes "estariam pri-

---

[617] SEN, Amartya, 2012, pp. 42 e 43.
[618] SEN, Amartya, 2012, p. 45.
[619] Não obstante, DWORKIN dizer "but it is important that the argument that ends in general philosophy should have begun in our life and experience, because only then is it likely to have the right shape, not only finally help us, but also finally to satisfy us that the problems we have followed into the clouds are, even intellectually, genuine not spurious" – DWORKIN, Ronald, 2002, p. 4.
[620] SEN, Amartya, 2012, pp. 43 e 44.

mariamente interessados em remover as injustiças patentes do mundo que viam à sua frente"[621]. AMARTYA SEN identifica-se com esta última corrente[622].

Uma das questões mais relevantes que a perspectiva de SEN coloca é a de saber se a liberdade, que para RAWLS tem precedência (regra de prioridade da liberdade), não "deverá receber exactamente o mesmo tipo de importância (não mais) do que as outras espécies de vantagens pessoais – rendimentos, utilidades, etc."?[623] Como explica SEN, não se trata aqui de menosprezar a ideia de liberdade que RAWLS invoca. Trata-se, isso sim, de dizer que essa liberdade não deve servir para desprezar outras necessidades económicas (utilidades, bem-estar, equidade de rendimentos ou oportunidades) que as pessoas valorizam[624]. AMARTYA SEN recusa, portanto, soluções – por melhores que sejam – que não contribuam para resolver os problemas concretos das pessoas, de forma que estas possam "escolher a vida que cada um tem razões para estimar"[625].

AMARTYA SEN desenvolve assim uma concepção que se propõe superar, quer a visão rawlsiana, quer a visão utilitarista de Estado de bem-estar. Há mesmo quem afirme que a perspectiva de AMARTYA SEN contribuiu para a afirmação de uma nova concepção de Estado: a de "bem-estar reforçado" (*extra-welfarism*)[626].

Na análise que SEN sugere, o bem-estar deveria deixar de ser medido em utilidade individual (ou seja, numa perspectiva agregativa de utilidades[627])

---

[621] SEN, Amartya, 2012, pp. 44 e 45.
[622] SEN, Amartya, 2012, p. 46.
[623] SEN, Amartya, 2003, pp. 78.
[624] Esta questão pode ser inserida numa questão mais geral em relação às ideias liberais – *vide* SEN, Amartya, 2003, pp. 80 e 81 as objecções que apresenta ao pensamento de NOZICK.
[625] SEN, Amartya, 2003, p. 88.
[626] COAST, Joanna, SMITH, Richard D. e LORGELLY, 2008, p. 1192 e BROUWER, Werner B. F., CULYER, Anthony J., EXEL, N. Job A. van, e RUTTEN, Frans F. H., 2008, pp. 330 e ss. – Para estes autores o contributo de AMARTYA SEN é muito relevante, embora estes últimos autores identifiquem também como sementes deste "bem-estar reforçado" a noção de bens de mérito utilizada por MUSGRAVE ou a ideia de JAMES TOBIN quando se refere a uma certa preocupação de igualdade no fornecimento de alguns bens básicos e serviços ou até mesmo os conceitos de bens primários de RAWLS (*vide* TOBIN, James, 1970, *passim* defendendo a atribuição pública igualitária de alguns bens escassos: mantimentos básicos em tempo de guerra, direito de voto, serviço militar, direito a ter filhos para evitar o crescimento excessivo da população, cuidados médicos, vales-refeição e subsídios para rendas de casa para os mais pobres. Para este autor, "it does make sense in some cases to adopt non-market egalitarian distributions of commodities essential to life and citizenship" – *Ibidem*, p. 276).
[627] O "bem-estar reforçado" assenta não na valorização da felicidade, mas na valorização de valores que os Estados devem promover. Um dos argumentos que usa contra a visão utilitarista que

ou até mesmo em liberdades, riqueza ou bens primários disponíveis (como se fazia na teoria de RAWLS) para ser medido em potencialidades (*capabilities*)[628]. As decisões deveriam assim assentar numa base de informação sobre as potencialidades (*capabilities*) que são essenciais para o desenvolvimento livre de cada pessoa, em função das suas aspirações pessoais, da sua mundividência e das suas ideias.

Esta perspectiva acaba por contribuir para um desenvolvimento dos deveres estaduais de intervenção do Estado. Deste modo, ao invés de assentar a sua acção no acesso a utilidades que as pessoas demonstrem preferir (visão utilitarista) ou no acesso a certos bens primários, o Estado organiza a sua acção tendo em conta valores definidos para a promoção da liberdade e a possibilidade de cada um prosseguir os seus objectivos. Para AMARTYA SEN, as potencialidades (*capabilities*) teriam, portanto, uma importância intrínseca permitindo perceber se os fins que a sociedade prossegue são justos ou injustos. É certo que SEN permite que estas potencialidades (*capabilities*) sejam livremente concretizadas por cada comunidade política, mas a sua definição não é livre: ela deve assentar em valores básicos que devem estar acima das extravagâncias e caprichos de cada comunidade ou até das tradições culturais[629].

---

refuta, reforça a perspectiva de AMARTYA SEN no sentido da promoção da igualdade de géneros – NUSSBAUM, Martha, 2003, p. 33: "Sen criticizes approaches that measure well-being in terms of utility by pointing the fact that women frequently exhibit «adaptative preferences» that have adjusted to their second class staus".

[628] Utilizaremos, doravante, esta terminologia traduzindo o termo *capabilities* por potencialidades. Há quem prefira o utilizar para a sua tradução o termo *capabilidades*, como o faz CARDOSO ROSAS. Optamos por esta terminologia por seguir o termo usado na tradução do livro "Liberdade como desenvolvimento" que aqui seguimos e por pensarmos que melhor se coaduna com o espírito de AMARTYA SEN, embora "atraiçoe" um pouco a expressão literal que ele usou.
A consideração das *potencialidades* acaba por alargar o espectro do problema da pobreza, em relação àquilo que é considerado tradicionalmente. Se normalmente se associa a pobreza à falta ou à desigualdade de rendimentos, nesta abordagem, o que se propõe é a consideração de "outras variáveis, como desemprego, a falta de saúde, a ausência de educação e a exclusão social" – SEN, Amartya, 2003, p. 121. "The capability approach to a person's advantage is concerned with evaluating in terms of his or her actual ability to achieve various valuable functionings as a part of living" – SEN, Amartya, 1993, p. 30. Para este último autor, "a privação de potencialidades [capabilities] é, como critério de juízo sobre as desvantagens, mais importante do que a pequenez de rendimentos, sendo o seu valor derivado contingente em muitas circunstâncias sociais e económicas" – SEN, Amartya, 2003, p. 144.

[629] NUSSBAUM, Martha, 2003, p. 47. MARTHA NUSSBAUM fala até das potencialidades (*capabilities*) como "centrais e não-negociáveis" (NUSSBAUM, Martha, 2003, p. 43). NUSSBAUM aproxima a noção de *capabilities* da dos direitos fundamentais – quer direitos civis e políticos quer direitos sociais –, embora também reconheça que elas conferem precisão e complementam a linguagem dos direitos – NUSSBAUM, Martha, 2003, pp. 36 e 37.

Perante a insuficiência de concretização por parte de SEN no que toca à definição destas mesmas potencialidades, MARTHA NUSSBAUM avança mesmo com uma lista aberta em que destaca dez potencialidades (*capabilities*) centrais: vida (possibilidade de viver até ao fim da vida); saúde física (alimentação adequada e habitação; inclui aqui mesmo a saúde reprodutiva); integridade física; utilização dos sentidos, imaginação e pensamento (utilização das capacidades intelectuais, informadas e cultivadas por uma educação adequada); emoções; razão prática (liberdade de consciência e religiosa); direito a relacionar-se com os outros (vivendo com e para os outros; direito ao auto--respeito, não-humilhação e não discriminação); direito a relacionar-se com as outras espécies (animais, plantas e natureza em geral); controlo sobre o seu ambiente (em termos políticos: direito de participação nas escolhas políticas; em termos materiais: direito de propriedade ou de procurar emprego em condições iguais às dos demais)[630]. Para NUSSBAUM – pretendendo completar o pensamento de AMARTYA SEN –, a promoção pública destas potencialidades (*capabilities*) corresponderia ao mínimo da justiça social: "uma sociedade que não garante estas [potencialidades] a todos os seus cidadãos, num nível apropriado, fica longe de ser uma sociedade inteiramente justa, qualquer que seja o seu nível de riqueza"[631].

Fala-se, a este propósito, de um desenvolvimento dos deveres do Estado, pois a esta luz, por exemplo, o Estado deixaria de se bastar com a promoção do acesso universal aos bens alimentares, assumindo a responsabilidade por garantir a todos o acesso de todos a uma boa alimentação; ou deixaria de se bastar com a promoção do acesso aos cuidados básicos de saúde[632], para ficar vinculado a promover o acesso a serviços de saúde que permitam, tanto quanto possível, uma vida com qualidade gozada até ao limite. A esta luz, o

---

[630] NUSSBAUM, Martha, 2003, pp. 41 e 42.
[631] NUSSBAUM, Martha, 2003, p. 40.
[632] BIRCH, Stephen e DONALDSON, Cam, 2003, p. 1124, apontam consequências muito concretas desta concepção de Estado de "bem-estar reforçado" no âmbito da saúde: nos gastos de saúde, o Estado passa a ter de ir para além daquilo que seriam as necessidades imediatas das pessoas (por exemplo, na saúde dentária, mais do que arrancar dentes estragados às pessoas que procuram os cuidados de medicina dentária públicos, o Estado deve promover a boa saúde dentária, ou seja, pagar implantes dentários, promover rastreios de cáries, etc...). Notamos, porém, que estes autores não deixam de assinalar problemas a esta concepção maximizadora da despesa pública. Antes de mais, o facto de obrigarem "the patients to pay for additional care through taxes which in their private lives they have chose not to purchase" (*Ibidem*, p. 1128); o facto de ignorarem a escolha do paciente; e de suporem, naturalmente, um certo paternalismo estadual, que facilmente se poderá transformar numa ditadura.

Estado passa até a ter deveres na promoção de bens não materiais como o auto-respeito ou a integração social[633]. O "bem-estar reforçado" (*extra-welfarism*) aqui em causa consiste assim em promover, em última análise, aquilo que são os objectivos de cada um, mesmo que esses objectivos vão para além do seu bem-estar, estendendo-se portanto a acção pública para além daquilo que seria uma mera redistribuição de riqueza[634].

Esta concepção não pode ser ignorada nos dias que correm. Tanto assim é que a ONU a adoptou, desde o início da década de 1990, como base para a avaliação do cumprimento dos deveres do Estado, no que toca ao "processo de alargamento das liberdades reais"[635] das pessoas dos países que a integram. Com isto, o seu objectivo é alargar o âmbito das escolhas humanas para além dos rendimentos pessoais. Trata-se de apreciar o contributo que os Estados dão para a promoção do desenvolvimento humano[636/637].

---

[633] SEN, Amartya, 1993, p. 31.

[634] Para AMARTYA SEN, está errada uma avaliação da pobreza das pessoas de acordo com o rendimento a que têm acesso. Como explica, "the income-centred view of poverty, based on specifying an interpersonally invariant 'poverty line' income, may be very misleading in the identification and evaluation of poverty" – SEN, Amartya, 2003 (b), p. 41. AMARTYA SEN critica esta visão alegando que a mesma assenta apenas numa análise acerca das necessidades nutricionais básicas.

[635] SEN, Amartya, 2003, p. 19.

[636] *Vide* HAQ, Mahbub ul, 1995, p. 16-21. Para a noção de desenvolvimento humano destaca-se o contributo de MAHBUB UL HAQ. A esta ideia juntou-se a ideia de potencialidades (*capabilities*) de AMARTYA SEN.

[637] Como se faz então esta análise?
O desenvolvimento humano é analisado a partir de um índice complexo. Desde 1990 até 1996, o PNUD olhava apenas para o *Índice do Desenvolvimento Humano* (*Human Development Index* – HDI), tal como formulado por MAHBUB UL HAQ em 1989 (*vide* HAQ, Mahbub ul, 1995, pp. 46-66, explicando o surgimento deste índice), tendo em conta o progresso de uma comunidade como um todo ("[...] ul Haq convinced the United Nations Development Programme (UNDP) to produce a report by independent researchers that would offer an alternative to the single-minded concentration on GDP so prevalent among international organizations and economists—the *Human Development Report (HDR)*. The idea that the United Nations would assess the economic and social progress of countries was so controversial that some countries threatened to boycott the enterprise. However, UNDP has held fast to its commitment to preserve the autonomy and academic integrity of the HDR, all the way through to this, the 20th anniversary edition" – PNUD, 2010, p. 12. O índice de desenvolvimento humano rivaliza com o PNB, sem se esquecer de olhar para além do rendimento e da riqueza – PNUD, 2010, p. vi. Como diz AMARTYA SEN: "Development cannot be seen merely in terms of enhancement of inanimate objects of convenience, such as rise in the GNP (or in personal incomes). This is the basic approach brought to development literature right from the outset of that approach" – PNUD, 2007/2008, p. 28). O *Índice do Desenvolvimento Humano* era encarado como uma medida compósita tendo em conta a saúde, a educação e o rendimento ("As a composite measure of health, education and income, the HDI assesses levels and progress using a concept of development much broader than that allowed by income alone" – PNUD, 2010, p. 12). A partir de

Este desenvolvimento humano é apreciado em detrimento de outros factores como o produto nacional bruto ou o aumento das receitas pessoais, a industrialização, o progresso tecnológico ou ainda a modernização social[638]. Destrona-se assim a prevalência do rendimento sobre outros aspectos que podem contribuir para a plena realização das pessoas. A apreciação do desenvolvimento humano visa, desta forma, detectar casos de pobreza, mesmo dentro daqueles países que economicamente são considerados ricos. Ou seja, visa

1997 – após a recepção do conceito de potencialidades (*capabilities*) de AMARTYA SEN – o PNUD complexifica a sua análise passando a ter também em conta o *Índice de Pobreza Humana*, olhando para a situação e o progresso das pessoas mais pobres de uma sociedade (PNUD, 1997, p. 18). Com este novo índice, a ONU procura ver para além daquela que é a visão geral fornecida pelo Índice do Desenvolvimento Humano, que pode mascarar a distribuição desigual do progresso e a pobreza generalizada persistente (PNUD, 1997, p. 22). O referido *Human Poverty Index* toma em conta três indicadores relacionados com as dimensões já exploradas no *Human Development Index*: longevidade e saúde, conhecimento e nível de vida condigna. Num crescendo de complexidade, notamos que, em 2010, foi introduzido o *Índice do Desenvolvimento Humano Ajustado à Desigualdade*, ou seja, a medida do desenvolvimento do nível humano que conta com a desigualdade (a sua análise passa assim a incluir o *Índice da Desigualdade de Género*, medindo a discriminação de raparigas e mulheres com repercussões negativas na sua liberdade e o *Índice de Pobreza Multidimensional*, identificando privações entre as mesmas três dimensões que o Índice de Desenvolvimento Humano e mostra o número de pessoas que são pobres – sofrendo um determinado número de privações – e o número de privações que as famílias pobres geralmente enfrentam). Desde 2010, o *Índice do Desenvolvimento Humano* foi ligeiramente alterado no que toca à forma como os elementos são agregados. No que toca ao conhecimento, a literacia é substituída pela consideração da escolaridade almejada e efectiva e no que respeita à medida do nível de vida, o RNB *per capita* substitui o PNB *per capita*. Houve também alterações na parte relativa à forma de agregação das três dimensões, passando a fazer-se a média geométrica dos três índices e não mais uma média simples. Deste modo uma "poor performance in any dimension is now directly reflected in the HDI, and there is no longer perfect substitutability across dimensions. [...] As a basis for comparisons of achievement, this method is also more respectful of the intrinsic differences in the dimensions than a simple average is" – PNUD, 2010, p. 15.
O Relatório do Desenvolvimento Humano de 2011 contemplou ainda o *Índice da Sustentabilidade Ambiental*, calculado tendo em conta as emissões de gases com efeito estufa, a utilização de água e a desflorestação – PNUD, 2011, p. 5. Porém, o mesmo não voltou a ser objecto de análise nem em 2013, nem em 2014.
Mesmo com todas estas alterações, a ideia é sempre a mesma: a de que a produção de um país não pode ser apenas medida em rendimento ou riqueza. Tem de ser convertida em riqueza humana, reflectindo as "people's capabilities to lead healthy, well-nourished, educated and satisfying lives" – PNUD, 1996, p. 64. Sobre o tema *vide* com interesse SOUSA, A. Rebelo de, 2009, pp. 291 e ss.
[638] HAQ, Mahbub ul, 1995, p. 16. Trata-se de um novo conceito de desenvolvimento: "There must be a search for models of development that enhance human life, not marginalize it; treat GNP growth as a means, not as an end; distribute income equitably, not concentrate it; replenish natural resources for future generations, not destroy them; and encourage the grass-roots participation of people in the events and processes that shape their lives" (*Ibidem*, p. 117).

substituir a análise dos países feita em função da sua riqueza ou do rendimento médio das pessoas: "nos países mais ricos há, muitas vezes, pessoas profundamente desfavorecidas, que carecem de dispositivos básicos de cuidados de saúde, ou de efectiva educação, ou de emprego rentável, ou de segurança económica e social. Mesmo nos países muito ricos, por vezes a longevidade de grandes grupos não é muito maior do que a de economias muito mais pobres do chamado terceiro mundo"[639].

Nestes relatórios da ONU, a atenção está voltada, em parte, para o cumprimento dos deveres públicos no que tange a assegurar a formação de potencialidades (*capabilities*) de que falava AMARTYA SEN, sobretudo por parte dos seus cidadãos mais pobres[640]. A pessoa é, desta forma, tomada como o meio e também como o fim do desenvolvimento económico do país em que está integrada. O que se traduz, concretamente, em vida saudável e prolongada, na possibilidade de aquisição de conhecimentos, na dotação de recursos necessários para uma vida condigna e para a aquisição de liberdade política, económica e social[641].

No âmbito do desenvolvimento humano, destacam-se os esforços no que toca ao aumento das potencialidades (*capabilities*) implicando o aumento do poder (*empowerment*) das pessoas[642], de forma a aumentar o poder de escolha e a liberdade; à cooperação, visto que as pessoas são seres sociais e essa integração é fonte de bem-estar; à promoção da igualdade em termos de potencialidades (*capabilities*), mais do que em termos de riqueza ou rendimentos[643]; e à preocupação de sustentabilidade – com a promoção da equidade intergeracional e com a preocupação de suportar a oportunidade de se exercerem livremente as potencialidades (*capabilities*) de cada um; e, por fim, à promoção da segurança, afastando o risco de desemprego e violência.

---

[639] SEN, Amartya, 2003, p. 31.
[640] De acordo com esta perspectiva, a pobreza não é apenas tratada como sinónimo de rendimentos baixos, mas sim como a "privação de potencialidades básicas", pois estas reflectem-se "em mortalidade prematura, acentuada subnutrição [...], doença crónica, iliteracia generalizada e outras carências" – SEN, Amartya, 2003, p. 36. Parte-se assim do princípio que "a pobreza humana é uma negação dos direitos humanos fundamentais" – PNUD, 1997, p. 106.
[641] HAQ, Mahbub ul, 1995, p. 21.
[642] Com especial atenção aos direitos das mulheres – PNUD, 2010, p. 7. Para um maior desenvolvimento desta questão – deste ponto de vista do desenvolvimento das potencialidades (*capabilities*) – *vide* NUSSBAUM, Martha, 2000.
[643] HAQ, Mahbub ul, 1995, p. 117: "the heart of this concept is equity [...]. But it is equity in opportunities, not necessarily in results". Como a ONU admite, promover a igualdade pode até levar à adopção de medidas de promoção desigual da partilha de recursos, visto que os pobres, os doentes e incapacitados podem requerer mais ajuda do Estado do que os ricos

Em suma, está aqui em causa a promoção de vidas satisfatórias (*satisfying lives*), em que cada um tem uma vida mais longa, mais saudável e mais produtiva.

As exigências que se fazem aos Estados na promoção deste desenvolvimento humano traduzem-se naturalmente em despesa pública[644] (não sem descurar o equilíbrio com a receita, pois como veremos, manifesta-se aqui, simultaneamente, uma ideia de sustentabilidade). A despesa que daqui resulta para o cumprimento destes deveres imputados ao Estado terá tanto reflexos no investimento interno como numa dimensão externa[645].

No âmbito interno, a perspectiva do desenvolvimento humano comete aos Estados os seguintes deveres: formação das potencialidades (*capabilities*) humanas; alívio da pobreza e das situações de vulnerabilidade (programas anti-pobreza e subsídios de desemprego[646]); promoção do crescimento económico[647] e pleno emprego, olhando para a resolução dos problemas da

---

[644] HAQ, Mahbub ul, 1995, p. 15: "A link between growth and human lives has to be created consciously *through deliberate public policy – such as public spending* on social services and fiscal policy to redistribute income and assets" (o itálico é nosso).

[645] No âmbito do cumprimento destes deveres com o desenvolvimento humano, a ONU chama particular atenção para os imperativos decorrentes da Declaração Universal dos Direitos do Homem – atendendo ao princípio objectivo de desenvolvimento do bem-estar do Homem aí contido no artigo 25º ("Todo o homem tem o direito a um padrão de vida capaz de assegurar a si e à sua família saúde e bem-estar, inclusive alimentação, vestuário, habitação, cuidados médicos e os serviços sociais indispensáveis, e direito à segurança em caso de desemprego, doença, invalidez, viuvez, velhice ou outros casos de perda de meios de subsistência em circunstâncias fora do seu controlo). – e das Convenções e conferências da ONU que estabelecem o princípio do desenvolvimento centrado na pessoa: Convenção dos direitos da criança, Convenção para os DESC, Convenção para os direitos civis e políticos (PNUD, 2010, p. 70), Convenção para a eliminação de todas as formas de discriminação das mulheres – O PNUD fala, a propósito do desenvolvimento humano, de um ímpeto de mudança que não resulta apenas da alteração do ambiente económico, mas também das questões que as pessoas se colocam sobre o seu estilo de vida: não deveria haver mais tempo livre? Deveriam as mulheres continuar a depender de outros para cuidar dos seus filhos? Não deveriam os homens fazer mais pela sua família? – PNUD, 1996, p. 102. *Vide* ainda PNUD, 2000, *passim* apontando "decent standard of living, adequate nutrition, healthcare, education and protection against calamities are all human rights, not just development goals, and that poverty is a human rights challenge".

[646] SEN, Amartya, 2003, p. 182.

[647] HAQ, Mahbub ul, 1995, p. 16: a expansão do Produto Interno Bruto é essencial para expandir as opções humanas. A expansão do PIB é, pois, tomada como instrumental numa abordagem que tende tomar a pessoa como um fim em si mesma. AMARTYA SEN sugere apoio estatal para criação de rendimento e emprego (SEN, Amartya, 2003, p. 190). *Vide* PNUD, 1991, p. 14 e PNUD, 1996, p. 6, explicando que o crescimento económico pode determinar o desenvolvimento humano, na medida em que pode permitir a existência de uma maior equidade na distribuição das oportunidades económicas; mais oportunidades de emprego; um acesso mais igualitário a recursos produtivos

pobreza e da desigualdade como indissociáveis do crescimento económico[648] (AMARTYA SEN, em períodos de crise, sugere mesmo a implementação de programas de curto prazo de emprego público[649]); financiamento de serviços sociais[650] – referindo-se quer aos serviços tradicionais – educação, acesso a água potável, planeamento familiar, serviços de saúde[651] –, quer aos relacionados com as alterações climáticas. Embora se saiba que o mercado pode ser mais eficiente na prestação de alguns serviços, o Estado deverá sempre assumir a sua responsabilidade social[652]; promoção de uma imprensa livre e forte[653/654]. E ainda que os países não tenham recursos para a concretização

(terras, crédito e infra-estruturas); mais despesa social; uma maior igualdade de género; a promoção de políticas de educação, saúde reprodutiva e saúde infantil que permitem a manutenção de uma fertilidade baixa; uma melhor governança; e uma sociedade civil mais activa. No entanto, é de chamar a atenção que nem todo o crescimento económico favorece necessariamente o desenvolvimento humano – PNB, 1997, p. 18. O Relatório de 2010 recorda que o " income is part of the HDI; thus, by construction, a third of the changes in the HDI come from economic growth, guaranteeing a positive association" – PNUD, 2010, p. 46.

[648] HAQ, Mahbub ul, 1995, p. 16: No desenvolvimento humano, "the political, cultural and social factors are given as much attention as the economic factors".

[649] SEN, Amartya, 2003, p. 185.

[650] AMARTYA SEN reconhece que embora possa haver conveniência em dirigir estes serviços aos mais pobres para efeitos de alívio da carga fiscal e mais flexibilidade para um auxílio efectivo aos mais desfavorecidos (SEN, Amartya, 2003, pp. 145 e 148-149), esta opção pode deparar-se com os problemas da manipulação informacional. Acaba, por isso, por reconhecer que há factores causais subjacentes a algumas carências funcionais que podem ser mais fundos do que a privação de rendimentos e que são mais difíceis de manipular por razões tácticas e que devem ser tomados em conta quando o Estado presta estes serviços: "Por exemplo, deficiências físicas, velhice, diferenças de género e outras de mesmo teor são, em especial, fontes sérias de limitação de potencialidades porque se situam fora do controlo das próprias pessoas (*Ibidem*, p. 146). Para este autor, mais do que fornecer bens aos mais pobres está em causa resolver os casos de limitação das potencialidades das pessoas: "A abordagem correcta terá de ter sensibilidade às condições reais – quer à natureza de serviço público a ser oferecido, quer às características da sociedade a que ela se destina" (*Ibidem*, p. 150).

[651] SEN, Amartya, 2003, p. 104: "Quanto mais abrangente for o alcance da educação básica e os cuidados de saúde, tanto mais provável será que mesmo os potencialmente pobres terão melhores hipóteses de vencer a penúria" (*vide* também *Ibidem*, pp. 140-142). Estes serviços são para SEN insusceptíveis de "de desvio e de revenda e de pouca utilidade para alguém que não precise deles realmente" – *ibidem*, p. 146.

[652] PNUD, 1991, p. 78.

[653] SEN, Amartya, 2003, p. 54 e pp. 198-199: "Crises económicas tão gerais como as fomes crescem quando as coisas são deixadas ao deus-dará. [...] É por isso que esquemas de «previdência social» sob a forma de redes de segurança social, constituem uma liberdade instrumental tão importante [...] e que as liberdades políticas [....] são [...] capitais mesmo para os direitos económicos e para a sobrevivência".

[654] Para além destas medidas com repercussões orçamentais, o PNUD refere ainda que o Estado deve promover reformas político-legislativas. Nomeadamente, tendo em vista o acesso à terra, a

de todos os direitos, devem pelo menos dar os passos no sentido da sua concretização progressiva[655].

Do dever de desenvolvimento humano resultam também responsabilidades de investimento noutros países com base na solidariedade. E aqui retorna a questão da solidariedade internacional – o qual já tínhamos visto surgir no utilitarismo contemporâneo –, a qual acaba por pretender ampliar o espaço da benevolência no seio da Justiça moderna, tal como ela é entendida actualmente.

Para a ONU, a cooperação entre países deve representar o fim de uma visão compartimentada do mundo. Só a solidariedade poderá gerar uma distribuição mais igualitária das oportunidades económicas globais. Esta ajuda deve ser fornecida com base em estratégias bem definidas[656]. Segundo o PNUD urge atacar a pobreza no plano mundial, até porque ela é a causa de múltiplos prejuízos para todos. Para os países desenvolvidos isto implicará: a necessidade de ter meios disponíveis para a prestação de assistência financeira (embora se reconheça a existência de uma sobrecarga nos orçamentos que muitas vezes a dificulta[657]); encontrar uma solução para o problema do endi-

---

rendimentos, a crédito, o acesso a conhecimentos e saúde, a expansão das oportunidades de emprego, a atribuição de subsídio de alimentos ou a implementação de programas especiais de nutrição – PNUD, 1991, p. 69 e PNUD, 2010, p. 20. Para o PNUD, a distribuição de recursos mais equitativa foi apenas conseguida em Estados em que os Governos tomaram deliberadamente medidas para aumento da igualdade – programas de reforma de terras e promoção do acesso massivo à saúde e à educação (PNUD, 1996, p. 45). No meio destas recomendações de reforma, o PNUD acomoda até uma das críticas que a escola da *public choice* referia ao Estado social, sugerindo o favorecimento da participação de todos, de forma a que o Estado não seja capturado por determinados grupos (PNUD, 1991, p. 70 e PNUD, 1996, p. 58 – os direitos políticos e os direitos de voto devem deixar de ser olhados como luxos que os países pobres não podem suportar). "The new institutional economics stresses property rights and the rule of law, as well as the more instrumental effects of participation and accountability" – PNUD, 2010, p. 20.

[655] É interessante notar que o PNUD não só assaca deveres aos estados como à própria comunidade internacional, invocando também nesses caso as leis internacionais, reconhecendo a obrigação da comunidade internacional assistir os países mais pobres. "National and international civil society should be a major player in all such efforts. Non-governmental organizations have long been leaders in support of poverty reduction, often extremely effective in pioneering approaches that empower poor people at low cost" – PNUD, 1997, p. 115.

[656] O PNUD exemplifica o grau de especificidade necessário: não basta dizer que se vai melhorar a saúde, é preciso dizer o que vai melhorar (saúde para todos? para as crianças? cuidados de saúde em zonas rurais?) – PNUD, 1991, p. 77.

[657] PNUD, 1991, p. 76 e PNUD, 2005, p. 2. Não obstante, o PNUD acaba por reconhecer que a erradicação da pobreza está ao alcance da comunidade internacional, dependendo apenas de uma reestruturação das prioridades. Ela poderia ser feita com recursos correspondentes a 1% do rendimento global, somados a 2-3% do rendimento nacionais dos países pobres e ao montante de

vidamento excessivo dos países menos desenvolvidos[658], já que o pagamento destes empréstimos mobiliza muitos recursos que acabam por não ser utilizados no investimento e crescimento; reconhecer que o respeito por certos parâmetros ambientais depende do estágio de desenvolvimento, de forma a que os recursos para o combate para a pobreza não sejam desviados[659]; a criação de um sistema de comércio internacional que expanda a economia mundial, que elimine as barreiras comerciais e que restaure a convertibilidade das moedas[660]; a criação de mecanismos internacionais de prevenção da marginalização dos países menos desenvolvidos[661]; iniciativas internacionais para aumentar os níveis de educação e conhecimentos nos países com baixo desenvolvimento humano, reconhecendo-os como pré-condições de integração destes países na economia mundial[662]. Para a satisfação destas necessidades, alerta-se para a possível necessidade de reorientação dos recursos (como é o caso dos recursos dos gastos militares, referido amiúde) para despesas sociais[663].

Não obstante o reconhecimento destes deveres, são ainda conhecidas falhas nesta solidariedade. Por várias razões: em primeiro lugar, porque os países em desenvolvimento queixam-se de que as exigências dos doadores são intrusivas e incompatíveis com a soberania nacional[664]; em segundo, porque em geral no cumprimento destes deveres, verifica-se subfinanciamento crónico e/ou financiamento de fraca qualidade (não sendo entregue nem com baixo custo nem numa lógica de *value for money*)[665]; em terceiro, porque

---

cortes nos custos militares com poupanças canalizadas para o combate à pobreza – PNUD, 1997, p. 12. HAQ, Mahbub ul, 1995, p. 118-119 também defendendo a canalização das despesas de guerra para reforço da despesa social.

[658] HAQ, Mahbub ul, 1995, p. 119 chama-lhe "a new partnership between the North and South": "This partnership would be based on justice, not charity; on an equitable sharing of global market opportunities, not aid; on two compacts, not one-way transfers; on mutual cooperation, not unilateral conditionality or confrontation". PNUD, 1991, p. 79.

[659] PNUD, 1991, p. 79.
[660] PNUD, 1996, p. 104.
[661] PNUD, 1996, p. 104.
[662] PNUD, 1996, p. 104.
[663] HAQ, Mahbub ul, 1995, p. 9 falando de uma evidente irracionalidade na alocação de recursos sobretudo nos países em desenvolvimento. PNUD, 1991, p. 82. O PNUD reconhece porém que para poderem ser credores destas ajudas, os países em desenvolvimento devem respeitar algumas condições, tais como assumir o desenvolvimento humano como prioridade; promover e respeitar os direitos humanos; procurar resolver desigualdades; e erradicar a corrupção.
[664] PNUD, 1991, p. 76
[665] PNUD, 2005, pp. 2 e 7, reconhecendo a redução das ajudas internacionais nos anos 90.

alguns países em desenvolvimento tardam em reconhecer a sua responsabilidade e reestruturar as suas prioridades[666]; em quarto, porque se é verdade que tem havido progressos na promoção do desenvolvimento humano, também é um facto que tem havido recuos, o que tem desincentivado o investimento de alguns países mais ricos[667]; em quinto lugar, porque para os países mais ricos, a ajuda é, amiúde, tomada como um acto de caridade voluntária (apenas com uma via), quando deveria ser uma parceria com obrigações para ambas as partes[668]; e em sexto lugar, porque como é sabido os países dadores quebram por vezes os seus compromissos para com os mais pobres sem que haja qualquer sanção para isso[669/670].

Integrando estas despesas no núcleo de gastos derivados do cumprimento do dever de promoção da dignidade da pessoa humana, um dos grandes desafios do desenvolvimento humano passa a ser o da sustentabilidade[671], de forma a assegurar que seja duradouro. E aqui a expressão deve ser lida nos seus sentidos mais diversos: sustentabilidade financeira[672], sustentabilidade de produção, sustentabilidade ambiental e equidade intra-[673] e intergeracional[674/675].

---

[666] PNUD, 1991, p. 79.
[667] "In 2003, 18 countries with a combined population of 460 million people registered lower scores on the human development index (HDI) than in 1990 – an unprecedented reversal" – PNUD, 2005, p. 3.
[668] PNUD, 2005, p. 7.
[669] PNUD, 2005, p. 9.
[670] Antecipando a verificação de todos estes factores, o PNUD prevê já uma falha nos objectivos da Declaração do Milénio previstos para 2015 – Em 2005, o Secretário-geral da ONU, KOFI ANNAN afirmava: "The MDG's [Millenium Development Goals] can be met in 2015 – but only if all involved break with business as usual and dramatically accelerate and scale up action now".
[671] HAQ, Mahbub ul, 1995, p. 18.
[672] Embora se admita que é possível ter um HDI elevado num país insustentável, não democrático e com justiça desigual – PNUD, 2010, p. 6
[673] PNUD, 2010, p. 117.
[674] "In 1987 the Brundtland Commission defined sustainable development as «progress that meets the needs of the present without compromising the ability of future generations to meet their own needs». When the needs of the future are compromised by the way we are meeting our needs in the present, future generations are exposed to possibly catastrophic losses in human development" – PNUD, 2010, p. 78.
[675] "Human development is about enabling people to lead long, healthy, educated and fulfilling lives. Sustainable human development is about making sure that future generations can do the same. Human development, if not sustainable, is not true human development" – PNUD, 2010, p. 19. Com este intuito da sustentabilidade é comum a referência nos relatórios do PNUD a aspectos ambientais (por exemplo, falando dos fenómenos de desflorestação, de desertificação, de poluição, de salinização da água (PNUD, 1991, p. 79), chuvas ácidas, deterioração da camada do ozono (PNUD, 1998, pp. 77 e ss.) ou até mesmo do direito à água e alterações climáticas – PNUD, 1998,

d) Critérios personalistas

Ainda dentro do paradigma moderno de despesa, é interessante abrir a porta aos critérios baseados nas orientações da doutrina social da Igreja, os quais procuram superar o conceito de cidadão, recentrando a acção do Estado na pessoa humana e na resolução dos seus problemas.

Apesar de haver vários autores personalistas e de muitos deles não se basearem nos ensinamentos sociais da Igreja (havendo mesmo uma parte do pensamento personalista fechado à transcendência divina – personalismo ateu), optaremos, pela sua relevância, por nos referirmos àquele que deriva do pensamento católico, pela influência que teve na alteração do paradigma do Estado (transição do Estado liberal para o social) e pela proposta de caminho que faz e em muitos traços se destaca do proposto pelas ideias anteriormente avançadas. Diferentemente dos paradigmas de despesa que temos desenhado, este surge muito marcado pelas ideias de responsabilidade da própria sociedade e de subsidiariedade do Estado. Aliada à solidariedade modelarmente defendida pelo sector igualitarista, a ideia de subsidiariedade abre o espaço de liberdade individual embora não eximindo o Estado à responsabilidade para com os mais pobres.

Se bem que a visão da doutrina social da Igreja seja uma visão associada ao fim do século XIX, ela tem um fundamento bem mais antigo. É o pensamento judaico, baseado no Antigo Testamento, que descobre que a pessoa é criada à imagem e semelhança de Deus e que revela a importância do valor da vida e da liberdade – a liberdade "existe em cada pessoa, enquanto reflexo de ser criada à imagem de Deus, sendo respeitada pelo próprio Deus"[676]. É depois o pensamento cristão que desenvolve este legado. É com o cristianismo que se afirma o valor sagrado da vida humana, o valor da liberdade e dos direitos inatos e inderrogáveis, a ideia de igualdade e até mesmo a ideia de limitação do poder político[677]. Estabelecendo uma ponte entre estes dois pensamentos

---

PNUD, 2006, PNUD 2007/2008 e PNUD, 2010, pp. 81-83) – "[...] development cannot be divorced from ecological and environmental concerns. Indeed, important components of human freedoms – and crucial ingredients of our quality of life – are toughly dependent on the integrity of the environment, involving the air we breathe, the water we drink, the epidemiological surroundings in which we live and so on" (PNUD, 2008, p. 28). Pensamos, porém, que é legítimo extrapolar destes relatórios, preocupações de sustentabilidade financeira.

[676] OTERO, Paulo, 2009, p. 96. Vide também Ibidem, p. 95 "[...] toda a história da caminhada do povo judeu do Egipto para Israel, revelando a dúvida, a hesitação e o desrespeito da vontade de Deus, é também a história da liberdade de um povo perante o seu Deus".

[677] "Em Jesus Cristo reside [...] o centro de toda uma revolução sobre os pressupostos de reconhecimento e valorização dos direitos da pessoa humana, enquanto entidade criada à imagem e

(o judaico e o cristão), PAULO OTERO diz que "o pensamento judaico-cristão em matéria de tutela dos valores nucleares da pessoa humana revela-se [...] estruturalmente perturbador do Poder: foi perturbador do período pré-liberal, tal como, a partir do século XIX, será perturbador com a doutrina social da Igreja"[678].

Embora sobre a tradição judaico-cristão muito pudesse ser dito sobre toda a defesa da liberdade e da vida, destacamos apenas duas ideias fundamentais, as quais não desenvolveremos pelas referências que lhes fomos já fazendo ao longo do nosso texto. A primeira que é da tradição cristã (da qual resulta uma ideia muito importante para o nosso tema): a da Justiça como fundamento de validade do Direito, avançada por Santo Agostinho[679]. E a segunda que já avançámos no sentido de ter sido a tradição tomista a despontar uma compreensão diferente da ideia de distribuição de bens, por força da introdução do tema da necessidade.

Já no período moderno, as ideias cristãs são marcantes sobretudo pela novidade contida na doutrina social da Igreja. É sobre ela que falaremos em seguida, destacando os traços essenciais com que revolucionou o pensamento sobre o Estado, as suas funções e a sua responsabilidade na promoção da pessoa.

Foi sobretudo com a encíclica *Rerum Novarum* (1891) que a Igreja deu origem a uma importante corrente de pensamento político, que contribuiu para abrir caminho à transição de um Estado liberal para um Estado social[680]. Esta Carta Encíclica – antecedida pela acção pioneira do bispo do Mainz ou Mogúncia WILHELM EMMANUEL VON KETTELER, autor da obra "A questão operária e o cristianismo" (1864) – foi tão marcante que os seus ensinamentos têm vindo a ser renovados e a sua publicação tem sido celebrada por diversas vezes: *Quadragesimo Anno* (a propósito dos 40 anos da sua publicação); *Octogesima Adveniens* (no 80º aniversário da sua publicação); *Laborem Exercens* (no 90º aniversário da sua publicação) e *Centesimus Annus* (assinalando os 100 anos da *Rerum Novarum*). Na *Quadragesimo Anno* e na *Mater et Magistra*, a *Rerum Novarum* é apresentada como a "*Magna Carta* da reconstrução económica e

---

semelhança de Deus, dotada de um espaço de liberdade interior ou espiritual, verdadeira realidade autónoma limitativa do Poder do Estado, podendo dizer-se que na doutrina de S. Paulo se encontra a primeira sistematização do pensamento da Igreja sobre a matéria" – OTERO, Paulo, 2009, p. 100.
[678] OTERO, Paulo, 2009, p. 132.
[679] "Em Santo Agostinho descobre-se [...] uma das primeiras formulações que faz da justiça o fundamento de validade do Direito" – OTERO, Paulo, 2009, p. 103.
[680] AMARAL, D. Freitas do, 2012, p. 428. *Vide* CONSELHO PONTIFÍCIO "JUSTIÇA E PAZ" (2005), pp. 72 e ss.

social da época moderna". O Concílio Vaticano II reafirmou e reforçou a actualidade da doutrina social da Igreja na Constituição Pastoral *Gaudium et Spes*.

Na *Rerum Novarum*, LEÃO XIII, ao mesmo tempo que defende a dignidade pessoal e igualdade de todos os homens entre si, a propriedade e a iniciativa privadas[681] e a valorização do trabalho, apresenta um programa de acção do Estado, orientado para a justiça social[682/683]. E neste modelo de Estado temos dois pontos de partida: por um lado a crítica ao capitalismo imperante e, por outro, o combate contra as doutrinas colectivistas, socialistas e comunistas que se lhe contrapunham.

Numa resposta aos problemas gerados pelo capitalismo individualista[684], a doutrina social da Igreja recusa a perspectiva de uma economia marcadamente individualista, em que a liberdade económica dá lugar ao predomínio do ganho imediato. Ou seja, nega a existência de uma economia "horrendamente dura, cruel atroz" e marcada pela avidez do lucro[685], pelo domínio do mais forte, pelo pagamento de salários insuficientes e pelas condições de trabalho esgotantes e inumanas[686]. A doutrina social da Igreja propõe, assim, um modelo de Estado que lhe permita a libertação de um estado de escravidão em relação aos interesses predominantes e das correntes que o ligam "ao capricho de paixões desenfreadas"[687].

Procurando responder aos argumentos avançados pelas teorias colectivistas, a doutrina social da Igreja parte de uma crítica à sua vertente mais violenta de "guerra de classes sem tréguas nem quartel e completa destruição da propriedade particular" e da família[688]. Afirma assim um modelo de Estado

---

[681] Como se explica na *Quadragesimo anno*, a defesa da propriedade assenta na ideia de que "a destruição do domínio particular reverteria, não em vantagem, mas em ruína da classe operária" (PIO XI, 1931). *Vide* reafirmação em JOÃO XXIII, 1961, pontos 109-112 e em JOÃO PAULO II, 1981, ponto 14.

[682] AMARAL, D. Freitas do, 2012, p. 425.

[683] A doutrina da *Rerum Novarum* já foi validada neste século na *Centesimus Annus*: "À validade de tal ensinamento se referem já duas Encíclicas que publiquei nos anos do meu pontificado: a *Laborem exercens* acerca do trabalho humano, e a *Sollicitudo rei socialis* sobre os actuais problemas do desenvolvimento dos homens e dos povos" (JOÃO PAULO II, 1991).

[684] *Vide* PAULO VI, 1967, pontos 25 e 26, em que se esclarece que a doutrina social da Igreja reconhecendo na industrialização "com toda a justiça o contributo insubstituível da organização do trabalho e do progresso industrial na obra do desenvolvimento" apenas a critica nos seus efeitos nefastos.

[685] PIO XI, 1931.

[686] JOÃO XXIII, 1961, pontos 11-13.

[687] PIO XI, 1931.

[688] Com críticas ao comunismo *vide* Pio IX, 1846; LEÃO XIII, 1878; LEÃO XIII, 1891; PIO XI, 1928; PIO XI, 1931; PIO XI, 1932 (a); PIO XI, 1932 (b); PIO XI, 1933; e PIO XI, 1937.

que se baseia e promove a dignidade da pessoa humana, negando assim uma perspectiva materialista[689].

Desde o final do séc. XIX, a doutrina social da Igreja afirma um Estado que não sujeita completamente o Homem à sociedade, seja com o objectivo do aumento da produção, seja com a promessa do aumento de bens[690]. A pessoa deve ser respeitada e promovida pela sociedade para que "cultive e desenvolva plenamente todas as suas faculdades, para louvor e glória do Criador, e pelo fiel cumprimento dos deveres da sua profissão ou vocação, qualquer que ela seja, granjeie a felicidade temporal e eterna"[691]. A ideia de Estado da doutrina social da Igreja corresponde, assim, a um modelo enformado por uma ordem jurídica e social, que toma a dignidade da pessoa humana como valor fundamental[692] e cuja alma é a caridade[693].

Não estamos, assim, perante uma doutrina equidistante entre o individualismo e o colectivismo, nem diante de um modelo ideológico ao lado de outro, mas sim perante uma concepção centrada na dignidade da pessoa humana, dotada de originalidade e apta a iluminar diferentes famílias políticas.

O papel do Estado
O Estado, tal como nos é apresentado pela doutrina social da Igreja, está ao serviço do bem comum, consistindo este "no conjunto de todas as condições de vida social que consintam e favoreçam o desenvolvimento integral da personalidade" e a dignidade da pessoa[694]. Assim, na doutrina social da Igreja, o bem comum é tido como um "bem moral", "cuja aquisição deve ter por efeito aperfeiçoar os homens"[695].

---

[689] João Paulo II, 1981, ponto 13: "é evidente que o materialismo, mesmo sob a sua forma dialéctica, não está em condições de proporcionar à reflexão sobre o trabalho humano bases suficientes e definitivas, para que o primado do homem sobre o instrumento-capital aí possa encontrar uma adequada e irrefutável *verificação* e um *apoio*".

[690] *Vide* Paulo VI, 1971, pontos 31-35, renovando, no início dos anos 70 do séc. XX, críticas às ideologias socialista e liberal.

[691] Pio XI, 1931.

[692] Amaral, D. Freitas do, 2012, p. 428.

[693] Pio XI, 1931: "É preciso que esta justiça penetre completamente as instituições dos povos e toda a vida da sociedade; é sobretudo preciso que esse espírito de justiça manifeste toda a sua eficácia constituindo uma ordem jurídica e social que enforme toda a economia, e cuja alma seja a caridade".

[694] João XXIII, 1961, ponto 65 e Paulo VI, 1965, ponto 74: "Quanto ao bem comum, ele compreende o conjunto das condições de vida social que permitem aos indivíduos, famílias e associações alcançar mais plena e facilmente a própria perfeição".

[695] Leão XIII, 1891.

Não se concebe, porém, um Estado que acabe com as desigualdades existentes. Parte-se do princípio até que sem elas "uma sociedade não pode existir nem conceber-se"[696]. Apresenta-se, isso sim, um Estado que deve assegurar a prosperidade "tanto pública como particular", "sem nunca pôr em causa – ao contrário do socialismo colectivista – a legitimidade da propriedade individual e da empresa privada". O Estado assume a função de cuidar igualmente de todas as classes sociais, "observando rigorosamente as leis da justiça, chamada distributiva"[697]. Com uma especial preocupação pela condição dos trabalhadores e com a dignificação do trabalho, a doutrina social da Igreja exorta ao surgimento de um Estado que promove o respeito dos direitos dos empregadores e dos trabalhadores e que se preocupa simultaneamente e de maneira particular com os pobres[698]. "Observa-se, por conseguinte, uma proposta inequívoca de ruptura com o modelo liberal abstencionista de posicionamento do Estado perante a sociedade"[699].

Em concreto, atribuem-se ao Estado as tarefas de:

a) Reconhecimento e protecção dos direitos do Homem: direito à existência; direito a uma vida condigna; direito ao respeito da dignidade; direito à liberdade na manifestação e difusão do pensamento; direito ao livre desenvolvimento da personalidade; direito à liberdade de honrar a Deus; direito a constituir família; direito à liberdade na pesquisa da verdade; direito à informação; direito de participar dos bens da cultura (o direito a uma instrução de base e a uma formação técnica e profissional[700]); direito à liberdade de iniciativa; direito ao trabalho; direito de propriedade privada; direito de reunião e associação; direito de imigração e de emigração; e direitos políticos. No que toca a estes direitos, não se fala de uma protecção meramente negativa (ou seja de um dever de abstenção), mas de uma afirmação positiva (ou seja, prestações positivas[701]). O Estado é exortado, em concreto, a empenhar-se no desenvolvimento dos serviços essenciais ("construção de estradas,

---

[696] Leão XIII, 1891.
[697] Leão XIII, 1891: "Há como que uma imagem de Providência governando o mundo".
[698] "A classe indigente [...] sem riquezas que a ponham a coberto das injustiças, conta principalmente com a protecção do Estado" – Leão XIII, 1891.
[699] Otero, Paulo, 2009, p. 294.
[700] Sobre o direito à cultura, vide Paulo VI, 1965, pontos 60-62.
[701] João XXIII, 1963, ponto 63: "[...] exige o bem comum que os poderes públicos operem positivamente no intuito de criar condições sociais que possibilitem e favoreçam o exercício dos direitos e o cumprimento dos deveres por parte de todos os cidadãos".

transportes, comunicações, água potável, moradia, assistência sanitária, condições idóneas para a vida religiosa e ambiente para o espairecimento do espírito"[702]); a promover a educação[703]; a proporcionar aos cidadãos "todo um sistema de seguros e previdência, a fim de que não lhes venha a faltar o necessário para uma vida digna em caso de infortúnio, ou agravamento de responsabilidades familiares"[704]; e a promover que seja facultado a todos emprego de acordo com as suas capacidades;

b) Promoção da concertação e concórdia entre empregadores e trabalhadores, através da promoção do diálogo e da negociação entre as partes (embora admita a greve – prevendo a tomada de medidas legais por parte do Estado para evitar situações abusivas[705]);

c) Protecção dos trabalhadores: o descanso semanal e festivo[706] (de forma a que o trabalhador consiga aperfeiçoar-se com o conhecimento da verdade e da prática do bem); a redução do horário de trabalho para não exceder a força dos trabalhadores e em casos de trabalhos nocivos à saúde; a protecção das mulheres e crianças no mundo laboral[707]; e a promoção da constituição de seguros públicos e privados, "para o tempo da velhice, doença ou do desemprego"[708]. Na *Laborem Exercens*, fala-se, aliás, especificamente na obrigação do Estado "de conceder fundos em favor dos desempregados, quer dizer, o dever de assegurar as subvenções indispensáveis para a subsistência dos desempregados e

---

[702] João XXIII, 1963, ponto 64.
[703] Paulo VI, 1967, ponto 35: alfabetização é para o homem "factor primordial de integração social e de enriquecimento da pessoa e, para a sociedade, instrumento privilegiado de progresso económico e desenvolvimento".
[704] João XXIII, 1963, ponto 64.
[705] Leão XIII, 1891. Na *Laborem Exercens* esclarece-se que para a doutrina social da Igreja a greve é um meio legítimo de luta laboral, desde que sejam observadas as devidas condições e os seus justos limites: "os trabalhadores deveriam ter assegurado *o direito à greve,* sem terem de sofrer sanções penais pessoais por nela participarem. Admitindo que se trata de um meio legítimo, deve simultaneamente relevar-se que a greve continua a ser, num certo sentido, um meio extremo. *Não se pode abusar dele;* e não se pode abusar dele especialmente para fazer o jogo da política. Além disso, não se pode esquecer nunca que, quando se trata de serviços essenciais para a vida da sociedade, estes devem ficar sempre assegurados, inclusive, se isso for necessário, mediante apropriadas medidas legais. O abuso da greve pode conduzir à paralisação da vida socioeconómica [...]" (João Paulo II – *Laborem Exercens*, 1981, ponto 20). *Vide* ainda Paulo VI, 1965, ponto 68.
[706] João XXIII, 1961, pontos 247-251 e João Paulo II, 1981, ponto 19.
[707] João Paulo II, 1981, ponto 19. Sobre a protecção laboral dos deficientes e imigrantes *vide* ainda pontos 22 e 23 da mesma encíclica.
[708] Pio XI, 1937, ponto 52.

das suas famílias"[709]. Como reconhece o Papa Pio XII, *na radiomensagem de Pentecostes de 1941*, o Estado poderá também intervir "no campo da divisão e distribuição do trabalho, segundo a forma e a medida requeridas pelo bem comum" se o dever de trabalhar não for cumprido[710]. Ainda no domínio laboral, o Estado – mesmo que não possa assegurar o direito de todos ao trabalho, uma vez que isso implicaria a restrição da livre iniciativa – deve criar condições "que garantam ocasiões de trabalho, estimulando-a onde for insuficiente e apoiando-a nos momentos de crise"[711];

d) Protecção dos mais pobres[712];
e) Não sobrecarga da propriedade com encargos e impostos. Para a doutrina social da Igreja, os encargos do Estado deveriam ser repartidos pelos cidadãos de acordo com a sua capacidade contributiva[713];
f) Dever de não fazer aumentar excessivamente as desigualdades entre os grupos sociais, pois isso mina a coesão social, tendo ainda reflexos ao nível da democracia (pondo-a em risco) e das relações de confiança, de credibilidade e de respeito das regras[714];
g) Responsabilidade "para com [...] as gerações futuras e a Humanidade inteira". Esta ideia de responsabilidade conduz, quer a uma compreensão abrangente de conservação do ambiente (com a devida consideração dos seus problemas e preocupação de não esgotamento dos recursos não renováveis), quer ao desenvolvimento de uma renovada solidariedade entre países industrializados e em vias de desenvolvimento[715]. Esta solidariedade irradia sem margem para dúvidas, para o plano financeiro, reflectindo-se numa *equidade intergeracional* que deve ser a garantia de "um são equilíbrio entre as necessidades do consumo

---

[709] João Paulo II, 1981, ponto 18.
[710] *Apud* João XXIII, 1961, ponto 44.
[711] João Paulo II, 1991, ponto 48.
[712] Para a doutrina social da Igreja, a pobreza não é apenas tomada no sentido de carência de bens materiais, mas com o sentido mais amplo de limitação dos direitos humanos (direito à liberdade religiosa, direito a participar na construção da sociedade, liberdade de associação ou de constituir sindicatos e ainda direito de iniciativa no campo económico) – João Paulo II, 1988, ponto 15.
[713] João XXIII, 1961, ponto 131.
[714] Bento XVI, 2009, p. 48.
[715] Esta ideia de cuidado com o ambiente (compreendido como expressão "de um desígnio de amor e de verdade") e de solidariedade na gestão dos bens que ele fornece implica, por parte das comunidades, a garantia de um uso mais eficiente dos recursos, o dever de evitar a degradação ambiental ou o açambarcamento de recursos e a guerra – Bento XVI, 2009, pp. 77-85.

hodierno, individual e colectivo, e as exigências de investimentos para a geração futura"[716].

Para além de todas estas funções, a *Centesimus Annus* fala ainda do desempenho excepcional de funções de suplência "quando sectores sociais ou sistemas de empresas, demasiado débeis ou em vias de formação, se mostram inadequados à sua missão"[717]. Embora aconselhe que o seu desempenho seja limitado no tempo "para não ampliar excessivamente o âmbito da intervenção estatal, tornando-se prejudicial tanto à liberdade económica como à civil"[718].

Não colocando todo o peso da resolução dos problemas laborais e sociais nas mãos do Estado, a doutrina social da Igreja "defendeu e preconizou, não menos vigorosamente, o associativismo dos católicos, sob as mais diversas formas"[719]. No âmbito laboral, fala especificamente de associações e sindicatos católicos, os quais deveriam defender os justos interesses laborais, tendo em vista o bem comum[720]. Fala-se aqui da "acção moderadora de uma magistratura especial"[721]. Ao Estado caberia assegurar a liberdade de associação para que esta seja efectiva[722].

Com reflexos directos na despesa pública, nota-se que, desde a *Quadragesimo Anno*, a doutrina social da Igreja assume explicitamente a defesa do princípio da subsidiariedade. O poder do Estado é, pois, encarado apenas com "carácter de orientação, de estímulo, de coordenação, de suplência e

---

[716] PAULO VI, 1965, ponto 70. *Vide* ainda BENTO XVI, 2009, p. 79 referindo-se à justiça entre gerações: "os projectos para um desenvolvimento humano integral não podem ignorar os vindouros, mas devem ser animados pela solidariedade e a justiça entre gerações, tendo em conta os diversos âmbitos: ecológico, económico, político, cultural".

[717] JOÃO PAULO II, 1991, ponto 48.

[718] JOÃO PAULO II, 1991, ponto 48.

[719] AMARAL, D. Freitas do, 2012, p. 426. *Vide* sobre a organização dos agricultores em organizações cooperativistas, associações profissionais e sindicais: JOÃO XXIII, 1961, pontos 143-147. *Vide* sobre a importância dos sindicatos para a doutrina social da Igreja – JOÃO PAULO II, 1981, ponto 20.

[720] Para a doutrina social da Igreja, os sindicatos não devem defender interesses egoístas de grupo ou de classe, mas sim procurar corrigir os defeitos no sistema de propriedade e dos meios de produção. Para além disso, os sindicatos não devem "fazer política", nem estar sujeitos a partidos políticos, uma vez que o seu trabalho deve ser em prol do bem comum e o seu único objectivo deve ser a garantia dos justos direitos dos trabalhadores, no quadro do bem comum de toda a sociedade – JOÃO PAULO II, 1981, ponto 20 e JOÃO PAULO II, 1991, ponto 7.

[721] PIO XI, 1931: para a promoção da "pacífica colaboração de classes, repressão das organizações e violências socialistas". Mas mais: por meio delas, os operários deveriam formar um património comum, "para que vivendo com parcimónia, aumentem os seus haveres" e com isso possam prover aos encargos das suas famílias, de forma a que se libertem de uma condição incerta e precária.

[722] JOÃO PAULO II, 1991, ponto 7.

de integração"[723], não sendo lícito "tirar aos indivíduos, a fim de o transferir para a comunidade, aquilo que eles podem realizar com as forças e a indústria que possuem"[724]. Como se afirma na *Mater et Magistra* "onde falta a iniciativa pessoal dos indivíduos, domina a tirania política"[725]. Pondo a tónica no princípio da subsidiariedade na *Mater et Magistra*, a Igreja não deixa de reconhecer a socialização como uma das características do Estado contemporâneo com as inerentes vantagens de satisfação dos direitos económicos e sociais[726]. Porém, alerta para o perigo desta socialização poder vir a tolher a liberdade das pessoas e dos grupos. Para a doutrina social da Igreja, o Estado deve, nesta socialização de meios, ter uma concepção clara de bem comum, criando o conjunto de condições sociais que permitam o desenvolvimento integral da personalidade[727]. Desta socialização, a doutrina social da Igreja retira também a ideia de que o Estado e outras entidades públicas podem legitimamente possuir propriedade: "O facto explica-se pelas funções, cada vez mais extensas, que o bem comum exige dos poderes públicos"[728]. Mas neste ponto faz novo alerta, chamando a atenção para a aplicação do princípio da subsidiariedade "o Estado, e, como ele, as outras entidades de direito público, não devem aumentar a sua propriedade senão na medida em que verdadeiramente o exijam motivos evidentes do bem comum, e não apenas com o fim de reduzir, e menos ainda eliminar, a propriedade privada"[729].

No desenvolvimento dos anos 90, a doutrina social da Igreja aborda ainda a questão do Estado de bem-estar, referindo-se tanto às suas virtudes como aos abusos que permite. De uma parte, admite que este dá remédio a formas de pobreza e privação indignas da pessoa. E, por outra, denuncia o assistencialismo que à sua sombra se gerou e que, em última análise, deriva de uma compreensão desadequada das suas tarefas. Denunciando este assistencialismo, a doutrina social da Igreja fala da desresponsabilização da sociedade[730];

---

[723] João XXIII, 1961, ponto 53.
[724] Pio XI, 1931, com reafirmação na João XXIII, 1961, ponto 53.
[725] João XXIII, 1961, ponto 57.
[726] *Vide* também Paulo VI, 1965, ponto 30, com referência à necessidade do pagamento de impostos e cumprimento de obrigações sociais por todos.
[727] João XXIII, 1961, pontos 61-67.
[728] João XXIII, 1961, ponto 116.
[729] João XXIII, 1961, ponto 116.
[730] Na esteira de Castanheira Neves, Maria da Glória Garcia, referindo-se à evolução do Estado Social, fala de um "Estado de justiça total": "A omnipresença do Estado e das suas prestações sociais retiram espaço à acção humana, deixam «*amolecer*» a força anímica que leva os homens e as mulheres a resolverem os seus próprios problemas com iniciativas pessoais, com a ajuda dos amigos... e a ter o prazer e satisfação pessoais de concluir que foram capazes de ultrapassar

do aumento exagerado do sector estatal; da dominação da lógica burocrática e do enorme acréscimo de despesa pública que este gera[731].

Dignificação do trabalho e mútua colaboração
Na resolução da questão social, a dignificação do trabalho é central para a doutrina social da Igreja[732]. Esta ideia está intimamente ligada às ideias de mútua colaboração entre trabalhadores e empregadores e à atribuição do salário justo. Por salário justo entende-se aquele que provê ao sustento do operário e da sua família[733], atendendo à situação do emprego e da conjuntura, contribuindo para o fomento do emprego[734]. Nestes termos, diminuir ou aumentar demasiadamente os salários, tendo em vista só as próprias conveniências e sem ter em conta o bem comum, é contra a justiça social.

Nesta perspectiva, só fomentando o pagamento do justo salário se promove a harmonia entre as diversas profissões[735] e só com base na colaboração entre operários e empregadores se prosseguirá o bem comum ("nada vale o capital sem o trabalho, nem o trabalho sem capital"[736]).

No sentido desta mútua colaboração, muito contribui a ideia, afirmada desde a *Rerum Novarum*, de que os rendimentos livres não devem ficar sujeitos ao arbítrio, quer chamando a atenção para que não se prescinda da sua ideia de "utilidade comum" das riquezas individuais – para que "em nada se prejudique o bem geral de toda a comunidade"[737] –, quer numa exortação aos mais ricos do cumprimento do "gravíssimo dever da esmola e de praticar a beneficência e a magnificência"[738]. Tal como se explica na *Quadragesimo*

---

a adversidade, e os amigos a alegria de saber que contribuíram para essa ultrapassagem. E isto porque o Estado tudo providencia, tudo promove, a tudo acode, eliminando injustiças e criando bem-estar" (GARCIA, M. Glória, 2012, p. 63).

[731] JOÃO PAULO II, 1991, ponto 48.
[732] PAULO VI, 1967, ponto 28 e JOÃO PAULO II, 1981, ponto 3, falando do trabalho como uma questão chave para a resolução da questão social e em geral afirmando a dignidade do trabalho como meio de descoberta da vocação natural e sobrenatural de cada um.
[733] *Vide* JOÃO PAULO II, 1981, ponto 8 falando sobre o direito à segurança da pessoa do trabalhador e da sua família.
[734] Sobre o salário justo LEÃO XIII, 1891: "acima da sua livre vontade [de patrão e trabalhador] está uma lei de justiça natural, mais elevada e mais antiga, a saber, que o salário não deve ser insuficiente para assegurar a subsistência do operário sóbrio e honrado". *Vide* ainda PIO XI, 1931, JOÃO XXIII, 1961, pontos 68-81, JOÃO XXIII, 1963, ponto 71.
[735] PIO XI, 1931.
[736] LEÃO XIII, 1891.
[737] PIO XI, 1931. *Vide* também JOÃO PAULO II, 1991, ponto 6.
[738] PIO XI, 1931.

Anno, a livre concorrência do mercado deve ser refreada e governada por valores "mais nobres e elevados: a justiça e a caridade sociais", para que não se reconduza à prepotência económica. Neste domínio, a doutrina social da Igreja exorta o Estado a construir uma ordem jurídica e social que se subordine a estes valores.

Para compreender a noção de salário justo é importante falar de um princípio da doutrina social da Igreja e que tem vindo a ser desenvolvido desde a *Rerum Novarum*: a função social da propriedade privada. É a ideia segundo a qual todos "os bens deste mundo são *originariamente destinados a todos*" e de que "sobre a propriedade, de facto, grava «uma hipoteca social», quer dizer, nela é reconhecida, como qualidade intrínseca, uma função social, fundada e justificada precisamente pelo princípio da destinação universal dos bens"[739].

Esta é a ideia que, associada ao princípio da subsidiariedade já acima focado, distingue tão bem o pensamento católico dos pensamentos utilitarista e igualitarista. Ao passo que no utilitarismo, a justiça engloba a benevolência no sentido de impor ao Estado a maximização da felicidade total da sociedade e no igualitarismo, a integração da benevolência na Justiça autoriza o Estado a promover a igualdade (horizontalmente, nomeadamente, dando a todos os mesmos rendimentos ou favorecendo o acesso aos mesmos bens), o pensamento personalista católico refere-se a uma integração da benevolência na Justiça que apenas autoriza o Estado a promover a dignidade da pessoa humana, sobretudo focando-o no cuidado aos mais pobres. Ou seja, neste último pensamento, a integração da benevolência na Justiça não é plena. Para além da Justiça deve haver ainda Caridade. O que faz com que os deveres do Estado só possam ser exigidos a partir do momento em que a actuação da sociedade ou do mercado é insuficiente.

O sentido desta função social da propriedade, muito para além do conceito de abuso de direito, não prevê, portanto, que o Estado resolva todos os problemas e por isso se deve abrir "um vasto campo à sensibilidade humana e à

---

[739] JOÃO PAULO II, 1988, ponto 42. *Vide* também PAULO VI, 1967, ponto 23. É de notar que este conceito não foi inventado por JOÃO PAULO II. Ele resulta da tradição da Igreja. Sobre a genealogia do conceito de destino universal de bens *vide* KAFUBWANGA, 2011, pp. 75-81. Este autor faz remontar o conceito a S. TOMÁS DE AQUINO (ideia da necessidade), S. BASÍLIO, TEODORETO DE CIRO, SANTO AGOSTINHO, S. JOÃO CRISÓSTOMO (homília sobre Lázaro) e SANTO AMBRÓSIO (ideia de que a terra e os seus recursos devem ser partilhados por todos). O que JOÃO PAULO II faz com o desenvolvimento desta ideia é elevá-la ao estatuto de princípio estruturante para a compreensão da justiça social.

caridade cristã dos indivíduos"⁷⁴⁰. Nem mesmo com a assunção pelo Estado de algumas tarefas, deve esquecer-se esta função social. Para a doutrina social da Igreja, a função social é inerente à propriedade privada e a propriedade privada deve ser, por isso, tida não para servir os interesses do seu proprietário, mas também para a utilidade de todos. Como se explica na *Quadragesimo Anno*, "à lei da justiça deve juntar-se a da caridade «que é o vínculo da perfeição» ". Não para que a caridade substitua a justiça⁷⁴¹, mas porque se reconhece que a justiça por si só não une os ânimos. Só com a virtude da caridade os ricos deixarão de sentir desprezo pelos irmãos mais pobres e os operários sentirão que o seu trabalho é útil para o bem comum.

Intimamente ligada com esta ideia de função social da propriedade, a ideia do destino universal dos bens foi especialmente desenvolvida pela *Sollicitudo Rei Socialis*⁷⁴². A partir dessa Encíclica ela surge não mais como uma noção, mas como um princípio ético, que acaba aliás por ter consequências a muitos outros níveis de compreensão da acção do Estado (não só no plano interno mas também no plano da sua actuação internacional). O destino universal dos bens acaba por ter assim um papel estruturante na justiça social.

KAFUBWANGA, por exemplo, fala de quatro funções que derivam do destino universal dos bens, entendido como princípio regulador da justiça social e que contribuem para uma melhor compreensão da doutrina social da Igreja: a descoberta de estruturas injustas ("o problema das relações entre o supérfluo e a fome dos outros"); a articulação, pela ligação à dignidade humana, dos deveres de humanidade com a ideia de justiça; a legitimação de uma mudança social (ideia da necessidade dos pobres se apropriarem de bens para matar a fome – "a sua aplicação é possível no caso, por exemplo, do endividamento internacional que pesa fortemente sobre os ombros das populações de terceiro mundo"); e, finalmente, a ideia de que o destino universal dos bens deve ser um alicerce de uma sociedade de justiça e paz⁷⁴³.

---

⁷⁴⁰ João XXIII, 1961: "há sempre numerosas situações dolorosas e indigências delicadas e agudas, que a assistência pública não pode contemplar nem remediar. Por isso, continua sempre aberto um vasto campo à sensibilidade humana e à caridade cristã dos indivíduos". *Vide* também João XXIII, 1963, ponto 119.
⁷⁴¹ Pois como se reconhece na *Divini Redemptoris* "a caridade jamais será verdadeira caridade, se não tiver sempre em conta a justiça" – PIO XI, 1937, ponto 49.
⁷⁴² KAFUBWANGA, 2011, p. 82.
⁷⁴³ KAFUBWANGA, 2011, p. 86.

Solidariedade internacional: desenvolvimento é o novo nome da paz[744]
Para a doutrina social da Igreja, os deveres do Estado não terminam no plano interno. São inúmeras as referências ao plano internacional, contrapondo a visão quer ao nacionalismo, quer ao imperialismo económico dominantes. Está aqui de novo em causa a ideia do destino universal dos bens. Este princípio ético é também aqui, no plano internacional, um princípio estruturante. Na *Quadragesimo Anno*, chamando a atenção para a mútua dependência de todas as nações, fala da promoção pública de "prudentes tratados e instituições" para uma "vantajosa e feliz cooperação económica internacional". Na *Mater et Magistra* fala da fraternidade cristã entre os povos e do favorecimento de movimentações de bens, capitais e pessoas para a eliminação e diminuição das desigualdades entre os países cuja agricultura primitiva ainda não permite produzir bens suficientes para o suprimento das suas necessidades e os países com alto grau de modernização que têm uma superprodução de bens agrícolas[745].

O apoio aos países menos desenvolvidos deveria fazer-se não numa base de urgência (tendo em vista apenas os problemas mais prementes), mas por meio de uma "colaboração multiforme, destinada a fazer adquirir aos seus cidadãos as habilitações profissionais e as competências científicas e técnicas; e a fornecer os capitais indispensáveis para iniciar e acelerar o progresso económico segundo critérios e métodos modernos"[746]. Essa colaboração não deve, porém, conduzir a uma nova forma de colonialismo, ou seja, não deve ser pretexto para exercer prerrogativas de domínio sobre esses países[747].

---

[744] PAULO VI, 1967.
[745] JOÃO XXIII, 1961, pontos 152-155. Reiterando esta posição, *vide* também PAULO VI, 1971, pontos 42 e ss.
[746] JOÃO XXIII, 1961, ponto 162. Na *Pacem in Terris* fala-se, a este propósito, de uma "solidariedade dinâmica" "através de mil formas de colaboração económica, social, política, cultural, sanitária, desportiva, qual é o panorama exuberante que nos oferece a época actual" (JOÃO XXIII, 1963, ponto 98).
[747] Como se desenvolve na *Pacem in Terris*, a paz assenta não na relação entre dominadores e dominados, mas no estabelecimento de relações de justiça entre todos (JOÃO XXIII, 1963, ponto 43). *Vide* também *Ibidem*, ponto 120 em que se afirma que "as relações mútuas entre as comunidades políticas se devem reger pelo critério da liberdade". Também com interesse, PAULO VI, 1965, ponto 84, em que se fala da ajuda de peritos estrangeiros por parte dos países mais ricos para auxiliar na educação e formação profissional nos países em desenvolvimento não numa lógica de dominação, mas de cooperação e em que se fala de ajudas por meio de "empréstimos ou investimentos financeiros; os quais se devem prestar generosamente e sem cobiça, por uma das parte, e receber com inteira honestidade, pela outra" e ainda PAULO VI, 1967, ponto 17, referindo-se a uma "solidariedade universal". "A *solidariedade* universal requer, como condição indispensável, a autonomia e a livre disposição de si, também no âmbito interno de associações como as que acabam de ser indicadas.

No domínio internacional, a doutrina social da Igreja afirma a existência de um "bem comum universal", olhando com bons olhos o trabalho da ONU no sentido de "manter e consolidar a paz entre os povos, desenvolvendo entre eles relações amistosas, fundadas nos princípios de igualdade, de respeito mútuo, de cooperação multiforme em todos os sectores da actividade humana"[748]. Esta colaboração implica uma alteração nas prioridades dos países para que as verbas ("ingentes somas de dinheiro") que são utilizadas apenas para "ostentação nacional ou pessoal" ou que servem para aumentar os arsenais de armas sejam desviadas no sentido do incremento do desenvolvimento dos povos[749/750].

Mas, ao mesmo tempo, requer disponibilidade para aceitar os sacrifícios necessários para o bem da comunidade mundial" – João Paulo II, 1988, ponto 45.

[748] João XXIII, 1963, ponto 141. *Vide* também Discurso do Observador Permanente da Santa Sé junto da ONU por ocasião do 40º aniversário da Carta Encíclica *Pacem in Terris* (7 de Outubro de 2003).

[749] Paulo VI, 1967, ponto 53 e João Paulo II, 1988, ponto 10.

[750] De acordo com esta visão, *vide* o documento publicado em 1986 pela Comissão Pontifícia Justiça e Paz "Ao serviço da Comunidade Humana: Uma consideração ética da dívida internacional". Este foi escrito no contexto da crise, provocada pelo choque petrolífero dos anos 70 e pelo subsequente aumento dos preços das matérias-primas, que levou à acumulação de pagamentos de dívida em certos países colocando-os em dificuldades no cumprimento das suas obrigações. Para saldar as suas dívidas recorriam a novos empréstimos que iam agravando paulatinamente a sua situação. Nesse tempo tal como agora, as contrapartidas exigidas para benefício de ajudas oferecidas por parte de Estados e instituições de crédito acabaram por ter como efeito o aumento do desemprego, a recessão económica e a redução do nível de vida.

Numa consideração ética do grave problema da dívida internacional dessa altura, a Igreja colocava grande responsabilidade na resolução deste problema do lado dos países/entidades credoras. Deixando claro que são de evitar rupturas entre credores e devedores, dizia que o objectivo nessas negociações não poderia deixar de ser a reactivação do crescimento económico, o aumento da produção e a repartição equitativa de bens; não porque estes fossem (ou sejam) fins em si mesmos, mas porque estes eram (e são) meios para responder às necessidades essenciais das populações e às suas legítimas aspirações de melhoramento dos níveis de vida. Nessa medida, a Igreja exortava os então credores a não fazer exigências imediatas que os devedores não conseguissem suportar. Indo mesmo mais longe, em nome da paz e da promoção do desenvolvimento, pedia aos países que se encontrassem em melhores condições económicas uma maior participação nos esforços de reajuste dos devedores, tendo em vista as necessidades das populações mais indefesas. Para a Igreja era então claro que as condições impostas pelos credores deveriam compatibilizar-se com a cobertura das necessidades essenciais de cada devedor. Isto para deixar "a cada país uma capacidade de financiamento suficiente para o seu próprio crescimento e para favorecer ao mesmo tempo o futuro reembolso da dívida". Em concreto sugeria a redução das taxas de juro exigidas, a reestruturação da dívida no longo prazo ou a concessão de facilidades de pagamento.

Este documento, porém, em nenhum momento se apresenta como desresponsabilizador em relação aos países devedores. Pelo contrário, o documento não deixava dúvidas que não estes não deveriam

Na *Laborem Exercens*, João Paulo II chama a atenção para a relação de dependência das economias dos vários países e para o facto de esta obrigar a que o critério adequado e fundamental na formação de toda a economia seja, não o do lucro máximo, mas o da "consideração dos direitos objectivos do homem ao trabalho — de todo o tipo de trabalhador, braçal, intelectual, industrial, agrícola, etc. [...]. É neste sentido que deveria exercitar-se a influência de todas as *Organizações Internacionais* que a isso são chamadas, a começar pela Organização das Nações Unidas (O.N.U.)"[751]. Na *Caritas in Veritate* fala-se mesmo de "planos de financiamento inspirados pela solidariedade"[752] e do dever de os países mais desenvolvidos afectarem quotas do seu PIB cada vez maiores para as ajudas para o desenvolvimento (por ex. com fundos retirados de uma revisão das políticas internas de assistência e solidariedade social, mais favorecedora do princípio da subsidiariedade, contando com a participação da sociedade civil[753]).

Também no plano internacional vale a ideia da promoção do livre desenvolvimento da personalidade: "Os *responsáveis* das nações e dos *próprios Organismos internacionais*, igualmente, enquanto lhes incumbe a obrigação de terem sempre presente, como prioritária nos seus planos, a verdadeira dimensão humana, não devem esquecer-se de dar precedência ao fenómeno crescente da pobreza"[754]. É a ideia de que o desenvolvimento integral não é possí-

---

ceder à tentação de sobrecarregar os outros países com o peso das suas responsabilidades. A Igreja defendia que os países devedores deveriam participar no exame da situação da crise que atravessavam e com "coragem cívica e moral" informar as suas populações sobre a responsabilidade que lhes cabia no pagamento das obrigações do seu país. Era, pois, da sua responsabilidade corrigir erros, abusos ou outros comportamentos que tivessem conduzido a este excesso de endividamento e sobretudo mobilizar todos os meios materiais e humanos disponíveis para promover um crescimento sustentável. Uma reafirmação desta ideia pode ser encontrada na *Sollicitudo Rei Socialis*, publicada dois anos depois: "o desenvolvimento requer sobretudo espírito de iniciativa da parte dos próprios países que necessitam dele. Cada um deve agir segundo as próprias responsabilidades, sem estar à *espera de tudo* dos países mais favorecidos, e trabalhando em colaboração com os outros que se encontram na mesma situação (JOÃO PAULO II, 1988, ponto 44).
No final dos anos 1980, a Igreja afirmava assim – com confirmação em vários momentos ulteriores (*vide*, entre outros, JOÃO PAULO II, 1991, ponto 35) – a necessidade de uma ética de solidariedade, baseada na interdependência entre os países.

[751] JOÃO PAULO II, 1981, ponto 17. *Vide* também BENTO XVI, 2009, p. 107, falando da necessidade de uma urgente reforma da ONU e da arquitectura económica e financeira internacional de forma responder à interdependência mundial e implementar o princípio da responsabilidade pela protecção dos países mais pobres.
[752] BENTO XVI, 2009, p. 40.
[753] BENTO XVI, 2009, p. 98.
[754] JOÃO PAULO II, 1988, ponto 42.

vel sem desenvolvimento solidário da humanidade, afirmado na *Populorum Progressio*[755].

A doutrina social da Igreja descreve os deveres que incumbem a nível internacional: "dever de solidariedade, ou seja, o auxílio que as nações ricas devem prestar aos países em via de desenvolvimento; [...] dever de justiça social, isto é, a rectificação das relações comerciais defeituosas, entre povos fortes e povos fracos; [...] dever de caridade universal, quer dizer, a promoção, para todos, de um mundo mais humano e onde todos tenham qualquer coisa a dar e a receber, sem que o progresso de uns seja obstáculo ao desenvolvimento dos outros"[756]. Para além disto, fala dos deveres que incumbem às diferentes entidades da comunidade internacional: deveres de provimento das diversas necessidades dos homens (alimentação, saúde, educação, trabalho), dever de favorecer o progresso das nações em vias de desenvolvimento (cobrando juros e empréstimos suportáveis – ou mesmo sem juros ou com juros cobrados a uma taxa mínima), dever de obviar as necessidades dos refugiados, auxílio dos emigrantes e suas famílias[757]. Para o seu financiamento, a doutrina social da Igreja propõe a criação de um fundo comum, fruto da colaboração mundial e de uma parte da verba das despesas militares[758].

Na encíclica *Solicitudo Rei Socialis*, o Papa JOÃO PAULO II chama a atenção para que a colaboração com os países mais desfavorecidos não desresponsabiliza as próprias nações em vias de desenvolvimento, "[...] no quadro de uma *solidariedade* que abranja a todos, a começar pelos mais marginalizados". Defende assim por um lado, que estas ajam segundo as suas responsabilidades, "sem estar à *espera de tudo* dos países mais favorecidos"[759] (falando, por ex., do favorecimento da educação e da participação democrática dos seus cidadãos) e que pratiquem "a solidariedade *entre si próprias* e com os países mais marginalizados do mundo"[760]. A doutrina social da Igreja propõe em concreto a celebração de "acordos regionais entre os povos fracos a fim de se apoiarem mutuamente, as relações mais amplas para se entreajudarem e as convenções mais audazes, entre uns e outros, para estabelecerem programas comuns"[761].

---

[755] Na *Caritas in Veritate*, fala-se em concreto da necessidade de encontrar "vias institucionais para regular a exploração de recursos não renováveis, com a participação dos países pobres, de modo a planificar em conjunto o futuro"(BENTO XVI, 2009, p. 80).
[756] PAULO VI, 1967, ponto 44.
[757] PAULO VI, 1965, ponto 84.
[758] PAULO VI, 1967, ponto 51.
[759] JOÃO PAULO II, 1988, ponto 44.
[760] JOÃO PAULO II, 1988, ponto 45.
[761] PAULO VI, 1967, ponto 77.

À semelhança do que sucede na acção interna do Estado, a doutrina social da Igreja afirma também o princípio da subsidiariedade na ordem internacional. Isto significa que "os poderes públicos da comunidade mundial não têm como fim limitar a esfera de acção dos poderes públicos de cada comunidade política e nem sequer de substituir-se a eles"[762] e que os problemas que a comunidade internacional é chamada a resolver são aqueles que "pela sua amplitude, complexidade e urgência os poderes públicos de cada comunidade política não estejam em condições de afrontar com esperança de solução positiva"[763].

A justiça social que se interliga com a justiça comutativa e a justiça distributiva
A doutrina social da Igreja fala de uma justiça social que se impõe[764] e que se deve juntar à justiça comutativa (justiça que regula as relações entre sujeitos iguais no mercado[765]) e à justiça distributiva guiada pela política[766].

A Igreja assenta numa concepção de justiça que se alia à caridade/solidariedade[767], numa verificação de que o princípio da equivalência não gera a coesão social de que a comunidade precisa para funcionar bem ("sem formas internas de solidariedade e de confiança recíproca, o mercado não pode cumprir plenamente a sua própria função económica"[768]). Para a doutrina social da Igreja, a solidariedade "é um dever que deriva do princípio fundamental da ordem moral neste campo, isto é, do princípio do uso comum dos bens ou, para exprimir o mesmo de maneira ainda mais simples, do direito à vida e à subsistência"[769].

A solidariedade deve fazer-se sentir no plano interno, entre operários e empregadores e entre ricos e pobres[770], através da assunção de uma respon-

---

[762] João XXIII, 1963, ponto 140. Na *Populorum Progressio* fala-se até de "desenvolvimento solidário da humanidade" (PAULO VI, 1967, ponto 43).
[763] João XXIII, 1963, ponto 139.
[764] "A caridade supera a justiça, porque amar é dar, oferecer ao outro do que é «meu»,; mas nunca existe sem a justiça, que induz a dar ao outro o que é «dele» – BENTO XVI, 2009, p. 10.
[765] BENTO XVI, 2009, p. 54.
[766] BENTO XVI, 2009, p. 58.
[767] Que deriva da reconciliação entre a justiça e o amor que se mostra plenamente no mistério da Cruz – BENTO XVI, 2006, p. 23.
[768] BENTO XVI, 2009, p. 54.
[769] João Paulo II, 1981, ponto 18.
[770] "A prática da solidariedade no *interior de cada sociedade* é válida, quando os seus membros se reconhecem uns aos outros como pessoas. Aqueles que contam mais, dispondo de uma parte maior de bens e de serviços comuns, hão-de sentir-se *responsáveis* pelos mais fracos e estar dispostos a compartilhar com eles o que possuem" – João Paulo II, 1988, ponto 39.

sabilidade comum[771]. Mas também deve também ter reflexos no plano internacional aliando os países em torno de uma ideia de desenvolvimento para todos os povos[772] (regulação do sistema internacional de comércio, do sistema monetário e financeiro mundial e das tecnologias e da sua transferência[773]). A doutrina social da Igreja fala de um verdadeiro sistema internacional, apoiado na igualdade de todos os povos e em que todos se sentem responsáveis uns pelos outros[774]. A paz seria assim o "fruto da solidariedade" (*Opus solidarietatis pax*)[775].

Para perceber melhor a articulação entre a justiça e a solidariedade importa ter em conta o que se diz na *Deus Caritas Est*. Nesta encíclica BENTO XVI esclarece que o dever central da política é a justa ordem da sociedade e do Estado, uma vez que é a justiça o objectivo e a "medida intrínseca de toda a política"[776]. Mas para além disto, o Estado não deve suprimir o amor – *caritas*, abrindo, pelo contrário, espaço para ele, através do princípio da subsidiariedade: "Um Estado, que queira prover tudo e açambarcar, torna-se, no fim de contas, uma instância burocrática que não pode assegurar o essencial de que o ser humano sofredor – todo o ser humano – tem necessidade: a amorosa dedicação pessoal"[777]. Para a doutrina social da Igreja, "a afirmação de que as estruturas justas tornariam supérfluas as obras de caridade esconde [...] uma concepção materialista do ser humano [...]"[778].

Na *Caritas in Veritate*, BENTO XVI refere-se ao grande desafio que a conjugação da justiça com a solidariedade coloca e que é o de "mostrar, a nível tanto de pensamento como de comportamentos, que não só não podem ser transcurados ou atenuados os princípios tradicionais da ética social, como a transparência, a honestidade e a responsabilidade, mas também que nas relações comerciais, o princípio da gratuidade e a lógica do dom como expressão da fraternidade podem e devem encontrar lugar dentro da actividade econó-

---

[771] BENTO XVI, 2009, p. 24.
[772] "O mesmo critério aplica-se, por analogia, nas relações internacionais. A interdependência deve transformar-se em *solidariedade*, fundada sobre o princípio de que os bens da criação *são destinados a todos*: aquilo que a indústria humana produz, com a transformação das matérias-primas e com a contribuição do trabalho, deve servir igualmente para o bem de todos"- JOÃO PAULO II, 1988, ponto 39.
[773] JOÃO PAULO II, 1988, ponto 43.
[774] JOÃO PAULO II, 1988, ponto 39.
[775] JOÃO PAULO II, 1988, ponto 39.
[776] BENTO XVI, 2006, pp. 49 e 50.
[777] BENTO XVI, 2006, p. 53.
[778] BENTO XVI, 2006, p. 53.

mica normal"[779]. Para a doutrina social da Igreja é da gratuidade que brota "a solidariedade e a responsabilidade pela justiça e o bem comum nos seus diversos sujeitos e actores"[780]. A subsidiariedade deve, pois, estar intimamente ligada com a ideia de solidariedade: a subsidiariedade sem solidariedade decai no particularismo social e a solidariedade sem a subsidiariedade decai no assistencialismo que humilha o sujeito necessitado[781].

Note-se que como já afirmava João Paulo II, a Igreja não olha para a doutrina social verdadeiramente como uma terceira via entre o *capitalismo liberal e colectivismo marxista*[782], "nem sequer [como] uma possível alternativa a outras soluções menos radicalmente contrapostas"[783]. Para a Igreja, a doutrina social da Igreja não corresponde sequer a uma *ideologia*, correspondendo, em vez disso a uma "*formulação acurada* dos resultados de uma reflexão atenta sobre as complexas realidades da existência do homem, na sociedade e no contexto internacional, à luz da fé e da tradição eclesial. A sua finalidade principal é *interpretar* estas realidades, examinando a sua conformidade ou desconformidade com as linhas do ensinamento do Evangelho sobre o homem e sobre a sua vocação terrena e ao mesmo tempo transcendente; visa, pois, *orientar* o comportamento cristão. Ela pertence, por conseguinte, não ao domínio da *ideologia*, mas da *teologia* e especialmente da teologia moral"[784]. E tanto assim é que a doutrina social da Igreja já se desenvolveu para além das questões suscitadas quer pelo capitalismo liberal quer pelo socialismo. Vejam-se por exemplo a *Populorum Progressio*, a *Sollicitudo Rei Socialis* e a *Caritas in Veritate* falando da mundialização da questão social e do fosso que se cava entre os países subdesenvolvidos e os superdesenvolvidos[785] ou a *Octogesima Adveniens* enumerando os problemas sobre a sociedade pós-industrial a que também procura responder[786].

É preciso também sublinhar que a doutrina social da Igreja também não deve ser vista como um instrumento para conferir poder à Igreja sobre o Estado ou fazer com que a Igreja se coloque no lugar do Estado. Como afirma

---

[779] Bento XVI, 2009, pp. 56 e 57.
[780] Bento XVI, 2009, p. 58.
[781] Bento XVI, 2009, p. 95.
[782] *Vide* numa resposta às ideias de libertação de inspiração marxista – Sagrada Congregação para a Doutrina da Fé – *Instrução sobre alguns aspectos da "Teologia da Libertação"*, 1984.
[783] João Paulo II, 1988, ponto 41.
[784] João Paulo II, 1988, ponto 41.
[785] João Paulo II, 1988, ponto 28.
[786] Paulo VI, 1971, pontos 8 e ss. (êxodo rural e urbanização; condição dos jovens; condição da mulher; discriminações; crescimento demográfico; emigração; desemprego; poder da comunicação social como meio de transformação das mentalidades, dos conhecimentos, das organizações e da própria sociedade; e risco de destruição do ambiente por exploração dos seus recursos).

Bento XVI a doutrina social católica "deseja, simplesmente, contribuir para a purificação da razão e prestar ajuda para fazer com que aquilo que é justo possa [...] ser reconhecido e, depois, também realizado"[787]. Até porque esta discorre "a partir da razão e do direito natural"[788].

Mais do que um ideal político ou o oferecimento de uma solução técnica para resolução dos problemas, a doutrina social da Igreja procura fazer a defesa do desenvolvimento integral da personalidade, com o intuito da promoção da dignidade da pessoa humana e afirmação de um novo humanismo. Nesta linha, refere-se em especial a uma ideia de solicitude para com os mais pobres, no sentido da promoção do desenvolvimento integral que promova "todos os homens e os homens como um todo"[789]. Neste sentido, refere-se ao dever do Estado de vigiar para que se assegurem os requisitos de uma vida digna dos indivíduos e de toda a comunidade. Mas alertando para que "nenhuma estrutura pode garantir tal desenvolvimento", sendo necessário supor que este só é atingido através da responsabilidade de cada uma das pessoas e dos povos[790]. Como afirmou ainda João XXIII: "é uma ordem que se funda na verdade, que se realizará segundo a justiça, que se animará e se consumará no amor, que se recomporá sempre na liberdade, mas sempre também em novo equilíbrio cada vez mais humano"[791].

Pensamento personalista baseado na doutrina social da Igreja
Do catolicismo social deriva todo o pensamento personalista que, procurando superar a ideia de cidadão afirmada com Revolução Francesa, aprofunda o conceito de pessoa humana (ser humano dotado de direitos e cuja protecção deve ser assegurada pela sociedade).

De acordo com o pensamento personalista, a pessoa deve estar no centro. Para não ser tida como uma peça na engrenagem, porque o bem comum não pode ser indiferente aos destinos individuais[792], para que não deixe de se entregar à aventura humana e se revolte perante toda a opressão[793].

---

[787] Bento XVI, 2006, p. 51.
[788] Bento XVI, 2006, p. 51.
[789] Paulo VI, 1967, pontos 14 e 42 e João Paulo II, 1988, ponto 30.
[790] Bento XVI, 2009, p. 24.
[791] João XXIII, 1963, ponto 37.
[792] "Mesmo a mais racional estrutura económica, se estabelecida com desprezo das exigências fundamentais da pessoa, traz dentro de si a ruína" – Mounier, Emmanuel, 2004, p. 56.
[793] "A pessoa [...] é antes de mais o não, a recusa de aderir, a possibilidade de se opor, de duvidar, de resistir à vertigem mental e correlativamente a todas as formas de afirmação colectiva" – Mounier, Emmanuel, 2004, p. 38.

Trazendo a pessoa para o centro, o personalismo exige a necessidade de assegurar uma solução no plano das infra-estruturas biológicas e económicas para os problemas[794]. E, nesta solução para os problemas, devem ser consideradas não só as necessidades elementares das pessoas, mas também as que são ditadas pelas mais profundas dimensões do Homem.

O personalismo contraria o individualismo do "Homem abstracto, sem vínculos nem comunidades naturais, deus supremo no centro duma liberdade sem direcção nem medida, sempre pronto a olhar para os outros com desconfiança, cálculo ou reivindicações; [e de] instituições reduzidas a assegurar a instalação de todos estes egoísmos, ou o seu melhor rendimento pelas associações viradas para o lucro"[795]. Ele exige por isso a superação dos egoísmos individuais, tendo em conta que a pessoa só é ela mesma participando numa comunidade[796]. Só a superação do desejo de assegurar para si (ou para o seu grupo) o melhor rendimento – no sentido da abertura ao outro e à generosidade –, permite dar prioridade às necessidades da comunidade e ao bem comum. Ao passo que o individualismo centra o indivíduo sobre si mesmo, o personalismo descentra o indivíduo e coloca-o numa perspectiva de abertura, de universalidade.

O personalismo implica o desenvolvimento das ideias de luta contra o amor-próprio, egocentrismo, narcisismo e do individualismo; o desenvolvimento da compreensão, para nos colocarmos do ponto de vista dos outros; e a aceitação da ideia de assunção do nosso próprio destino – é necessário que os cidadãos tomem em mãos o seu destino, não se conformando mais com a segurança na autoridade que os faz abandonar progressivamente o espírito de liberdade.

O recentramento na pessoa exige o exercício pleno de uma cidadania activa, lúcida e responsável, não se conformando com todas as orientações do poder. A liberdade que se assume deve ser criadora e procurar possibilidades inexploradas. Com esta afirmação, o personalismo procura a superação de estruturas económicas e sociais impessoais, procurando o desenvolvimento do seu potencial comunitário[797], reconhecendo porém obrigações para o Estado, sobretudo em relação aos mais desfavorecidos. Segundo o pensamento de MOUNIER "É preciso que os poderes definam e protejam os direi-

---

[794] MOUNIER, Emmanuel, 2004, p. 56. "Acima das pessoas já não reina a tirania abstracta de um Destino, duma constelação de ideias ou dum pensamento individual, indiferentes a destinos individuais [...]" – *Ibidem*, p. 29.
[795] MOUNIER, Emmanuel, 2004, p. 69.
[796] COQ, Guy, 2012, p. 14.
[797] MOUNIER, Emmanuel, 2004, p. 82.

tos fundamentais que garantam a existência pessoal: integridade da pessoa física e moral contra as violências sistemáticas, os tratamentos degradantes, as mutilações físicas ou mentais, as sugestões e propagandas colectivas; liberdade de movimentos, de palavra, de imprensa, de associação e de educação; inviolabilidade de propriedade privada e de domicílio, *habeas corpus*; presunção de inocência até prova de culpa; protecção ao trabalho, à saúde, à raça, ao sexo, à fraqueza, ao isolamento"[798]/[799].

e) *Critérios de justiça moderna e finanças públicas*
Equilíbrio orçamental

A influência destes critérios teve como efeito o aumento da despesa pública, muito por causa da afirmação de uma concepção de Estado mais interventivo e com obrigações no que toca à distribuição de bens e à resolução do problema da pobreza.

O desenvolvimento dos paradigmas modernos de despesa pública foi contribuindo para o aumento da despesa e para o consequente desequilíbrio orçamental que se lhe associa. Este foi favorecido essencialmente por duas razões. Uma prende-se com a alteração do próprio papel da despesa pública. A outra prende-se com o desenvolvimento de novas ideias acerca do equilíbrio orçamental.

Com o desenvolvimento dos critérios modernos de despesa, surgiu uma perspectiva nova sobre a despesa: esta não é mais tomada como improdutiva. Ela passa a ser associada a funções económicas e sociais. À despesa pública é reconhecida uma dupla função: social e económica. Reconhece-se assim que a despesa pública pode desempenhar a mesma função económica da despesa privada. Às vezes até é melhor do que a despesa privada, na medida em que ela é conforme ao interesse geral[800]. Há casos mesmo em que os seus efeitos

---

[798] MOUNIER, Emmanuel, 2004, p. 122.
[799] Para além do personalismo de MOUNIER, é interessante também explorar o pensamento de FRANÇOIS PERROUX, o qual partindo do personalismo cristão, acaba até por desenvolver uma visão contraposta à de MARX, embora beba deste autor "la passion de l'homme pour l'homme", como reconhece em *Le pain et la parole* (1969):"[...] contrairement à la vision pessimiste de Marx, François Perroux voit dans le développement de la machine une possibilité de désaliénation. [...] Les machines ont [...] permis de soulager le travailleur dans l'exécution de sa tâche, de gagner du temps libre, mais surtout, elles permettent de diffuser rapidement l'information: « L'automatisme social dote les sujets et leurs groupes de moyen de communication et de prise de conscience dont ils n'avaient jamais disposé" – LAUGERO, Audrey, 2003, p. 6.
[800] Sucede até que "há despesas públicas [mais] úteis do ponto de vista económico, uma vez que a sua produtividade é superior àquela que procederia da iniciativa privada. Por exemplo, se o Es-

vão reconhecidamente para além dos da despesa privada: a despesa pública é mesmo encarada como um meio de redistribuição de riqueza, na medida em que opere a transferência de riqueza entre grupos sociais[801]. Nesta perspectiva, a despesa pública deixa de ser encarada como sinónimo de perda, como o consideravam os economistas liberais clássicos. A esta luz, ela é autorizada a assegurar uma certa forma de solidariedade social e desempenha o papel de estabilizador económico[802]. De acordo com esta perspectiva, a despesa pública passa a ser encarada um dos elementos ou braços fundamentais da actividade financeira do Estado (o outro é o das receitas públicas), constituindo um dos principais instrumentos da acção financeira do Estado.

Para esta alteração muito contribuiu também a modificação de entendimento quanto às funções do Estado. O Estado não consome apenas, ele passa a redistribuir também[803].

Esta mudança de entendimento abriu as portas a um novo olhar sobre o défice orçamental. Há quem fale, a este propósito, de uma "humanização" do Orçamento[804]. O aumento de despesas a que conduziu, associado à resistência dos contribuintes em relação a qualquer aumento de impostos, apontava, de resto, para isso mesmo.

Na base do liberalismo económico dominante, a ideia era a de que o endividamento só deveria ser contraído em casos extremos. Foi, porém, justamente a visão clássica que o keynesianismo veio pôr em crise: a despesa privada passa a ser tomada como irracional e capaz de desencadear tanto a euforia como a depressão, ao passo que a despesa pública é olhada como meio ao alcance do Estado servindo para exercer uma acção orientada/racional sobre o mercado – "as despesas públicas exerceriam, portanto, sobre o rendimento nacional e o emprego, um efeito de impulsão semelhante ao do investimento privado; produzir-se-ia uma reacção em cadeia, que determinaria o equilíbrio final da oferta e procura globais em situação de pleno emprego"[805]. Era o efeito da mul-

---

tado faz despesas de investimentos produtivos (construções de barragens, perfurações, etc.) com quantias que os privados poupados tivessem aforrado ou colocado no estrangeiro, ele aumenta o potencial de produção da produção da nação" – DUVERGER, Maurice, 1967, p. 47.
[801] MARTINEZ, P. Soares, 1967, p. 32.
[802] BOUVIER, M., ESCLASSAN, M. C. e LASSALE, J. P., 2008, p. 52.
[803] DUVERGER, Maurice, 1967, pp. 41 e 43.
[804] BEVIN apud MARTIN, R. Ybarra San, 1964, p. 22.
[805] CUNHA, P. de Pitta e, 1962, pp. 64 e 67, destacando, nesta última página, vários tipos de keynesianismo: o keynesianismo de "ala direita", formado "pelos autores que procuram conciliar os objectivos de uma política de despesas compensadoras com preocupações de estabilidade finan-

tiplicação das despesas públicas. A visão keynesiana provoca assim um abalo na teoria do equilíbrio orçamental. "O défice orçamental [... foi] o resultado inevitável da política compensatória preconizada por Keynes"[806]. O século XX é, aliás, marcado, em grande medida, por uma opção pública de cobertura de despesa pública com recurso ao crédito público. Neste processo, importa recordar que a influência keynesiana, ao mesmo tempo que previa o aumento de despesa, não avançava qualquer espécie de cláusula de salvaguarda em caso de desequilíbrio orçamental[807]. A ideia era justamente a de que o equilíbrio não deveria tolher o crescimento económico ou o objectivo do pleno emprego. Isto porque o Estado não era mais apresentado puramente como um consumidor de recursos, mas como um produtor de riqueza[808]. Muitos autores assacam, aliás, aos keynesianos responsabilidade no que toca à utilização do equilíbrio orçamental como instrumento de justiça intergeracional[809]. Como assinala BURTON[810]: "A falha fundamental do sonho keynesiano foi o seu pressuposto irrealista implícito sobre o comportamento político e burocrático, derivando em última análise dos pressupostos de *Harvey Road* e da perspectiva de *Bloomsbury*. Esta falha assentou num fracasso académico dos keynesianos na reflexão sobre as origens históricas e intelectuais da regra do equilíbrio orçamental do século XIX, e na apreciação do seu significado constitucional e necessidade".

---

ceira". Preocupação: inflação/ respeito pelos orçamento cíclicos; o keynesianismo de "centro" – "advogando abertamente a intervenção financeira em profundidade, mas tendo em conta os inconvenientes de carácter económico que podem resultar da insistência na política das despesas deficitárias". Tem-se em conta a inflação, mas admite-se o uso intensivo dos mecanismos orçamentais; e o keynesianismo de "ala esquerda" – "em que se integram os que proclamam que as finanças devem ser consideradas em exclusivo segundo os efeitos das acções do Governo na conjuntura económica e não reconhecem qualquer limite à política orçamental" . Há aqui introdução de controlos directos na economia.

[806] CUNHA, P. de Pitta e, 1962, p. 65. *Vide* GILLES, W., 2009, p. 122 chamando porém a atenção para o facto de os défices serem apenas admitidos tendo em vista a realização do pleno emprego e o restabelecimento da situação económica afectada.

[807] "A óptica pós-keynesiana de integração entre sector público e sector privado leva a colocar em risco qualquer consideração isolada do equilíbrio orçamental" – FRANCO, A. L. Sousa, 2001 (vol. I), p. 381.

[808] RIBEIRO, J. J. Teixeira, 1997, p. 93.

[809] "Keynesian economics has turned the politicians loose; it has destroyed the effective constraint on politicians' ordinary appetites to spend and spend without the apparent necessity to tax" – BUCHANAN E WAGNER *in* BUCHANAN, J. M., BURTON, J. e WAGNER, R. E., 1978, p. 27.

[810] BURTON *in* BUCHANAN, J. M., BURTON, J. e WAGNER, R. E., 1978, p. 57

A perspectiva da dívida como instrumento de justiça intergeracional acaba assim por ser contrariada ao longo do século XX por uma lógica pura de finanças funcionais[811].

Neste esforço de distribuição da riqueza, o défice não é considerado improdutivo. Entendia-se assim que, mesmo financiada com recurso ao crédito público, a despesa pública não deixaria de ser útil pois promoveria o aproveitamento da mão-de-obra e recursos que de outra forma se perderiam com a desocupação desses sujeitos económicos[812]. Afirma-se cada vez mais a ideia de que o financiamento do défice não seria necessariamente insuportável, uma vez que o dinheiro emprestado ao Estado pelos particulares se converteria necessariamente em riqueza nacional e portanto, a receita fiscal que se obteria poderia até vir a ser superior ao serviço da dívida, possibilitando o seu ulterior pagamento[813]. Vislumbrava-se assim a possibilidade de adopção de uma gestão racional da dívida, estimulando-se simultaneamente o crescimento da economia.

Formulam-se à luz destes critérios modernos de despesa pública novas teorias de equilíbrio orçamental, favorecedoras – embora controladamente – de défices orçamentais, nomeadamente a do equilíbrio cíclico, a do défice sistemático ou a da política orçamental estabilizadora[814]. Até por razões prag-

---

[811] HERBER, B., 1983, p. 437. *Vide* CUNHA, P. de Pitta e, 1962, pp. 59 e ss – assumindo a possibilidade de assunção de défices para estabilização económica e acentuando a lógica keynesiana de que as despesas públicas não teriam necessariamente de ser reprodutivas.

[812] Inspirando-nos aqui na expressão de "Orçamento humano" utilizada por RAUL YBARRA MARTIN – MARTIN, R. Ybarra San, 1964, p. 22.

[813] FRANCO, A. L. Sousa, 2001 (vol. I), p. 380, afirmando que o recurso a empréstimos seria legítimo, uma vez que não se forma capital sem recorrer a empréstimos.

[814] Exemplificamos aqui com a enunciação de algumas teorias de equilíbrio orçamental (*vide* MARTIN, R. Ybarra San, 1964, pp. 24 e ss.):

a. Teoria do equilíbrio cíclico – de acordo com os seus defensores, esta consistiria na verificação de excedentes em fases de prosperidade económica e défices em períodos de crise. O Orçamento passaria a actuar em contra-ciclo, com o objectivo de conseguir a estabilização económica. Em anos de crise, haveria uma despesa extraordinária: a compensatória, visando suprir as deficiências da procura privada, tendo em vista a inversão dos problemas de depressão económica e desemprego, através, por exemplo, de incentivos económicos, ou actuando directamente sobre o nível de consumo, aumentando-o, nomeadamente através do pagamento de subsídios de desemprego. O equilíbrio seria pois conseguido numa perspectiva de longo prazo. Os problemas com a concretização deste modelo estariam relacionados com a escolha do momento da sua concretização (deveria iniciar-se numa fase de prosperidade – permitindo a acumulação de um excedente) e a resistência perante pressões de gastos extraordinários ou de descida de impostos. Uma das grandes críticas dirigidas a esta teoria prende-se com a irregularidade dos ciclos económicos, impedindo uma aplicação/verificação rigorosa deste equilíbrio. No âmbito desta teoria, o endividamento público

máticas, uma vez que o ideal do equilíbrio é muitas vezes contrariado pela realidade dos factos. Com explica PITTA E CUNHA, "os factos demonstraram que o equilíbrio no sentido clássico não é viável, no mundo capitalista do nosso século; em certos casos, esse equilíbrio só p[ôde] ser efectivamente estabelecido através de medidas que, em vez de contrariarem os nefastos processos cumulativos da economia geral, os agravam ou desencadeiam"[815].

Estas teorias foram dando também origem a critérios de equilíbrio tendentes a flexibilizar as exigências em relação ao endividamento público. A concepção clássica (assente na distinção entre receitas e despesas normais e não normais) dá assim lugar a outras concepções de equilíbrio: orçamento

---

foi tido como um meio de financiamento desta despesa compensatória. Com efeito, a dívida era tida como um complemento da receita tributária; como uma forma de trazer dinheiro novo, colmatando o vazio causado pelo seu entesouramento ou imobilização; como uma forma de restringir o acesso ao crédito pelos particulares, indesejável em época de depressão; o aumento de dinheiro em circulação faria cair a taxa de juro estimulando a inversão privada. Uma das discussões que se gerou foi justamente a do momento mais correcto mais pagar estes empréstimos. Havia quem defendesse que este endividamento poderia ser aceleradamente pago em época de expansão do ciclo económico. Apontando outros para os perigos do mesmo (vide FRANCO, A. L. Sousa, 2001 (vol. I), p. 381, falando a irregularidade dos ciclos económicos).
b. Teoria do super-equilíbrio – associado a uma política de austeridade: manutenção de impostos altos e redução dos gastos ordinários – consumo – transferindo o excesso para o orçamento de capital.
c. Teoria do défice sistemático (formulada por BEVERIDGE inspirada na teoria de KEYNES). O pano de fundo foi a admissão de défices orçamentais em período de crise económica ("el aumento de los gastos por el empréstimo y la disminiución de las tarifas fiscales serían favorables alínea despertar de la iniciativa y a las nuevas inversiones" – MARTIN, R. Ybarra San, 1964, p. 40). Para KEYNES, o endividamento público em épocas de crise era tomado como uma forma de assegurar a expansão económica e o pleno emprego. De acordo com esta forma de pensamento, "el equilíbrio del Presupuesto tiende a restablecer por la doble vía del aumento de los ingresos y de la disminiución de los gastos y las inversiones públicas" (MARTIN, R. Ybarra San, 1964, p. 41). A admissibilidade da dívida tinha porém de ter limites: não poderia ser permanente, nem ser ilimitada, sob pena de conduzir ao descontrolo financeiro. Como vimos atrás, um dos pressupostos de que partia KEYNES (referidos como os pressupostos de *Harvey Road*) era justamente o do controlo da situação orçamental. O Estado deveria, uma vez cumpridos os seus objectivos, voltar à defesa do equilíbrio orçamental.
d. Teoria da política orçamental estabilizadora – os impostos são fixados de forma a equilibrar o orçamento, permitindo um *superavit*. As despesas seria variáveis de acordo com a conjuntura económica: contraídas, por exemplo, no que toca a despesa com obras públicas ou aumentados os subsídios de desemprego em caso de grande desemprego.

[815] E reforçando, PITTA E CUNHA cita GALBRAITH em *The Affluent Society*, quando diz que "um orçamento equilibrado significa a elevação dos impostos e a redução das despesas públicas. Numa visão retrospectiva, seria difícil imaginar meio mais apropriado para reduzir a procura privada, agravar a deflação, aumentar o desemprego e intensificar o sofrimento geral" (*apud* CUNHA, P. de Pitta e, 1962, p. 52).

A DESPESA PÚBLICA JUSTA

ordinário, activo patrimonial do Estado, activo de tesouraria, as quais admitem em certas condições o recurso ao crédito público[816].

Referindo especificamente o caso português, a evolução do equilíbrio orçamental acompanhou a transição de paradigma da despesa pública. De uma concepção clássica, evoluiu-se para a aplicação dos critérios de equilíbrio, favorecidos pelo desenvolvimento das ideias do paradigma moderno de despesa.

Concretizando: se em Portugal, o período liberal (1822-1926[817]) – quer o monárquico, quer o republicano – são marcados pela adesão a um critério

---

[816] O critério do orçamento ordinário e o activo de tesouraria constituem evoluções do pensamento clássico.
O critério do orçamento ordinário distingue as receitas e as despesas em ordinárias e não ordinárias, atendendo à repetição ou não, respectivamente em cada orçamento. À luz deste critério, haveria equilíbrio quando as despesas ordinárias fossem cobertas pelas receitas ordinárias e as despesas extraordinárias fossem cobertas pelo excedente das receitas ordinárias e pelas extraordinárias. As receitas creditícias seriam extraordinárias "a que o Estado não deveria recorrer todos os anos" (PEREIRA, P. Trigo, AFONSO, António, ARCANJO, Manuela e SANTOS, J. C. Gomes, 2005, p. 415).
O problema deste critério é que a distinção entre receitas e despesas ordinárias e extraordinárias gera controvérsia (vide MARTINS, G. Oliveira, MARTINS, G. W. Oliveira e MARTINS, M. Oliveira, 2011, anotação ao artigo 9º, FRANCO, A. L. Sousa, 2001 (vol. I), p. 369). "A não definição detalhada da tipologia de receitas e despesas – em ordinárias e extraordinárias – permitia que cada governo decidisse de modo discricionário em função da classificação mais vantajosa do ponto de vista do equilíbrio orçamental" (RIBEIRO, J. J. Teixeira, 1997, p. 96). Abria-se assim a possibilidade de recorrer ao crédito público para pagar o que se entendesse por despesas extraordinárias. Este critério, como nota SOUSA FRANCO, permitia financiar todas as despesas públicas – como é o caso das de defesa e segurança –, desde que fossem extraordinárias (FRANCO, A. L. Sousa, 2001 (vol. I), p. 369). Vide ainda RIBEIRO, J. J. Teixeira, 1976, pp. 51 e ss referindo-se às suas vantagens e inconvenientes (vide Ibidem, p. 56 denunciando em concreto alguns abusos).
O critério do activo de tesouraria do Estado assenta na distinção entre a despesa e a receita efectiva e não efectiva. A distinção, à sua luz, está no facto de se verificar ou não a redução do património de tesouraria do Estado. De acordo com o mesmo critério, para o Orçamento estar equilibrado as despesas efectivas teriam de ser pagas pelas receitas efectivas e as despesas não efectivas só poderiam ser pagas ou pelo remanescente das receitas efectivas ou pelas não efectivas. Nesta perspectiva, o endividamento serviria apenas para amortizar empréstimos anteriores.
Distinto deste critério é o do activo patrimonial do Estado, critério primeiramente teorizado e aplicado na Suécia. Este é fruto da influência keynesiana, na parte em que diz que "o consumo público e, principalmente, o investimento público constituem poderosos instrumentos para a estabilização da economia" (PEREIRA, P. Trigo, AFONSO, António, ARCANJO, Manuela e SANTOS, J. C. Gomes, 2005, p. 415). Segundo este, haveria equilíbrio orçamental, se as despesas correntes fossem cobertas por receitas correntes, ao passo que as receitas de capital teriam de ser cobertas pelo excedente das receitas correntes ou pelas receitas de capital. Isto abria a porta à admissão de contracção de dívida pública para pagamento de investimentos, embora afastasse toda a possibilidade de financiamento a crédito de despesas públicas, mesmo que fossem extraordinárias.
[817] FRANCO, A. L. Sousa, e MARTINS, G. Oliveira, 1993, p. 108.

normativo restritivo em relação ao equilíbrio[818], verifica-se, posteriormente uma flexibilização do mesmo[819]. Isto não significa porém que o período liberal fosse marcado por finanças sãs: todos os nossos orçamentos foram deficitários de 1834 a 1928, com excepção dos anos 1912 a 1914, período em que se verificou um excedente, no tempo em que AFONSO COSTA detinha a pasta das Finanças[820], não obstante a subida das despesas sociais, de educação e de fomento económico [821]. Estes sucessivos défices justificam, aliás, as sucessivas leis-travão que foram sendo introduzidas no nosso ordenamento jurídico – Regulamento Geral de Contabilidade Pública de 1870 (artigo 50º), Lei de 2 de Abril de 1907, Carta de Lei de 1908, Lei de 15 de Março de 1913. Como explica TIAGO DUARTE, as leis-travão em Portugal – falando delas como algo exclusivamente nacional – surgem nesta altura como um meio de refrear a prodigalidade e a desorganização financeira do liberalismo português acentuado pela experiência parlamentar da Iª República[822].

Em termos jurídicos, "até 1928, [...] o equilíbrio do orçamento era dado pelo equilíbrio do orçamento efectivo, isto é, pelo equilíbrio entre receitas efectivas [...] e despesas efectivas [...]. Adoptava-se, pois a concepção tradicional do equilíbrio, o que redundava na prática em medir o défice pelo recurso ao crédito"[823]. De 1928 a 1973, adopta-se o critério do orçamento ordinário, tentando-se disciplinar as finanças públicas[824]. Esse critério foi tido como essen-

---

[818] A estrutura financeira liberal caracterizada pela ideia de disciplina financeira, num esforço de manter o orçamento equilibrado, subsistirá até 1928-1929 (com consolidação da dívida em 1852), embora apresentando sempre défice – FRANCO, A. L. Sousa, 2001 (vol. I), p. 126 e 127-128.

[819] Note-se que o primeiro Orçamento português é de 1820-1821 – FRANCO, A. L. Sousa, 2001 (vol. I), p. 125 (:"a apresentação anual do Orçamento é o traço mais constante e a expressão mais profunda do nosso liberalismo financeiro") e DUARTE, Tiago, 2007, p. 90.

[820] RIBEIRO, J. J. Teixeira, 1976, p. 58.

[821] SOUSA FRANCO fala até da "notável gestão financeira de Afonso Costa" – FRANCO, A. L. Sousa, 2001 (vol. I), p, 128.

[822] DUARTE, Tiago, 2007, p. 114.

[823] RIBEIRO, J. J. Teixeira, 1976, p. 49.

[824] Artigo 14º, parágrafo 92 do Decreto-Lei nº 15.465, de 14 de Maio de 1928, embora a classificação de receitas e despesas, distinguindo-as em ordinárias e extraordinárias fosse muito anterior – mais precisamente à Lei da Contabilidade Pública de 1881). Foi aliás, a adesão a este critério que "permitiu manter formalmente o orçamento em equilíbrio, tanto no período de ditadura militar como durante o regime corporativo [...]" (FRANCO, A. L. Sousa, 2001 (vol. I), p. 372. Embora como TEIXEIRA RIBEIRO assinala, a partir de 1832, os orçamentos apenas foram superavitários à luz do critério do orçamento ordinário e não do orçamento efectivo (reconhecendo porém que "desde 1928-1929 a 1931-1932, os orçamentos ainda foram superavitários à luz do critério do orçamento efectivo") – RIBEIRO, J. J. Teixeira, 1976, p. 59. Sobre a limitação do papel do Parlamento na aprovação dos Orçamentos à luz da Constituição de 1933, como um meio controlo das contas

cial, pois permitiu financiar com recurso ao crédito as despesas de "fomento económico" (1953-1973[825]), olhadas como necessárias para o desenvolvimento do país[826]. E, a partir de 1973, é assumido o critério do activo patrimonial do Estado.

É de notar, porém que de 1933 a 1976, vigora o artigo 67º da Constituição de 1933 constrangendo o recurso ao crédito: "não pode recorrer-se a empréstimos senão por aplicações extraordinárias em fomento económico, aumento indispensável do património nacional ou necessidades imperiosas de defesa e salvação nacional"[827]. O período de vigência da Constituição de 1933 foi, aliás, marcado por uma preocupação de saneamento das finanças públicas, como é sabido[828].

Em 1974, "embora mantendo o critério do orçamento corrente e de capital [activo patrimonial do Estado] como fundamental classificador orçamental, passou a adoptar-se [... de novo] o critério clássico de equilíbrio: com mais ou menos adaptações, o recurso ao crédito era a medida e o indicador do equilíbrio"[829], notando ainda que neste período as garantias da Constituição de 33 tinham "caído em desuso".

A Constituição de 1976 deixa para trás os constrangimentos da Constituição de 1933 e introduz um critério de equilíbrio meramente formal previsto no artigo 108º, nº 4, da Constituição (versão originária): "o orçamento prevê as receitas necessárias para cobrir as despesas [...]", embora com remissão para a lei das condições a que deveria obedecer o recurso ao crédito público.

---

públicas, numa resposta à permanente intervenção do Parlamento, durante a Iª República, no que toca à definição das receitas e despesas, dificultando a execução orçamental – DUARTE, Tiago, 2007, pp. 115-116 e 123-138.

[825] Durante o Estado Novo, foram implementados quatro planos de fomento: o primeiro vigorando de 1953 a 1958; o segundo de 1959 a 1964; o terceiro de 1965 a 1967 e o quarto de 1968 a 1973.

[826] RIBEIRO, J. J. Teixeira, 1976, p. 59. FRANCO, A. L. Sousa, 2001 (vol. I), pp. 131-132 sobre as iniciativas de fomento económico: plano portuário e política de reconstituição económica, nomeadamente a política de promoção de obras públicas para evitar as consequências da conjuntura económica.

[827] Prevendo porém uma excepção para recurso a dívida flutuante para suprimento das receitas de gestão corrente.

[828] SOUSA FRANCO e OLIVEIRA MARTINS notam, no entanto, que a chegada de MARCELLO CAETANO ao poder acabou por abrir economia ao recurso ao crédito externo "imposto pelos projectos de fomento colonial, pela escassez de recursos financeiros gerada pelas guerras coloniais, sobretudo por causa dos movimentos de integração europeia (AECL/EFTA; acordo com a CEE) [...]" – FRANCO, A. L. Sousa, e MARTINS, G. Oliveira, 1993, p. 132.

[829] FRANCO, A. L. Sousa, 2001 (vol. I), p. 372. TEIXEIRA RIBEIRO considera, porém, em sentido divergente, que só com o Decreto-Lei nº 737/76, operando a supressão dessas rubricas de receitas e despesas se abandonou o critério do equilíbrio ordinário – RIBEIRO, J. J. Teixeira, 1976, p. 450.

Complementando-a, as Leis nº 64/77, primeiro, e nº 40/83, depois, previram a aplicação do critério do activo patrimonial do Estado (artigo 4º). Em ambas, estava prevista uma excepção: poderia haver desequilíbrio nos casos em que "a conjuntura dos períodos a que se refere o Orçamento" não permitisse a verificação desse equilíbrio.

A Lei nº 40/83 previa, porém, que houvesse uma justificação para a não verificação do equilíbrio. Colocava ainda a condição deste desequilíbrio não ser suprido por meio da criação de moeda e de a LOE [Lei do Orçamento do Estado], que previsse o défice, prever também as fontes de financiamento do mesmo[830].

Com a Lei nº 6/91 retorna-se ao critério do activo de tesouraria, embora com algumas diferenças em relação ao critério adoptado até 1928. Este partia de uma situação de equilíbrio formal, com o objectivo de impossibilitar o financiamento mediante a criação de moeda (nº 1, artigo 4º). Porém, permitia o pagamento de juros com recurso ao crédito (activo de tesouraria, na sua vertente de saldo primário), admitindo ao mesmo tempo a sua não verificação em caso de "a conjuntura do período a que se refere o Orçamento justificadamente o não permitir" (artigo 4º, nº 2)[831].

Justiça moderna a braços com problemas de sustentabilidade
É interessante notar que as consequências do abandono do regime do equilíbrio orçamental deram origem ao ressurgimento do debate relativo às consequências deste endividamento para as gerações futuras. Com particular relevo, quando os níveis de endividamento se tornaram ameaçadores para os Estados.

Como se sabe, as consequências que o endividamento trazia para as gerações futuras eram o grande argumento a que se tinham agarrado, no passado, os economistas liberais no sentido da defesa de um equilíbrio orçamental em

---

[830] FRANCO, A. L. Sousa, 2001 (vol. I), pp. 373 e 374. Como explica SOUSA FRANCO, no entendimento desta lei vigorou o critério de equilíbrio que o próprio defendera: "o orçamento poderia considerar-se em equilíbrio se o orçamento corrente estivesse equilibrado – caso em que, na falta de receitas normais para cobrir os gastos de capital, o défice do orçamento de capital (que juridicamente não deve considerar-se violador da regra de equilíbrio substancial) havia de ser coberto pelas fontes adequadas". O défice financeiro corresponderia assim ao montante total a cobrir por recurso a crédito monetário ou financeiro, excluindo-se a necessidade de menção legal das fontes de financiamento reportada ao défice do orçamento corrente – *vide Ibidem*, nota 1 das páginas mencionadas.
[831] *Vide* críticas RIBEIRO, J. J. Teixeira, 1997, pp. 102 e 103. TEIXEIRA RIBEIRO afirma mesmo que este critério foi o escolhido para os Governos apresentarem em situação de equilíbrio orçamentos que "apenas artificiosamente o estão".

sentido estrito. Os grandes problemas que apontavam ao défice eram a inflação e a indisciplina orçamental. Sendo a crise dos anos 70 e 80 considerada um sinal desta indisciplina orçamental[832], o retorno à defesa do equilíbrio orçamental foi, por isso, tomado como uma influência neo-clássica.

RAWLS deu, como vimos, desde logo, corpo a esta preocupação falando do tema da justa poupança. Mas não é voz isolada. Sobretudo nos anos 70, desenvolve-se o tema da responsabilidade para com o futuro (JOHN PASSMORE/BRIAN BARRY/HANS JONAS[833]). Estava em causa a preservação dos recursos existentes de forma a poder transmiti-los às gerações futuras. Se bem que o surgimento deste tema esteja intimamente ligada com o direito do ambiente e a preservação dos recursos naturais, de forma a assegurar a existência da humanidade e da vida na Terra, rapidamente este tema passa para o plano de análise jurídico-financeira. A solidariedade intergeracional volta a entroncar no tema mais vasto da sustentabilidade orçamental. De facto, a justiça social que tinha sido essencialmente pensada para resolver os problemas de uma geração de pessoas começa a dar sinais de que não está adaptada a um funcionamento intergeracional: "a lógica dos estados-providência transgeracionais era difícil de prever. Uma coisa é dizer que iremos garantir um emprego para todos. E outra coisa bem diferente é dizer que iremos garantir uma pensão para todos"[834].

Isto não significa obviamente que o relacionamento intergeracional em termos financeiros tenha sido descurado até aí. Pelo contrário, os critérios de equilíbrio que foram sendo gizados, foram reflectindo esta preocupação[835]. Mesmo os esquemas de segurança social que foram sendo institucionalizados,

---

[832] Interessante a este respeito é a descrição que SOUSA FRANCO faz da despesa pública nos anos 70 em Portugal: "os orçamentos da década foram orçamentos de consumo – sacando sobre o futuro ou, na parte em que recolhiam aforros do público, desviando poupanças privadas para o consumo público" – FRANCO, A. L. Sousa, 2001 (vol. I), p. 137.

[833] PASSMORE, John, 1974 – "our obligations are to *immediate* posterity, we ought to try to improve the world so that we shall be able to hand it over to our immediate successors in a better condition, and that is all" -, BARRY, Brian, 1977, abordando o tema da sucessão de gerações e das obrigações para com as gerações futuras e JONAS, Hans, 2004 (a sua primeira edição é de 1979), chegando mesmo a formular um novo imperativo categórico.

[834] JUDT, Tony, 2012, p. 355.

[835] O critério do orçamento ordinário é tomado como um dos que estabelecem o equilíbrio geracional: "Se as receitas ordinárias igualarem as despesas ordinárias, haverá equilíbrio entre as receitas que a geração presente paga e as despesas que só ela beneficia"(RIBEIRO, J. J. Teixeira, 1997, p. 94). Por seu turno, as despesas extraordinárias, prolongando os seus efeitos para além do ano em que são feitas são tidas como aproveitando às gerações futuras, podendo portanto ser pagas por elas (RIBEIRO, J. J. Teixeira, 1997, p. 95 e RIBEIRO, J. J. Teixeira, 1976, pp. 52 e ss.).

como resposta às novas tarefas assumidas pelo Estado, há muito que assentavam justamente num entendimento geracional. Recorde-se que o sistema de repartição assenta na ideia de que a geração presente paga àquela que a antecede (este sistema começou, aliás, a ser posto em causa por factores alheios a este arranjo geracional: pelo desenvolvimento económico, pelo abaixamento significativo da taxa de natalidade e pelo aumento exponencial da esperança média de vida[836]). O que se constata, porém, é que os gastos com o Estado social ou de bem-estar que procediam a uma redistribuição de bens no presente – em relação a gerações contemporâneas – deveriam manter-se para o futuro e que isso só era afinal possível com recurso ao endividamento público, ou seja, atirando os seus custos para diante.

Em termos práticos, atingidos já elevados níveis de dispêndio, muitos Estados – procurando tirar ilações da crise inflacionista dos anos 70, a qual tirou aos Estados margem de manobra na prossecução das políticas sociais[837] – lançam reformas no sentido de uma redução do nível de bem-estar a assegurar aos seus cidadãos. As medidas tomadas por NIXON no sentido do abandono dos acordos de *Bretton Woods* são aliás já vistos como fruto da forte influência monetarista, que, como veremos, entronca no pensamento que se opõe à aplicação deste paradigma moderno de despesa que temos vindo a tratar até aqui[838]. De destacar aqui o esforço de redução de despesa levado a cabo pelo governo de MARGARETH THATCHER (no Reino Unido) e pelas presidências de JIMMY CARTER e RONALD REAGAN[839] (EUA), sob os auspícios das Escolas austríaca e de Chicago. No final dos anos 80 e início dos anos 90, são de referir os casos da Austrália e da Nova Zelândia, seguindo de muito perto o exemplo britânico.

---

[836] "As discussões sobre o problema generalizaram-se desde finais dos anos 1980. Em Portugal, apesar dos primeiros diagnósticos serem dessa época, demorou-se mais dez anos ainda até se começarem a discutir seriamente políticas de reforma dos sistemas de pensões" – MENDES, F. Ribeiro, 2011, p. 67.
[837] Como diz AVELÃS NUNES "afastada a lembrança do desemprego em massa dos anos trinta, os monetaristas conseguiram fazer da inflação o inimigo principal a abater e fizeram dela o ponto central das suas preocupações, como Keynes tinha feito relativamente ao desemprego" – NUNES, A. J. Avelãs, 1991, p. 30.
[838] NUNES, A. J. Avelãs, 1991, p. 29.
[839] JIMMY CARTER implementara já políticas monetaristas anti-inflacionárias e iniciara o processo de desregulamentação da economia. REAGAN, por seu turno, não só deu continuação a estas políticas como também radicalizou as reformas. RONALD REAGAN promoveu também a descentralização do Estado, através de privatizações e terceirizações – PAULA, A. P. Paes de, 2007, p. 41.

Para os Estados – como Portugal – que não acompanharam este esforço de redução de despesa, os anos 90 são já reveladores de grandes dificuldades práticas na sustentação de políticas de bem-estar. Muitos países europeus contavam, segundo o EUROSTAT, com despesa pública próxima dos 50% do PIB[840]. O sufocante esforço fiscal exigido aos cidadãos, associado a níveis de endividamento público muito elevados – e no caso dos países europeus da zona euro, somado à enorme dificuldade em conter os níveis de défice e dívida orçamental dentro dos níveis acordados no Pacto de Estabilidade e Crescimento – prenunciam na Europa o fim de um Estado Social que insiste em perdurar.

O Estado pós-Social começa a desenhar-se[841]. Começa a surgir um Estado que rompe com a ideia de planeamento económico, não só pelo descrédito da ideia socialista de planificação económica[842], mas também pela dificuldade, manifestada pelo decurso do tempo, de concretização prática do modelo de providência pública com que estava comprometido. "Quando o século XX se aproximava do seu termo, as contas geracionais apresentavam já saldos negativos na generalidade dos Estados, isto é, antecipavam-se mais transferências do que impostos e contribuições a pagar pelas diversas gerações presentes, na totalidade do seu ciclo vital"[843]. É também neste período temporal que se assiste à quebra do ideal de progressivo avanço civilizacional ou da impossibilidade de retornar sobre os passos já dados na concretização dos direitos sociais, em que acabou por se sustentar a assunção de novas funções por parte do Estado. Começa a abrir-se espaço para o exercício da liberdade legislativa, admitindo-se o recuo nas soluções avançadas ou espaço para a repensar. A noção de Justiça dos Estados passa a integrar preocupações com as possibilidades reais de cada um deles.

Avançam nos anos 90 medidas legislativas visando, evitar o desperdício de recursos e a reforma da Administração no sentido de a tornar mais eficiente. É o tempo das privatizações ou de começar a aprofundar temas como o da subsidiariedade e da descentralização[844]. Isto reflecte-se na perspectiva da despesa pública que se desenvolve: introduzem-se novos parâmetros de controlo da despesa pública, como é o caso da avaliação da prévia justificação

---

[840] Em 1995, Portugal tinha um nível de despesa de 43,4% do PIB e a Suécia tinha um nível de despesa de 60% do PIB por essa altura – MENDES, F. Ribeiro, 2011, p. 68.
[841] SILVA, J. Pereira da, 1989, pp. 56-61.
[842] JUDT, Tony, 2012, p. 356.
[843] MENDES, F. Ribeiro, 2011, p. 70.
[844] BUCHANAN, James, 1999, pos. 1948.

da economia, eficiência e eficácia da despesa pública, ainda que não de forma muito pacífica[845/846].

Reflectindo as alterações do final do século XX, o século XXI inicia-se com preocupações financeiras[847]. O discurso político contemporâneo sobre a despesa pública está marcado por várias ideias que acabam por desconstruir um pouco a ideia de Justiça no que toca aos gastos públicos. A discussão faz-se entre conceitos utilitaristas como a eficiência e ideias neoliberais ou libertárias de regresso a uma economia privada, com a ideia de que o que é pago "é de certo modo melhor por isso mesmo"[848].

2.4. Defesa de uma libertação do Estado das suas tarefas de distribuição de bens: o retorno a uma concepção próxima da pré-moderna

Depois de dar a conhecer, quer a mudança de paradigma que está por detrás da grande alteração da face da intervenção pública no domínio da resolução dos problemas sociais ou de desigualdade, quer alguns critérios que se foram desenhando dentro da sua lógica, importa agora dar a conhecer as críticas a que esta perspectiva de despesa pública foi sujeita. Com isto, a nossa ideia não

---

[845] Veja-se o comentário crítico de SOUSA FRANCO relativamente ao artigo da Lei de Enquadramento do Orçamento do Estado que acrescentava ao princípio de legalidade o princípio da economicidade e da justificação prévia das despesas no que toca à sua economia, eficiência e eficácia: "É duvidoso se não se irá criar uma nova formalidade burocrática, mais do que uma forma de controlo justificado, ao prever esta prévia justificação, cuja formalização tem, aliás, primado pela ausência e assim continuará provavelmente". – FRANCO, A. L. Sousa, 2001 (vol. I), p. 434

[846] A concretização desta avaliação da economia, eficiência e eficácia foi paulatina, correspondendo a uma parte substancial do esforço empreendido na modernização da Administração Pública portuguesa, o qual se tem traduzido num redimensionamento do Estado, numa desburocratização e numa redução dos mecanismos de gestão assentes na mera legalidade e sua substituição por mecanismos de gestão pelos resultados, através da importação de técnicas de gestão privada para o âmbito da acção do Estado (*New Public Management*). Note-se que a preocupação com a avaliação dos 3 E's da economia, eficiência e eficácia, no tratamento da despesa pública foi reflexo da tendência que, a nível europeu, teve início no decurso dos anos 1970 e 1980 "sob influência da crise económica, por um lado, e a procura crescente dum serviço público mais amplo e de melhor qualidade, por outro [...]" e da crise de legitimidade da política governamental (BECKERS, J., 2001, p. 33). Esta tendência consubstanciou-se na emergência de um novo modelo de Administração Pública "que faz apelo a valores como a eficácia e a rentabilidade em detrimento dos valores tradicionais da segurança, da continuidade e da regularidade" – TORRES, M. Rosário, 1996, pp. 117 e 118.

[847] Significativo destas preocupações é o facto de em Portugal grande parte da legislação financeira ser posterior a 2001, ano em que foi profundamente revista a Lei de Enquadramento Orçamental. Significativo é ter surgido também nesta altura, no nosso país, a regulação legislativa das PPP, reflectindo, pela primeira vez, preocupação com a sua comportabilidade orçamental e com a sua programação orçamental rigorosa.

[848] JUDT, Tony, 2012, p. 362.

é a de nos prendermos às divergências em relação ao entendimento moderno – até porque, tal como já temos vindo a ilustrar e procuraremos fazer adiante em relação ao texto constitucional de 1976, queremos demonstrar a adesão constitucional à justiça moderna. A ideia é, pois, a de evitar ficarmos com uma visão parcial da questão da justiça social, perdendo toda a riqueza que o contraditório sempre traz; ou mesmo perdendo o pulso ao momento presente, o qual só se compreende no meio dos seus debates e não com surdez ou preconceitos de ideias. Aliás, depois de estudar em profundidade este pensamento de crítica ao paradigma moderno de despesa, acabamos por entender melhor em que medida o pensamento contemporâneo *mainstream* acaba por se basear nesta visão crítica em relação à intervenção do Estado.

Já depois da integração da benevolência na Justiça e do desenvolvimento das ideias que promovem essa visão, surgem autores críticos advogando a abstenção do Estado ou simplesmente pondo em causa a assunção de um papel interventor público. Nestas ideias é possível ver, antes de mais, um retorno à noção clássica de que a sociedade constitui uma ordem espontânea que é necessário respeitar[849/850].

Todavia, esta é uma perspectiva a que devemos dar importância ainda hoje. De uma parte, porque não se limita a revisitar os argumentos clássicos de justiça pré-moderna, abordando novas questões. De outra parte, porque é uma perspectiva que surge pujante em pleno século XX, em permanente tensão com as concepções que defendem o aumento de intervenção do Estado. A censura que em muito se destaca neste segmento é, aliás, considerada muito relevante no que toca à reflexão da despesa que o Estado assume. Em muitos casos, a sua frieza ajuda a detectar ineficiências e erros na intervenção do Estado social.

Agruparemos estas críticas ao paradigma moderno de intervenção pública em torno da defesa da ideia da libertação do Estado. A propagação destas ideias que agora se apresentam, baseou-se, quer na difusão das ideias liberais, quer mais tarde na difusão do pensamento libertário. Estes retomam a formalidade clássica dos critérios de justiça na distribuição de bens, embora

---

[849] NEMO *in* NEMO, Philippe e PETITOT, Jean, 2006, p. 71 estabelecendo a ligação entre o pensamento clássico e o pensamento liberal.
[850] Como explica FERNANDO ARAÚJO, aquilo que justifica que ainda hoje haja defensores do liberalismo económico é a convicção defendida por muitos de que o Estado tem uma incapacidade congénita "para promover sozinho o bem comum sem recorrer à colaboração da ordem espontânea do mercado, sem subalternizar até as suas pretensões [...] à primazia dos mecanismos que no mercado se manifestam" – ARAÚJO, Fernando, 2006, p. 60.

com algumas concessões a intervenções do Estado, procurando, o mais possível, a neutralidade pública quanto aos resultados na distribuição, assentando, por isso, tendencialmente em concepções de justiça puramente processual[851].

Dividiremos os argumentos esgrimidos em pré e pós-keynesianos. Isto porque, como já foi explicado, embora a intervenção estadual tenha iniciado o seu acréscimo no século XIX, ela teve um aumento exponencial apenas no século seguinte por força da difusão, em primeiro lugar, das ideias de KEYNES no sentido da ultrapassagem da crise económica do final da década de 1920 e, em segundo lugar, por força da difusão de um pensamento inspirado nas soluções keynesianas, o qual acabou por prolongar a aplicação das suas ideias por todo o século XX, contribuindo para um grande aumento de despesa e do campo de intervenção do Estado. Pensamos que a separação destes dois períodos pode trazer mais rigor na compreensão dos argumentos esgrimidos. Com efeito, é o agigantamento do Estado, muito por força do keynesianismo, e a forte pressão fiscal em que assenta que tem conferido mais relevância aos autores que defendem – tanto da direita, quanto da esquerda políticas – a libertação do Estado das suas tarefas e um retorno ao formalismo pré-moderno de compreensão da Justiça.

a) *Críticas pré-keynesianas*
Malthus: uma crítica novecentista à justiça distributiva moderna, baseada num retorno ao critério de apropriação legítima
Nos alvores do séc. XIX, em que o Estado adquiria funções de redistribuição de riqueza, começam desde logo a ouvir-se vozes contra a ideia de Justiça moderna que desponta. No seu cerne está uma crítica àquilo que era a "caridade oficial" que começa no séc. XIX a despontar.

Uma das vozes dissidentes mais marcante é a de MALTHUS, pondo em causa essencialmente a ideia do auxílio estadual aos mais pobres (recorde-se aqui, em particular, a reforma das leis dos pobres – *Poor law Amendment Act of 1834* –, a qual procurando centralizar a ajuda que era dada aos pobres ao nível paroquial, tornou mais intensa a intervenção do Estado)[852]. Com efeito, para o mesmo Autor, o auxílio aos mais pobres teria efeitos perversos, por ter

---

[851] SANTOS, J. Costa, 1993, p. 123.
[852] Recorde-se que MALTHUS é, ao lado de DAVID RICARDO, JEAN-BAPTISTE SAY e FRÉDERIC BASTIAT um dos nomes importantes da defesa do liberalismo económico. O liberalismo económico assentava na limitação do poder do Estado a certos equipamentos colectivos e às funções básicas de segurança. Justiça e defesa; na defesa de uma finanças públicas neutras e do equilíbrio orçamental – BOUVIER, M., ESCLASSAN, M. C. e LASSALE, J. P., 2010, pp. 212-213.

como consequência o aumento da população numa proporção superior ao crescimento dos meios de subsistência[853]. Explicando melhor: no seu *Ensaio sobre o Princípio da População*, MALTHUS parte do pressuposto de que as taxas de crescimento, por um lado, da população e, por outro, dos meios de subsistência são conflituantes: o crescimento da população operaria numa proporção geométrica, ao passo que o dos meios de subsistência se faria apenas numa proporção aritmética[854]. Em consequência, defende que todo o aumento da população deveria ter em conta a possibilidade de aumento dos meios de subsistência[855]. A desatenção aos meios de subsistência no aumento da população, teria, na perspectiva malthusiana efeitos nefastos sobretudo ao nível das classes mais baixas da sociedade. Com efeito, um aumento desregrado da população tenderia a aumentar a pobreza das classes mais baixas e a impedir qualquer melhoramento nas suas condições de vida[856].

Uma das causas a que MALTHUS atribui o desregramento no crescimento da população é, justamente, o auxílio legalmente prestado aos pobres pelo Estado ou pelas paróquias[857]. Na sua perspectiva, o auxílio aos pobres seria

---

[853] Embora hoje se reconheça que o fundamento da crítica malthusiana foi ultrapassado pelo progresso da agricultura e da indústria e pela sucessiva redução da natalidade nos países mais desenvolvidos – "Thomas Malthus's theory made a reasonable first approach to the problem in his own time, but modern conditions make it irrelevant" – HAYEK, F. A, 1988, p. 122.

[854] MALTHUS, T. R., 1826 (vol. I), pp. 6 e 10.

[855] Sobre a teoria malthusiana sobre o crescimento económico vide ARAÚJO, Fernando, 2006, p. 682.

[856] MALTHUS T. R., 1826 (vol. I), p. 17.

[857] Tendo isto em vista, MALTHUS critica mesmo em concreto algumas medidas de apoio aos pobres. Tendo como pano de fundo a realidade russa, critica, por exemplo, a existência de casas de crianças abandonadas, por encorajarem hábitos licenciosos, por desencorajarem o casamento e por permitirem a geração da perspectiva de os pais poderem deixar filhos que não pudessem suportar (MALTHUS, T. R., 1826 (vol. I), pp. 312 e 313). No segundo volume do seu *Ensaio*, reitera a sua posição defendendo para o Estado apenas o dever de punir os pais que abandonam os seus filhos, excluindo da sua esfera o dever de as assumir e prover à sua subsistência (MALTHUS, T. R., 1826 (vol. II), p. 140). Critica também as leis dos pobres (*poor laws*) inglesas não só por corresponderem a casos de má gestão do dinheiro (MALTHUS, T. R., 1826 (vol. II), 1826, p. 30), mas também e sobretudo por favorecerem a perda do sentimento do amor pela independência que tanto contribui para a indústria e empenho da classe trabalhadora (MALTHUS, T. R., 1826 (vol. I), p. 399); por gerarem a convicção junto dos pobres de que podem continuar a fazer crescer as suas famílias para além da sua capacidade de as sustentar (é preciso notar que para este autor os pobres gastam o seu dinheiro mal: em bebedeiras e devassidão – (MALTHUS, T. R., 1826 (vol. II), 1826, p. 38); por contribuírem para a diminuição das porções de alimentos dos membros mais trabalhadores e merecedores da sociedade; e, em geral, por sujeitarem toda classe de pessoas comuns a um "conjunto de leis dissonantes, inconvenientes e tirânicas, totalmente inconsistentes com o espírito da constituição" MALTHUS, T. R., 1826 (vol. II), p. 38.. Para MALTHUS, estas leis dos pobres (*poor laws*) eram criticáveis, antes de mais, por assentarem em duas premissas falsas:

feito à custa da redução dos quinhões de todos os outros membros da sociedade no que toca ao acesso aos bens. A ideia era, pois, esta: quanto mais se desse aos pobres, menos sobraria para todos, já que não seria o dinheiro dado aos pobres que aumentaria os meios de subsistência à disposição de todos[858]. Para MALTHUS, o aumento do rendimento para todos os trabalhadores seria inevitavelmente acompanhado do aumento do preço das provisões, o que em período de escassez afectaria sobretudo a classe média, imediatamente acima dos pobres, a qual não recebendo ajuda das paróquias, ficaria impedida de aceder aos bens[859]. Para MALTHUS, as leis dos pobres (*poor laws*) inglesas eram mesmo as grandes responsáveis pelo aumento do preço das provisões e pelo abaixamento do preço do trabalho e pelo descuido e desejo de prodigalidade entre os mais pobres[860], já que não ensinavam a pôr travão às inclinações nem ensinavam a prudência[861]/[862].

MALTHUS critica em geral as tentativas de aumento forçado dos rendimentos da classe trabalhadora, por parte do Estado, para os manter a par do preço dos meios de subsistência – seguindo, no fundo, a ideia que estaria por trás das leis dos pobres (*poor laws*) –, na medida em que lhes adivinha ou o efeito de encarecimento do preço das provisões, causado pelo consequente fenómeno de importação, ou o efeito do consumo rápido demais dos meios de subsistência disponíveis[863]/[864].

---

a de que os fundos para a manutenção do trabalho seriam infinitos e insusceptíveis de sofrerem variações e a de que seria possível manter um número infinito de pessoas numa área definida. O mesmo Autor ainda lhes assaca o defeito de, não obstante contribuírem para o alívio da pobreza de muitos, acabarem por espalhar o mal sobre muitos mais (MALTHUS, T. R., 1826 (vol. II), p. 30).

[858] MALTHUS, T. R., 1826 (vol. II), pp. 30-32.
[859] MALTHUS, T. R., 1826 (vol. II), pp. 32 e 33, 36 e 37.
[860] MALTHUS, T. R., 1826 (vol. II), p. 38.
[861] No mesmo sentido crítico BUCHANAN, James, 1814, p. 68.
[862] *Vide* também RICARDO, David, 2001, pp. 67-70, em que o mesmo adere às críticas feitas por MALTHUS no que concerne às leis dos pobres (*poor laws*). Para este Autor, as leis dos pobres têm o único efeito de empobrecer os ricos ao invés de melhorarem as condições de vida dos pobres. À semelhança de MALTHUS, também DAVID RICARDO sustenta que as leis dos pobres convidam os pobres à imprudência, oferecendo-lhes rendimentos retirados às classes mais prudentes e industriosas. Em consequência, advoga a abolição gradual destas leis, acompanhada de medidas que visem inculcar junto das classes mais baixas a prudência, o valor da independência e o espírito da planificação. DAVID RICARDO é também muito crítico em relação aos impostos cobrados sobre a propriedade tendo em vista a cobertura da despesa paroquial de ajuda aos pobres (*poor rates*), no sentido de que os mesmos oneram os lucros de quem explora a terra e contribuem para o aumento dos preços das matérias-primas (*Ibidem*, pp. 187 e ss.).
[863] MALTHUS, T. R., 1826 (vol. II), p. 37.
[864] *Vide* BUCHANAN, James, 1814, p. 51 e ss., na parte em que critica a ideia de MALTHUS de que todo o aumento de rendimento é gasto em comida.

A DESPESA PÚBLICA JUSTA

É necessário, em abono da verdade, reconhecer, porém, que MALTHUS concorda em geral com a ideia de que o aumento da riqueza beneficiaria sempre os mais pobres. No entanto, para ele este aumento só poderia garantir-lhes tudo aquilo que seria desejável que eles possuíssem, se fosse aliado à prudência e à capacidade de trabalho individuais[865].

Está aqui em causa a conhecida ideia malthusiana de que os problemas ligados à pobreza só encontrariam solução no controlo do crescimento da população, mais do que no reconhecimento de quaisquer direitos de reivindicação de sustento perante o Estado[866]. Assim sendo, para MALTHUS o melhor método para um crescimento controlado da população seria o da prudência: poupança pelos solteiros para a aquisição de hábitos de sobriedade, trabalho e economia; e castidade entre a idade da puberdade e o casamento[867].

É neste caminho de propostas de solução para o problema que vislumbra da crescente intervenção do Estado, que MALTHUS sustenta uma redução substancial desta mesma intervenção no que toca à resolução dos problemas de pobreza. Todavia, ainda que advogando uma redução da intervenção pública, no que toca ao auxílio dos pobres, é interessante notar que MALTHUS não defende uma genuína abstenção da actuação pública. MALTHUS defende, ainda que numa medida muito reduzida, a assistência aos pobres: ou por auxílios temporários em tempo de escassez em que não são possíveis as importações[868]; ou por meio da criação de um sistema paroquial de educação semelhante ao de ADAM SMITH[869]. De facto, para MALTHUS o pro-

---

[865] MALTHUS, T. R., 1826 (vol. II), p. 97.
[866] Com efeito, para MALTHUS, este controlo não poderia ser feito à custa da miséria e da doença que proliferam em sociedades que mantêm e criam novos pobres e que, necessariamente, contribuem automaticamente para a manutenção da demografia abaixo do nível de subsistência (MALTHUS, T. R., 1826 (vol. I), pp. 22, 23 e 530). Teria, sim, de partir da previsão de dificuldades de criar uma nova família e do medo da dependência da pobreza (MALTHUS, T. R., 1826 (vol. II), pp. 112 e ss.)
[867] As poupanças teriam, na sua perspectiva, claras vantagens sobre os avanços no preço do trabalho e sobre as doações paroquiais arbitrárias feitas ao abrigo das leis dos pobres (*poor laws*), já que não provocariam uma subida brusca no preço dos meios de subsistência, permitiriam o sustento de grandes famílias e serviriam para fazer face às contingências da vida.
[868] Pois se nestas ocasiões não se aumentasse o preço do trabalho, a fome e a doença diminuiriam o número de trabalhadores, o que geraria um aumento ainda maior de salários – MALTHUS, T. R., 1826 (vol. II), p. 147.
[869] Note-se que as semelhanças que se apontam se referem ao modelo de ensino proposto. Com efeito, há diferenças quanto ao pensamento de SMITH e MALTHUS, desde logo pelo facto de SMITH ser em geral crítico em relação à forma de actuação do Estado. É esta diferença, aliás, a razão pela qual no séc. XVIII, na discussão que se gerou em torno da educação, os críticos à intervenção estadual apontam mais para MALTHUS como alvo do que para SMITH – WEST, E. G., 1965, p. 4.

blema demográfico ficava muito a dever-se às classes mais baixas, sobretudo por falta de esclarecimento. Assim, com a criação do sistema de educação, poderia ser explicado a estas o princípio da população e a sua consequente dependência como causa da sua felicidade ou da sua miséria ou até mesmo fornecidas as noções básicas de economia política[870].

Pelo facto de atribuir, em grande parte, o problema demográfico às classes mais baixas, MALTHUS defende que a solução possível para o mesmo passa justamente por essas mesmas classes. Daí a ideia da educação para as mesmas. Nesta mesma linha, o mesmo Autor defende que o crescimento sustentado da população exige, entre outras medidas, que se confira respeito e importância às classes mais baixas por meio de leis iguais e, sobretudo, que se lhes confira a possibilidade de elas, de alguma forma, participarem na sua feitura de modo a envolvê-las nas resoluções a adoptar[871]. MALTHUS advoga assim a abolição progressiva das leis dos pobres (*poor laws*)[872], de modo a que o dever de os suportar vá saindo da esfera pública sendo relegado, quase em exclusivo para a esfera privada. Para MALTHUS, a pobreza era um problema que deveria ser resolvido pela benevolência voluntária[873]. E é aqui justamente que o associamos com um regresso ao passado e ao formalismo pré-moderno de despesa pública. A ideia geral, como mais tarde explicaria DAVID BUCHANAN, era a de ir deixando os pobres cada vez mais entregues a uma caridade voluntária que não geraria dependência e a qual reduziria todos os abusos a que se prestava a provisão legal dos gastos dos pobres[874/875], reduzindo-se drasticamente

---

[870] MALTHUS, T. R., 1826 (vol. II), p. 145. A educação deveria ficar a cargo de *Sunday schools*, suportadas maioritariamente por subscrições individuais, "numa tentativa de melhorar a condição das classes trabalhadoras da sociedade, o nosso objectivo deveria ser aumentar este padrão o mais alto possível, cultivando um espírito de independência, orgulho decente e um gosto pela limpeza e conforto" (MALTHUS, T. R., 1826 (vol. II), p. 147.)

[871] MALTHUS, T. R., 1826 (vol. II), p. 134.

[872] Progressiva no sentido de excluir, primeiro, a sua protecção aos filhos legítimos nascidos um ano após a entrada em vigor da lei e, num segundo momento, também aos filhos ilegítimos. Nesse caso, dois anos após a mesma data.

[873] À semelhança do que se passava por exemplo na Escócia – MALTHUS, T. R., 1826 (vol. II), p. 139 e nas pp. 147 e ss. aconselha mesmo prudência no exercício da benevolência para que esta não tenha efeitos perniciosos.

[874] BUCHANAN, David, 1814, p. 74.

[875] Não obstante o fundamento da crítica malthusiana ter sido ultrapassado pelo progresso da agricultura e da indústria e pela sucessiva redução da natalidade nos países mais desenvolvidos, a verdade é que o seu pensamento teve influência subsequente no pensamento de alguns autores, no que toca ao tema que ainda dentro da temática da distribuição de bens: a definição do salário. Por exemplo, baseando-se nos estudos sobre a população de MALTHUS, DAVID RICARDO no capítulo 5 da sua obra dedicada aos salários esclarece que "the natural price of labour, therefore, depends

a acção do Estado relegando para ele funções residuais de auxílio temporário ou de educação, como se viu.

A voz libertária de Herbert Spencer contra a justiça distributiva moderna
Também no século XIX e no sentido de uma defesa de libertação do Estado das funções de provisão associadas ao paradigma moderno de despesa, assistimos ao despontar da crítica libertária. Esta retorna claramente ao pensamento clássico da Justiça, baseado no mérito, para justificar a sua censura à redistribuição operada pelo Estado. Trata-se aqui da assunção de uma ideia de reciprocidade de trocas que acaba por atirar o problema da distribuição de bens exclusivamente para o mercado.

Centrar-nos-emos na crítica de HERBERT SPENCER que ilustra bem o período nascente da corrente libertária e este retorno ao formalismo pré-moderno.

Partindo do princípio de que "se alguém não quer trabalhar também não deve comer"[876] – tomando-o até como uma enunciação cristã que parte de uma lei universal da natureza[877] – SPENCER defende, à maneira clássica, que cada um deve receber apenas na proporção do seu mérito (*merit*) considerando o mesmo mérito como a recompensa dada em função da capacidade

---

on the price of food, necessaries and conveniences required for the support of the labourer and his family. With a rise in the price of food and necessaries, the natural price of labour will rise; with the fall in their price, the natural price will fall"(RICARDO, David, 2001, p. 58). Este esclarecimento valeu-lhe uma forte associação com a lei de bronze dos salários (*Ehernes Lohngesetz*) mais tarde (1863) formulada por LASSALLE – LASSALLE, 1863. Note-se que, se para alguns Autores, esta associação é justa (JAMES MILL, J. S. MILL, CAIRNES, MARCET – ASHLEY, W.J., 1891, pp. 485 e 486), é duvidosa para outros. Nos termos desta teoria, os salários devem corresponder aos preços dos meios de subsistência. De facto, baseado nos pressupostos ricardianos expostos no referido capítulo sobre os salários, LASSALLE advoga que os salários médios deveriam corresponder ao conjunto de somas necessárias para a manutenção da vida e da reprodução da espécie (LASSALLE, 1863, p. 16). Com efeito, estando acima desse nível, os salários dariam origem a um crescimento desmesurado do número de trabalhadores devido à melhoria das suas condições de vida. O que se reflectiria numa baixa dos preços do trabalho por excesso de oferta. Estando abaixo desse nível, a fome e a miséria consequentes fariam baixar o número de nascimentos o que se traduziria no futuro numa menor oferta de trabalhadores. Facto que contribuiria para um aumento dos preços de trabalho dada a escassez da procura.

[876] SPENCER, Herbert, 2009 (b), p. 30. Este princípio resulta de um outro já subentendido na sua obra *Social Statics: the survival of the fittest*.

[877] Embora acabe por reconhecer a cada vez menor inclinação dos cristãos para o seguir, numa tentativa, por um lado, de acusação da sociedade pela existência sofrimento e, por outro, de erradicação do mesmo.

de cada um (*desert*)[878/879]. Na sua perspectiva, dar mais do que se merece apenas teria como consequência a progressiva degradação da sociedade, com a promoção da inferioridade[880].

Na visão deste Autor, a generosidade deveria ser tida como um princípio da ética familiar, não devendo ser confundida com a Justiça, tomada como princípio da ética do Estado[881]. Com efeito, esta última obrigaria o Estado a "uma rigorosa manutenção das normais relações entre cidadãos, sob as quais cada um recebe na medida do seu trabalho (...) desde que se prove que esse é o valor da sua procura"[882].

SPENCER reconhece, porém, que a mistura da generosidade e da Justiça é recorrente, como se essa mistura fosse o único meio eficiente de beneficiar a sociedade. Não obstante, para SPENCER, esta opção é criticável porque parte de uma visão paternalista do Estado que é errada e porque contraria a verdade da "selecção natural" de DARWIN: "agora mais do que nunca na história do mundo, faz-se tudo o que se pode para promover a sobrevivência dos menos capazes (*unfittest*)!"[883].

Um dos argumentos de SPENCER para apartar a benevolência da Justiça, entendida como princípio da ética pública, é o de que a sua confusão põe em causa o direito à propriedade, negando-o àqueles que deveriam ser os seus legítimos titulares. Argumento, aliás, que será explorado pelos autores libertários subsequentes e que é central na compreensão do seu pensamento. Com efeito, obrigando todos a contribuir para as despesas sociais, o Parlamento acaba por dispor de um direito absoluto sobre as posses dos seus membros.

---

[878] "Merit and a desert in each case being understood as ability to fullfill all the requirements of life" – SPENCER, Herbert, 2009 (b), p. 62.

[879] Embora reconheça que a distribuição dos frutos da terra não seja sempre feita de acordo com critérios de justiça pura. Dar a cada um o estritamente proporcional àquilo em que contribuiu para a produção de um bem é abstractamente justo, mas impraticável. O cálculo rigoroso das contribuições de cada um é impossível (até pelas diferentes manifestações que o trabalho pode ter: físico e intelectual). Até as diferentes características de cada pessoa podem fazer com algumas (pela sua maior força, maior empenho) recebam mais gratificações do que as demais. Gratificações essas que serão lícitas na medida em que não tolham o direito dos outros à igual liberdade – SPENCER, Herbert, 2009 (a), p. 85.

[880] "If benefits received by each individual were proportionate to its inferiority – if, as a consequence, multiplication of the inferior was furthered, and multiplication of the superior hindered, progressive degradation would result" – SPENCER, Herbert, 2009 (b), p. 62.

[881] SPENCER, Herbert, 2009 (b), p. 63. Também na sua obra *Social Statics,* SPENCER refere a benevolência e a caridade como virtudes privadas.

[882] SPENCER, Herbert, 2009 (b), p. 63.

[883] "Now more than ever before in history of the world, are they doing all they can to further survival of the unfittest!" – SPENCER, Herbert, 2009 (b), p. 65.

Neste ponto, SPENCER não se coíbe de classificar os actos do Parlamento que obrigam todos a contribuir para os mais pobres como confiscatórios[884/885].

Para este autor, a defesa da propriedade pelo Estado deveria passar pela elaboração de leis indiferentes à pobreza dos incapazes, à fome dos ociosos e ao acotovelamento dos fracos pelos fortes. Com efeito, SPENCER acredita que a severidade do processo que propõe acabaria por ser mitigada pela generosidade espontânea dos homens uns para com os outros[886]. O libertarismo de SPENCER acaba, assim, com esta fundamentação, por pôr em causa todo o tipo de intervenções estaduais com sentido redistributivo, confinando-as à preservação da ordem interna e com o exterior[887] e à protecção da liberdade e propriedade das pessoas[888] (portanto, à administração da justiça[889]). Em concreto, põe em causa, a educação gratuita para todos[890]; o auxílio aos pobres, tal como é feito de acordo com as leis dos pobres em vigor[891]; e, em geral, toda a política de regulação e intervenção (no comércio, na religião, na caridade, na guerra e na colonização[892]) que o Estado da sua época vinha desenvolvendo[893], chegando mesmo a questionar radicalmente o papel do Estado no toca à administração sanitária, à distribuição de correio[894] e inclusivamente à sua intervenção no que toca à moeda[895].

---

[884] SPENCER, Herbert, 2009 (b), p. 67.
[885] Com uma nota de humor, SPENCER propõe a substituição da expressão *protectionismo* pela *agressionismo*, no sentido de realçar os ataques do Estado à propriedade privada individual, feitos com o escopo de financiar políticas contrárias à defesa do comércio livre ("protection of the vicious poor involves agression on the virtuous poor") – SPENCER, Herbert, 2009 (b), p. 67.
[886] SPENCER, Herbert, 2009 (b), p. 64.
[887] SPENCER, Herbert, 2009 (a), p. 168.
[888] SPENCER, Herbert, 2009 (b), p. 134.
[889] SPENCER, Herbert, 2009 (a), p. 159.
[890] SPENCER, Herbert, 2009 (a), pp. 204 e ss.; SPENCER, Herbert, 2009 (b), pp. 25 e 26 e também pp. 118 e ss.; 121 e ss. e 134 em que se encontram esgrimidos os argumentos que justificam a sua negação da interferência do Estado na educação.
[891] SPENCER, Herbert, 2009 (b), pp. 31 e 32. Para SPENCER, as leis dos pobres representam na realidade um ónus para os pobres ao invés de serem para eles vantajosas: "That a poor law, though apparently a boon to the working classes, is in reality a burden to them; that it delays the rectification of social abuses; that it discourages the exercise of genuine benevolence; that compulsory relief is degrading alike to the giver and to the receiver; that voluntarism is equally applicable in the practice of religion as in its ministry; and that the blessings of charity would be secured un-accompanied by the evils of pauperism were the legislature prevented from meddling" (*Ibidem*, p. 133).
[892] SPENCER, Herbert, 2009 (a), pp. 220 e ss. e também p. 118.
[893] SPENCER, Herbert, 2009 (b), pp. 36 e 37.
[894] SPENCER, Herbert, 2009 (a), pp. 229, 240, 241.
[895] SPENCER, Herbert, 2009 (a), pp. 243 e ss. No que toca a este aspecto, SPENCER pensa que o Estado se deve cingir a compelir todos os que prometeram pagar a cumprir as suas responsabili-

Para além da defesa do direito de propriedade, por trás desta censura, estão ainda mais ideias que importa ter em conta. Em primeiro lugar, a de que todas as tarefas que o Estado assuma fora do âmbito das suas funções nucleares acabam por o enfraquecer[896], quer por contribuírem para a redução do consenso quanto às tarefas a assumir, quer por colocarem sob a sua responsabilidade tarefas que seriam melhor desempenhadas por privados[897]. Em segundo lugar, a de que todas as tarefas suplementares que o Estado assuma têm sempre como consequência o aumento dos impostos gerado pelo crescente aumento de despesas[898], o qual acaba sempre por reduzir mais do que é necessário a esfera de liberdade dos cidadãos[899]. Em terceiro lugar, por trás desta censura encontra-se ainda uma denúncia dos graves efeitos sociais que se lhes assacam. Por um lado, denuncia as leis dos pobres, alegando que estas acabariam, primeiro, por fornecer um auxílio estatal, à custa do esforço dos trabalhadores diligentes e, portanto, mais merecedores[900] e segundo, por gerar a miséria de gerações futuras, ao não tentar erradicá-la na geração na qual se manifesta o problema[901]. Por outro lado, critica a educação subsidiada pelo Estado, invocando o seu efeito anulatório de toda a responsabilidade parental[902]. Em geral, a assunção de outras tarefas por parte do Estado é também associada a um forte crescimento do oficialismo[903] e burocracia[904].

b) *Críticas pós-keynesianas*
Dentre as críticas pós-keynesianas, é necessário fazer uma distinção entre as que defendem de uma forma mais radical a libertação do Estado e as que

---

dades, pois neste caso está apenas no exercício da sua função por excelência: a administração da justiça (*Ibidem*, p. 244).

[896] SPENCER, Herbert, 2009 (a), p. 174.

[897] "(...) Todas as experiências mostram que o governo é um gestor incompetente nos assuntos suplementares" – SPENCER, Herbert, 2009 (a), p. 183.

[898] SPENCER, Herbert, 2009 (b), p. 26.

[899] SPENCER, Herbert, 2009 (a), p. 173.

[900] SPENCER, Herbert, 2009 (a), p. 200; SPENCER, Herbert, 2009 (b), pp. 31, 32 e 66. Para SPENCER, a protecção conferida pelo Estado aos pobres envolve sempre uma agressão e relação a quem suporta os seus custos "protection of the vicious poor involves agression on the virtuous poor" (*Ibidem*, p. 67). É ponto assente para o referido Autor que a caridade pública se faz à custa das classes trabalhadoras e não das classes ricas – SPENCER, Herbert, 2009 (b), p. 103.

[901] SPENCER, Herbert, 2009 (a), p. 200.

[902] SPENCER, Herbert, 2009 (a), pp. 204 e 218.

[903] SPENCER aponta ao oficialismo os defeitos de lentidão, estupidez, extravagância, desadaptação, corrupção e obstrução, evitáveis se as mesmas tarefas fossem desempenhadas pela iniciativa privada – SPENCER, Herbert, 2009 (b), p. 145 e ss.

[904] SPENCER, Herbert, 2009 (b), p. 40.

defendem esta mesma libertação admitindo, porém, alguma intervenção do Estado. Pela relevância neste panorama, destacamos, como exemplificativa do primeiro entendimento, a perspectiva de NOZICK e, do segundo, as perspectivas de HAYEK e JAMES BUCHANAN. Ainda que com diferenças de grau. O primeiro – HAYEK – defendendo uma redução significativa do Estado. E o segundo – BUCHANAN – defendendo a libertação do Estado com retorno a uma concepção liberal de Estado.

Porquê a escolha destes nomes, entre tantos que poderíamos escolher (DAVID FRIEDMAN, MURRAY ROTHBARD, MILTON FRIEDMAN)? NOZICK pela originalidade, frescura e radicalismo na minimização do papel do Estado, HAYEK pela inspiração decisiva que deu quanto à forma de encarar a despesa no último quartel do século XX e BUCHANAN, não só pela importância da escola que se formou à luz do seu pensamento (*public choice*), mas também pelas pistas de análise constitucional que oferece, permitindo fazer uma ponte em relação ao capítulo seguinte.

Independentemente dos nomes escolhidos, o importante será reter que o que pretendemos aqui é ilustrar a perspectiva da afirmação da liberdade pessoal, política e económica e da consequente promoção dos direitos e da autonomia de cada um, que se opõe à visão de Justiça social moderna. Em comum, todos os autores que escolhemos apresentam o mercado como o local de expressão do voto e da descentralização de decisões, num modelo que se confronta com a existência de um Estado que ao intervir se sobrepõe à liberdade (correndo até o risco de se tornar num Estado totalitário).

A utopia libertária de Nozick
Defendendo de uma forma clara e radical a libertação pública de todas as tarefas de redistribuição de bens, encontramos NOZICK, cuja argumentação assenta na apropriação titulada dos bens. O seu pensamento faz hoje parte do património libertário pelo modelo de Estado que preconiza e pela perspectiva de proibição de cobrança de impostos com fins redistributivos que defende. Trata-se aqui da sustentação de um modelo económico claramente individualista, tendo em vista a protecção do direito de propriedade[905/906]. Diria mesmo que o modelo de NOZICK é aquele que põe mais em evidência

---

[905] ROSAS, J. Cardoso, 2011, pp. 74-75.
[906] Alguns autores tomam o pensamento de NOZICK como ponto de partida para um libertarismo de esquerda. Neste caso, acentuando o facto de este permitir também uma leitura igualitarista quando impede que os recursos naturais, por não pertencerem a ninguém, sejam transformados em propriedade a justo título – ROSAS, J. Cardoso, 2011, p. 74-75.

o traço individualista das correntes libertárias em face do traço solidarista afirmado por qualquer das correntes do paradigma moderno.

Antes de mais, é preciso sublinhar que o pensamento do autor que agora se analisa deve ser lido, tendo em conta a crítica ao utilitarismo que vai tecendo ao longo do livro. Refutando sobretudo a ideia da maximização do bem-estar agregado e a ideia de limitação dos direitos a que inevitavelmente está associado o pensamento utilitarista[907]. Para NOZICK, o utilitarismo tem os defeitos de negar a existência de limites aos direitos, de tratar as pessoas como meios, e de sacrificar os seus direitos em benefício de outros[908]. Para a melhor compreensão do que diz, devemos ter ainda em conta que o seu pensamento colhe inspiração do imperativo categórico kantiano, de acordo com o qual o respeito pelos homens deriva da ideia de que as pessoas são fins em si mesmas e não meios. Deste pressuposto deriva a sua crítica em relação ao Estado que prossegue determinados objectivos em termos de distribuição de bens (end--state). A compreensão kantiana dos direitos tem, para NOZICK, o destaque do direito de pertença si mesmo (*self-ownership right*), do qual faz derivar o direito de propriedade, relevando para a compreensão da sua concepção de direitos. É aliás a essa luz que entendemos cabalmente a sua crítica ao utilitarismo e a adesão a um capitalismo irrestrito como única via para o reconhecimento desse direito de propriedade de si mesmo (*self-ownership right*)[909] que referimos.

Tendo isto em conta, é de destacar aquilo que em NOZICK serve de fio condutor na leitura dos seus textos: o postulado de que as pessoas têm direitos e que há coisas que ninguém pode fazer sem as violar[910]. Começamos então por aqui, pois é justamente à volta desta ideia que este autor desenvolve uma visão hiper-individualista dos direitos, que marcará indelevelmente a sua forma de encarar o exercício do poder. NOZICK concebe uma visão puramente deontológica dos direitos, "sem qualquer contaminação consequencialista"[911]. É a partir dela que defende a absolutidade e o carácter negativo dos direitos

---

[907] Nesta crítica, a voz de NOZICK junta-se à de RAWLS.
[908] "Utilitarism doesn't [...] properly take rights and their nonviolation into account, it instead leaves them a derivative status [...], for example, punishing an innocent man to save the neighborhood from a vengeful rampage" – NOZICK, Robert, 2006, p. 28. NOZICK chega a apreciar o utilitarismo na perspectiva de saber se este se poderia justificar pelo menos para os animais – "utilitarismo para os animais, kantianismo para as pessoas" – concluindo, porém, que nem mesmo para os animais este deveria servir (NOZICK, Robert, 2006, p. 42).
[909] KYMLICKA, Will, 2002, p. 110.
[910] NOZICK, Robert, 2006, p. ix.
[911] ROSAS, J. Cardoso, 2011, p. 59.

(*maxime* do direito de propriedade[912])[913], impedindo a sua violação. Nozick acaba com isto por levar às últimas consequências o imperativo categórico kantiano, propondo uma concepção que toma o Homem como fim em si mesmo e nunca como um meio[914]. Com efeito, para este autor nada justificaria a intrusão nesse espaço de liberdade[915].

A partir destes pressupostos, Nozick constrói uma teoria de limitação dos poderes do Estado, propondo um modelo de Estado mínimo ("[...] nenhum Estado mais poderoso ou extenso do que o Estado mínimo é legítimo ou justificável"[916])[917]. O Estado mínimo seria aquele que não assume poderes para atingir a justiça distributiva[918]. De facto, Nozick, defende que não há pessoa ou grupo que tenha por missão fazer a centralização da distribuição de todos os recursos[919]. A única coisa a que se deveria prestar atenção seria a de que há direitos legitimamente adquiridos e que têm de ser respeitados.

Afastando quase toda possibilidade de intervenção do Estado, Nozick define como único critério justo de distribuição de bens, o da sua apropriação legítima ou do justo título. É a teoria do justo título ou a teoria da titularidade (*entitlement theory*) – centrando-se assim no direito de propriedade[920/921] – a

---

[912] "[...] This Conception of absolute property rights is the unavoidable consequence of a deeper principle that we are strongly committed to: namely, the principle of self-ownership" – Kymlicka, Will, 2011, p. 107.

[913] "São negativos na medida em que estabelecem restrições (*side-constraints*) àquilo que os outros, incluindo o Estado, nos podem fazer" – Rosas, J. Cardoso, 2011, p. 59.

[914] Nozick, Robert, 2006, p. 33: "There is no justified sacrifice of some of us for others".

[915] Aliás nas críticas que Nozick tece em relação às correntes que relacionam a justiça com deveres de distribuição de bens por parte do Estado – utilitarismo ou rawlsianismo – considera-as como meios que permitem "a instrumentalização dos indivíduos para fins que eles próprios não elegeram" – Rosas, J. Cardoso, 2011, p. 60.

[916] Nozick, Robert, 2006, p. 53, com reafirmação nas pp. 149 e 274: "The minimal state is the most extensive state that can be justified. Any state more extensive violates people's rights".

[917] Interessante é notar que o Estado mínimo não tem para Nozick um fundamento contratualista. Como ensina Cardoso Rosas, "a passagem gradual do estado de natureza ao Estado mínimo faz-se através de um deslizamento espontâneo e não através de uma construção contratual". O Estado mínimo corresponderia assim a uma "estabilização moral da sociedade". O seu surgimento resolve "o problema clássico da falta de clareza na resolução das disputas e da insegurança que daí advém no estado de natureza" – Rosas, J. Cardoso, 2011, p. 63.

[918] Nozick, Robert, 2006, p. 297: "The minimal state is no utopia".

[919] "There is no central distribution, no person or group entitled to control all resources [...]. What each person gets, he gets from others who give him in exchange for something, or as a gift" (Nozick, Robert, 2006, p. 149).

[920] *Entitled* significa ter um direito absoluto para dispor livremente de uma coisa como lhe pareça apropriado, desde que isso não envolva força ou fraude – Kymlicka, Will, 2002, p. 104.

[921] "The complete principle of distributive justice would say simply that a distribution is just if everyone is entitled to the holdings they possess under the distribution" – Nozick, Robert, 2006, p. 151.

qual pretende ser uma alternativa às teorias de justiça distributiva que estão na base do alargamento da intervenção do Estado, mormente as igualitárias[922]. A missão do Estado perante esta noção de justa distribuição de bens seria de mero respeito e protecção de bens[923]. É interessante notar que, derivada de uma extensão do direito de pertença de si próprio (*self-ownership right*), esta concepção procura, pela mão de NOZICK, ir ao encontro de uma perspectiva de consideração das pessoas como iguais[924], embora sem concessão a qualquer perspectiva de defesa de tratamento igualitário. Ou seja, a sua teoria de justiça, embora parta de uma recusa do tratamento igualitário, não prescinde totalmente da igualdade.

Com o intuito de apontar para uma indiferença do Estado no que toca à distribuição concreta de bens que se vai operando dinamicamente na sociedade, NOZICK prefere referir-se à distribuição de bens com a expressão "princípio de justiça no que toca aos títulos/à propriedade" (*principle of justice in holdings*), para afastar toda a tentação de padronização das distribuições. Para este Autor, as distribuições só seriam justas se houvesse justiça no que toca à aquisição originária de bens e se houvesse justiça nas transferências[925]. Quando não se verifiquem as condições anteriores, valerá o princípio da rectificação[926]. Estão assim formulados os três princípios da teoria da apropriação legítima (*entitlement theory*): o princípio da aquisição inicial justa, o princípio da transferência e o princípio da rectificação da injustiça.

No que toca à aquisição originária de bens, NOZICK aplica uma ideia de mútua vantagem à primeira condição de justiça que ele formula. Afasta-se assim da indiferença clássica dos conceitos aristotélico-tomistas[927]. Para compreender esta ideia de mútua vantagem, é necessário compreender a condição a que NOZICK sujeita a distribuição inicial de bens e que ele apelida de restrição lockeana (*lockean proviso*)[928]. Esta parte da situação em que os bens são

---

[922] ROSAS, J. Cardoso, 2011, p. 63
[923] ROSAS, J. Cardoso, 2011, p. 63. Para NOZICK o Estado mínimo nasce da necessidade de as pessoas providenciarem compensação por proibições que lhes são impostas – NOZICK, Robert, 2006, p. 119.
[924] Como explica KYMLICKA, Will, 2002, p. 105: "I will interpret this self-ownership argument as an appeal to the idea of treating people as equals". Embora mais à frente este mesmo autor defenda que NOZICK falha justamente em fazer derivar o direito de *self-ownership* ou de *property ownership* da ideia de tratar as pessoas como iguais, ou como fins em si mesmas.
[925] NOZICK, Robert, 2006, p. 151.
[926] NOZICK, Robert, 2006, pp. 151-152.
[927] Para KYMLICKA a mútua vantagem não é uma concepção alternativa de justiça, mas de uma alternativa à própria Justiça – KYMLICKA, Will, 2002, p. 136.
[928] "I assume that any adequate theory of justice in acquisition will contain a proviso similar to the weaker of the ones we have attributed to Locke" – NOZICK, Robert, 2006, p. 178.

comuns, definindo como critério de justiça para apropriação o facto de essa mesma apropriação ter necessariamente de ser feita de forma a não piorar a situação dos outros[929]/[930]. No caso, exigindo que o aproveitamento dos bens apropriados se faça deixando "o suficiente e igualmente bom em comum para os outros"[931]. Ou seja, só seria justa a apropriação que não deixasse ninguém pior, ou seja, que não prejudicasse ninguém[932]. Sendo, não obstante, sempre possível a compensação dos outros para legitimar a apropriação[933]/[934]. Depois deste momento inicial, a justa distribuição de bens passaria por deixar os indivíduos relacionarem-se entre si em trocas voluntárias e informadas, depois de terem adquirido justamente os bens. Para o efeito de se ficar com uma visão mais completa da teoria de NOZICK, importa referir que aos dois princípios da teoria da apropriação legítima já mencionados é necessário juntar mais um: o princípio da rectificação, que permite saber o que fazer no caso de bens injustamente transferidos ou adquiridos. Se para as situações recentes, NOZICK reconhece que os casos são facilmente resolúveis em tribunal, para os casos mais antigos – em que já não é possível um apuramento dos factos – "a única garantia da aplicação correcta da justiça na aquisição e nas transferências seria proceder a uma distribuição de posses totalmente igualitária [...]"[935]. Ainda assim, neste caso não se estaria perante um igualitarismo puro. Este seria um igualitarismo de partida e não de chegada. Aliás, para NOZICK a desigualdade – mesmo a extrema – que necessariamente adviria do uso e fruição desses bens "não colocaria qualquer problema de carácter moral"[936].

---

[929] NOZICK, Robert, 2006, p. 175 e ROSAS, J. Cardoso, 2011, p. 64. É aliás este traço que vai ser aproveitado pelo libertarismo de esquerda para acentuar "o facto de que os recursos naturais, não pertencendo a ninguém à partida, não podem ser transformados, pelo exercício desses talentos naturais, em propriedade a justo título" – ROSAS, J. Cardoso, 2011, p. 75.
[930] O fundamento para a admissão da propriedade privada para NOZICK é o mesmo que para LOCKE: o de que a propriedade comum é deixada ao abandono e descuidada – *tragedy of the commons*.
[931] NOZICK, Robert, 2006, p. 175 (fazendo uso aqui da tradução de ROSAS, J. Cardoso, 2011, p. 64).
[932] Não contando com o prejuízo das oportunidades de apropriação dos outros, nem contando com o prejuízo da posição do vendedor – NOZICK, Robert, 2006, p. 178.
[933] NOZICK, Robert, 2006, p. 178.
[934] Os autores que se fundam em NOZICK para falar de um libertarismo de esquerda pegam justamente na ideia de mútua vantagem, embora restringindo a sua cláusula lockeana – *vide* ROSAS, J. Cardoso, 2011, pp. 74 e 75.
[935] *Vide* criticamente ROSAS, J. Cardoso, 2011, p. 67, afirmando que "a aplicação consequente do princípio da rectificação, exigindo o regresso à «estaca zero», parece-nos destrutiva para o pensamento de Nozick. [...] isso implicaria transformar o Estado mínimo num Estado socialista – precisamente aquilo que Nozick quer evitar".
[936] ROSAS, J. Cardoso, 2011, p. 67.

Tendo em conta que as transferências de propriedade só são válidas se for também válida a apropriação inicial do bem, esta é uma concepção histórica da justiça[937]. A distribuição de bens justa é, pois, aquela em que as aquisições e transferências estão plenamente justificadas[938]. Em comum com os autores libertários já referidos, também aqui a ideia de Justiça não impõe uma distribuição específica de bens. O carácter puramente histórico da justiça nozickiana, depende, pois, não de uma concepção finalista a ser levada a cabo pelo Estado, "mas apenas daquilo que aconteceu no passado"[939].

NOZICK vai até mais além para reforçar esta ideia histórica e de despreocupação quanto à obtenção de um resultado na distribuição de bens, quando diz que rejeita qualquer teoria de Justiça padronizada que sirva para preencher o vazio da expressão "a cada um, segundo...". Uma distribuição padronizada, na perspectiva de NOZICK, trata inadmissivelmente os bens como se em cada momento tivessem de ser distribuídos, sem considerar o facto de eles não aparecerem de novo, nem de parte nenhuma[940]. Quando muito valeria a síntese: "A cada um o que se escolhe, para cada um como foi escolhido" (*from each as they choose, to each as they are chosen*)[941].

Com este entendimento puramente histórico do direito de propriedade, NOZICK recusa, assim, a assunção de tarefas distributivas por parte do Estado, uma vez que estas sempre obrigariam à violação dos direitos já constituídos. De facto, para NOZICK os direitos adquiridos de forma legítima conteriam constrangimentos (*side-constraints*) que impediriam a sua utilização para a prossecução de outros fins[942]. Esta ideia deve ser compreendida em estreita ligação com a adesão ao entendimento kantiano e sob uma influência clara do pensamento LOCKE. Se a primeira parte é de fácil apreensão, a segunda

---

[937] KYMLICKA, Will, 2002, p. 112. NOZICK, Robert, 2006, pp. 152, 153-155, confrontado criticamente esta perspectiva com a perspectiva da economia de bem-estar de "current time-slice principle of justice" ou com as perspectivas de "end-result principles" ou "end-states principles". Para NOZICK, concepções como estas obrigam a olhar para aquilo que cada um tem num determinado momento para poder fazer uma apreciação acerca da justiça ou injustiça da distribuição, independentemente de ver de onde vêm, do ponto de vista histórico, os bens que se possuem. De facto, para NOZICK as circunstâncias e as acções passadas das pessoas podem criar diferentes títulos ou pretensões em relações às coisas.

[938] ROSAS, J. Cardoso, 2011, p. 66.

[939] ROSAS, J. Cardoso, 2011, p. 66.

[940] NOZICK, Robert, 2006, p. 160.

[941] NOZICK, Robert, 2006, p. 160.

[942] NOZICK, Robert, 2006, p. 29: "the side-constraint view forbids you to violate these moral constraints in pursuit of your goals".

supõe que se recorde que NOZICK adopta a ideia lockeana de que à volta de cada indivíduo haveria um espaço, insusceptível de ser violado, balizado pelos seus direitos naturais invioláveis[943]. Só em casos excepcionais, admitia a intrusão nesse espaço através do consentimento (embora esclarecendo que nalguns casos, nem mesmo esse consentimento serviria para justificar essa intrusão[944]).

Para ficarmos com uma visão mais concreta da ideia nozickiana de Estado, é preciso acrescentar que para este autor apenas se justifica "um Estado mínimo limitado às estreitas funções de protecção contra a força, o roubo e a fraude e de execução dos contratos [...]"[945]. Estaria, assim, fora de questão que o Estado pudesse promover direitos como o da igualdade de oportunidades Com efeito, para NOZICK o reconhecimento de direitos como esse suporia uma substrutura material que necessariamente passaria por cima dos direitos legitimamente adquiridos das pessoas. O que contrariaria frontalmente o pressuposto de que parte, segundo o qual "ninguém tem o direito a algo cuja realização requeira certo uso das coisas e actividades a que as outras pessoas têm direitos e prerrogativas [*entitlements*] "[946].

É interessante, neste ponto, atentar sobre a diferença entre o Estado mínimo e ultra-mínimo, que está justamente naquilo que é tido como despesa pública. No Estado ultra-mínimo, o Estado apenas assumiria as despesas com prestação de serviços de protecção e tutela de direitos em relação aos indivíduos que lhe adquirem tais serviços. No Estado mínimo o Estado assumiria as mesmas despesas, mas em relação a todos[947]. Este Estado seria basicamente financiado por preços e taxas cobrados pelos serviços prestados[948].

NOZICK opta pela defesa do Estado mínimo, pondo de parte o Estado ultra-mínimo. A sua ideia de Estado mínimo opõe-se, todavia, a qualquer utilização de esquemas tributários de redistribuição que tenham em vista a

---

[943] NOZICK, Robert, 2006, p. 57.
[944] "Locke [...] would hold that there are things other may not do to you by your permission: namely, those things you have no right to do to yourself" – NOZICK, Robert, 2006, p. 58.
[945] NOZICK, Robert, 2006, p. ix. *Vide* ainda p. 272: "The minimal state best reduces the chances of such takeover on manipulation of the state by persons desiring power or economic benefits".
[946] NOZICK, Robert, 2006, p. 237 e 238.
[947] NOZICK, Robert, 2006, pp. 26 e 27 e SANTOS, J. Costa, 1993, pp. 231 e 232, nota 345.
[948] SANTOS, J. Costa, 1993, pp. 231 e 232, nota 345, afirmando que não parece admissível que o Estado recorra ao crédito, nem terá receitas patrimoniais. Para além das receitas dos preços e taxas que se menciona no texto, a outra opção seria para COSTA SANTOS, a tributação indirecta.

prossecução de fins tidos por socialmente desejáveis[949/950]. Pois a adopção do critério histórico de distribuição de bens implica para o autor ora em análise, arredar a hipótese de permitir que o Estado tirasse aos indivíduos aquilo que eles adquiriram justamente dando-o a outros na prossecução de um qualquer critério distributivo de bens[951]. Do seu ponto de vista, a socialização dos rendimentos de trabalho (ou de parte deles) que as teorias de justiça redistributivas pressupõem, equivaleria ao aproveitamento de horas de trabalho de outrem e à permissão de que uma pessoa pudesse dirigir outra. Como se uma pessoa pudesse ser, em parte, titular de outrem[952]. Ou seja, qualquer tentativa de redistribuir bens implicaria necessariamente, na perspectiva nozickiana, a violação dos constrangimentos que os direitos impõem (*side-constraints*). Neste passo, NOZICK aproveita para criticar – e este é um ponto comum a HAYEK – o facto de o sistema redistributivo ser compulsório, no sentido de ninguém poder optar por não contribuir para ele ou por não ser ajudado por ele em caso de necessidade[953].

Esta defesa do Estado mínimo só pode ser cabalmente compreendida tendo em conta a oposição de NOZICK em relação ao pensamento de RAWLS. Atentemos então sobre ela.

Se é certo que NOZICK admite que ele próprio e RAWLS partem em comum de uma recusa do merecimento moral (*moral desert*) como critério de atribuição de bens, não deixa de admitir que ambos diferem no critério que defendem. RAWLS defendendo um critério padronizado e NOZICK a teoria da apropriação legítima (*entitlement theory*). Ora, para NOZICK, a teoria de justiça rawlsiana é incompatível com os pressupostos que defende, pois do seu ponto de vista corresponde a "um princípio de justiça padronizado [que] não pode ser continuamente realizado sem uma contínua interferência [do

---

[949] KYMLICKA, Will, 2002, p. 102. Notamos aqui que NOZICK chega apenas a admitir apenas uma redistribuição tendo em vista a protecção de todos, para que o Estado dê meios aos mais pobres para que paguem os serviços que adquirem ao Estado – NOZICK, Robert, 2006, p. 27. Desta comparação, COSTA SANTOS retira a existência de alguns efeitos redistributivos – ainda que apenas incidentais e reflexos – na concepção de NOZICK – SANTOS, J. Costa, 1993, pp. 231 e 232, nota 345.

[950] Impostos sobre o rendimento do trabalho correspondem a trabalho forçado – NOZICK, Robert, 2006, p. 69. *Vide* ainda críticas ao sistema redistributivo americano – *Ibidem*, p. 274.

[951] NOZICK, Robert, 2006, p. 160.

[952] "These principles involve a shift from the classical liberals' notion of self-ownership to a notion of (partial) property rights in other people" – NOZICK, Robert, 2006, p. 172. *Vide* KYMLICKA explicando que o libertarismo difere de outras teorias de direita política quando sustentam que a tributação redistributiva é errada por violação dos direitos.

[953] NOZICK, Robert, 2006, p. 173.

Estado] na vida das pessoas"[954]. Nesta medida, estava para NOZICK fora de questão aceitar um esquema como o rawlsiano por incompatibilidade, quer com a sua defesa intransigente dos direitos individuais como direitos absolutos, quer com a sua concepção de liberdade. Como resulta do que dissemos, para NOZICK e fazendo uso das suas palavras, a "liberdade transtorna os padrões" (*liberty uppsets patterns*)[955].

Mas a sua oposição ao modelo rawlsiano não fica por aqui[956]. Antes de mais, porque se questiona quanto aos princípios de justiça enunciados por RAWLS, duvidando se as pessoas, nas circunstâncias que o mesmo autor descreve, os escolheriam mesmo[957]. Para além disso, porque vê na teoria de justiça distributiva rawlsiana o problema de ela olhar para os bens a distribuir como se eles fossem maná caído do céu, ao qual não correspondessem quaisquer direitos ou prerrogativas (*entitlement*)[958]. NOZICK critica também as conclusões a que RAWLS chega quanto aos talentos. Por um lado, critica o postulado de que os talentos são arbitrários, e por isso imerecidos, de um ponto de vista moral. Por outro, critica a ideia rawlsiana de anulação das consequências distributivas resultantes das diferenças naturais. Para NOZICK, as diferenças são merecidas[959] e não devem ser anuladas[960]. Este desmerecimento das diferenças seria, de resto, incompatível com o direito de pertença de si próprio (*self-ownership right*). Com efeito, deste direito decorreria um outro: o direito aos bens produzidos por força do trabalho[961]. Como NOZICK deixa até bem expresso, o

---

[954] NOZICK, Robert, 2006, p. 163, 188 e 209. Embora KYMLICKA chame a atenção para que o sistema de trocas de NOZICK também requer uma intervenção contínua do Estado na vida das pessoas, de forma a evitar a violação dos princípios de justiça que este definiu – KYMLICKA, Will, 2002, p. 150.

[955] NOZICK, Robert, 2006, p. 160.

[956] NOZICK, Robert, 2006, p. 230: "[...] there is no argument based upon the first two principles of distributive justice, the principles of acquisition and transfer, for such a more extensive state".

[957] NOZICK chega mesmo a criticar concretamente o princípio da diferença, dizendo que, por um lado, se foca nos grupos e não nas pessoas e, por outro, que a distribuição entre ricos e pobres acaba por ser assimétrica à sua luz: os mais pobres recebem mais do que os ricos. Isto, por um lado, porque seria restringida a cooperação social voluntária para que os que dela beneficiariam, beneficiem ainda mais (NOZICK, Robert, 2006, pp. 194-195) e, por outro, porque os mais desfavorecidos (*worse endowed*) receberiam mais num sistema desigual do que receberiam num igualitário.

[958] NOZICK, 2006, p. 198-199. "Rawls' construction is incapable of yielding an entitlement or historical conception of distributive justice" – NOZICK, Robert, 2006, p. 202.

[959] Está aqui a ideia que de "cada um é o justo proprietário de si mesmo, ainda que nada tenha feito para merecer essa propriedade" – ROSAS, J. Cardoso, 2011, p. 73.

[960] NOZICK, Robert, 2006, p. 216.

[961] Embora como KYMLICKA explica não seja possível estabelecer um nexo de causalidade lógica entre o pensamento rawlsiano e a negação de um direito de propriedade de si mesmo (*self-ownership right*) – KYMLICKA, Will, 2002, p. 109.

direito de pertença de si próprio só pode ser integralmente reconhecido num sistema de capitalismo irrestrito[962]. Isto faz com que, naturalmente, a correcção que RAWLS propõe à arbitrariedade natural dos talentos apresente problemas[963]. NOZICK nota nomeadamente que RAWLS ao tentar fugir da arbitrariedade, desemboca também ele próprio numa arbitrariedade[964]. Critica com isto, o princípio da diferença de RAWLS, segundo a qual os talentos deveriam beneficiar os mais desfavorecidos.

Perante a teoria rawlsiana de justiça, NOZICK questiona até se a ideia de padronização terá inevitavelmente um lugar no âmbito de uma teoria de Justiça, concluindo que não[965]. Isto até porque qualquer distribuição favorável se tornaria rapidamente numa distribuição desfavorável pelo facto de as pessoas poderem escolher actuar de várias maneiras[966]. É a ideia de que qualquer padrão pode ser transformado através de trocas voluntárias ou ofertas e o resultado que elas produzissem não seria já passível de encaixar em nenhum padrão[967].

Em relação à teoria rawlsiana, NOZICK põe ainda em causa que se parta de uma ideia de igualdade, já que não é forçoso que todas as desigualdades devam ser corrigidas[968] ou compensadas, uma vez que não há uma presunção de igualdade. NOZICK fala a este propósito da necessidade de um espaço para a cooperação social[969], esclarecendo que é possível formular uma concepção de justiça distributiva que não presume a igualdade ou qualquer outro padrão distributivo de bens[970].

Da perspectiva nozickiana, RAWLS, com as suas distribuições padronizadas de bens, de acordo com um critério de igualdade, acaba por cair no

---

[962] KYMLICKA, Will, 2002, p. 110.
[963] "Para Nozick, esta ideia equivale a uma colectivização das características naturais dos mais dotados. Portanto, os mais dotados são tratados como um meio e não como um fim, sendo os seus direitos flagrantemente violados" – ROSAS, J. Cardoso, 2011, p. 73.
[964] NOZICK, Robert, 2006, pp. 218-219.
[965] "Patterning is not intrinsic to a theory of justice [...]" – NOZICK, Robert, 2006, p. 219.
[966] NOZICK, Robert, 2006, pp. 161-163, ilustrando com os célebres exemplos das histórias de WILT CHAMBERLAIN e de um empresário numa sociedade socialista. Vide também ROSAS, J. Cardoso, 2011, p. 70.
[967] NOZICK, Robert, 2006, p. 219.
[968] "The major portion of distribution in a free society does not, however, come trough the actions of the government, nor does failure to overturn the results of the localized individual exchanges constitute «state action»" – NOZICK, Robert, 2006, p. 223.
[969] Vide sobre a filantropia e a defesa de NOZICK de um modelo de contribuições voluntárias – NOZICK, Robert, 2006, pp. 265-268.
[970] NOZICK, Robert, 2006, p. 233.

mesmíssimo erro que critica ao utilitarismo: a maximização do bem-estar agregada e o sacrifício de direitos individuais[971/972].

Em suma, a crítica de NOZICK ao pensamento rawlsiano põe a nu um traço do seu pensamento – e que está, aliás, na base da sua concepção de Estado mínimo que defende e das funções que ele desempenha. Para NOZICK, a ideia de justa distribuição de bens dificilmente se compatibiliza com uma visão de cooperação social. Como diz CARDOSO ROSAS, para NOZICK é até misteriosa a "conexão entre cooperação e justiça distributiva". Com efeito, para ele esta cooperação social seria a fonte da eliminação da autonomia, da responsabilidade individual e dos próprios direitos absolutos que tão veementemente defende.

O libertarismo de Hayek admitindo algum tipo de intervenção do Estado
HAYEK, discípulo de LUDWIG VON MISES[973], é um dos nomes fundamentais do libertarismo contemporâneo. HAYEK influenciou uma parte importante da crítica libertária que já se fazia sentir em relação ao intervencionismo por

---

[971] NOZICK, Robert, 2006, pp. 228-230.

[972] KYMLICKA, Will, 2002, p. 103 explica que para os libertários os governos não têm o direito de interferir no mercado, mesmo que seja para aumentar a eficiência.

[973] LUDWIG VON MISES é um dos economistas da escola austríaca e um defensor de uma economia liberta da intervenção do Estado e livre de juízos valorativos. Este sustenta que a escala de valores deve ser definida através das acções reais dos sujeitos (ROTHBARD, Murray N., 1995, p. 5). Para este autor, "o intervencionismo é um sistema económico absurdo, bem pior do que o socialismo" (HÜLSMANN *in* NEMO, Philippe e PETITOT, Jean, 2006, p. 1061). Com efeito, concebe a intervenção do Estado como "uma ordem *ad hoc* de uma autoridade social [,] obrigando os proprietários dos meios de produção e os empresários a empregar os seus meios diferentemente daquilo que fariam na ausência dessa ordem" (VON MISES – *Crítica ao intervencionismo apud* HÜLSMANN *in* NEMO, Philippe e PETITOT, Jean, 2006, p. 1061).
VON MISES chama mesmo a atenção para o facto de uma parte da despesa pública resultar de problemas gerados pela própria intervenção económica do Estado. Por um lado, porque a pretexto de moderar os excessos do capitalismo se consubstancia num dirigismo excessivo do mercado. E, por outro, porque o intervencionismo do Estado acaba por ser, em geral, contraproducente do ponto de vista dos fins visados. A este propósito refere por exemplo a ideia de uma "mecânica infernal" do intervencionismo, ligada ao facto de, na sua acção, o Estado não conseguir dominar toda a informação do mercado: a uma primeira intervenção do Estado sucedem-se intervenções suplementares para corrigir os erros da primeira.
Tal como SPENCER, também MISES retoma o tema da moeda, aplicando-lhe toda a crítica sobre a intervenção do Estado, para defender "a liberdade bancária e monetária [...] sublinhando a dimensão política da criação monetária artificial" (HÜLSMANN *in* NEMO, Philippe e PETITOT, Jean, 2006, p. 1061). Para ele, a inflação é desprovida de racionalidade económica, sendo o seu único objectivo o aumento de receitas sem ser pela via fiscal; uma opção, portanto, por uma via obscura que não permitia que as pessoas oferecessem resistência. Para MISES, a "inflação fiscal é um verdadeiro

parte do Estado, chamando a atenção, quer para a incompatibilidade entre a organização da sociedade pelo Estado e o valor da liberdade[974], quer para os resultados políticos autoritários que podem advir deste excesso de intervenção por parte do Estado[975].

Para HAYEK, a ideia central é a absolutização do valor da liberdade – entendido como a ausência de coerção -, rejeitando a intrusão do Estado na vida das pessoas e relegando para ele o papel de arbitragem nos assuntos indispensáveis de igualdade e justiça[976]. A sua defesa da liberdade assenta numa concepção dos direitos do homem, segundo a qual "no espaço social, político, económico, todo o indivíduo [...] tem um direito inalienável ao respeito da sua autonomia e à sua margem de manobra. Ele é o mestre absoluto da sua esfera privada e nenhuma autoridade, mesmo que seja a do Estado, pode imiscuir-se nas suas escolhas"[977]. É preciso também esclarecer que a defesa da liberdade preconizada por HAYEK é a defesa de uma ideia de mercado livre. É aliás este traço de liberdade de mercado que marca a família libertária em que se insere o pensamento dos seguidores da sua filosofia.

Colocamos HAYEK junto dos autores que sustentam a libertação do Estado de tarefas de distribuição de bens, na medida em que preconiza que elas sejam exclusivamente atribuídas ao mercado[978]. HAYEK concebe que a intervenção do Estado deve expressar-se apenas por meio de regras gerais – e nunca específicas – sem outro propósito para além da promoção do tratamento justo por

---

escândalo. Ela transforma o Estado num tirano que se arroga dos fundos que os cidadãos não lhe consentiram" (HÜLSMANN *in* NEMO, Philippe e PETITOT, Jean, 2006, p. 1063).

Para MISES como para os libertários puros, a ideia que fica mais vincada é a de que o padrão distributivo que resulta das acções e dos comportamentos voluntários das pessoas no mercado é, por si mesmo, justo, não carecendo de qualquer tipo de correcção ("[...] uno de los argumentos básicos aducidos por Mises en favor del libre mercado reza que existe "armonía entre los intereses justamente entendidos de todos los miembros de la sociedad de mercado" – ROTHBARD, Murray N., 1995, p. 7. Este autor vê no pensamento de VON MISES uma variante do princípio da unanimidade que sairá reforçado na crítica de BUCHANAN (*Ibidem*, p. 5)).

[974] HAYEK, F. A, 2001, p. 33.
[975] HAYEK, F. A, 2001, pp. 59 e ss. .
[976] Como explica NADEAU, a defesa da liberdade hayekiana nada tem, porém, a ver com questões de costumes da sociedade: ele nada diz sobre a legalização da prostituição, a descriminalização do consumo de drogas leves, a constitucionalização dos casamentos entre pessoas do mesmo sexo ou a abolição da pena de morte. Com efeito, HAYEK apenas trata de questões económicas e não de questões de moralidade pública – NADEAU *in* NEMO, Philippe e PETITOT, Jean, 2006, p. 1134.
[977] NADEAU *in* NEMO, Philippe e PETITOT, Jean, 2006, p. 1132.
[978] PETSOULAS, C., 2001, p. 2: para HAYEK, a teoria económica não serve para explicar como se constrói uma economia organizada, mas sim para explicar como é que a actividade económica tinha sido conseguida usando o conhecimento disperso de milhares ou milhões de indivíduos.

parte de cada um[979]. Os direitos reconhecidos pelo Estado devem ser direitos negativos, estabelecendo domínios protegidos da sua intervenção[980] ("por exemplo, o direito de não ser assaltado ou morto, o direito a não ver a sua propriedade tomada"[981]). Trata-se aqui exclusivamente de reconhecer os direitos civis e políticos. Ao defender isto mesmo, HAYEK parte de uma crítica à economia socialista planificada ou dirigida[982] e às economias mistas baseadas na intervenção do Estado de bem-estar e propõe não só a imposição de limites às ingerências do Estado na economia, mas também uma nova forma de olhar para o Estado para que este deixe de controlar a vida dos cidadãos. Para HAYEK, da Justiça não pode resultar a imposição aos cidadãos do dever de prover à existência de outrem nem de promover a igualdade[983], "a não ser que isso signifique que alguém tem o dever de transformar o cosmos numa organização e por isso assumir o poder de controlar os seus resultados"[984].

Simultaneamente, porém, pensamos que se deve distinguir o pensamento de HAYEK do de outros autores que advogam um critério estritamente formal para a distribuição de bens. Por duas razões. Primeira: pela sua recusa do mérito como critério exclusivo para a distribuição de bens[985]. Segunda: por causa da intervenção do Estado que acaba por advogar, ainda que à margem do mercado. Alguns autores chegam a considerá-lo – aliás, incorrectamente – como um liberal igualitário, ao lado de RAWLS. HAYEK também se distingue de outros autores libertários por não partilhar com eles a ideia de que o mercado livre é inerentemente justo. A defesa do capitalismo é para ele uma maneira de minimizar – por respeito à ordem natural – os problemas da tirania e preservação das liberdades civis e políticas[986].

Partindo de uma análise do funcionamento do mercado, HAYEK defende que a ideia de uma distribuição de bens baseada por exemplo, na necessi-

---

[979] LISTER, Andrew, 2011, p. 9.
[980] HAYEK, F. A, 2013, pos. 6308 (vol. 2, capítulo 9) (versão kindle).
[981] LISTER, Andrew, 2011, p. 9.
[982] Entendendo por economia socialista a baseada numa "[...] the extensive redistribution of incomes through taxation and the institutions of the welfare state" – HAYEK – *The Road to Serfdom* (Prefácio da 2ª ed.) *apud* FLEW, A., 1995, p. 77. Há aliás, em toda a obra de HAYEK, uma forte ligação estabelecida entre o intervencionismo e o socialismo.
[983] Na filosofia hayekiana há uma forte ligação estabelecida entre a justiça social e a ideia de promoção da igualdade – FLEW, A., 1995, p. 77.
[984] HAYEK, F. A, 2013, pos. 6289 e pos. 6340 (versão kindle).
[985] HAYEK, F. A, 2013, pos. 5543 (versão kindle). Para HAYEK, há outros factores a considerar na distribuição de bens como a sorte e a competência (*vide* HAYEK, 2013, pos. 5693, 5723, 5729, 6578 – versão kindle).
[986] KIMLICKA, Will, 2002, p. 102.

dade ou no merecimento pessoal, acabará por desvirtuar as regras de funcionamento deste mesmo mercado – deixando ele de beneficiar tanto a sorte como o esforço, como faz parte da sua natureza[987]. O mercado passaria com a intervenção do Estado, de uma ordem espontânea a uma organização deliberadamente dirigida[988].

Da sua obra, resulta claro que o que HAYEK rejeita verdadeiramente nestes sistemas é a ideia de justiça social[989], subjacente ao intervencionismo do Estado (quer na sua vertente de distribuição de bens interna, quer na vertente internacional[990]). Diz que estamos uma "miragem", um "fogo-fátuo", uma "fórmula vazia e sem significado", uma expressão sem sentido, "uma crença quase religiosa sem conteúdo nenhum", um "antropomorfismo primitivo", um "atavismo", uma "superstição", quase como acreditar em bruxas ou na pedra filosofal, um "encantamento oco", um "abre-te sésamo"[991]. A justiça social seria um produto da emoção moral, tomada com o significado de boa vontade para com os menos afortunados[992], mas que afinal não tem justificação moral, podendo mesmo fazer perigar a existência de sentimentos morais genuínos numa sociedade[993] ou até colocar nas mãos do Estado um poder totalitário sobre os seus cidadãos – retirando-lhes coercivamente o que adquiriram legitimamente no mercado, em favor de outros. Para HAYEK, a expressão "justiça social" induz até em erro, fazendo crer que tem um sentido concreto ou que tem implícita uma qualquer ideia de distribuição, quando

---

[987] HAYEK, F. A, 2013, pos. 4905 (versão kindle). "There can [...], in a spontaneous order, be no rules which determine what anyone's position ought to be" (*Ibidem*, pos. 4911). *Vide* também LISTER, Andrew, 2011, p. 11.

[988] HAYEK, F. A, 2001, *passim* (*vide* definição de totalitarismo na p. 60) e HAYEK, F. A, 2013, pos. 6317 (versão kindle). *Vide* ainda ROSAS, J. Cardoso, 2011, p. 56 também destacando esta como a primeira ideia a reter de HAYEK.

[989] NADEAU *in* NEMO, Philippe e PETITOT, Jean, 2006, pp. 1127 e 1131. Embora este autor esclareça que não podemos daqui inferir uma desistência da ideia de uma "sociedade justa" – pp. 1133 e 1134. *Vide* ainda sobre a contestação hayekiana da justiça social IKEDA, Yukihiro, 2010 e MACEDO, Stephen, 1999.

[990] HAYEK, F. A, 2013, pos. 6063 (versão kindle): "Applied to the international sphere, the complete lack of a recognized standard of «social justice» [...] becomes obvious".

[991] A maioria destas expressões encontram-se em HAYEK, F. A., 2013, capítulo 9. Seguimos aqui o levantamento de expressões críticas feita por LISTER, Andrew, 2011, pp. 2 e 3. Embora haja outros autores a fazer o levantamento das críticas hayekianas à ideia de justiça social – LUKES, Steven, 1997.

[992] HAYEK, F. A, 2013, pos. 697 (versão kindle).

[993] HAYEK, F. A, 2013, pos. 7230-32 (versão kindle): "Is is on of the greatest weaknesses of out time that we lack the patience and faith to build up voluntary organizations for purposes which we value highly, and immediately ask the government to bring about by coercion (or with means raised by coercion) anything that appears as desirable to large numbers".

na verdade não tem (é essa, aliás, a ideia de miragem que está subjacente ao título do seu livro *The Mirage of Social Justice*). Para HAYEK, a colocação da tónica no carácter distributivo da Justiça tem mesmo o significado claro do esvaziamento desse conceito[994]. Embora HAYEK esclareça que não quer com esta observação deitar fora "o menino com a água do banho", pretendendo com isto dizer que ele próprio não prescinde de atribuir um qualquer significado à Justiça[995].

Centremo-nos então nesta recusa da justiça social e nas suas razões.

Se para F. A. HAYEK falar em justiça social não era mais do que uma insinuação "intelectualmente desonesta, a marca da demagogia e do jornalismo barato, que pensadores responsáveis deveriam ter vergonha de usar, uma vez que sua vacuidade é reconhecida e o seu uso é desonesto"[996], a sua militância contra a justiça social justifica-se com vários argumentos. Dentre eles destacaremos quatro.

A primeira: a actuação dos agentes no mercado deve ser livre e espontânea. Como explica n'*O Caminho para a Servidão*, a intervenção do Estado conduz ao controlo completo da ordem social[997] e ao totalitarismo[998]. De acordo com as suas palavras, o conceito de «justiça social» foi o "cavalo de Tróia pelo qual o totalitarismo entrou"[999]. Na filosofia hayekiana, o Estado deve limitar-se a regular a vida social, por meio de leis gerais[1000] – as quais podem determinar apenas as hipóteses de cada um e não resultados particulares[1001] – e o mercado deve ajustar por si próprio, isto é, espontaneamente, preços e remunerações

---

[994] HAYEK, F. A, 2013, pos. 6211 (versão kindle).

[995] HAYEK, F. A., 2013, pos. 6261 (versão kindle). *Vide* também pos. 6926 em que diz que os estudiosos de jurisprudência perderam nas últimas centenas de anos o significado original de justiça, uma vez que assistimos à substituição das regras de comportamento justo por regras organizacionais que chamamos de direito público. Direito este que acaba por ser um direito que subordina os indivíduos aos seus comandos.

[996] HAYEK, F. A, 2013, pos. 6204 (conclusões do capítulo 9 – vol. 2) (versão kindle).

[997] HAYEK, F. A, 2013, pos. 5320 (versão kindle).

[998] HAYEK, F. A, 2001, p. 60 e HAYEK, F. A., 2013, pos. 5778 (versão kindle). Com efeito, HAYEK entende que "a claim for equality of material position can be met only by a government with totalitarian powers" (*Ibidem*, pos. 5929 – versão kindle). Criticamente *vide* KYMLICKA, Will, 2002, pp. 102-103, chamando a atenção para que uma defesa do capitalismo assente exclusivamente no perigo da tirania é fraca, pelo facto de não haver uma relação necessária entre o capitalismo e o respeito pelas liberdades civis.

[999] HAYEK, F. A, 2013, pos. 6932 (versão kindle).

[1000] HAYEK, F. A, 2003, p. 116 e HAYEK, F. A., 2013, pos. 4479 (versão kindle). Para HAYEK tratar todos de acordo com as mesmas regras deve ser o guia numa abordagem progressiva a uma sociedade aberta de indivíduos livres e iguais perante a lei (*Ibidem*, pos. 5027).

[1001] HAYEK, F. A, 2013, pos. 6745 (versão kindle).

sem precisar da intervenção dirigente do Estado. Para HAYEK, não só não existe consenso quanto ao critério que poderia presidir à distribuição[1002], mas também os instrumentos de redistribuição de riqueza acabariam por se tornar, inevitavelmente, instrumentos de dominação pública e de controlo da actividade económica em geral por parte do Estado[1003]. Como explica CARDOSO ROSAS, a uma visão "construtivista" – em que o Estado trata a sociedade e o mercado como uma organização, dando-lhes instruções através de legislação ou da acção governativa[1004] – HAYEK opõe uma visão "evolucionista", em que as instituições sociais devem ser "o produto espontâneo das interacções de milhões de seres humanos ao longo do tempo"[1005].

A segunda: a actuação livre no mercado é incompatível com a ideia de intervenção (*interference*) do Estado na economia[1006]. Para HAYEK, o mercado é um lugar de cooperação das pessoas, onde ninguém tem a responsabilidade de assegurar um determinado resultado[1007] e onde não existe um padrão de distribuição de bens que seja justo[1008]. Para este mesmo autor, as interferências do Estado têm consequências que nunca seriam admitidas pelo mercado, sendo, aliás, incoerentes em relação à ordem geral estabelecida pelo mercado, além de apresentarem inúmeros problemas: são actos de coacção – em que as pessoas são obrigadas a prosseguir propósitos que não são os seus[1009]; não obrigam o Estado a fazer o mesmo em todas as instâncias[1010]; são feitas apenas em favor de alguns grupos particulares, até pela impossibilidade prática de generalização destes benefícios a todos os grupos[1011]. Em consequência,

---

[1002] HAYEK, F. A, 2013, pos. 4333 (versão kindle) e MORISON, S. Taylor, 2005, p. 6.
[1003] HAYEK, F. A, 2003, p. 303. "Hayek allows that the concept of social justice might be intelligible within the context of a command economy, in which the distribution of resources is, at least in theory, the deliberate choice of a central authority". *Vide* também sobre isto MORISON, S. Taylor, 2005, p. 5.
[1004] "O construtivismo não só arruína o funcionamento da ordem espontânea, como é baseado numa visão insustentável acerca das capacidades do conhecimento humano" – ROSAS, J. Cardoso, 2011, p. 57.
[1005] ROSAS, J. Cardoso, 2011, p. 56.
[1006] HAYEK, F. A., 2001, p. 64 e HAYEK, F. A., 2013, pos. 4466 e pos. 6320 (versão kindle): "the new rights [new social and economic rights] could not be enforced by law without at the same time destroying that liberal order at which the old civil rights aim".
[1007] LISTER, Andrew, 2011, p. 11.
[1008] HAYEK, F. A., 2013, pos. 5937 (versão kindle).
[1009] HAYEK, F. A., 2013, pos. 6806 (versão kindle).
[1010] HAYEK, F. A., 2013, pos. 6806 (versão kindle).
[1011] HAYEK, F. A., 2013, pos. 6814 e pos. 7031 e 7038 (versão kindle): "The only just principle is therefore to concede this privilege to none".

pelas características com que são definidas, estas intervenções são injustas, na perspectiva de HAYEK. Está em causa a ideia de que o mecanismo de fixação de preços pelo mercado é mais eficaz do que o planeamento do Estado. Para HAYEK, a economia de mercado é mais eficiente do que a economia dirigida "e ela é tanto mais próspera quando todos são livres nos seus planos, nas suas preferências e nas suas acções"[1012]. Com efeito, considera, por um lado, que nela é impossível assegurar uma distribuição de acordo com algum padrão de mérito e merecimento, sem invadir a esfera de liberdade dos sujeitos e sem quebrar a lógica do mercado que privilegia tanto a competência como a sorte[1013]. Por outro lado, nenhuma instância económica central vê melhor do que os actores económicos (princípio do conhecimento disperso[1014]). Ao actuar com pretensão coordenadora, o Estado acaba por perder informação que é conhecida pelo saber privilegiado de quem se encontra nas situações concretas[1015].

A terceira razão deve-se ao facto de, para HAYEK a justiça social ser geralmente adulterada por outros valores estranhos ao interesse geral ou bem comum[1016]. Por exemplo, a direcção da vida económica, por parte do Estado, é muitas vezes feita com favorecimento de certos interesses e grupos em detrimento de outros – sendo muitas vezes este favorecimento concedido, por exemplo, em troca de apoio em eleições[1017]. Está, portanto, aqui em causa o reconhecimento de que certos grupos sociais e de pressão acabam por impor a sua visão face aos demais. HAYEK é, assim, contra todas as formas de privilégios concedidos pelo Estado, vendo na admissão do contrário a abertura da possibilidade de conceder privilégios, na defesa de grupos determinados, em detrimento de uma visão de bem-comum que deveria ser prosseguida pelos entes públicos. Denuncia, com isto, a irracionalidade de muitas medidas tomadas *ad hoc*, tendo em vista o exclusivo favorecimento de grupos de pressão[1018], considerando isto mesmo profundamente disruptivo ou fracturante para a sociedade. Pela exposição a grupos de interesse, HAYEK considera assim intrusiva toda a intervenção do Estado, porque dita ou proíbe arbitrariamente

---

[1012] NADEAU *in* NEMO, Philippe e PETITOT, Jean, 2006, p. 1123.
[1013] LISTER, Andrew, 2011, p. 11.
[1014] HAYEK, F. A., 2013, pos. 4426 e 4439 (versão kindle) e NADEAU *in* NEMO, Philippe e PETITOT, Jean, 2006, p. 1126.
[1015] NADEAU *in* NEMO, Philippe e PETITOT, Jean, p. 1126 e MORISON, S. Taylor, 2005, p. 6.
[1016] HAYEK, F. A., 2013, pos. 4400 (versão kindle).
[1017] NADEAU *in* NEMO, Philippe e PETITOT, Jean, 2006, p. 1122. "Hayek was worried that those who lose in market competition who be tempted to use the power of the state to recoup their losses, and so interfere with the mechanisms of the market" – LISTER, Andrew, 2011, p. 28.
[1018] HAYEK, F. A., 2013, pos. 6984-91 (versão kindle).

comportamentos. Para além disto, HAYEK chama ainda criticamente a atenção para o facto de muitas medidas redistributivas de rendimento, fundadas na justiça social, serem provocadoras de efeitos economicamente indesejáveis[1019]. Veja-se o que ele diz a propósito do subsídio de desemprego: "Nem podemos estar seguros de que o carácter do nosso apoio aos desempregados não poderá ser um dos mais importantes factores que levam ao agravamento do desemprego"[1020]. Ou ainda o que diz a propósito das ideias de "correcção dos resultados do mercado" que a justiça social pretensamente favoreceria: "provavelmente produziram mais injustiça na configuração de novos privilégios, de obstáculos à mobilidade e de frustração de esforços do que contribuíram para aligeirar o sacrifício dos pobres"[1021].

A filosofia de HAYEK é, pois, de concorrência e de liberdade económica, de forma a que todos acabem por coordenar por si sós os seus planos. E o mercado, entendido como "ordem espontânea", é o único a prover a uma justa distribuição de bens. HAYEK não pretende com isto dizer que o fosso entre ricos e pobres se esbateria necessariamente com a aplicação das suas regras. O que diz é que a possibilidade que existe de este fosso se cavar não justifica que o Estado promova políticas de redistribuição de bens[1022]. Isto, essencialmente, por duas razões: uma, porque elas desincentivariam a actividade e o crescimento económico, de que depende, em última análise, a criação de riqueza e outra, porque elas gerariam necessariamente desigualdades de riqueza. E estas últimas seriam piores do que as ditadas pelo mercado. Com efeito, ao passo que as desigualdades do mercado resultariam de um processo em que todos tinham hipóteses de sucesso (as maiores possíveis), as provocadas pelo Estado seriam directamente produto de uma actuação coerciva e arbitrária, pondo em causa o são funcionamento do mercado.

Para HAYEK, o mercado é um jogo de troca que tem de ter, para funcionar, ganhadores e perdedores. Todos devem jogar segundo as regras do mercado – a mais importante: "ser justo/recto e que ninguém faça batota" (*be fair and that nobody cheat*)[1023] – e fazendo-o, o resultado será o que for; nem justo nem injusto[1024].

[1019] HAYEK, F. A., 2003, pp. 300-302.
[1020] HAYEK, F. A. 2003, p. 300.
[1021] HAYEK, F. A., 2013, pos.7003-10 (versão kindle).
[1022] MORISON, S. Taylor, 2005, p. 3.
[1023] HAYEK, F. A., 2013, pos. 5690 (cap. 9, vol 2) (versão kindle).
[1024] "Only human conduct can be called just or unjust"; "a bare fact, or a state of affairs which nobody can change, may be good or bad, not just or unjust" – HAYEK, F. A., 2013, pos. 4876, 5671: "Only the conduct of the players but not the result can be just" e 5676 (versão kindle).

Será imprevisível[1025], é certo, mas deve ser aceite nas suas consequências – rendimentos mais baixos para os trabalhos menos agradáveis ou mesmo perdas de rendimento – como um facto natural, porque não foi desejado por ninguém. Para HAYEK, as regras de funcionamento do mercado são e devem ser formais e, como tal, não se pode exigir que os seus resultados sejam conformes com uma ideia preconcebida de justiça[1026].

Em último lugar – e para fechar a enumeração das quatro razões que encontramos no pensamento de HAYEK que o conduzem à rejeição da ideia de justiça social –, são ainda de apontar os problemas que HAYEK imputa à mesma: o facto de dependerem de um crescimento económico contínuo; a inflação que geram; o facto de passarem cheques em branco para resolverem problemas de gerações presentes sem cuidarem do futuro; a dependência de uma tributação paralisante; a dependência de sindicatos influentes coercivos; o crescente domínio do Estado na educação; e a existência de um serviço social burocrático com muitos poderes arbitrários. HAYEK diz mesmo "dantes sofríamos com os males sociais, agora sofremos dos seus remédios"[1027].

É, porém, importante notar que na sua obra, HAYEK ao rejeitar a justiça social não rejeita, como se disse, todo o tipo de intervenções do Estado. Há algumas intervenções com as quais concorda[1028], como é o caso excepcional do pagamento de um rendimento mínimo, desde que fora do mercado[1029], afastando-se, neste ponto, de outros libertários[1030]. Diz até – numa crítica às

---

[1025] MORISON chama a atenção para o facto de HAYEK, embora inserido numa tradição liberal, se distinga no que toca à sua posição sobre a justiça distributiva: "he does not contend, as classical liberals and libertarians often do that the distributive pattern that emerges from a series of voluntary market exchanges is necessarily «just»" – MORISON, S. Taylor, 2005, p. 3.
[1026] "In a free society in which the position of the different individuals and groups is not the result of anybody's design" – HAYEK, F. A., 2013, pos. 5664 (versão kindle); MORISON, S. Taylor, 2005, p. 3.
[1027] HAYEK, F. A., 2003, pp. 304-305.
[1028] "The necessity of some such arrangement in an industrial society is unquestioned" – HAYEK, F. A., 2003, p. 285.
[1029] HAYEK, F. A., 2013, pos. 6935-43 (versão kindle): "A system which relies on the spontaneous ordering forces of the market, once it has reached a certain level of wealth, is also by no means incompatible with government providing, outside the market, some security against severe deprivation" *Vide* ainda *Ibidem*, pos. 7058-7065 (versão kindle), referindo-se a um mínimo de subsistência a quem não consegue sustentar-se no mercado: pessoa em início de carreira ou crianças (embora ache difícil que num governo democrático a sua intervenção se confine a esses domínios).
[1030] "Principled libertarians might deny that individuals can rightly be forced to aid each other or share fairly in the benefits of cooperation, but Hayek does not make that argument; in fact [...] he implicitly rejects it by accepting the legitimacy of state provision of income support for those who can't support themselves in the market" – LISTER, Andrew, 2011, p. 7. *Vide* também NADEAU in NEMO, Philippe e PETITOT, Jean, 2006, p. 1131.

novas leis dos pobres – que esse rendimento não só não deve ser atribuído apenas aos pobres "merecedores", mas também que o montante a atribuir, numa sociedade relativamente rica deve ser superior àquilo que é absolutamente necessário para uma pessoa se manter viva e saudável[1031]. Hayek chega também a falar da aceitabilidade de um programa de segurança social[1032] ("a «segurança social» pode provavelmente ser aceite pelos mais consistentes defensores da liberdade"[1033]), embora critique os termos da sua evolução para um sistema compulsório de redistribuição de rendimento ou de uma redistribuição igualitária de rendimento[1034], atentatório da liberdade[1035]. Autores há que até sublinham que Hayek, se pudesse escolher, optaria por um sistema de mercado redutor da desigualdade[1036]. O limite hayekiano para a aceitabilidade da intervenção do Estado encontra-se na desnecessidade de uso da coacção[1037] no sentido de resolver as desigualdades económicas e na não interferência com o mecanismo de estabelecimento de preços no mercado, já que o postulado básico de que parte é o de uma sociedade e de um mercado livre.

É preciso notar, porém, que ao defender o rendimento mínimo ou um sistema de segurança social, Hayek não se move por razões de compaixão nem de solicitude para com os pobres. Nem sequer por uma ideia de justa redis-

---

[1031] Hayek, F. A., 2003, pp. 285, 300, 301 e 302.

[1032] Hayek, F. A., 2001, p. 125.

[1033] Hayek, F. A., 2003, p. 286.

[1034] "Under such system all are provided with the standard of welfare which is thought they should enjoy, irrespective of what they can do for themselves, what personal contributions they have made, or what further contribution they are still capable of making" – Hayek, F. A., 2003, p. 292. "The problem arises in serious form as soon as government undertakes to secure not only a minimum but an "adequate" provision for all the aged, regardless of the individual's need or the contribution made by him" – Hayek, F. A., 2003, p. 295.

[1035] Hayek, F. A., 2003, p. 287-289. "Freedom is critically threatened when government is given exclusive powers to provide certain services – powers which, in order to achieve its purpose it must use for discretionary coercion of individuals" (*Ibidem*, pp. 289-290).

[1036] Hayek, F. A., 2001, pp. 125-125, Hayek, F. A, 2003, p. 88 e Lister, Andrew, 2011, p. 14.

[1037] Hayek, F. A, 2003, p. 88: "[...] economic inequality is not one of the evils which justify our resorting to discriminatory coercion or privilege as a remedy". Embora admitindo sempre uma coacção mínima de forma a que o Estado possa impor o respeito pelas leis gerais – Hayek, F. A., 2003, p. 116 e 2013 e Hayek, F. A., 2013, pos. 5410 (versão kindle):" [the coercion] is necessary to secure the private domain of the individual against interference by others [...]". *Vide* ainda Petsoulas, C., 2001, p. 16 e Lister, Andrew, 2011, p. 14. *Vide* ainda as observações de Hayek às prestações estaduais de educação numa base igual para todos (Hayek, F. A., 2013, pos. 5957). Hayek não exclui a sua necessidade, mas alerta para o facto de haver dúvidas quanto ao facto de permitir ao Estado que o faça, devido aos poderes que teriam de lhe ser atribuídos para o efeito – "this would have to go on until government literally controlled every circumstance which could affect any person's well-being" (*Ibidem*, pos. 5964).

tribuição[1038]. (Por isso mesmo, fica aqui em evidência o seu afastamento em relação ao pensamento enquadrável no paradigma moderno de distribuição de bens.) Move-se, isso sim, por razões económicas, para promover o acesso de todos ao mercado, e pela necessidade de manter a paz social[1039], de forma a evitar que uma classe de desfavorecidos constitua uma ameaça à coesão do conjunto da sociedade.

Neste ponto é importante também esclarecer que a rejeição da justiça social não implica que olhemos para o pensamento hayekiano como uma negação da ideia de Justiça. Apesar de a sua teoria não ser ética, o seu pensamento pode ser entendido como uma busca de um tipo de justiça compatível com os princípios do liberalismo económico. A sua ideia é a da maximização do produto global da economia para que todos possam ser beneficiados[1040]. Trata-se da ideia da maximização da oportunidade média ou maximização do rendimento médio – como que dizendo que o liberalismo beneficia idealmente a todos[1041]. Ou seja, do seu pensamento podemos extrair a ideia de que a ordem espontânea é a aquela que permite que todos possam sair beneficiados do jogo económico livre ("a justificação social para tolerar as desigualdades geradas pelo sistema de mercado, na visão de Hayek, é que o desenvolvimento do capitalismo industrial avançado aumentou dramaticamente a apetência de cada um realizar as suas necessidades e desejos"[1042]). Aquilo que HAYEK recusa liminarmente é que o Estado tenha de ter um papel a desempenhar na construção desta Justiça, ou seja, que o Estado tenha um papel na redistribuição de bens e serviços – no caso de não serem todos realmente beneficiados – tendo em vista qualquer ideia de igualdade. É neste ponto que NADEAU considera encontrar-se a grande diferença de pensamento entre o pensamento de HAYEK e o pensamento de RAWLS – "mesmo reconhecendo que à partida as pessoas não nascem com as mesmas oportunidades de sucesso económico, Hayek recusa ao Estado o direito de igualar as oportunidades de todos através de medidas redistributivas"[1043] –, como se HAYEK considerasse necessário aceitar "as limitações ético-políticas que uma tal ordem de liber-

---

[1038] HAYEK, F. A, 2003, p. 303
[1039] HAYEK, F. A., 2001, pp. 124-125.
[1040] HAYEK, F. A., 2013, pos. 6523-6530 (versão kindle): ""The aim of policy in such a society would have to be to increase equally the chances for any unknown member of the society of pursuing with success his equally unknown purposes [...] if universally applied, tend in this sense to improve everyone's opportunity".
[1041] HAYEK, F. A., 2013, pos. 6672 (versão kindle).
[1042] MORISON, S. Taylor, 2005, p. 21.
[1043] NADEAU in NEMO, Philippe e PETITOT, Jean, 2006, p. 1140.

dade máxima requer para se manter e desenvolver"[1044] ou como se achasse impossível a prossecução pública de uma política redistributiva em termos justos. A demonstração de que o próprio HAYEK não prescindiu de uma ideia de justiça no seu pensamento é a sua afirmação – de certa forma surpreendente – de 1981, reconhecendo que não há "nenhuma divergência fundamental" entre a sua abordagem e a Teoria da Justiça de Rawls[1045].

Mas será real esta aproximação de HAYEK a RAWLS?

Há quem aproxime a visão de HAYEK da de RAWLS, embora nós não o façamos. Prova disso mesmo é a facto de tratarmos os pensamentos como apontando para critérios distintos de despesa pública justa: HAYEK entre os autores que defendem ideias opostas às do paradigma moderno de distribuição de bens e RAWLS totalmente enquadrado na justiça moderna, dentro de uma concepção mista de justiça liberal social.

Dentre os destaques feitos pelos Autores que estudam o tema, salientamos quatro pontos que são frequentemente apontados como comuns entre ambos os autores: a importância da justiça processual pura; a irrelevância do mérito; o uso do véu da ignorância; e o princípio de que as desigualdades deveriam beneficiar todos[1046].

O próprio HAYEK considera-se próximo do pensamento de RAWLS, em grande parte, porque que este defende uma concepção de justiça processual pura[1047], que não visa a obtenção de resultados concretos. Mas, se é verdade que os princípios de Justiça rawlsianos se aplicam a regras institucionais e não a distribuições concretas, a verdade é que há divergências não despiciendas entre os seus pensamentos. Ao contrário do que sucede no pensamento hayekiano, as instituições justas são definidas por RAWLS sem prescindirem dos termos das distribuições que operam – igualdade de oportunidades/melhoria da situação dos menos beneficiados[1048]. Ou seja, acaba por haver em

---

[1044] NADEAU in NEMO, Philippe e PETITOT, Jean, 2006, p. 1142.
[1045] HAYEK, F. A., 2013, pos. 6261-6268 (versão kindle). NADEAU in NEMO, Philippe e PETITOT, Jean, 2006, p. 1142.
[1046] LISTER, Andrew, 2011, p. 5. Para uma visão crítica *vide* FLEW, A., 1995, pp. 79-80, que acha que HAYEK foi surpreendente e infeliz na sua aproximação a RAWLS.
[1047] LISTER, Andrew, 2011, p. 16: "His sympathy for Rawls is therefore readily intelligible, given Rawls's commitment to pure procedural justice and his denial that desert is a fundamental principle of justice".
[1048] GAMEL 2009, p. 6: "Chez Rawls, des principes de justice relativement précis (égales libertés d'une part, inégalités contraintes par une réelle égalité des chances et le principe de différence d'autre part) éliminent de fait les états de la répartition jugés non désirables, ce qui oriente la procédure sociale vers un certain résultat [...]".

Rawls um julgamento prévio sobre distribuições primárias que condiciona a escolha das regras. E é neste ponto que Lister afirma que Hayek interpretou mal o pensamento de Rawls[1049]: "os princípios de Rawls, portanto, têm um carácter híbrido em relação à justiça processual pura"[1050], ao passo que os de Hayek não têm as mesmas características. Para Rawls, "as distribuições entre os indivíduos são justas desde que resultem da interacção no seio de instituições justas, mas as instituições justas são definidas em parte, em termos da sua tendência para produzir as distribuições correctas (*right distributions*) entre todas as posições sociais"[1051]. Ao contrário do que defende Hayek, Rawls parte da ideia de que a justiça social é uma parte substancial da justiça[1052]. E com isto distancia-se da teoria hayekiana. Para Rawls, como ninguém merece o seu lugar na distribuição de bens ou o lugar de partida na sociedade, também ninguém deve obter ganhos ou perdas a partir da sua posição arbitrária na distribuição de talentos ou de qualidades naturais ou da sua posição inicial na sociedade. É por isso que defende que deve partir-se, para a definição dos princípios de justiça, da ideia da pertença colectiva dos talentos de cada um. A sua ideia é a de promover um sistema de cooperação em que se procura minimizar a influência dos factores arbitrários nas condições a reconhecer a cada membro da sociedade, defendendo a partilha dos benefícios da distribuição, qualquer que ela seja. E isto é exactamente o contrário daquilo que é defendido por Hayek. Com efeito, Rawls parte do princípio que o Estado pode impor coercivamente transferências entre os mais ricos e os mais pobres, algo que Hayek recusa frontalmente[1053].

Também nas referências que Hayek faz à posição inicial dos indivíduos parece haver uma remissão para o discurso rawlsiano[1054]. O mesmo sucede quanto à ideia da maximização das oportunidades/hipóteses de sucesso que está inerente à sua defesa de uma economia livre de mercado. Parece fazer ressoar a ideia rawlsiana de que as desigualdades devem beneficiar todos[1055].

[1049] Lister, Andrew, 2011, pp. 3-4.
[1050] Lister, Andrew, 2011, p. 19.
[1051] Lister, Andrew, 2011, p. 19.
[1052] Flew, A., 1995, p. 80.
[1053] Flew, A., 1995, p. 87: "The direct compulsory transferring of wealth or income from the better off to the worse off constitutes the most clear-cut and dramatic feature of the conflict between the ideal of 'equality and social justice' and the ethics of a Great Society ".
[1054] Hayek, F. A., 2013, pos. 6862-6868 (versão kindle).
[1055] Também aqui alguns autores notam as semelhanças com o pensamento utilitarista – Lister, Andrew, 2011, p. 22. Gamel, Claude, 2009, p. 15: "les «règles abstraites de juste conduite» chez Hayek, par leur prééminence, renvoient au «principe d'égales libertés», hiérarchiquement pre-

Não obstante, neste último ponto, LISTER nota mais uma vez que há um equívoco na equiparação dos Autores. Para LISTER, uma coisa é falar na maximização das hipóteses de todos e outra é falar na maximização das hipóteses de alguém escolhido ao acaso (*any person picked out at random*[1056])[1057]. Com efeito, o que HAYEK defende é que se escolham instituições que beneficiem a média e não todos, como o defende RAWLS[1058]. Com efeito, não podemos deixar de recordar o que acima dissemos: HAYEK contentava-se assegurando as maiores hipóteses possíveis para todos. Pelo contrário, RAWLS recusa toda a concessão sobre a igualdade real de hipóteses entre os indivíduos[1059]/[1060].

Não obstante as dissemelhanças, é interessante notar que ambos os autores em análise partem de uma crítica ao utilitarismo. Mas, mais uma vez aqui, as razões por que o fazem são divergentes: "para Hayek trata-se de tirar as consequências da ignorância irremediável na qual se encontram os homens face à complexidade dos processos sociais, uma vez que a norma utilitarista da «maior felicidade para o maior número» supõe a omnisciência do «espectador imparcial» encarregado da sua aplicação. Para RAWLS, diferentemente, uma concepção de justiça digna deste nome deve levar a sério a pluralidade de indivíduos em causa e recusar o *sacrifício* de uma minoria dentre eles para a maior felicidade dos outros"[1061].

Nos textos hayekianos são ainda de notar o que à primeira vista podem parecer concessões ao pensamento rawlsiano – por exemplo, quando admite a igualdade de oportunidades ou o financiamento público do ensino de crianças. Mas mesmo aqui, HAYEK nunca admite que estas são exigências de uma noção de justiça social[1062].

Em resumo, poderíamos dizer que se é verdade que HAYEK não vai ao encontro da filosofia kantiana nem professa o igualitarismo de RAWLS, tam-

---

mier dans le système de valeurs «rawlsien» (3.1); la « Grande Société» de Hayek assure à chacun, de manière minimaliste, des chances «aussi grandes que possible», là où le second principe de la justice de Rawls vise, de manière volontariste, une « réelle égalité des chances » (3.2); enfin, la concession par Hayek d'un « revenu minimum garanti » trouve un écho nettement plus ambitieux dans le «principe de différence» de Rawls (3.3)".

[1056] HAYEK, F. A., 2013, pos. 6530 (versão kindle).
[1057] LISTER, Andrew, 2011, p. 24.
[1058] "Maximazing the average could mean that some people will end up with little opportunity while other end up with lots, so long as this maximizes the average" – LISTER, Andrew, 2011, p. 24.
[1059] GAMEL, Claude, 2009, p. 18.
[1060] GAMEL, Claude, 2009, p. 19.
[1061] GAMEL, Claude, 2009, p. 8.
[1062] LISTER, Andrew, 2011, p. 27.

bém não é menos verdade dizer que não ignora a justa igualdade de oportunidades. Não atribui porém ao Estado a função de redistribuição de bens e serviços que poderia favorecer esta justa igualdade tal como o faz RAWLS e isso cria um abismo entre eles[1063].

BUCHANAN e as bases constitucionais do mercado livre
Criticamente ao pensamento utilitarista e às fórmulas de bem-estar que se desenvolveram à sua volta, temos de fazer também referência ao pensamento de JAMES BUCHANAN.

Não é fácil falar de JAMES BUCHANAN e do seu pensamento individual, na medida em que muitos dos seus textos são partilhados. No entanto, procuraremos desenvolver um pouco os traços que são comuns aos seus textos e unanimemente atribuídos a si. Por um lado, o desenvolvimento das bases da escola da escolha pública (*public choice*) e, por outro, o desenvolvimento da "economia política constitucional" (*constitutional political economy*).

A análise do seu pensamento interessa-nos, pois BUCHANAN influenciou e influencia os princípios básicos daquilo que ensinamos hoje na disciplina de Finanças Públicas, com particular incidência na perspectiva das despesas públicas. Com efeito, este acaba por tratar do problema da despesa pública ao mais alto nível: o das escolhas constitucionais que determinam a existência e a extensão da intervenção do Estado na economia. A economia que propõe não é pois de previsões, mas a de saber onde deve ser desenhada a linha entre o público e o privado[1064].

Referimo-nos ao pensamento de BUCHANAN no âmbito dos critérios de justiça que preconizam a libertação do Estado das funções de justiça social, pois tal como HAYEK e NOZICK, também este autor parte de uma ideia de Estado individualista, opondo-se ao modelo imperante de justiça social. JORGE COSTA SANTOS faz aliás uma referência em conjunto a estes autores, falando neles como os "campeões da liberdade e os carrascos do Estado Providência"[1065].

BUCHANAN identifica-se mesmo com a defesa do libertarismo, no sentido de um *laissez-faire* com limites[1066] (um retorno às ideias de SMITH e da

---

[1063] NADEAU in NEM, Philippe e PETITOT, Jean, 2006, p. 1139.
[1064] BUCHANAN, J. M., e TULLOCK, G., 1962, p. 5
[1065] SANTOS, J. Costa, 1993, p. 215. Embora BUCHANAN prefira pôr as coisas de outra forma: "The public choice research programme is better seen as a correction of the scientific record than as the introduction of an anti-governmental ideology" (BUCHANAN, James, 2003, p. 16).
[1066] BUCHANAN, James, 1999, pos. 142.

escola clássica[1067]). E ao apontar esse caminho, fornece leis e princípios que enquadram o funcionamento do mercado livre em que acredita[1068]. Buchanan está decidido a contrariar a ideia do Estado como "déspota benevolente" ou a "presunção convencional de que o Estado ou a colectividade era sempre benevolente"[1069]. Por isso, parte da rejeição da concepção do Estado de bem-estar, reputando-a de organicista, considerando que esta simplifica a decisão colectiva e anula o espaço do indivíduo[1070]. Considera-a por isso como oposta à tradição ocidental, na qual o indivíduo é a entidade filosófica primária. Está aqui em causa a recusa de uma visão do Estado como uma entidade supra-individual ou a boca de uma vontade geral mítica que deriva de forma independente de um processo de decisão ou seja, que deriva das escolhas concretas feitas pelos indivíduos[1071]. A abordagem de Buchanan é, portanto, individualista, no sentido de apenas considerar o indivíduo como a unidade de tomada de decisões[1072], contrariando assim uma visão organicista do Estado, em que as decisões são tomadas pelo governo, com base num conceito abstracto de bem-estar social.

Não obstante esta filiação libertária, é necessário notar desde já que embora sendo libertário, Buchanan não rejeita todo o tipo de actuação do Estado. Com efeito, admite-a sempre que ela tem benefícios e não assenta numa ideia de exploração dos indivíduos pelo Estado. A condição é, pois, sempre que a decisão de intervenção parta do indivíduos, devendo estes ser verdadeiramente integrados nessas mesmas decisões. Buchanan reconhece mesmo casos em que a acção colectiva é mais eficaz na resolução dos problemas, promovendo a partilha de bens e serviços[1073]. Na verdade, o que Buchanan defende é a limitação do sector público, propondo em concreto a formulação de uma norma constitucional que imponha um limite[1074].

Do Estado de bem-estar, Buchanan critica em concreto a opção no sentido do suprimento público das incapacidades de mercado[1075]; a existência de

---

[1067] Buchanan, James, 2003, p. 18.
[1068] "[...] The economy cannot function in vacuo; it must be incorporated in, and must be understood to be incorporated in, a structure of "law and institutions" – Buchanan *apud* Sen, Amartya, 2011, p. 368.
[1069] Buchanan, James, 1999, pos. 158 (versão kindle).
[1070] Buchanan, J. M., e Tullock, G., 1962, p. 11.
[1071] Buchanan, J. M., e Tullock, G., 1962, p. 12.
[1072] No sentido de apenas admitir a acção do Estado se esta está de acordo com o interesse individual.
[1073] Buchanan, James, 1999, pos. 158 e 737 (versão kindle).
[1074] Buchanan, James, 1999, pos. 1964 (versão kindle).
[1075] Buchanan, James, 1975.

um sector público gigante (com tamanho exagerado em relação ao total da economia), sem coerência e sem lógica de conjunto[1076]; e a economia que o sustenta como feudo dos exercícios de matemática aplicada. Para BUCHANAN, o Estado social, assente nas transferências de riqueza – sobretudo em Estados grandes – acabava por ter uma tendência de expansão, assumindo despesa para além daquela que as pessoas estariam dispostas a arrecadar. Constatação, aliás, que retira a partir da reivindicação de transferências, verificada em simultâneo com uma resistência de pagar impostos[1077].

Para além disto, emite também um juízo desfavorável em relação ao afastamento dos princípios liberais do equilíbrio orçamental e da neutralidade das finanças, vendo nas engenharias sociais e no keynesianismo a origem da corrosão da constituição financeira e da diluição "dos constrangimentos éticos e morais que limitavam a actividade do Estado no período das finanças clássicas"[1078]. Para BUCHANAN, o keynesianismo oferecera instrumentos para que um "governo benevolente pudesse afinar a economia para promover os objectivos desejados do pleno emprego e do crescimento económico"[1079]. No seio da sua censura ao Estado social opõe-se abertamente à "ideologia socialista" dominante[1080]. No que toca especificamente à despesa pública, BUCHANAN critica as ideias que derivam do entendimento do Estado de bem-estar. Critica assim a despesa pública feita sem controlo democrático, quer a fórmula de despender sem tributar, com consequente abuso do endividamento público, quer a ideia de utilização da despesa como instrumento privilegiado para beneficiar certos sujeitos económicos[1081].

Para BUCHANAN, o Estado social transformou-se num "Leviatã"[1082], apresentando inúmeras falhas. Muitas destas falhas foram denunciadas, no seu

---

[1076] BUCHANAN, James, 1999, pos. 1942 (versão kindle).
[1077] BUCHANAN, James, 1999, pos. 1858 (versão kindle).
[1078] SANTOS, J. Costa, 1993, p. 235.
[1079] BUCHANAN, James, 1995, p. 347.
[1080] BUCHANAN, James, 2003, p. 16: "But how was the basic Marxist critique of politics [...] to be transformed into the idealized politics of the benevolent and omniscient superstate?" Para BUCHANAN, o marxismo acabou por colapsar "from the cumulative record of non-performance in the implementation of extended collectivist schemes – non-performance measured against promised claims [...]. This record of failure, both in the socialist and welfare states, came to be recognized widely, commencing in the 1960s and accelerating in the 1970s" – BUCHANAN, James, 2003, p. 18.
[1081] "Um elevadíssimo volume de recursos é despendido em actividades que, além de não serem produtivas, nem sequer são orientadas por qualquer critério consistente de justiça" – SANTOS, J. Costa, 1993, p. 240.
[1082] BUCHANAN tem mesmo uma obra com o nome "The limits of liberty. Between anarchy and leviathan" (1975).

trabalho com GORDON TULLOCK (1962). Trabalho este que mais tarde inspirou a formação da Escola da escolha pública (*public choice*). Esta escola ajudou à compreensão das falhas do Estado de bem-estar democrático[1083] e ao questionamento da própria acção do Estado do ponto de vista económico[1084]. Por um lado, pondo a nu os seus problemas em diversos domínios. Por exemplo, quando as suas despesas são capturadas por clientelas partidárias – *lobbies* e grupos de interesse, "com intermédio dos monopólios partidários"[1085] – afastando o Estado cada vez mais das necessidades do "eleitor médio"; ou quando é adoptada uma burocracia que dificulta o controlo ou até facilita um modo de actuação pública que tende para a opacidade (vejam-se, por exemplo, as críticas que tece ao sistema fiscal, falando da "ilusão fiscal", facilitada pela aplicação de regras orçamentais pouco transparentes como o princípio da universalidade ou da não consignação de receitas). Com base nestas críticas, a Escola da escolha pública chama, por outro lado, a atenção para a necessidade pública de inspiração nas técnicas de gestão privada para tornar a sua acção eficaz e para a necessidade de reorganização do Estado de acordo com os princípios da descentralização e subsidiariedade. A Escola da escolha pública acaba por ser relevante por pôr a nu a necessidade de reavaliar as despesas públicas, tendo em conta as necessidades das pessoas que são a base do Estado[1086].

Com uma "desvalorização desencantada, ou mesmo cínica, dos arrebatamentos ideológicos relativos à existência, ou mesmo à necessidade, de uma «vontade geral» funcionalizada à proeminência de um «bem comum» "[1087], BUCHANAN propõe assim uma redução do Estado.

Numa primeira fase do seu pensamento, esta redução do Estado deveria ser levada a cabo através da adopção de uma nova forma de tomada de decisões por parte do Estado, ou seja, uma nova forma de ponderação pública. Uma ponderação que não resultaria da mera agregação dos interesses ou preferências individuais. BUCHANAN toma assim a resolução dos problemas do Estado de bem-estar e da expansão dos orçamentos como uma espécie de moraliza-

---

[1083] À ideia da burocracia crescente e da assunção de funções sem conexão com o que tinha sido inicialmente prometido – BUCHANAN, James, 2003, p. 18.
[1084] DENNIS C. MUELLER fala da *Public Choice* como sinónimo de aplicação dos princípios económicos à ciência política (*apud* BOUVIER, M., ESCLASSAN, M. C. e LASSALE, J. P., 2010, p. 220).
[1085] ARAÚJO, Fernando, 2006, p. 614.
[1086] *Vide* BOUVIER, M., ESCLASSAN, M. C. e LASSALE, J. P., 2010, p. 221, associando um individualismo metodológico a esta Escola de escolha pública – a ideia de que o indivíduo age na política, de acordo com os seus interesses pessoais, de uma forma racional e utilitarista.
[1087] ARAÚJO, Fernando, 2006, p. 613.

ção da vida pública[1088]. Partindo de uma perspectiva individualista, BUCHANAN afirma, assim, uma ideia de "governo pela discussão"[1089]. Concebe, desta forma, a democracia como um processo decisório que pressupõe que "os valores individuais podem e devem alterar o processo de tomada de decisões"[1090]. BUCHANAN chega mesmo a propor uma "revolução constitucional"[1091], consubstanciada na celebração de um novo contrato social e na redefinição dos direitos e das exigências constitucionais. Este novo contrato social surgiria sob a forma de uma nova Constituição. As suas normas seriam definidas por meio de consenso, ou seja, por meio de decisões unânimes[1092].

Na sua obra *The Calculus of Consent*, o consenso constitucional é tomado como o único critério de justiça, numa crítica directa à ideia da regra maioritária[1093]. Nessa altura, BUCHANAN olha para o consenso como a única forma de assegurar que é o indivíduo que toma as decisões e não é discriminado por determinados grupos. Com efeito, o postulado individualista de que partia obrigava-o a impor que as decisões de grupo fossem impostas por meio de um acordo[1094]. É este consenso que é no pensamento de BUCHANAN "a base de um mercado livre com acordos voluntários e contratuais"[1095/1096].

[1088] MUSGRAVE, Richard A.,1999, pos. 2004.
[1089] Sobre a importância da discussão em BUCHANAN, fazendo uma comparação com os contributos de MILL e HAYEK para a construção e evolução do direito – PEART e LEVY, 2008, *passim*.
[1090] ARROW e BUCHANAN apud SEN, Amartya, 2011, p. 368.
[1091] BUCHANAN, James, 1975, capítulo 10. Referindo-a também SANTOS, J. Costa, 1993, p. 240.
[1092] BUCHANAN considera a este propósito o pensamento de RAWLS como sugestivo, integrando-o numa corrente individualista, em que é exigido o acordo unânime (sob o véu da ignorância), tal como ele próprio sugere. No entanto, não adere ao seu pensamento por pensar que ele foi longe de mais ao tentar prever – embora atribua isso à pressão que foi exercida por alguns que exigiam propostas de reforma concretas – os preceitos de justiça que poderiam resultar desse acordo – BUCHANAN, James, 1975, capítulo 10, ponto 7.10.31 e BUCHANAN, James, 1999, pos. 755 (versão kindle). *Vide* ORR, Daniel, 2001, p. 463, vendo nestes pensamentos uma diferença fundamental: ao passo que RAWLS se preocupava com o estabelecimento dos critérios de distribuição de bens pelas pessoas, BUCHANAN preocupava-se com o estabelecimento de procedimentos para gerir as expectativas dos indivíduos.
[1093] "Unless the parties agree to participate in this way in the ultimate constitutional debate and search for the required compromises needed to attain general agreement, no real constitution can be made" (BUCHANAN, J. M., e TULLOCK, G., 1962, p. 14). A unanimidade é apontada como critério de elaboração das normas constitucionais, por evita as comparações interpessoais e por evitar a adopção de regras paralelas. *Vide* também BUCHANAN, James, 1975, capítulo 3.
[1094] BUCHANAN, J. M., e TULLOCK, G., 1962, p. 31. BUCHANAN, James, 1975, ponto 7.9.9 – Capítulo 9. "Analysis should, therefore, be concentrated on individual decision-making".
[1095] ROTHBARD, Murray N., 1995, p. 3. Embora aqui ROTHBARD reconheça que se o princípio da unanimidade é atraente para os libertários, ele tem, nesse domínio, uma ferida irreparável: "que la bondad de los contratos libres o de los cambios – aprobados por unanimidad – respecto de la

Esta regra da unanimidade correspondeu, nessa altura, a uma aproximação ao pensamento de Wicksell, na parte em que este propunha a substituição da regra maioritária de tomada de decisões em sociedade por outros requisitos de aprovação mais inclusivos, falando em certos casos na aplicação da regra de unanimidade. Tratava-se aqui de assegurar ganhos para todos, na tomada de decisões do Estado (*quid pro quo*). Para Buchanan, a unanimidade teria a vantagem de permitir uma consideração conjunta dos interesses em causa. Cumulativamente permitiria também uma consideração conjunta da despesa e da receita pública[1097], contribuindo assim para eliminar o efeito de boleia (*free-ride*)[1098]. Buchanan via nesta unanimidade a única via para soluções eficientes[1099/1100]. Segundo as suas palavras, "só os projectos favorecedores da eficiência seriam escolhidos, uma vez que a eficiência é em si mesma definida pelas avaliações das pessoas e ninguém votará um projecto que produza benefícios negativos"[1101]. A regra da unanimidade teria ainda uma vantagem adicional: proteger as minorias. Para ele, só a unanimidade impediria a discriminação de qualquer grupo[1102].

situación actual depende enteramente de la bondad o de la justicia de esta situación en sí misma considerada". E pior: a unanimidade tenderá a congelar forçosamente o *status quo* actual, podendo assim a unanimidade converter-se num grave obstáculo à justiça e à liberdade.

[1096] Santos, J. Costa, 1993, p. 245: "Desde que as regras sejam consensuais e todos partam para o jogo dispondo de idênticas oportunidades, os elementares preceitos de correcção ("fairness") estarão respeitados. E isso legitimará os resultados que venham a ser verificados".

[1097] É a afirmação da ideia da política como troca das vantagens recebidas pelos encargos suportados – "The benefits received from the government provision of public goods should be at least equal to the tax burden imposed by the government to pay for those public goods [...] *Quid por quo* is the basis of Buchanan's view of politics-as-exchange, and provides the link between political decision-making of market decision-making" – Johnson, Marianne, 2006, p. 61.

[1098] Johnson, Marianne, 2006, p. 71.

[1099] Johnson, Marianne, 2006, p. 62. Está em causa a ideia de que a acção colectiva aumenta a utilidade individual. Por um lado, porque elimina os custos externos que as acções privadas podem impor aos outros indivíduos. E, por outro lado, porque proporciona benefícios externos adicionais que não podem ser conseguidos sem a agregação de comportamentos individuais (Buchanan, J. e Tullock, G., 1962, p. 46 e Buchanan, James, 1975, capítulo 3). Parte assim da ideia de interesse próprio individual, mas afirma que este não é a única influência das decisões públicas ("Self-interest pursuit is seen by Buchanan as only "a part" of human motivation, which is needed for the markets to work" – Sen, Amartya, 2011, p. 368).

[1100] Este consenso é olhado por alguns autores como uma variante do óptimo de Pareto – Rothbard, Murray N., 1995, p. 3: "Una versión estricta del óptimo de Pareto implica unanimidad: toda la persona aceptará una acción gubernamental con la que se cree que le irá mejor o, en todo caso, no peor". Rothbard refere que von Mises usa uma variante do princípio da unanimidade (*Ibidem*, p. 5)

[1101] Buchanan, James, 1999, pos. 1039 (versão kindle).

[1102] Buchanan, James, 1999, pos. 1039 (versão kindle).

Para afastar os problemas, provenientes da defesa deste consenso, já detectados na teoria de WICKSELL, BUCHANAN – numa reformulação da regra wickselliana do consenso – concebe este processo de decisões com dois níveis: o de política constitucional e o de política ordinária (*ordinary politics*). Só o primeiro estaria sujeito à regra da unanimidade. O segundo nível só estaria sujeito à regra da maioria desde que houvesse um consenso generalizado quando à Constituição ou quanto às regras que limitam e definem o que pode ser efeito no plano da legislação ordinária[1103]. O constitucionalismo de BUCHANAN é, portanto, contratualista.

No que toca à definição dos limites da intervenção do Estado, BUCHANAN defende que é necessária uma regra que resulta da decisão de todos quanto a saber o que deve ser ou não colectivizado. Notando-se, neste ponto particular, que a regra do procedimento adequado não deve ser independente da decisão de saber que actividades devem ser colectivizadas[1104]. Daqui emerge um Estado protector com funções policiais e jurisdicionais[1105]. Este Estado protector não impõe arbitrariamente a sua vontade, uma vez que terá de velar pelo cumprimento dos termos do contrato constitucional. A ideia do Estado protector seria basear-se em trocas voluntárias: no quadro do estado protector seriam realizadas trocas mutuamente vantajosas entre os indivíduos.

Este Estado, considerado sem mais, poderia ser equiparado ao Estado mínimo de NOZICK. No entanto, BUCHANAN defende um modelo de Estado diferente daquele concebendo um Estado que pode assumir outras funções para além das de protecção. Para BUCHANAN, o Estado pode assumir funções de produção de bens públicos ou bens colectivos (Estado produtor). E é justamente esta possibilidade de o Estado poder assumir função de produção de bens e até de assumir funções redistributivas, que faz com que BUCHANAN se afaste do modelo de Estado mínimo nozickiano. Esta função de produção teria a ver com os bens públicos puros ou colectivos que, pelas suas características (bens de satisfação passiva, não exclusivos e não emulativos), não poderiam ser eficientemente produzidos por particulares. Mas, quando o Estado surge nas vestes de produtor, está já a assumir uma função pós ou infra-constitucional[1106]. Por isso, ao assumir esta função infra-constitucional, o Estado

---

[1103] BUCHANAN, James, 2003, p. 15.
[1104] BUCHANAN, J. M., e TULLOCK, G., p. 48.
[1105] BUCHANAN, James, 1975, capítulo 4, ponto 7.4.40 "The participants agree on a structure of individual rights or claims that is to be enforced, and violation requires only the findings of fact and the automatic administration of sanctions.".
[1106] SANTOS, J. Costa, 1993, p. 244.

não teria já de actuar apenas por unanimidade, abrindo-se a possibilidade de tomada de decisões maioritárias. Com efeito, BUCHANAN entende que como o consentimento unânime é muito custoso, é necessário deixar uma porta aberta a que o Estado possa, por maioria, produzir estes bens públicos. Será no âmbito destes funções de produção que o Estado poderá assumir também funções legislativas[1107]. Com efeito, BUCHANAN entende a legislação como um bem público puro ou bem colectivo que, pelas suas características de não exclusão e indivisibilidade, terá necessariamente de ser produzida pelo Estado.

Segundo a sua ideia, o Estado produtor assumiria poucas funções, uma vez que o elenco de bens públicos é muito diminuto. No entanto, o próprio BUCHANAN admite que o número de bens públicos a ser produzido pelo Estado poderia sempre aumentar por decisão da colectividade[1108]. Por isso, neste ponto acabou por ser criticado pelos sectores mais libertários, vendo aqui uma falha na sua teoria. Para muitos, tratava-se de abrir uma "caixa de Pandora", uma vez que o processo de escolha poderia ser sempre dominado por facções durante a votação, acabando o Estado a financiar projectos que não pudessem ser justificados apenas numa base de custo-benefício.

No que toca às funções redistributivas, BUCHANAN considerava que também poderiam ser atribuídas ao Estado, mas nunca deveriam estar dependentes das maiorias que pudessem formar-se em cada momento. Devem, portanto, fazer parte do contrato constitucional, de forma a serem assumidas por todos e não fruto de uma qualquer visão do Estado que a todos condiciona ou coage. Para BUCHANAN, o problema da redistribuição é que não se separa a questão de saber que tipo de redistribuição poderia ser aceitável e quanta redistribuição se pretende[1109].

Ainda que reconhecendo aqui o afastamento do caminho trilhado por NOZICK, é preciso sublinhar que BUCHANAN apenas abre possibilidades limitadas para intervenção do Estado[1110], recusando por exemplo com este modelo

---

[1107] BUCHANAN, James, 1975, ponto 7.6.18: "There is a part of government whose action is different, in principle, from that of rule-keeping or enforcement. In its post constitutional role, what we may call the "productive state" is the constitutional process through which citizens accomplish jointly desired objectives, a means of facilitating complex exchanges *among* separate citizens, each of whom enters the contractual or exchange process with rights assigned in the more fundamental legal structure. In this role, government is *internal* to the community, and meaningful political decisions can only be derived from individual values as expressed at the time of decision or choice".
[1108] BUCHANAN, James, 1999, pos. 737 (versão kindle).
[1109] BUCHANAN, James, 1999, pos. 755 (versão kindle).
[1110] BUCHANAN calcula que nos países escandinavos, Inglaterra e Estados Unidos a produção apenas de bens públicos levaria o Estado a ter uma despesa de 10-12% do PIB – BUCHANAN, James, 1999, pos. 744 (versão kindle).

a produção pública dos chamados bens de mérito, de que falava MUSGRAVE[1111] ("bens privados destinados a utilização individual e oferecidos por entidades públicas, devido a elevadas exterioridades de consumo e por ser importante que exista um elevado nível de consumo individual desses bens"[1112]).

Não obstante o consentimento ser um dos traços mais emblemáticos do pensamento de BUCHANAN, a verdade é que ele próprio acabou mais tarde por o rever. Reconheceu assim que a reforma das regras maioritárias – por estar intimamente ligada com a ideia de democracia – iria necessariamente falhar, sendo necessários outros limites constitucionais[1113] para combater os seus excessos: discriminação, procura de rendas económicas (*rent seeking*) e orçamentos excessivos. Por isso, na década de 90, BUCHANAN escreve – desta vez sob influência clara (e assumida sem complexos) de HAYEK – , na sua obra *Politics by principle not interest: Toward nondiscriminatory democracy* (1998), que as maiorias têm de ser limitadas quando fazem leis relativas a tributação como relativas a despesa pública. Ou seja, BUCHANAN corrige a regra da unanimidade[1114] e passa a trabalhar com a regra maioritária, introduzindo limitações quanto aos resultados a atingir, como forma de evitar a discriminação. Ou seja, passa a admitir decisões maioritárias desde que elas tenham resultados não discriminatórios[1115]. Aproveitando a ideia de que o Estado deve limitar-se a regular a vida social, por meio de leis gerais, BUCHANAN fala, assim, de uma "exigência constitucional complementar"[1116] de generalidade, quer na imposição de impostos, quer na provisão de bens públicos.

Partindo de uma crítica ao Estado de bem-estar – a da irresponsabilidade financeira – BUCHANAN olha para as constituições financeiras como a única forma de limitar a livre manobra das decisões financeiras públicas, tendo em vista a eliminação do risco das pressões quotidianas do processo político corrente, que acabam por promover a contracção de receita e a expansão de

---

[1111] MUSGRAVE, Richard A., 1959, pp. 13-14 e BUCHANAN, James, 1999, pos. 744 (versão kindle).
[1112] FRANCO, A. L. Sousa, 2001 (vol. I), p. 40.
[1113] BUCHANAN, James, 1999, pos. 1044 (versão kindle): "Over the four decades since that work [The Calculus of Consent], however, I have been forced, reluctantly, to acknowledge the normative strength that majority rule has in public attitudes, involving the equation of majoritarianism with democracy itself, at least in some deep evaluative sense".
[1114] MUSGRAVE, Richard A., 1999, pos. 1152 (versão kindle): "Buchanan Model'98 breaks with the Wicksellian faith".
[1115] Considerando que houve uma inversão do pensamento de BUCHANAN, descartando a ideia de que o interessa são as regras e apostando nos resultados – *vide* MUSGRAVE, Richard A., 1999, pos. 1158 (versão kindle).
[1116] BUCHANAN, James, 1999, pos. 1964 (versão kindle).

despesas, o que gera défices orçamentais. Para BUCHANAN a persistência do abandono da regra de equilíbrio apenas se poderia justificar pela adopção de modelos não sofisticados de economia, assentes em modelos ingénuos de política democrática[1117].

No que toca às suas normas financeiras, BUCHANAN defende abertamente o retorno às regras clássicas. Mais concretamente, a constitucionalização da regra do equilíbrio orçamental[1118]. Com efeito, para BUCHANAN tratava-se aqui de corrigir um dos defeitos da política keynesiana, que tendia a negar os efeitos intergeracionais da dívida pública empolando apenas os efeitos da intervenção do Estado no que toca à promoção do crescimento económico e do pleno emprego (a que chama a "ilusão macroeconómica"[1119]).

Na defesa desta constitucionalização, BUCHANAN usa vários argumentos. Primeiro, defende que os governantes não poderiam responsabilizar a geração futura, apenas podendo comprometer a comunidade política presente. Para este autor, haveria uma diferença importante entre os empréstimos de uma pessoa privada e de um Estado. É que no caso do Estado e ao contrário do que aconteceria por exemplo, nas empresas, haveria "ausência de qualquer responsabilidade em relação ao pagamento futuro do serviço e amortização da dívida pública", uma vez que "não haveria presença efectiva de contribuintes futuros na escolha política presente"[1120]. Em segundo lugar, porque BUCHANAN diz que sem estar constitucionalmente prescrito, o equilíbrio será posto em perigo, por não haver segurança de que as acções de redução de défice não são dissipadas por acções de outras maiorias em períodos futuros[1121]. Em terceiro lugar, porque só nesta constitucionalização BUCHANAN vê a possibilidade de haver uma efectiva responsabilização daqueles que impõem aumento/redução de despesa, pois só uma regra constitucional de equilíbrio poderá contrariar a lógica do aumento de despesa sem o correspondente aumento de receita (impostos)[1122]. Com efeito, todos os encargos de redução de défice

---

[1117] BUCHANAN, James, 1997, p. 134.
[1118] "Democracy may become its own Leviathan unless constitutional limits are imposed and enforced" – BUCHANAN, James, 1975, ponto 7.9.41. Vide BUCHANAN, James, 1997, p. 129 explicando concretamente a regra do equilíbrio. Esta seria, portanto, uma regra de previsão orçamental impondo uma igualdade de receitas e despesas.
[1119] BUCHANAN, James, 1997, pp. 120-121 e 131-132.
[1120] BUCHANAN, James, 1995, p. 349.
[1121] BUCHANAN, James, 1995, p. 349 e BUCHANAN, James, 1997, p. 118.
[1122] BUCHANAN, James, 1997, p. 122: "To reduce the budget deficit, costs must be imposed on current-period tax-payers and/or current period beneficiaries of governmental programs. Taxes must be increased, and/or rates of spending must be reduced".

devem ser assumidos pela geração presente e não atirados para as gerações futuras[1123]. Por último, BUCHANAN olha para esta regra como um símbolo de responsabilidade financeira de um governo[1124].

Para BUCHANAN esta regra de equilíbrio orçamental deveria ser concebida como uma regra procedimental[1125], de fácil compreensão, requerendo apenas que as despesas impostas pelas maiorias sejam pagas por meio de impostos pelos contribuintes presentes[1126]. Esta regra deveria porém ser acompanhada da previsão de cláusula de salvaguarda para situações de emergência e com mecanismo de ajustamento automático "de tal sorte que qualquer violação

---

[1123] Na sua argumentação BUCHANAN responde às críticas que são feitas quer no sentido de saber quem controlaria ou como seria executada tal norma. Para o referido autor, esta regra seria cumprida como qualquer outra regra do jogo político: "The very fact that such a rule would be constitutional, and understood as such, would seem to be sufficient to guarantee basic adherence" – BUCHANAN, James, 1995, p. 354.
[1124] BUCHANAN, James, 1997, p. 136.
[1125] No sentido de não haver aqui qualquer constrangimento imposto no que toca quer ao tamanho ou composição do sector público – BUCHANAN, James, 1995, pp. 350-351.
[1126] Na defesa desta regra, BUCHANAN responde directamente a críticas.
Em primeiro lugar, à crítica de falta de flexibilidade da intervenção do Estado, dizendo que a ideia é justamente a de impor constrangimentos financeiros, de forma a que se possam prevenir abusos e prever o comportamento dos agentes políticos quer quando actuam individualmente, quer quando interagem em estruturas institucionais complexas (BUCHANAN, James, 1997, p. 127). Não se poderia, pois, partir do modelo ideal de que os políticos seriam omniscientes e benevolentes ou até da ideia de que estes agiriam apenas no estrito interesse público. Uma norma constitucional de equilíbrio orçamental impediria a utilização da ferramenta orçamental para satisfação de clientelas partidárias ou outros interesses que não o público. Para BUCHANAN, a ideia keynesiana de permitir o défice orçamental pecaria por ingenuidade, prestando-se a "aventureirismo financeiro de coligações políticas não permanentes" (BUCHANAN, James, 1997, p. 129), com a particularidade de apenas se poderem sentir os seus efeitos muito tempo depois (vide Ibidem, p. 128).
Responde ainda à crítica no sentido de saber, na prática, o que faria o Supremo Tribunal se o Presidente e o Congresso aprovassem orçamentos com défices orçamentais, dizendo que estas dúvidas partem do princípio de que as regras são violadas, quando na verdade as instituições de governança normalmente se regem pelas regras existentes (BUCHANAN, James, 1997, p. 131). Para BUCHANAN "the very fact that such a rule would be constitutional, and understood as such, would seem to be sufficient to guarantee Basic adherence".
Interessante é também a resposta à sua crítica que é dirigida à constitucionalização do equilíbrio no sentido de impedir o endividamento para despesas de investimento, chamando a atenção para o facto de já a regra clássica de equilíbrio prever "a normative argument in support of debt financing of lumpy or extraordinary spending on projects that promise to yield benefits over some finite sequence of periods subsequent to that in which the initial outlay is made" (BUCHANAN, James, 1997, p. 132). Embora neste caso, recomende algumas cautelas, exigindo o financiamento com dívida apenas para bens reprodutivos e cuja despesa seja extraordinária (Ibidem, pp. 132-133).
Para uma visão contrastante com a de BUCHANAN, vide com interesse a posição oposta defendida por SCHULTZE, 1995, passim.

daquela regra fosse de imediato sanada por aumentos instantâneos de taxas de impostos ou por cortes semelhantes de excesso de despesas"[1127]. Associada a esta limitação de endividamento, defende porém uma protecção do cidadão contra os aumentos de impostos. Ou seja, um limite superior de impostos.

Num esforço de clarificação das regras financeiras, defende ainda consignação de impostos, em nome da clareza dos gastos dos Estados, tendo em vista o espelho das escolhas dos contribuintes[1128].

Despesa pública e critérios de libertação do Estado
Num contexto de justiça distributiva moderna, os defensores da libertação do Estado de tarefas de distribuição de riqueza apontam claramente para a ideia de redução ao mínimo da intervenção do Estado e dos deveres que resultariam da ideia de justiça social que derivam desse entendimento de despesa pública (se bem que essa redução ao mínimo seja entendida de forma bem distinta pelos três autores *supra* referidos: NOZICK, com um entendimento mais radical, subordinando a intervenção pública à liberdade e aos direitos; HAYEK, acabando por temperar a sua recusa de uma visão de Justiça Social com a possibilidade de algumas intervenções públicas mínimas para garantir o acesso de todos ao mercado; e BUCHANAN, admitindo consensos constitucionais definidores de algumas zonas de intervenção pública). Para eles, a regra deve ser a de que as pessoas apenas merecem aquilo que conseguem ganhar no mercado livre (recordamos aqui aquilo que apelidamos de entendimento estrito da reciprocidade, associando-o ao libertarismo contemporâneo, quando exige reciprocidade nas trocas no mercado e não admite outra forma de distribuição de bens sem ser nessa sede). Critério diferente do critério liberal, em que se abre espaço para alguma intervenção do Estado, como vimos.

A crítica à intervenção do Estado não se afirma apenas no século XX, tal como procurámos ilustrar com os exemplos de MALTHUS e SPENCER. Despontou logo com os primeiros sinais de intervenção do Estado a favor dos pobres.

Os autores que estudámos mais profundamente a propósito dos critérios de libertação do Estado acabam por apresentar em comum a mesma ideia de repugnância pela intervenção dos Governos. De acordo com estes, o Estado surge ora como um mau distribuidor de riqueza, ora como um autor de políticas distributivas arbitrárias. A despesa pública é assim olhada com

---

[1127] SANTOS, J. Costa, 1993, p. 247.
[1128] SANTOS, J. Costa, 1993, p. 248.

desconfiança por qualquer destes autores. Em comum também, estes autores apresentam como caminho o abandono das tarefas de distribuição de bens/redistribuição de riqueza.

Da nossa perspectiva, estes autores acabam por se aproximar de novo, em muitos aspectos, da defesa da ideia da remissão da benevolência para o âmbito das virtudes privadas. No caso de SPENCER essa remissão é evidente, pelo favorecimento da responsabilidade pessoal e protecção dos direitos que ele defende. Aliás, ele diz claramente que a pobreza deve ser mitigada pela generosidade espontânea de uns para com os outros. No caso de MALTHUS, é menos claro este objectivo, no entanto a boa compreensão das tarefas que define para o Estado também nos conduz a essa conclusão. MALTHUS concebe o auxílio do Estado apenas em situações muito pontuais (por exemplo, para fazer face a uma escassez). E mesmo o sistema de educação que defende tem como objectivo preciso o controlo do crescimento demográfico. Não está, pois, em causa a prossecução de nenhum objectivo social.

Não se trata, porém, aqui – temos de reconhecer – de um mero retorno ao ponto de vista do liberalismo clássico. Com efeito, não se trata aí apenas de olhar para o gasto público como sendo feito em detrimento do privado. Em muitos aspectos, o libertarismo vai mais além disto, procurando até, nalguns casos, oferecer uma concepção que possa ser uma alternativa ao conceito de justiça distributiva tão difundido. É interessante notar que a crítica à despesa pública do século XX, já sob uma clara influência do paradigma moderno, sobretudo, na sua fase pós-keynesiana, apresenta traços de formalismo clássico corrigidos. Com efeito, embora não permita a contemplação de uma justiça social, é marcada pela preocupação de mecanismos moderando os efeitos do jogo do mercado. Ou seja, mecanismos que, de alguma forma, servem para introduzir algumas correcções ao jogo de sorte e de azar da vida económica, temperando um entendimento mais próximo da justiça pré-moderna. A ideia da aceitação de um sistema de segurança social – embora com muitas críticas – por parte de HAYEK (não se coibindo inclusivamente de abrir a hipótese de atribuição de um rendimento mínimo) é o melhor exemplo disso. Mesmo o critério de mútua vantagem de NOZICK parece afastar-se desta linha de puro formalismo clássico[1129].

É também interessante notar que a visão de libertação do Estado das funções de justiça social aparece associada a uma perspectiva de equilíbrio orça-

---

[1129] Recorde-se que o princípio da rectificação a que NOZICK se refere como resultado da aplicação do critério da vantagem mútua, não é apresentado como um mero dever de solidariedade ou de caridade. É um verdadeiro dever jurídico – PARIJS, P. Van, 1992, p. 9.

mental, explicitada de forma cristalina no pensamento de BUCHANAN (ou não fosse este um defensor de ideias neo-liberais). Embora, neste ponto, não possamos deixar de reconhecer que paradoxalmente a ideia do equilíbrio orçamental só tenha adquirido lugar próprio no direito constitucional no séc. XIX, em plena transição para o paradigma moderno de despesa[1130]. Tal como era afirmado pelos clássicos, também para estes defensores da libertação do Estado, o equilíbrio orçamental é associado a uma "tradução financeira do ideal liberal de neutralidade económica do Estado"[1131], sendo relevante também realçar que as preocupações de equilíbrio orçamental surgem reforçadas por outros argumentos como: a verificação de que o défice orçamental gera inflação ou a ideia de que o desequilíbrio gera a acção irresponsável do Governo.

Uma última nota para dizer que este pensamento crítico em relação ao intervencionismo do Estado teve um enorme impacto no decurso do século XX e na própria forma de encarar a despesa pública. É interessante notar até que há uma tendência para a crítica libertária se agudizar em períodos de crise – final dos anos 1970 e 1980 e nos primeiros decénios do século XXI, no seguimento da crise americana do *subprime*. No início do século XXI é, aliás, impensável falar de despesa pública sem ter em conta todos os problemas que ela gera ou os excessos que provoca, desta perspectiva libertária. O que, de resto, não é de espantar, já que são os autores libertários que verdadeiramente abordam (e em muitos casos, com linguagem e exemplos bastante sugestivos – veja-se o caso paradigmático de NOZICK, sem nunca sentir o dever de aprofundar ou corrigir a sua teoria) os problemas específicos do Estado Social: falhas no funcionamento do Estado, ineficiência na resolução dos problemas ou mesmo o autoritarismo do Estado de bem-estar[1132].

Podemos até neste ponto acompanhar a ideia de MICHEL BOUVIER quando diz que quando for feita a história do nosso tempo, a segunda metade do séc. XX e o início do séc. XXI serão vistos como o período das ilusões e esperanças desfeitas[1133]. Se no século XX o Estado surge como a solução para os problemas sociais e económicos que a sociedade enfrentava, no século XXI o Estado surge como a causa dos problemas[1134]. E, no fundo, aquilo que estes

---

[1130] Com efeito, já no século XVIII, se generalizara "o recurso ao empréstimo inflacionista como meio de custear guerras de prestígio e cerimónias faustosas" a que era necessário pôr cobro – CUNHA, P. de Pitta e, 1962, p. 29.
[1131] MAURICE FLAMANT *apud* CUNHA, P. de Pitta e, 1962, p. 28.
[1132] PAULA, A. P. Paes de, 2007, p. 42.
[1133] BOUVIER, Michel, 2010, p. 152.
[1134] Podemos até inspirar-nos nesta ideia na frase proferida por RONALD REAGAN nos anos 80: "[...] government is not the solution to our problem. Government is the problem".

autores que defendem a libertação do Estado corporizam é o fim das ilusões criadas pelo Estado de bem-estar. Para qualquer dos defensores da libertação do Estado que referimos, os esforços de redução de despesas públicas do Estado não são suficientes para resolver os problemas[1135]. É preciso tomar uma atitude radical, cortando cerce nas fontes problemáticas do Estado social. Se necessário for, sustentando mesmo um retorno da benevolência para uma esfera afastada da Justiça.

Não obstante a influência teórica e a importância que se reconhece a estes autores críticos da despesa pública, é necessário porém reconhecer que, na prática, a emergência das questões sociais, cada vez mais numerosas e incontroláveis tem acabado por moderar este discurso e esta influência libertária, em muitos Estados europeus. Em muitos casos, os problemas práticos acabam mesmo por voltar muitos até para uma releitura de KEYNES ou para uma reavaliação das funções do Estado, embora assimilando algumas das criticas libertárias. É tendo isto em conta e com este pano de fundo que iniciamos a segunda parte do nosso trabalho.

[1135] BOUVIER recorda mesmo uma frase usada nos Estados Unidos da América, por quem achava que o esforço de redução das despesas levado a cabo por REAGAN fora insuficiente – "we didn't starve the beast. It's still eating quite well" – BOUVIER, Michel, 2010, pp. 152, 227-228.

Parte II
A despesa pública justa do ponto de vista da Constituição da República Portuguesa

1. Introdução: a recusa de uma visão meramente apoiada na "técnica do standard"[1136]

Chegados a este ponto, podemos reconhecer que todos, mesmo sem conhecer a fundo todas as concepções de despesa que foram desfilando sob os nossos olhos na I parte, intuíamos já a influência de algumas destas. De facto, encontramos nas grandes linhas com que se cose este debate sobre distribuição de bens, o pano de fundo das grandes decisões sobre despesa pública. Até empiricamente, conseguimos detectar a afirmação clara destes critérios, sobretudo em épocas de transição de uns paradigmas para outros. Veja-se exemplificativamente, a este propósito, a referência à jurisprudência do Supremo Tribunal dos Estados Unidos da América, proferida no tempo de *New Deal*, presa a uma concepção mais liberal do Estado, "invalidando a legislação económica e social do Presidente F. D. ROOSEVELT"[1137/1138]. Mesmo hoje, a necessidade de tomar medidas de controlo da despesa ajuda-nos a ver claramente na interpretação do Tribunal Constitucional a defesa de um certo modelo de Estado Social contra algumas ideias de libertação do Estado (ideia que explicitaremos mais adiante).

Poderíamos, aqui chegados, cair na tentação de encarar o conceito de despesa pública justa apenas como um *standard* de decisão sobre despesa.

[1136] A utilização desta expressão pretende remeter para a palavra usada por STÉPHANE RIALS, na sua dissertação *Le juge administratif et la technique du standard* (1980).
[1137] PECH, Laurent, 2001, p. 74; FRIEDMAN, Barry, 1998 (part one), p. 33.
[1138] Como assinala LAMBERT, o poder judicial apenas permitiu uma "adaptação progressiva" às exigências sociais, validando apenas as experiências legislativas que "lhe pareciam legítimas e instituídas com muita prudência e reflexão" – LAMBERT, Édouard, 1921, p. 55.

Ou seja, como conjunto de dados que se deixam apreender através de máximas da filosofia moral e política e que são recebidos pela mentalidade colectiva, numa dada sociedade e numa determinada época e que acabam por ser usados na apreciação de casos concretos.

Porém, não será esse o nosso caminho. Da nossa perspectiva, assentar a despesa pública justa apenas nesta técnica de *standard* poderia desembocar numa visão da despesa pública "na base do sentimento"[1139], o que não é aceitável. Com efeito, como RIALS demonstra, a técnica do *standard* tal como é aplicada pelos tribunais acaba, em muitos casos, por ser "um tipo de disposição mal determinada [...] cujo carácter obrigatório ou normativo poderia prestar--se a ser contestado se bem que parecesse implicar valores transcendentais considerados *a priori* como normais, morais ou racionais"[1140]. Para além do mais, fundar o conceito de justiça da despesa pública nesta ideia de *standard* faz aumentar o perigo do governo de juízes que é vislumbrado na pura aceitação dos mesmos. Se, em última análise, coubesse ao poder judicial o controlo da constitucionalidade das decisões de despesa, com base apenas numa ideia que se forma sobre aquilo que é a mentalidade colectiva, isso equivaleria a deixar nas suas mãos a decisão final sobre o critério de despesa em vigor num determinado momento[1141]. O caminho que aqui queremos trilhar não é, pois, o da sociologia jurídica[1142], colocando tudo nas mãos da interpretação que o poder judicial faz acerca dos valores que estarão ou não enraizados na mentalidade colectiva. Para nós, a despesa pública justa não é um conceito meramente intuitivo ou uma mera interpretação da conduta social correcta[1143]. O objectivo desta dissertação é, nestes termos, puramente jurídico. Trata--se, então, depois de conhecidos os diferentes paradigmas de despesa, de evidenciar os traços do ordenamento jurídico que clarificam a adopção por um deles.

[1139] RIALS, Stéphane, p. 488 (*vide* também p. 35, reconhecendo que para doutrina, o *standard* surge como uma directiva imprecisa, "une «formulation vague de la régle de droit», une «notion... dont l'extension n'est pas rigoureusement determinée a priori»").

[1140] GOYARD, Claude, 1981, p. 899.

[1141] RIALS, Stéphane, p. 57: "La création d'un standard par le juge lui permet de réserver une partie de son pouvoir".

[1142] RIALS, Stéphane, p. 30.

[1143] RIALS, Stéphane, p. 24, referindo-se às características que ROSCOE POUND associa a estes *standards*: eles implicam um juízo moral; não exigem um verdadeiro saber jurídico; não são formulados com precisão, variando ao longo do tempo; eles implicam uma margem de discricionariedade para quem os aplica, embora devendo ser concebidos em conformidade com o ideal em vigor num determinado momento.

Claro que com isto, não queremos dizer sem mais que a técnica de *standard* da despesa pública justa não tem qualquer papel a desempenhar[1144]. Não se trata, pois, à partida de impedir os juízes de formarem uma ideia sobre a (normalidade da) despesa pública e de censurarem os excessos insuportáveis ou mais gritantes[1145]. O que dizemos, pois, é que se são apenas tomados como *standards*, os critérios de despesa atrás avançados não são mais do que tentativas de aproximação (falíveis) aos valores da sociedade[1146]. Isto equivale, de certo modo, a admitir que os juízes não são nem devem ser totalmente alheios à grandes correntes de pensamento que influenciam a sociedade em que se integram e que, em muitas circunstâncias, estes *standards* devem ser tidos como uma necessidade para assegurar uma ideia de estabilidade – muitas vezes são eles que conduzem a alterações progressivas da realidade, evitando a "brutalidade da tábua rasa"[1147] – no entanto, o caminho que tomaremos será mais exigente do que isto. Procuraremos uma ideia de despesa pública justa juridicamente fundada que possa ser objectivamente conhecida, ao invés de assentar numa mera interpretação de *standards* ou padrões de normalidade de despesa pública.

2. A aparente irrelevância do tema da despesa pública justa no texto da Constituição da República Portuguesa

2.1. Da inexistência de um preceito constitucional semelhante ao artigo 31º, nº 2, da Constituição Espanhola

Aparentemente, todo o problema da despesa pública justa parece passar ao lado do texto da nossa Constituição. Demonstrativo disto mesmo parece ser o silêncio do legislador constituinte sobre o tema.

Levanta-se então a questão de saber se seria expectável encontrar uma tomada de posição constitucional sobre o tema. Esta é uma questão legítima, na medida em que não há muitas Constituições que versem sobre o tema. Mas a verdade é que mesmo aqui ao lado, Espanha é um bom exemplo de um país

---

[1144] A interpretação de alguns conceitos indeterminados como o de "os mais desfavorecidos"; "necessidade normais de existência"; "crise" ou até o de "normalidade" acabam por ter de ser interpretados com base nestes *standards* – isto só para citar alguns exemplos que RIALS refere – RIALS, Stéphane, 1980, pp. 39-41; 62-65.

[1145] AL SANHOURY apud RIALS, Stéphane, 1980, p. 30: "[L'apparition du standard] c'est un phénomène qui correspond à la complexité croissante de la vie et à l'insuffisance évidente des règles pour tout prévoir et tour régir" (*vide* também RIALS, 1980, p. 51).

[1146] Embora RIALS não deixe de reconhecer a enorme complexidade do laço estabelecido entre o movimento de direito e o movimento das mentalidades – RIALS, Stéphane, 1980, p. 487.

[1147] RIALS, Stéphane, 1980, p. 497.

cuja Constituição contém um princípio a que a doutrina chama de "justiça da despesa pública" (*justicia del gasto publico*). Explicitando-o, a Constituição espanhola, no seu artigo 31º, nº 2, afirma que "a despesa pública fará uma distribuição equitativa dos recursos públicos e a sua programação e execução devem cumprir os critérios de eficiência e economia"[1148]/[1149].

Consubstanciará este um princípio que mostre a adesão a uma visão determinada da despesa? Quais as vantagens de tal disposto normativo? Qual o alcance e a importância que este princípio tem na Constituição espanhola? São as perguntas que nos colocamos perante esta norma.

Para a doutrina espanhola, "a consagração constitucional [em 1978] do princípio da justiça na matéria da despesa pública foi uma das questões de maior importância durante o processo de elaboração do artigo 31º"[1150]. O nº 2 do artigo 31º é tido em Espanha como "na vanguarda do mais moderno constitucionalismo"[1151]. Esta consagração constitucional visou marcar, nesse país, o fim do abandono da despesa pública à política e visou dar expressão constitucional à sujeição desta matéria a uma ideia de justiça material[1152]. Com efeito, é reconhecido que este princípio traz a despesa pública para o âmbito do controlo jurisdicional de adequação: "com a proclamação do princípio de justiça material nos gastos públicos [...] a decisão sobre estes deve estar de acordo com um princípio jurídico, o qual [...] goza de cobertura jurídica por meio da sua tutela através do recurso de inconstitucionalidade regulado no

---

[1148] FALLA, F. Garrido, CAZORLA, L. M., ENTRENA, Rafael, ENTRENA, Ramon, GALVÉS, F. Javier, RECORDER, Emílio, SANTAMARIA, Juan A., OLALLA, F. Santa, SERRANO, José Maria, 2001, p. 740, assinalando essa falha nas Constituições italiana, alemã, francesa, grega e portuguesa.

[1149] De notar que este princípio deve ser lido em conjugação com os restantes preceitos constitucionais relativos ao regime de despesa pública: 128º, nº 1 – subordinação de toda a riqueza do país ao interesse público; 131º, nº 1 – planificação pelo Estado da actividade económica geral; 134º, nº 2 – inclusão da despesa do Estado nos Orçamentos; 135º – estabilidade orçamental; 136º – controlo da despesa (*vide* STC 135/2013, de 6 de junio e 130/2013, de 4 de junio).

[1150] CHULVI, C. Pauner, 2001, p. 96 e PRIETO, L. M. Cazorla, 2006, p. 96. E o Autor prossegue "pelo contrário, a Constituição espanhola de 1978 deu um grande salto em frente a favor da juridificação e paralela construção jurídico-científica da despesa pública em si e como parte do Direito Financeiro e Tributário mediante a consagração no seu artigo 31º, 2 dos princípios constitucionais na matéria de modo consonante com a regulação no nº 1 deste mesmo preceito constitucional dos princípios no campo tributário".

[1151] FALLA, F. Garrido, CAZORLA, L. M., ENTRENA, Rafael, ENTRENA, Ramon, GALVÉS, F. Javier, RECORDER, Emílio, SANTAMARIA, Juan A., OLALLA, F. Santa, SERRANO, José Maria, 2001, p. 740.

[1152] FALLA, F. Garrido, CAZORLA, L. M., ENTRENA, Rafael, ENTRENA, Ramon, GALVÉS, F. Javier, RECORDER, Emílio, SANTAMARIA, Juan A., OLALLA, F. Santa, SERRANO, José Maria, 2001, p. 740.

artigo 161º, nº 1, alínea *a)* CE [Constituição Espanhola] para que nos remete o artigo 53º, nº 1 da CE"[1153].

A consagração constitucional deste princípio – simétrico ao da justiça fiscal – prende-se com o reconhecimento de que não só a receita mas também a despesa deve poder ser controlada juridicamente e ao mais alto nível, o constitucional. O objectivo é, pois, o de deixar de olhar para o Parlamento exclusivamente como uma câmara de imposto (onde estão representados os contribuintes), passando a simultaneamente olhá-lo como câmara de autorização de despesa pública onde estão representados também os beneficiários da despesa do Estado[1154]. Passa assim a fazer-se um questionamento das transferências operadas ou dos investimentos financiados pelo Estado e dos seus efeitos. Assim, embora, em Espanha, não haja dúvida que a decisão acerca dos fins a que se entrega a despesa pública tem natureza política, não se hesita em afirmar que esta decisão tem limites jurídicos[1155]. Esta perspectiva implica necessariamente que se deixe para trás a ideia de que a decisão de despesa é puramente política – e portanto, insusceptível de ser controlada –, que se ficou a dever, em parte, à influência da escola alemã de direito público, remetendo o tratamento da despesa pública para o domínio político e ao facto de as normas sobre despesa pública serem vistas como internas ou de pura organização. Ideia esta, que seria favorecida pelo silêncio da maior parte dos textos constitucionais quanto a esta matéria[1156]. Como explica CAZORLA PRIETO, "o tradicional abandono nas mãos da política da matéria

[1153] CHULVI, C. Pauner, 2001, p. 97.
[1154] *Vide* STC 3/2003, de 16 de Janeiro, reconhecendo ao Parlamento a missão de controlo da repartição equitativa de recursos públicos, através da votação da Lei do orçamento. "[Las Cortes] *a)* Aseguran, en primer lugar, el control democrático del conjunto de la actividad financiera pública (arts. 9.1 y 66.2, ambos de la Constitución); *b)* Participan, en segundo lugar, de la actividad de dirección política al aprobar o rechazar el programa político, económico y social que ha propuesto el Gobierno y que los presupuestos representan; *c)* Controlan, en tercer lugar, que la asignación de los recursos públicos se efectúe, como exige expresamente el art. 31.2 CE, de una forma equitativa, pues el presupuesto es, a la vez, requisito esencial y límite para el funcionamiento de la Administración".
[1155] A repartição equitativa dos recursos é considerada como um limite jurídico de despesa, por exemplo, no regime das subvenções públicas ao lado de outros como a igualdade, a publicidade, a objectividade, a transparência, a eficácia e a eficiência (STC 130/2013, de 4 de Junho). *Vide*, por exemplo, aquilo que o Ministério Público defende neste mesmo Acórdão (STC 130/2013, de 4 de Junho) a propósito da regulação das subvenções, retirando consequências da consagração constitucional da repartição equitativa dos recursos: por um lado, a exigência de publicidade quanto à origem pública do dinheiro, por parte dos seus beneficiários; e por outro, a necessidade de um regime que regule a atribuição das subvenções, servindo a transparência e permitindo o controlo do poder subvencional.
[1156] PRIETO, L. M. Cazorla, 2006, p. 96.

da despesa pública dificultou muito a árdua tarefa da construção jurídica da despesa pública paralela à da receita pública tributária [...]"[1157].

Para além disso, esta referência à repartição equitativa dos recursos públicos através das despesas deve também ser lida como a consagração constitucional de que as políticas económicas públicas, tanto são prosseguidas do lado fiscal, como do lado da despesa pública[1158]. A partir daqui, receitas e despesas surgem alegadamente tratadas em pé de igualdade, como os dois grandes pilares do direito financeiro[1159], pela Constituição: as receitas aparecem sob o princípio material de justiça na tributação e a despesa sob o princípio da equidade na distribuição dos recursos públicos. Receita e despesa surgem assim, na Constituição como dois braços de um mesmo corpo, de forma a que o Estado não destrua com a "mão da despesa" aquilo que fez com a "mão do imposto"[1160]. Como explica CAZORLA PRIETO, a referência à equidade, neste âmbito, está portanto longe de ser inócua. Por um lado, porque aponta para uma ideia de "justiça aquilatada e ajustada às circunstâncias concretas de cada situação"[1161], o que obriga a uma reflexão sobre a distribuição de bens atendendo às circunstâncias políticas, sociais e económicas de cada momento: "a equidade matiza o valor da justiça e ajusta-o à realidade concreta"[1162]. E, por outro lado, porque aponta para uma visão de Estado, sujeitando-o ao dever de proporcionar aos cidadãos um mínimo indispensável à subsistência e para além do mínimo, da garantia da qualidade de vida, englobando, assim, variadas prestações sociais[1163].

[1157] PRIETO, L. M. Cazorla, 2006, p. 96.
[1158] CHULVI, C. Pauner, 2001, p. 96: "[...] el Estado puede emplear el sistema financiero para servir a los fines sociales a través de dos mecanismos que actúan conjuntamente: bien empleando el sistema tributario a través de una adecuada distribución de la carga fiscal o bien mediante el equitativo reparto de los gastos públicos".
[1159] FALLA, F. Garrido, CAZORLA, L. M., ENTRENA, Rafael, ENTRENA, Ramon, GALVÉS, F. Javier, RECORDER, Emílio, SANTAMARIA, Juan A., OLALLA, F. Santa, SERRANO, José Maria, 2001, p. 740.
[1160] Como sugere o Senador FUENTES QUINTANA defendendo o princípio da justiça da despesa pública no Congresso dos Deputados em 1978, *apud* CHULVI, C. Pauner, 2001, p. 97.
[1161] *In* FALLA, F. Garrido, CAZORLA, L. M., ENTRENA, Rafael, ENTRENA, Ramon, GALVÉS, F. Javier, RECORDER, Emílio, SANTAMARIA, Juan A., OLALLA, F. Santa, SERRANO, José Maria, 2001, p. 744.
[1162] *In* FALLA, F. Garrido, CAZORLA, L. M., ENTRENA, Rafael, ENTRENA, Ramon, GALVÉS, F. Javier, RECORDER, Emílio, SANTAMARIA, Juan A., OLALLA, F. Santa, SERRANO, José Maria, 2001, p. 744.
[1163] CAZORLA PRIETO fala a este propósito dos deveres do Estado contemporâneo no que toca a proporcionar aos cidadãos de um mínimo indispensável à subsistência e para alem do mínimo, da garantia da qualidade de vida, englobando aqui variadas prestações sociais – *In* FALLA, F. Garrido,

Em suma, a referência constitucional à "repartição equitativa dos recursos através da despesa" coloca-se num plano superior à própria decisão de despesa. Sobrepõe-se, desta forma, ao plano orçamental, subordinando-o. Cumprindo-se assim o objectivo para que foi criado: limitar as escolhas de despesa pública, de forma a que estas deixem de estar entregues a uma decisão política discricionária.

E as referências à eficiência e à economia terão o mesmo alcance da referência à equidade? Não têm, mas estas referências contidas no artigo 31º, nº 2, da Constituição também têm um sentido claro. Afirmam que não basta um mero controlo de legalidade das despesas. Respondem, portanto, ao problema do crescimento da Administração e à evolução do sistema legislativo no sentido de uma maior autonomização dos seus serviços. Nesta medida admite-se que, mais do que pedir uma avaliação do cumprimento da legalidade orçamental, a lógica autonómica sobre que assenta a Administração Pública exige que se dê atenção aos objectivos alcançados em função dos dinheiros públicos afectos a cada um dos serviços, para além do cumprimento estrito da legalidade. Estes parâmetros passam assim a ser considerados no controlo da programação e da execução orçamental.

Mas se não têm o mesmo sentido que a expressão *equidade*, qual o seu sentido, então? Como alguns autores sublinham, é necessário explicar, neste passo, que os princípios da eficiência e da economia não só não se encontram ao mesmo nível da referência à equidade, como nunca se poderão sobrepor ao da equidade na repartição dos recursos. Assim, mesmo que o princípio da equidade aponte para uma aplicação da despesa que não seja aconselhável em conformidade com os critérios de eficiência e economia, ele deve prevalecer, ainda assim[1164]. A inclusão da economia e da eficiência no artigo 31º, nº 2, da Constituição não deve ser por isso encarada como um princípio de repartição de bens, mas tão só de controlo da programação e execução orçamental[1165].

Cazorla, L. M., Entrena, Rafael, Entrena, Ramon, Galvés, F. Javier, Recorder, Emílio, Santamaria, Juan A., Olalla, F. Santa, Serrano, José Maria, 2001, p. 744.

[1164] Falla, F. Garrido, Cazorla, L. M., Entrena, Rafael, Entrena, Ramon, Galvés, F. Javier, Recorder, Emílio, Santamaria, Juan A., Olalla, F. Santa, Serrano, José Maria, 2001, p. 744.

[1165] A referência à eficiência, segundo a interpretação que é feita pela doutrina espanhola não tem um significado económico. A sua inserção constitucional fá-la adquirir um significado distinto. Eficiência é usada em sentido amplo, abarcando tanto eficiência em sentido estrito como eficácia. Mas o seu uso não nos deve levar a aplicar à acção do Estado critérios puros de racionalidade económica. Trata-se aqui de relacionar os meios que estão à disposição das entidades públicas para se conseguirem resultados, os quais permitirão atingir os objectivos propostos – Raul Ayúcar,

O 31º, nº 2, contém, portanto, duas normas de despesa. Uma que é o princípio de justiça a que deve obedecer qualquer decisão de despesa: a distribuição equitativa dos recursos. E outra que é uma regra de controlo, quanto à despesa já decidida: o controlo de legalidade deve ser complementado pela verificação da eficiência e economia das despesas orçamentadas.

Compreendido o alcance desta norma constitucional, importa compreender as repercussões que a mesma teve em termos práticos, ou seja, em termos de controlo das decisões de despesa. O Tribunal Constitucional Espanhol já invocou esta norma para recusar a adopção de um princípio de "discricionariedade política do legislador na configuração e emprego dos instrumentos essenciais da actividade financeira pública"[1166]. Reconheceu, assim, que o controlo sobre a decisão de despesa não é de mera oportunidade podendo ser encarado como um controlo de natureza jurídica. No entanto, tal como é apontado pela doutrina, são várias as dificuldades que se levantam no que toca ao controlo jurídico desta repartição equitativa de recursos. CAZORLA PRIETO chama a atenção para algumas dificuldades na aplicação do artigo 31º, nº 2, que advêm, desde logo, da indeterminação dos postulados desse controlo propugnado, gerando uma cobertura processual pouco intensa. O mesmo autor chega a falar de um parco desenvolvimento jurisprudencial deste preceito, dada a dificuldade em fixar o conteúdo preciso de repartição equitativa dos recursos[1167]. Também CRISTINA PAUNER CHULVI afirma que o controlo da justiça material da despesa pública, em Espanha, acaba por chocar com questões práticas. Enumerando três questões concretas: a da escassez de recursos, que faz com que as pretensões fiquem sob a reserva do possível; a do cumprimento dos direitos económicos ou princípios estruturantes, uma vez que só partindo do princípio que estamos perante autênticas normas jurídicas é que conseguimos controlar as decisões de despesa que lhe dizem respeito; e da natureza das instituições afectadas na tomada de decisões, uma vez que a separação de poderes sempre impedirá os tribunais de ditarem ou imporem ao legislador uma solução justa e equitativa de distribuição de riqueza, uma vez que os poderes dos tribunais

---

apud FALLA, F. Garrido, CAZORLA, L. M., ENTRENA, Rafael, ENTRENA, Ramon, GALVÉS, F. Javier, RECORDER, Emílio, SANTAMARIA, Juan A., OLALLA, F. Santa, SERRANO, José Maria, 2001, p. 744.

[1166] CHULVI, C. Pauner, 2001, pp. 99 e 100, referindo-se ao STC 137/1987, de 22 de Julho.

[1167] *In* FALLA, F. Garrido, CAZORLA, L. M., ENTRENA, Rafael, ENTRENA, Ramon, GALVÉS, F. Javier, RECORDER, Emílio, SANTAMARIA, Juan A., OLALLA, F. Santa, SERRANO, José Maria, 2001, p. 744.

acabam por não ter mais do que uma mera eficácia impeditiva, negativa ou anulatória[1168].

É certo que o artigo 31º tem algumas falhas e insuficiências. Mas, se tivéssemos um semelhante artigo, ele teria, pelo menos, a vantagem de dissipar as dúvidas acerca da relevância deste tema para o legislador constituinte. Não obstante a Constituição apresentar um vazio sobre esta matéria, não devemos sucumbir à adversidade e deixar de procurar um conceito de Justiça constitucional também para a despesa pública. Como se verá, embora não explícito, ele é passível de ser extraído do seu texto.

2.2. A despesa pública influenciada pela perspectiva jurídico-orçamental
Os nove preceitos constitucionais com referência expressa à despesa pública
Mesmo à luz do texto constitucional, as referências que encontramos à despesa pública parecem também afastar-nos inexoravelmente do tema da despesa pública justa.

A Constituição Portuguesa contém apenas nove referências expressas à despesa pública: *1.* no artigo 105º, nº 1, alínea *a*), impondo a discriminação das despesas no Orçamento; *2.* no artigo 105º, nº 3, impondo que não pode haver despesas extra-orçamentais; *3.* no artigo 105º, nº 4, prescrevendo o equilíbrio entre receitas e despesas no orçamento; *4.* no artigo 106º, nº 3, alínea *b*), que estabelece a obrigatoriedade de o Governo justificar as variações de despesa relativamente ao ano anterior perante a Assembleia da República; *5.* no artigo 167º, nº 2, impedindo a apresentação de projectos, propostas de lei ou de alteração que impliquem aumento de despesa ou redução de receita pública no ano económico em curso (é a norma conhecida por "lei travão"); *6.* no artigo 167º, nº 3, proibindo a apresentação de projectos de referendo que impliquem aumento de despesa ou redução de receita pública no ano económico em curso; *7.* no artigo 200º, nº 1, alínea *f*), impondo a aprovação em Conselho Ministros de todos os aumentos de despesa; *8.* no artigo 214º, nº 1, atribuindo competência ao Tribunal de Contas para fiscalização da legalidade das despesas públicas; *9.* no artigo 227º, nº 1, alínea *j*), autorizando as Regiões Autónomas a dispor das receitas fiscais nelas cobradas, bem como de uma participação nas receitas tributárias do Estado para cobrir as despesas

---

[1168] CHULVI, C. Pauner, 2001, p. 117. CHULVI abre porém a porta para que o Tribunal Constitucional conheça casos em que os direitos se vêm desamparados por reencaminhamento da despesa em contradição com esses mesmos direitos, limitando porém este controlo à "eliminação de normas claramente arbitrárias e irracionais".

dos orçamentos regionais. E nenhuma destas normas fornece uma indicação clara sobre critérios materiais a adoptar em termos de decisão de despesa.

Nos termos das normas que expressamente se referem à despesa pública, esta surge essencialmente ligada com o conceito e o regime orçamental, sendo a decisão de despesa claramente assumida como uma decisão política, como procuraremos demonstrar já de seguida.

A despesa pública e o imperativo de discriminação orçamental: uma referência fundamental para a compreensão das fontes da despesa pública
A primeira referência que encontramos na Constituição está contida no seu artigo 105º, nº 1, alínea a). Neste preceito, impõe-se a aplicação do princípio da discriminação das despesas do Estado, incluindo as dos serviços e fundos autónomos[1169].

Deste imperativo de discriminação das despesas, podemos retirar importantes ideias quanto às fontes das despesas públicas e, no fundo, também quanto ao grau de liberdade do legislador no que toca à decisão de despesa pública. A primeira, é a de que a despesa pública está intimamente ligada ao Orçamento do Estado. E a segunda, é a ideia de que a decisão de orçamental (e portanto) de despesa tende a impor-se perante outras fontes de despesa.

Quanto ao primeiro ponto, o próprio teor literal do artigo 105º da Constituição, indica que as despesas públicas (pelo menos, as do Estado, dos serviços e fundos autónomos e da Segurança Social) têm uma relação muito estreita com a realidade orçamental. Com efeito, elas carecem de inscrição no Orçamento do Estado para serem realizadas. O que parece apontar, à primeira vista, para que o Orçamento[1170] seja a fonte criadora de despesa pública[1171].

[1169] Por força do imperativo de concordância do Orçamento do Estado com a Lei de Enquadramento Orçamental constante do artigo 106º, nº 1, da Constituição da República Portuguesa, este princípio deve ser decomposto nos três subprincípios previstos nessa mesma lei: não compensação, não compensação e especificação – sob pena de inconstitucionalidade indirecta. Sobre cada um destes subprincípios *vide* anotações aos artigos 6º, 7º e 8º *in* MARTINS, G. Oliveira, MARTINS, G. W. Oliveira e MARTINS, M. Oliveira, 2010.

[1170] Embora o artigo 105º ora em análise apenas remeta para o Orçamento do Estado, pensamos que o argumento é extrapolável para a toda a despesa pública e para todos os outros orçamentos que a reflectem para além deste. Referimo-nos aqui aos orçamentos locais e regionais.

[1171] *Vide* CORREIA, Sérvulo, 2003, p. 299: "Não têm razão os que [...] intentam concluir que a natureza jurídica da Lei do Orçamento consiste tão-só em estabelecer para a administração os limites dos cabimentos orçamentais sem por isso a habilitar de raiz à prática de quaisquer actos, por lhe faltar o carácter normativo". No mesmo sentido DUARTE, Tiago, 2007, p. 157. Para este autor, a Lei do orçamento é "desde o alvor da Constituição de 1976, uma lei com potencial materialmente inovador no ordenamento jurídico" (*Ibidem*, p. 163). É, para o mesmo, este o entendimento que

Já a compreensão do segundo ponto resulta da interpretação que fazemos do nº 2 do artigo 105º. Pois não obstante, o seu teor literal apontar para uma ideia de que o legislador não é inteiramente livre nas suas decisões orçamentais[1172], o entendimento da Lei do Orçamento como verdadeira lei acabará por mostrar que as leis e os contratos anteriores acabam por não constituir vinculações absolutas às decisões de despesa.

Uma vez que já nos temos pronunciado quanto a este tema nas lições que servem de base às aulas de Finanças Públicas que leccionamos, resumiremos em breve o que pensamos sobre o tema. Primeiro, no que toca às vinculações legais. E depois, no que respeita aos contratos.

Embora já tenhamos defendido que as leis que impõem obrigações de gasto ao Estado deveriam ser encaradas como leis de valor reforçado, segundo o critério da parametricidade geral (artigo 112º, nº 3, última parte)[1173], inclinamo-nos hoje a pensar que, nos termos da Constituição, está ao alcance da Lei do Orçamento do Estado revogar ou alterar leis materiais preexistentes das quais resulte despesa pública[1174]. Com efeito, lemos hoje o artigo 105º, nº 2, com o alcance de identificar as fontes primárias ou mediatas das despesas públicas, mas não de reduzir o poder do Parlamento no sentido de fixar receitas e despesas.

Sendo o Orçamento constitucionalmente assumido como uma verdadeira lei[1175], a leitura do artigo 105º, nº 2, por si só, não permite extrair do imperativo do respeito pelas vinculações legais a ideia de redução (ou mesmo de anulação) da capacidade revogatória ou derrogatória desta mesma Lei do Orçamento. A esta luz, lemos a sujeição às obrigações decorrentes de lei, referida no preceito constitucional ora em análise, entendendo que o seu alcance é apenas o de impor a inscrição orçamental em relação a todas as despesas que não tenham sido objecto de alteração expressa na própria Lei do Orçamento.

---

deixa para trás a visão do Orçamento como um acto administrativo, como era defendida quer na Constituição de 1933, quer na versão originária da Constituição da República Portuguesa.

[1172] PAZ FERREIRA *in* MIRANDA, Jorge, e MEDEIROS, Rui, 2006, p. 231.

[1173] Assente em parte naquilo que é defendido por CANOTILHO, J. J. Gomes, 2003, p. 783. *Vide* MARTINS, M. Oliveira, 2006 e MARTINS, G. Oliveira, MARTINS, G. W. Oliveira e MARTINS, M. Oliveira, 2010, pp. 113 e ss.

[1174] Esta alteração de entendimento deve-se à conjugação de duas ideias: por um lado, que essas leis geradoras de despesa não têm, na verdade, reforço procedimental ou formal, nos termos da Constituição e, por outro, que a Lei de Orçamento do Estado é uma verdadeira lei (tendo uma natureza materialmente legislativa, apta a aprovar novas disposições normativas). Aproximamo-nos assim do entendimento de TIAGO DUARTE – DUARTE, Tiago, 2007, pp. 231, 234.

[1175] Sob pena de a tratar como lei meramente formal – DUARTE, Tiago, 2007, pp. 234-235.

Daqui retiramos a afirmação constitucional de um princípio de legalidade orçamental das despesas, o que implica que estas devem ser necessariamente fruto de inscrição orçamental. Em certos casos, poderá até falar-se de uma "dupla legalidade", já que mesmo aquelas que são criadas para anos futuros, por meio de lei devem ser sempre confirmadas pela Lei do Orçamento do Estado[1176].

Qual então o sentido que damos à redacção do artigo 105º, nº 2? Não vemos nele o objectivo de imposição das despesas obrigatórias sobre o Orçamento ou de um valor reforçado às leis aí referidas, mas tão-só o de evitar défices ocultos, que necessariamente se verificam se não forem inscritas todas as despesas previamente assumidas pelo Estado, quando não rejeitadas pela Assembleia da República[1177/1178]. Está, sim, aqui em causa a promoção de uma regra de boa

---

[1176] DUARTE, Tiago, 2007, p. 241 e 248, nota 511. Se assim não fosse, as leis de programação plurianual de despesa poderiam substituir o orçamento anual o que não é suposto acontecer (vide artigo 106º, nº 1 da Constituição). Um dos requisitos para a realização de despesa é justamente o do cabimento orçamental – artigo 42, nº 6, alínea. b) da Lei de Enquadramento Orçamental.

[1177] Nestes sentido vai também o Acórdão do Tribunal Constitucional nº 358/92 quando defendia que o artigo 108º, nº 2, da Constituição da República Portuguesa (actual artigo 105º, nº 2) apenas tem o alcance de "garantir a inscrição orçamental das verbas necessárias ao cumprimento das obrigações decorrentes de lei ou de contrato que não tenham sido objecto de alteração expressa na própria Lei do Orçamento, isto é, em relação às quais o livre poder de apreciação do Parlamento quanto às suas implicações orçamentais, quando cotejadas com as prioridades definidas no plano económico-financeiro anual, não tenha levado à conclusão da sua insubsistência ou suspensão em termos directamente assumidos. E nem se diga que este é um alcance muito limitado, sujeito à discricionariedade política do Parlamento no momento da aprovação do Orçamento. É que, para quem não entenda as coisas desta forma, a alternativa a este raciocínio decerto só poderia passar pela defesa da necessidade de, em sede de um processo legislativo autónomo, o Parlamento alterar previamente e de forma expressa o quadro do ordenamento preexistente, e só depois aprovar o orçamento em termos estritamente vinculados a esse quadro normativo decorrente daquelas alterações".

[1178] Não está, pois, aqui em causa o estabelecimento de qualquer parametricidade (aliás, esta não teria fundamento constitucional) das obrigações legais assumidas em relação ao Parlamento. Nem sequer no caso daquelas leis, que, violando o dispositivo-travão, se consideram aplicáveis no ano orçamental seguinte, se considera existir qualquer valor reforçado. É que as despesas que elas implicarem serão apenas obrigatoriamente previstas no Orçamento, se não forem expressamente revogadas ou alteradas entretanto ou mesmo na própria Lei do Orçamento do Estado. É esta a leitura que fazemos do entendimento pacífico, no Tribunal Constitucional, segundo o qual a Lei das Finanças Locais pode ser objecto de alteração, pela Lei do Orçamento do Estado (como, aliás, resulta do que atrás dissemos, a propósito da possibilidade de fixação, pela Lei de Enquadramento Orçamental, de limites ao endividamento e de montantes de transferências, distintos dos que resultariam da aplicação da Lei das Finanças Locais – artigos 87º, 88º e 92º da Lei de Enquadramento Orçamental). Com efeito, mesmo podendo defender-se estar aqui em causa um confronto entre duas leis de valor reforçado, a verdade é que o valor reforçado da Lei das Finanças Locais nunca

gestão financeira que evita a oneração de orçamentos futuros, sem coarctar, porém, a liberdade do legislador[1179/1180].

Defendendo a ideia de que as despesas brotam do Orçamento e que as vinculações legais não tolhem a liberdade legislativa, retiramos a ideia de que relativamente a despesas legais previamente definidas, o legislador orçamental tem o dever de tomar uma posição expressa: ou de concordância ou de alteração ou de revogação das despesas públicas previstas em leis anteriores. Caso não tome uma posição expressa de revogação, alteração ou derrogação, será obrigado a cabimentar essa mesma despesa[1181]. Aliás, já SOUSA FRANCO ensinava que "não existem receitas nem despesas que possam ser efectuadas se não estiverem inscritas no orçamento; e se lei as criou, não são eficazes senão por via do orçamento anual"[1182]. Isto é, aliás, uma decorrência do princípio da unidade. Ou seja, todas as despesas do sector público administrativo devem estar orçamentadas[1183].

---

se sobreporia ao da Lei do Orçamento do Estado (vide a este propósito os Acórdãos do Tribunal Constitucional nºs 82/86, 361/91 e 358/92 – MARTINS, G. Oliveira, MARTINS, G. W. Oliveira e MARTINS, M. Oliveira, 2010, pp. 39 e 40). Vide no mesmo sentido o Acórdão do Tribunal Constitucional nºs 303/90 (vide DUARTE, Tiago, 2007, pp. 236 e ss., referindo-se também ao Acórdãos nºs 358/92 e 82/86).

[1179] DUARTE, Tiago, 2007, pp. 229-256.

[1180] Vide SÉRVULO CORREIA impondo certas condições no que toca à função legislativa exercida pelo Parlamento: quanto à concretização de direitos fundamentais, de forma a não "deixar ao critério discricionário da Administração a escolha dos destinatários de prestações sociais objecto de direitos fundamentais" (CORREIA, Sérvulo, 2003, p. 307) e quanto aos actos de prestação meramente ampliativos. Nos primeiros, defendendo que o "não pode o Parlamento renunciar à fixação dos critérios básicos da respectiva titularidade" (CORREIA, Sérvulo, 2003, p. 307). E nos segundos vendo no cabimento orçamental o necessário para a observância do princípio da reserva de lei, "importando verificar se a classificação orgânica da despesa é bastante para a identificação dos órgãos que poderão praticar o acto e se a classificação funcional resulta com clareza mínima o interesse a prosseguir" (CORREIA, Sérvulo, 2003, p. 307-308).

[1181] No que toca à assunção de compromissos plurianuais por meio de regulamento, entendemos por maioria de razão que também aqui se aplica a mesma ideia. Todas as despesas aí previstas que não forem expressamente alteradas, derrogadas ou revogadas por lei terão de ser orçamentadas. Nesse sentido, podemos dizer que lemos a expressão *lei* usada pelo 105º, nº 2, como expressão genérica abrangendo não só as leis formais como também os regulamentos que, nos termos dos artigos 22º do Decreto-Lei nº 197/99 e 45º da Lei de Enquadramento Orçamental, devem servir para a assunção de compromissos que dêem origem a encargos plurianuais.

[1182] FRANCO, A. L. Sousa, 2001 (vol. I), p. 430.

[1183] Quanto ao problema de obrigação de orçamentação de despesas com órgãos de soberania, por causa da separação de poderes vide DUARTE, Tiago, 2007, pp. 285-286: "O legislador orçamental condiciona de certa forma a intervenção de cada um desses órgãos. É a Assembleia da República que define a amplitude da intervenção de cada um deles".

Resta saber o que sucede se o Parlamento não tomar uma decisão expressa quanto à despesa em causa e ainda assim não a orçamentar. Nesse caso, a Assembleia da República incumprirá o dever de inscrição orçamental que decorre do artigo 105º, nº 2, da Constituição. Parece-nos, portanto, que mesmo antes da aceitação orçamental há razões que para considerar a tutela da confiança em relação a um determinado crédito decorrente de lei (ou de regulamento), pré-existente à sua aceitação orçamental[1184]. Assim sendo, incumprido este dever, as leis de despesa, que não foram expressamente objecto de alteração ou revogação parlamentar na votação orçamental, poderão ser invocadas pelos particulares em juízo, podendo dar lugar a pagamentos orçamentais. Mas apenas em sede de execução da sentença. Com efeito, como não foram revogadas pela Assembleia na votação orçamental, a sua não inscrição orçamental corresponde, na prática, a uma desorçamentação inconstitucional e ilegal – por violação dos artigos 105º, nº 2, da Constituição e 16º, nº 2, da Lei de Enquadramento Orçamental – que não pode deixar de ser censurada e suprida pelos tribunais[1185]. Esta despesa poderá, portanto, ser paga com recurso à dotação provisional, verba inscrita no Orçamento do Ministério das Finanças destinada a fazer a face a despesas imprevisíveis e inadiáveis. Ao contrário do que possa parecer à primeira vista, não se trata aqui de nenhuma incongruência em relação ao que acabamos de defender. Trata-se aqui de considerar, por um lado, que se a decisão orçamental se pode sobrepor às decisões prévias de despesa tomadas em sede legislativa (anulando ou reduzindo os dispêndios previstos), por outro, que o Orçamento não é uma condição de validade desse mesmo gasto, mas tão só um requisito de eficácia do mesmo. Nessa medida, admite-se que os tribunais possam suprir esse mesmo requisito de eficácia, já que a despesa aprovada é válida, devendo portanto ser paga.

No que toca a contratos previamente celebrados pelo Governo, reconhecemos que existe uma maior dificuldade em defender que não se impõem

---

[1184] Contra DUARTE, Tiago, 2007, pp. 229-256. Pode aqui fazer-se um paralelo em relação ao que sucede com os actos sujeitos a visto, desde que não superiores a €950.000 que podem começar a ser executados (artigo 45º, nº 1 da Lei de Organização e Processo do Tribunal de Contas): neste caso, as despesas podem ser pagas em sede de responsabilidade civil Embora, tal como neste paralelo, se admita que a fixação judicial de limites substanciais de despesa é possível, atendendo à sujeição necessária destas despesas aos constrangimentos orçamentais (*vide* limite estabelecido no nº 3 do artigo 45º da Lei de Organização e Processo do Tribunal de Contas).
[1185] ADAM, François, FERNAND, Olivier e RIOUX, Rémy, 2010, pp. 65-66: "Tout créancier de l'État dispose le cas échéant d'outils juridiques pour obtenir du juge compétent [...] une condamnation à payer [...]. Il est donc la responsabilité du gouvernement et du Parlement [...] de s'assurer que le budget voté permet de faire face aux dépenses obligatoires".

perante o legislador orçamental ou que pelo menos não tolhem a sua liberdade decisória[1186], pois aqui estamos confrontados com o princípio *pacta sunt servanda*. Mas, uma vez que já nos temos referido ao tema nas nossas lições, podemos adiantar sem surpresa que para nós o problema das vinculações contratuais tem a mesma solução que o das vinculações legais anteriormente tratado.

Uma vez que o tema tem algumas complexidades às quais ainda não demos resposta expressa, pensamos que este é o tempo de as enfrentar.

Vários argumentos parecem militar a favor de uma subordinação da lei do Orçamento aos contratos celebrados pelo Governo. Um dos argumentos mais impressivos é o que sustenta que a contratação pública é uma das matérias sujeitas a uma reserva de administração. Esta ideia traz associada a de que o poder legislativo da Assembleia da República não deve invadir essa mesma reserva, sob pena de violar os limites pelos quais se deve pautar a sua acção. Com efeito, se entendermos que a celebração dos contratos é uma matéria da reserva de administração, torna-se difícil conceber que o Parlamento a possa invadir, modificando os termos em que o Governo actuou. Outro dos argumentos, prende-se com a ideia de que o poder orçamental parlamentar se distingue do poder legislativo da Assembleia da República. Este argumento parte de uma interpretação do artigo 105º, nº 2, – da qual já começámos a demarcar-nos, de resto, – segundo a qual, no exercício do poder orçamental, a Assembleia da República teria de se subordinar às leis e contratos anteriores, prescindindo de usar o seu poder legislativo.

Analisando o primeiro argumento que milita a favor do constrangimento da liberdade da decisão de despesa no domínio contratual, a primeira questão a resolver é então a de saber se a autorização de despesa feita na contratação pública é ou não uma matéria da reserva de administração.

Embora a jurisprudência constitucional já tenha assumido, em tempos, uma posição de reconhecimento da existência de uma distinção material entre a função legislativa e a função administrativa, hoje não só a jurisprudência, como a doutrina que tratam este tema referem recorrentemente a impossibilidade de retirar do artigo 111º da Constituição uma base constitucional para uma reserva geral da Administração[1187]. Partindo deste pressuposto, das

---

[1186] Como o faz PAZ FERREIRA, admitindo que nos termos da Constituição seja possível "sujeitar a decisão orçamental ao respeito pelos contratos do Estado (artigo 105º, nº 2, da Constituição)" – PAZ FERREIRA *in* MIRANDA, Jorge, e MEDEIROS, Rui, 2006, p. 231.

[1187] PIÇARRA, Nuno, 1990, p. 32 e RUI MEDEIROS *in* MIRANDA, Jorge, e MEDEIROS, Rui, 2006, p. 710.

duas, uma: ou o tema da reserva da administração é tratado de uma perspectiva de consideração de reservas específicas de administração, como o faz Nuno Piçarra, Rui Medeiros ou Tiago Duarte[1188/1189]; ou o tema é considerado com base na ideia da negação de uma estrita correspondência entre separação de órgãos e separação de funções. O que implica, em última análise, a afirmação da competência do Governo como residual, acabando por ser definida pela Assembleia da República. De acordo com esta última perspectiva, a Assembleia da República apenas se depararia com a proibição de uma pura substituição funcional do executivo[1190] e não com reservas de administração pré-definidas.

Assumindo uma posição mais próxima da primeira, no entendimento que aqui desenvolvemos, partiremos da existência de reservas específicas de administração. É que para nós não tem sentido partir de uma posição de competência residual do Governo, sabendo simultaneamente que ele mesmo tem uma legitimidade democrática própria e que certas matérias exigem um conhecimento técnico e de proximidade em relação a certas realidades que o Parlamento não tem, por não estar dotado de toda a informação da realidade administrativa. Partimos assim da ideia de que também o princípio da separação de poderes pode ter um conteúdo positivo e, como tal, procuraremos no artigo 199º da Constituição uma parte destas reservas específicas de administração que lhe caberão[1191].

[1188] Piçarra, Nuno, 1990, *passim*; Rui Medeiros in Miranda, Jorge, e Medeiros, Rui, 2006, p. 713 e Duarte, Tiago, 2007, pp. 257 e ss..

[1189] Recusando também uma reserva geral da administração *vide* Acórdão do Tribunal Constitucional nº 352/2012: "Sobre a questão da existência de uma reserva de administração, o Tribunal Constitucional já teve a oportunidade de se pronunciar por diversas vezes (cfr. os Acórdãos nº 461/87, 1/97 e 214/2011 [...]), mas em situações em que estava em causa a separação de poderes entre a Assembleia da República e o Governo da República, tendo perfilhado a opinião de que uma reserva geral de administração surge como inadequada à função actual do princípio da separação de poderes, na medida em que diminuiria as possibilidades de efectivação do controlo democrático do Executivo, limitando as áreas de intervenção legislativa do Parlamento e excluindo-o da directa decisão política, além de que não se consubstancia, no texto constitucional, qualquer estrita correspondência entre separação de órgãos e separação de funções, de modo a que a separação de órgãos tenha o sentido de implicar uma rígida divisão de funções do Estado entre eles, exprimindo até a referência à interdependência dos órgãos do Estado constante do artigo 111º, nº 1, da Constituição, uma lógica de colaboração e articulação funcional".

[1190] Foi o entendimento defendido nos Acórdãos do Tribunal Constitucional nºs 1/97 e 24/98 – *vide* Rui Medeiros in Miranda, Jorge, e Medeiros, Rui, 2006, pp. 710-711.

[1191] A este propósito, é interessante referir a perspectiva crítica de Tiago Duarte em relação à perspectiva que o Tribunal Constitucional adopta nestes Acórdãos, sobretudo ao conceito de "intromissão intolerável" que utiliza. Para o Tribunal Constitucional, a separação de poderes só seria

A esta luz, partimos da distinção tradicional de matérias da reserva relativa e absoluta de administração. A reserva relativa corresponderá à admissão de convivência de actos administrativos com actos legislativos em certas matérias; a reserva absoluta corresponderá aos casos em que a intervenção legislativa está vedada. No domínio das suas funções reservadas – e aqui falamos tanto da reserva absoluta como da relativa –, o Governo não estará limitado pela acção do Parlamento e não poderá ser fiscalizado por ele nessa acção[1192]. São apontados como exemplos de reserva relativa de administração a competência para "fazer regulamentos necessários à boa execução das leis" (artigo 199º, alínea. c))[1193]; a defesa da "legalidade democrática" (artigo 199º, alínea. f)); e a prática de todos os actos e a tomada de "todas as providências neces-

---

violada quando se desrespeitasse a proibição de "uma pura substituição funcional do Executivo, no preciso espaço da sua actividade normal". Nestes termos, seria para esse tribunal aceitável que a Assembleia da República pudesse chamar a si algumas das competências do Governo, pois "mesmo havendo sempre que considerar constitucionalmente um espaço próprio e típico de actuação do Governo, como «*órgão superior da administração pública*» (artigo 182º; e cfr. artigo 199º), tal não significa que o legislador parlamentar não possa pré-ocupar esse espaço no uso dos seus amplos «*poderes de conformação*»" – Acórdão do Tribunal Constitucional nº 24/98.
Tal como para Tiago Duarte, também nos parece que deve haver uma intolerância quanto à intromissão nos poderes do Governo logo ao nível do acto e não só ao nível da função, como os acórdãos que se referem a esta matéria expressam. Tal como Duarte entende, "uma solução deste tipo acaba, inevitavelmente, por caucionar uma actuação parlamentar que vá desenvolvendo intromissões em áreas do Governo, desde que estas, no seu conjunto, não inviabilizem a manutenção da função governativa" – Duarte, Tiago, 2007, p. 269.
[1192] Reconhecendo isto mesmo Duarte, Tiago, 2007, p. 259, nota 524, acaba por defender que as alterações orçamentais – desde que previstas na Constituição e na Lei de Enquadramento Orçamental –, deveriam ser aprovadas por acto regulamentar "já que a execução orçamental se integra no exercício da função administrativa e não na função legislativa do Governo". Critica assim a opção legislativa no sentido de conferir a estas alterações a forma de decreto-lei. Não obstante e procurando extrair consequências da ideia da necessidade de actuação por meio de regulamento, defende que os decretos-leis de alterações orçamentais – apesar da inconstitucionalidade de que padecem – não estão sujeitos a apreciação parlamentar "seja para efeitos de cessação de vigência, seja para efeitos de modificação" (*Ibidem*).
[1193] Piçarra, Nuno, 1990, p. 36. A reserva de função executiva abrange a escolha de forma e actuação que o Governo entender – *vide* Acórdão do Tribunal Constitucional nº 461/87. *Vide* ainda Acórdão do Tribunal Constitucional nº 214/2011: "O poder regulamentar conferido ao Governo pela alínea *c*) do artigo 199º para fazer "os regulamentos necessários à boa execução da leis" não corresponde a qualquer reserva de regulamento, no sentido de a lei não poder ultrapassar um determinado nível de pormenorização ou particularização de modo a deixar sempre ao Governo, enquanto titular do poder regulamentar, um nível de complementação normativa relativamente a cada uma das leis. Como se afirmou no acórdão nº 461/87, o legislador dispõe "de uma omnímoda faculdade – constitucionalmente reconhecida – de planificar e racionalizar a actividade administrativa, pré-conformando-a no seu desenvolvimento, e definindo o espaço que ficara à

sárias à promoção do desenvolvimento económico-social e à satisfação das necessidades colectivas" (artigo 199º, alínea. *g*))[1194]. Integram a reserva absoluta da reserva de administração: a elaboração e a execução dos planos (artigo 199º, alínea. *a*)); a execução orçamental (artigo 199º, alínea. *b*))[1195]; a direcção dos "serviços e a actividade da administração directa do Estado, civil e militar", a superintendência "na administração indirecta" e o exercício da "tutela sobre esta e sobre a administração autónoma"[1196/1197]; a prática de "todos os actos exigidos pela lei respeitantes aos funcionários e agentes do Estado e de outras pessoas colectivas públicas"[1198].

É comum admitir-se que o Governo também actua sob reserva de administração quanto às decisões que toma em matéria de celebração de contratos. Trata-se, pois, da afirmação da ideia que o Governo "é livre de escolher (dentro do princípio da legalidade) os contratos que deseja celebrar"[1199]. E esta consideração, sem mais explicações, pode precipitar-nos erradamente para conclusão de que a decisão de despesa pública num contrato integra o poder de livre escolha dos contratos pelo Governo. Porém, esta reserva, nos termos do artigo 199º, não pode deixar de ser reconduzida à alínea *g)*, que é, como vimos, uma matéria da reserva relativa da administração. Com efeito, como bem assinala RUI MEDEIROS, não é fácil recortar uma reserva absoluta a partir desta alínea, tendo em conta a abertura do seu enunciado[1200].

A classificação da actividade contratual do Governo como matéria da reserva relativa não pode deixar de ter consequências. E a primeira é a de que só se poderá falar verdadeiramente de uma reserva de administração neste domínio, em tudo aquilo que não for matéria de tratamento legisla-

---

liberdade de critério e à autonomia dos respectivos órgãos ou agentes, ou antes pré-ocupando-o (preferência de lei)".

[1194] RUI MEDEIROS *in* MIRANDA, Jorge, e MEDEIROS, Rui, 2006, p. 714. *Vide* também Acórdão do Tribunal Constitucional nº 1/97.

[1195] PIÇARRA, Nuno, 1990, pp. 58 e 59 defendendo que a execução orçamental é um caso em que a reserva regulamentar tem carácter tendencialmente absoluto.

[1196] Acórdão do Tribunal Constitucional nº 205/87.

[1197] Distinguindo aqui uma reserva absoluta e relativa: absoluta para a organização do Governo e relativa para a "auto-organização de todos os outros órgãos ou entidades administrativas" – PIÇARRA, Nuno, 1990, p. 22.

[1198] PIÇARRA, Nuno, 1990, p. 22.

[1199] DUARTE, Tiago, 2007, pp. 260-261.

[1200] RUI MEDEIROS *in* MIRANDA, Jorge, e MEDEIROS, Rui, 2006, p. 714: "Não está excluído que a abertura e a reduzida densificação de algumas normas atributivas de competência administrativa ao Governo, como sucede com o artigo 199º, alínea *g)*, possam tornar difícil a tarefa de recortar, a partir delas, reservas específicas da administração".

tivo. Aliás, diga-se que isto não é nada, nem de novo, nem que seja totalmente alheio à Constituição. Nem tão-pouco contraria o nosso entendimento relativamente à existência de reservas específicas de administração. Com efeito é de notar que a própria Constituição quando se refere ao tema da separação de poderes, utiliza a expressão "separação e interdependência de poderes" (artigo 111º, nº 1), dando nota de uma "lógica de colaboração e de articulação funcional"[1201] entre os vários órgãos de soberania. Em favor deste reconhecimento da reserva relativa de administração acresce que na nossa ordem jurídico-constitucional, o legislador não pode ser impedido de tomar medidas concretas que pela sua impregnação política e pela sua importância não possam deixar de ser por ele assumidas[1202].

Reconduzindo a questão ao domínio da reserva relativa da administração, teremos obviamente de cruzar este tema com o da colaboração entre o Parlamento e o Governo que a Constituição determina, em matéria orçamental. Assim sendo, não podemos deixar de ponderar a actuação conjugada do Parlamento e do Governo, constitucionalmente estabelecida para o processo orçamental, uma vez que ela não pode deixar de se reflectir no domínio da contratação. Com efeito, para o efeito que aqui nos interessa, a decisão de despesa que o contrato implica deve ter o mesmo tratamento que as restantes decisões de despesa pública: elas devem passar pelo crivo da decisão parlamentar de forma a poderem ser cabimentadas. E contra isto, não se diga que os contratos devem ser vistos como um todo, impedindo-nos de olhar especificamente para a autorização de despesa que eles necessariamente implicam. Com efeito, como bem sabemos, os contratos resultam de um procedimento, composto por actos e regulamentos que são destacáveis, ou seja, que podem ser tomados de *per si*. Ora, justamente um destes actos ou regulamentos a tomar em consideração é o da autorização de despesa[1203]. Podendo estes actos ou regulamentos ser considerados de forma isolada, não iremos pois confundi-los com o próprio contrato. E tomando-os isoladamente somos levados a fazer uma

---

[1201] Rui Medeiros *in* Miranda, Jorge, e Medeiros, Rui, 2006 p. 710.
[1202] Piçarra, Nuno, 1990, 167; Rui Medeiros *in* Miranda, Jorge, e Medeiros, Rui, 2006, p. 710.
[1203] Neste mesmo sentido Sousa, M. Rebelo de e Matos, A. Salgado de, 2010, p. 308.
Especificando ainda mais o que acima dizemos: em matéria de assunção de despesas plurianuais, o Governo pode assumir despesas para o próprio ano por meio de uma qualquer das formas de actuação administrativa (acto ou regulamento). Mas para assunção de despesa plurianuais deve actuar, por regra, por meio de regulamento – portaria conjunta dos Ministros das Finanças e da tutela (artigo 22º Decreto-Lei nº 197/99 e artigo 45º da Lei de Enquadramento Orçamental, contendo porém algumas excepções, derivadas do facto de estas despesas serem assumidas por lei prévia).

distinção clara entre a autorização de despesa e a decisão de contratar ou os moldes em que o Governo celebra o contrato[1204], já que apenas esses últimos se incluiriam na reserva de administração.

Isolando a autorização de despesa fica fácil de defender que ela – seja no seio de um procedimento contratual ou de qualquer outro da actividade administrativa – nunca é uma matéria de reserva da Administração. Com efeito vale aqui a frase de SÉRVULO CORREIA, segundo a qual "os limites de legalidade para o contrato são os mesmos que para qualquer outra conduta da Administração"[1205].

Sendo as decisões de despesa fruto da íntima conexão estabelecida pela Constituição entre o Orçamento e a despesa pública, elas terão de ser – no domínio da contratação ou em qualquer outro – uma matéria que não pode deixar de se sujeitar ao poder legislativo exercido pela Assembleia da República[1206]. Como sabemos, é à Assembleia da República que cabe em exclusivo a aprovação do Orçamento. Recorde-se, a este propósito, por um lado, que o poder de aprovação da Assembleia da República é um verdadeiro poder, sobretudo por causa do reconhecimento de um efectivo direito de emenda[1207] e, por outro, que a competência da execução orçamental deve ser encarada como uma reserva absoluta da administração[1208].

Vendo as coisas deste prisma – encarando as decisões de despesa como actos político-legislativos, os quais não podem de forma alguma ser reconduzidos a uma qualquer reserva de administração –, damos como assente que a assunção de despesas contratuais não pode deixar de ser coordenada entre o Governo e a Assembleia da República. Nestes termos, não podemos deixar de defender que, na assunção de despesa, o Governo não pode actuar

---

[1204] Para nós, não está em causa defender a limitação do Governo quanto à decisão de celebrar contratos, uma vez que essa é exclusivamente sua.

[1205] CORREIA, Sérvulo, 2003, p. 602.

[1206] *Vide* Acórdão do Tribunal Constitucional nº 214/2011, reconhecendo que a Assembleia da República pode negar ao Governo instrumentos de governação (como é o caso da não aprovação do orçamento).

[1207] "Propendemos a considerar que nada na Constituição impede a Assembleia da República de alterar como pretender, a proposta governamental. Se o Governo entender que o texto resultante é politicamente inaceitável pode acoplar-lhe um voto de confiança" – SOUSA, M. Rebelo de, 1986, p. 138. No mesmo sentido PIÇARRA, Nuno, 1990, p. 46.

[1208] Tal como a NUNO PIÇARRA, também nos parece que caberá ao Governo desenvolver a lei do Orçamento "no exercício da sua competência administrativa. Para isso, aponta o carácter da própria lei do orçamento, mais densa normativamente do que uma lei de bases [...], determinando o carácter essencialmente secundário ou derivado do desenvolvimento da especificação em análise" – PIÇARRA, Nuno, 1990, p. 47.

só, já que o Orçamento deve ser fruto da colaboração do órgão executivo e da assembleia deliberativa. "[...] Torna-se [assim] forçoso apelar a uma concertação de posições entre ambos que naturalmente, apenas podem ser responsabilizados até ao limite das suas competências"[1209]. Entendemos que esta concertação não retira necessariamente autonomia ao Governo, pois ela não requer necessariamente que em todos os casos de contratação haja um parecer ou uma decisão prévia por parte da Assembleia. Até porque isso iria dificultar de forma extrema a acção governativa. Para nós, esta concertação pode ser acordada entre o Parlamento e o Executivo por meio da programação orçamental. Se, no início da Legislatura, o Governo fizer aprovar pelo Parlamento uma programação de despesa – comprometendo-se a respeitar um limite máximo de despesa (*vide* artigo 12º- A da Lei de Enquadramento Orçamental) poderá sempre invocar o respeito dos limites acordados perante a Assembleia da República para evitar que as suas decisões de contratação sejam permanentemente vetadas por esta última.

Este argumento conduz-nos a uma resposta no que toca ao segundo argumento apresentado como uma das bases de sustentação da sujeição da Lei do Orçamento às vinculações contratuais. De facto, a argumentação que acabámos de expender só se compreende cabalmente se considerarmos o poder orçamental da Assembleia da República como verdadeiro poder legislativo. Considerando o Orçamento do Estado como uma lei em sentido próprio, seria absurda a defesa de uma posição que a subordinasse ao poder administrativo, já que deve ser o acto administrativo ou o regulamento de autorização de despesa a subordinar-se à lei e não o contrário: "são as obrigações contratuais do Governo que devem ter em conta a lei do Orçamento e não o inverso, pelo que aquelas obrigações, ou são assumidas de modo condicional e sujeitas à livre inscrição orçamental por parte do Parlamento, ou então a sua vinculatividade e exigibilidade só podem ocorrer depois de o Governo ter conseguido ver aprovadas as verbas necessárias para fazer face ao cumprimento pontual dos acordos a que decidiu comprometer-se"[1210/1211].

[1209] DUARTE, Tiago, 2007, p. 272: "Uma situação destas justifica que o Governo não se possa obrigar contratualmente, em termos definitivos, sempre que da celebração do contrato decorram despesas orçamentais, de modo a não condicionar a liberdade de conformação orçamental do Parlamento".

[1210] DUARTE, Tiago, 2007, p. 283. Não há reserva de lei no domínio da definição das despesas públicas – a despesa pode resultar de lei ou de contrato. TIAGO DUARTE nota a propósito do 105º, nº 2, que o legislador constituinte optou por subordinar o Orçamento à lei e aos contratos, ao invés de subordinar ambos ao Orçamento/ às disponibilidades orçamentais (DUARTE, Tiago, 2007, p. 171 – para este autor faria mais sentido garantir que o Governo não faz contratos sem saber se o Parlamento vai proporcionar verbas necessárias para proceder aos pagamentos a que se vinculou

Notamos até que nos casos em que o contrato contém despesas plurianuais, o problema nem sequer se destaca verdadeiramente do anterior – ou seja, ao problema da vinculação orçamental às leis, que anteriormente tratámos. De facto, como essas despesas só podem ser assumidas por regulamentos, a sua vinculação não pode valer mais do que a de uma lei anterior de despesa[1212].

Tanto da apreciação das vinculações legais como das vinculações contratuais, resulta assim claro que a Constituição associa a despesa pública à realidade orçamental, podendo daqui extrair-se um princípio de legalidade orçamental em relação a todas as despesas. O Orçamento constitui assim e não obstante as despesas previamente reconhecidas em lei ou em contrato, o requisito de eficácia necessário para que estas possam ser realizadas.

Não obstante a defesa desta posição, entendemos, à semelhança aliás do que reconhecemos na apreciação do problema da sujeição orçamental às leis anteriores, que há interesses de terceiros contratantes com o Estado que podem e devem ser tutelados, mesmo antes da aceitação parlamentar de uma despesa e da correspondente inscrição orçamental. Com efeito, não há como eximir o Governo da responsabilidade pelos actos que assume perante co-contratantes e pelas expectativas – legítimas – que neles infunde[1213]. Nota-

– aponta no mesmo sentido a decisão do Conselho Constitucional francês de 29 de Novembro de 1984 (nº 84-184 DC, ponto 36). Vide também *Ibidem*, pp. 229 e ss..

[1211] Veja-se com interesse o caso das parcerias público-privadas (PPP): o ponto 2 do Projecto de Resolução nº 1051/XII/3ª em discussão na Assembleia da República, reconhecendo a necessidade de submissão à mesma dos contratos de parcerias público-privadas (PPP), para discussão prévia e consequente aprovação.

[1212] Interessante é, para além de tudo isto, colocar a questão de saber se as despesas plurianuais aprovadas pela própria Assembleia da República a vinculam. Trata-se já não de uma vinculação do poder administrativo sobre o legislativo, mas de uma vinculação de um poder legislativo anterior sobre um poder legislativo futuro. Também aqui pensamos que a questão não tem verdadeira autonomia. Mais uma vez, como poder legislativo que é, a Assembleia da República pode alterar ou derrogar ou revogar o que dispôs anteriormente (TIAGO DUARTE diz que o problema não deve ser tratado apenas sob o prisma de uma vinculação a leis anteriores, mas da concorrência de outros factores – a protecção da confiança – que faz com que esses compromissos assumidos legislativamente sejam mantidos) – DUARTE, Tiago, 2007, p. 232- 233.

[1213] Veja-se o recente Acórdão do Tribunal Constitucional nº 202/2014, sendo sensível aos argumentos de baseados no princípio da segurança jurídica e no princípio da protecção da confiança legítima dos particulares que contratam com o Estado, numa situação em que a autonomia contratual do Governo se confronta com o poder legislativo da Assembleia da República. É de notar porém que o objecto do referido aresto não é exactamente o mesmo do problema que está aqui em causa. No presente texto estamos a referir-nos a casos de contratação que é celebrada e cuja despesa precisa de ser orçamentada – e neste caso, pensamos ser essencial falar aqui de uma articulação do Governo com a Assembleia da República, visto que esta é a instituição que nos termos da Constituição está habilitada a tomar decisões em matéria orçamental. No caso apreciado pelo

mos até que quando abrimos a possibilidade de tutela de terceiros que contratam com o Estado fazemo-lo assumindo-o com todas as consequências: se o contrato tiver sido validamente celebrado pelo Governo e já tiver produzido efeitos, à revelia do consentimento parlamentar, a decisão de não cabimentação orçamental por parte da Assembleia da República deve accionar, a favor do co-contratante, a responsabilidade civil do Estado. O acto lesivo não será a decisão parlamentar de não orçamentação, mas a omissão do Governo ao não coordenar a sua decisão de contratar com a autorização de despesa da Assembleia da República. Esta responsabilidade do Estado deve cobrir não só o interesse contratual negativo (dano da confiança, consubstanciado na reparação dos custos com o procedimento pré-contratual e dos custos suportados com a execução do contrato), mas também o interesse contratual positivo. Isto é, deve ressarcir também os lucros cessantes, ou seja, os lucros esperados com o cumprimento desse mesmo contrato[1214]. Parece-nos que se pode fazer aqui um paralelo em relação ao que sucede com o visto enquanto requisito de eficácia do contrato. Aderimos pois aqui ao entendimento expendido por RUI CARDONA FERREIRA a esse propósito, com as devidas adaptações, entendendo porém que há uma motivação ainda mais forte, no caso da não orçamentação do que no caso dos vistos, para a consideração sem reservas por parte da jurisprudência administrativa deste interesse contratual positivo[1215]: a ideia de confiança e de *pacta sunt servanda* que deve nortear sempre as relações do Estado no domínio da contratação. Embora consideremos a orçamentação como uma condição de eficácia dos contratos – tal como é encarado o visto do Tribunal de Contas –, não deixamos de reconhecer que não são aplicáveis aqui (nem por analogia) os constrangimentos orçamentais do artigo 43º, nº 2, da Lei de Organização e Processo do Tribunal de Contas. Se no caso do visto, podemos dizer que o terceiro não pode deixar de contar com ele (ou com a sua recusa), no caso da não orçamentação, os terceiros são completamente alheios ao relacionamento que se desenvolve entre a Assembleia da República e o Governo. Celebrado um contrato e entrando em vigor – ainda

---

Acórdão, trata-se de um contrato celebrado pelo Governo, que já tinha passado pela Assembleia da República – para efeitos de apreciação parlamentar de decretos-leis – e que é revogado (sem que nada fizesse esperar) por uma Lei, dois anos após de ter sido celebrado (*vide* no entanto, com interesse, o voto de vencido da Conselheira MARIA LÚCIA AMARAL, enquadrando o poder da Assembleia da República como um poder de revisão dos actos e opções do Estado).

[1214] FERREIRA, R. Cardona, 2013, pp. 28-29.
[1215] Ao contrário do que tem sucedido nos casos de recusa de visto em que a jurisprudência administrativa apenas tem reconhecido o interesse contratual negativo – *Ibidem*, pp. 24-27.

que sem cabimento orçamental – gera-se por parte do Estado um dever de o honrar nos seus termos, que não pode deixar de ter tutela máxima, sob pena de se pôr em causa o princípio da confiança.

Uma nota final para dizer que se a regra relativamente às obrigações legais e contratuais é a da possibilidade de modificação, por parte do Parlamento, a verdade é que sempre será necessário fazer algumas distinções. Como ficará claro, há despesas legais ou contratuais relativamente às quais a margem de manobra de alteração parlamentar será menor: estamos a pensar, por exemplo, em direitos fundamentais que podem resultar de lei ou em encargos correntes da dívida pública, ou até mesmo no pagamento de remunerações de funcionários ou pagamento de pensões, visto que em relação a estas o legislador ordinário tem limites quanto à sua alteração[1216]. Como explicaram GOMES CANOTILHO E VITAL MOREIRA, isto tem a ver com "o respeito das obrigações assumidas pelo Estado, a protecção da confiança e dos direitos ou expectativas legítimas geradas pelos actos de autoridade pública[1217]. Todavia, isto não altera o quadro de fontes de despesa que acabamos de traçar: mesmo em relação a estas vale o princípio da legalidade, tal como o afirmámos, resultante da necessidade da sua cabimentação orçamental.

No que toca às despesas derivadas de convenções internacionais (como é o caso das contribuições financeiras a favor da União Europeia) ou de sentenças judiciais[1218], notamos, como o fazem GOMES CANOTILHO e VITAL MOREIRA, que elas se impõem de forma mais subordinante ao legislador orçamental. Acerca destas despesas, o Estado nada teria a dizer. O legislador orçamental limitar-se-ia a ter de as cabimentar e a prever receitas para as pagar[1219]. Com efeito, caso o legislador as questionasse, estaria a violar o princípio democrático e de separação de poderes. Ainda assim, não há dúvida de que também em relação a elas vale o princípio da legalidade. Estas despesas devem, para poderem ser pagas, ser inscritas no Orçamento. Não há nenhum regime orçamental excepcional para elas.

[1216] DUARTE, Tiago, 2007, p. 232- 233.

[1217] Parecer junto ao processo do Acórdão do Tribunal Constitucional nº 358/92, *apud* DUARTE, Tiago, 2007, p. 233, nota 487.

[1218] No mesmo sentido CANOTILHO, J. J. Gomes, e MOREIRA, Vital, 2007 (vol. I), p. 1107.

[1219] Para CANOTILHO e MOREIRA, estas despesas impõem-se de forma absoluta, não se concebendo sequer a suspensão dos seus deveres de pagamento em caso de não inscrição orçamental. Neste caso, a falta de previsão orçamental apenas faz o Estado incorrer "na responsabilidade pelo incumprimento das suas obrigações" – CANOTILHO J. J. Gomes, e MOREIRA, Vital, 2007 (vol. I), p. 1107.

Em conclusão, o artigo 105º estabelece inequivocamente um princípio de legalidade orçamental para todas as despesas. Também do que acima fica dito resulta que a inserção orçamental das mesmas deve fazer-se por ordem de prioridade. Primeiro, as que o legislador orçamental não possa questionar, por estarem fora do raio de acção do seu poder. E depois as que decorrem de lei ou de contrato, na medida em que não as quiser alterar. No final, seguem-se todas as outras despesas que o Governo e a Assembleia aceitem orçamentar (o Governo na proposta de Orçamento e a Assembleia da República por meio do direito de emenda) durante o processo de elaboração do Orçamento do Estado[1220].

[1220] Ainda a propósito da análise do artigo 105º, nº 2, é necessário referir a sujeição da Lei do Orçamento do Estado às grandes opções em matéria de planeamento, uma vez que também esta pode ser lida o sentido de prender a mão do legislador em matéria de despesa, como de resto também já tivemos ocasião de demonstrar.
No que diz respeito à Lei das Grandes Opções do Plano é de apontar a existência de algumas divergências no que toca ao modo como se impõe perante o Orçamento do Estado. Se, por um lado, há Autores que militam a favor da qualificação da Lei das Grandes Opções do Plano como lei de valor reforçado (CANOTILHO, J. J. Gomes, 2003, p. 785), outros há que defendem que a evolução da Constituição tem apontado para uma atenuação crescente e consequente redução de intensidade ou mesmo perda deste reforço de valor (FRANCO, A. L. Sousa, E MARTINS, G. Oliveira, 1993, pp. 245 e 246, FRANCO A. L. Sousa, 2001 (vol. I), pp. 403 e ss., FRANCO, A. L. Sousa, 2002/2003, p. 17 e MIRANDA, Jorge, 2004, pp. 362 e 363, MORAIS, C. Blanco de, 1998, pp. 789 a 807). Pela nossa parte, propendemos para uma opção intermédia (MARTINS, M. Oliveira, 2006 e MARTINS, G. Oliveira, MARTINS, G. W. Oliveira e MARTINS, M. Oliveira, 2010, pp. 113 e ss.). Por um lado, reconhecemos que a utilização da expressão "o Orçamento é elaborado de harmonia com as grandes opções em matéria de planeamento" pelo artigo 105º, nº 2, da Constituição da República Portuguesa sugere a supremacia da Lei das Grandes Opções do Plano sobre o Orçamento do Estado equivalente ao reconhecimento de uma "força passiva" à primeira (QUEIROZ, Cristina, 1989, p. 283: "[...] o plano enquanto lei de determinação das grandes opções político-económicas tem vindo a ser encarado como uma lei «quase-constitucional», uma «super legge», uma «superlei-medida» (...), cujo lugar sistemático se situará entre a constituição e as demais leis («leis ordinárias»). Constituirá, numa linguagem jurídico-funcional, uma «lei reforçada»". Vide também Ibidem, pp. 289 a 291 sobre a vinculação do Orçamento do Estado às grandes opções do plano). Por outro, conhecendo as alterações introduzidas na Constituição e o sentido dos actuais artigos 90º e seguintes, parece-nos que essa supremacia não pode ser tomada em sentido tão rigoroso quanto a imposta pelo artigo 106º, nº 1, da Constituição da República Portuguesa. Como ensinam JORGE MIRANDA, SOUSA FRANCO, GUILHERME D'OLIVEIRA MARTINS e BLANCO DE MORAIS, as revisões constitucionais, primeiro, a de 1982, depois, a de 1989 (apontando para um mero "«sistema flexível de planos múltiplos», como mero instrumento racionalizador de intervenção do Estado e das políticas económicas") e, por fim, a de 1997, foram esvaziando a obrigatoriedade dos planos, afirmando "a tendência de desagregação do planeamento e de atenuação dos seus vínculos jurídicos sobre o Orçamento de Estado"(MORAIS, C. Blanco de, 1998, p. 796). Mas como diz JORGE MIRANDA, haverá aqui "mais do que subordinação [...] [,] coordenação ou harmonização" (MIRANDA, Jorge, 2004, p. 363).

Não obstante este entendimento, não se exclui que o Orçamento utilize a dotação provisional para vir a acomodar despesas que tenham gerado expectativas legitimamente atendíveis e que por qualquer razão o Parlamento entenda não as poder orçamentar[1221].

Ainda assim, do mesmo preceito deve apenas extrair-se, como defende BLANCO DE MORAIS "a parametricidade directiva da Lei das GOP [Grandes Opções do Plano], como poder estruturante de intensidade mínima em relação à Lei do OE [Orçamento do Estado]" (MORAIS, C. Blanco de, 1998, pp. 794, 795 e 797 e 798), que se traduz, em concreto, num imperativo de subordinação da Lei do Orçamento do Estado apenas às linhas orientadores ou às directrizes normativas contidas na Lei das Grandes Opções do Plano. Nada mais.
Assim sendo, caso o Orçamento contrarie de forma evidente estas mesmas linhas orientadoras, deve declarar-se, primeiro, a ilegalidade da lei que o aprova, por contradição com a Lei das Grandes Opções do Plano e, por fim, a inconstitucionalidade indirecta desse mesmo Orçamento por violação do imperativo de "harmonia", constante do artigo 105º, nº 2 da Constituição.
Quanto às demais matérias que possam estar contidas na Lei das Grandes Opções do Plano, elas não vinculam o legislador orçamental. Por um lado, porque utilizando as palavras de SOUSA FRANCO "seria difícil conceber, quanto à essência de ambas (...) contradição jurídica, mas apenas, quando muito, diferentes lógicas político-económicas" (FRANCO, A. L. Sousa, 2001 (vol. I), p. 406 e MIRANDA, Jorge, 2004, p. 363). Enquanto a Lei das Grandes Opções do Plano é qualitativa a do Orçamento é quantitativa. E por outro, porque a afirmação do oposto, entraria em contradição com o sentido geral das revisões constitucionais operadas e com o costume que tem vindo a afirmar-se na ordem constitucional neste mesmo sentido – também neste sentido afirmando que o planeamento perdeu "actualidade como princípio fundamental da organização económica" – MARIA EDUARDA GONÇALVES in FFMS, 2011, pos. 819 (versão kindle).
[1221] Da íntima ligação da despesa pública com a realidade orçamental, entendemos poder extrair algumas consequências. Uma delas diz respeito ao próprio regime da despesa pública. Estamos neste caso a falar já do regime da despesa num contexto de execução orçamental, note-se.
Do nosso ponto de vista, o Orçamento do Estado é um exemplo de garantia institucional. E, como tal, a referência constitucional à despesa pública, associada ao Orçamento do Estado, não deve ser tida como sem significado. A referência constitucional ao Orçamento deve ser lida com o sentido de o proteger da ingerência dos poderes públicos (legislador, executivo e judicial) na sua compreensão e tem o sentido da protecção do seu conteúdo mínimo intocável. Ou seja, o facto de a Constituição se referir ao Orçamento deve ser tomado como uma limitação dos poderes de conformação do seu regime, tendo em vista a manutenção da realidade institucional orçamental, impedindo-o de destruir ou desvirtuar ou desfigurar esta instituição, constitucionalmente reputada como estruturante do Estado.
Exigindo a lei uma ligação efectiva da despesa com o Orçamento esta ideia tem, sem dúvida, implicações ao nível da compreensão do regime jurídico da despesa pública. A implicação mais notória é a de que toda a despesa pública deve ser, por via de regra, fruto de autorização parlamentar. Sob pena de passarem ao lado do Orçamento massas de receitas e despesas do Estado sem a autorização política devida (as únicas excepções constitucionais à inalterabilidade do Orçamento encontram-se no artigo 105º, nº 4, parte final, autorizando o Governo a introduzir, durante a execução orçamental, alterações nas rubricas de classificação orgânica de despesa, no âmbito de cada programa orçamental aprovado pela Assembleia da República, tendo em vista a sua plena realização. *Vide* criticamente DUARTE, Tiago, 2007, p. 259, nota 524, acabando por defender que

muitas das alterações orçamentais que vinham autorizadas na Lei de Enquadramento Orçamental eram inconstitucionais por desrespeitarem os limites impostos neste artigo 105º). E, pegando nas palavras de CANOTILHO e VITAL MOREIRA, "o que não pode ser constitucionalmente admitido é a realização de despesas à margem do orçamento, pagas com excedentes de receita ou com recurso directo à dívida pública" (CANOTILHO, J. J. Gomes, e MOREIRA, Vital, 2007 (vol. I), p. 1113: "o referido expediente da sub-orçamentação obnubila também o cálculo do défice orçamental, que fica subavaliado em relação às despesas efectivamente previsíveis". Sobre o fenómeno de desorçamentação *vide* BENTO, Vítor, 2000, pp. 23-35). Este traço aliás reforça a ideia a que nos referíamos de "dupla legalidade", nos casos em que a despesa já resultava de um acto legislativo. Pois a sua associação com o Orçamento terá sempre de ser lida com o alcance de impor a toda a despesa pública a passagem pelo crivo orçamental e, portanto, da sua cabimentação.

Não podendo haver receitas e despesas à margem do Orçamento, os fenómenos de desorçamentação e de suborçamentação de despesa não podem pois deixar de ser tidos como inconstitucionais por desvirtuarem a própria ideia de Orçamento. Retiramos assim desta necessidade de autorização parlamentar prévia, o imperativo de ditar a nulidade de qualquer acto, regulamento e contrato administrativo que implique a realização de despesas públicas sem cabimento orçamental. Com efeito, não se vê como a inconstitucionalidade da realização das despesas não orçamentadas pudesse resultar numa mera determinação da anulabilidade dos actos, regulamentos e contratos administrativos sem cabimento, o que poderia ter como efeito a convalidação na ordem jurídica de actos legislativos de despesa fora do Orçamento. O que equivaleria na prática a uma menorização do Orçamento. A inconstitucionalidade que daqui resulta deve, pois, impor ao legislador a fixação de um regime jurídico que impeça a produção de efeitos jurídicos de toda a actuação administrativa desconforme com o Orçamento. Na decorrência do que dissemos relativamente às leis e aos contratos, parece-nos porém que se pode abrir espaço à ponderação de interesses e legítimas expectativas que o Estado – ainda que à margem do orçamento – possa ter assumido. No sentido da nulidade dos actos sem cabimento orçamental *vide* artigo 161º, nº 1, alínea k) do Código do Procedimento Administrativo e Lei dos Compromissos e Pagamentos em Atraso (Lei nº 8/2012, de 21 de Fevereiro), estabelecendo a nulidade para a assunção de compromissos sem validação (isto é, compromissos que não correspondem a fundos disponíveis) – artigo 5º, nº 3, da Lei dos Compromissos e Pagamentos em Atraso. É, porém, de assinalar aqui que se abre espaço para a ponderação de outros interesses: o efeito de nulidade pode ser afastado por decisão judicial ou arbitral quando, ponderados os interesses públicos e privados em presença e a gravidade da ofensa geradora do vício do acto procedimental em causa, a nulidade do contrato ou da obrigação se revele desproporcionada ou contrária à boa fé – artigo 162º, nº 3 do Código do Procedimento Administrativo e artigo 5º, nº 4, da Lei dos Compromissos e Pagamentos em Atraso. O artigo 11º da Lei dos Compromissos e Pagamentos em Atraso fala ainda da responsabilidade civil, criminal, disciplinar e financeira (sancionatória ou reintegratória) a que ficam sujeitos os titulares de cargos políticos, dirigentes, gestores ou responsáveis pela contabilidade que assumam compromissos contra a Lei dos Compromissos e Pagamentos em Atraso.

Para além da Lei dos Compromissos e Pagamentos em Atraso *vide* ainda o artigo 59º, nº 2, alínea *c*) da Lei nº 75/2013 (na decorrência do que já dizia o artigo 95º da Lei nº 169/99, de 18 de Setembro) que determina a nulidade para os actos que determinem ou autorizem despesa não permitida por lei, praticados pelas autarquias locais. E ainda o artigo 14º da Lei nº 34/87, de 16 de Julho, do qual resulta a nulidade dos actos (por aplicação do artigo 161º, nº 2, alínea *c*) do Código do Procedimento Administrativo), praticados por titulares de cargos políticos, no caso de contraírem encargos não permitidos por lei; no caso de autorizarem despesa sem o visto do Tribunal de Contas legalmente

A decisão de despesa pública como uma decisão política
A liberdade do legislador orçamental parece evidenciar que as decisões de despesa – fruto da íntima conexão estabelecida pela Constituição entre o Orçamento – cabem em exclusivo à Assembleia da República (a que cabe a aprovação do Orçamento). Como explicava já no final da década de 80 do século XX MARCELO REBELO DE SOUSA, o processo orçamental resulta de um processo rígido de partilha de poderes, convergindo nele a Assembleia da República e o Governo[1222], cabendo-lhes funções bem definidas à partida: a Assembleia aprova o Orçamento e o Governo executa-o[1223].

Percebido isto, ou seja, que a decisão de despesa é, nos termos da Constituição, fruto de uma decisão orçamental, rapidamente nos questionamos no sentido de saber se as decisões de despesa em Portugal não acabarão por ser tratadas da forma que se pretendia evitar com o artigo 31º da Constituição espanhola, de que ainda há pouco falámos. Ou seja, se as decisões de despesa são político-legislativas, não ficarão isentas de controlo?

A consideração da decisão de despesa como uma decisão política leva-nos, por isso, a explorar os controlos a que poderá estar sujeita.

Começamos pelo controlo que é feito pelo eleitorado. E neste âmbito, a abordagem principia inevitavelmente por uma apreciação da proibição constitucional de utilização de mecanismos de democracia directa.

Nos termos do artigo 114º, nº 4, alínea *b)*, da Constituição da República Portuguesa, está vedada a possibilidade de pronúncia em sede de referendo, no que toca a questões e actos de "conteúdo orçamental, tributário ou financeiro"[1224]. De acordo com artigo 3º da Lei nº 17/2003, de 4 de Junho, são também proibidas iniciativas legislativas populares nestas mesmas matérias[1225]. Por força do artigo 167º, nº 3, da Constituição e artigo 4º da Lei nº

---

exigido; no caso de autorizarem ou promoverem operações de tesouraria ou alterações orçamentais proibidas por lei e no caso de utilizarem dotações ou fundos secretos, com violação das regras da universalidade e especificação legalmente previstas, por constituírem crime.

[1222] SOUSA, M. Rebelo de, 1986 p. 122.

[1223] SOUSA, M. Rebelo de, 1986 p. 137. *Vide* Acórdão do Tribunal Constitucional nº 317/86, referindo-se à separação de poderes orçamentais entre a Assembleia da República e o Governo: o Governo apresenta a proposta de Orçamento, ao passo que a Assembleia cabe "uma ampla liberdade decisória na altura do debate da lei do orçamento, compensada por uma estreita vinculação a esta lei, uma vez aprovada".

[1224] VITALINO CANAS chama a atenção para o facto de na alínea *b)* haver uma redundância uma vez que algumas das matérias desse preceito são parcialmente cobertas por alíneas do artigo 161º – CANAS, Vitalino, 1998, p. 11.

[1225] Na zona euro da União Europeia apenas encontramos limitações jusfundamentais semelhantes nas Constituições eslovaca (artigo 93º, nº 3), grega (artigo 44º, nº 2) e italiana (artigo 75º).

17/2003, interdita-se ainda a apresentação de propostas de referendo/iniciativas legislativas populares que envolvam aumento de despesa ou diminuição de receita previstas no orçamento.

Sinal de que estas proibições não são uma fatalidade é a discussão travada na doutrina sobre as mesmas. De uma parte, SOUSA FRANCO considerava esta proibição injustificada, uma vez que impedia a utilização de um instrumento de travagem e controlo de despesa[1226]. SOUSA FRANCO admitia assim que tanto a iniciativa legislativa popular como o referendo são "nas democracias mais avançadas, importantes instrumentos de definição concreta dos limites do Estado e do sector público"[1227], no sentido, quer da travagem do crescimento das despesas, quer na limitação do crescimento dos impostos[1228]. Pelo contrário, outros autores como JORGE MIRANDA consideram a proibição de referendo compreensível, tendo em vista "evitar populismos fáceis"[1229]. Mesmo o próprio Tribunal Constitucional parece aderir a este entendimento[1230].

Concordando-se ou não com ela, esta proibição tem o sentido jurídico claro de obrigar a encarar as decisões de despesa pública de acordo com um modelo de democracia representativa puro, ou seja, de uma delegação do poder de tomada de decisões: "eles delegam o poder de tomada de decisões sobre assuntos políticos aos especialistas políticos que têm uma vantagem comparativa por fazerem política"[1231]. Ela parte, assim, da ideia de que a demo-

---

[1226] FRANCO, A. L. Sousa, 2001 (vol. I), p. 413. É assim, pelo menos, que interpretamos a expressão "espantosamente" que usa em relação à exclusão da sujeição a referendo destas matérias. Veja-se, a este propósito, a interessante proposta formulada recentemente por JOSÉ A. TAVARES, contrariando esta proibição e preconizando o aproveitamento do mecanismo do referendo para "atribuir aos cidadãos, e apenas a eles, a iniciativa de permitir aumentos globais do peso da despesa pública" (*In* FFMS, 2011, pos. 910-911 – versão kindle). De acordo com esta proposta, o Estado fixaria um limite de despesa do Estado e este só poderia ser ultrapassado por meio de um referendo. Ainda na palavras do mesmo autor, "um limite sobre as despesas tem, sobre a limitação das receitas, a vantagem de obrigar os cidadãos a reflectir sobre os benefícios e amparo que desejam do Estado" (*Ibidem*, pos. 910-911).

[1227] FRANCO, A. L. Sousa, 2001 (vol. I), p. 413.

[1228] *Vide* também com uma crítica muito forte à proibição de referendo fiscal – NABAIS, Casalta, 2005, pp. 151-152.

[1229] JORGE MIRANDA *in* MIRANDA, Jorge, e MEDEIROS, Rui, 2006, p. 301.

[1230] Acórdão do Tribunal Constitucional nº 176/2014: "Estas reservas parlamentares da competência exclusiva da Assembleia da República, para além de acentuarem a prevalência do sistema representativo, visam sobretudo evitar que a consulta referendária se transforme em «*instrumento demagógico no âmbito de questões de especial sensibilidade e de fácil manipulação da opinião pública*». *Vide* CANOTILHO, J. J. Gomes, e MOREIRA, Vital, 2007 (vol. II), p. 104.

[1231] "They delegate decision-making power on political issues to political specialists who have a comparative advantage in doing politics" – FELD, Lars P. e KIRCHGÄSSNER, Gebhard, 2003, p. 5.

cracia directa tem problemas, fundada no pressuposto de que os decisores na democracia directa tomam as decisões de forma menos informada do que os decisores numa democracia representativa. A democracia representativa que parece estar por detrás desta proibição acaba, desta forma, por assentar na ideia de repartição de tarefas permitindo um conhecimento mais profundo e uma especialização dos decisores políticos[1232]/[1233].

Associados a uma recusa da utilização seja da iniciativa popular, seja do referendo em matéria financeira e orçamental encontramos, porém, problemas que não devem ser ignorados. Em primeiro lugar, porque sem estas formas de intervenção, os cidadãos ficam com meios mais reduzidos de controlo sobre as decisões implicando despesa pública, tomadas pelos seus representantes políticos[1234]. Por um lado, porque a ideia de uma divisão de trabalho entre os cidadãos e os políticos supõe que apenas os últimos dispõem de informações detalhadas em matéria financeira e não os cidadãos. E por outro, porque este sistema acaba por favorecer decisões de despesa pouco fundamentadas: como são tomadas pelos representantes sem necessidade de consultar os eleitores, o ónus de informação exigido em relação a elas torna-se substancialmente menor. Em segundo lugar, porque esta proibição acaba por gerar uma assimetria de informação entre eleitores e representantes que pode produzir o efeito de afastamento entre os órgãos políticos e o eleitorado. Privados de referendo, e não tendo maneira de saber qual a posição do eleitorado acerca de uma certa matéria, os órgãos de representação política muito facilmente poderão afastar-se dos interesses dos cidadãos[1235]. Há mesmo quem diga que sem mecanismos de democracia directa, as decisões políticas de despesa correm o risco de se tornar discricionárias[1236]. Em terceiro lugar, porque essa proibição priva o Estado de um instrumento que potencialmente poderia contri-

---

[1232] FELD, Lars P. e KIRCHGÄSSNER, Gebhard, 2003, p. 5.
[1233] Para além deste problema da democracia directa, FELD e KIRCHGÄSSNER referem ainda outro que se prende com o facto de grupos de interesses podem ver na democracia directa uma oportunidade para influenciar os resultados (FELD, Lars P. e KIRCHGÄSSNER, Gebhard, 2003, p. 5), mas acabam por admitir que este é um problema que também atinge as democracias representativas (*Ibidem*, p. 8).
[1234] FELD, Lars P. e KIRCHGÄSSNER, Gebhard, 2003, p. 6.
[1235] FELD, Lars P. e KIRCHGÄSSNER, Gebhard, 2003, p. 7 e FUNK, Patricia e GATHMANN, Christina, 2009, p. 2 que acrescenta que os políticos numa democracia representativa acabam – na busca de adquirir maior influência política ou sujeito à influência de grupos de pressão – promover governos maiores do que aquilo que os eleitores gostariam.
[1236] FELD, Lars P. e KIRCHGÄSSNER, Gebhard, 2003, p. 6, baseando-se nas demonstrações de AGHION, Philippe e TIROLE, Jean, 1997 e MARINO, Anthony M. e MATSUSAKA, John G. 2000.

buir para a redução de despesa. Embora haja alguma dificuldade na recolha de dados, alguns estudos recentes mostram que a democracia directa (sob a forma de referendo orçamental[1237] e de iniciativa dos eleitores) pode ter influência na despesa, contribuindo para o seu abaixamento[1238], sem aumentar as despesas a nível local[1239/1240].

[1237] Nalguns cantões suíços este é obrigatório nas despesas acima de um determinado limite. Noutros ele é facultativo, carecendo da assinatura de eleitores (entre 100 e 10.000) – FUNK, Patricia e GATHMANN, Christina, 2009, p. 7).

[1238] FUNK, Patricia e GATHMANN, Christina, 2009, p. 2: "our fixed effect estimates suggest that the mandatory budget referendum reduces canton spending by 3.4 percent"; p. 5: "periods of high spending increase the likelihood of stricter voter control over the budget".

[1239] FUNK, Patricia e GATHMANN, Christina, 2009, p. 5: "we find no evidence that direct democracy at the canton level shifts spending to the local level or generates a more decentralized government".

[1240] Dados os problemas que a proibição do referendo inevitavelmente gera – e sobretudo prevendo que isso poderá contribuir para um entendimento de que a decisão de despesa é discricionária – talvez fosse desejável conceber um sistema que pudesse obviar, pelo menos, os maiores inconvenientes de uma proibição absoluta de controlo popular. Ou pelo menos, evitar um desvio significativo entre aquilo que é a vontade manifestada pelos representantes e a vontade manifestada pelos representados. Não estamos com isto a defender, sem mais, a utilização do referendo sobre despesa pública. Pois não há como negar que esta hipótese teria custos elevados e isto poderia acabar por gerar um recurso exagerado a este mecanismo, implicando uma enorme despesa. Mas não seria indesejável que se pudesse conceber um sistema de referendo com custo razoável e que acautelasse estas preocupações de controlo. Por exemplo, não permitindo que este controlo popular pudesse ser accionado para controlo de despesas menores ou mesmo bagatelas. Seria, pois, preciso encontrar um equilíbrio entre aquilo que na despesa pode ser delegado nos representantes (democracia representativa pura) e aquilo que pode ser controlado pelos cidadãos (numa lógica de democracia semi-directa), de forma a haver ganhos efectivos para o Estado na assunção de mecanismos populares de despesa. Neste caso, a definição deste limite de despesa deveria reflectir necessariamente o equilíbrio entre o custo que implicaria a realização do referendo e os ganhos de um controlo de despesa adicional. Numa solução intermédia (para não abrir ilimitadamente a hipótese de referendo), poder-se-ia até permitir que os cidadãos pudessem propor e participar em referendos apenas sobre certas despesas e acima de um determinado montante. Por um lado, em casos em que houvesse forte suspeita de que as políticas públicas se afastariam fortemente dos interesses do eleitorado ("A trade-off between agency costs and information cost savings occurs that can be resolved by organizing political decision-making basically as a representative democracy, but allowing citizens to intervene selectively in politics by referenda and initiatives when political outcomes deviate unacceptably strongly from their interests" – FELD, Lars P. e KIRCHGÄSSNER, Gebhard, 2003, p. 5). E, por outro, seguindo aqui o conselho de alguns autores no sentido de introduzir um limite de despesa acima do qual os projectos pudessem ser vetados por meio de referendo: "A regra de decisão ideal é aquela em que há delegação [de poder] total abaixo de um limite de despesa, deixando que os projectos de rotina sejam exclusivamente decididos por representantes, e [em que há] delegação parcial acima do limite de gastos de tal forma que projectos maiores podem ser vetados pelos eleitores" (FELD, Lars P. e KIRCHGÄSSNER, Gebhard, 2003, p. 6).

Por contraposição, nos sistemas, por exemplo, que permitem o referendo em matérias financeiras, incentivam-se os representantes a justificar e a dar mais informação aos cidadãos de modo a obter a sua aprovação[1241], pelo menos, para distribuição de despesas mais elevadas[1242]. Claro que com isto não estamos a insinuar que os cidadãos portugueses não têm ao seu alcance mecanismos de influência da despesa pública. Porque, na verdade, têm-nos: direito de apresentação de petições, representações, reclamações ou queixas, para defesa dos direitos, da Constituição, das leis ou do interesse geral, perante os órgãos de soberania, ou quaisquer autoridades públicas, com excepção dos tribunais (artigo 52º da Constituição); direito de acção popular (artigo 52º da Constituição); e controlo político, exercido através do voto, relativo à execução do programa de governo[1243]. O que dizemos, porém, é que os mecanismos permitidos são mais fracos do que os que são de utilização proibida. O que faz com que a proibição de utilização dos mecanismos de democracia directa pareça apontar para decisões de despesa com controlo diminuto por parte dos seus cidadãos. Isto confirma, mais uma vez, o nosso entendimento de que a decisão de despesa é, em Portugal, estritamente política, não havendo sequer incentivos para um escrutínio rigoroso por parte dos eleitores, representados na Assembleia da República, câmara de despesa por excelência.

O facto de as decisões de despesa pública serem encaradas como decisões políticas não é de resto nenhuma novidade da Constituição da República Portuguesa. Trata-se aqui ainda de um resquício da identificação do direito com a lei que acaba por configurar "como livre, não sujeita a qualquer vinculação jurídica, a acção dos órgãos estaduais não reconduzível à execução da lei"[1244]. Parece-nos, pois, que resulta claro que nos termos da Constituição, o impedimento da utilização dos mecanismos da democracia directa evidencia

---

Em qualquer caso, pensamos que o alargamento do controlo político não pode prescindir do recurso à lei-travão ou dispositivo-travão (artigo 167º, nº 2 da Constituição), pensado para evitar atrapalhar a execução orçamental em curso. Ainda que não pensado para este caso concreto, cremos que a *ratio* deste preceito poderia ser útil aqui para assegurar que qualquer decisão decorrente de um orçamento participativo ficasse impossibilitada de provocar um défice orçamental inesperado, difícil de corrigir e impossibilitador das metas concertadas com as instâncias comunitárias.

[1241] Vejam-se as conclusões do Relatório sobre Transparência Orçamental 2013 reconhecendo inúmeras falhas na informação a prestar aos cidadãos no que toca à sua política orçamental.

[1242] FELD, Lars P. e KIRCHGÄSSNER, Gebhard, 2003, p. 6.

[1243] Tanto o direito de petição quanto o de acção popular podem servir para corrigir ou pelo menos pedir a correcção de algumas das políticas propostas pelos órgãos políticos.

[1244] Como explica MARIA DA GLÓRIA GARCIA, "quanto à acção legislativa do Parlamento, expressão mesma da liberdade do povo, não estava, por natureza, sujeita à limitação jurídica, cabendo-lhe fixar limites à acção estadual" (GARCIA, M. Glória, 1994, p. 634).

uma opção no sentido de que a decisão de despesa não só seja uma decisão política, como já tínhamos afirmado, mas também seja exclusivamente assumida pelos representantes do povo português na Assembleia da República[1245].

[1245] Mesmo sabendo que obviamente não se deve reduzir o controlo político ao popular. Ainda assim, é de assinalar que os restantes mecanismos de controlo político de despesa acabam por se confundir, em grande parte, com o funcionamento do sistema semi-presidencialista de Governo, sublinhando esta vontade constitucional de afirmar que o nível de decisão de despesa se encontra se encontra reservado para os representantes políticos. E, portanto, subtraído, em geral, à vontade directamente imposta dos eleitores.
Na prossecução da sua política de despesa, o Governo responde, nos termos da Constituição, perante a Assembleia da República. Temos assim, por um lado, que considerar os instrumentos de controlo de despesa da Assembleia da República sobre o Governo correspondentes ao accionamento da responsabilidade política nos termos de um sistema semi-presidencialista como o nosso: apreciação do programa de Governo; aprovação de moções de censura; e rejeição de moções de confiança. Com efeito, a Assembleia da República poderá usá-los a todo o momento tendo em conta o julgamento político que faz ou acerca ou da execução orçamental ou acerca da política de despesa prosseguida pelo Governo ou ainda acerca do grau de transparência com que actua o Governo no exercício das suas competências jurídico-financeiras.
No que toca especificamente à política orçamental, o controlo da Assembleia da República assume-se em três momentos distintos: *ex ante*, durante a execução orçamental (controlo concomitante) e *ex post* (MORENO, Carlos, 1998, p. 303). O controlo exerce-se em primeiro lugar, *ex ante*, manifestando-se no poder de aprovar o Orçamento. Trata-se aqui de um momento de controlo da proposta de política orçamental do Governo, que poderá acabar, quer numa rejeição da proposta da Orçamento apresentada – o que obrigará o Governo à elaboração de uma nova proposta de Orçamento –, quer na aprovação do mesmo com alterações. O poder de aprovação do Orçamento corresponde a uma co-responsabilização da Assembleia da República com o Orçamento do Estado apresentado pelo Governo. Com efeito, dispondo de direito de emenda – ou seja podendo aprová-lo com alterações por si introduzidas – a Assembleia da República tem poder efectivo na aprovação do Orçamento que faz com que o Orçamento seja fruto de uma colaboração e não um fruto do trabalho exclusivo do Executivo a ser sancionado pelo Parlamento. O controlo político exerce-se também no decurso da execução orçamental, sendo, neste domínio, a Assembleia da República assistida pelo Tribunal de Contas (a Assembleia da República pode solicitar ao Tribunal de Contas relatórios, informações e pareceres relacionados com as respectivas funções de controlo – artigos 5º nº 1 alínea *a)* e *b)*, 11º nº 4 e 36º, nº 2 da Lei 98/97 de 26 de Agosto). Este controlo político exerce-se também *ex post* através da tomada da Conta Geral do Estado e da sua aprovação (sobre a Conta – TEIXEIRA, Sabino, 1990; GUIMARÃES, Rodrigo, 1966; TAVARES, José F. F., 2004, p. 407; FRANCO, A. L. Sousa, 1991, pp. 473 e 474. Sobre o cumprimento do dever de apresentação da conta em Portugal – NUNES, Ana Bela e VALÉRIO, Nuno, 2001 p. 211). A Assembleia da República tem, também na avaliação da execução orçamental, a assistência do Tribunal de Contas, que emite o Parecer sobre a Conta (TAVARES, José F. F., e MAGALHÃES, Lídio de, 1990, p. 69), colocando a Assembleia da República em posição de avaliar tecnicamente a execução orçamental. A recusa da aprovação da conta geral do Estado pode gerar o accionamento dos mecanismos de responsabilização política resultantes da opção constitucional por um sistema semi-presidencialista de Governo. No entanto, este accionamento da responsabilidade política só é possível se o Governo que executou o Orçamento está ainda em funções. A não aprovação de contas de um Governo que já não está em

Obviamente que com isto não estamos a dizer que toda a decisão de despesa é arbitrária. Mas aqui entramos numa outra dimensão do controlo da despesa que nos convém aprofundar: a da possibilidade de controlo judicial das decisões de despesa.

É certo que quando estudamos as decisões de despesa do ponto de vista administrativo, vemos que estas não são decisões isentas de sujeição à lei. Elas estão, administrativamente, vinculadas em termos de competência[1246], cabimento orçamental (no qual é verificada a tipicidade qualitativa e quantitativa

---

funções terá efeitos políticos muito ténues, não obstante esta recusa possa ter consequências a outro nível. Com efeito, havendo ou não aprovação da Conta e independentemente de o Governo que executou o Orçamento correspondente estar ou não ainda em funções, nos termos do artigo 72º da Lei de Enquadramento Orçamental, da Resolução da Assembleia da República de aprovação ou de rejeição da Conta geral do Estado pode constar, para além do juízo político formulado pela maioria, a deliberação de remissão às entidades competentes do parecer do Tribunal de Contas para efeitos da efectivação de eventuais responsabilidades financeiras ou criminais decorrentes da execução do Orçamento do Estado.

Para além destes controlos parlamentares, é ainda de salientar que o primado da Assembleia da República em matéria legislativa também pode fornecer nesta matéria um instrumento de controlo de despesa adicional: apreciação parlamentar dos decretos-leis do Governo, com o poder de os suspender (no todo ou em parte), de os alterar e até mesmo de declarar a sua cessação de vigência (169º da Constituição). Trata-se aqui de mais um instrumento de controlo do Parlamento sobre o Governo. Neste caso, no que toca à sua actividade legislativa.

Aos controlos parlamentares, acresce ainda a existência da responsabilidade institucional do Governo perante o Presidente da República. A partir da avaliação que o Presidente da República faz acerca da prossecução da política financeira do Governo ou do relacionamento deste último com outros órgãos para efeitos do respectivo controlo financeiro, o primeiro pode demitir o Governo – nos termos do 195º, nº 2 da Constituição. Isto poderá suceder, por exemplo, em situações em que o Governo se recusa a apresentar proposta de Orçamento do Estado ou em que o Governo desrespeita de forma grave e reiterada as normas constitucionais e legais sobre o Orçamento (JORGE MIRANDA in MIRANDA, Jorge, e MEDEIROS, Rui, 2006, p. 674); em que sucessivas propostas de Orçamento são rejeitadas pelo Parlamento; em que o Governo se recusa a esclarecer a Assembleia da República ou o Presidente da República acerca da execução orçamental.

É preciso notar que em nenhum destes mecanismos de controlo sobressai qualquer parâmetro jurídico de controlo. Avulta, pois, também aqui uma componente política de controlo.

[1246] *Vide* artigos 17º a 21º do Decreto-Lei nº 197/99.

Nos casos de assunção de compromisso plurianuais (independentemente da sua forma jurídica, incluindo novos projectos de investimento ou sua reprogramação); contratos de locação; acordos de cooperação técnica e financeira com os municípios; e parcerias público-privadas, é necessária autorização prévia do Ministro das Finanças e do Ministro responsável (salvo se resultarem da lei); do Governo Regional se envolverem entidades da administração regional; ou da assembleia municipal, quando envolvam entidades da administração local (6º da Lei dos Compromissos e Pagamentos em Atraso).

da despesa) e até forma[1247]. Porém, quando estudamos as decisões do ponto de vista orçamental – como o fazemos agora – já não temos tantas certezas. Com efeito, a liberdade parlamentar parece em muitos casos sobrepor-se à possibilidade de controlo.

O próprio entendimento do Tribunal Constitucional (pelo menos até 2011, embora com algumas tergiversações, como apontaremos mais adiante) parece ir no sentido do reconhecimento de uma ampla liberdade ao legislador orçamental.

Nas décadas de 1980 e 1990, o Tribunal Constitucional acabou, em grande medida, por limitar a verificação da constitucionalidade das decisões de despesa à análise do cumprimento dos princípios orçamentais. Referiremos alguns casos significativos, exemplificando aquilo que dizemos.

Nos Acórdãos do Tribunal Constitucional nº 461/87, de 16 de Fevereiro de 1987; 108/88, de 31 de Maio de 1988, 267/88, de 29 de Novembro de 1988 e 358/92, de 11 de Novembro de 1992, os juízes do palácio Ratton verificam o cumprimento do princípio da anualidade, observando se as despesas são inscritas no ano económico a que respeitam ou se atêm aos limites anuais orçamentais ou se as despesas estão todas inscritas, para que não haja massas de despesas a escapar ao regime e ao controlo orçamental (controlando assim, por exemplo, as inscrições orçamentais de algumas como meros actos de gestão de tesouraria). No Acórdão do nº 267/88, de 29 de Novembro de 1988, o Tribunal Constitucional baseia-se no princípio da unidade e universalidade na sua análise das normas orçamentais que lhe são submetidas. Nos Acórdãos nºs 461/87, de 16 de Fevereiro de 1987 e 361/91, de 9 de Julho de 1991, o Tribunal Constitucional aprecia uma violação do princípio da não consignação. Nos Acórdãos nºs 206/87, de 17 de Junho de 1987, 267/88, de 29 de Novembro de 1988 e 624/97, de 21 de Outubro de 1997, o Tribunal Constitucional aprecia o cumprimento do princípio da especificação.

Este modo de encarar o controlo da despesa pública parece coadunar-se na perfeição com a forma como a Constituição concebe a despesa pública

---

[1247] Os actos que envolvam a assunção de compromissos estão sujeitos a registo (deste registo devem constar os encargos prováveis) e emissão de número de compromisso válido e sequencial, para alem de verificação de cabimento orçamental (tendo em conta os fundos disponíveis), de acordo com o disposto na Lei dos Compromissos e Pagamentos em Atraso.
A autorização de despesas plurianuais deve ser sempre feita, por meio de regulamento – portaria conjunta dos Ministros das Finanças e da tutela (artigo 22º Decreto-Lei nº 197/99 e artigo 45º da Lei de Enquadramento Orçamental, contendo porém algumas excepções, derivadas do facto de estas despesas serem assumidas por lei prévia).

na parte em que assimila o tratamento da despesa à disciplina orçamental. A apreciação do cumprimento das regras orçamentais tratava, pelo menos, a decisão de despesa como uma decisão puramente entregue ao poder político. Com efeito, limita-se quase a um controlo de conformidade legal, sem tratar de questionar a despesa em si ou o modo como ela é feita.

Obviamente que também seria redutor dizer que não houve qualquer controlo adicional, porque houve. Mas também aqui a tónica sempre pareceu ir quase sempre no sentido da salvaguarda do legislador orçamental. Só nos últimos anos, sobretudo a partir de 2012, a pressão dos cortes da despesa pública fez com que o Tribunal Constitucional se sentisse forçado a procurar reforçar o controlo, numa tentativa de limitar a liberdade legislativa.

Uma das discussões mais interessantes, espelhando justamente o que acima dizemos, encontra-se expendida na jurisprudência relativa ao direito à remuneração dos funcionários públicos, discutindo os limites da liberdade conformadora do legislador. Nestes casos, o Tribunal Constitucional ponderou limites como o da a proporcionalidade, o da protecção da confiança e o da igualdade, para os opor ao poder legislativo orçamental. Para falar das soluções preconizadas por este órgão jurisdicional, dividiremos os arestos em três períodos: o primeiro, anterior a 2011; o segundo, correspondendo a 2011; e o último, posterior a 2012 de que falaremos mais adiante. O primeiro período é claramente marcado por conceder liberdade ao legislador orçamental, o segundo por aumentar essa margem e o terceiro pela inversão dessa mesma margem de liberdade.

Antes de 2011, o Tribunal Constitucional procurava, nas suas decisões sobre reduções nas remunerações, assentar exclusivamente no princípio da protecção da confiança, para limitar o poder orçamental. Foi a esta luz que o Tribunal declarou inconstitucional, por exemplo, a suspensão da equiparação dos vencimentos dos professores profissionalizados do ensino primário habilitados com um curso especial e dos ex-regentes escolares, aos dos restantes professores habilitados com o curso normal[1248]. O mesmo sucedendo com o diploma que previa uma limitação das remunerações dos funcionários ao equivalente auferido pelo Primeiro-ministro e consequente redução da remuneração global auferida por pessoal por ela abrangido e que se encontrava já em exercício de funções à data da sua entrada em vigor[1249]. Porém, nessa altura, o Tribunal Constitucional apenas considerava inconstitucionais as leis novas

---

[1248] *Vide* Acórdão do Tribunal Constitucional nº 303/90.
[1249] *Vide* Acórdão do Tribunal Constitucional nº 141/02.

que visavam alterar situações passadas de forma "inadmissível, intolerável, arbitrária, demasiado onerosa e inconsistente". Para este órgão jurisdicional, seria assim somente inconstitucional toda a "alteração com a qual os cidadãos e a comunidade não poderiam contar, expectantes que estavam, razoável e fundadamente, na manutenção do ordenamento jurídico que regia a constituição daquelas relações e situações"[1250].

Procurando perceber um pouco melhor o juízo de violação da protecção da confiança sobre o qual assenta esta jurisprudência, devemos olhar para os Acórdãos n.os 71/87, 287/90, 303/90 e 141/02[1251], em que o Tribunal Constitucional, por um lado, liga este princípio à protecção dos direitos adquiridos (está em causa a inadmissibilidade da "privação arbitrária de direitos adquiridos"[1252]) e, por outro, explica que a " ideia geral de inadmissibilidade poderá ser aferida, nomeadamente, pelos dois seguintes critérios: *a)* afectação de expectativas, em sentido desfavorável, [a qual] será inadmissível, quando constitua uma mutação da ordem jurídica com que, razoavelmente, os destinatários das normas delas constantes não possam e não devam contar; e ainda *b)* quando não for ditada pela necessidade de salvaguardar direitos ou interesses constitucionalmente protegidos que devam considerar-se prevalecentes", recorrendo-se ao princípio da proporcionalidade (está aqui em causa o triplo critério da previsibilidade justificabilidade e razoabilidade de que fala JORGE PEREIRA DA SILVA[1253]).

É de notar porém que já antes de 2011, para o Tribunal Constitucional, a onerosidade das medidas deveria ser ponderada não só atendendo à frustração forçada de expectativas, mas também ao interesse geral que preside à alteração legislativa, procurando perceber se o interesse geral em causa pode prevalecer sobre o interesse individual sacrificado. Isto porque o que está em causa é a "protecção dos cidadãos contra a prepotência e o arbítrio"[1254]. Na sua ponderação, o Tribunal atenta ainda a expectativas fundadas de melhoria, que pudessem basear-se na vontade legislativa[1255]. Não obstante, antes de 2011,

---

[1250] Acórdão do Tribunal Constitucional nº 141/02.
[1251] *Vide* Acórdão 129/2009 sistematizando os critérios anteriormente usados – PAULO MOTA PINTO *in* RIBEIRO, G. Almeida e COUTINHO, L. Pereira, 2014, p. 140.
[1252] Acórdão do Tribunal Constitucional nº 71/87.
[1253] SILVA, J. Pereira da, 2003, p. 275.
[1254] Acórdão do Tribunal Constitucional nº 287/90.
[1255] É de notar que a este propósito, o Tribunal Constitucional afasta do alcance da inconstitucionalidade por violação da protecção da confiança as meras expectativas jurídicas ou a violação de pretensos direitos "à manutenção do regime jurídico em relações jurídicas em relações jurídicas duradouras ou relativamente aos factos complexos já parcialmente realizados. Ao legislador não

o sentido geral da jurisprudência pareceu sempre ir no sentido de preservar as decisões de despesa, já que as violações da protecção da confiança apenas foram consideradas inconstitucionais em situações extremas.

De relevar, neste ponto, também é que na ponderação da protecção da confiança, o Tribunal Constitucional deixa, já na fase anterior a 2011, a porta aberta para casos excepcionais de um alargamento ainda mais dramático do espaço político de decisão orçamental: o tribunal não exclui que "medidas de política económica conjuntural poderão ser alteradas, com frustração de expectativas, se a conjuntura económica mudar"[1256]. O Tribunal Constitucional está pois atento, como se diz no Acórdão nº 303/90, à "existência de motivos ligados à prossecução ou salvaguarda de interesses, designadamente económicos ou financeiros, tais que, de um ponto de vista proporcional, aconselhassem à suspensão do «vencimento adquirido»". Neste sentido, nos Acórdãos nºs 303/90 e 141/02, o Tribunal Constitucional sublinhou que a inconstitucionalidade só era declarada perante a "inexistência de qualquer situação de interesse geral, público ou social que se pudesse sobrepor à protecção da confiança, quer por traduzirem uma mutação na ordem jurídica com a qual se não poderia *normal e razoavelmente* contar". Nestes termos, o Tribunal admitia assim que o sacrifício a impor poderia não ser considerado arbitrário se houvesse interesse do legislador e suficiente relevância de acordo com a Constituição[1257].

Em 2011, o Tribunal Constitucional abre claramente o espectro da liberdade político-orçamental[1258]. Para nós, esta alteração fica patente na aceitação do conceito de emergência económico-financeira, para justificar a aceitação

---

está vedado alterar o regime do casamento, do arrendamento, do funcionalismo público ou das pensões" (Acórdão do Tribunal Constitucional nº 287/90. Chamando a atenção para a distinção entre retroactividade e retrospectividade, mas dizendo que em qualquer dos casos "a protecção dos cidadãos passa por verificar se a nova normação jurídica afectou de forma desproporcionada, desnecessária ou desadequada os direitos em questão", tendo sempre em conta a disciplina transitória – SILVA, J. Pereira da, 2003, p. 270-271). O que se impõe nestes casos é uma avaliação do "investimento da confiança" na manutenção do regime legal.

[1256] Acórdão do Tribunal Constitucional nº 287/90.
[1257] Acórdão do Tribunal Constitucional nº 287/90.
[1258] Falando de uma "clara inversão da jurisprudência do Tribunal Constitucional" sem "fundamentação minimamente convincente" e de uma "jurisprudência complacente", defendendo um retorno à jurisprudência dos Acórdãos 396/90 e 141/2002 – LEITÃO, L. T. Menezes, 2011, pp. 1279 e 1283 e LEITÃO, L. T. Menezes, 2012, p. 415 e 417. Também no sentido de uma alteração de entendimento *vide* HESPANHA, António M., 2012, p. 42 e ss. *Vide* em especial pp. 48 e 49 em que fala da existência de duas zonas de protecção distintas: a garantida (referindo-se aos contratos, como é o caso das PPP ou das "rendas" da EDP) e a precarizada (a dos salários dos funcionários).

de decisões que buliam com critérios que eram até aí considerados inconstitucionais[1259] e aproveitando, a nosso ver, a abertura deixada pela jurisprudência anterior para se pronunciar no sentido da não inconstitucionalidade da redução das remunerações dos funcionários públicos. O Tribunal Constitucional restringe assim o conceito de "direitos adquiridos" "não tanto pela modificação dos termos da distinção, mas por uma diferente avaliação da situação de facto"[1260]. Ao fazê-lo, o Tribunal Constitucional alargou os limites da liberdade legislativa, admitindo, nesse ano, reduções remuneratórias que antes recusaria, dizendo que elas estão afinal dentro dos "limites do sacrifício".

Embora partindo do facto de a redução remuneratória aí em análise ser violadora da protecção da confiança[1261], o Tribunal considerou esta redução – ainda que plurianual – como transitória[1262] e como uma "resposta normativa a uma conjuntura excepcional, que se pretende corrigir com urgência e em prazo o mais breve possível". Desta forma, sublinhando a "conjuntura de absoluta excepcionalidade", as "sérias dificuldades de financiamento", a "necessidade de uma drástica redução das despesas públicas", a "salvaguarda de um interesse público prevalecente" e os "riscos sérios de um abalo dos alicerces (senão mesmo colapso) do sistema económico-financeiro nacional" como argumentos justificadores desta pronúncia no sentido da não inconstitucionalidade dessas reduções[1263], acaba por, na lógica de ponderação do interesse geral que preside à alteração legislativa, tomar como prevalecente o interesse

---

[1259] Um dos factores, implícito nestas decisões, foi a consideração de um estado de emergência económico-financeira – sobre a discussão que se gerou em torno deste tema vide HESPANHA, António M., 2012, p. 37, URBANO in GONÇALVES, Pedro, GOMES, C. Amado, MELO, Helena E CALVÃO, Filipa, 2013, p. 7 e ss. MARIA BENEDITA URBANO in RIBEIRO, G. Almeida e COUTINHO, L. Pereira, 2014, p. 13 e ss.

[1260] HESPANHA, António M., 2012, p. 50.

[1261] "As reduções agora introduzidas, na medida em que contrariam a normalidade anteriormente estabelecida pela actuação dos poderes públicos, nesta matéria, frustram expectativas fundadas" – Acórdão 396/2011. Vide LEITÃO, L. T. Menezes, 2011, p. 1283.

[1262] Nas palavras do Tribunal Constitucional, estas seriam normas orçamentais, que caducariam no final do ano em curso, "nada autorizando, no presente, a considerar que elas se destinam a vigorar para sempre".

[1263] Não obstante entender que havia uma desigualdade quanto aos sacrifícios exigidos, como se explica no Acórdão do Tribunal Constitucional nº 353/2012: " Entendeu-se que o recurso a uma medida como a redução dos rendimentos de quem aufere por verbas públicas como meio de rapidamente diminuir o défice público, em excepcionais circunstâncias económico-financeiras, apesar de se traduzir num tratamento desigual, relativamente a quem aufere rendimentos provenientes do sector privado da economia, tinha justificações que as subtraíam à censura do princípio da igualdade na repartição dos encargos públicos, uma vez que essa redução ainda se continha dentro dos "limites do sacrifício" ".

geral sobre o individual. Com isto, o Tribunal Constitucional acaba por defender a não inconstitucionalidade num "contexto de excepcionalidade", resultante do cumprimento do Pacto de Estabilidade e Crescimento, afastando a hipótese de se tratar de um retrocesso social[1264].

De assinalar que, na parte final, este Acórdão entreabre uma porta que será explorada na jurisprudência posterior abordando – ainda que de raspão – o tema da igualdade. Ao associar esta redução remuneratória com "a finalidade de reequilíbrio orçamental" e ao "reconhecer que "quem recebe por verbas públicas não está em posição de igualdade com os restantes cidadãos", admite a possibilidade da imposição de "um sacrifício adicional" em relação aos funcionários público. Ao fazê-lo abre caminho a que seja discutido o problema da igualdade[1265]. Neste caso concreto, o Tribunal Constitucional acaba por não declarar a inconstitucionalidade da medida em causa dizendo que esta "não consubstancia um tratamento injustificadamente desigual", tendo em conta que não há "razões de evidência" que contrariem a ideia de que só a redução de vencimentos garante a curto prazo resultados orçamentais conformes aos compromissos com instâncias europeias e internacionais[1266]. Com isto, o Tribunal Constitucional parece deixar em aberto a possibilidade de uma apreciação gradativa da igualdade.

A dimensão política da decisão de despesa avultará também no plano da dogmática jurídico-constitucional, desenvolvida em torno da matéria da despesa pública, como explicaremos adiante. A *reserva do financeiramente possível*, invocada em relação aos direitos sociais, contribui em muito, como veremos, para este entendimento.

3. A pressão existente no sentido de adaptar a Constituição às correntes de libertação do Estado por efeito da recepção dos critérios de convergência
3.1. A consagração dos critérios de convergência
A consagração dos critérios de convergência e a sua relação com as correntes de libertação do Estado
Se é um facto que o texto da Constituição parece privilegiar o carácter político e com poucos limites da decisão de despesa, a verdade é que a discussão

---

[1264] Contra LEITÃO, L. T. Menezes, 2011, pp. 1279 e 1280.
[1265] *Vide* Acórdão do Tribunal Constitucional nº 187/2013 em que se diz expressamente "não tem fundamento constitucional pretende-se que o princípio da igualdade exige a omissão de qualquer redução salarial independentemente do estado das finanças públicas".
[1266] Criticando violentamente, dizendo que o Tribunal Constitucional adere à doutrina de que os fins justificam os meios – LEITÃO, L. T. Menezes, 2011, p. 1285.

que se faz em torno do tema do gasto público não é imune às perspectivas de limitação do mesmo.

Se é seguro dizer que um pouco por toda a Europa se começam, a partir dos anos de 1970, a fazer sentir críticas ao pensamento keynesiano de intervenção pública na economia, o certo é que, em Portugal, o keynesianismo só começou verdadeiramente a ser posto em causa com a adesão à União Económica e Monetária[1267]. Realmente, só desde 1992, com a ratificação do Tratado de Maastricht (1992), é que Portugal aceitou a limitação da sua margem de manobra na utilização da despesa pública como instrumento financeiro de intervenção no mercado, mediante a aceitação dos critérios de convergência nele definidos[1268]. Como é do conhecimento geral, estes critérios – baseando-

---

[1267] BARILARI, A., e BOUVIER, M., 2010, p. 21, falando também de uma grande influência na organização das finanças públicas nacionais, em geral por toda a Europa.

[1268] Eram quatro os critérios de convergência: estabilidade de preços; situação das finanças públicas, taxa de câmbio e taxa de juro e serviam para que, na passagem à moeda única – o Euro – os países estivessem numa posição semelhante.

De acordo com o primeiro pressupõe-se "a realização de um elevado grau de estabilidade dos preços [...] expresso por uma taxa de inflação que esteja próxima da taxa, no máximo, dos três Estados-Membros com melhores resultados em termos de estabilidade dos preços". Nestes termos, a taxa de inflação de um Estado-Membro não deveria exceder em mais de 1,5% a dos três Estados-Membros que apresentam os melhores resultados relativamente à estabilidade dos preços observados no ano anterior ao exame da situação do Estado-Membro.

O critério relativo à situação das finanças públicas consubstanciava-se no cumprimento de uma disciplina orçamental assente na não ultrapassagem de um valor de referência, por um lado, no que toca à relação entre o défice orçamental e o PIB e, por outro, à relação entre a dívida pública e o produto interno bruto, a preços de mercado. Impedia-se assim a verificação de défice e dívida excessivas. De acordo com o Protocolo 20 sobre o procedimento relativo aos défices excessivos, anexo ao Tratado de Maastricht, os valores de referência seriam de 3% para a relação entre o défice orçamental programado ou verificado e o produto interno bruto, a preços de mercado. e de 60% para a relação entre a dívida pública e o produto interno bruto, a preços de mercado.

O critério de convergência relativo às taxas de câmbio impunha "a observância, durante pelo menos dois anos, das margens normais de flutuação previstas no mecanismo de taxas de câmbio do Sistema Monetário Europeu, sem ter procedido a uma desvalorização em relação à moeda de qualquer outro Estado-Membro."

O critério das taxas de juro a longo prazo assentava no "carácter duradouro da convergência alcançada pelo Estado-Membro [...] [que] deve igualmente reflectir-se nos níveis das taxas de juro a longo prazo".

Ou seja, como explicam MIGUEL MARTINEZ LAGO e LEONARDO GARCÍA DE LA MORA, o Tratado da União Europeia fez da disciplina orçamental uma fórmula de coordenação – LAGO, M. Martinez, e MORA, L. García de la, 2011, p. 217.

"[...] As razões que se invocam para justificar a inclusão de tais regras, são de dois tipos: um primeiro teria a ver com as consequências negativas que teria para os restantes países o excesso de endividamento por parte de um Estado membro e um segundo, que resultaria da convicção de

-se na ideia de que o sucesso da política monetária da União Europeia dependeria do rigor com que os orçamentos dos vários Estados-Membros fossem elaborados e executados, de forma a evitar pressões inflacionistas ou sobre as taxas de juro – previam algumas constrições orçamentais: "a lógica subjacente à existência de regras orçamentais baseia-se na ideia de que a falta de disciplina orçamental põe pressão sobre os preços, o que implica, *ceteris paribus*, uma subida da taxa de juro por parte do Banco Central Europeu (BCE). Consequentemente, países com défices baixos enfrentariam um custo resultante do comportamento de países com défices elevados. Adicionalmente, na ausência de regras orçamentais, surgiriam pressões sobre o BCE [Banco Central Europeu] no sentido de acomodar as tensões inflacionistas, com o intuito de reduzir o valor real da dívida"[1269].

Sustentando a criação de uma política monetária única, o Tratado de Maastricht previu, desde logo, e com efeitos imediatos, a limitação da despesa pública. Esta linha de pensamento acabou por ser aprofundada, primeiro, com o Pacto de Estabilidade e Crescimento[1270] (embora só depois de 1999, com o início da terceira fase da União Económica e Monetária, os países da

---

que o processo de integração económica reforçaria a tendência natural dos governos para recorrerem ao endividamento em detrimento do reforço da carga fiscal" – FERREIRA, Eduardo da Paz, 1995, p. 127. Note-se porém que "tem sido generalizadamente posta em evidência a questão da total aleatoriedade dos valores previstos no Tratado, que não correspondem a qualquer critério económico razoável, não espelhando, designadamente, a problemática da "sustentabilidade" da dívida e antes reflectindo, simplesmente, um valor médio registado em certa altura nos países da Comunidade" – FERREIRA, Eduardo da Paz, 1995, pp. 127 e 128.

[1269] AMADOR, J., e CUNHA, J. Correia da, 2004, p. 32.

[1270] Este Pacto, sobretudo pensado no intuito de travar o expansionismo financeiro dos países do sul da Europa, é composto pela Resolução do Conselho Europeu de Amesterdão, de 17 de Junho de 1997 conjuntamente com dois regulamentos: Regulamento (CE) nº 1466/97 do Conselho, de 7 de Julho e Regulamento (CE) nº 1467/97 do Conselho, de 7 de Julho. Por meio do referido Pacto, os Estados-Membros comprometeram-se, por um lado, a apresentar situações próximas do equilíbrio ou excedentárias e a, quando for caso disso (em caso de défice excessivo), a aplicarem sem demora as medidas de correcção orçamental, tendo em vista a resolução do problema no prazo máximo de um ano; a Comissão – cuja missão é acompanhar a situação orçamental e o montante de dívida dos Estados-Membros (artigo 126º, nº 2) – comprometeu-se a apresentar ao Conselho, sem demora, relatórios, pareceres ou recomendações que permitam a este segundo órgão tomar de imediato medidas, sempre que seja detectado um défice excessivo; e o Conselho comprometeu-se a tomar decisões rápidas, instando os Estados-Membros que apresentem défices excessivos a corrigir a sua situação orçamental tão rápido quanto possível. Nos dois Regulamentos que integram o Pacto de Estabilidade e Crescimento prevêem-se instrumentos que facilitam um cumprimento estrito das obrigações impostas e a criação de um sistema de controlo que permita às instâncias comunitárias uma reacção rápida a qualquer desvio, em relação às metas a atingir. *Vide* a este respeito BOURRINET, Jacques, 2003, pp. 568 e ss.

União Europeia se tenham passado a reger verdadeiramente por uma política monetária única, assente na existência de uma moeda única e na existência de uma só taxa de câmbio[1271]) e depois, já no século XXI, primeiro com a revisão deste mesmo Pacto de Estabilidade e Crescimento em 2005 (flexibilizando os seus termos) e depois já na decorrência da crise americana de *subprime* de 2008[1272/1273] (endurecendo-o, sobretudo depois de 2011).

[1271] MARTINS, G. Oliveira, 2010/2011, capítulo 8, pp. 11 e 12: "As políticas monetárias e de crédito constituem, no contexto europeu, instrumentos que estão atribuídos essencialmente, depois dos Tratados da União Europeia (Maastricht, Amesterdão e Nice), ao Banco Central Europeu e ao Sistema Europeu de Bancos Centrais. Desde a criação monetária relativa ao Euro até à definição das taxas de remuneração das aplicações de capital, estamos perante um instrumento que deixou de ser puramente nacional, ou invocável nesse exclusivo âmbito. Existe, pois, uma federalização das políticas monetárias na União Europeia. Estas articulam-se entre si, deixando, por força da existência do mercado interno, da livre circulação de pessoas, mercadorias, serviços e capitais, e do fim das fronteiras, de ser possível jogar internamente com as taxas de câmbio".

[1272] Embora a gestão da crise não tenha sido sempre feita da mesma forma – CORSETTI, Giancarlo, 2012. Sobre as origens da crise *vide* BLYTH, Mark, 2013.

[1273] Em 2010, a União Europeia depara-se pela primeira vez com défices e dívidas que ultrapassam largamente os limites impostos e com o surgimento do novo fenómeno "crise da dívida soberana" na Grécia (SOUSA, V. M. Granate Costa e, 2011, p. 111). Temendo o contágio à restante zona euro, a União Europeia adoptou medidas supondo uma coordenação de esforços ou, se quisermos, o aprofundamento de uma política de solidariedade. Esta política consubstancia-se num auxílio aos países mais endividados da zona euro por parte dos que estão em melhores condições. O que corresponde a uma certa forma de mutualização dos compromissos financeiros assumidos por alguns Estados, tendo em vista o restabelecimento da convergência financeira de todos. Isto foi feito através da criação do Fundo Europeu de Estabilização Financeira (FEEF) (European Financial Stability Facility – EFSF), em 9 de Maio de 2010, com sede do Luxemburgo e constituído por dezasseis países: Alemanha, Áustria, Bélgica, Chipre, Eslováquia, Eslovénia, Espanha, Finlândia, França, Grécia, Holanda, Irlanda, Itália, Luxemburgo, Malta e Portugal. Este FEEF / EFSF deu lugar a um instrumento permanente, o Mecanismo Europeu de Estabilização – MEE (European Stability Mechanism – ESM). Este Mecanismo que complementa a supervisão rigorosa que as instâncias comunitárias fazem sobre a situação orçamental dos seus Estados-Membros de forma a evitarem futuras crises (SOUSA, V. M. Granate Costa e, 2011, p. 111).

Desde 2011 e tendo em vista a correcção dos problemas detectados e a garantia da estabilidade económica e financeira da União Europeia, o Pacto de Estabilidade e Crescimento foi desenvolvido, sendo hoje composto também pelos Regulamentos (UE) nºs 1173/2011; 1174/2011; 1175/2011; 1176/2011; 1177/2011; e pela Directiva 2011/85/UE.

Em 2012, as tentativas de resolução da crise financeira da zona euro deram ainda lugar a um aprofundamento da coordenação orçamental, por meio da assinatura – em 2 de Março – de um novo tratado intergovernamental (Tratado sobre a estabilidade, coordenação e governação na união económica e monetária), também chamado Pacto Orçamental (Fiscal Compact). Este vinculará os países da zona euro e de todos os Estados-Membros da União Europeia que o desejem ratificar. Deste tratado resultam algumas mudanças em relação à disciplina orçamental exigida pela política monetária única.

Em primeiro lugar, ao limite máximo de défice orçamental que permanece nos 3%, por força da sua consagração no Tratado de funcionamento da União Europeia, acresce um outro limite relativo ao défice estrutural. Para os países com dívida acima dos 60%, para que o Orçamento esteja equilibrado, o saldo da despesa administração pública – considerando a evolução da despesa, líquida de medidas discricionárias em matéria de receitas – não pode apresentar desvios de mais de 0,5% do PIB em relação ao objectivo orçamental de médio prazo (artigo 3º, nº 1, al. *b*) do Pacto Orçamental). O desvio só não será considerado significativo se resultar de uma ocorrência temporária ou excepcional não controlável pelo Estado-Membro, desde que isso não ponha em risco a sustentabilidade orçamental a médio prazo (artigo 3º, nº 1, al. *c*) e nº 3, al. *b*) do Pacto Orçamental). Sobre esta evolução *vide* Lascombe, Michel e Vandendriessche, Xavier, 2013, pp. 15-16 e 24 -25. Para países com dívida abaixo dos 60% e onde os riscos de sustentabilidade das finanças públicas a longo prazo são baixos, o limite de défice estrutural pode ascender a 1% do PIB a preços de mercado, em relação ao objectivo orçamental de médio prazo (artigo 3º, nº 1, al. *d*) do Pacto Orçamental) (A definição do objectivo orçamental de médio prazo está prevista no artigo 2º-A da secção 1-AA do Regulamento (CE) nº 1466/97 do Conselho de 7 de Julho: "Cada Estado-Membro deve ter um objectivo de médio prazo diferenciado para a sua situação orçamental. Estes [...] poderão divergir da exigência de uma situação orçamental próxima do equilíbrio ou excedentária, mas devem facultar uma margem de segurança em relação ao rácio de 3% do PIB para o défice orçamental. Os objectivos orçamentais de médio prazo devem assegurar a sustentabilidade das finanças públicas ou um rápido progresso na via dessa sustentabilidade, conservando simultaneamente uma margem de manobra orçamental, em especial para atender às necessidades de investimento público").

Estes novos limites de défice estrutural consubstanciam aquilo que se tem designado por regra de ouro orçamental. O objectivo desta regra de ouro é o de conter o endividamento – não o impedindo em absoluto – de forma a equilibrar a produção e o consumo, evitando um endividamento estrutural que ponha em causa a sustentabilidade orçamental. Em caso de desvio destes limites, o mecanismo de correcção será accionado automaticamente. O referido mecanismo deve incluir a obrigação de o Estado contratante implementar medidas para corrigir os desvios num determinado período de tempo (artigo 3º, nº 1. al. *e*) do Pacto Orçamental).

De acordo com o nº 2 do artigo 3º do mesmo Pacto a que nos vimos referindo, estes novos limites de défice devem – no prazo máximo de um ano depois da entrada em vigor do Pacto Orçamental – ser assumidos pelos Estados contratantes, por meio de lei com força obrigatória e de carácter permanente, de forma a poderem ser plenamente assumidos nos processos orçamentais nacionais. Os Estados contratantes devem ainda transpor para a ordem jurídica nacional os mecanismos de correcção a ser propostos pela Comissão Europeia, em termos de tempo, dimensão e natureza da acção correctiva a ser levada a cabo. Se não o fizerem, poderão ver proposta contra si acção junto do Tribunal de Justiça da União Europeia, tanto pela Comissão Europeia como por qualquer outro Estado que seja parte neste tratado (*vide* artigo 8º do Pacto Orçamental).

Em segundo lugar, o valor da dívida deixa de ser um valor meramente indicativo ou tendencial, passando a ser um valor vinculativo e uniformizando o tratamento do défice excessivo e da dívida excessiva. Vai-se assim além do que dispunha o Pacto de Estabilidade e Crescimento do qual resultava que apenas o défice excessivo era proibido (Jesus, M. A. Jorge de, 2008, p. 201) (Sobre a implementação do Pacto de Estabilidade e Crescimento, *vide* European Commission, 2006, pp. 33 e ss). Tal como acontece em relação ao défice excessivo, passa a estar previsto um mecanismo de correcção da demasia de endividamento por parte dos Estados-Membros, dando a não redução do excesso de dívida a um ritmo de um vinte avos por ano lugar à aplicação de sanções (artigo 4º do Pacto Orçamental).

Muitos atribuem a aproximação destes instrumentos – seja do Tratado de Maastricht seja do Pacto de Estabilidade e Crescimento – a ideias neoliberais, por influência do grupo do Partido Popular Europeu e de uma maioria de partidos de direita nos governos dos Estados que compunham a União Europeia, nessa altura[1274] (embora haja autores que reconheçam que a influência neoliberal remontava já ao Acto Único Europeu – 1986[1275]). Na discussão do Tratado de Maastricht, foi mesmo notória a clivagem que opôs os defensores dos dois principais paradigmas de despesa pública: o moderno e o de libertação do Estado. De uma parte, os partidos de esquerda advogando a adopção de critérios de convergência baseados em indicadores sociais, como o desemprego. Do outro, os partidos de direita sustentando a ideia de critérios de convergência económicos, absorvendo grande parte das críticas que os autores libertários dirigiam ao modelo de Estado social[1276]. Venceu esta última facção[1277], não obstante governos de esquerda, como o de FRANÇOIS MITTERRAND (1981-1995) ou o de FELIPE GONZÁLEZ (1982-1996) não se tenham abstido de sancionar estes mesmos critérios[1278]. Esta tensão tornou-se ainda mais visível, em 1997, com a exigência do Governo de esquerda de LIONEL JOSPIN, no sentido da exigência de um capítulo sobre o emprego no Tratado de Amesterdão, de forma a tornar mais fácil assegurar o cumprimento dos critérios de convergência após o início da terceira fase da União Económica e Monetária[1279].

Em terceiro lugar, as violações destes limites passam a accionar um mecanismo de correcção automático. De acordo com o pacto orçamental, será necessário que uma maioria qualificada de Estados da zona Euro se oponha quer ao accionamento deste mecanismo de correcção, quer à aplicação de sanções (artigo 7º do Pacto Orçamental).

[1274] "Initial influence of a policy-seeking role for the Europarties came from the influence of the EPP over both the Single European Act (SEA) and the Treaty on European Union (TEU) (Maastricht Treaty)" [...] The EPP was in a stronger position to influence the EU agenda, as centre-right parties were in government in a majority of EU states" – LIGHTFOOT, Simon, 2005, JOHANSSON, K. M., 2002 (a) e 2002 (b).
[1275] LIGHTFOOT, Simon, 2005, p. 10.
[1276] LIGHTFOOT, Simon, 2005, p. 10.
[1277] Para muitos, União Económica e Monetária é reconhecidamente a consubstanciação de "políticas neo-liberais de moeda forte, mercado de trabalho desregulado e de liberalização dos mercados de capitais e financeiros" – vide BONEFELD, W., 1999, p. 56, referindo-se à realidade britânica, interpretando a sua posição vacilante na adesão à UEM como exemplo da sua recusa em ceder a soberania sobre a política monetária.
[1278] LIGHTFOOT, Simon, 2005, p. 11.
[1279] BIELER, A., 2000, p. 162. Não obstante, BIELER constata também que "a compromise was found in the "Resolution on Growth and Employment", which provided Union employment guidelines while employment policy as such remained a national competence".

Os critérios de convergência, tais como desenhados pela União Europeia, limitam a intervenção do Estado por meio de investimento e até mesmo a possibilidade de intervenção pública nas fases depressivas do ciclo económico. Ou seja, colocam um travão à adopção de políticas de despesa pública, como as que JOHN MAYNARD KEYNES e os seus seguidores sugerem. Por um lado, fica em causa a ideia da utilização da despesa como instrumento para promover o aumento da procura agregada, da produção e do emprego com a limitação do défice e dívida. Por outro, a consagração dos critérios de convergência sugere que a despesa pública deveria deixar de ter uma relação directa com os níveis salariais e o nível de emprego. Ao Estado incumbiria apenas a criação das condições de mercado para que a produtividade laboral pudesse ser aumentada. Qualquer ajustamento que fosse necessário, tendo em vista o aumento do emprego, deveria assim passar necessariamente por uma elevada produtividade laboral e uma contenção de salários, deixando o Estado as suas funções de regulador, na perspectiva de deixar que as relações de mercado se tornassem mais flexíveis[1280]. A despesa pública perde assim a sua força como instrumento económico – pelo menos de estabilização[1281].

Estes critérios de convergência põem também em causa a alavancagem das políticas monetárias, tendo em vista o aumento do consumo e do investimento, seja pela centralização da definição das taxas de juro no Banco Central Europeu, de forma a promover a estabilidade de preços[1282], seja pelo impedimento da desvalorização monetária.

Começa assim, na Europa, a ganhar terreno a ideia de que a poupança deve ser vista como uma causa da expansão económica, algo que os partidários das teorias keynesianas desvalorizavam. Esta influência anti-keynesiana fortíssima faz-se aliás sentir com bastante vigor na recente crise, a qual mostra à sociedade que o cumprimento de uma apertadíssima disciplina orçamental acaba por dificultar que o Estado prossiga os compromissos que já antes assumira de promoção do pleno emprego, protecção social e redução das desigualdades.

[1280] BONEFELD chama a atenção para a substituição contemporânea da palavra "desregulação" muito associada às ideias libertárias pela de "empregabilidade" (*employability*) – *vide* BONEFELD, W., 1999, p. 68.

[1281] Embora seja de notar que até à crise de 2008 o entendimento que se fazia em relação ao Pacto de Estabilidade e Crescimento permitisse atender "não apenas ao plafond nominal do défice de 3% do PIB, mas ainda a factores reais, como o emprego, a inflação, a dívida pública e a qualidade da preparação do futuro" (CABRAL, N. Costa e MARTINS, G. W. Oliveira e MARTINS, 2014, p. 64).

[1282] Promovendo-se assim a sua retirada "do campo de batalha eleitoral" – BONEFELD, W., 1999, p. 59.

É preciso, porém, notar que a par do reconhecimento dos critérios de convergência que acabam por comprimir a margem de manobra orçamental dos seus Estados-membros, a União Europeia acaba por ir paulatinamente assumindo algumas despesas que antes eram assumidas ao nível interno. Por um lado, notamos que a par da manutenção das despesas com a agricultura, com o desenvolvimento rural, com o ambiente e com as pescas, consubstanciadas na Política Agrícola Comum (PAC), assumidas já desde a década de 1960[1283], a União Europeia tem vindo a alargar os seus gastos, com o propósito da promoção da coesão social[1284]. É preciso notar até que ao passo que as despesas com a política agrícola comum têm vindo a ser reduzidas – hoje não passam dos 40%, embora tenham chegado aos 75% das despesas das Comunidades em 1985[1285] –, as despesas com a coesão têm registado um forte aumento – dos 6% previstos a 1965 aos 40% que se prevêem até 2013[1286]. Por outro lado, notamos ainda que a União Europeia tem vindo a assumir também outro tipo de despesas, permitindo aos Estados a libertação de verbas para outras finalidades, pondo em comum um número crescente de objectivos. Referimo-nos aqui a despesas com investigação (*v.g.* projecto *Galileu*), a despesas de financiamento de redes transeuropeias, a despesas de educação e formação (financiamento do programa *Erasmus* para estudantes universitários e do programa *Leonardo*

[1283] Esta despesa surgiu nos anos 60 do século XX para apoio aos preços e à produção de certos produtos agrícolas. Era tida como um meio para fazer face às desigualdades agrícolas apresentadas entre os países e como meio de promover o aumento da produção alimentar, deteriorada durante a II Guerra Mundial. Entre as despesas com agricultura, desenvolvimento rural, ambiente e pescas, destacam-se, nomeadamente:
as despesas com a política agrícola comum (artigo 39º do Tratado sobre o funcionamento da União Europeia e Regulamento do Conselho (CE) nº 1290/2005, de 21 de Junho): Fundo Europeu Agrícola de Garantia (FEAGA) e Fundo Europeu Agrícola para o Desenvolvimento Rural (FEADER); e as despesas com as pescas: Fundo Europeu das Pescas (Regulamento do Conselho (CE) nº 1198/2006, de 27 de Julho).
[1284] ADAM, François, FERNAND, Olivier e RIOUX, Rémy, 2010, pp. 314-315 e 336-343.
[1285] Resolução do Parlamento Europeu, de 8 de Julho de 2010, sobre o futuro da Política Agrícola Comum após 2013 (2009/2236(INI)), que aconselha a manutenção dos mesmos valores de despesa para a PAC após 2013.
[1286] "Em 1986, na sequência do Ato Único Europeu, a Política de Coesão assume maior relevância como forma de auxiliar as regiões menos desenvolvidas a ajustar-se aos choques resultantes da integração de mercados" (OBSERVATÓRIO DO QREN). Estava aqui em causa a preparação de terreno para a integração política e a União Económica e Monetária que seria desenvolvida nos tratados subsequentes.
"Portugal beneficia da Política de Coesão, de forma mais significativa, desde 1989, quando da aplicação do primeiro Quadro Comunitário de Apoio (QCA I), não obstante os apoios recebidos desde a sua adesão, em 1986, até então" – OBSERVATÓRIO DO QREN.

da Vinci para formação profissional) e a despesas de cooperação para o desenvolvimento (intervenções humanitárias e alimentares de urgência, programas de assistência técnica a países em desenvolvimento, parcerias com países vizinhos, subvenções a ONG's e fundos multilaterais, por exemplo, em matéria de saúde, direitos humanos e gestão de crises[1287]). Em 1997, como já demos nota, verifica-se ainda, a este propósito, um alargamento das competências da União Europeia à criação de uma política comunitária de emprego. O que aliás ficou expresso no Tratado de Amesterdão.

Significativo do abandono progressivo de despesas por parte dos Estados que acabam por as remeter para a União Europeia, é a eternização da Política Agrícola Comum no âmbito do orçamento comunitário. Não obstante muitos a critiquem, a verdade, é que se torna difícil para os Estados reassumirem estas despesas, por si sós, quando o seu espaço há muito já foi tomado por outros gastos[1288].

Não obstante a assunção de despesas por parte da União Europeia visar compensar, de certa forma, as constrições orçamentais impostas pelos tratados, a verdade é que, o Orçamento da União, pela sua dimensão – cerca de 1% do PIB do conjunto dos países que a integram[1289] – acaba por não ser suficiente para compensar em termos de despesa aquilo que os Estados deixam de poder fazer. Com efeito, como é sabido, o Orçamento comunitário, pela sua dimensão, não só não comporta uma componente anti-cíclica[1290] como também está impedido de acorrer aos choques assimétricos verificados entre Estados-Membros. O orçamento da União Europeia está pois limitado a ser um complemento da sua acção dos Estados-Membros. Nas palavras de GABRIELE CIPRIANI, este orçamento representa "um instrumento adicional na constelação das finanças públicas da União Europeia, cujos protagonistas são os orçamentos nacionais[1291].

[1287] ADAM, François, FERNAND, Olivier e RIOUX, Rémy, 2010, pp. 343-345.
[1288] Para estes autores, a despesa da União Europeia ficou parada no tempo, dando prevalência a despesas que, as mais das vezes, não reflectem a realidade presente dos Estados-Membros. Admitindo a dificuldade de alterar, muitos sugerem a introduzem de "sunset clauses" relativamente aos maiores programas de despesas (sobretudo despesas de agricultura e fundos estruturais) para assegurar que é necessário um acordo explícito para eles prosseguirem. Presentemente, apenas é necessário acordo explícito para cortar despesa, não sendo necessário para a manter (GROS, Daniel, 2008, p. 16).
[1289] BOURRINET, Jacques e VIGNERON, Philippe, 2010, p. 102.
[1290] PORTO, Manuel, 2006, p. 15.
[1291] CIPRIANI, Gabriele, 2010, p. 11.

Os critérios de convergência e a Constituição da República Portuguesa

Poderia dizer-se que em Portugal, a recepção destes critérios de convergência ficou à margem jurídico-constitucional, uma vez que a Constituição da República Portuguesa se absteve, desde a consagração destes critérios, de estabelecer expressamente limites de endividamento (não contendo sequer critérios materiais de recurso ao crédito[1292]).

Porém, para nós esse entendimento não tem sentido, uma vez que não nos parece haver dúvidas em afirmar que hoje a compreensão do artigo 105º, nº 4, da Constituição não pode deixar de ter em consideração as regras de equilíbrio e estabilidade orçamental que incorporam o imperativo comunitário de cumprimento do Pacto de Estabilidade e Crescimento e dos critérios de convergência, na óptica da contabilidade nacional, por forma a que o Conselho não declare verificada a existência de um défice excessivo[1293].

É certo que Constituição da República Portuguesa de 1976 poderia ter tomado, numa das suas revisões constitucionais, uma posição explícita nesta matéria e ter adoptado, por exemplo, limites quantitativos ao endividamento de forma a evitar passar para as gerações futuras encargos muito significativos[1294]. Porém não o fez. Mas para nós isto não pode ser tomado, sem mais, como sinónimo de que em Portugal o legislador constituinte optou por não seguir o princípio de prudência "de Ulisses e das sereias", deixando o Estado de mãos livres, mas à mercê de "seduções a que sabia não poder resistir"[1295].
É certo que ao não constitucionalizar qualquer limite de dívida ou défice orçamental, Portugal ficou de fora do movimento europeu de introdução de normas constitucionais consagradoras de limite ao endividamento e défice público, iniciado já no século XXI[1296]. Mas isto não é um sinal inequívoco de

---

[1292] Como vimos, aliás, em Portugal só de 1933 a 1976, vigorou um preceito constitucional constrangendo o recurso ao crédito (o artigo 67º da Constituição de 1933 de que já falámos).

[1293] No mesmo sentido, defendendo que "a falta de preocupação constitucional com o equilíbrio orçamental tem de ser suprida pela constituição financeira da União Europeia, que impõe claramente o equilíbrio orçamental" – vide CANOTILHO, J. J. Gomes, e MOREIRA, Vital, 2007 (vol. I), p. 1111.

[1294] Há limites quantitativos previstos no TFUE, embora estes não sejam associados ao problema da sustentabilidade/solidariedade intergeracional: "tem sido generalizadamente posta em evidência a questão da total aleatoriedade dos valores previstos no Tratado, que não correspondem a qualquer critério económico razoável, não espelhando, designadamente, a problemática da «sustentabilidade» da dívida e antes reflectindo, simplesmente, um valor médio registado em certa altura nos países da Comunidade" – FERREIRA, Eduardo da Paz, 1995, p. 128.

[1295] FERREIRA, Eduardo da Paz, 1995, p. 100.

[1296] Em abono da verdade, é necessário porém reconhecer que esse movimento não foi generalizado. Com efeito, ele apenas gerou a introdução de cláusulas de limitação de défice orçamental apenas em duas Constituições da zona Euro: na Constituição Alemã (artigo 109º, nº 3) e na Constituição

indiferença portuguesa, em relação aos problemas de défice e dívida. Por um lado porque juridicamente a Lei do Orçamento do Estado se encontra hoje subordinada aos limites de défice e dívida já transpostos para a ordem jurídica interna pela Lei de Enquadramento Orçamental. E, por outro, porque – mesmo na ausência dessa transposição – não deixaria de se verificar uma subordinação constitucional às próprias regras de limitação de défice e dívida (para quem aceita a doutrina do primado do Direito da União Europeia) ou, pelo menos, uma interacção das normas decorrentes do Tratado de Funcionamento da União Europeia, com consequente recepção no seio da ordem jurídica interna dos critérios de convergência (ideia válida, mesmo para quem não aceite a defesa do primado do direito da União Europeia).

Analisamos com mais detalhe a primeira ordem de argumentos. Portugal, tal como muitos outros Estados-Membros da União Europeia, tem procurado assegurar o equilíbrio e a manutenção dos défice e dívida públicos nos níveis previstos no Tratado sobre o Funcionamento da União Europeia e do Protocolo dos Défices Excessivos por meio de dispositivos estabelecidos por lei ordinária. Recorde-se que, na Lei de Enquadramento Orçamental, o critério de equilíbrio orçamental foi alterado logo no início da década de 1990, no sentido de um aperto das condições deste mesmo equilíbrio[1297] e que em 2002 a Lei de Enquadramento Orçamental passou a prever o princípio da estabilidade orçamental, impondo a existência de um saldo orçamental nulo ou positivo e até mesmo a aplicação de mecanismos correctivos e de coordenação dos vários orçamentos do sector público, prevenindo derrapagens[1298].

Será isto vinculação suficiente?

Espanhola (artigo 135º, nº 3), as quais foram introduzidas respectivamente em 2009 e em 2011. Na maior parte das Constituições dos Estados da zona Euro encontram-se normas sobre o Orçamento do Estado. Todavia, na maior parte destes Estados, estas normas constitucionais referem-se sobretudo a procedimentos de aprovação orçamental. Só em duas Constituições se encontra espelhada a preocupação de equilíbrio orçamental: a portuguesa e a francesa. A Constituição austríaca, embora não prevendo expressamente este princípio de equilíbrio orçamental, prevê, desde 2004, a autorização federal de tectos de despesa; a necessidade de autorização nas leis financeiras federais para utilização de despesa extraordinária e imprevista; os casos de ultrapassagem extraordinária dos limites legalmente impostos.

[1297] Recorde-se que se nas Leis nº 64/77, 40/83, estava prevista a aplicação do critério do activo patrimonial do Estado, nas Leis nºs 6/91 e 91/2001, passa a adoptar-se o critério do activo de tesouraria.

[1298] É de destacar a primeira revisão de 2011 da Lei de Enquadramento Orçamental: Neste sentido, temos os artigos 12º-A, nº 1, e 87º, nº, 1 que prevêem a definição por parte do Orçamento do Estado de limites em matéria de endividamento diferentes dos que resultariam da estrita aplicação das respectivas leis de financiamento, quer das Regiões Autónomas, quer das Autarquias Locais; e os artigos 12º-A, nº 2, e 88º que prevêem a redução de transferências orçamentais, tendo em vista ou

Um dos argumentos que nos levaria a afirmar que a vinculação da Lei de Enquadramento Orçamental é suficiente passa pela afirmação da sua imposição perante a Lei do Orçamento do Estado. E neste aspecto parece-nos inequívoco que a Lei de Enquadramento Orçamental deve ser considerada, dentro do nosso ordenamento jurídico, como uma lei paramétrica de valor reforçado. Para nós, ela subsume-se à parte final do artigo 112º, nº 3, da Constituição[1299]. Trata-se, assim, de uma lei de valor reforçado, vinculando a Assembleia da República em matéria de elaboração, organização, votação e execução da lei do Orçamento, por exigência expressa do artigo 106º, nº 1, da Constituição[1300]. Mais propriamente, de uma auto-vinculação da Assembleia da República a uma lei que ela própria sabe que não deve revogar ou modificar. Defendendo o seu valor reforçado, fica fácil compreender a consequência que parece óbvia: o seu desrespeito gerará uma ilegalidade qualificada ou uma inconstitucionalidade indirecta como preferem alguns autores (expressão pela primeira vez usada por CANOTILHO)[1301]. Embora, seja relevante notar que o Tribunal Constitucional, não obstante já ter sido chamado inúmeras vezes a pronunciar-se sobre a conformidade da Lei do Orçamento do Estado com a Lei de Enquadramento Orçamental, nunca declarou a inconstitucionalidade por violação dos limites de défice orçamental aí previstos[1302].

a correcção de situações de endividamento excessivo ou o estrito cumprimento das obrigações do Pacto de Estabilidade e Crescimento.

[1299] Embora CANOTILHO pareça defender mais do que isso, acabando mesmo por concluir que se trata aqui de um pressuposto normativo necessário da Lei do Orçamento do Estado (CANOTILHO, J. J Gomes, 2003, p. 783). Defendemos esta ideia, aderindo aos argumentos de BLANCO DE MORAIS no sentido de que a lei de enquadramento orçamental não deve ser lida como um acto-condição, sem o qual não se possa aprovar o Orçamento (MORAIS, C. Blanco de, 1998). Abandonámos a ideia de CANOTILHO por entendermos que mesmo sem Lei de Enquadramento Orçamental o Orçamento pode ser aprovado. O Orçamento do Estado é demasiado importante para ficar dependente de uma outra lei, ainda por cima feita pelo mesmo órgão que a aprova – MIRANDA, Jorge, 2004, p. 369, neste sentido.

[1300] Seria usando a terminologia de PAULO OTERO uma "lei de valor reforçado em razão da função" (sendo que OTERO vai mesmo ao ponto de afirmar que são casos como este que merecem verdadeiramente o qualificativo de leis de valor reforçado) – OTERO, Paulo, 2003, p. 623. O valor reforçado da Lei de Enquadramento Orçamental é estabelecido pela Constituição e impede que a Lei de Enquadramento Orçamental seja revogada, alterada ou derrogada pela LOE. A qualificação da Lei de Enquadramento Orçamental como lei de valor reforçado obrigaria a oferecer-lhe prevalência sobre a LOE, com base numa ideia de hierarquia material da primeira sobre a segunda.

[1301] MIRANDA, Jorge, 2004, p. 357 e MARTINS, G. Oliveira, 1984-1985, p. 299. Vide anotação ao artigo 3º da Lei de Enquadramento Orçamental em MARTINS, G. Oliveira, MARTINS, G. W. Oliveira e MARTINS, M. Oliveira, 2009 e MARTINS, M. Oliveira, 2006.

[1302] Talvez facilitasse a intervenção do Tribunal Constitucional se a Constituição previsse maiorias qualificadas na Assembleia da República para a tomada de decisão em matéria de autorização de endividamento público para além dos limites fixados ao nível europeu.

Não obstante, perfilharmos este entendimento, não deixamos de reconhecer – embora sem aderir totalmente ao entendimento de TIAGO DUARTE[1303] – que pelo facto de a Lei de Enquadramento Orçamental não ser reforçada em termos procedimentais, isso pode fazer com que *na prática* possa ficar ao alcance do legislador orçamental violá-la sem consequências, já que é fácil através do procedimento legislativo orçamental alterar as regras da Lei de Enquadramento Orçamental. Com efeito, para a sua alteração basta a aprovação de uma lei da Assembleia da República por maioria simples. Daqui se extrai a conveniência rápida do reforço procedimental da Lei de Enquadramento Orçamental, de forma a vincular mais efectivamente o legislador às suas normas e a evitar que, na aprovação do Orçamento do Estado, os deputados não fiquem permeáveis à tentação de a alterarem. Embora – e reforçando o nosso ponto de vista – numa argumentação sensível já aos argumentos de BUCHANAN, não vejamos aqui juridicamente (e com isto nos distanciamos de TIAGO DUARTE) nenhuma razão para que o Governo e mesmo a Assembleia da República possam violar os limites de défice e dívida aí prescritos. A estes órgãos pede-se o respeito efectivo pelas normas jurídicas reforçadas da Lei de Enquadramento Orçamental, já que daí deriva o respeito pela hierarquia que resulta da própria Constituição no referido artigo 105º, nº 3.

E aqui entra a segunda linha de argumentos. Se é certo que poderíamos invocar a debilidade da Lei de Enquadramento Orçamental por não estar blindada procedimentalmente perante a Lei do Orçamento do Estado, a verdade é que, nesta matéria de limitações de défice e dívida, a liberdade do legislador ordinário não é total. Parece-nos que aqui as normas comunitárias não podem deixar de ser consideradas como integrando a nossa ordem jurídica, constrangendo as opções constitucionais neste domínio. Assumimos nesta conclusão a ideia de um constitucionalismo multi-nível[1304] que sugere uma redução da autoridade da Constituição nacional pela emergência de redes

---

[1303] DUARTE, Tiago, 2007, pp. 212-228, em especial nota 449, chamando a atenção para esta debilidade da Lei de Enquadramento Orçamental e defendendo que "é aconselhável que a norma paramétrica seja aprovada por um procedimento reforçado, seja um acto-condição face à norma parametrizada, se seja aprovada por um órgão diverso daquele que aprovará a norma parametrizada", já que "fora destas circunstâncias, a vontade parametrizante sairá defraudada, sendo facilmente contornável".

[1304] Que de resto não parece afastar-se muito daquilo que há muito era defendido pelo Tribunal de Justiça das Comunidades Europeias – *vide* nomeadamente Acórdão nº 6/64 Costa v. ENEL (1964); Acórdão nº 106/77 Simmenthal SpA (1978), declarando que o direito da União Europeia se sobrepõe aos direitos nacionais, mesmo constitucionais.

de governação transnacional[1305]. Se é certo que os tratados europeus foram assinados e ratificados de acordo com as normas constitucionais de cada um dos Estados-membros, a verdade é que estes se converteram em Constituição, fruto da prática constitucional[1306]. Com efeito, o movimento integração na Comunidade Económica Europeia, primeiro, e na União Europeia, depois, não nos pode fazer olvidar o facto de em muitas matérias o espaço da Constituição nacional se ter reduzido e perdido a oportunidade de tudo regular[1307]. Trata-se aqui da aceitação da ideia de que as grandes linhas das finanças públicas deixaram de ser definidas internamente pelo Estado, tendo passado a ser matéria regulada pelas instâncias comunitárias. Aliás, a aprovação do Pacto Orçamental pela Assembleia da República – sem qualquer alternativa possível – deixou patente esta cedência na definição das grandes orientações acerca das finanças públicas. Pode, pois, entender-se que hoje a aplicação das regras comunitárias veio inscrever um princípio de equilíbrio orçamental efectivo na Constituição material, o qual não deve deixar de ser tido em conta na leitura da Constituição instrumental[1308], prendendo inevitavelmente a mão do legislador em matéria de despesa pública[1309].

[1305] RAINER WAHL in DOBNER, Petra, e LOUGHLIN, Martin, 2012, p. 224. "A "internacionalização" e a "europeização", no caso português, e a internacionalização e a "marcosulização" no contexto do Brasil, tornam evidente a transformação das ordens jurídicas nacionais em ordens jurídicas parciais, nas quais as constituições são relegadas para um plano mais modesto de "leis fundamentais regionais". Mesmo que as constituições continuem a ser simbolicamente a magna carta da identidade nacional, a sua força normativa terá parcialmente de ceder perante novos fenótipos político-organizatórios, e adequar-se, no plano político e no plano normativo, aos esquemas regulativos das novas "associações abertas de estados nacionais abertos" " (CANOTILHO, J. J. Gomes, 2006, p. 110). "(...) hoje, o direito constitucional corre o risco não apenas de perder a dimensão nuclear de um direito do político para o político, mas também o de ser relegado para um direito residual. Eis aqui uma primeira nota da presente récita discursiva: o direito constitucional é um «direito de restos». «Direito do resto do Estado», depois da transferência de competências e atribuições deste a favor de organizações supranacionais (União Europeia, Mercosul)" (CANOTILHO, J. J. Gomes, 2006, p. 185).
[1306] MATTIAS KUMM in DOBNER, Petra, e LOUGHLIN, Martin, 2012, p. 214.
[1307] MARTIN LOUGHLIN in DOBNER, Petra, e LOUGHLIN, Martin, 2012, p. 63.
[1308] Neste mesmo sentido MARTINS, A. Oliveira, 2012, pp. 90 e 91.
[1309] Perante este entendimento poderíamos perguntar-nos a que se deveu então o descontrolo do défice e dívida português desde a recepção destes constrangimentos orçamentais. Uma das razões invocadas para explicar este fenómeno é a de que este descontrolo se prende sobretudo com um problema da prática constitucional: a adopção de soluções no plano social que obrigaram ao financiamento público de muitos direitos que fez com que o Estado fosse acudindo às necessidades "sem considerar os limites das suas capacidades financeiras, sendo levado a incorrer em excesso de despesa pública que não conseguiu controlar ou conter" (MARTINS, A. Oliveira 2012, p. 90). De facto, "a perspectiva constitucional dominante nesta matéria acabou [...] por apontar para a

3.2. A afirmação de uma noção contabilística de despesa pública como um dos efeitos da recepção dos critérios de convergência

A recepção dos critérios de convergência – sobretudo nos desenvolvimentos que se têm apresentado depois de 2011 – produziu efeitos inevitáveis na forma de encarar a despesa pública.

Uma das ideias que marca esta mudança de entendimento prende-se com o cumprimento de valores de referência numérica com o intuito de avaliar a sustentabilidade das estratégias orçamentais[1310]. O que mostra uma lógica diferente da tradicional: "os sistemas orçamentais estão menos concentrados nos procedimentos e nos formatos orçamentais e mais nos resultados orçamentais"[1311]. Toma-se como significativa desta tendência a imposição, por parte da União Europeia, de apresentação de trajectórias de médio prazo a cumprir, através, por exemplo, dos Programas de Estabilidade nos Estados--Membros da zona-euro[1312/1313]. Estes programas são sujeitos a uma avaliação prévia por parte do Conselho Europeu e da Comissão Europeia, no âmbito do chamado Semestre Europeu, criado para permitir uma coordenação mais estreita das políticas económicas e uma convergência sustentada dos compor-

---

criação de um Estado macrocéfalo que foi crescendo até ser financeiramente insustentável e que preconceituosamente recusou transferir responsabilidades sociais para a sociedade civil, preterindo a aplicação do princípio da subsidiariedade" (Martins, A. Oliveira, 2012, p. 90).

[1310] Ter-Minassian, Teresa, 2007, pp. 5-7.
[1311] Cabral, N. Costa, e Martins, G. W. Oliveira, 2014, p. 278.
[1312] Nestes programas, estabelece-se um objectivo de médio prazo que "proporcione uma base essencial para a sustentabilidade das finanças públicas que conduza à estabilidade dos preços, a um crescimento sustentável forte e à criação de emprego" (artigo 3º, nº 1, do Regulamento (CE) nº 1466/97 do Conselho, de 7 de Julho, com redacção do Regulamento (CE) nº 1175/2011).
De acordo com o artigo 3º do Regulamento (CE) nº 1466/97 do Conselho de 7 de Julho, este programa deve conter os seguintes elementos: objectivo orçamental de médio prazo; trajectória de ajustamento conducente ao objectivo fixado para o saldo de administração pública; trajectória do rácio da dívida; trajectória de crescimento de despesa e de receita pública; informações sobre passivos implícitos; informações sobre a coerência do programa de estabilidade com as orientações gerais para as políticas económicas e os programas nacionais de reforma; a evolução previsível da economia e de outras importantes variáveis económicas susceptíveis de influenciar a realização do programa de estabilidade (como a despesa com o investimento público, o crescimento do PIB em termos reais, o emprego e a inflação); uma avaliação quantitativa pormenorizada das medidas orçamentais e outras medidas de política económica aplicadas ou propostas para a realização dos objectivos do programa; uma análise das implicações das alterações das principais hipóteses económicas sobre a situação orçamental e de endividamento; e se for caso disso, as razões para o desvio em relação à trajectória de ajustamento ao objectivo de médio prazo.
[1313] Os Estados-membros que não aderiram à moeda única apresentam Programas de Convergência – artigos 7º e ss. do Regulamento (CE) 1466/97.

tamentos das economias dos Estados-Membros[1314], nos termos do que dispõe o Pacto de Estabilidade e Crescimento.

Ao nível interno, faz-se sentir um impulso no sentido da racionalização da despesa. Aliás, as reformas da Lei de Enquadramento Orçamental têm ido nesse sentido. Um dos traços mais significativos tem a ver com o desenvolvimento de uma programação orçamental rigorosa[1315/1316]. Completando a programação orçamental começam a surgir "técnicas orçamentais top-down"[1317]. Em Portugal, foi também significativa a este propósito a adopção de uma regra de despesa que limita a liberdade orçamental no espaço da legislatura[1318].

O direito orçamental que emerge desta alteração de perspectiva passa a centrar-se menos nos princípios orçamentais clássicos (anualidade, plenitude, discriminação...) e mais em conceitos como "a consolidação orçamental e a disciplina financeira, a sustentabilidade financeira de longo prazo, a eficiência agregada e a eficiência alocativa"[1319], procurando, mais do que organizar o modo de orçamentar, assegurar o cumprimento de objectivos.

[1314] *Vide* artigo 2º-A da Secção 1-A do Regulamento (CE) nº 1466/97 do Conselho, de 7 de Julho, com a redacção já dada pelo Regulamento (União Europeia) nº 1175/2011.

[1315] Nos termos do artigo 8º, nº 3, da Lei de Enquadramento Orçamental, todas as despesas, no Orçamento do Estado, são estruturadas por programas. Sendo certo que este carácter obrigatório e universal é exclusivo do Orçamento do Estado, não podemos considerar a programação orçamental como um traço específico do regime Orçamento do Estado. Com efeito, tanto nas Leis de enquadramento regional como no POCAL encontramos referências a esta mesma necessidade de programação (embora ela aí seja facultativa e possa ser parcial) – *vide* artigos 2º, nº 1, e 8º, nº 2, das Leis n.ºs 79/98 e 28/92 e ponto 2.3.1 do POCAL – *vide* MARTINS, G. W. Oliveira, e MARTINS, M. Oliveira, 2011.

[1316] Neste sentido poderíamos também falar do esforço legislativo da implementação do orçamento de base-zero (artigos 21º-A a 21º-E da Lei de Enquadramento Orçamental, embora seja de notar que esta técnica ainda não foi utilizada: "A introdução do orçamento de base zero na Administração Pública portuguesa tem sido amplamente defendida por diversos sectores da sociedade portuguesa, de modo a que se consiga realmente saber quais os recursos que o Estado português precisa para seguir as suas políticas e alcançar os seus objectivos. Só que um sistema destes implica que, em todos os organismos públicos, se faça uma análise do porquê da sua existência, quais são os seus objectivos, quais são os recursos necessários para se atingir esses objectivos, e, a partir daqui, elaborar-se um novo orçamento, devidamente estruturado e justificado e não apenas com base no do ano anterior, em que é aplicada uma simples percentagem de aumento ou diminuição do valor global do orçamento, sem se questionar, de uma forma objectiva e concreta, as actividades em curso. Esta reforma é, contudo, de difícil aplicação, uma vez que existem múltiplas resistências dentro da Administração Pública portuguesa, que são avessas às mudanças" – VIEIRA, 2008, p. 54.

[1317] CABRAL, N. Costa, e MARTINS, G. W. Oliveira, 2014, p. 280.

[1318] Nos termos do artigo 12º-D da Lei de Enquadramento Orçamental, esta servirá, em concreto, de teto para as despesas da Administração Central financiadas por receitas gerais

[1319] CABRAL, N. Costa, e MARTINS, G. W. Oliveira, 2014, p. 280.

Esta nova visão traz associados novos deveres de transparência orçamental[1320] e consequentemente de responsabilidade orçamental, procurando obviar os problemas que a fixação de objectivos e as regras numéricas podem trazer: contabilidade criativa ou a chamada engenharia financeira. Veja-se significativamente, a este propósito, a consagração em França do princípio da sinceridade orçamental[1321]. Princípio este, derivado dos princípios orçamentais da unidade e universalidade[1322], que permite aos Tribunais franceses – Constitucional[1323] e de Contas – controlarem as inscrições de receitas e despesas no Orçamento de modo a que a previsão nele contida não seja irrealista[1324] (daí que se fale na votação do Orçamento com "equilíbrio real"[1325])[1326].

[1320] JOUMARD, Isabelle e KONGSRUD, Per Mathis, 2003.

[1321] Artigo 32º da LOLF. Vide ADAM, François, FERNAND, Olivier e RIOUX, Rémy, 2010, p. 77, considerando este princípio como uma decorrência das exigências europeias em termos de sustentabilidade orçamental. É de notar que estes autores consideram que este princípio tem algumas falhas, entre elas, a da sua verificação depender de informações do Governo, que faz o Orçamento.

[1322] PANCRAZI, Laurent, 2012, pp. 98-104 e 155-156.

[1323] O conceito surge justamente pela mão do Conselho Constitucional francês em 1993 (Decisão nº 93-320 DC), mas só é reconhecido na LOLF em 2001 (sobre as origens mais remotas – vide PANCRAZI, Laurent, 2012, pp. 53-82). Em 1994, o princípio é aplicado às despesas públicas (vide Decisão nº 94-351 DC). Sobre este princípio vide também mais recentemente as Decisões nºs 2012 – 653 DC e 2012 – 658 DC.

[1324] É de notar porém que o *Conseil Constitutionnel* apenas tem cingido este controlo no que toca às receitas ao do erro manifesto de apreciação, de acordo com as infirmações disponíveis – ADAM, François, FERNAND, Olivier e RIOUX, Rémy, 2010, p. 77, BARILARI, A., e BOUVIER, M., 2010, p. 53 e LASCOMBE, Michel e VANDENDRIESSCHE, Xavier, 2013, p. 59 e PANCRAZI, Laurent, 2012, p. 147. LASCOMBE e VANDENDRISSCHE reconhecem porém que "le principe de sincérité n'a pas, jusqu'à présent, donné lieu à la censure. Le Conseil limite en effet son contrôle, vérifiant en fait la corrélation entre l'importance des erreurs relevées et les masses budgétaires en cause" (LASCOMBE, Michel e VANDENDRIESSCHE, Xavier, 2013, p. 61). ADAM, FERNAND e RIOUX chamam porém a atenção para a existência de duas decisões que reconhecem a violação da sinceridade orçamental em 1997 e 1998, sem que isso desse porém lugar a uma declaração de inconstitucionalidade por não estarem causa um montante de verbas significativo que o justificasse (ADAM, François, FERNAND, Olivier e RIOUX, Rémy, 2010, p. 78). PANCRAZI fala também, a este propósito, de uma reserva do Conselho Constitucional perante operações financeiras complexas: "[...] La sincérité des évaluations budgétaires entre progressivement dans le champ du contrôle de constitutionnalité des lois de finances. Cette entrée se fait par la petite porte, ce qui va de soi car «le Conseil constitutionnel n'est ni la Direction de la prévision du Ministère des Finances ni l'Institut national de la statistique et des études économiques»" (PANCRAZI, Laurent, p. 150).

[1325] PANCRAZI, Laurent, 2012, pp. 104- 107 e ADAM, François, FERNAND, Olivier e RIOUX, Rémy, 2010, p. 195.

[1326] Em Portugal este princípio não foi reconhecido nem recebido na nossa ordem jurídica. Em contrapartida, com a mesma preocupação de transparência – embora sem que a sua acção se possa em traduzir em termos práticos, visto que o Conselho das Finanças Públicas não tem poderes

Ao nível do controlo orçamental, esta perspectiva contabilística da despesa pública acabou até por conduzir a uma alteração paulatina do entendimento sobre a eficiência como um dos limites à despesa pública. A Administração é cada vez mais avaliada na sua *performance*[1327]. Como vimos, as novas técnicas de orçamentação sugerem que se dê mais ênfase aos fins do que aos meios. Contrariando a ideia da redução da eficiência a um critério de controlo de mérito da actividade administrativa, afirmada por muitos cultores do Direito Administrativo[1328], de há uns anos para cá (sobretudo desde década de 90 do século XX), muito por causa de um desenvolvimento que tem vindo a ser feito da perspectiva jurídica da despesa pública, o dever de boa administração tem-se afirmado – pelo menos de uma perspectiva jurídico-financeira – como muito mais do que uma mera indicação sem consequências jurídicas.

Por um lado, porque as ideias da boa administração e do gasto eficiente foram assumidas como o próprio motor da modernização dos mecanismos de gestão da Administração Pública e da reforma das regras de contabilidade, das

sancionatórios – foi instituído o Conselho das Finanças Públicas, alterando o panorama tradicional do controlo interno da execução orçamental. Este Conselho é uma entidade administrativa independente. E o seu estatuto permite-lhe ir além do estrito âmbito da execução do Orçamento do Estado, tendo em vista o fornecimento de uma visão crítica de conjunto do fenómeno financeiro público, até agora inexistente. O Conselho das Finanças Públicas acompanha não só a execução do Orçamento do Estado, mas também a dos orçamentos locais, regionais e das entidades do sector empresarial do Estado.

[1327] BOUVIER, M., ESCLASSAN, M. C. e LASSALE, J. P., 2011, p. 32, falando de uma "culture de la performance".

[1328] Fala-se é certo de um princípio de boa administração. Todavia, muitos tomam-no apenas como um controlo de mérito não integrando o "espaço de justiciabilidade, em virtude de não comportar uma protecção jurisdicional" (AMARAL, D. Freitas do, 2011, p. 47). Esta é a perspectiva, por exemplo, de PAULO OTERO, FREITAS DO AMARAL, ESTEVES DE OLIVEIRA, COSTA GONÇALVES E PACHECO AMORIM, quando defendem que este é um dever jurídico a que não corresponde sanção jurídica em caso de violação (AMARAL, D. Freitas do, 2011, p. 47, OTERO, Paulo, 1995, p. 638, OLIVEIRA, M. Esteves de, GONÇALVES, P. Costa e AMORIM, J. Pacheco, 1997, comentário ao artigo 10º. Embora alguns autores enquadrem também SÉRVULO CORREIA nesta perspectiva (MACIEIRINHA, Tiago, 2012, p. 858), não nos parece que isso se possa afirmar de forma tão peremptória, já que este último chega a afirmar, contradizendo isso mesmo que "o valor da proporcionalidade como directriz normativa da acção administrativa reduzir-se-ia muitíssimo se ela não pudesse constituir uma base para o controlo jurisdicional de legalidade" (CORREIA, Sérvulo, 2003, p. 671). Isto porque o controlo da boa administração é encarado como correspondendo a um mero controlo de mérito ou como um controlo apenas feito ao nível político. Note-se porém que este entendimento não é totalmente unânime. Para outros autores, o dever de boa administração é tomado como um controlo jurídico, susceptível de ser controlado pelos tribunais. Neste caso, o seu desrespeito comportará a aplicação de sanções. Esta é a opinião defendida, por exemplo, por COLAÇO ANTUNES – NUNES, A. Colaço 2002, p. 547.

regras de enquadramento orçamental e das regras de controlo financeiro[1329]; e essa mudança de paradigma não pôde deixar de implicar mudanças óbvias no momento do controlo da despesa. Mesmo o desenvolvimento do direito financeiro das duas últimas décadas apontou para o abandono de uma lógica de um estrito controlo de legalidade: antes de mais, reconhecendo autonomia a todos os serviços administrativos (desapareceram todos os *serviços simples*) e, depois também, adoptando sistemas de gestão de contabilidade pública que fornecem cada vez mais informações sobre a utilização dos recursos e que permitem aos órgãos de controlo uma análise cada vez mais detalhada do desempenho da actividade de cada um dos serviços[1330].

Por outro lado, porque cada vez mais a actuação pública que importa despesa procura conformar-se a critérios de racionalização e eficiência nos seus juízos. Recorde-se aqui a utilização da análise custo-benefício, usada na tomada de algumas decisões importando investimentos avultados (Alqueva, Autoeuropa, Novo Aeroporto de Lisboa, TGV). Mesmo a realização de uma simples parceria público-privada (PPP) implica actualmente a elaboração de uma análise custo-benefício[1331]. Até mesmo a actuação do Tribunal de Contas

---

[1329] Como explicamos nas nossas Lições, a concretização da avaliação da economia, eficiência e eficácia foi paulatina e corresponde a uma parte substancial do esforço empreendido na modernização da Administração Pública portuguesa, o qual se tem traduzido num redimensionamento do Estado, numa desburocratização e numa redução dos mecanismos de gestão assentes na mera legalidade e sua substituição por mecanismos de gestão pelos resultados, através da importação de técnicas de gestão privada para o âmbito da acção do Estado (*New Public Management*) – COHEN, Alain-Gérard, 2012, p. 24: "La gestion traditionnelle repose sur la regularité et sur le contrôle strict. La gestion moderne proposée repose sur des objectifs plus larges et plus nombreux, au nombre de trois ou mieux quatre: la conformité, l'efficacité, la sécurité et la transparence". Sobre isto *vide* MARTINS, M. Oliveira, 2014, pp. 255-263.
A concretização da prévia justificação da economia, eficiência e eficácia da despesa pública corresponde, pois, a uma realidade complexa no âmbito do nosso ordenamento jurídico, que resulta da alteração de vários aspectos no nosso regime jurídico-financeiro: estrutura da Administração Central do Estado; regime de contabilidade pública; enquadramento e estrutura orçamental; e controlo orçamental. Para uma comparação dos principais traços da gestão pública clássica e moderna (*new public management*) *vide* CORREIA, F. A. Monteiro, 2002 (a), p. 277.
[1330] Está em causa o reconhecimento de uma maior responsabilização dos actores administrativos – BARILARI, A., e BOUVIER, M., 2010, p. 22 e COHEN, Alain-Gérard, 2012, p. 24: "La nouvelle gestion est a base de responsabilité et d'initiative".
[1331] A ponderação da eficiência tanto coloca face a face os interesses públicos e os privados como vários interesses públicos ("a jurisprudência do *bilan côut-avantages* é também fruto do reconhecimento de que o interesse público deixou de ser uma realidade monolítica e definida em abstracto, para passar a ser encarado como o resultado de uma arbitragem de interesses divergentes que necessitam de compatibilização no caso concreto" – MACIEIRINHA, Tiago, 2012, p. 846)

está cada vez mais associada a um controlo da eficiência para além do controlo da legalidade das despesas públicas[1332].

A grande novidade do método *bilan* (e do Acórdão Ville Nouvelle Est) é, segundo aponta TIAGO MACIEIRINHA a ideia de autorização de ponderação judicial dos custos financeiros de um projecto, tendo em vista apurar se estes são ou não excessivos em relação ao interesse público prosseguido – MACIEIRINHA, Tiago, 2012, p. 852. Este autor chama a atenção para os Acórdãos franceses: *Vile Nouvelle Est* (28 de maio de 1973), afirmando que uma operação só pode ser legalmente declarada de utilidade pública se os atentados à propriedade privada, o custo financeiro e eventualmente os inconvenientes de ordem social e os atentados a outros interesses públicos não forem excessivos em relação ao interesse que ela apresenta; *Grassin* (26 de Outubro de 1973), chamando a atenção para que "as vantagens para o transporte, para a prática de desportos aéreos e para a economia regional da construção de um aeródromo a cinquenta quilómetros de Poitiers eram desproporcionais em relação às necessidades reais de melhoria da economia daquela região, para além de representar um custo excessivo em relação aos recursos financeiros daquela comuna"; *Delle Drezel* (27 de Julho de 1979), em que o tribunal se pronunciou "no sentido de que os custos de aquisição e de instalação eram desproporcionais em relação às vantagens associados a uma implantação de carácter temporário da referida escola"; e o *Autoroute Transchablaisienne*, de 28 de Março de 1997: neste considera-se que uma operação só pode ser legalmente declarada de utilidade pública se os atentados à propriedade privada, o custo financeiro e eventualmente os inconvenientes de ordem social e os atentados a outros interesses públicos não forem excessivos em relação ao interesse que ela apresenta. Chega mesmo a considerar que "le coût financier au regard du trafic attendu doit être regardé à lui seul comme excédant l'intérêt de l'opération".
Consequências de uma análise custo-benefício numa perspectiva de direito financeiro (*vide* jurisprudência francesa): "a satisfação do princípio da prossecução do interesse público pela administração deixou, portanto, de se bastar com a enunciação de um fim genérico de interesse público, sendo necessário demonstrar que existe um saldo positivo entre as vantagens da medida e as suas desvantagens ou, pelo menos, que não existe ou saldo negativo ou manifestamente negativo" – *Ibidem*, 2012, p. 850. "[...] o método do *bilan* é considerado um caso de controlo máximo da discricionariedade administrativa" – *Ibidem*, 2012, p. 851.
Para quem tem dificuldade em entender a extensão do poder judicial, aponta-se como desvantagem do método *bilan* o facto de este poder transformar-se no cálculo de eficiência económica das escolhas orçamentais, "em que o juiz não enuncia um bem jurídico concreto que lhe compete proteger – de natureza pública ou privada – ele transforma-se, puramente, no juiz da eficiência económicas das medidas administrativas" – *Ibidem*, 2012, p. 857. Juízo em que o juiz se limita a dizer que o custo é demasiado avultado tendo em conta os benefícios que se extraem da utilização desse bem. O juiz torna-se assim, nas palavras de MACIEIRINHA no juiz daquilo que é ou não do interesse público. Entrar-se-ia aqui numa zona de controlo de mérito.

[1332] Um dos sinais de que o entendimento relativo à eficiência se tem vindo a alterar é-nos dado pela discussão que, desde cedo, se travou – e ainda hoje se trava – acerca do alcance da competência do Tribunal de Contas para o próprio controlo jurídico das despesas públicas, fixada hoje no artigo 214º da Constituição.
A discussão que surgiu quanto ao âmbito de controlo por parte do Tribunal de Contas remonta já a 1987, quando o Tribunal Constitucional assumiu que o Tribunal de Contas se encontrava constitucionalmente limitado a uma apreciação de legalidade estrita, devendo qualquer tipo de controlo de economia, eficiência e eficácia ser configurado como uma violação da separação de poderes e

portanto inadmissível à luz da Constituição. *Vide* Acórdão do Tribunal Constitucional nº 461/87 apreciando a constitucionalidade do artigo 18º da Lei nº 49/86, na parte em que colocava no âmbito dos poderes do Tribunal de Contas o de apreciar não só a legalidade de todas as despesas autorizadas e pagas pelo Gabinete de Gestão Financeira do Ministério da Justiça, mas também a eficiência da respectiva gestão económica, financeira e patrimonial. Neste caso, o Tribunal Constitucional concluiu no sentido da inconstitucionalidade de apreciação da eficiência da gestão, por parte do Tribunal de Contas. Essencialmente com três argumentos. Primeiro, a Constituição concebia o Tribunal de Contas como um órgão jurisdicional, cuja intervenção, no domínio das finanças públicas, seria de carácter essencialmente jurídico e contabilístico. Como tal, a fiscalização da eficiência – a ser admitida – atribuiria um conjunto de competências ao Tribunal de Contas muito para além das que seriam constitucionalmente reconhecidas. Segundo, a apreciação da eficiência poderia permitir que o julgamento do Tribunal de Contas penetrasse na área da oportunidade, da conveniência, da eficácia, da economia e da própria equidade, facultando-lhe assim a aplicação de sanções a juízos que são discricionários. E terceiro, a apreciação, feita pelo Tribunal de Contas, sobre a gestão económica, financeira e patrimonial não se deveria sobrepor à apreciação que está a cargo do órgão competente por essa mesma gestão.

Mas se antes de 1989, esta interpretação do Tribunal Constitucional poderia escudar-se no teor literal do artigo 219º (rezava o artigo 219º "compete ao Tribunal de Contas dar parecer sobre a Conta geral do Estado, fiscalizar a legalidade das despesas públicas e julgar as contas que a lei mandar submeter-lhe"), parecendo circunscrever o Tribunal a uma mera apreciação de legalidade, a partir daí a questão alterou-se inequivocamente (é de notar que já antes da revisão constitucional de 1989, SOUSA FRANCO previa a possibilidade de extensão do conceito de legalidade para abranger esse tipo de fiscalização – *apud* Acórdão do Tribunal Constitucional nº 461/87). É que depois dessa revisão, a Constituição previu a competência do Tribunal de Contas abrindo uma remissão para a lei. Se antes de 1989, a inexistência de uma remissão para a lei podia levantar dúvidas quanto à possibilidade de ampliação da competência, a expressa inclusão na Constituição desta mesma remissão para a lei em 1989, pareceu abrir espaço para o exercício da liberdade legislativa no que toca à definição das competências deste tribunal (Como já se chamava a atenção nos Acórdãos do Tribunal Constitucional nºs 135/85 e 81/86, a liberdade legislativa tem, porém, limites: "por um lado, a lei não pode atribuir-lhes matérias que constitucionalmente cabem a outros tribunais [...]; por outro lado, a competência que lhes venha a ser atribuída por lei há-de ser conforme com a *natureza e função geral* de cada uma dessas categorias de tribunais, não podendo atribuir, por exemplo, aos tribunais marítimos jurisdição em matérias de todo alheias ao direito marítimo, ou aos tribunais administrativos assuntos estranhos ao direito administrativo"). PAZ FERREIRA interpreta, aliás, esta remissão para a lei, no sentido que a abertura da norma sugere: como uma abertura inequívoca de um "caminho para o desenvolvimento de métodos inovadores de controlo das contas [...], daqui resultando a possibilidade de se consagrar, por via legislativa a competência do Tribunal para uma fiscalização que abranja aspectos de eficiência, eficácia e economia" (EDUARDO PAZ FERREIRA *in* MIRANDA, Jorge, e MEDEIROS, Rui, 2007, p. 159. *Vide* FRANCO, A. L. Sousa, 2001, p. 459, falando de um "elenco aberto de poderes" e pp. 460-461 referindo-se às três ordens de poderes que vêm previstas na lei, completando a Constituição). E a verdade é que cada vez mais, na actuação do Tribunal de Contas a apreciação dos 3 E's da economia, eficiência e eficácia é recorrente e tem cada vez mais consequências jurídicas. A análise feita de acordo com este parâmetros transparece sobretudo, nos relatórios de auditoria – pensamos em particular nas auditorias de gestão operacional do Tribunal de Contas, as quais servem como base para o trabalho desenvolvido quer pelos órgãos de controlo interno (controlo administrativo da execução orçamental), quer pela Assembleia da República (controlo político), permitindo que os deputados formem uma opinião crítica acerca da gestão de recursos do ponto de vista da eficiência e da forma como se pode oferecer à população serviços melhores ou até mesmo mais abrangentes com custo idêntico ou inferior. Neste caso, elas originam, as mais das vezes, a formulação de recomendações no sentido da melhoria de desempenho das entidades públicas, na concretização dos programas e projectos de políticas públicas.

Vejam-se, a título exemplificativo os seguintes Relatórios de Auditoria do Tribunal de Contas:
– Nº 8/2009 (2ª S/SS), concluindo que na avaliação da actividade hospitalar houve ineficiência e ineficácia no que toca à gestão dos dinheiros públicos (por exemplo no que toca ao pagamento de taxas médias de juro em certificados especiais de dívida de curto prazo) e chamando a atenção para a não utilização, por parte do Hospital Curry Cabral, da análise de custo-benefício para sustentar as suas decisões. Neste relatório, o Tribunal de Contas acaba por recomendar à Ministra da Saúde a promoção da análise custo-benefício para a celebração de acordos com entidades não pertencentes ao serviço nacional de saúde;
– Nº 17/2009 (2ª/PL), em que o Tribunal constata a não realização de estudos de custo-benefício para os investimentos em infra-estruturas públicas e recomenda o Governo a promover um modelo de avaliação de custo-benefício nos grandes investimentos de obras públicas;
– Nº 21/2009 (2ª S/SS), recomendando que os profissionais de saúde rejam a sua actuação por princípios de Análise Custo-Benefício e/ou Análise Custo-Efectividade "por forma a minimizar o esforço financeiro do Estado e maximizar os cuidados de saúde prestados ao utente";
– Nº 26/2009 (2ª S/PL), contendo recomendações no sentido da garantia do *value for money* dos contratos de PPP;
- Nº 43/2009 (2ª S/SS), constatando limitações ao nível dos sistemas de informação e de controlo interno redutoras da eficiência e eficácia das intervenções das entidades que intervém no processo de concessão e controlo dos benefícios fiscais e recomendando a melhoria destes;
– Nº 2/2001 (2ª S/SS), recomendando o respeito aos princípios de rigor e eficiência no endividamento municipal e, no que toca à celebração de contratos-programa com as empresas municipais, a observância de princípios de eficácia e eficiência;
Nº 16/2011 (2ª S/SS), recomendando às entidades do Sector Empresarial do Estado a utilização dos recursos que são colocados à sua disposição de acordo com critérios de economia, eficiência e eficácia.

É de recordar que estas recomendações devem ser acatadas pelos serviços sob pena de aplicação de multas aos responsáveis pelo incumprimento (artigo 65º, nº 1, alínea *j*) da Lei de Organização e Processo do Tribunal de Contas). Esta análise manifesta-se também nos relatórios sobre a Conta Geral do Estado (artigo 41º, nº 2, da Lei de Organização e Processo do Tribunal de Contas). Nestes, a detecção de desvios às regras dos 3 E's serve sobretudo para permitir accionar os mecanismos de responsabilidade política por parte da Assembleia da República sobre o Governo. A análise dos 3E's pode ainda manifestar-se na fiscalização sucessiva (artigo 50º, nº 1, da Lei de Organização e Processo do Tribunal de Contas) e até mesmo nos processos de fiscalização prévia de despesa. Com efeito, a violação do 42º, nº 6, al. *c*) da Lei de Enquadramento Orçamental é encarada como a violação de uma norma financeira, importando, portanto, a recusa de visto – vejam-se a título exemplificativo os Acórdãos do Tribunal de Contas 57/2011 (1ª S/SS), 69/2011 (1ºS/SS) e 14/2012 (1S/PL).

Confirmando esta evolução, podemos até dizer, nos termos do que é explicado nos Acórdãos nºs 57/2011 (1ª S/SS) e 69/2011 (1ºS/SS), que para o Tribunal de Contas o controlo da economia, eficiência e eficácia da despesa é hoje encarado como mais um dos momentos vinculados da actuação administrativa. Com efeito, este órgão jurisdicional associa o respeito dos 3 E's ao cumprimento

Como nota OLÍVIO MOTA AMADOR, por força da contenção de despesa, manifesta-se assim em geral, quer no momento de orçamentar, quer no momento de controlar a execução do Orçamento, uma tendência que cada vez mais aponta para que a decisão orçamental seja tomada como uma decisão mais técnica e menos política[1333]. Assiste-se pois hoje, como diz HESPANHA, a uma "abertura do discurso jurídico a valores que pertenciam ao discurso da economia e da gestão"[1334].

Esta perspectiva sobre a decisão de despesa não é necessariamente incompatível com a manutenção de obrigações de despesa, típicas de um paradigma moderno de gasto público. Até se fala na racionalização de despesa como um meio de encontrar "espaço orçamental"[1335] para despesas de que o Estado não queira prescindir ou ache importante assegurar. No entanto, a tecnicização da despesa faz com que o foco desta passe a ser o dos cortes de despesa, da eficiência e da racionalização, relegando para segundo plano o da compreensão dos deveres de justiça do Estado.

---

das normas e dos princípios e regras de direito administrativo, de enquadramento orçamental e de estabilidade orçamental. Em especial ao cumprimento do artigo 42º, nº 6, alínea c), da Lei de Enquadramento Orçamental. No acórdão nº 57/2011 (1ª S/SS), o Tribunal de Contas conclui no sentido da violação dos deveres de eficiência "face à ligeireza com que foram alterados pressupostos essenciais da determinação do valor de mercado do imóvel" e da economia por inobservância "de qualquer elemento concorrencial", impedindo "que se fizesse um «exame das alternativas, ou seja das opções menos onerosas» nem assegurou que se fizesse o «mínimo de dispêndio»". Ou seja, a argumentação para sustentar a violação dos deveres de eficiência e de economia, neste aresto baseou-se, numa parte, na violação do dever de fundamentação e da transparência da administração, ao ser incapaz de justificar as opções que fez e, na outra parte, na conjugação com o dever de abertura à concorrência no sentido da busca de soluções alternativas menos onerosas.

No acórdão nº 69/2011 (1ª S/SS) consideram-se violados os deveres de economia, eficiência e eficácia por um lado porque o estádio de futebol a adquirir pela administração se encontrar cerceado na sua utilização (com previsão de preferência, na sua utilização, a um determinado clube e com a inexistência de estudos para outras actividades) e por outro porque não havia cálculos sobre o investimento que deveria ser efeito e sobre os custos de manutenção que a aquisição daquele estádio implicaria para o município em causa.

[1333] AMADOR, Olívio Mota, 2010, p. 642.
[1334] HESPANHA, António M., 2012, p. 24. Este autor defende que muitas vezes essa abertura se faz subalternizando "valores de natureza «geral», «publicística» que tinham dado aos profissionais do direito um tom de guardiões de algo mais (e mais elevado) [...]".
[1335] HELLER, Peter S., 2005.

4. Concepção moderna de despesa pública: uma ideia que se afirma no catálogo dos direitos sociais desde a Assembleia Constituinte

4.1. A adesão a uma concepção moderna de despesa pública: o percurso constitucional de um Estado socializante afirmado desde logo pela Assembleia Constituinte a um Estado social de bem-estar

O facto de não conseguirmos retirar das normas que se referem expressamente às despesas públicas um critério material que nos permita perceber quais as obrigações do Estado e de termos apontado para um contexto em que a visão contabilística dos cortes da despesa surge como poderosa, isso não pode significar obviamente que a Constituição não tenha definidas orientações nesta matéria. Começaremos, então, demonstrando que a Constituição segue uma orientação de base que corresponde a uma adesão clara a um paradigma moderno de distribuição pública de bens.

Tal como já temos vindo a fazer referência, na nossa história constitucional, em paralelo com o que se passa no resto da Europa, assiste-se no século XX a uma evolução crescente em matéria de intervenção do Estado. Em termos constitucionais, a intervenção do Estado atinge o seu máximo expoente em 1976. Nesse ano, a Lei Fundamental propõe-se fazer uma reconstrução da realidade social. Como é sabido, o nosso texto constitucional de 1976 está associado à convivência de "universos ideológicos diversos, como os do marxismo, da social-democracia ou da democracia-cristã" e à influência cruzada de factores externos como "a tradição Continental de direito civil, a doutrina social da Igreja ou o *Zeitgeist* do pós-guerra sobre direitos sociais"[1336]. E isto torna-o facilmente associável a uma concepção moderna de despesa.

Representativa da natureza compromissória que daqui resulta para a nossa Constituição, no que toca em particular à forma de encarar a intervenção do Estado, é a discussão sobre despesa pública que se travou em torno dos direitos sociais. Em torno destes direitos opuseram-se sobretudo um modelo ocidental de Estado de Direito a um modelo revolucionário anti-capitalista (REIS NOVAIS) ou, noutra terminologia, o constitucionalismo ocidental ao constitucionalismo de matriz soviética e leninista (JORGE MIRANDA) ou ainda uma via eleitoral a uma via revolucionária[1337] (MEDEIROS FERREIRA)[1338].

[1336] VIEIRA, M. B. e SILVA, F. C., 2010, p. 87.
[1337] VIEIRA, M. B. e SILVA, F. C., 2010, pp. 128-129.
[1338] VIEIRA, M. B. e SILVA, F. C., 2010, p. 133- 134. A divisão da Assembleia Constituinte em blocos dividia, por um lado, o PS, o PPD e o CDS (bloco ocidental) e, por outro, o PCP, o MDP/CDE, a UDP e a AOC (bloco de Leste).

Num dos lados do diálogo, temos as ideias revolucionárias marxistas, com influências de matriz soviética (marxismo-leninismo) e temperadas por ideias do socialismo democrático[1339]. De acordo com estas ideias, os direitos sociais deviam a sua génese e evolução ao materialismo histórico e dialéctico marxista[1340], sendo olhados como direitos que rompiam com os interesses da "burguesia e do Estado burguês", como que fruto de uma conquista a essa classe pelo proletariado. Estes não seriam direitos da pessoa ou do homem, mas "histórica e fundamentalmente direitos de classe", no dizer de VITAL MOREIRA[1341]. Seriam direitos para atacar o problema da exploração e da desigualdade e deveriam ser exclusivos dos trabalhadores[1342]. De acordo com esta influência, os direitos não se fundariam, pois, numa ideia de solidariedade entre classes[1343]. Com efeito, tendo como objectivo a transição para o socialismo, a Constituição colocaria o Estado ao serviço da luta de classes – ainda que prevendo que estas tivessem de exercer o poder de acordo com regras democráticas (influência social-democrata) –, para que este pusesse termo às relações de opressão. Na génese constitucional está pois a ideia já referida da subordinação de toda a actividade económica a um plano democrático e público, em que o lucro é aproveitado em benefício dos trabalhadores.

Dialogando com a corrente marxista, encontramos ideias personalistas. Estas consubstanciam-se no reconhecimento dos direitos sociais ao lado dos direitos, liberdades e garantias; no reconhecimento universal dos mesmos, como expressão natural da solidariedade social que deve existir entre todos; e

---

[1339] Dando nota da sua influência de 1974 até 1976 – FRANCO E MARTINS, 1993, p. 135: "[...] no âmbito de acentuada tensão e lutas sociais [...] verifica-se uma actuação constante dos poderes públicos no sentido da atribuição de benefícios sociais, do favorecimento de benefícios sociais, do favorecimento dos trabalhadores, dos estratos sociais populares e mais pobres, e após o 11 de Março de 1975 (e até 25 de Novembro de 1975), no sentido da socialização e, por vezes, da estatização da estrutura económica".

[1340] VIEIRA, M. B. e SILVA, F. C., 2010, p. 111.

[1341] *Apud* VIEIRA, M. B. e SILVA, F. C., 2010, p. 111.

[1342] *Vide* o caso do direito à segurança social – PS, PPD e CDS defendiam que deveria ser universal, reconhecido a todos os cidadãos, ao passo que os projectos do PCP e do MDP/CDE os reduziam a direitos dos trabalhadores – VIEIRA, M. B. e SILVA, F. C., 2010, p. 134.

[1343] "*Não é pela solidariedade social* que as classes trabalhadoras vêm «reconhecido» pelo capital o seu direito ao trabalho; *não foi pela solidariedade social* que o patronato «reconheceu» aos trabalhadores o direito à greve; *não foi pela solidariedade social* que os trabalhadores obtiveram da burguesia e do Estado burguês o reconhecimento da liberdade sindical; *não será pela solidariedade social* que as massas trabalhadoras conquistarão o direito à saúde, o direito ao ensino, o direito à habitação" – VITAL MOREIRA *apud* VIEIRA, M. B. e SILVA, F. C., 2010, p. 113.

no reconhecimento de que a pessoa só se realiza em relação com as demais[1344]. Tratava-se aqui da afirmação dos direitos da pessoa, assentes no estabelecimento de laços solidariedade que assenta na natureza do homem e não em privilégios de classe ou grupo[1345]. Os direitos seriam não apenas concedidos pelo Estado, mas garantidos pelo Estado e pela sociedade. Recorde-se que a perspectiva personalista se opõe a uma relação com o Estado que não seja favorecedora da liberdade e da autonomia dos cidadãos. Deste entendimento resulta a recusa de uma pura estatização dos direitos económicos sociais e culturais e a ênfase da solidariedade que deve existir entre os cidadãos, começando pela família estendendo-se à comunidade política em círculos sucessivos[1346].

Tanto uma como outra corrente tiveram clara influência nas soluções constituintes.

Fruto da influência marxista, são de destacar todas as referências à transição para o socialismo que encontramos na versão originária da Constituição. Exemplificativamente, são de referir como relevantes para a compreensão da influência marcadamente socialista, as obrigações que o Estado assumia quer quanto ao direito ao trabalho, quer quanto ao reconhecimento dos direitos dos trabalhadores (artigos 52º e 54º, nomeadamente); o favorecimento público da criação de cooperativas e experiências de autogestão (artigos 61º e 84º), colocando o Estado ao serviço da ideia de auto-realização, através da produção cooperativa, tão cara aos marxistas, tendo como objectivo último a abolição do trabalho assalariado; o favorecimento dos trabalhadores (quer no que toca ao reconhecimento de certos direitos sociais – de que são exemplos os casos paradigmáticos dos artigos 74º, nº 3, alínea *g*), prevendo o estímulo na formação de "quadros científicos e técnicos originários das classes trabalhadoras" e 76º, prevendo que o acesso à Universidade se fizesse favorecendo "a entrada dos trabalhadores e dos filhos das classes trabalhadoras" –, quer no que toca à promoção da melhoria da situação económica, social e cultural – vejam-se os objectivos da reforma agrária no artigo 96º); a apropriação colectiva dos meios de produção, por meio de "intervenção, nacionalização e socialização" ou expropriações sem direito a indemnizações (artigos 82º e 83º); a vedação de sectores à iniciativa privada (artigo 85º) e assunção de

---

[1344] "Embora encarnada num corpo, a pessoa tem, para os personalistas, uma clara dimensão espiritual e comunitária" – VIEIRA, M. B. e SILVA, F. C., 2010, p. 110.
[1345] "Laços de solidariedade que [...] não se devem desenvolver verticalmente apenas, 'através de direitos e deveres entre cidadãos e o Estado', mas também 'através de direitos e deveres entre os cidadãos' " – VIEIRA, M. B. e SILVA, F. C., 2010, p. 110.
[1346] VIEIRA, M. B. e SILVA, F. C., 2010, p. 139.

gerência pelo Estado ou por pessoas colectivas públicas de bens e unidades de produção; e a assunção pública de funções de planeamento central da economia (artigos 91º a 95º).

Fruto da influência das ideias personalistas, destacam-se as grandes semelhanças entre os direitos que resultam da leitura dos principais documentos da doutrina social da Igreja e as funções que são atribuídas ao Estado: veja-se, por exemplo, o destaque dado aos direitos dos trabalhadores ou à função social da propriedade privada[1347], demonstrativa da adopção da ideia de solidariedade personalista. Também fruto desta influência é de recordar que na enumeração dos direitos, o direito à existência é o que vem enunciado à cabeça (artigo 25º)[1348/1349], acompanhando de perto as posições assumidas pelos documentos de doutrina social da igreja[1350].

Deste "consenso por sobreposição" resultou claramente a adesão ao paradigma moderno de despesa[1351] por parte da Constituição, logo na sua versão

---

[1347] Há quem associe a dignidade da pessoa humana a uma leitura religiosa – *vide* por exemplo COUTINHO, L. Pereira, 2010, p. 16: "[...] a significação correspondente à dignidade humana não pode ser acedida ou precisada sem referência a uma "verdade" matricialmente religiosa, a qual radicalmente não se confunde com a "verdade" kantiana de que o homem é ou pode ser o senhor de uma integralmente emancipada autonomia e auto-determinação moral".

[1348] MOREIRA, Isabel, 2007, p. 137.

[1349] Mesmo o desenvolvimento que a "operatividade transformadora" da dignidade da pessoa humana tem permitido – nomeadamente com a afirmação do direito ao mínimo existencial – parece ir beber à mesma fonte da doutrina social da Igreja.

[1350] Esta dupla influência a que vimos fazendo referência teve reflexos práticos, desde logo, na discussão relativa aos modos de financiamento do direito à Segurança Social: uns defendendo um esquema em que seriam as classes mais favorecidas a suportar a segurança social dos mais pobres e outros a defender um financiamento pago por receitas próprias do sistema de previdência com uma pequena comparticipação do Estado. Em concreto, "todos os partidos à esquerda do PPD defendem um sistema de segurança social altamente redistributivo, em que as classes mais favorecidas suportem a segurança social das menos favorecidas". O PS defendia a universalidade da segurança social, com financiamento através de uma política fiscal redistributiva; o PCP reservava as prestações para os trabalhadores, mas procurava envolver todos os portugueses no seu financiamento. O PPD defendia, pelo contrário, um sistema público financiado por receitas próprias do sistema de previdência a que acresceria uma subsidiação por parte do Estado – VIEIRA, M. B. e SILVA, F. C., 2010, p. 136-137.

[1351] CANOTILHO, J. J. Gomes, e MOREIRA, Vital, 1993, p. 36, tornando claro o afastamento da Constituição em relação aos ideais liberais, afirmando que esta não é alheia à sociedade, nem à estrutura económica e social, nem sequer às relações entre os cidadãos; que esta impõe tarefas ao Estado a favor dos cidadãos. Nas suas palavras, "não é apenas um limite negativo à actividade do Estado; é também um caderno de encargos do Estado, nas suas tarefas e obrigações, no sentido de satisfazer as necessidades económicas, sociais e culturais dos cidadãos e dos grupos sociais".

originária, com uma clara intenção de atribuir ao Estado a incumbência de transformação (senão mesmo de reconstrução[1352]) da sociedade[1353].

Claro que este debate não esgota o universo das influências a que o texto constitucional originário esteve sujeito. É preciso não esquecer, nomeadamente, as ideias democráticas – consubstanciadas na ideia de uma Constituição mais programática do que directiva que se foi desenvolvendo progressivamente, clarificando-se no final dos anos 1980 – ou de adesão a uma economia capitalista – com reconhecimento da propriedade privada, liberdade económica ou do mercado – que também marcam decisivamente o texto (e sobretudo a prática[1354]) constituinte[1355]. Isto não esquecendo que a compreensão do texto Constitucional deve ir para além dos debates da Assembleia Constituinte, uma vez que as sucessivas revisões constitucionais contribuíram para um apagamento sucessivo da herança revolucionária e para o surgimento de outras ideias[1356].

Com a eliminação das referências ao poder das classes trabalhadoras, a atenuação do papel do plano e a atenuação da reforma agrária (logo na revisão

---

[1352] Atendendo à finalidade de transição para o socialismo que desde logo se expressa – neste sentido, CANOTILHO, J. J. Gomes, e MOREIRA, Vital, 1993, p. 31.

[1353] Paradigmáticas de concepção moderna de despesa pública que predominava ao tempo da feitura da Constituição são as disposições legais estabelecidas já entre 1974-76, estabelecendo a nacionalização de bancos e seguradoras ou a criação do subsídio de desemprego ou ainda a regulação de pensões e outras prestações sociais.

[1354] É aqui de sublinhar a formação de duas correntes: uma que vê logo no modelo de 1976 a consagração de um modelo de economia de mercado e outra que situará a adopção desse modelo entre a revisão de 1982 e 1989 "por efeito conjugado de ambas ou combinando as duas com a integração na Comunidade Económica Europeia (cujo sentido constitucionalizante, ao menos, indirecto, é inequívoco neste domínio)" – FRANCO, A. L. Sousa, e MARTINS, G. Oliveira, 1993, p. 149-150 (significativamente falando de uma prática *contra legem* em matéria de direito económico entre 1976 e 1982 pelo facto de as referências ao socialismo nunca terem sido concretizadas e de se terem assumido sucessivamente políticas em sentido contrário – SOUSA, M. Rebelo de, 1986, p. 118). Do ponto de vista actual, a querela resolve-se tendo simplesmente em vista, como afirmaram SOUSA FRANCO E OLIVEIRA MARTINS – ainda que esses autores perfilhassem a primeira visão –, que, pelo menos, "parece inegável que a segunda linha [economia de mercado] prevaleceu ao longo da execução da Constituição. A ela se conformaram diversas leis, por alguns chamadas leis fundamentais, que afastaram claramente a lógica da economia colectivista e se conformaram à economia mista de mercado" (*Ibidem*, pp. 142-143).

[1355] Mesmo na determinação das funções do Estado são notórias estas influências: vejam-se as ideias de plano indicativo e não imperativo como poderia retirar-se da existência de um Estado socialista – FRANCO, A. L. Sousa, e MARTINS, G. Oliveira, 1993, p. 141. Estes autores falam mesmo de um "dirigismo, mais burocrático do que planificador" (*Ibidem*, p. 147).

[1356] *Vide* CANOTILHO, J. J. Gomes, e MOREIRA, Vital, 1993, pp. 48 e ss.

constitucional de 1982[1357]/[1358]), e das expressões relativas à "sociedade sem classes", "à transição para o socialismo", à "socialização dos meios de produção", e sobretudo com a abolição da garantia da irreversibilidade das nacionalizações[1359] (revisão constitucional de 1989) esbate-se claramente a visão marxista-leninista de despesa pública[1360]. Fala-se de uma "desmarxização"[1361] ou de uma "«desideologização» ou «desdogmatização» marxista da Constituição"[1362]. Tarefa que foi concluída em 1997, através da flexibilização "das reservas a favor de um sector público (art. 86º, nº 3)"[1363].

É também interessante notar que do estudo da doutrina de direito económico e da jurisprudência do Tribunal Constitucional parece resultar, de certa forma, uma contradição entre um texto constitucional ainda com uma visão socializante e uma prática de economia mercado mais liberalizante, que foi sendo progressivamente assumida pela Constituição formal. Com efeito, não obstante só em 1997 se tenha desconstitucionalizado a existência de sectores vedados, a verdade é que sempre o Tribunal Constitucional foi defendendo ao longo do tempo um entendimento "muito liberal a este respeito, considerando como conformes à Constituição as sucessivas leis que o Governo publicou, sempre restringindo o número de sectores reservados ou liberalizando o tipo de reserva"[1364].

[1357] Fala-se a este propósito da consolidação de um sistema de economia mista, desta vez definitivo, abandonando-se a ideia da transitoriedade deste sistema afirmada pela versão de 1976 – SANTOS, António Carlos dos, GONÇALVES, Maria Eduarda e MARQUES, Maria Manuel, 2014, p. 43.

[1358] Muitos autores situam o início da desmarxização antes de 1982 – PAULO OTERO, por exemplo, chama a atenção para o facto de à luz da versão originária da Constituição ser já feita uma leitura dos direitos de matriz ocidental, "reduzindo ao mínimo a vertente socialista-marxista da letra do texto oficial da Constituição" – OTERO, Paulo in TRIBUNAL CONSTITUCIONAL (vol. I), 2012, p. 39.

[1359] Apesar da irreversibilidade das nacionalizações ser "matéria muito controversa no momento da revisão constitucional de 1982" só foi alterada em 1989 por só aí se ter formado a maioria de dois terços necessária para a revisão constitucional. De facto em 1982, apesar de já haver uma maioria favorável à sua alteração (PSD/CDS), ela não foi suficiente para chegar à maioria qualificada necessária – FRANCO, A. L. Sousa, e MARTINS, G. Oliveira, 1993, p. 149. Só em 1989 se "completou a descarga ideológica socializante" – SANTOS, António Carlos dos, GONÇALVES, Maria Eduarda e MARQUES, Maria Manuel, 2014, p. 43.

[1360] CANOTILHO e VITAL MOREIRA falam mesmo de uma "neutralização ideológica" do texto constitucional – CANOTILHO, J. J. Gomes, e MOREIRA, Vital, 1993, p. 24.

[1361] FRANCO, A. L. Sousa, e MARTINS, G. Oliveira, 1993, p. 145.

[1362] OTERO, Paulo, 1998, p. 32.

[1363] SANTOS, António Carlos dos, GONÇALVES, Maria Eduarda e MARQUES, Maria Manuel, 2014, p. 43.

[1364] SANTOS, António Carlos dos, GONÇALVES, Maria Eduarda e MARQUES, Maria Manuel, 2014, p. 55. Cfr. Acórdãos do Tribunal Constitucional nºs 25/85 e 186/88 referindo a impossibilidade de

O paradigma de despesa adoptado continua, porém, a ser, indubitavelmente, o moderno, mantendo-se "uma concepção «amiga» dos desfavorecidos «dirigida à eliminação das carências [...] que condicionam a promoção da dignidade humana e limitam a participação na vida política da colectividade"[1365]. É que ao mesmo tempo que a Constituição deixa de tomar partido claro pelos trabalhadores, vai assumindo claramente uma ideia de solidariedade (a partir de 1989, fala-se mesmo na "construção de uma sociedade livre, justa e solidária"). Sousa Franco e Oliveira Martins denotam, porém, um novo entendimento, surgido com a revisão de 1989, quanto à forma de encarar a Constituição: "a lei fundamental torna-se [...] mais programática e mediadora do que dirigente ou directiva, acentuando a liberdade de conformação do legislador, como do juiz e do administrador"[1366]. E continuam "a lei fundamental tornou-se mais claramente neutra, programática, mediadora ou simplesmente intervencionista, assumindo um potencial de transformação da estrutura económica, através do estabelecimento de um programa constitucional de privatização, em substituição e com sentido oposto da anterior garantia de irreversibilidade das nacionalizações [...]"[1367].

Desde a década de 80 do século XX, a tendência é pois a de redução do papel do Estado, dando voz às críticas dirigidas à excessiva intervenção do Estado e às suas ineficiências[1368]. Demonstrativa, porém, da abertura a outras influências, também elas modernas, atente-se à recepção, já em 1989, pelo

---

fundar na Constituição a ideia de um ""«princípio da incompressibilidade do sector público» ou o «correlativo princípio da inexpansibilidade do sector privado»" (Acórdão nº 186/88), tomando-o como "pouco harmónico com o princípio democrático e [...] potencialmente anquilosador da actuação do próprio Estado, retirando-lhe a necessária maleabilidade no campo do direito económico, onde dela particularmente carece" (Acórdão nº 25/85). Logo em 1985, o TC não hesitou em afirmar que a propriedade privada e a liberdade de iniciativa privada constituíam a regra, mais uma vez no já mencionado Acórdão nº 25/85. Mesmo uma parte da doutrina assumiu logo no modelo de 1976 a consagração de um modelo de economia de mercado – Franco, A. L. Sousa, e Martins, G. Oliveira, 1993, p. 149-150.

[1365] Canotilho, J. J. Gomes, e Moreira, Vital, 1993, p. 31.
[1366] Franco, A. L. Sousa, e Martins, G. Oliveira, 1993, p. 148. Sobre a distinção entre Constituição económica *dirigente* e de *enquadramento* que também aqui poderia ser usada – Santos, António Carlos dos, Gonçalves, Maria Eduarda e Marques, Maria Manuel, 2014, p. 38.
[1367] Franco, A. L. Sousa, e Martins, G. Oliveira, 1993, p. 150-151.
[1368] Santos, António Carlos dos, Gonçalves, Maria Eduarda e Marques, Maria Manuel, 2014, p. 16: "A partir dos anos setenta, com maior intensidade na década de oitenta, a intervenção estadual na economia, e particularmente a participação directa do Estado na actividade económica [...] veio a ser objecto de diversas críticas, provindas especialmente dos sectores neoliberais, que em geral discutem as ineficiências a que ela conduz e apontam a possibilidade de os mesmos objectivos poderem ser atingidos mais eficazmente pelo livre jogo das forças de mercado."

texto constitucional, do princípio da "igualdade de oportunidades" no artigo 81º, alínea b), um dos princípios de justiça rawlsianos[1369]. De facto, mesmo tendo deixado cair as referências explícitas a um objectivo socialista, a Constituição não renega as suas origens: a existência de uma parte consagrada à organização económica denuncia ainda a sua génese socializante[1370].

Hoje e sobretudo depois da revisão constitucional de 1997, não podemos, claro está, deixar de considerar que a Constituição está bastante diferente, não sendo um espelho fiel das ideias modernas de despesa. Tomam-se aqui como significativas da revisão de 1997, a proclamação da "liberdade de iniciativa e de organização empresarial como princípio fundamental da organização económico-social" feita pelo artigo 80º, alínea c); a vinculação do Estado "a incentivar a actividade empresarial privada" (artigo 86º, nº 3) e a desconstitucionalização da exigência de sectores básicos vedados à iniciativa privada (artigo 86º, nº 3), reduzindo os privilégios do sector público. Actualmente, a Lei Fundamental afirma claramente a existência de uma economia de mercado sujeita, quer à vontade da maioria, quer ao controlo de constitucionalidade pelo Tribunal Constitucional, fazendo valer os limites que ela própria prevê em relação à intervenção pública. Para trás ficam definitivamente as nacionalizações irreversíveis, o controlo operário, a reforma agrária, a apropriação colectiva dos meios de produção com predomínio da propriedade social, a ideia da igualdade económica a prosseguir pelo Estado ou de Plano ou de economia planificada, a de intervenção do Estado com referência secundária ao mercado, o dirigismo socialista e a existência de uma economia nacional administrativamente condicionada. Ao invés e em substituição dos conceitos originários, a Constituição afirma actualmente a liberdade das reprivatizações, os direitos dos trabalhadores e a liberdade de empresa, as políticas agrícolas, a coexistência concorrencial dos sectores de produção, a ideia de redução das desigualdades, de planos, de programas de transformação eco-

---

[1369] MANUEL AFONSO VAZ estabelece mesmo uma aproximação ao sistema rawlsiano de Estado com referência por um lado, o sistema de iguais direitos-liberdades de todos e, por outro, à ideia de que o Estado deve promover a protecção dos menos favorecidos e uma justa igualdade de oportunidades. Este autor faz derivar da recepção desta ideia da justa igualdade de oportunidades os deveres que resultam para o Estado Português constantes dos artigos 9º, alínea d) e 81º, alíneas a), b) – conjuntamente com o artigo 104º na parte em que se refere à realização de uma função redistributiva através da política fiscal), d), e), h) e com os 94º e 95º – e i) – MANUEL AFONSO VAZ in MIRANDA, Jorge, e MEDEIROS, Rui, 2006, pp. 18 e 19. Também estabelecendo uma relação clara entre as ideias de RAWLS e o consenso social-democrata que tem vigorado em Portugal entre as "forças políticas menos radicais e de vocação governativa" – ROSAS, J. Cardoso, 2012, p. 52.
[1370] FRANCO, A. L. Sousa, e MARTINS, G. Oliveira, 1993, p. 158.

nómica, concorrência e mercado, de intervencionismo regulador e, por fim, a existência de uma economia aberta[1371]. Para trás ficam também as dúvidas quanto ao reconhecimento dos direitos de propriedade privada e liberdade de iniciativa, causada pela omissão formal destes do catálogo dos direitos, liberdades e garantias. Até porque ninguém hoje duvida da natureza jusfundamental destes direitos, aplicando-lhes por analogia o regime dos direitos, liberdades e garantias[1372].

Apesar de a evolução constitucional ir mostrando um Estado em mutação, este não deixa de assumir a intervenção no mercado e em alguns sectores sociais[1373]. Constitucionalmente, temos hoje um Estado que reconhece direitos sociais para além dos direitos liberdades e garantias (a Constituição é, neste sentido, uma Constituição programática) e que reconhece a existência de uma economia mista. E vai mostrando um Estado que não obstante ir reduzindo as suas funções, se assume ainda hoje como promotor bem-estar[1374]. Sendo que este "bem-estar constitui o objectivo último da actividade pública de um modelo de Estado baseado na dignidade da pessoa humana, enquanto realização da justiça e da solidariedade através da democracia económica, social e cultural"[1375].

Como não poderá deixar de ser, isso não pode deixar de produzir reflexos quanto à forma como concebemos a despesa pública, no âmbito de uma perspectiva moderna.

[1371] Esta correspondência baseia-se numa que foi feita, em jeito de síntese da evolução constitucional, por FRANCO, A. L. Sousa, 2002/2003.

[1372] EVARISTO FERREIRA MENDES in MIRANDA, Jorge, e MEDEIROS, Rui, 2010, pp. 1183, 1188 e 1889. Vide ainda RUI MEDEIROS in MIRANDA, Jorge, e MEDEIROS, Rui, 2010, pp. 1243.

[1373] Mesmo as alterações que têm derivado das críticas à intervenção do Estado não se traduzem "numa pura desregulamentação da economia". Com efeito, estas mais depressa conduzem a outras formas de regulação que ainda assim não desresponsabilizam totalmente o Estado: "[...] substituição de formas de regulação directa por regulação proveniente de entidades semipúblicas ou mesmo privadas encarregadas dessas funções; substituição da produção pública directa de bens ou serviços pela sua contratação a entidades privadas, mantendo-se o financiamento público [...]" – SANTOS, António Carlos dos, GONÇALVES, Maria Eduarda e MARQUES, Maria Manuel, 2014, p. 16.

[1374] Constitucionalmente, temos um Estado que reconhece direitos para além dos direitos liberdades e garantias (a sua constituição é, neste sentido, uma constituição programática), que reconhece a existência de uma economia mista.

[1375] OTERO, Paulo, 1998, p. 13 e pp. 20-22, vendo na nossa Constituição os traços de efectivação e garantia deste bem-estar: imposição de deveres ao Estado; atribuição de jurisdição ao Tribunal Constitucional para verificação do incumprimento da Constituição; e adopção de mecanismos de efectivação de bem-estar – proibição de revogação pura e simples de norma ordinária concretizadora de preceito constitucional não exequível, interpretação das normas no sentido mais favorecedor do bem-estar e necessidade de justificação do retrocesso na efectivação de um determinado grau de satisfação do bem-estar.

4.2. O Estado português não é um mero supridor das falhas de mercado
Fronteiras constitucionais de intervenção do Estado

Quando falámos do paradigma moderno de despesa referimos que o mesmo foi marcado pela assunção por parte do Estado das funções de alocação, redistribuição e estabilização do Estado. Falta agora saber em concreto se e como elas foram acolhidas pelo nosso texto constitucional e em que medida é que daí resultam deveres expressos em termos de despesa para o Estado.

Logo pela compreensão da função de alocação de bens, ou seja, da função de provimento das necessidades públicas que o Estado assume ficamos com uma ideia mais clara daquilo que é a perspectiva tida como constitucionalmente aceite.

Traçar as fronteiras da função de alocação dependerá do lugar que confiramos ao princípio da subsidiariedade nas relações entre o Estado e o mercado. Concretizando um pouco mais o que dizemos, podemos afirmar que se entendermos que a subsidiariedade é recebida como princípio constitucional, ficará mais fácil entender que o Estado "só deveria intervir na esfera económica em caso de défice da iniciativa privada e ou de «falhas do mercado»"[1376]. Mas se pelo contrário não encararmos essa subsidiariedade, o raio de actuação pública tenderá a crescer (pelo menos potencialmente)[1377].

Numa perspectiva restritiva poderíamos, por exemplo, defender o carácter tendencialmente excepcional da intervenção do Estado, como o faz PAULO OTERO, por exemplo. A sua argumentação assenta, antes de mais, na demonstração de que a assunção de um modelo de economia de bem-estar não é incompatível com o reconhecimento do princípio da subsidiariedade[1378/1379], quer em termos teóricos (apresentando, por exemplo, a doutrina social da igreja como modelo teórico em que isso é sugerido), quer em termos aplicados, referindo-se ao direito comunitário e ao reconhecimento da subsidia-

---

[1376] CANOTILHO, J. J. Gomes, e MOREIRA, Vital, 2007 (vol. I), p. 962.
[1377] *Vide* por exemplo, SANTOS, António Carlos dos, GONÇALVES, Maria Eduarda e MARQUES, Maria Manuel, 2014, p. 58 recusando a decorrência constitucional deste princípio.
[1378] Como o faz PAULO OTERO, embora este autor reconheça que "a existência obrigatória de um sector público de propriedade dos meios de produção não permite uma privatização integral da respectiva titularidade e gestão" – OTERO, Paulo, 1998, p. 41.
[1379] Ainda que PAULO OTERO admita que esta subsidiariedade tem de ser entendida de forma mitigada – OTERO, Paulo, 1998, pp. 42 e 58: "A consagração constitucional implícita do princípio da subsidiariedade do Estado tem de conviver e se compatibilizar todavia, com um princípio expresso de intervencionismo público sobre a economia, gerando um modelo de economia social de mercado ou economia mista de bem-estar". *Vide* Acórdão do Tribunal Constitucional nº 25/85 referindo-se ao modelo de economia.

riedade que é feito no seu seio. Para além disso, OTERO defende que, após 1997, não se pode deixar de considerar que o princípio da subsidiariedade rege – se não de forma explícita, pelo menos implicitamente – as relações do Estado com os particulares[1380]. Por várias razões. Primeira, porque isso resulta do postulado da dignidade da pessoa humana em que se baseia a Constituição, do qual resulta quer um princípio de liberdade para a sociedade civil, quer uma proibição de instrumentalização da pessoa ao serviço do Estado. Segunda, porque a revisão constitucional de 1997 reconheceu no artigo 6º a aplicação do princípio da subsidiariedade que faz com que OTERO reconheça que corresponde a "uma afirmação implícita de subsidiariedade económica do Estado"[1381]. E terceiro, porque a OTERO esta perspectiva parece coadunar-se com a proclamação da "liberdade de iniciativa e de organização empresarial como princípio fundamental da organização económico-social", com a vinculação do Estado "a incentivar a actividade empresarial privada" e com a desconstitucionalização da exigência de sectores básicos vedados à iniciativa privada, todas operadas pela revisão de 1997[1382]. Deste entendimento resulta a defesa de uma preferência pela intervenção privada, deixando a intervenção pública para os casos em que esta falha [1383/1384].

[1380] PAULO OTERO não está isolado nesta consideração da subsidiariedade. A propósito da crise, há quem chame a atenção para a adopção de soluções no plano social que obrigam ao financiamento público de muitos direitos, notando que o texto constitucional não importa necessariamente a assunção de níveis incomportáveis de despesa pública, dadas as inúmeras referências que a Constituição contém ao princípio da subsidiariedade – MARTINS, A. Oliveira, 2012, p. 90.

[1381] OTERO, Paulo, 1998, p. 37: "o Estado não pode estar mais limitado na sua actuação perante outras entidades públicas do que está diante de entidades não públicas. Os princípios da igualdade e *in dubio pro libertate* não permitem extrair outra solução interpretativa: o Estado deve pautar-se nas suas relações com a sociedade civil de harmonia com o princípio da subsidiariedade".

[1382] OTERO, Paulo, 1998 pp. 33-38.

[1383] Se bem que OTERO não adira a uma pura visão do Estado como supridor das falhas de mercado, uma vez que ele próprio reconhece que em certos casos há "uma certa desvalorização da ideia de subsidiariedade" quer nas relações entre o Estado e as demais entidades públicas infraestaduais, quer nas relações com a sociedade civil. Como o faz por exemplo em relação à interpretação do artigo 199º, al. *g)* "atribuindo ao Governo, em última (ou primeira) instância, poderes de intervenção activa sobre a própria actividade económica ou sobre entidades que se situam no âmbito do sector público empresarial" ou ainda em relação a actividades do sector privado "sempre que a acção ou a omissão destas seja passível de colocar em causa a promoção do desenvolvimento económico-social ou a satisfação das necessidades colectivas" – ambas as citações estão em OTERO, Paulo, 1998, p. 44.

[1384] Contra, afirmando que a iniciativa económica pública não é de natureza subsidiária – *vide* Acórdão do Tribunal Constitucional nº 186/88. *Vide* Porém OTERO, Paulo, 1998, p. 117 reconhecendo que o Tribunal Constitucional neste aspecto tem uma jurisprudência que já exprimiu o contrário no Acórdão nº 25/85.

Porém, com entendimento distinto, defendemos que o Estado gozará de uma grande liberdade nessas escolhas. Dizendo nomeadamente que não há propriamente um limite constitucional estabelecido em relação à intervenção pública. Esta posição escuda-se, quer no facto de a Constituição não tomar uma posição expressa quanto à dimensão concreta do sector público, quer na ideia de que tem de existir obrigatoriamente um sector público[1385]. Embora nesta defesa, não se deixe de reconhecer que a importância do sector público tem vindo a diminuir progressivamente. Se até 1989, a sua importância era grande, sobretudo por causa da irreversibilidade das nacionalizações e da previsão de sectores vedados à economia, depois da revisão operada nesse ano e, sobretudo depois de 1997, ela tem vindo a diminuir.

Poderemos ainda assim, nesta perspectiva, oscilar entre conceber a intervenção do Estado no que toca à função de alocação ou como mero fornecedor de bens correspondentes a falhas de mercado ou defender uma ampla margem de liberdade para o legislador escolher os meios e as necessidades que reputasse importantes de satisfazer.

Na primeira hipótese, poderíamos num modelo mais restritivo, seguir, por exemplo, o modelo de BUCHANAN do *Estado produtor*. Ficaríamos, assim, mais próximos de um modelo de Estado liberal, prevendo a assunção por parte do Estado apenas da produção de bens e serviços de interesse geral em condições e quantidades adequadas às necessidades (nomeadamente, investimentos em infra-estruturas, transportes) e, quando muito, daquelas "actividades que constituíssem o prolongamento natural da acção de um serviço público administrativo (caso das imprensas nacionais e do fabrico de equipamentos para as forças armadas)"[1386]. Neste modelo, não seria forçoso excluir a ideia de concretização pública dos imperativos resultantes das normas constitucionais contendo direitos sociais. Mas nesse caso, teríamos de reduzir a actuação do Estado ao papel de legislador e ao papel de responsável pela regulação do sistema económico. Reduziríamos assim o Estado a um modelo de "supridor das falhas de mercado")[1387] – embora mesmo neste papel não seja

---

[1385] MANUEL AFONSO VAZ *in* MIRANDA, Jorge, e MEDEIROS, Rui, 2006, p. 41. Embora MANUEL AFONSO VAZ reconheça que "não se afigura fácil, no actual quadro constitucional, configurar um conteúdo essencial do sector público absolutamente garantido pela Lei Fundamental e susceptível de ser imposto pelo TC [Tribunal Constitucional]". Afirmação da qual discordamos, em parte, tendo em conta a posição que assumimos quanto às falhas de mercado.

[1386] SANTOS, António Carlos dos, GONÇALVES, Maria Eduarda e MARQUES, Maria Manuel, 2014, p. 143.

[1387] Esta é a perspectiva de OTERO, Paulo, 1998, p. 39, para quem "o verdadeiro problema que hoje se coloca quanto ao grau e configuração do intervencionismo económico do Estado centra-se na

impossível ver a possibilidade de perspectivar mais ou menos envolvimento público[1388/1389].

O Estado ficaria à luz desta perspectiva – de *Estado produtor* – muito limitado na sua acção. Na sua expressão mínima, este ficaria limitado às falhas de mercado. Mas a verdade é que não podemos à luz do actual texto da Lei Fundamental sufragar esse entendimento. Esse será, quando muito, o conteúdo mínimo do artigo 80º na parte em que consagra a garantia institucional de existência dos sectores público, privado e cooperativo[1390] e na parte em que garante a propriedade pública "de meios de produção, de acordo com o interesse colectivo", conjugado com o artigo 81º, alínea *f*), nos termos do qual incumbe aos Estado assegurar o "funcionamento eficiente dos mercados". É que, não obstante estes preceitos constitucionais poderem ter uma interpretação mais ou menos restrita, a verdade é que, no mínimo, eles implicarão essa leitura: reduzida à sua expressão mínima o sector público não poderá de deixar de contemplar a cobertura das falhas de mercado (resolvendo as questões resultantes da existência de bens públicos puros, falhas na concorrência, exterioridades/externalidades, assimetria de informação, mercados incomple-

---

última função apontada [criação de empresas ou participação no capital de outras empresas em qualquer sector económico]". Embora não possa aqui deixar de se considerar que a forma como OTERO faz esta contraposição confunde duas questões que são diferentes: a da identificação das necessidades que requeriam a intervenção do Estado e do modo de as satisfazer

[1388] *Vide* diferença entre os conceitos de ordenação e de intervenção concreta – que FRANCO, A. L. Sousa, e MARTINS, G. Oliveira, 1993, p. 220 distinguem quando falam do poder legislativo na sua relação com a economia.

[1389] Neste papel, poderíamos olhar para o Estado de forma ou mais ou menos interventiva: proibindo/restringindo qualquer actividade empresarial ou de fornecimento directo desses bens e serviços que não fossem produzidos eficientemente pelo mercado. No caso da admissão restrita desta actividade, poder-se-ia assumir, por exemplo, uma neutralidade constitucional quanto à forma de organização do Estado. Entendemos, com isto, até que se podem abrir opções intermédias entre aqueles que vêem o Estado como supridor das falhas de mercado e os que o abrem à produção dos bens de mérito, atendendo à forma como depois essa intervenção se pudesse fazer com mais ou menos participação dos privados. Fazemos, portanto, aqui um paralelo em relação ao que é defendido em relação aos sectores vedados. Quanto à gestão destes sectores, há duas perspectivas: a daqueles que defendem que a Constituição impõe que estas actividades vedadas sejam exercidas por pessoas colectivas de direito público; e a daqueles que defendem a possibilidade de elas serem prosseguidas empresas mistas maioritariamente controladas por entidades públicas – OTERO, Paulo, 1998, p. 171. PAULO OTERO, por exemplo defende uma preferência pela actuação privada: "resulta da Constituição uma regra de preferência pela utilização da concessão a entidades privadas da exploração de meios de produção públicos relativamente à sua exploração directa por entidades públicas" – OTERO, Paulo, 1998, p. 67.

[1390] MANUEL AFONSO VAZ *in* MIRANDA, Jorge, e MEDEIROS, Rui, 2006, p. 13 e CANOTILHO, J. J. Gomes, e MOREIRA, Vital, 2007 (vol. I), p. 958.

tos e, em geral, provendo os bens e serviços que o mercado não consiga assegurar em condições óptimas). Há aqui, no entanto que reconhecer que, por causa do silêncio do legislador quanto a estas, se abre uma "grande margem de liberdade"[1391], quer no que toca à assunção das falhas de mercado, quer no modo de provimento desses bens ou serviços[1392].

Mas se é verdade que podemos afirmar sem problema que na ausência de qualquer outro preceito constitucional, teremos de considerar as falhas de mercado como o conteúdo mínimo do sector público, o que é facto é que a realidade constitucional parece não se contentar com esta perspectiva minimalista. O que parece resultar claro, quer do artigo 84º, permitindo ao legislador a definição dos bens do domínio público[1393], quer do artigo 86º, nº 3 referindo-se aos sectores vedados à iniciativa económica privada[1394/1395/1396].

[1391] CANOTILHO, J. J. Gomes, e MOREIRA, Vital, 2007 (vol. I), p. 959.
[1392] Embora reconhecendo as falhas de mercado como conteúdo mínimo de intervenção do Estado, não podemos deixar de considerar que a Constituição não resolve os grandes problemas inerentes ao reconhecimento desta função. Por um lado, o de saber quais as necessidades que o interesse público deseja que sejam providas pelo Estado (o único critério que parece aqui admissível é o da manifestação do interesse colectivo nesse sentido) e, por outro, qual a maneira de prover a essa mesma necessidade, posto que não há só uma maneira eficiente de as prover. No que toca a este último aspecto, é preciso reconhecer que não se encontra na Constituição uma opção clara seja no sentido de que a intervenção pública deve ser apenas correctiva dos mecanismos de mercado, seja no sentido de dizer que a provisão deve ser totalmente assegurada pelo Estado. Tal como a MANUEL AFONSO VAZ também nos parece que neste caso a Constituição abre aqui um espaço de liberdade, permitindo quer opções num sentido mais liberal, quer num sentido mais estatizante, privilegiando a intervenção do Estado na economia – MANUEL AFONSO VAZ in MIRANDA, Jorge, e MEDEIROS, Rui, 2006, p. 13.
[1393] Estes meios de produção regem-se pelo direito público e integram sempre o sector público.
[1394] Admitindo porém também a intervenção do sector cooperativo neste domínio – OTERO, Paulo, 1998, pp. 104-109 e 178-179.
[1395] Entre os sectores vedados, podemos identificar duas situações diferentes de restrição da iniciativa privada: "restrição de acesso mediante concessão" (artigos 1º, 2º e 3º Lei nº 88-A/97) e "restrição mediante verificação de garantias de interesse público" – FRANCO, A. L. Sousa, 2003/2004.
[1396] Há quem veja no artigo 86º, nº 3 o "conteúdo mínimo de intervenção do Estado" (Ainda que entendendo que a definição destes sectores está sujeita à discricionariedade legislativa – MANUEL AFONSO VAZ in MIRANDA, Jorge, e MEDEIROS, Rui, 2006, p. 41: "[...] não se vislumbra, na nossa ordem constitucional, fundamento para impor ao legislador democrático, com a sua liberdade de conformação, que o sector público se estenda a outras actividades económicas de natureza lucrativa para além dos sectores básicos"). Essa não é porém a nossa posição, atendendo ao que dissemos ainda agora em relação às falhas de mercado. Para nós, o facto de a Constituição abrir a possibilidade de sectores vedados é a demonstração da vontade constituinte no sentido de alargar a intervenção pública em relação àquilo que já resulta das falhas de mercado, essas sim, o primeiríssimo conteúdo mínimo do sector público (não vemos, pois, neste artigo qualquer obrigação de definição destes sectores vedados por parte do Estado, uma vez que os termos da CRP esta fixação assenta literalmente numa possibilidade e não num dever – OTERO, Paulo, 1998, p. 170 também se pronuncia

Ambos permitindo o alargamento do sector público, não o balizando pela existência das falhas de mercado[1397]. Assim, e ao contrário do que defende Afonso Vaz quando diz que para ele se afigura "claudicante a tentativa de recortar com alcance geral o conteúdo essencial de um sector público empresarial absolutamente garantido pela Lei Fundamental e susceptível de ser imposto ao legislador pelo Tribunal Constitucional", vemos quer nas falhas de mercado, por directa imposição do legislador constituinte, quer nos bens do domínio público ou nos sectores vedados, na medida em que o legislador ordinário os defina[1398/1399], sectores cuja intervenção por parte do Estado pode ser exigida judicialmente[1400].

---

no sentido da facultatividade da existência de sectores vedados (*vide* ainda *ibidem* p. 103 referindo-se a uma "adaptabilidade do quadro legal dos sectores vedados à iniciativa privada às diferentes circunstâncias políticas e económicas, tudo isto em função do juízo que em cada momento uma maioria legitimada faça do interesse público". *Vide* também Acórdão do Tribunal Constitucional nº 186/88, reconhecendo esta mesma liberdade.). A confusão entre sector público e sectores vedados não nos parece, pois, consistente. Confundir uma obrigação facultativa do Estado (prever sectores vedados) com o imperativo constitucional de existência de um sector público é para nós suficiente para nos apartar a interpretação dos conceitos. Se assim não fosse, a própria existência do sector público poderia ficar em perigo, caso o legislador não previsse – até porque não é obrigado a fazê-lo – a existência de sectores vedados. Isso não parece compatível com a existência de um sector público, tal como prevista no artigo 80º, alínea *b*), da Constituição da República Portuguesa.

[1397] De notar que as aprovações das leis de definição de bens do domínio público ou sobre sectores vedados não estão sujeitas a uma regra de maioria qualificada. Elas podem ser aprovadas por maioria simples por meio de lei ou por meio de decreto-lei autorizado (artigo 165º, alíneas v) e *j*), respectivamente da Constituição). Rui Medeiros e Lino Torgal *in* Miranda, Jorge, e Medeiros, Rui, 2006, p. 81: "Tal como a sua antecessora, a Constituição consagra, pois, uma cláusula aberta em matérias dominiais, permitindo que o legislador democraticamente legitimado identifique e defina o regime de outras categorias de bens sujeitas [...] a um especial regime jurídico-público".

[1398] Embora reconheçamos que a Constituição não resolve directamente a questão da gestão destes sectores. Há, portanto, a registar duas perspectivas: a daqueles que defendem que a Constituição impõe que estas actividades vedadas sejam exercidas por pessoas colectivas de direito público; e a daqueles que defendem a possibilidade de elas serem prosseguidas empresas mistas maioritariamente controladas por entidades públicas – Otero, Paulo, 1998, p. 171.

[1399] Os sectores vedados correspondem aos sectores politicamente reputados de mais importantes da economia ou correspondentes a actividades que envolvam recursos ou serviços essenciais (Otero, Paulo, 1998, p. 99). A tendência é de redução destes sectores – desde a década de 90 tem-se vindo a impor, por força dos imperativos da globalização e da pertença à União Europeia, uma progressiva abertura ao sector privado (veja-se o caso recente da Lei nº 17/2012, revogando a Lei nº 88-A/97, na parte em que esta vedada aos privados o acesso às comunicações por via postal que constituíssem o serviço público de correios)- Já identificando esta linha de evolução – Franco, A. L. Sousa, 2002/2003.

[1400] Nesse sentido parece ir a distinção, feita no âmbito dos sectores vedados, entre *reserva de propriedade* de certos bens, admitindo-se apenas a entrega a entidades privadas mediante concessão

Mas como acima ficou claro, a assunção de que o Estado se propõe prover as falhas de mercado não prova a adopção de um paradigma moderno de despesa (recorde-se que BUCHANAN, sendo um dos defensores da libertação do Estado reduzia o papel do Estado ao suprimento das falhas de mercado). É preciso, pois, avançar no sentido de saber se a Constituição autoriza o fornecimento público de bens de mérito[1401] para a caracterizarmos de forma rigorosa.

Até mesmo como PAULO OTERO reconhece (ainda que partindo do princípio de que a Constituição reconhece o princípio da subsidiariedade e restringindo a intervenção pública), é o próprio texto Constitucional que afasta a adesão a um modelo minimalista de Estado. É, de resto, a Constituição que estabelece imperativos claros de intervenção pública que vão para além da intervenção sobre as falhas de mercado, intervindo sobre bens que até são fornecidos pelo mercado, mas em que o Estado deseja intervir. Em primeiro lugar, quando atribui tarefas ou incumbências no sentido da concretização do modelo do Estado de bem-estar (*vide* nomeadamente o artigo 199º, alínea g))[1402]. E a nós, também nos parece como a OTERO, que a garantia de existência do sector público depende menos da existência de sectores vedados do que da cláusula de bem-estar. Parece aliás ser esta ideia que está por detrás da afirmação da existência de uma economia mista que é afirmada como um dos princípios da organização económico-social (artigo 80º, alínea. c)). Em segundo lugar, porque a Constituição reconhece a existência de uma iniciativa económica pública. Ainda que não a reconheçamos como um direito funda-

---

(artigo 1º, nº 1, alíneas a), c) e d) da Lei 88-A/97, de 25 de Julho, com redacção dada pela Lei nº 35/2013 e artigos 15º e 27º do Decreto-Lei nº 280/2007, de 7 de Agosto – no caso dos bens do domínio público, a aquisição de bens pode ser feita também por meio de licença); *reserva de controlo*, em que se exige para além da concessão a entidades privadas a participação pública com maioria de capital nas empresas concessionárias – artigo 1º, nº 3 da Lei nº 88-A/97; e *reserva de autorização* em relação a determinadas actividades – artigo 4º da Lei nº 88-A/97 (havendo ainda que considerar a reserva de autorização bancária, a empresas seguradoras ou a entidades de crédito) – SANTOS, António Carlos dos, GONÇALVES, Maria Eduarda e MARQUES, Maria Manuel, 2014, p. 246-248. Pois nesses casos, não se vê como eximir o Estado ao cumprimento destes deveres, sem incorrer numa violação indirecta da Constituição (neste caso do artigo 86, nº 3).

[1401] Sobre o conceito, MUSGRAVE, Richard A., 1959, p. 13: "They become public wants if considered so meritorious that their satisfaction is provided for through the public budget, over and above what is provided for through the market and paid by private buyers [...] Public services aimed at the satisfaction of merit wants include such items as publicly furnished school luncheons, subsidized low-cost housing, and free education".

[1402] OTERO, Paulo, 1998, p. 119: "[...] a verdade é que a Constituição elimina, deste modo, a existência de actividades económicas subtraídas *a priori* à directa acção ou intervenção empresarial pública ou, pelo menos, estadual".

mental[1403], sempre teremos de concluir que "sempre que se trate da promoção do desenvolvimento económico-social e da satisfação das necessidades colectivas, o Governo goza de uma competência para «praticar todos os actos e tomar todas as providências necessárias»"[1404]. Parece ser o que resulta dos artigos 80º, alínea. *d*), e 83º, reconhecendo ao legislador ordinário liberdade quanto à determinação dos meios, formas e condições de apropriação de meios de produção e solos[1405]. Em terceiro lugar, porque é a própria Constituição que estabelece a intervenção pública sobre bens que extravasam as típicas falhas de mercado: *vide* exemplificativamente os artigos 38º, nº 5, impondo ao Estado que assegure "a existência e o funcionamento de um serviço público de rádio e televisão"; 63º, nº 5, afirmando que ao Estado cabe apoiar e fiscalizar "a actividade e o funcionamento das instituições particulares de solidariedade social e de outras de reconhecido interesse público sem carácter lucrativo, com vista à prossecução de objectivos de solidariedade social"; 64º, referindo a criação e a manutenção de um serviço nacional de saúde universal e geral e tendencialmente gratuito; 74º, nº 2, alínea *b*), incumbindo o Estado de criar um sistema público de ensino e desenvolver um sistema geral de educação pré-escolar[1406]; e o artigo 75º, nº 1, atribuindo-lhe o encargo de criação de uma rede de estabelecimentos públicos de ensino. E, por último, porque é a consagração constitucional em Portugal de tantos direitos sociais, e sobretudo o reconhecimento para todos do direito à segurança social, à saúde e à educação – pautados ainda por cima por princípios de universalidade, generalidade e gratuitidade – que põe de parte a ideia de um Estado mínimo[1407]. A garantia constitucional dos direitos económicos, sociais e culturais foi, aliás,

---

[1403] No mesmo sentido, para PAULO OTERO, esta apenas "assume a natureza de verdadeiro poder-funcional ou competência" – OTERO, Paulo, 1998, p. 125. No mesmo sentido, FRANCO, A. L. Sousa, e MARTINS, G. Oliveira, 1993, p. 207: "é um mero poder do Estado e de outras entidades públicas". SOUSA FRANCO reafirmou esta ideia no ano lectivo 2002/2003. Para este professor, nesta altura, a iniciativa pública deveria ser encarada ou como um poder funcional ou como uma garantia institucional)

[1404] OTERO, Paulo, 1998, p. 120. Ainda assim este autor – insistindo na tónica da subsidiariedade – defende que esta intervenção é sempre subsidiária da iniciativa económica privada. Ou seja, "só encontram legitimidade perante acções ou omissões das iniciativas económicas não públicas" (*Ibidem*).

[1405] OTERO, Paulo, 1998, p. 152.

[1406] Havendo aqui a imposição da existência de um serviço público, fica arredada a possibilidade de "o Estado criar entidades empresariais ou de participar no capital de entidades privadas" – OTERO, Paulo, 1998, p. 203.

[1407] MIRANDA (tomo IV), 2008, p. 445. Põe de parte até mesmo a ideia de desmantelamento mesmo, porque como veremos mais adiante, a compreensão contemporânea do princípio da dignidade da

tomada logo em 1976 como um primeiro passo para a resolução dos "problemas reais do país real em que vivemos"[1408]. Com a consagração constitucional dos direitos sociais, o Estado assumiu "responsabilidade pela constituição, financiamento e gestão de um ambicioso sistema de valências sociais"[1409], que vai muito para além do Estado mínimo.

Dito isto, fica claro que aos nossos olhos, o Estado não surge constitucionalmente como um mero supridor de falhas de mercado, pois como vimos, a Constituição impõe-lhe também o fornecimento ou a prestação de bens de mérito[1410].

Mesmo hoje, a reflexão sobre o Estado "bem-estar reforçado", que acaba por ser escrutinada pela ONU e invocada nos termos do direito internacional[1411], não pode deixar de nos influenciar na leitura da Constituição. Com efeito, ela não pode deixar de incutir em nós uma perspectiva em que o Estado – pelo lugar privilegiado que ocupa – surge claramente incumbido de tarefas na definição de metas e na promoção das boas condições de vida, na promoção do pleno emprego e na promoção activa dos direitos das mulheres ou do direito ao ambiente. O que é, de resto, confirmado pela dimensão programática dos direitos fundamentais. *Vide* exemplificativamente os artigos 58º, falando da promoção de política de trabalho para todos, de pleno emprego, de igualdade de oportunidades e de formação profissional e técnica e valorização profissional dos trabalhadores; 64º referindo a protecção da infância, da juventude e da velhice, da promoção da cultura física e desportiva, escolar e popular ou da promoção do desenvolvimento de práticas de vida saudável[1412];

---

pessoa humana sempre exigirá que a actuação do Estado vá além das clássicas funções de defesa, segurança, administração geral e manutenção da ordem.

[1408] Pedro Roseta *apud* Vieira, M. B. e Silva, F. C., 2010, p. 128.
[1409] Vieira, M. B. e Silva, F. C., 2010, p. 122.
[1410] Otero, Paulo, 1998, p. 45: "Numa certa perspectiva, quase se pode dizer que a Constituição permite em matéria da actividade económica que o Estado defina as regras do jogo, participe nele directamente, jogando e/ou escolhendo os parceiros e, se necessário, alterando as regras do jogo em proveito da promoção do desenvolvimento económico-social ou da satisfação das necessidades colectivas de um modelo de Estado de bem-estar". Para Otero esta preferência constitucional pela intervenção directa do Estado é um resquício ainda do marxismo que influenciou o texto constitucional português de 1976.
[1411] Por força do artigo 25º da Declaração Universal dos Direitos do Homem e Convenções e das conferências da ONU que estabelecem o princípio do desenvolvimento centrado na pessoa (Convenção dos direitos da criança, Convenção para os DESC, Convenção para os direitos civis e políticos, Convenção para a eliminação de todas as formas de discriminação das mulheres).
[1412] É que a prossecução do *desenvolvimento humano* liga intimamente os problemas ambientais à pobreza – muitos são causados e até mesmo agravados pela situação de extrema vulnerabilidade

o 66º impondo ao Estado a criação e desenvolvimento de zonas de recreio; ou o artigo 72º prescrevendo a promoção pública de políticas de terceira idade que evitem e superem o isolamento ou a marginalização social.

Não obstante admitirmos o fornecimento público de bens de mérito, não poderemos deixar obviamente de considerar que sempre haverá limites à intervenção do Estado, neste domínio. O primeiro de todos é o de que a intervenção do Estado sempre terá de se pautar pelo interesse público[1413]: "O interesse público representa o fundamento, o limite e o critério da actuação económica pública e, consequentemente, da iniciativa económica pública"[1414]. Sendo que este interesse público também tem certos limites: o Estado deve reservar para os seus órgãos certas actividades inerentes à soberania ou ao poder político, porque nesses casos ele beneficia de uma reserva absoluta[1415]; o Estado não poderá assumir a intervenção directa na gestão de empresas[1416]; e o Estado não poderá pôr em causa direitos, liberdades e garantias. No caso da apropriação dos bens de produção há mesmo uma submissão ao princípio da legalidade (artigo 83º da Constituição). O segundo limite há-de reflectir a sujeição aos preceitos constitucionais sobre a organização económica.

---

em que se encontram as pessoas (PNUD, 1991, p. 79); liga intimamente o agravamento da pobreza e da falta de desenvolvimento humano à degradação da condição das mulheres (PNUD, 1998, p. 80. "Many women continue to face substantial disempowerment in the household, evident in data on violence against women. [...] Women are often disempowered in other ways. In many countries women are far less likely and less able to own property and other assets than men are, with negative implications for their absolute and relative status and likelihood of experiencing marital violence. [...] Access to full and decent employment remains a challenge for many women who have to work in insecure, low-paying jobs while bearing a disproportionate burden of unpaid care" – PNUD, 2010, pp. 76 e 77); liga intimamente o direito à água e as condições de saneamento básico aos direitos das mulheres – quando estes não são assegurados fica em causa a possibilidade de estas se ocuparem de outras actividades que não as domésticas, o que põe em causa quer a educação das raparigas, quer o acesso ao local de trabalho às mulheres mais velhas. Quando não existem condições de saneamento básico a dignidade da mulher fica mesmo posta em causa (PNUD, 2006, pp. 6, 10, 23, 31 e ss., 47 e 48).

[1413] OTERO, Paulo, 1998, p. 50. Este autor retira daqui a impossibilidade de o Estado invocar a liberdade de iniciativa pública, mesmo quando actua "usando vestes privadas" – *Ibidem*, p. 123.

[1414] OTERO, Paulo, 1998, p. 124. Recorde-se que para PAULO OTERO a intervenção do Estado só deve ser possível nos casos em que a intervenção privada é insuficiente. A este luz o Estado deve: fornecer recursos e serviços essenciais à comunidade; promover o bem-estar económico; evitar a formação de monopólios – *Ibidem*, pp. 126 e 127. Também SOUSA FRANCO também elenca nos limites à iniciativa privada o interesse geral – FRANCO, A. L. Sousa, 2002/2003.

[1415] *Vide* porém artigos 22º e 55º Decreto-Lei nº 133/2013 admitindo a atribuição de certas actividades a empresas públicas.

[1416] Cfr. artigo 86º, n. 2 da Constituição – a menos que isso seja a título transitório, nos casos expressamente previstos na lei e mediante decisão judicial prévia.

Nos termos da Constituição, o Estado nunca poderá nomeadamente pôr em causa a coexistência dos sectores público, privado e cooperativo (artigo 80º, alínea b), da Constituição) ou esvaziar os direitos de iniciativa e propriedade privadas[1417]. Para além disso – e aqui com particular influência do direito comunitário[1418] – também não poderá atentar contra o funcionamento da economia de mercado e deverá respeitar as regras da concorrência (reconhecidas expressamente pela Constituição desde 1989 – artigos 81º, alínea f), e 99º da Constituição)[1419/1420] e os limites relativos aos monopólios de natureza comercial[1421]. Terá ainda de respeitar o princípio da igualdade de tratamento perante as empresas privadas (proibição de auxílios financeiros[1422]). Tratam-se aqui, pois, de limites que decorrem de uma concepção da economia como "social de mercado aberta e concorrencial"[1423] que a Constituição perfilha. Tendo em conta a qualificação da nossa economia como uma economia de mercado e a evolução constitucional, poderemos dizer também que fica arredada a hipótese de o Estado adoptar uma postura de planificação da economia, a pretexto de escolher as necessidades públicas que devem ser satisfeitas. A configuração constitucional da economia e do modelo de Estado, impedem-no, pois, de definir "objectivos globais e sectoriais e estratégias de comportamento, por eles ditadas, impondo-as mediante o plano imperativo, à generalidade dos sujeitos económicos, ou só aos sujeitos produtivos"[1424].

[1417] Este imperativo de coexistência faz até PAULO OTERO defender que a ideia de "preferência constitucional pela atribuição da gestão de meios de produção públicos a entidades privadas" que retira do princípio da subsidiariedade não possa traduzir-se numa imposição para o legislador, "sob pena da sua utilização excessiva inutilizar a garantia constitucional de existência de um sector público dos meios de produção" – OTERO, Paulo, 1998, p. 68.

[1418] FRANCO, A. L. Sousa, e MARTINS, G. Oliveira, 1993, p. 251: "a integração de Portugal num espaço de livre circulação de pessoas, mercadorias, serviços e capitais, como a Comunidade Europeia, no qual a defesa da concorrência constitui um aspecto fundamental, contribuiu decisivamente para que a defesa da concorrência assumisse uma significativa importância, tanto em termos de constituição formal como de constituição material".

[1419] OTERO, Paulo, 1998, pp. 41 e 46; MANUEL AFONSO VAZ, in MIRANDA, Jorge, e MEDEIROS, Rui, 2007, p. 41; CANOTILHO, J. J. Gomes, e MOREIRA, Vital, 2007 (vol. I), p. 962.

[1420] Nem sequer as empresas do sector público devem ser monopolistas – FRANCO, A. L. Sousa, e MARTINS, G. Oliveira, 1993, pp. 250-215; OTERO, Paulo, 1998, pp. 40 e ss. e 297 e ss.; FERREIRA, Eduardo da Paz, 2001, pp. 212-213.

[1421] OTERO, Paulo, 1998, p. 157.

[1422] SANTOS, António Carlos dos, GONÇALVES, Maria Eduarda e MARQUES, Maria Manuel, 2014, pp. 373 e ss.

[1423] MANUEL AFONSO VAZ in MIRANDA, Jorge, e MEDEIROS, Rui, 2007, p. 33.

[1424] O Estado português assumirá, quando muito, um papel de intervencionismo simples, "respeitando no essencial a liberdade de actuação dos agentes económicos privados" – FRANCO,

Tendo um quadro dos limites ao sector público, não podemos dizer que – para além do conteúdo mínimo para que apontámos – da Constituição resulte uma imagem clara das prestações do Estado. O que significa que, respeitados esses mínimos e limites, o legislador tem margem de manobra para definir este mesmo sector[1425], admitindo-se como o faz MANUEL AFONSO VAZ que o legislador democrático "conserva uma liberdade não despicienda na identificação dos serviços públicos ou actividades que no seu juízo político-democrático, devem ser desenvolvidos por empresas públicas"[1426], o que nos pode, mais uma vez, fazer oscilar entre a adesão a um modelo mais próximo ao proposto por BUCHANAN (ainda que com fortes limitações constitucionais, como vimos,[1427]) e um modelo mais intervencionista[1428]. Mesmo a própria história constitucional mostra esta plasticidade na compreensão da intervenção do Estado. Se é verdade que na primeira fase de vigência da Constituição 1976, assistimos primeiramente ao surgimento de um sector público grande[1429], uma

A. L. Sousa, e MARTINS, G. Oliveira, 1993, p. 221. Talvez seja isto que PAZ FERREIRA queira dizer quando diz que o Sector Empresarial do Estado não se pode afastar daquilo que é o normal entre países de economia capitalista (FERREIRA, Eduardo da Paz, 2001, p. 212).

[1425] Nem PAULO OTERO parece contrariar esta perspectiva, ainda que mostrando – por causa do entendimento que defende sobre o princípio da subsidiariedade – uma preferência por formas jurídico-privadas de organização empresarial pública ou mesmo pela figura das empresas mistas dominadas pelo Estado. Para este autor, há "uma nítida regra de preferência pela participação do Estado em empresas de capitais mistos" (OTERO, Paulo, 1998, p. 208). MANUEL AFONSO VAZ reitera esta perspectiva falando de uma neutralidade quanto às formas de organização empresarial do Estado (MANUEL AFONSO VAZ in MIRANDA, Jorge, e MEDEIROS, Rui, 2006, p. 44).

[1426] MANUEL AFONSO VAZ in MIRANDA, Jorge, e MEDEIROS, Rui, 2006, p. 43.

[1427] Com efeito, é a própria Constituição que fixa limites à iniciativa privada e que subordina o poder económico ao poder político – SANTOS, António Carlos dos, GONÇALVES, Maria Eduarda e MARQUES, Maria Manuel, 2014, p. 45 (ainda que admitam que o texto é suficientemente aberto para se compatibilizar com orientações mais ou menos liberalizantes – *ibidem*, p. 46).

[1428] Significativa do reconhecimento de uma ampla margem de liberdade do legislador para conformar sector público são os Acórdãos do Tribunal Constitucional nºs 25/85 e 444/93, esclarecendo que a Constituição não impõe soluções rígidas na conformação da sua actividade económica.

[1429] Até aí, após um período marcadamente liberal (embora, como vimos, já com preocupações "modernas" de despesa pública), a intervenção do Estado aumentou de 1933 e 1976 (SANTOS, António Carlos dos, GONÇALVES, Maria Eduarda e MARQUES, Maria Manuel, 2014, p. 40: "Entre nós, foi a Constituição de 1933 que pela primeira vez consagrou um princípio explícito de heterorregulação do mercado, visto que todos os textos constitucionais anteriores [...] obedeciam, genericamente, às características das constituições liberais em matéria económica"). À luz da Constituição de 1933, o Estado foi marcado por uma "acentuada, porventura crescente, intervenção político-administrativa regulamentadora ou casuística do Estado" (FRANCO, A. L. Sousa, e MARTINS, G. Oliveira, 1993, p. 244. SANTOS, António Carlos dos, GONÇALVES, Maria Eduarda e MARQUES, Maria Manuel,

vez que o Estado se assumiu como *Estado-empresário*[1430], proibindo mesmo o acesso privado aos sectores básicos da economia[1431], a verdade é que o Estado cada vez mais vai prescindindo desse papel, assumindo-se cada vez mais como *Estado regulador*. Com efeito, sobretudo com as revisões de 1982, 1989 e 1997, o sector público[1432] tem vindo a reduzir-se conformando-se progressivamente aos limites impostos pela liberdade de mercado (livre formação de preços) e

---

2014, p. 40 referindo-se ao modelo da Constituição de 1933, caracterizam-na "pelo reconhecimento da necessidade de intervenção dos poderes públicos com carácter subsidiário e correctivo, pela afirmação de um princípio proteccionista da economia nacional, pela consagração de um modelo de representação orgânica dos interesses [...] e pela acentuada limitação dos direitos dos trabalhadores". Ou seja, como uma constituição antiliberal, de "carácter autoritário e antidemocrático" (*vide ibidem*, pp. 144-146 referindo-se à evolução do sector público empresarial, registando um aumento entre a Constituição de 1933 e redução a partir de 1989)). Este período, foi marcado pela intervenção administrativa nos mercados, por parte do Estado e de outras pessoas colectivas públicas "*maxime* regulando ou fixando preços ("preços administrativos")" – FRANCO, A. L. Sousa, 2002/2003. Esta intervenção iniciou-se já no século XIX restrições aos preços agrícolas desde 1889. *Vide* ainda em 1919 – restrições à liberdade contratual do regime do arrendamento urbano para resolver a crise habitacional nos meios urbanos – FRANCO, A. L. Sousa, e MARTINS, G. Oliveira, 1993, p. 119. Dos anos 50 aos 70 do século XX, o Estado ficou marcado pela "existência de uma progressivamente mais ampla e eficiente instituição planeadora" (referimo-nos aqui aos planos de fomento imperativos para o sector público, mas indicativos para o privado) – FRANCO, A. L. Sousa, e MARTINS, G. Oliveira, 1993, p. 244, sendo que como explicam estes autores isso não tenha impedido que a "revisão constitucional de 1971 consagrasse o princípio da «concorrência efectiva» (artigo 31º, nº 4)". SANTOS, António Carlos dos, GONÇALVES, Maria Eduarda e MARQUES, Maria Manuel, 2014, p. 41: "a tentativa de modernização dos quadros jurídicos da economia, ensaiada a partir de 1968 e timidamente acolhida na revisão constitucional de 1971, não se mostrou suficiente para implantar um modelo diferente de ordem económica [...]", porque dependia de "condições políticas que não estavam então minimamente conseguidas". De 1974 a 1976, o pendor foi estatizante, marcado pela intervenção directa do Estado (nacionalizações) e pela "intervenção reguladora de tipo burocrático" (FRANCO, A. L. Sousa, E MARTINS, G. Oliveira, 1993, p. 244).

[1430] FRANCO, A. L. Sousa, e MARTINS, G. Oliveira, 1993, p. 151: "fixado em função do processo revolucionário genético, objectivo da garantia fixista e congeladora da irreversibilidade das nacionalizações".

[1431] SANTOS, António Carlos dos, GONÇALVES, Maria Eduarda e MARQUES, Maria Manuel, 2014, p. 74. O Estado socialista que se procurava construir estava assente na "apropriação colectiva dos principais meios de produção, solos e recursos naturais" (FRANCO, A. L. Sousa, e MARTINS, G. Oliveira, 1993, p. 159) para que o Estado pudesse assumir a produção de bens e serviços em prol dos trabalhadores

[1432] E o próprio papel do Estado como empresário também se reduziu significativamente nessa altura. Em 1989, foi dado um grande passo no sentido da compressão do sector público ao revogar a irreversibilidade das nacionalizações. E mesmo que a Constituição continuasse a admitir a existência de sectores vedados, "na maioria dos casos, os serviços passaram a poder ser concessionados a entidades privadas, mantendo-se por ora a reserva pública de propriedade" – SANTOS, António Carlos dos, GONÇALVES, Maria Eduarda e MARQUES, Maria Manuel, 2014, p. 74.

pela defesa da concorrência[1433]. O *Estado-empresário* (seja por opção de política interna, seja por razões económico-financeiras) à medida que se reduz tem feito emergir um *Estado-regulador*, tanto com o objectivo de assegurar o cumprimento das regras de concorrência, como para evitar riscos para a saúde pública, ambiente e regras de segurança[1434], evitando a pura e simples sujeição dos agentes económicos – sejam públicos ou privados – às regras do mercado ou às formas de auto-regulação do mesmo (embora como percebemos, pelo que acima ficou exposto, hoje o Estado esteja longe de poder ser reduzido a essa função).

Para além da função de alocação de bens, devemos ainda considerar a recepção constitucional da função de distribuição[1435], a qual nos permitirá até perceber melhor o fornecimento de bens de mérito de que falávamos. Com efeito, só percebendo a política de distribuição e redistribuição de bens por parte do Estado é que compreendemos cabalmente o fornecimento de bens para além daqueles mínimos para que apontámos.

Para prosseguir as tarefas de distribuição de bens, o Estado tem ao seu dispor inúmeros instrumentos[1436]. Com efeito, como procuraremos demonstrar, do texto constitucional e da própria prática jurisprudencial resultam muitos e bons exemplos de despesa pública que resulta apenas do exercício desta função[1437]. A compreensão cabal desta função é a que nos mostra afi-

---

[1433] Sobre a salvaguarda de interesses estratégicos especiais do Estado nas empresas privatizadas – *vide* SANTOS, António Carlos dos, GONÇALVES, Maria Eduarda e MARQUES, Maria Manuel, 2014, pp. 179-180.

[1434] Para uma visão mais clara sobre regulação – *vide* SANTOS, António Carlos dos, GONÇALVES, Maria Eduarda e MARQUES, Maria Manuel, 2014, pp. 207 e ss.

[1435] Sobre a função de distribuição – MUSGRAVE, Richard A., 1959, pp. 17 e ss. Assumindo-a o Estado promove transferências de rendimento de uns grupos para outros. Estas transferências correspondem ou a valores de justiça que a sociedade perfilha ("in our society it is agreed that babies should not go short of milk, that old people should be cared for, that cases of extreme poverty should be taken of, and so forth" – *Ibidem*, p. 18) ou a decisões assumidas segundo o processo democrático (neste caso interferindo o menos possível com o funcionamento eficiente da economia).

[1436] Já SOARES MARTINEZ ensinava que não é só através das despesas públicas que o Estado opera as transformações estruturais. Há outros instrumentos de transformação: "A politica de despesas públicas veio apenas, num ou noutro ponto, completar a acção exercida pelas nacionalizações das «indústrias-chave», pela legislação do trabalho, pela alta progressividade dos impostos, por outros meios ainda" – MARTINEZ, P. Soares, 1967, p. 127.

[1437] Afastamos com isto a perspectiva daqueles que defendem que a redistribuição de riqueza é constitucionalmente levada a cabo exclusivamente pelo sistema fiscal.
A socialidade está hoje intimamente ligada ao problema dos impostos. Como explica CRISTINA PAUNER CHULVI, "a chegada do Estado social e democrático deu um conteúdo solidário ao dever de contribuir para a sustentação das despesas públicas, ao colocá-lo como instrumento ao serviço da

política social e económica do Estado redistribuidor" – CHULVI, C. Pauner, 2001, p. 70 (para esta Autora, com a ideia da solidariedade dá ao dever de sustento da despesa pública um valor "quase ético" – *ibidem*, p. 73). O reconhecimento do Estado social traz associada uma ideia de solidariedade que exige que o "sacrifício dos interesses dos mais favorecidos em face aos mais desamparados", como o reconhece o Tribunal Constitucional espanhol (Sentencia 134/1987, de 21 de Julho *apud* CHULVI, C. Pauner, 2001, p. 70. Este Tribunal chega mesmo a reconhecer que o conteúdo mais importante do princípio da solidariedade é o financeiro – Sentencia 135/1992, de 5 de Outubro. Os impostos que são cobrados servem não mais para cobrir exclusivamente as necessidades do Estado (Estado liberal), mas também para que o Estado dê impulso, organize e coordene a actividade económica e para que corrija as desigualdades (Estado social = Estado distribuidor) – CHULVI, C. Pauner, 2001, p. 88.

Em Portugal, esta questão veio ao de cima a propósito da lei das propinas, no que tocava a saber em que medida é que o Estado prosseguiria os seus fins de (re)distribuição de riqueza. Na discussão que ela gerou opuseram-se duas perspectivas distintas. Por um lado, a que defendia que esta distribuição se deveria operar exclusivamente pela via fiscal. E, por outro, a que sustentava que a redistribuição deveria ser feita sobretudo pela via dos direitos fundamentais e da despesa pública. De acordo com a primeira perspectiva, o pagamento de propinas operaria como "uma segunda redistribuição", transformando "perniciosamente as propinas em impostos, pela necessidade de os mais ricos pagarem mais do que os mais pobres pelo mesmo serviço" (por isso, para BACELAR GOUVEIA, o pagamento de propinas com esta finalidade não poderia ser acolhido no plano da justiça fiscal – GOUVEIA, J. Bacelar, 1995, p. 269). Esta questão continua a colocar-se tendo em conta o agravamento das condições de acesso a muitos serviços públicos – nomeadamente com o aumento das propinas (CERDEIRA, Luísa, 2009 (b), p. 42. *Vide* também pp. 50 e 51, referindo-se aqui a autora à tendência verificada no sentido de o Orçamento do Estado ir reduzindo a sua contribuição para o financiamento das instituições públicas de ensino superior) ou das taxas moderadores do serviço nacional de saúde – com a chamada "partilha de custos" (*cost-sharing*) – CERDEIRA, Luísa, 2009 (b), p. 68 – LUÍSA CERDEIRA, a este propósito, chama a atenção para o facto de o processo de Bolonha dever ser enquadrado neste movimento de partilha de custos, falando mesmo criticamente numa sobreposição dos interesses da economia sobre os da educação, transferindo para os estudantes e suas famílias o total financiamento da obtenção do 2º e 3º ciclos do ensino superior *Vide* também HÄBERLE, Peter, 2006, p. 105: afirmando que o processo de Bolonha se encontra "sob o signo de um pensamento economicista de eficiência", vendo nisso uma ameaça à pluralidade da ciência jurídica europeia.

Não temos dúvidas em afirmar que a função de distribuição é assegurada também pelo lado da despesa, até porque temos em conta que as *transferências* são uma importante componente da despesa pública, correspondente a prestações unilaterais do Estado dirigidas a outro ente económico (público ou privado), sem que se verifique qualquer contraprestação por parte deste último. Em termos de componentes de despesa, é de assinalar, justamente, que as transferências correntes (que abrangem o financiamento das Administrações Públicas, das Administrações Privadas, das Famílias e do exterior) e as despesas de pessoal (ordenados e salários e contribuições sociais dos empregadores) são as que assumem proeminência em face às demais (fonte: PORDATA).

Interessante é também assinalar que ao longo destes 35 anos, na origem da ampliação das despesas públicas – sobretudo as correntes – está sobretudo o aumento das transferências correntes, reflexo do aumento das prestações sociais, e das despesas de pessoal, embora se reconheça que houve um acréscimo em relação a todas as despesas em geral. O aumento das prestações sociais nos últimos 35 anos deveu-se ao facto de, antes do 25 de Abril, se registar um atraso no plano dos gastos sociais.

nal qual o lugar que a despesa pública justa ocupa no seio da Constituição. Para as compreendermos, trataremos de compreender a despesa pública que resulta do enunciado dos direitos fundamentais.

O mesmo se pode dizer das despesas de capital: o atraso infra-estrutural que tínhamos em 1974 foi compensado com o incremento das despesas de capital registado – com algumas oscilações – até ao fim dos anos 90 – *vide* CARREIRA, H. Medina, 2001, p. 12. O aumento das prestações sociais também não pode ser compreendido sem ter em conta o envelhecimento da população, que incrementou as pensões de reforma e as despesas com cuidados de saúde – PEREIRA, P. Trigo, AFONSO, António, ARCANJO, Manuela e SANTOS, J. C. Gomes, 2005, p. 169.
Assumindo esta função de distribuição, o Estado apresenta-se como alguém que quer interferir com a criação da riqueza e que pretende mesmo ir para além daquilo que é conseguido pela despesa privada: a despesa pública poderá operar transferências de riqueza entre grupos sociais (MARTINEZ, P. Soares, 1967, p. 32) (BOUVIER, ESCLASSAN E LASSALE referem como despesas de transferência as despesas que correspondem à participação do Estado no sistema de segurança social (corresponde portanto àquilo a que o regime contributivo não consegue responder); as que correspondem a ajudas ao sector económico (agricultura, subvenções de funcionamento ou de compensação dirigidas às empresas públicas deficitárias, prémios ou subvenções dadas pelo Estado a empresas privadas como parte de uma política de incentivos); as que correspondem ao sector local (subvenções a colectividades descentralizadas); as que correspondem ao sector educativo e cultural (ajudas aos estabelecimentos de ensino privados, ajudas à criação artística); as que correspondem no sector exterior às ajudas aos países em vias de desenvolvimento e contribuições para organizações internacionais, incluindo a União Europeia – BOUVIER, M., ESCLASSAN, M. C. e LASSALE, J. P., 2008, pp. 59 e 60), gerando ela própria nova riqueza. *Vide* MUSGRAVE chamando desde logo a atenção para que esta finalidade de aumento da riqueza poder sair gorada, pelo que aconselha que se sopesem as vantagens e os custos dessa alteração de distribuição – MUSGRAVE, Richard A., 1959, p. 20.
As despesas que correspondem a *transferências* podem ser dirigidas para o sector público, para o sector privado ou ainda para o exterior. Entre as transferências para o sector público, estão incluídas as que são feitas para as *administrações públicas*: fundos e serviços autónomos, administração local, Segurança Social e Regiões Autónomas. Entre as transferências para o sector privado compreendem-se as feitas para o que no Orçamento do Estado é designado por *administrações privadas* – Associações de beneficência; associações de futebol; associações de socorros mútuos; Automóvel Clube de Portugal; clubes vários; Confraria de S. Vicente de Paulo; Cruz Vermelha; Federações desportivas; Fundação Calouste Gulbenkian e outras fundações; Instituições particulares de ensino e de investigação, organizações religiosas, sindicatos (MONTEIRO, José Augusto, 1999, p. 103) – e as feitas às famílias (*Ibidem*, pp. 73 e 74). Consideram-se como transferências para o exterior as que correspondem a contribuições para a União Europeia e outras transferências para o exterior (países terceiros e organizações internacionais). As transferências abrangem também os subsídios (subvenções ou indemnizações compensatórias) para unidades do sector empresarial de capital público para compensar défices de exploração tendo em conta a oferta de bens e serviços abaixo dos custos de produção. "Estão neste caso, os apoios financeiros à CP (subvenção de equilíbrio pela obrigação de explorar os caminhos de ferro e de praticar preços sociais), as compensações financeiras a empresas de transportes, as indemnizações compensatórias à RTP, RDP e TAP face ao serviço público que prestam aos cidadãos nas respectivas áreas" – *Ibidem*, 1999, p. 117.
No âmbito das *transferências* são de considerar tanto as transferências correntes – que visam o financiamento das despesas de consumo da entidade recebedora – quanto as transferências de

4.3. A enunciação dos direitos fundamentais na Constituição como suporte de uma perspectiva material de despesa pública

Normas determináveis e indetermináveis e reserva do possível: dois conceitos que a dogmática jurídico-constitucional usa para falar sobre a despesa que resulta das normas de direitos fundamentais

Não temos dúvidas em dizer que a função de distribuição é objecto de reconhecimento e tratamento constitucional, atendendo, quer às origens socializantes da Constituição, quer à ideia de solidariedade que tem vindo a ser absorvida pelo texto constitucional[1438]. Trata-se aqui do reconhecimento daquela ideia que MICHAEL WALZER tão bem expressa: "o mercado tem sido, através da história, um dos mais importantes mecanismos de distribuição de bens sociais; contudo nunca foi, e está muito longe de o ser ainda hoje, um sistema distributivo completo"[1439].

Para a explicitação dos deveres de despesa nesta perspectiva de cumprimento da função de distribuição do Estado, partiremos das normas de direitos fundamentais. Na análise deste tema – com particular incidência sobre

---

capital – que visam o financiamento de despesas de capital da entidade recebedora, por ex. para financiamento da formação bruta de capital, para aquisição de activos de capital, para compensação de danos, para aumento do capital financeiro ou para amortização de empréstimos –, embora não possamos deixar de considerar estas últimas também como despesas de investimento.
A detecção das *transferências* no âmbito da despesa pública é importante nomeadamente na conversão da execução orçamental para óptica da contabilidade nacional, pois "torna-se necessário conhecer os sectores e subsectores institucionais de onde provêm e para onde vão as importâncias transferidas, visando a sua anulação ou compensação através da operação designada por 'consolidação entre sectores ou subsectores institucionais' para evitar a duplicação de valores" – *Ibidem*, 1999, p. 117.

[1438] Da transição para o socialismo até à solidariedade de hoje nota-se uma grande evolução, sobretudo ao nível da generalização da ideia de promoção de bem-estar. Há quem fale hoje de um "Estado-repartidor" (ROGÉRIO SOARES) ou até mesmo de um "Estado-Zorro" (PAULO OTERO) – OTERO, Paulo, 1998, p. 14. PAULO OTERO fala de três vertentes deste bem-estar, promovido pelo Estado: "efectivações de condições sociais e económicas que permitam uma progressiva melhoria da qualidade de vida (material) das pessoas"; "criação e efectivação de condições políticas, culturais e ambientais tendentes ao pleno desenvolvimento da pessoa"; e consideração de uma perspectiva temporal de qualidade de vida, limitando o Estado na medida em que não lhe fá o poder de "fazer precludir a intervenção das gerações futuras" (*Ibidem*, pp. 14-15).
Hoje, a promoção da solidariedade é feita através da redistribuição de rendimentos: "proporcionar o aumento de bem-estar social e económico e a melhoria da qualidade de vida, em especial das classes mais desfavorecidas; operar correcções das desigualdades na distribuição de riqueza e do rendimento; eliminar progressivamente as diferenças económicas e sociais entre a cidade e o campo (artigo 81º, alíneas *a*), *b*) e *d*))" – SANTOS, António Carlos dos, GONÇALVES, Maria Eduarda e MARQUES, Maria Manuel, 2014, p. 77.
[1439] WALZER, Michael, 1999, p. 22.

a despesa pública – a dogmática jurídico-constitucional destaca duas ideias fundamentais. São elas, a contraposição entre normas *determináveis* e *indetermináveis* e a *reserva do financeiramente possível*. A associação destes dois conceitos permite-nos desde logo extrair alguns deveres de despesa, fixando ao mesmo tempo a linha de separação entre os poderes do legislador e do juiz na sua missão de controlo.

Vejamos como.

Partindo da distinção entre as normas *determináveis* e *indetermináveis* vamos de imediato ao encontro das normas que por si só contém deveres de despesa retiráveis directamente a partir da Constituição. Das primeiras extrair-se-iam directamente deveres de despesa e das outras apenas por intermediação legislativa.

A *determinidade* representa uma completude preceptivo-estrutural apresentada pela norma de direitos fundamentais[1440], sendo possível a partir daí retirar-se directamente deveres de despesa. Da *determinidade* parte a ideia de reserva da Constituição: "os preceitos constitucionais fornecem autonomamente todos os elementos e critérios necessários e suficientes para a sua aplicação directa como norma constitucional. A *determinidade* é assim o critério de existência de uma «reserva de conteúdo constitucional» que faz com que a norma se ofereça à aplicação directa *ex vi constitutionis*"[1441].

A *determinidade* ou *determinabilidade*[1442] está intimamente associada com a aplicabilidade directa das normas. E é a completude da norma constitucional, em termos de conteúdo, (ou seja, o facto de a Constituição ter dito tudo, não deixando ou deixando pouco espaço[1443] para a intervenção legislativa) que permite a invocação directa de certos direitos e, por conseguinte, também de certa despesa pública logo a partir do texto da Lei Fundamental, sem

---

[1440] VAZ, Manuel Afonso, 1992, pp. 373 e ss. e VAZ, Manuel Afonso, 1998, p. 437.

[1441] VAZ, Manuel Afonso, 1998, p. 437.

[1442] REIS NOVAIS e VIEIRA DE ANDRADE fazem a mesma associação, mas preferindo o termo *determinabilidade* do conteúdo do direito fundamental – NOVAIS, J. Reis, 2003, p. 148: "[...] definimos os direitos de liberdade, em confronto com os direitos sociais, como direitos que constituem na esfera jurídica do titular um espaço de autodeterminação através da garantia constitucional de um conteúdo juridicamente determinável de acesso ou fruição de um bem de direito fundamental". *Vide* também ANDRADE, J. C. Vieira de, 2012, p. 176: "Daqui [artigo 18º] [...] se pode partir para a afirmação de que, ao estabelecer dois regimes diferentes para os direitos fundamentais, a Constituição pressupõe dois tipos de direitos: aqueles cujo conteúdo principal é essencialmente determinado ou determinável ao nível das opções constitucionais e aqueles outros cujo conteúdo principal terá de ser, em maior ou menor medida, determinado por opções do legislador ordinário, aos qual a Constituição confere poderes de determinação ou concretização".

[1443] Abrimos esta hipótese pelo facto de existirem normas preceptivas não exequíveis por si mesmas.

necessidade de recorrer a uma lei intermédia. AFONSO VAZ, REIS NOVAIS e VIEIRA DE ANDRADE identificam até a aplicabilidade directa ou a preceptividade das normas com a *determinabilidade* constitucional do direito em causa[1444]. Nas normas dotadas de *determinabilidade* não seria a lei a definir o direito, uma vez que este já estaria definido pela Constituição[1445].

Pelo contrário, as normas cujo conteúdo não seja dotado desta *determinidade* ou *determinabilidade* não fazem parte da reserva de Constituição atrás referida. Como tal, o conteúdo do direito nelas referido fica, por isso, mais exposto a intervenções político-legislativas. Com efeito, essas normas conteriam um mandato legislativo no sentido da definição do direito que na norma se contempla. Sai-se da esfera da Constituição, para entrar na esfera da liberdade legislativa[1446]. Aqui, "[...] a intervenção da lei tem um sentido expansivo, ou seja, ao legislador cabe definir, ir definindo, a medida do direito por ele juridicamente assegurado [...] em ordem àquele objectivo que é, na estrutura da norma constitucional [...], a própria afirmação constitucional do direito"[1447]. Estas normas constitucionais não podem ser invocadas por si só, na medida em que não são, elas próprias, definidoras de direitos. Note-se que, em relação a estas normas, nem mesmo a falta de intervenção legislativa conformadora conta com qualquer sanção jurídica. Vejam-se os Acórdãos do Tribunal Constitucional referindo-se, por exemplo, ao artigo 65º da Constituição da República Portuguesa como um "direito cujo conteúdo não pode ser determinado ao nível das opções constitucionais, antes pressupõe uma tarefa de concretização e de mediação do legislador ordinário". Para o Tribunal Constitucional, "ele [o direito] só surge depois de uma *interpositio* do legislador, destinada a concretizar o seu conteúdo, o que significa que o cidadão só poderá exigir o seu cumprimento, nas condições e termos definidos pela lei"[1448]. Claro que isto não significa que uma vez concretizadas não possam implicar despesa obrigatória. No entanto, como já percebemos pelo que acima dissemos sobre a vinculação do legislador orçamental às leis anteriores, poderá ainda assim haver espaço para alterações a esses gastos impostos por lei (esta afir-

---

[1444] NOVAIS, J. Reis, 2003, p. 149, ANDRADE, J. C. Vieira de, 2012, p. 198.
[1445] "O grau de conformação legislativa é variável consoante o carácter mais ou menos determinado ou determinável da imposição constitucional respectiva, pelo que o legislador fica sempre vinculado às directrizes materiais que resultem expressamente ou por via interpretativa das normas que imponham, neste domínio, tarefas específicas" – Acórdão do Tribunal Constitucional nº 221/09.
[1446] VAZ, Manuel Afonso, 1992, p. 375.
[1447] VAZ, Manuel Afonso, 1998, p. 443.
[1448] Também neste sentido *vide*, por exemplo, os Acórdãos do Tribunal Constitucional nºs 406/2007, 143/2007, 24/00, 333/99, 130/92, 131/92 e 101/92.

mação deve ser entendida tendo em conta que a alteração das leis que conferem direitos está sujeita a limites, nomeadamente, a protecção da confiança).

As normas dotadas de *determinidade* ou *determinabilidade* associam-se às que correspondem aos direitos, liberdades e garantias. As que não têm essas características associam-se aos direitos económicos, sociais e culturais. Seja como for, esta associação tem um carácter meramente tendencial. Como explica MANUEL AFONSO VAZ – e que, de resto, não pode deixar de resultar da interpretação do artigo 17º da Constituição – , não se exclui que a *determinidade* constitucional do conteúdo dos direitos se aplique a normas que a Constituição classifica como direitos sociais[1449]. Dá como exemplos, o carácter universal, obrigatório e gratuito do ensino básico[1450] e o carácter nacional, universal e gratuito do serviço nacional de saúde e a proibição do trabalho de menores[1451]. Estes, apesar de estarem integrados em normas cujo conteúdo é *indeterminado*, devem ser considerados como vinculativos, por força da Constituição, e não de uma qualquer lei que a complete nesta matéria. Também no mesmo sentido de olhar para esta correspondência de um modo tendencial, temos REIS NOVAIS, quando chama a atenção para que o intérprete da norma jusfundamental deve aferir da *determinabilidade* do conteúdo do direito, de forma a aplicar-lhe o regime de protecção qualificada do artigo 18º[1452]. Ou seja, não deve ser a qualificação dada pela Constituição que deve ser determinante, não se abstendo o intérprete de questionar a *determinabilidade* que parece subentendida da aplicabilidade directa das normas dos direitos, liberdades e garantias.

Porém, ainda que meramente tendencial, desta associação de conceitos resultam consequências que se fazem sentir, não só no que toca à relação que deve estabelecer entre esses direitos e a lei, mas também no que toca à concepção de despesa pública que parece derivar de cada um desses conjuntos de direitos. Quanto aos direitos, liberdades e garantias, entende-se que a *determinidade* que lhes está subjacente faz com que as leis que se lhes refi-

---

[1449] VAZ, Manuel Afonso, 1998, pp. 435 e 436. Para este autor, nada impede os direitos económicos, sociais e culturais "se afirmem ou venham a afirmar, com suficiente determinação constitucional e, nessa medida, se acolham à reserva material de constituição".

[1450] *Vide* COUTINHO, L. Pereira, 2012, p. 80, admitindo porém que a concretização disto mesmo – "número de anos de escolaridade, número de alunos por turma" – dependa de uma avaliação prognóstica de condições económicas e financeiras existentes em cada momento.

[1451] VAZ, Manuel Afonso, 1992, pp. 379 e 380 e VAZ, Manuel Afonso, 1998, p. 445.

[1452] REIS NOVAIS faz esta nota opondo-se ao entendimento de AFONSO VAZ quando este diz que não é por ser determinável que uma norma é directamente aplicável, mas é pelo facto de ser directamente aplicável que a norma é determinável (NOVAIS, J. Reis, 2003, *vide* nota 259, p. 150).

ram sejam olhadas com alguma desconfiança. Se o papel da lei aqui não é o de definir o direito, ela apenas servirá para dar corpo a restrições. Restrições estas que podem e devem ser escrutinadas tomando como base a Constituição. É daqui que parte a ideia de um regime diferenciado entre direitos, liberdades e garantias e direitos sociais. Pelo contrário, a *indeterminidade* ou *indeterminabilidade* dos direitos económicos, sociais e culturais faz com que se olhe para as leis ordinárias que lhes estão associadas com outros olhos. Estas não devem ser encaradas como possíveis normas restritivas, mas como verdadeiras definições do direito. Há quem se refira aos direitos sociais como direitos sob reserva (condição) de lei, já que a medida de apropriação jurídica do direito só se determina na lei[1453]. O enunciado constitucional destes direitos permite, pois, que se forme um juízo de alternatividade. Ou seja, estes não consentem apenas um meio único para satisfazer o seu fim, mas inúmeros meios alternativos que o servem[1454].

Desta diferença de enunciados resultaria uma concepção de despesa pública para cada um dos conjuntos de normas. Da *determinidade* constitucional extrai-se a ideia de que os direitos cujos elementos já estão definidos pela Constituição geram para o decisor orçamental o dever de inscrição orçamental da despesa pública que a sua realização implique. Da *indeterminidade* ou *indeterminabilidade* dos direitos e do espaço que esta abre à intervenção legislativa resulta a necessidade de um confronto destes com a realidade orçamental[1455]. O legislador vai concretizando os direitos na medida do que vai sendo possível.

Associada a esta dicotomia – sobretudo ao conceito de normas *indetermináveis* –, não podemos deixar de referir o tema da *reserva do financeiramente possível*, na medida em que o mesmo permite compreender um pouco melhor os deveres de despesa – surgidos sobretudo no campo dos direitos sociais – que deveriam ter tradução orçamental.

A este propósito, recordamos que a *reserva do financeiramente possível* é um conceito nascido da jurisprudência do Tribunal Constitucional federal alemão.

[1453] VAZ, Manuel Afonso, 1992, p. 373.
[1454] ALEXY, Robert, 2009, p. 54.
[1455] ANDRADE, J. Vieira de, 2012, p. 368: "A não inclusão dos preceitos relativos aos «direitos económicos, sociais e culturais» no regime de aplicabilidade imediata dos direitos, liberdades e garantias, a limitação dos casos de inconstitucionalidade por omissão ao incumprimento de imposições legiferantes concretas (com exclusão das normas programáticas) e, indirectamente, o próprio carácter de mera notificação em que se concretiza o juízo de censura da inconstitucionalidade por omissão provam o reconhecimento constitucional de um *poder de conformação autónoma* do legislador que, não sendo livre, está por vezes escassamente vinculado pelas directivas materiais da Constituição).

Tal como definido pelo *Bundesverfassungsgericht*, a *reserva do financeiramente possível* obriga a um reconhecimento da limitação dos recursos na concretização de direitos a prestações a exigir do Estado. Perante esta limitação, o *Bundesverfassungsgericht* esclarece que ao nível dos direitos fundamentais, ancorados na cláusula do Estado social, só se podiam fazer valer contra o Estado prestações que razoavelmente pudessem dele ser exigidas[1456]/[1457]. Corresponde portanto esta reserva a uma ideia de que em cada momento o Estado – atendendo às suas possibilidades – tem um limite máximo, o qual não pode transcender, no que toca à concretização dos direitos sociais[1458]. Para lá deste limite máximo, intervém uma regra de razoabilidade que conduz à denegação das pretensões que nele se fundem. Só se pode exigir aquilo que é razoável esperar da sociedade. Introduz-se assim, por força desse conceito, uma certa concepção de igualdade que impede uma interpretação que conduza ao absurdo a aplicação dos direitos sociais: uma aplicação ultra-extensiva de igualdade, sem consideração dos recursos disponíveis[1459].

Nestes termos, a consideração da *reserva do financeiramente possível* permite-nos completar o que há pouco dizíamos sobre as normas *indetermináveis* (que já vimos estão indissociavelmente ligadas aos direitos sociais) e sobre o modo de encarar a despesa pública que delas deriva.

Subjazendo a *reserva do possível* e a escassez de recursos aos direitos cujo conteúdo não é passível de ser *determinado* a partir do texto constitucional,

---

[1456] "Auch soweit Teilhaberechte nicht von vornherein auf das jeweils Vorhandene beschränkt sind, stehen sie doch unter dem Vorbehalt des Möglichen im Sinne dessen, was der Einzelne vernunftigerweise von der Gesellschaft beanspruchen kann" – BVerfGE 33, 303 (333). Sobre esta decisão *vide* nomeadamente ALEXY, Robert, 1997, pp. 494 e ss. e SARLET, Ingo, 2009, p. 309.

[1457] À decisão *Numerus Clausus I* seguiram-se outras por parte do Tribunal Constitucional alemão reafirmando a reserva do possível: *Hochschul Urteil* (BVerfGE 35, 79) e *Numerus Clausus II* (BVerfGE 43, 291) – SGARBOSSA, Fernando, 2009, pp. 79 e ss.

[1458] Por que razão se associam os direitos sociais à reserva do financeiramente possível? A razão que está por detrás disto prende-se obviamente com a escassez de recursos, mas também com a ideia que se desenvolveu de Estado social, responsável pelo bem-estar da sociedade. Bem-estar este que vai muito para além da previsão de gastos públicos para manutenção das necessidades básicas do seu povo, promovendo antes uma política orçamental de bem-estar que garanta a todos uma "vida decente" e que é por isso muitíssimo dispendiosa (FABRE, Cécile, 2000, ponto 1.2, em especial onde defende que "if people's needs for income, housing, education and health care are not met, they cannot be autonomous and they cannot be autonomous and they therefore cannot be the kind of person who leads a decent life" – FABRE, Cécile, 2000, na conclusão da secção 1.3.1).

[1459] Quando esgotados os recursos disponíveis (naquele caso as vagas) não seria razoavelmente possível defender a continuação da admissão de candidatos. A igualdade é, de acordo com este entendimento, aferida pela análise do procedimento estabelecido tendo em vista a concretização do direito.

elas fazem com que a decisão última no que toca à sua concretização seja atribuída exclusivamente ao poder político, reduzindo-a no fundo a uma decisão orçamental. Subtrai-se assim poder ao juiz, no que toca ao controlo, já que este não tem poder de decisão orçamental[1460]. Nestes casos, os direitos só seriam invocáveis na medida da previsão legal e da previsão orçamental[1461] (exemplos típicos disto seriam os direitos sociais à habitação e à saúde, que não poderiam ser invocados se o legislador ordinário não se decidisse pela previsão prévia de despesa pública concretizadora dos mesmos)[1462]. A *reserva do possível* – confirmando a natureza política da decisão de despesa – impede, assim, o juiz de procurar adiantar-se ao legislador e ao decisor orçamental. O direito não existe enquanto não for conformado pelo legislador e orçamentalmente cabimentado[1463].

Perante a *reserva do financeiramente possível*, assim entendida, o poder judicial fica, pois, limitado na sua acção por força do princípio da separação de poderes. Com efeito, a *reserva do financeiramente possível* veda-lhe a definição de prioridades e a definição óptima de recursos e até mesmo a definição do *quando*, do *modo* e do *quanto* no que toca à realização do direito. Quando confrontado com esta mesma reserva, o juiz fica mesmo impedido de apontar para o nível máximo da realização de uma norma que não está dotada de *determinidade* constitucional (pois só perante uma norma dotada de *determinidade* se

---

[1460] "Não fixando a Constituição quaisquer directivas de orientação quanto às prioridades dentro do domínio da realização dos direitos sociais, essa é uma área que cai na margem de livre e exclusiva decisão do legislador democrático. Só na medida em que a própria norma constitucional já determina o conteúdo do direito e delimita precisamente o acesso do particular ao bem protegido é que as decisões políticas do legislador democrático estão sujeitas a um controlo judicial pleno" – NOVAIS, J. Reis, 2010, p. 139, nota 228.

[1461] No mesmo sentido, criticando a actuação dos tribunais em que estes, diz REIS NOVAIS: "mesmo na ausência da correspondente dotação orçamental, se consideram legitimados a impor coactivamente à administração e ao legislador que aprova o orçamento a concessão individual de prestações baseadas na titularidade de direitos sociais" (NOVAIS, J. Reis, 2010, p. 26). E continua "é que o desvio forçado de verbas não negligenciáveis para atender às imposições judiciais concretas pode pôr em causa e forçar mesmo a inflexão significativa ou o retrocesso nas políticas (...) que haviam sigo globalmente programadas e planificadas (...)" (*Ibidem*, p. 27).

[1462] "(...) A reserva do possível marca, condiciona o próprio direito, desde a sua origem e consagração constitucional, o que significa que, no caso concreto, só há violação do meu direito ao trabalho ou à habitação se o Estado tiver condições financeiras de o garantir ou de garantir alguma compensação e não o fizer" – NOVAIS, J. Reis, 2010, p. 100.

[1463] Ora isto é diferente do que acontece com os direitos dotados de *determinidade* constitucional: eles pré-existem em relação à intervenção do legislador (mesmo que não se consigam fazer valer). Nestes casos, a intervenção serve apenas para os tornar efectivos, para definição dos meios pelos quais eles se efectivam e que podem em concreto à sua luz ser reclamados.

podem controlar as restrições apontando para o máximo da sua realização). O espaço político-legislativo de liberdade concedido pela Constituição na concretização das normas *indetermináveis*, à luz desta reserva, é tal que, na maior parte dos casos, dispensa até uma concreta prova de impossibilidade de acção por parte do decisor orçamental, bastando-se neste caso o controlo judicial com a alegação da possibilidade da insusceptibilidade de realização da obrigação[1464]. Ou seja, basta aqui, em princípio, a alegação de uma escassez jurídica. O tribunal queda-se paralisado perante essa alegação, uma vez que pela falta de poderes de decisão orçamental não é a ele que cabe a alocação dos recursos disponíveis nem a definição das prioridades a que devem ser afectos.

Note-se porém que, ao contrário do que se poderia pensar, a *reserva do possível* não tem como efeito a ineficácia dos direitos contra os quais é invocada, como, de resto, é esclarecido pelo Tribunal Constitucional alemão[1465], a este propósito. Nem tem sequer como efeito tornar impossível, em absoluto, a fiscalização da constitucionalidade das normas de concretização desse direito. Por um lado, porque o direito não depende, no seu valor normativo, do maior ou menor grau das suas possibilidades de realização. Como explica ALEXY, a *reserva do possível* tem como efeito a expressão da necessidade de ponderação dos direitos em causa: "a ponderação não conduz a um direito definitivo de cada indivíduo a ser admitido no curso da sua eleição mas, em todo o caso, a um direito definitivo a um procedimento de selecção que lhe concede uma oportunidade suficiente"[1466].

Por outro, porque a *reserva do possível* não impossibilita completamente a fiscalização judicial da actividade legislativa no domínio dos direitos sociais. Com efeito, não obstante o elemento político da decisão orçamental ser aqui preponderante, é de notar que o controlo judicial das decisões de despesa não está totalmente coarctado. Há casos em que a *reserva do financeiramente possível* é inoperante[1467].

[1464] Problema da suspensão dos direitos sociais em caso de problemas económicos ou financeiros – JORGE MIRANDA negava, em princípio, a sua possibilidade (por falta de artigo simétrico ao 19º em relação aos direitos sociais). E negava-a peremptoriamente em caso de "qualquer vicissitude do ciclo económico, sob pena de subverter a função de garantia dos direitos económicos, sociais e culturais" – MIRANDA, Jorge, 2000, p. 394. Hoje aceita-a apenas de forma mitigada nos casos de vigência do estado de sítio ou de emergência ou até mesmo depois do regresso à normalidade até que sejam repostas as condições normais dos mecanismos económicos e dos serviços administrativos, mas em determinadas condições – MIRANDA, Jorge, 2012, pp. 495 e 496.
[1465] BverfGE, 43, 291 (315) (Numerus Clausus II).
[1466] ALEXY, Robert, 1997, p. 498.
[1467] O Tribunal Constitucional tem entendido que a aplicação dos direitos sociais supõe a existência de alguns mecanismos legais que os concretizem, embora ele não possa – por força da indetermina-

A reserva será inoperante, por exemplo, quando a norma constitucional *indeterminada* que se aplica se refere a uma situação em que os particulares assegurem o acesso ao bem referido através de meios próprios. Neste caso, o juiz deve poder controlar a intervenção do Estado que seja lesiva do acesso a esse bem, afastando a reserva do possível que possa ser invocada[1468].

Para além disso, o juiz também poderá sempre fazer controlo de inconstitucionalidades inadmissíveis[1469]. Como explica JORGE MIRANDA, com a *reserva do financeiramente possível* "não pode ser obliterado o princípio da proporcionalidade *lato sensu*, aferido por padrões de justiça social, solidariedade e «igualdade real entre os Portugueses» [artigo 9º, al. *d)*, da Constituição]; e aos tribunais em geral e ao Tribunal Constitucional em especial competirá descobrir eventuais inconstitucionalidades"[1470]. Inserindo a proporcionalidade no princípio da proibição do excesso, para REIS NOVAIS[1471] o princípio da repartição de Estado de direito deve mesmo ser entendido "não na visão redutora de um liberalismo [...], mas numa concepção garantista da liberdade individual e dos direitos vinculada ao princípio da protecção e promoção da

---

ção constitucional – precisar quais são eles em concreto (*vide* Acórdão do Tribunal Constitucional nº 590/2004 sobre a revogação do crédito bonificado: neste Acórdão, o Tribunal Constitucional pronunciou-se no sentido não da manutenção de um concreto regime de promoção de aquisição de casa própria, mas apenas da necessidade de a lei consagrar alguns mecanismos com o mesmo fim "independentemente da sua configuração"). Ao defender, isto, afasta a admissibilidade, pelo menos, da anulação dos meios concretizadores desse direito já existentes.

[1468] NOVAIS, J. Reis, 2010, p. 290: "Se alguém já assegura, pelos seus próprios meios, o seu acesso e o da sua família aos cuidados de saúde, à habitação, à educação ou ao trabalho tem, pelo menos, um direito negativo que o Estado não afecte nem impeça as suas possibilidades de acesso a tais bens".

[1469] Não será também por força da reserva do financeiramente possível que o Tribunal Constitucional fica impedido de determinar um nível em que a omissão do Estado em relação a uma norma constitucional se torna inadmissível. Embora aqui não consiga ir mais além dessa declaração, pois a última palavra será sempre do legislador.

[1470] MIRANDA, Jorge, 2012 p. 495.

[1471] Segundo ensina REIS NOVAIS, a proporcionalidade é como composta pelos três subprincípios: idoneidade, necessidade e proporcionalidade em sentido restrito ou como parte integrante do princípio mais abrangente da proibição do excesso. "Na sua utilização mais comum, ao princípio da idoneidade é atribuído o sentido de exigir que as medidas restritivas em causa sejam aptas a realizar o fim visado com a restrição ou contribuam para o alcançar; ao princípio da indispensabilidade ou da necessidade, o sentido de que, de todos os meios idóneos disponíveis e igualmente aptos a prosseguir o fim visado com a restrição, se deve escolher o meio que produza efeitos menos restritivos; por sua vez, a proporcionalidade em sentido restrito respeitaria a justa medida ou relação de adequação entre os bens e interesses em colisão ou, mais especificamente, entre o sacrifício impostos pela restrição e o benefício por ela prosseguido" – NOVAIS, J. Reis, 2003, p. 731.

dignidade da pessoa humana"[1472]/[1473]. Assim, entende que "a dignidade da pessoa humana e o direito fundamental ao desenvolvimento da personalidade ou, noutra perspectiva, a liberdade geral de acção nele fundada, confere aos cidadãos em Estado de Direito, uma pretensão jurídico-constitucionalmente protegida de não terem a sua liberdade individual negativamente afectada a não ser quando tal seja estrita e impreterivelmente exigido pela prossecução, por parte dos poderes públicos, de outros valores igualmente dignos de protecção jurídica"[1474]/[1475].

No que toca à apreciação da igualdade em particular, JORGE MIRANDA ressalta, todavia, que "as incumbências públicas correlativas da sua realização admitem alguma adequação em função das condições concretas dos seus beneficiários"[1476]. O grau de protecção a conceder por cada norma constitucional depende portanto dos recursos financeiros disponíveis e da forma como a vontade político-legislativa avalia, dentro do seu espaço de liberdade de decisão, as "condições próprias diferentes dos particulares e a dos recursos e disponibilidades estatais"[1477]. Ou seja, na consideração da igualdade em relação a estes direitos, a *reserva do possível*, pela centralidade de que goza nos direitos sem *determinidade* constitucional, pode também ter um papel a desempenhar. Desta forma, a igualdade reconhecida em relação à aplicação dos direitos, não exclui que sejam ponderadas partilhas de custos entre o Estado e os beneficiários dos serviços ("os que podem pagar devem pagar"; "os que não podem pagar, não devem pagar"[1478]). JORGE MIRANDA retira mesmo da Constituição elementos para justificar a protecção apenas a alguns grupos: "ao considerar o acesso à justiça alude à «insuficiência de meios económicos» (artigo. 20º, nº 1, atrás considerado) e declara o serviço nacional de saúde tendencialmente

---

[1472] NOVAIS, J. Reis, 2003, p. 732.
[1473] *Vide* sobre o princípio da repartição ou distribuição (*Verteilungsprinzip*), na sua versão liberal – MARTINS, M. Oliveira, 2007, p. 27.
[1474] NOVAIS, J. Reis, 2003, p. 732.
[1475] Pela necessária referência à proporcionalidade, ALEXY define a estrutura dos direitos de protecção como uma derivação "da combinação de proporcionalidade e alternatividade" – ALEXY, Robert, 2009, p. 73.
[1476] MIRANDA, Jorge, 2012, pp. 497. Sobre o mesmo tema da igualdade, *vide* JORGE REIS NOVAIS que também admite que "se é certo que a obrigação de o Estado promover o acesso é geral e universal, já, numa situação de escassez de recursos, a modalidade concreta e a forma como se repercute em cada indivíduo está essencialmente ligada, por força da observância do princípio constitucional da igualdade, à necessidade, diferente, de ajuda estatal que cada um apresente" – NOVAIS, J. Reis, 2010, pp. 49 e 50.
[1477] NOVAIS, J. Reis, 2010, p. 50.
[1478] MIRANDA, Jorge, 2012, pp. 499.

gratuito «tendo em conta as condições económicas e sociais dos cidadãos» [artigo. 64º, nº 2, alínea c), na versão de 1989]"[1479]. A *reserva do financeiramente possível* será, portanto, em suma, questionável através da demonstração da irrelevância do argumento financeiro ou através da apresentação de um comando da própria Constituição que contrarie esta reserva[1480].

A teoria do custo dos direitos que estende a reserva do possível a todos os direitos e torna insuficiente a distinção das normas entre determináveis e indetermináveis
É de notar que a recente adesão à teoria do custo dos direitos, contribuindo para a mitigação da ideia da diferenciação dos direitos sociais e para uma tentativa de unificação do tratamento dos direitos fundamentais, muito tem feito no sentido de estender a liberdade de conformação legislativa das normas dotadas de *indeterminidade* às demais normas de direitos fundamentais. Vejamos como.

A teoria do custo dos direitos teve origem no texto precursor de STEPHEN HOLMES e CASS SUNSTEIN, *The Costs of Rights* (1999). Em Portugal, esta teoria teve eco pela mão de CASALTA NABAIS (2007 e 2008), sendo hoje habitual vê-la citada quando se referem as consequências financeiras dos direitos fundamentais. A visão de REIS NOVAIS (2010) é actualmente muito influenciada por este entendimento.

Uma das ideias que esta teoria do custo dos direitos põe em causa é justamente a da existência de direitos sem custos ou se quisermos de que há direitos neutros, em termos económico-financeiros[1481], que acaba por estar, no fundo, por detrás da diferenciação de direitos, liberdades e garantias e direitos sociais: "não há direitos gratuitos, direitos de borla, uma vez que todos eles se nos apresentam como bens públicos em sentido estrito"[1482]. De acordo com esta teoria, tanto direitos de liberdade, quanto direitos sociais implicariam despesa pública. Daqui se extraindo que se um Estado não dispuser de recursos, não poderá reconhecer, de forma plena e efectiva, qualquer direito fundamental que seja[1483].

[1479] MIRANDA, Jorge, 2012, p. 498.
[1480] NOVAIS, J. Reis, 2010, p. 282.
[1481] SARLET, Ingo e FIGUEIREDO, Mariana Filchtiner, 2008.
[1482] NABAIS, Casalta, 2007, p. 176. *Vide* ainda MATOS, A. Salgado de, 1998, p. 8 ou CHULVI, C. Pauner, 2001, p. 63: "hasta los más tipicos derechos de libertad exigen también esa disponibilidad económica. [...] Existe una relación muy estrecha entre la efectividad de cualesquiera derechos y la existencia de recursos".
[1483] A teoria do custo dos direitos olha para os direitos de liberdade como direitos complexos que carecem para a sua aplicação, do cumprimento de uma série de obrigações públicas positivas:

Peguemos, por exemplo, na ideia de acção justa, implicada na defesa de um qualquer direito, para ficarmos com uma ideia melhor do que resulta desta teoria. A acção justa remete-nos naturalmente para os custos de funcionamento dos tribunais[1484/1485], mas essa é só a ponta do *iceberg* de despesas públicas implicadas: o funcionamento dos tribunais implica despesas de defesa dos direitos em caso de insuficiência de meios (pagamento de advogados oficiosos e demais apoio judiciário); o funcionamento dos tribunais implica despesas com a constituição, manutenção e formação contínua das forças policiais (por exemplo, as forças policiais devem ser continuamente formadas para garantir os direitos dos arguidos – *v.g.* direito de não serem torturados); o funcionamento dos tribunais implica despesas que resultam das delongas necessárias de um processo criminal que assegura todas as garantias de defesa (ex. despesas que derivam do facto de uma investigação ter de ser reiniciada pelo facto de se verem anuladas provas decorrentes de escutas inválidas); o fun-

---

"Sin embargo, incluso para los pensadores más caracterizados de la economía política clásica, como Adam Smith e David Ricardo, resultaba más que obvia la interrelación entre las supuestas "obligaciones negativas" del Estado, en especial en materia de garantia de la libertad de comercio, y una larga serie de obligaciones positivas, vinculadas con el mantenimiento de las instituciones políticas, judiciales, de seguridad y de defensa necesarias como condición del ejercicio de la libertad individual. En Smith, por ejemplo, se asigna al Estado un rol activo en la creación de las condiciones institucionales y legales para la consolidación, funcionamiento y expasión del mercado. Aun aquellos derechos que parecen ajustarse más facilmente a la caracterización de «obligación negativa», es decir, los que requieren una limitación en la actividad del Estado a fin de no interferir la libertad de los particulares [...] conllevan una intensa actividad estatal destinada a que otros particulares no interfieran esa libertad y al restablecimiento de la libertad o la reparación del perjuicio una vez producida una interferencia indebida, de modo tal que la contracara del ejercicio de estos derechos está dada por el cumplimiento de funciones de policía, seguridad, defensa y justicia por parte del Estado" – ABRAMOVICH, Victor e COURTIS, Christian, 2002, pp. 23 e 24.
Ao olhar para cada um dos direitos de liberdade, temos de imediato de atentar sobre as ideias de que cada direito corresponde a uma acção justa; de que a violação do direito pode dar lugar ao pagamento de indemnizações; de que se gera actividade legislativa e administrativa em torno da protecção dos direitos; de que a protecção dos direitos supõe o exercício da actividade policial (por exemplo, a protecção do direito de propriedade deve-se em grande parte à existência de forças policiais que repõem a ordem em caso de invasão, arrombamento ou qualquer forma de intrusão no espaço privado), etc...
[1484] "«Where there is a right, there is a remedy» [...] This simple point goes a long way toward disclosing the inadequacy of the negative rights/positive rights distinction. What it show is that all legally enforced rights are necessarily positive rights"- HOLMES, Stephen e SUNSTEIN, Cass R., 1999, p. 43.
[1485] O direito de asilo não inclui o direito de recurso aos tribunais – "Recorrer aos tribunais do Estado da sua nacionalidade [...]é quase um "non sense"", como explica CANOTILHO, J. J. Gomes, 2003, p. 402.

cionamento dos tribunais implica despesas com construção e manutenção de prisões que respeitem os direitos dos prisioneiros (celas arejadas e com dimensões mínimas de habitabilidade). E quem pensa nestas despesas, pode também pensar noutras implicadas na defesa dos direitos fundamentais: despesas com entidades reguladoras com missão de fiscalizar a verificação dos direitos e liberdades constitucionalmente reconhecidos (ex. entidade reguladora da comunicação social); despesas com organização de sufrágios que garantam uma participação efectiva dos cidadãos na vida pública; despesas de fiscalização (ex. fiscalização para respeito da proibição de trabalho infantil); etc., etc. Até o mais insuspeito reconhecimento da liberdade de religião tem custos[1486]: protecção dos edifícios ou instituições religiosas (despesas de polícia, bombeiros, por exemplo); acções judiciais em caso de violação da liberdade em causa; isenções fiscais que sejam concedidas às igrejas, de acordo com o princípio da igualdade; despesas com prevenção de actos de violência devidos a fanatismo religioso; despesas com prevenção de actos de coerção por parte das igrejas, nomeadamente, no sentido de impedir a saída dos fiéis ou a apostasia entre estes[1487].

Deste prisma, de acordo com o que a teoria do custo dos direitos afirma "um direito só existe, na realidade, somente quando e se tem custos orçamentais"[1488]. E, consequentemente, quando fala em direitos – quaisquer que eles sejam –, fala portanto de bens com custos financeiros[1489]. O reconhe-

---

[1486] HOLMES, Stephen e SUNSTEIN, Cass R., 1999, pp. 82 e 183. Também reconhecendo o papel activo do Estado no que toca à liberdade religiosa, vide SEN, Amartya, 2008, p. 2010 – "Even the fulfillment of the first-generation rights (such as religious liberty, freedom from arbitrary arrest, the right no to be assaulted and killed) depends not only on legislation but also on public discussion, monitoring, investigative reporting, and social work". Vide ainda SEN, Amartya, 1999, reconhecendo que não é só a riqueza de um Estado que contribui para a maior longevidade das pessoas, mas sobretudo a existência programas de erradicação de pobreza e promoção do acesso a cuidados de saúde. Vide também MOREIRA, Isabel, 2007, p. 85. Vide Parecer da Comissão Constitucional nº 17/82 e Acórdão do Tribunal Constitucional nº 423/87, reconhecendo a assunção de despesa por parte do Estado no que toca ao ensino religioso nas escolas.

[1487] Com uma perspectiva diferentes – COUTINHO, L. Pereira, 2012, p. 79 distingue aquilo que é o direito em si da "garantia ou protecção dessas situações jurídicas contra interferências de terceiros". PEREIRA COUTINHO faz esta distinção com um propósito: o de distinguir o controlo judicial dos direitos sociais e dos direitos de liberdade. É que se nos direitos sociais, o legislador tem margem de manobra para conformar o seu conteúdo, nos direitos de liberdade, "tal conteúdo típico é imediatamente determinável por referência à Constituição".

[1488] HOLMES, Stephen e SUNSTEIN, Cass R., 1999, p. 19.

[1489] Veja-se a este propósito a definição de direitos segundo HOLMES e SUNSTEIN. Definição esta que incorpora a ideia de escassez de recursos: "It is more realistic and more productive to define rights as individual powers deriving from membership in, or affiliation with, a political commu-

cimento de custos para os direitos leva os estudiosos da teoria do custo dos direitos a propor que se leve a sério a escassez de recursos, pois do reconhecimento dos custos e da necessidade de articulação com a realidade orçamental resulta necessariamente uma visão pragmática dos direitos fundamentais que tem efeitos na perspectivação jurídica dos mesmos. Antes de mais, estendendo a *reserva do possível* a todos os direitos e, para além disso, tornando insuficiente a distinção das normas constitucionais entre *determináveis* e *indetermináveis*.

Comecemos pelo primeiro ponto: a teoria do custo dos direitos faz com que os direitos fundamentais (direitos, liberdades e garantias e direitos económicos, sociais e culturais) se apresentem sem grandes diferenças estruturais. Todos os direitos fundamentais surgem assim com componentes positivos e deveres de prestação por parte do Estado[1490]. É a negação da existência de uma distinção entre direitos meramente negativos ou de omissão ou ainda de defesa (na terminologia alemã *Abwehrrechte*)[1491/1492] e direitos positivos ou

---

nity, and as selective investments of scarce collective resources, made to achieve common aims and to resolve what are generally perceived to be urgent common problems" – HOLMES, Stephen e SUNSTEIN, Cass R., 1999, p. 123.

[1490] ANDRADE, J. C. Vieira de, 2004, p. 180: "[...] a maioria (senão a totalidade) dos direitos de liberdade (direitos pessoais e civis ou cívicos) inclui, como vimos, no entendimento actual, outras faculdades de exigir ou pretender acções positivas, seja para a sua protecção contra terceiros, seja para promoção das condições do seu gozo efectivo"; CANOTILHO, J. J. Gomes, 2001, p. 111; ZIPPELIUS, Reinhold, 1997, pp. 439 e 440: "As garantias dos direitos fundamentais traçam limites não só às competências estatais de regulação, mas atribuem também ao Estado a tarefa de limitar e assegurar por lei e pela respectiva integração desta, os direitos dos indivíduos por forma a que sejam salvaguardados os âmbitos de liberdade".

[1491] O entendimento liberal da teoria dos direitos fundamentais via os direitos de liberdade como direitos de abstenção por parte do Estado. *Vide* ilustrativamente Decisão do Tribunal Constitucional alemão BverfGE 7, 198, de 15 de Janeiro de 1958 (Lüth) ainda defendendo que os direitos de liberdade eram principalmente (na sua função primária) direitos meramente negativos ou direitos de abstenção.: "One Zweifel, sind die Grundrechte in erster Linie dazu bestimmt, die Freiheitsphäre des einzelnen zu schützen; sie sind Abwehrrechte des Bürgers gegen den Staat". Como explica KLAUS STERN, na doutrina alemã dos direitos fundamentais é frequente encontrar, numa tentativa de simplificação, o conceito direito de defesa como sinónimo de direito fundamental (note-se que a *Grundgesetz* não contém um elenco de direitos sociais). Simplificação esta que é muitas vezes generalizada e em nada contribui para um esclarecimento cabal acerca dos diferentes grupos de direitos agrupados sob a designação de direitos fundamentais –STERN, Klaus, 1988, p. 560. Também partindo do princípio que os direitos liberais clássicos correspondem apenas a acções negativas ou omissões – ALEXY *in* ALEXY, Robert, 2009, p. 45.

[1492] Neste sentido AMARAL, D. Freitas do e MEDEIROS, Rui, 2000, nºs 3 e 4, pp. 356. 358 e 360; NOVAIS, J. Reis, 2003, p. 127 (em que afasta a hipótese da consideração do direito à vida como direito negativo ou de defesa, já que isso coarctaria, por um lado, o reconhecimento de direitos ou pretensões a um mínimo de existência nele fundados e, por outro, todo direito a uma actuação positiva do Estado tendente à protecção do direito de agressões ou à concessão de ajudas para

direitos a acções ou prestações (*Leistungrechte*). Todos os direitos são, desta forma, tomados como um todo, contendo – seja a título principal ou secundário – uma dimensão positiva e negativa. Isto não exclui, naturalmente, que se possa reconhecer em relação a determinados direitos – que se destacam e se analisam isoladamente em relação ao todo – que nuns possa avultar uma ou outra dimensão.

Retirando as ilações do que fica dito acerca da não consideração de direitos meramente negativos, os direitos passam a ser encarados como "um complexo de posições ou pretensões jurídicas de direitos fundamentais"[1493], em que se misturam elementos positivos e negativos de protecção dos mesmos[1494]. À dimensão positiva associam-se os deveres de protecção e promoção do direito[1495]. À dimensão negativa associa-se o dever de respeitar o direito. REIS NOVAIS assume, perfilhando esta perspectiva, que se podem encontrar num mesmo direito pretensões que à partida são identificáveis com direitos, liberdades e garantias e pretensões identificáveis com direitos sociais[1496]. Com base naquilo que decorre da teoria do custo dos direitos, podemos então passar a

---

garantir um mínimo de dignidade e qualidade de vida); SILVA, J. Pereira da, 2003, p. 305 (em que fala de uma "dimensão prestacional nos direitos de liberdade clássicos"). Também ISABEL MOREIRA afasta a "estafada caracterização dos direitos negativos" – MOREIRA, Isabel, 2007, p. 137. Mas fá-lo de um ponto de vista diferente do nosso. Com efeito, retira a tónica da não actuação do Estado como forma a proteger os direitos de liberdade ou os políticos, para colocar a ênfase nos direitos económicos sociais e culturais: "os direitos económicos sociais e culturais são muito mais exigidos pela dignidade da pessoa humana que os direitos políticos; ou seja: encontramos direitos sociais mais intimamente ligados à dignidade da pessoa humana que certos direitos de liberdade, o que põe em crise a distinção abstracta entre uns e outros direitos baseada numa mais intensa ligação à dignidade da pessoa humana por parte dos direitos de liberdade" – MOREIRA, Isabel, 2007, p. 137.

[1493] NOVAIS, J. Reis, 2003 p. 129. Também seguindo este entendimento ALEXANDRINO, J. de Melo, 2006, p. 235; ANDRADE, J. C. Vieira de, 2004, pp. 172 e ss.; FREITAS, T. Fidalgo de, 2006, p. 788.

[1494] Vide ALEXY, Robert, 1986, pp. 171 e ss.. Este Autor dá uma ideia da complexidade das normas constitucionais de direitos a alguma coisa (distintas das liberdades e das competências) e das possíveis relações que se podem estabelecer na relação tripartida que o mesmo estabelece (entre o detentor – *Träger*; o destinatário – *Adressat* –; e o objecto do direito – *Gegenstand*). Não obstante ainda considera que a diferença entre acções negativas e positivas é o critério principal para a classificação dos direitos a alguma coisa (*Rechte auf etwas*) (*Ibidem*, p. 173).

Dando ênfase às relações que se estabelecem entre os diferentes direitos e deveres numa mesma norma e a o carácter principal ou instrumental como que se apresentam numa mesma norma, *vide* STERN, Klaus, 1988, pp. 554 e ss.

[1495] NOVAIS, J. Reis, 2003, pp. 86-95.

[1496] "Só muito raramente a Constituição se preocupa e, especificar, como fez, todavia, no caso do ensino, quando distingue a liberdade de aprender e de ensinar (art. 43º, como direito, liberdade e garantia) do direito ao ensino (art. 74º, como direito social), ou no caso da família, quando distin-

olhar para as normas de direitos fundamentais – como complexos em que as dimensões positiva e negativa se juntam – e podemos depois conceber várias combinações possíveis: dimensão negativa a título principal e dimensões positivas e/ou negativas a título instrumental; e dimensão positiva a título principal e dimensões positivas e/ou negativas a título instrumental[1497]. Com base nesta distinção, existirá uma tendência óbvia para associarmos a existência de uma dimensão negativa a título principal com uma dimensão positiva a título secundário (exemplo: direito à vida – artigo 24º: direito de abstenção de todos os comportamentos lesivos da vida e direito a uma actuação positiva do Estado tendente à protecção do direito de agressões ou à concessão de ajudas para garantir um mínimo de dignidade e qualidade de vida[1498]) e inversamente de associarmos a dimensão positiva a título principal com a dimensão negativa a título acessório (exemplo: direito à saúde: direito de promoção por parte do Estado e direito de não ser perturbado pelo Estado no direito de acesso a cuidados médicos privados). Mas a verdade é que podemos somar as dimensões de forma não convencional, uma vez que na interpretação dos direitos fundamentais do que se trata é de extrair todo um feixe de direitos e deveres que se cruzam convergindo num ponto (exemplos: dimensão negativa a título principal com dimensões negativa e positiva a título secundário; dimensão positiva a título principal com dimensões negativa e positiva a título secundário; dimensão positiva a título principal e dimensão positiva a título acessório). Das combinações possíveis, só excluímos a hipótese de se detectar uma total ausência de dimensão positiva[1499], ainda que obviamente admitamos que esta não se apresenta com a mesma intensidade em todas as normas de direitos fundamentais. O dever de protecção por parte do Estado (*Schutzpflicht*) em relação aos direitos e liberdades dos indivíduos é, aliás, tal como o reconhece GOMES CANOTILHO, a grande novidade da juspublicística contemporânea[1500]. Não hesitamos, pois, em afirmar que, como o afirma

---

gue o direito, liberdade e garantia (art. 36º) do direito social (art. 67º)" – NOVAIS, J. Reis, 2003, p. 131. Também no mesmo sentido *vide Ibidem*, p. 51.

[1497] ANDRADE, J. C. Vieira de, 2004, pp. 175 e ss., em que explica a heterogeneidade do conteúdo dos direitos fundamentais, considerando em relação a cada direito a existência de um conteúdo principal e instrumental (incluindo esta última "outras faculdades ou deveres, que, não constituindo o programa normativo do direito em si, decorrem directamente da necessidade da sua efectivação, visando assegurar o seu respeito, a sua protecção ou promoção" – *Ibidem*, p. 175.

[1498] NOVAIS, J. Reis, 2003, p. 127.

[1499] No sentido da promoção activa dos direitos por parte do Estado – ALEXANDRINO, J. de Melo, 2006, p. 234, defendendo ser este um entendimento consensual.

[1500] CANOTILHO, 2001, p. 112. JORGE PEREIRA DA SILVA diz mesmo " é difícil não reconhecer na ideia de intangibilidade do conteúdo essencial uma vertente positiva, que implica para o Estado

Vieira de Andrade, pode "sustentar-se que a generalidade dos direitos fundamentais seriam direitos a prestações (de conteúdo obrigacional), a que corresponderiam, do lado passivo, obrigações"[1501].

A consideração dos direitos fundamentais como um feixe de direitos principais e instrumentais, com a presença constante de uma dimensão positiva, leva-nos necessariamente a pensar em tudo o que o Estado deve fazer para tornar efectivos os direitos. Ou seja, leva-nos a afastar a ideia de abstenção, desde há muito, sublinhada em relação aos direitos de liberdade e a olhar para o Estado como agente e não apenas como destinatário dos direitos. Podemos, então, afirmar que "o dever jurídico correspectivo dos direitos de liberdade que impende sobre o Estado [se] traduz num conjunto de deveres de omissão, mas também de acção. [...] Dentro das pretensões ou direitos a acções positivas contam-se os direitos à eliminação ou anulação das intervenções ilegítimas na esfera protegida do direito fundamental, as pretensões à reconstrução da situação alterada pela intervenção ilegítima do Estado ou de compensação pela lesão verificada, as pretensões de protecção contra ameaças ou intervenções provindas de terceiros ou de contingências naturais e as pretensões de apoio estatal à garantia de um *standard* mínimo de fruição do direito ou das possibilidades da sua efectivação, como sejam as pretensões à actuação estatal de organização e procedimento ou à prestação de condições que permitam ou preservem o exercício efectivo do direito"[1502]. Mesmo perante direitos com uma vertente negativa predominante, não vemos, pois, como eles se efectivam sem qualquer esforço por parte do Estado (seja ele legislativo ou de construção e manutenção de uma máquina judicial). "Os ditos direitos negativos, são, afinal de contas, tão positivos como os outros, como os direitos positivos"[1503].

Reconhecendo despesas em todos os direitos, a teoria do custo dos direitos vem afinal pôr a nu a contabilidade dos direitos de liberdade que se encon-

---

e para os seus diversos poderes públicos a obrigação de zelar pelas condições reais de exercício ou satisfação das faculdades integradas naquele núcleo" – Silva, J. Pereira da, 2014, pp. 102 e 103. Este último autor chama a atenção para a extensão dos deveres de protecção do Estado no Estado contemporâneo, falando da assunção dos deveres de protecção de risco, que acresce às decisões de prevenção de perigo – *Ibidem*, pp. 133 e ss.. Embora admita que "as decisões de risco são, em regra, mais problemáticas do que as decisões de perigo, uma vez que têm de ser tomadas num contexto de contingência e de défice de informação científica, mas igualmente porque as intervenções estaduais restritivas determinadas têm que ser fundamentadas em ameaças que não se encontram (ainda) concretizadas e caracterizadas [...]" – *Ibidem*, p. 150.

[1501] Andrade, J. C. Vieira de, 2004, p. 180.
[1502] Novais, J. Reis, 2003, pp. 136 e 137.
[1503] Nabais, Casalta, 2007, p. 176.

trava oculta, quer porque os custos destes direitos se mediam habitualmente em liberdade e não propriamente em dinheiro ou prestações mensuráveis na esfera jurídica de cada um, quer porque os custos com os clássicos direitos de liberdade correspondiam a despesas que se ocultavam por detrás dos gastos de manutenção e funcionamento do próprio Estado[1504]. A existência do Estado dependia tão intimamente da defesa destes direitos, que as suas despesas acabavam por se esfumar nos gastos com a sua estrutura.

A perspectiva dos direitos fundamentais através da despesa que eles implicam permite estabelecer outro tipo de relações entre estes, afastando-nos das concepções tradicionalmente expostas nos manuais sobre direitos fundamentais, os quais se referem amiúde às gerações dos direitos e nos apresentam os direitos sociais como se estes representassem um acrescento ao elenco já constitucionalmente reconhecido. Ou seja, como se a sua explicação, caracterização ou mesmo concretização fosse passível de ser entendida de forma dissociada em relação aos direitos de liberdade.

Mesmo numa perspectiva linear – baseada na ideia de que os direitos de liberdade e direitos sociais são realidades estanques –, se olharmos para os Orçamentos do Estado em busca da despesa implicada pelos direitos fundamentais, ficamos com uma ideia de que não só a concretização dos direitos sociais importa gastos. Também as actividades legislativa, judicial, administrativa necessárias para protecção dos direitos de liberdade envolvem o dispêndio de importantes somas de dinheiro, que nada têm de irrisório. Obviamente que com isto não pretendemos escamotear o facto de as despesas com a concretização dos direitos sociais serem bem mais elevadas do que as despesas de funcionamento do Estado (aliás basta olhar para os mapas orçamentais dos Serviços e Fundos Autónomos na parte que se refere à Saúde ou para o Orçamento da Segurança Social para ficar com esta ideia)[1505].

A leitura orçamental porém, tendo em conta a teoria do custo dos direitos não pode ser tão linear. A perspectiva da despesa pública deixa-nos insatisfei-

---

[1504] NABAIS, Casalta, 2008, p. 10, falando da "ficção da inexistência de custos financeiros em relação a tais direitos".

[1505] Apesar de a grandeza destas ser incomparável com a dos números aí apresentados no que toca à actividade legislativa, judicial e administrativa do Estado, a verdade uma compreensão profunda do Orçamento obriga a ver que os números devem ser interpretados, tendo em consideração que essas despesas são em parte financiadas por receitas próprias. De facto, de acordo com regime de autonomia administrativa e financeira, os Hospitais podem gozar de receitas consignadas; assim com a Segurança Social, cuja autonomia administrativa e financeira prevê a cobrança de quotizações aos trabalhadores incluídos no regime previdencial, as quais cobrem mais de metade das suas despesas.

tos com a divisão artificial entre os direitos. Se bem que para efeitos teóricos nos satisfazemos com as diferenças estruturais e regimentais entre direitos de liberdade e direitos sociais, em termos práticos, vemos que a acção do Estado é um todo e não se compagina com distinções académicas. Não conseguimos divisar, por exemplo, em termos de esforço financeiro, a protecção do direito à saúde do direito à vida ou a protecção do direito ao trabalho do direito de propriedade. Por uma razão simples: o Estado no esforço de protecção destes direitos de liberdade, não se limita a legislar ou a manter o sistema judicial a funcionar. Vai mais longe: faz esforços para garantir a propagação de doenças, por fornecer a todos a possibilidade de ter um médico de família e de ter acesso aos medicamentos existentes no mercado ou, então, promove a igualdade de oportunidades, construindo escolas e proporciona ensino a todos, de forma a assegurar que todos tenham uma fonte de rendimento que permita prover à subsistência, viver em sociedade, adquirir bens[1506].

De acordo com a teoria do custo dos direitos, os direitos fundamentais são entendidos numa lógica de trocas (*social bargain*[1507]): os direitos sociais assumidos pelo Estado em relação aos mais desfavorecidos surgem indissociáveis dos clássicos direitos de liberdade e em particular do direito de propriedade[1508]. Os direitos sociais são apresentados como a contrapartida para a protecção dos direitos dos mais abastados[1509]. Do ponto de vista do gasto, os direitos sociais são pois encarados, a esta luz, como a outra face dos direitos de liberdade[1510].

[1506] *Vide* SEN, Amartya, 2008, p. 2010: "[...] Good health does not depend only on health care. It also depends on nutrition, lifestyle, education, women's empowerment, and the extent of inequality and unfreedom in society".

[1507] HOLMES Stephen e SUNSTEIN, Cass R., 1999, p. 194.

[1508] "[...] The holders of property rights are indispensable partners of the modern liberal state. Institutionalized in memory of the last war and partly in anticipation of the next, welfare rights – involving cash transfers, medical care, food, housing, job training, or some combination of these – are one means among many to make the disadvantage feel they, too, are participants in a shared national adventure. Because all parties benefit, such a conjugation of property rights and welfare rights can be self-enforcing and stable over time" – HOLMES, Stephen e SUNSTEIN, Cass R., 1999, p. 198.

[1509] HOLMES e SUNSTEIN chamam a atenção para que esta troca a que se referem não serve uma concepção igualitária: "Inequality of results will always be inescapable so long as rights impose private as well as public costs. [...] Vital public services are allocated unequally because the weak and the poor, being relatively disorganized, have too little political leverage to obtain their share of public resources. [...] Politically untouchable expenditures are usually those that provide special benefits to well-organized social groups" – HOLMES, Stephen e SUNSTEIN, Cass R., 1999, pp. 202-203.

[1510] "The Universal Declaration of Human Rights enshrines a vision that requires taking all human rights – civil, political, economical, social, or cultural – as an indivisible and organic whole, inseparable and interdependent, and all of equal importance. Economic, social, and cultural rights

Os direitos de liberdade e os direitos sociais acabam assim por ser tomados como duas faces da mesma moeda. Os direitos sociais são assumidos como um pressuposto de certos direitos ditos clássicos (por exemplo, o direito ao trabalho é um pressuposto do direito de propriedade, uma vez que privada de rendimento uma pessoa não pode aspirar a ter algo de seu)[1511]/[1512].

Numa perspectiva em que os direitos fundamentais se imbricam uns nos outros – na medida em que se olha para alguns direitos sociais como pressupostos de algumas liberdades supostas nos ditos direitos clássicos – deixamos de fazer a tal contabilidade linear assente na separação dos direitos e acabamos por fazer uma leitura de custos que implicará necessariamente um aumento significativo da despesa pública relativa aos direitos ditos de liberdade. Ilustrando o que acabamos de dizer, deixaremos de olhar para os custos dos direitos de liberdade olhando apenas para os gastos com a máquina do Estado, para ter uma visão abrangente. Contabilizaremos também no âmbito destes, pelo menos, uma parte dos direitos sociais. Os direitos sociais são encarados como "guarda avançada" dos direitos de liberdade e isso não pode deixar de se reflectir na nossa análise de custo dos mesmos[1513].

Esta visão dos direitos leva-nos, portanto, à afirmação de que todos os direitos têm custos elevados[1514]/[1515], embora se admita que nem sempre é fácil

cannot be fully curtailed, and civil and political rights cannot be fully exercised where economic, social, and cultural rights are neglected" – PILLAY, N., 2008, p. 2005.

[1511] LIMA JR., J. Benvenuto, 2001, pp. 84-85: "Em outras palavras, não é preciso que todos tenham casa, trabalho, saúde, educação, entre outros direitos humanos econômicos e sociais, numa condição ideal, para que tenham os direitos civis e políticos respeitados; mas é preciso que aqueles direitos tenham uma existência real em termos razoáveis, para que os direitos humanos civis e políticos sejam exercidos em condições adequadas. Nesse sentido é que Cançado Trindade afirma que 'a pobreza extrema constitui, em última análise, a negação de todos os direitos humanos".

[1512] "Both property rights and welfare rights represent efforts to integrate differently situated citizens into a common social life" – HOLMES, Stephen e SUNSTEIN, Cass R., 1999, p. 198.

[1513] A perspectiva das despesas parece ir no sentido da solução dos direitos fundamentais (ISABEL MOREIRA, REIS NOVAIS, VASCO PEREIRA DA SILVA E ANDRÉ SALGADO MATOS – NOVAIS, J. Reis, 2010, *passim*, nomeadamente pp. 251 e ss., pp. 358 e ss.; SILVA, V. Pereira da, 2007, pp. 133 e ss.; MATOS, A. Salgado de, 1998, pp. 18 e ss.. *Vide* também RICARDO LOBO TORRES *in* SARLET, Ingo W. e TIMM, L. Benetti, 2008, pp. 72-75, falando da adesão dos autores brasileiros à tese da indivisibilidade dos direitos humanos, embora notando uma menorização dos direitos sociais.

[1514] NABAIS, Casalta, 2007, p. 176 : " Os direitos, todos os direitos, porque não são uma dádiva divina, nem frutos da natureza, porque não são auto-realizáveis nem podem ser realisticamente protegidos num estado falido ou incapacitado, implicam a cooperação social e a responsabilidade individual. Daí decorre que a melhor abordagem para os Direitos seja vê-los como liberdades privadas com custos públicos".

[1515] Não nos bastamos pois com as afirmações correntemente feitas na doutrina portuguesa, segundo as quais não se vai para além do reconhecimento de que "quanto a algumas liberdades

quantificar o seu custo[1516/1517] até por causa da relação que se estabelece entre as despesas do Estado e as de promoção dos direitos de liberdade e dos direitos sociais com eles relacionados, acima explicada.

Todavia, o reconhecimento do custo de todos os direitos traz uma consequência importante e que não pode deixar de ser assinalada: a importação da *reserva do possível* para o seio dos direitos de liberdade. Parafraseando REIS NOVAIS, a *reserva do possível* passa assim a ser um traço que une direitos de liberdade e direitos sociais ("[...] há [...] pretensões instrumentais de direitos de liberdade, que assumindo um carácter essencialmente fáctico padecem das mesmas condicionantes orçamentais, reservas do possível e indeterminabilidade que caracterizam os direitos sociais [...]"[1518]). E aqui vamos ao encontro da segunda consequência que extraímos da aplicação da teoria do custo dos direitos: a de tornar insuficiente a classificação das normas constitucionais em *determináveis* e *indetermináveis*. É que, de facto, e de acordo com esta perspectiva, mesmo em relação a estes direitos cujo conteúdo é *determinável* constitucionalmente não é de excluir que ao Governo e ao Parlamento caiba uma ponderação concreta sobre os meios económicos e financeiros a utilizar para a prossecução do direito em causa[1519]. Antes do tempo, GOMES CANOTILHO ilustra bem, aliás, o alcance que a *reserva do possível* pode ter em nor-

---

exigem-se prestações positivas ou ajudas materiais" – MIRANDA, Jorge, 2012, p. 110 ou de que só os direitos sociais e não os direitos, liberdades e garantias têm custos de difícil sustentabilidade – MOREIRA, Isabel, 2007, p. 41 (embora esta Autora reconheça na p. 68 que "todos os direitos fundamentais têm uma dimensão constitutiva e de fomento de tal sorte que pode falar-se numa "exigência genérica de fomento da liberdade [...]", conquanto também verifique que "a estrutura das normas consagradoras de direitos sociais aponta para dimensões objectivas de forma muito mais evidente do que as que consagram direitos de liberdade").

[1516] HOLMES, Stephen e SUNSTEIN, Cass R., 1999, pp. 23, 24 e 63).

[1517] Embora se reconheçam algumas hesitações quanto à revelação destas despesas: "liberals may hesitate to throw a spotlight on the public burdens attached to civil liberties. Conservatives [...] may prefer to keep quiet about [...] the way that the taxes of the whole community are used to protect the property rights of wealthy individuals. [...] Indeed, we might even speak here of cultural taboo – grounded in perhaps realistic worries – against the "costing out" of rights enforcement" – HOLMES, Stephen e SUNSTEIN, Cass R., 1999, p. 25.

[1518] NOVAIS, J. Reis, 2003, p. 141.

[1519] STERN, Klaus, 1988, p. 717, em que admite, por um lado, que os direitos fundamentais de justiça carecem de meios financeiros para a sua realização e, por outro, que o direito de protecção dos cidadãos já foi muitas vezes reduzido pelos "ditames da caixa vazia". No mesmo sentido MATOS, A. Salgado de, 1998, p. 9 e 10: "Em abstracto pode pois afirmar-se que as restrições de certos direitos, liberdades e garantias podem legitimamente atingir maior intensidade em determinadas conjunturas políticas, económicas e sociais: uma manifestação disto estará no regime do estado de sítio e de emergência (artigo 19º)".

mas *determináveis* quando aventa hipóteses alternativas para o cumprimento do direito à vida[1520].

Nos casos em que a despesa pública a realizar concretamente não está directamente prevista na Constituição, mesmo que se fale de uma norma com conteúdo *determinável*, a *reserva do possível* passa a aplicar-se, portanto. É justamente aqui, neste último ponto, que começam as dificuldades: um dos problemas que a teoria do custo dos direitos pode trazer, ao pôr em causa a distinção entre normas *determináveis* e *indetermináveis*, é justamente o facto de atentar contra a ideia de absolutidade dos direitos fundamentais – de todos eles, acentuando até a ideia de que a decisão de despesa é uma decisão política[1521], limitadamente sujeita a controlo. Não se trata, é certo, de sujeitar os direitos a uma pura aleatoriedade orçamental, mas de os afirmar como realidades simplesmente sujeitas a constrangimentos financeiros. Ou seja, trata-se de reconhecer, por um lado, que os direitos são aplicados "num mundo imperfeito como recursos limitados"[1522/1523] e, por outro, que os juízes

---

[1520] Para este Autor, o dever de protecção da vida intra-uterina pode ser feito de várias formas possíveis – cada uma com um impacto financeiro diferente – CANOTILHO, J. J. Gomes, 2001, p. 112 e ss., em que descreve o dever de protecção por parte do Estado (*Schutzpflicht*) em relação aos direitos e liberdades, exemplificando a sua possível utilização em relação ao direito à vida. Com opinião contrária, defendendo que "a concretização da norma de garantia de um direito de liberdade [...] não se encontra dependente de uma avaliação prognóstica de pressupostos financeiros ou económicos [...]" – COUTINHO, L. Pereira, 2012, p. 79. *Vide* ainda ALEXANDRINO, J. de Melo, 2006, p. 602 e ss. Não obstante o reconhecimento da margem de livre conformação, a verdade é que também a propósito deste direito de protecção da vida intra-uterina, já o Tribunal Constitucional alemão chama a atenção, desde 1993, – reforçando, justamente, esta ideia de liberdade de conformação legislativa – para o facto de a Constituição não pode deixar de impôr um mínimo de intervenção para que o direito não fique totalmente desprotegido – vide a este propósito o BverfGE 88, 203, 1993, onde se fala de uma proibição de défice ou de defeito (*Untermassverbot*): "Der Staat muß zur Erfüllung seiner Schutzpflicht ausreichende Maßnahmen normativer und tatsächlicher Art ergreifen, die dazu führen, daß ein – unter Berücksichtigung entgegenstehender Rechtsgüter – angemessener und als solcher wirksamer Schutz erreicht wird (Untermaßverbot). Dazu bedarf es eines Schutzkonzepts, das Elemente des präventiven wie des repressiven Schutzes miteinander verbindet".

[1521] Depois de conhecidos os efeitos da adesão a esta teoria do custo dos direitos, neste início de século XXI, podemos concluir que a sua grande vantagem é de salientar que não nos devemos iludir mais quanto à relevância dos meios financeiros na protecção dos direitos. Quanto melhor for a conjuntura orçamental, maior protecção lhes poderá ser oferecida. Quanto pior ela for, mais comprimidos ficarão os direitos – Para BACELAR GOUVEIA "a medida de satisfação desses direitos pode variar perante a situação do país. Se estivermos em crise tem de haver aí condicionalismos perante uma situação económica" – *apud* HESPANHA, António M., 2012, p 29.

[1522] HOLMES, Stephen e SUNSTEIN, Cass R., 1999, p. 94.

[1523] "Rights are familiarly described as inviolable, preemptory, and conclusive. But these are plainly rhetorical flourishes. Nothing that costs Money can be an absolute. No right whose enforcement pre-

não devem passar por cima destes constrangimentos materiais e orçamentais, sem ponderação das consequências, em termos de distribuição da sua decisão, sob pena de desconsiderarem todo um universo de necessidades conflituantes que se colocam perante a Administração[1524/1525].

Este é um problema que nos conduz, de novo, ao nosso ponto de partida de análise da situação jurídico-constitucional. Se aderirmos, sem mais, a uma perspectiva contabilística de despesa pública, baseada nas ideias veiculadas pelos defensores da libertação do Estado, a teoria do custo dos direitos pode fazer perigar certos direitos em face da aleatoriedade do exercício do poder orçamental, baseado na plena liberdade de conformação legislativa. Torna-se pois importante aliá-la a uma concepção substancialista de despesa pública que de alguma forma contrarie este estado de coisas.

---

supposes a selective expenditure of tax payers contributions can, at the end of the day, be protected unilaterally by the judiciary without regard to budgetary consequences for which other branches of government bear the ultimate responsibility"- HOLMES, Stephen e SUNSTEIN, Cass R., 1999, p. 97.

[1524] HOLMES, Stephen e SUNSTEIN, Cass R., 1999, p. 94.

[1525] De acordo com esta perspectiva, os direitos acabam por não poder ser encarados como realidades absolutas. Da teoria do custo dos direitos decorre, assim, a necessidade de ajustamento dos direitos em relação à realidade e aos recursos disponíveis para que estes não passem de meras promessas ou objectivos difíceis de concretizar. A recusa da ideia de uma protecção total e absoluta dos direitos constitucionais aqui advogada funda-se na simples razão de que essa só teria o efeito de esgotar apenas num dos direitos todos os recursos disponíveis (defendendo, por exemplo, que não faz sentido dizer que a propriedade privada tem uma protecção total, pois essa protecção não é possível ser dada em face dos recursos disponíveis – Como dizem HOLMES e SUNSTEIN, "we accord property rights special, but not the greatest possible, protection" – HOLMES, Stephen e SUNSTEIN, Cass R., 1999, p. 130) – "No right can be uncompromisable, for rights enforcement, like everything costly, is inevitably incomplete" – HOLMES, Stephen e SUNSTEIN, Cass R., 1999, pp. 130 e 131. E continuam "those who describe rights as absolutes make it impossible to ask an important factual question: Who decides at what level to fund which cluster of basic rights for whom? How fair, as well as how prudent, is our current system of allocating scarce resources among competing rights, including constitutional rights? And who exactly is empowered to make such allocative decisions? Attention to the costs of rights leads us not only into problems of budgetary calculation, as a consequence, but also into basic philosophical issues of distributive justice and democratic accountability. [...] What is the relationship between democracy and justice, between principles of collective decision-making, applicable to all important choices, and norms of fairness that we consider valid regardless of deliberative decisions or majority will?" – HOLMES, Stephen e SUNSTEIN, Cass R., 1999, p. 131. A visão pragmática defendida pelos defensores da teoria dos custos dos direitos, leva-os a preocuparem-se com questões como a da *accountability* e eficácia. Introduz, por isso, pela primeira vez, uma análise custo-benefício na teoria dos direitos fundamentais. Traz também inesperadamente para o coração da teoria da despesa preocupações de prestação de contas quanto ao processo de alocação e distribuição de recursos ("[...] it also brings us inexpectedly into the heart of moral theory, to problems of distributional equity and distributive justice" – HOLMES, Stephen e SUNSTEIN, Cass R., 1999, p. 226).

5. A necessidade da afirmação de uma teoria da despesa pública justa com base na ideia de um consenso necessário para evitar injustiças ou iniquidades graves e procurando ir ao encontro do paradigma moderno assumido pela Constituição

5.1. Sobre a necessidade de um conceito de despesa pública justa

Adesão a uma concepção moderna de despesa

Pelo que acima fica dito, percebemos que os elementos fornecidos pela dogmática jurídico-constitucional surgem inevitavelmente como insuficientes para o tratamento deste tema e a partir daqui tentaremos construir um conceito de despesa pública justa constitucionalmente adequado.

Nesta construção, o primeiro cuidado será partir da associação da concepção moderna de despesa ao nosso texto Constitucional. Não só porque isso corresponde a uma evolução histórica já com raízes sólidas, que devemos respeitar. Mas também porque esse é o entendimento que resulta da uma visão que fomos desenvolvendo a partir do texto da Constituição, no que toca às matérias de actuação do Estado.

Não cederemos, portanto, à tentação – não obstante a proliferação de elementos das finanças públicas contemporâneas nos empurrem para aí – de seguir um caminho que reduza o tratamento da despesa pública a uma questão contabilística e o seu controlo a uma questão de eficiência. Recusamos assim, com isto, simultaneamente, a concessão, quer perante os argumentos apresentados pelos autores que defendem a libertação do Estado de todas as tarefas de redistribuição, quer perante os argumentos de uma visão de bem-estar que faça da eficiência o centro das decisões sobre a intervenção do Estado.

A recusa das ideias de libertação do Estado justificar-se-á pela incompatibilidade com os elementos (até literais) fornecidos pela Constituição. Com efeito, a adesão a preocupações sociais, expressa pelo texto da nossa Lei Fundamental, por meio do reconhecimento da dignidade da pessoa como valor fundante da nossa República e por meio do reconhecimento de um extenso catálogo de direitos sociais, afasta, sem sombra de dúvida, qualquer pretensão de invocação do *self-ownership right* de NOZICK ou até mesmo da aceitação do mercado como único instrumento de justa distribuição de bens, como o pretendia HAYEK. Recusamos assim uma visão constitucional hiper-individualista ou puramente deontológica dos direitos, sem qualquer contaminação consequencialista e defensora de um Estado mínimo "limitado às estreitas funções de protecção contra a força, o roubo e a fraude e de execução dos contratos [...]"[1526]. De facto, longe de um Estado mínimo (ou até mesmo de

---

[1526] NOZICK, Robert, 2006, p. ix.

Estado, mero supridor de falhas de mercado), a nossa Constituição assume como principal tarefa pública a correcção de certas desigualdades. Na nossa visão constitucional, tal como nas palavras de WALZER, precisamos "demasiadamente uns dos outros"[1527]. Recordamos aqui, a este propósito e provando claramente o afastamento de qualquer tentação hiper-individualista, um dos traços personalistas presentes logo desde o momento constituinte: o do reconhecimento da solidariedade social que deve existir entre todos, apontando no sentido de que a pessoa só se realiza em relação com as demais. Contrariando a argumentação dos defensores do paradigma de libertação do Estado, para nós, é claro que esta solidariedade não resulta de uma imposição arbitrária e sem limites por parte do Estado, como insinuam NOZICK ou HAYEK. Ela resulta, antes, de um consenso básico assumido já desde o século XIX e que tem vindo a ser aprofundado ao longo do tempo. Concordamos, pois, com a ideia de que a intervenção pública no domínio da solidariedade – e consequente recolha de impostos para esse fim – não é arbitrária, mas antes corresponde a uma resposta, dada pela nossa comunidade política (e já enraizada na consciência colectiva), a uma questão de Justiça colocada no plano da distribuição de bens[1528].

A recusa do Estado de bem-estar puramente utilitarista explicar-se-á pelas críticas que já acima dirigimos a esta mesma perspectiva. Antes de mais, porque esta peca por simplificar demasiado a realidade (já para não dizer que as próprias prioridades podem ser falseadas através da manipulação dos votos[1529]). Em segundo lugar, porque uma lógica estritamente contabilística dos direitos acaba inevitavelmente por passar por cima de valores tidos como fundadores do Estado contemporâneo. Com efeito, a fixação de metas quantitativas de despesa poderá facilmente conduzir-nos à aplicação de um juízo economicista que facilmente adere a uma lógica sacrificial e desrespeitadora de valores como o da dignidade da pessoa humana, assumidos como centrais pela nossa Lei Fundamental. Em terceiro lugar, porque assenta na ideia de que a pura e simples adesão a esta perspectiva contabilística em nada nos ofe-

---

[1527] WALZER, Michael, 1999, p. 84.

[1528] Concorda-se portanto com o que se ensina quando se diz "os impostos não são exigidos porque o Estado quer. Se o Estado os quiser mas eles não forem necessários para satisfazer necessidades financeiras, tais impostos serão ilegítimos e inconstitucionais por violação da regra teleológica constante do artigo [104º] nº 1 da Constituição, e por não cumprimento do princípio genérico da solidariedade plasmado no artigo 1º" – ROCHA, Joaquim Manuel Freitas, 1998, p. 38.

[1529] Estão aqui em causa as ideias de adulteração da agenda e do voto estratégico que ARROW com o seu teorema da impossibilidade referia, ou as de influência por parte de interesses particulares, como nos ensinaram os autores da *public choice*.

rece garantias de que os mínimos fixados são suficientes. Estaríamos assim a incorrer no vício da instrumentalização das pessoas em favor de outras, o qual, como já tínhamos dito, recusamos. Convirá mesmo dizer, neste ponto, que, até por força da enunciação dos teoremas da impossibilidade, do desenvolvimento da *Public Choice*, da teoria dos jogos, da teoria da decisão e do reconhecimento dos défices de informação, já referidos, a eficiência nunca poderá ser entendida como uma racionalidade absoluta. Ou seja, como um valor absoluto em torno do qual se poderia assentar um conceito de despesa pública justa. A eficiência não deve ser pois mais do que a "procura de uma solução suficientemente boa, mas não óptima"[1530/1531]. Ela deve cruzar-se, isso sim, com muitos outros factores. Ao lado de uma razão estratégica devemos, pois, reconhecer "uma racionalidade não-lógica (uma razão vital ou histórica, como diria ORTEGA Y GASSET) e dimensões etológicas [...]"[1532]. Não obstante os problemas que a eficiência utilitarista apresenta, não podemos deixar de reconhecer que esta não é uma via que possa ser descartada em absoluto. Como vimos, ela tem sido o motor para a aplicação de regras de racionalização de despesa (com a programação orçamental), de transparência, de nova governança[1533] e de *accountability* que dominam o discurso actual em torno da

---

[1530] LOUREIRO, J. C. Simões Gonçalves, 1995, p. 125-126.
[1531] Até porque, as mais das vezes, apenas nos fornece um resultado de distribuição, sem fornecer a base para fazer a melhor opção. No sentido de entender que em caso da redistribuição de bens, a eficiência nem sequer é tomada como um bom critério de decisão – FARBER, Daniel A. e FRICKEY, Philip P., 1991, p. 34.
[1532] LOUREIRO, J. C. Simões Gonçalves, 1995, p. 125-126.
[1533] CABANES, Arnaut, 2004, *passim*, exigindo o restabelecimento do equilíbrio das relações entre aqueles que beneficiam de pagamentos e prestações por parte do Estado e os contribuintes. É a ideia de aplicação das regras de boa gestão das empresas ao sector público – "Le citoyen n'attend pas moins de résultats e de comportements éthiques du fonctionnement de la démocratie de son pays que l'actionnaire de la gestion de la société commerciale dont il possède une partir du capital" (*Ibidem*, p. 25). A partir desta noção de nova governança, avultam as preocupações com a disciplina da despesa pública. Com efeitos, tanto ao nível de uma maior exigência no que toca ao controlo dos dinheiros públicos (veja-se como significativa dista tendência o aumento de competências do Tribunal de Contas português, já no século XXI) e no combate à corrupção – vejam-se como significativas as orientações da OCDE no que toca à contratação, encarando-a como a actividade administrativa mais sujeita à corrupção, à fraude e ao suborno relativas à transparência, à boa gestão, à prevenção de má conduta e à prestação de contas e controle (*vide* OCDE, 2007 e OCDE, 2009) – quanto de uma maior exigência de clareza, economia, eficiência e eficácia no que toca aos pagamentos públicos (implicando uma maior pressão para acabar com regalias ou remunerações ocultas dos funcionários públicos, por exemplo), como até de um melhor aproveitamento das ideias de descentralização ou subsidiariedade para controlo de despesa ou ainda das fontes de financiamento privadas (veja-se o desenvolvimento das parcerias público-privadas). A par destas preocupações de controlo, a nova governança traz também preocupações no que toca à promoção

despesa pública. Com efeito, conjugada com o tópico da eficiência, a abertura do espaço orçamental, por meio do alargamento da *reserva do possível* pode até ser encarada como uma oportunidade: "O espaço orçamental pode também ser criado através de ganhos de eficiência quanto aos programas de despesa que são implementados. Isto seria apropriado até nalguns sectores favorecidos (por exemplo, na definição de *ratios* mínimos entre professores e alunos e na racionalização da abordagem para oferta de cuidados médicos"[1534]). O que dizemos, pois, é que não obstante reconhecermos a sua importância para a compreensão da despesa pública no Estado contemporâneo, a eficiência não deve ser invocada como a base da despesa pública justa.

Na sequência daquela que mostrámos ser a evolução constitucional e a história recente da Constituição da República Portuguesa de 1976, perfilharemos então um conceito de despesa pública justa que evidencie a adesão da nossa Lei Fundamental a uma perspectiva moderna de despesa, procurando encontrar um equilíbrio entre as várias influências que se cruzam no seu texto, sobretudo, entre aquelas que pensamos serem mais significativas: a liberal-igualitária e a personalista. Para nós, mais do que uma questão de mera interpretação de normas sobre direitos fundamentais, a despesa justa deve evidenciar a referência a deveres materiais que o Estado assume. Partimos, portanto, da ideia de que só conseguiremos pôr cobro a uma concepção puramente contabilística da despesa, opondo-lhe uma visão da despesa pública justa que resolva verdadeiramente os mais graves problemas sociais de injustiça ou de iniquidade[1535]. Isto sem nunca comprometer uma margem de manobra legislativa, que, em última análise, deixe espaço para uma intervenção social concreta que vá para além dos casos mais graves.

Da necessidade de uma ideia de despesa pública justa
Contra uma ideia de despesa pública justa poderia dizer-se que ela é sinónimo de uma coarctação inadmissível da liberdade que reconhecemos ao legislador orçamental e que resulta do esquema de repartição de competências orçamentais, tal como parece gizado pelo legislador constituinte.

---

da transparência da actuação pública, o que tem necessariamente reflexos na forma como o Estado passa a comunicar com os seus cidadãos, usando os meios electrónicos e a internet, por exemplo. Para uma perspectiva dos efeitos que o conceito de nova governança pode ter sobre o direito financeiro, *vide* BARILARI, A., e BOUVIER, M., 2010, falando especificamente da situação francesa.
[1534] HELLER, Peter S., 2005.
[1535] SEN, Amartya, 2003, p. 261.

Todavia, contra isto notamos que, com a explicitação daquilo que é a despesa pública justa, apenas procuramos limitar o legislador nos princípios fundamentais fixados pela própria Constituição, pretendendo demonstrar que a decisão de despesa, embora possa em muitos aspectos ser considerada discricionária, não deve ser isenta de limites. Sublinhamos ademais que não nos sentimos como uma voz isolada a clamar no deserto. O próprio Tribunal Constitucional parece estar a caminhar, nesse sentido, nas sucessivas apreciações que tem feito sobre a constitucionalidade das normas orçamentais, nos últimos anos.

Denotamos, com isto, que, nos últimos anos, se notam alterações significativas em relação o controlo jurídico-constitucional exercido sobre normas de despesa pública. De uma perspectiva favorecedora da liberdade legislativa, o Tribunal tem evoluído para uma visão mais restritiva dessa liberdade, sem que porém nos pareça totalmente satisfatória. Sendo certo que uma parte relevante da jurisprudência do Tribunal Constitucional, à luz da Lei Fundamental de 1976, mostra, como já dissemos, que muito do controlo de despesa pública passa pela verificação do cumprimento das regras orçamentais, abstendo-se de questionar, quer a decisão de despesa, quer a própria despesa em si mesma[1536], a realidade tem-se vindo a alterar significativamente, sendo hoje legítimo questionarmo-nos sobre se o Tribunal não estará já mesmo a pisar a linha que parecia pré-estabelecida para a separação de poderes, na tomada da decisões de despesa.

Não obstante a jurisprudência constitucional anterior a 2012 ser consistente no sentido do reconhecimento da liberdade orçamental, a verdade é que, sobretudo a partir desse ano, o Tribunal Constitucional promoveu uma alteração do seu entendimento, fechando o espectro da conformação legislativa[1537].

[1536] O que condiz com uma ideia de ilimitação dos recursos que esteve presente na constitucionalização dos direitos fundamentais: "Não obstante a Constituição definir no artigo 9º as funções do Estado «nem a Constituição portuguesa nem as outras constituições europeias consagraram (porque não estava nas suas mãos fazê-lo) as condições fácticas que permitiriam financiar a realização das tarefas fundamentais do Estado»" – Conselheira MARIA LÚCIA AMARAL, no voto de vencido ao Acórdão do Tribunal Constitucional nº 353/2012.

[1537] Embora, como assinala MARIA BENEDITA URBANO, a verdade é que em 2012 se regista apenas teoricamente uma alteração nesse sentido de redução desta margem de liberdade. Pois, na prática, esse ano não pode deixar de ser caracterizado pela manutenção do entendimento de 2010 e 2011, devido ao "esvaziamento útil da decisão" operada pela limitação *sui generis* de efeitos dessa decisão de inconstitucionalidade – MARIA BENEDITA URBANO *in* RIBEIRO, G. Almeida e COUTINHO, L. Pereira, 2014, p. 17.

O argumento que marca com clareza esta alteração de entendimento[1538] é o da invocação da *igualdade proporcional*[1539]. O controlo orçamental passa, a par-

[1538] Aventando também esta hipótese, falando de "superação dos limites do controlo judicial" – MIGUEL NOGUEIRA DE BRITO *in* RIBEIRO, G. Almeida e COUTINHO, L. Pereira, 2014, pp. 123
[1539] Em 2012 e em 2013, as reduções de despesa que foram tentadas pelos respectivos Orçamentos do Estado, por meio da suspensão dos subsídios de funcionários e aposentados, foram declaradas inconstitucionais, por violação do princípio da igualdade – igualdade proporcional, se quisermos ser mesmo rigorosos (*Vide* Acórdãos do Tribunal Constitucional nº 353/2012 e 187/2013. Embora, neste mesmo tema, já no Acórdão do Tribunal Constitucional nº 303/90 tenha feito menção a este princípio, embora sem o aprofundar. Com interesse *vide* ainda MIGUEL NOGUEIRA DE BRITO *in* RIBEIRO, G. Almeida e COUTINHO, L. Pereira, 2014, pp. 107 e ss.). Reconhecendo também uma inversão, a partir de 2012, no sentido de balizar os cortes na despesa – LEITÃO, L. T. Menezes, 2012, p. 415. A única reedição do princípio da protecção da confiança é feito no Acórdão nº 862/2013 – *vide* criticamente MARIA BENEDITA URBANO *in* RIBEIRO, G. Almeida e COUTINHO, L. Pereira, 2014, pp. 31 e ss e ALEXANDRINO *in* RIBEIRO, G. Almeida e COUTINHO, L. Pereira, 2014, pp. 65-67, referindo-se a esta decisão como "inesperada" no seio da jurisprudência firmada a este respeito. No Acórdão nº 253/2012, o tribunal afirma que "é indiscutível que, com as medidas constantes das normas impugnadas, a repartição de sacrifícios, visando a redução do défice público, não se faz de igual forma entre todos os cidadãos, na proporção das suas capacidades financeiras, uma vez que elas não têm um cariz universal", chamando a atenção para o facto de a igualdade dever ser analisada conjuntamente com um juízo de proporcionalidade ("A igualdade jurídica é sempre uma igualdade proporcional, pelo que a desigualdade justificada pela diferença de situações não está imune a um juízo de proporcionalidade"). A chamada à colação do princípio da proporcionalidade prende-se com o facto de o Tribunal não negar "alguma diferenciação entre quem recebe por verbas públicas e quem actua no sector privado da economia" (BRITO, M. Nogueira de 2012, p. 110). Por isto, acaba por concluir que, no caso em apreço, a "diferença de tratamento é de tal modo acentuada e significativa que as razões de eficácia da medida adoptada na prossecução do objectivo da redução do défice público para os valores apontados nos memorandos de entendimento não tem uma valia suficiente para justificar a dimensão de tal diferença [...]" (*Vide* criticamente voto de vencido da Conselheira LÚCIA AMARAL; COUTINHO, L. Pereira, 2012, p. 80 e 81, dizendo que o Tribunal Constitucional inverteu "inesperadamente" com o Acórdão de 2012 a sua linha jurisprudencial. E duplamente: por um lado, ao falar em violação da igualdade isolando um ponto do regime global para fazer a comparação; e, por outro, ao não identificar violação da igualdade com o arbítrio; e BRITO, M. Nogueira, 2012, pp. 114-120, criticando a não identificação das posições subjectivas afectadas pelas medidas em causa, a não identificação dos princípios constitucionais que justificariam tais medidas e a falta de demonstração de que o mesmo interesse público poderia ser prosseguido "com idêntica eficácia por uma medida alternativa «mais igual» para os respectivos destinatários". Para MIGUEL NOGUEIRA DE BRITO, "o Acórdão nº 353/2012 manifesta um activistimo judicial extremo e coloca num plano de inusitada exigência – sobretudo se tivermos presente a jurisprudência do Tribunal Constitucional sobre o princípio da igualdade – o teste da igualdade geral". NOGUEIRA DE BRITO critica também a junção à igualdade do controlo da proporcionalidade, afirmando que neste caso o Tribunal Constitucional não cumpriu o ónus argumentativo que impendia sobre ele ao fazê-lo (pp. 118-120). Contrastando com esta decisão *vide* Acórdãos do Tribunal Constitucional nºs 786/96, o qual tem um exemplo de um caso que o Tribunal Constitucional entendeu não violador da igualdade, pela adopção de um critério de

tir daqui, a ser feito mais pela via de uma ideia abstracta de uma certa distribuição de bens a promover pelo Estado do que pela via do reconhecimento da liberdade legislativa.

Em torno da questão de saber como posicionar esses limites à liberdade conformadora do legislador formou-se até – no Acórdão do Tribunal Constitucional nº 353/2012 – uma divergência de opiniões, inédita no âmbito da nossa jurisprudência e que acaba até por reabilitar um velho princípio orçamental. Esta divergência visava apurar até que ponto estaria o Tribunal Constitucional obrigado, no seu juízo sobre os gastos públicos, a ter em conta o princípio da anualidade orçamental. Se é um facto que houve unanimidade quanto a saber se a suspensão do pagamento de subsídios estaria dentro do poder de conformação do legislador – por se considerar que "se mostra coerente com uma estratégia de actuação, cuja definição cabe dentro da margem de livre conformação política do legislador" – não houve unanimidade quanto ao estabelecimento

---

mérito objectivo e razoável, e 187/2001, cujo rigor na avaliação do princípio da proporcionalidade, o Tribunal Constitucional dispensou em 2012).
No Acórdão nº 187/2013, o Tribunal Constitucional desenvolve esta questão da igualdade proporcional, dizendo que o cumprimento do princípio da igualdade supõe a existência de um fundamento material para a opção de diferenciar e a proporcionalidade do tratamento diferenciado (igualdade proporcional), quer quanto às razões que justificam o tratamento desigual, quer quanto à medida da diferença. Foi aliás este raciocínio – com base na ideia de que as medidas tomadas do lado da receita e da despesa cumulam com a redução de vencimentos e a suspensão do pagamento do subsídio de férias, gerando um "esforço adicional que não é exigido aos titulares de outros rendimentos" – que levou a que também nesse ano o Tribunal Constitucional considerasse inconstitucional a suspensão apenas do subsídio de férias dos funcionários e pensionistas operada pelo Orçamento do Estado 2013: "Estão em causa limites do sacrifício adicional imposto àqueles sujeitos: para além de certa medida, esse acréscimo do sacrifício traduz um tratamento inequitativo e desproporcionado não podendo ser justificado pelas vantagens comparativas que esse modo de consolidação orçamental possa apresentar quando comparado com alternativas disponíveis" (Parece-nos aqui que o Tribunal Constitucional não recusa liminarmente a hipótese, por si só, da suspensão de um subsídio. O que este órgão jurisdicional faz, em concreto, é recusar esta suspensão cumulada com outras medidas de redução de remuneração, por não encontrar paralelo na esfera jurídica de outros titulares de rendimentos de trabalho (como os do sector privado) no que toca esforço que é exigido para a resolução do problema orçamental, e por não entender que estas reduções possam ser justificadas "por factores macroeconómicos relacionados com a recessão económica e aumento do desemprego". Em 2013, ao contrário do que entendeu em 2011, estes problemas "terão de ser solucionados por medidas de política económica e financeira de carácter geral". Tal como fizera em 2011, o Tribunal Constitucional também parece abrir a porta em 2013 ao afastamento da igualdade em excepcionais circunstâncias económico-financeiras como meio de reduzir rapidamente o défice público – criticamente LEITÃO, L. T. Menezes, 2012, p. 416 afirmando peremptoriamente que "a verdade é que nada existe na Constituição que admita que a redução de salários possa ser utilizada para efeitos de equilíbrio das contas públicas").

dos limites da liberdade que o exercício deste poder comportava. A maioria dos juízes pronunciou-se no sentido desta liberdade estar à partida limitada pelo princípio da igualdade. Ou seja, a maioria dos juízes entendeu que mesmo para reduzir o défice orçamental e salvaguardar a solvabilidade do Estado, o legislador deveria procurar repartir os sacrifícios de forma igual, na proporção das capacidades financeiras, sempre que, na sua intervenção, extravasasse os "limites do sacrifício" (limites estes que acabou por admitir no Acórdão nº 396/2011). Na corrente de opinião que vingou na redacção final do Acórdão, considerou-se, pois, que o legislador poderia ter configurado soluções alternativas para a diminuição do défice, quer pelo lado da despesa, quer pelo da receita que não apresentassem uma diferença de tratamento tão acentuada[1540].

Discordando deste ponto de vista, alguns juízes (Vítor Gomes e Moura Ramos) sustentaram nos votos de vencido que a liberdade de conformação legislativa não pode afastar-se do princípio da anualidade orçamental[1541], advogando, assim, que a ponderação da proporcionalidade não poderia deixar de ser feita de acordo com um juízo de actualidade. Defenderam, desta forma, que caberia dentro da liberdade conformadora do legislador tomar medidas excepcionais, para o horizonte de um ano. E que, no juízo a fazer pelo Tribunal Constitucional, este não poderia deixar de considerar as situações de excepcionalidade vividas pelo país (no caso concreto deveriam ter sido tomadas em conta as consequências negativas do incumprimento dos objectivos do Memorando de Entendimento sobre as Condicionalidades de Política Económica de 17 de Maio de 2011, conjuntamente com a necessidade de cumprimento dos deveres e compromissos do Estado social). Nesta perspectiva, só a continuidade dos sacrifícios seria motivo de censura, uma vez que o decurso do tempo é que seria o responsável pelo acréscimo de exigência em relação ao legislador, "no sentido de encontrar alternativas que evit[ass]em que, com o prolongamento, o tratamento diferenciado se torna[sse] claramente excessivo para quem o suporta[va]"[1542]. Ou seja, de acordo com este entendimento,

---

[1540] Não obstante alguns juízes conselheiros, como é o caso de Vítor Gomes e Maria Lúcia Amaral, entenderem que ficou por provar que o legislador dispunha efectivamente de alternativas que produzissem os mesmos efeitos – mas de forma mais igual, mais benigna e mais respeitadora das expectativas – que as medidas tomadas. Vide voto de vencido da Juíza Conselheira Maria Lúcia Amaral ao Acórdão do Tribunal Constitucional nº 353/2012. Para esta Juíza Conselheira nem sequer há "evidências" que permitam comprar o grau de sacrifício exigido aos afectados com o dos outros que não são abrangidos por essa medida.

[1541] Sobre isto Brito, M. Nogueira de, 2012, p. 112.

[1542] Vide voto de vencido do Juiz Conselheiro Vítor Gomes ao Acórdão do Tribunal Constitucional nº 353/2012.

o Tribunal Constitucional não poderia ter questionado as medidas de suspensão em 2012, só o podendo daí em diante[1543]. MOURA RAMOS vai mesmo mais longe, defendendo a necessidade de criação de "condições de possibilidade de alternativas"[1544].

Ainda que a ponderação de um juízo de actualidade não reflicta a jurisprudência do Tribunal Constitucional – que acabou, como vimos, por tomar uma decisão independente de um juízo de actualidade –, parece-nos que ela não pode deixar de ser considerada para a explicação da inédita limitação de efeitos da inconstitucionalidade que foi declarada pelo Tribunal Constitucional em 2012, ao arrepio daquela que tem sido a leitura corrente do 282º, nº 4, da Constituição[1545]. Embora nalguns votos de vencido seja notório o dissentimento de alguns juízes quanto a esta tomada de posição[1546], ela parece, assim, resultar de uma leitura intermédia destes entendimentos opostos[1547].

[1543] Contra LEITÃO, L. T. Menezes, 2012, p. 419

[1544] Chamando a atenção para este aspecto – BRITO, M. Nogueira de, 2012, p. 113.

[1545] Também considerando inovadora esta decisão vide BRITO, M. Nogueira de, 2012, p. 111 e pp. 122-123, defendendo uma perspectiva crítica. Contra esta possibilidade de limitação dos efeitos para 2013 vide LEITÃO, L. T. Menezes, 2012 (falando mesmo de uma "suspensão da Constituição"), citando CANOTILHO, J. J. Gomes, e MOREIRA, Vital, 2007 (vol. II), p. 979.

[1546] Vide votos de vencido de PAMPLONA DE OLIVEIRA, CUNHA BARBOSA e CATARINA SARMENTO E CASTRO ao Acórdão do Tribunal Constitucional nº 353/2012.

[1547] Não obstante esta alteração de entendimento, é de registar que quer antes quer depois de 2011, mesmo partindo de reconhecimento de uma maior margem para a intervenção judicial, o Tribunal Constitucional nunca cedeu à tentação de fixar baias legislativas concretas. O Tribunal por exemplo nunca fixou quantitativos à redução de vencimentos. O Acórdão do Tribunal Constitucional em que mais se aproximou da questão – embora sem especificar um limite concreto – foi o Acórdão nº 396/2011 falando "de reduções significativas [até porque cumuladas com a manutenção de anteriores reduções remuneratórias], capazes de gerarem ou acentuarem dificuldades de manutenção de práticas vivenciais e de satisfação de compromissos assumidos pelos cidadãos" (mas em compensação, no Acórdão nº 353/2012 do mesmo órgão jurisdicional, deixa em aberto a questão de redução de vencimentos por suspensão de subsídios de férias e de Natal, cumulada com reduções predecedentes de vencimentos – correspondendo agora a cerca de um quarto dos montantes iguais das suas remunerações –, por tratar a questão apenas do ponto de vista da igualdade e da proporcionalidade). Neste mesmo aresto, o Tribunal Constitucional afirma expressamente que "não consta da Constituição qualquer regra que estabeleça a se, de forma directa e autónoma, uma garantia de irredutibilidade dos salários" (Como o Tribunal Constitucional esclarece, existe uma regra jurídica de proibição de salários, mas ela é de direito ordinário e abrange a retribuição em sentido próprio "não abrange, por ex., as ajudas de custo, outros abonos, bem como o pagamento de despesas diversas do trabalhador". No artigo 89º do regime de trabalho em funções públicas, pelo contrário, permite-se a redução de salários, proibindo-se, porém, "em termos absolutos, [...] que a entidade empregadora, tanto pública como privada, diminua arbitrariamente o quantitativo de retribuição sem adequado suporte normativo"). Como explica MARIA LÚCIA AMARAL, pelo facto de "nenhuma constituição poder ser entendida como um código exaustivo das relações entre

Não obstante não aderir explicitamente à ideia de que a anualidade se sobreporia ao controlo das inconstitucionalidades inadmissíveis quanto às decisões de despesa, o Tribunal Constitucional afirma, no Acórdão nº 187/2013, ainda mais um limite a esta liberdade de conformação legislativa na redução da despesa, que corrobora o nosso entendimento acerca do endurecimento do controlo das decisões de despesa. É, pelo menos assim que lemos

> cidadãos e Estado, nenhuma, nem tão pouco a CRP, pode garantir que o *quantum* da remuneração do trabalho exista sempre em *crescendum* e nunca diminua, ao mesmo título que garante os direitos e liberdades fundamentais" (Vide voto de vencido de MARIA LÚCIA AMARAL ao Acórdão do Tribunal Constitucional nº 353/2012). Para o Tribunal Constitucional, o direito à retribuição fica também sem dúvida em causa quando é afectado o direito a um mínimo salarial (com prejuízo, por exemplo, do montante do salário mínimo nacional) (*Vide* Acórdão do Tribunal Constitucional nº 396/2011: "Não estando em causa a afectação do direito a um mínimo salarial, uma vez que a redução remuneratória apenas abrange retribuições superiores a 1500 euro, valor muito superior ao do salário mínimo nacional, a irredutibilidade apenas poderá resultar do respeito pelo princípio da protecção da confiança e porventura, ainda, do princípio da igualdade" ou ainda *a contrario*, no mesmo Acórdão, "não se pode dizer, uma vez garantido um mínimo, que a irredutibilidade do salário seja uma exigência da dignidade da pessoa humana ou que se imponha como um bem primário ou essencial"). Isto porque como reconhece o Tribunal Constitucional, "o salário mínimo nacional contém em si a ideia de que é a remuneração básica estritamente indispensável para satisfazer as necessidades impostas pela sobrevivência digna do trabalhador e que por ter sido concebido como o *"mínimo dos mínimos"* não pode ser, de todo em todo, reduzido" – Acórdão do Tribunal Constitucional nº 318/99. Atendendo a que para o Tribunal Constitucional os vínculos laborais não estão imunes a contingências financeiras supervenientes, é, aliás, possível encontrar na sua jurisprudência exemplos de situações de redução de vencimentos previstas que não considera inconstitucionais. É o caso da redução de vencimento na situação de *lay off*, previsto na lei geral para todos os trabalhadores; ou na situação de licença sem vencimento de longa duração, para os trabalhadores da Função Pública, no caso de recusa injustificada da colocação oferecida, considerando-a "muito menos grave do que uma das medidas previstas para os trabalhadores em geral, como é o caso do despedimento colectivo" (Ambos os exemplos resultam Acórdão do Tribunal Constitucional nº 4/2003). A esta luz também os juízes do Palácio Ratton não consideram inconstitucional a "possibilidade de redução progressiva do vencimento de exercício, a graduar em função do período de inactividade e a da passagem à situação de licença sem vencimento de longa duração, no caso de recusa injustificada da colocação oferecida" (Acórdão do Tribunal Constitucional nº 4/2003. Sobre isto e afirmando que eles não servem de exemplo para justificar as reduções das retribuições dos funcionários em 2011 – LEITÃO, L. T. Menezes, 2011, p. 1282).
> A esta mesma luz devemos entender as afirmações do mesmo tribunal no sentido de não atribuir qualquer significado jurídico a "uma eventual expectativa quanto à continuidade da atribuição de parte da remuneração a título de subsídio de carreira, e não como elemento da mesma remuneração" (Acórdão do Tribunal Constitucional nº 786/96) nem sequer uma expectativa jurídica relativamente à generalização de subsídios: "nesse caso, a expectativa a considerar não seria a da continuidade de uma situação jurídica preexistente, mas sim a de um direito ilimitado a quaisquer subsídios a criar, o que não constitui, obviamente, uma expectativa jurídica tutelada pelo princípio da confiança" (Acórdão do Tribunal Constitucional nº 786/96).

as partes em que os seus juízes afirmam que as sucessivas reduções salariais tentadas, tendo como pretexto uma situação de excepcionalidade, vão implicando "um acréscimo de exigência ao legislador no sentido de encontrar alternativas que evitem que [...] o tratamento diferenciado se torne excessivo para quem o suporta"[1548]. O Tribunal Constitucional chega mesmo a afirmar que as razões invocadas em 2011 para justificar a redução das remunerações não têm em 2013 o mesmo grau de convencimento. Para este órgão jurisdicional, as medidas excepcionais deverão ser acompanhadas de medidas permanentes de redução de despesa. Assim, não obstante não aderir explicitamente à ideia de uma prevalência do princípio da anualidade, os seus juízes assumem como cristalino que, num contexto de urgência, podem ser temporariamente afastadas ou mitigadas algumas exigências decorrentes dos princípios do Estado de Direito. Porém, fora destas situações, esse afastamento ou mitigação não se justificará. Para este Tribunal, a passagem do tempo acaba, desta forma, por trazer um dever de fundamentação acrescido para um Estado, "um ónus de fundamentação em termos de valores previsíveis para as diversas alternativas possíveis de aumento de receita ou redução de despesa"[1549]/[1550].

Estas considerações mostram-nos uma alteração de entendimento clara no que toca à consideração da despesa. De um controlo da decisão de despesa, apenas balizado pelo cumprimento da legalidade orçamental, mas reconhecendo liberdade orçamental, somente limitada pela violação evidente dos princípios do Estado de Direito – igualdade, proporcionalidade e violação da protecção de confiança –, o Tribunal avança para decisões em que procura intensificar esses mesmos limites, reduzindo o espaço de conformação legislativa.

[1548] Argumento que é reiterado no Acórdão do Tribunal Constitucional nº 413/2014.
[1549] Acórdão do Tribunal Constitucional nº 187/2013.
[1550] No mesmo sentido, lemos as afirmações feitas em 2013 (Acórdão nº 862/2013) no sentido de não aceitação de uma redução de 10% das pensões pagas pela Caixa Geral de Aposentações, sustentando que esta medida não podia ser encarada como "uma medida estrutural de convergência de pensões", por configurar uma "medida avulsa de redução de despesa, através da afectação dos direitos constituídos da CGA" (PAULO MOTA PINTO in RIBEIRO, G. Almeida e COUTINHO, L. Pereira, 2014, p. 159 afirma que este acórdão roça o "dirigismo constitucional"). Ou as de 2014, proferidas no mesmo sentido, servindo como base para a pronúncia no sentido da inconstitucionalidade da Contribuição de sustentabilidade (vide o Acórdão nº 575/2014, chamando a atenção para o facto de esta não constituir verdadeiramente um instrumento ao serviço de um programa de redução estrutural e permanente da despesa). Para o Tribunal tratava-se aqui de uma "mera redução do valor da pensão por aplicação de uma taxa percentual, à semelhança do que sucedeu com a antiga CES" sem "um efeito orçamental de diminuição de despesa a curto prazo sem qualquer capacidade de adaptação a modificações que, no futuro, resultem de alterações demográficas ou económicas".

Não obstante os esforços de limitação das decisões de despesa, o Tribunal Constitucional não chega, porém, a definir uma ideia clara de limites à redução da despesa pública, caindo numa jurisprudência errática e sem coordenadas certas que permitam antever o sentido das próximas decisões. Sentimos, pois, que o tema da despesa pública justa, que poderia ter sido abordado, no sentido de procurar constranger a mão do legislador no seu papel de redução dos gastos públicos, ficou por tratar. Até porque a perspectiva que o Tribunal Constitucional tem desenvolvido supostamente neste sentido, parece assentar numa base de interpretação do sentimento popular, que nos remete para ideia de *standard* que ainda há pouco recusávamos pelo perigo do governo de juízes que traz associado. Sentimo-nos acompanhados neste sentimento de insatisfação, pela Conselheira MARIA LÚCIA AMARAL quando, no voto de vencido ao Acórdão nº 413/2014, diz que o Tribunal Constitucional agiu "à margem das exigências metódicas que são próprias da argumentação jurídico-constitucional, [e] não deixa para o futuro qualquer bússola orientadora sobre o conteúdo da sua própria jurisprudência, e sobre o entendimento que tem quanto aos limites do seu próprio poder".

Não nos conformando com essa lacuna no âmbito do tratamento jurídico-constitucional dessa despesa, avançaremos no sentido da explicitação dessa despesa justa que ficou por desbravar.

5.2. A reserva do possível como elemento central para a compreensão da despesa pública justa

Justificada que está a aproximação a uma visão de despesa pública que procura limitar a intervenção do legislador, não podemos deixar de notar que apesar de insuficientes, os conceitos que a dogmática jurídico-constitucional apresenta para tratar deste tema não devem ser descartados, sem mais, de uma teoria da despesa pública justa. Aliás, notamos mesmo que em todas as hipóteses que fomos aventando ao longo do tempo para a construção daquilo que deveria a despesa pública justa, a *reserva do financeiramente possível* se nos deparou sempre como central.

Uma das razões que explica este entendimento é a de que só esta mesma *reserva do possível* nos permite perceber que a despesa pública justa não pode subsumir-se, sem mais e inteiramente, ao princípio da capacidade financeira do Estado. Respondemos assim positivamente ao apelo feito pela ideia da *reserva do possível* no sentido de afastar qualquer tentação de fazer uma leitura maximalista da Constituição, no sentido de pretender que toda a violação dos direitos constitucionais que, em princípio pudesse evitar-se com meios financeiros, deveria obviar-se dessa forma[1551/1552].

Outro motivo que nos faz apostar na centralidade da ideia da *reserva do possível* no desenvolvimento da despesa pública justa é o facto de ser aqui que se joga o equilíbrio de forças que necessariamente teremos de estabelecer entre o legislador orçamental e o poder judicial. Se, por um lado, a Constituição nos faz crer que este é tendencialmente livre de constrangimentos no momento de pesar receitas e despesas do Estado, a verdade é que o estudo da repartição justa de bens nos obriga a considerar limites que devem ser observados, sob pena de se contribuir para a formação de decisões orçamentais iníquas.

Há ainda outras razões – que facilmente se depreendem do que já atrás dissemos – e que nos fazem aderir a esta ideia. Uma das mais relevantes prende-se, finalmente, com o facto de que só colocando a *reserva do possível* no centro de uma teoria da despesa justa se leva o tema da escassez de recursos a sério, uma vez que só esta ideia de escassez conduz à interiorização de preocupações de racionalização da despesa, numa perspectiva de garantir que o caminho que propomos atende aos esforços de sustentabilidade financeira, nevrálgicos para a subsistência duradoura de um sistema público com preocupações sociais.

Não obstante o reconhecimento da centralidade da *reserva do financeiramente possível*, a verdade porém é que a aceitação deste conceito não pode deixar de se fazer com algumas cautelas. Antes de mais, porque a associação da *reserva do possível* à *indeterminidade* das normas constitucionais acaba por ser

---

[1551] No sentido de defender que ninguém sustenta que a Constituição assim o requer – ALEXY, Robert, 2009, p. 71. Falando porém de uma interdependência entre a reserva do financeiramente possível e a capacidade financeira do Estado ANDRÉ SALGADO MATOS encara a reserva do possível como uma condição suspensiva dos direitos sociais – *incertus an, incertus quando* – "Sobre o Estado impenderia de forma permanente, a obrigação de fazer verificar a condição; e os particulares teriam a possibilidade de exigir a prestação de meios do Estado" (*in* Direito ao ensino). TIAGO DE FREITAS critica, porém, posição de SALGADO MATOS. Para TIAGO DE FREITAS não faz sentido falar da reserva do possível como condição, pois "se assim for, bastará que seja monetariamente possível para que a mesma se verifique – o que é inaceitável" (FREITAS, T. Fidalgo de, 2006, p. 793). TIAGO DE FREITAS entende a reserva do possível mais como um condicionamento que afecta a realização dos direitos sociais (*Ibidem*, p. 795).

[1552] Isto não significa evidentemente que a capacidade financeira nunca possa ser tida em conta. Desde logo, como ensina ALEXY, "o princípio da capacidade financeira do Estado como princípio substantivo pode justificar que não se adopte um meio que interfira de forma menos intensiva se o meio que interfere de maneira mais intensiva produz custos consideravelmente inferiores" – ALEXY, Robert, 2009, p. 71. A própria capacidade financeira é tomada em conta "se nem todos os direitos económicos, sociais e culturais puderem ser tornados plenamente operativos em certo momento, [pois] então, haverá que determinar com que prioridade e em que medida o deverão ser" (GOUVEIA, J. Bacelar, 1996, pp. 304 e ss.).

um dos factores que ainda hoje contribuem para a menorização ou secundarização dos direitos sociais. Hipótese que recusamos.

Como explica ALEXY uma das objecções mais importantes ao reconhecimento da fundamentalidade dos direitos sociais prende-se ainda hoje com a aplicação da *reserva do possível* a estes direitos[1553]. Para quem menoriza os direitos sociais, a aplicação da *reserva do financeiramente possível* em relação a estes direitos transforma necessariamente as normas constitucionais que os consagram em não vinculativas[1554]. Ou seja, em normas carecendo de uma ponderação ou intervenção legislativa. O que impede, por um lado, a extracção de efeitos directos a partir do seu texto constitucional e, por outro, secundariza o seu papel em face do decisor orçamental. Estas seriam, portanto, normas que, em última análise, não se bastariam a si próprias, carecendo sempre de intervenção legislativa.

Mesmo entre os Autores que não recusam aos direitos sociais fundamentalidade, a *reserva do financeiramente possível* tem conduzido a uma menorização – de certa forma – dos direitos sociais no seio dos direitos fundamentais, pela limitação do poder judicial em relação à ponderação feita a nível político e legislativo e às opções tomadas pelo decisor orçamental. Esta secundarização conduz, não raro, à negação da justiciabilidade destes direitos, relacionada com a vagueza dos textos constitucionais que os formulam e com a falta de uma prática institucional de interpretação desses direitos[1555]. Mesmo o próprio Tribunal Constitucional tem muitas vezes caído nessa tentação quando, reconhecendo a necessidade de intermediação legislativa para concretizar os direitos sociais, acaba por afirmar que a sua "efectividade está dependente da chamada «reserva do possível»", deixando em muitos casos, a mão do legislador completamente livre para a sua conformação (*v.g*, Acórdãos do Tribunal Constitucional n°s 101/92, 130/92, 131/92, 32/97, 24/2000, 465/2001, 212/2003, 590/2004 e 143/2007).

É preciso dizer, em abono da verdade, que dentre os autores que menorizam os direitos sociais em relação aos demais direitos, há alguns que, apesar

---

[1553] ALEXY, Robert, 1997, p. 490. *Vide* sobre isto TELES, M. Galvão, 1970, p. 108.
[1554] ALEXY, Robert, 1997, p. 490.
[1555] ABRAMOVICH, Victor e COURTIS, Christian, 2002, p. 39. Muitos Autores olham para os direitos sociais, não obstante o seu reconhecimento constitucional, como direitos meramente programáticos e não directamente exigíveis (eles são caracterizados "como meras declarações de boas intenções, de compromisso político e, no pior dos casos, de engano ou fraude tranquilizadores" – ABRAMOVICH, Victor e COURTIS, Christian, 2002, p. 19). Os direitos sociais são olhados, nesta perspectiva como direitos "em sentido figurado ou metafórico" (ABRAMOVICH, Victor e COURTIS, Christian, 2002, p. 23) ou como sugere BACELAR GOUVEIA como "bibelots para decoração dos sistemas constitucionais" (GOUVEIA, J. Bacelar, 1995, p. 271).

de tudo, tentam retirar algum sentido útil da sua fundamentalidade[1556]. Paradigmáticas disto mesmo, são a distinção entre direitos originários a prestações e direitos derivados em relação aos direitos sociais, de que fala GOMES CANOTILHO[1557], por um lado, e a ideia de conteúdo essencial dos direitos (ainda que sem um conteúdo rigorosamente determinado) por parte de JORGE MIRANDA[1558].

Seja como for, a verdade é que a afirmação desta fundamentalidade dos direitos sociais, por uma ou outra via, acaba por não ir muito além do reconhecimento ou de "uma interpretação das normas legais de modo conforme «com a constituição económica e cultural»" ou da possibilidade de declaração da inconstitucionalidade por omissão (por não desenvolvimento do direito constitucionalmente reconhecido ou por redução da efectivação legal anteriormente atingida[1559]). De facto, todas estas tentativas de interpretação das normas de direitos sociais acabam sempre por criar um espaço enorme de liberdade a favor do legislador, em detrimento do poder judicial. Espaço este, que parece ser reforçado pela *indeterminidade* dos direitos sociais, ou seja, pelo facto de as normas que os consagram não conterem elas próprias a descrição e a enumeração dos meios para atingir os fins a que se referem. Como explica REIS NOVAIS, a este propósito, vê-se assim surgir nas normas de direitos sociais uma reserva do possível que "[...] invade o próprio plano jurídico". Os direitos sociais surgem assim como direitos "intrinsecamente condicionado[s] pela "reserva do possível" e não apenas as condições da sua efectividade social ou da sua realização optimizada"[1560/1561].

[1556] "Es verdad, como dice profesor Alexy, que existe una dificultad para la consideración de los derechos sociales como derechos plenos por ser dificilmente justiciables y, también porque suponen un esfuerzo económico cuantitoso que choca con la escasez, que es una realidad en la que se encuentran todas las sociedades. En todo caso, esas dificultades no diluyen el mandato radical de la constitución de remover los obstáculos y promover las condiciones para que la libertad y la igualdad puedan ser reales y efectivas para todos [...]" – GREGORIO PECES-BARBA *in* ALEXY, Robert, 2009, p. 92).

[1557] CANOTILHO, J. J. Gomes, 2002, pp. 475-477.

[1558] MIRANDA, Jorge, 2012, p. 484. Para este autor, porém a partir deste conteúdo essencial, não se podem recortar "verdadeiras e próprias restrições". Para MIRANDA, "tratar-se-á, sim de uma avaliação simultânea (ou dialéctica) dos direitos a efectivar e dos recursos humanos, materiais, disponíveis e adequados para o efeito".

[1559] CANOTILHO, J. J. Gomes, 2003, p. 478.

[1560] NOVAIS, J. Reis, 2010, p. 100. REIS NOVAIS parte do princípio de que a reserva do possível invade o próprio direito, embora ache que este é um limite ao direito e não um limite que integra o conteúdo do direito.

[1561] É certo que da parte de quem defende a fundamentalidade dos direitos sociais, a ideia da reserva do possível acabou por determinar alguns traços do regime que lhes seria aplicável, de

Para além disto, é de notar também que a *reserva do possível*, associada sem mais apenas aos direitos sociais, nos pode também fazer incorrer no erro de basearmos uma teoria da despesa justa na ideia de que só os direitos sociais implicam despesa relevante para o Estado[1562]. E que, por isso, importa proteger o Estado contra a sua invocação. Foi, aliás, esta perspectiva de que os direitos fundamentais tinham implicações de custos tão distintas que, de certa forma, conduziu, à defesa e à aplicação, depois, de um regime distinto aos dois tipos de direitos fundamentais. A discussão que, na década de 1950, se estabeleceu, a propósito dos pactos de direitos fundamentais, impondo a realização de pactos separados para direitos fundamentais – pondo para um lado direitos civis e políticos e para outro direitos económicos, sociais e culturais – parece ser já reflexo disso mesmo[1563]. Foi esta mesma perspectiva de

---

forma a atenuar a indefinição que parece marcar os direitos sociais. Estava aqui em causa evitar que esses direitos equivalessem a "um grau zero de garantia" (Canotilho, J. J. Gomes, 2003, p. 481) ou até mesmo evitar a ideia de que seria o legislador ordinário que "cria[ria] e determina[ria] o conteúdo de um direito social" (*Ibidem*, p. 481). As formas mais comuns encontradas para o fazer correspondem a traços do regime dos direitos sociais que ainda hoje são debatidos: a *proibição de retrocesso social* ou o dever de realização progressiva dos direitos sociais; o *conteúdo mínimo* dos direitos sociais a salvaguardar; e o *mínimo de existência*. Estes traços foram pensados em torno do tema da escassez de recursos e, justamente, de forma de contornar a reserva do possível que conferia aos direitos sociais alguma *indeterminabilidade*.

[1562] É, aliás, a ideia que está por detrás da afirmação actual proferida por Gomes Canotilho de que "os direitos sociais [...] pressupõem grandes disponibilidades financeiras por parte do Estado" (Canotilho, J. J. Gomes, 2003, p. 481. Esta ideia teve também reflexos no debate filosófico estabelecido entre quem defende o paradigma moderno de despesa e o paradigma de libertação – veja-se a este proposto Espada, J. C., 2004, pp. 46-48, referindo que Hayek parte da ideia da escassez de recursos para explicar a diferença entre os direitos sociais e os direitos tradicionais). Nesta perspectiva, parte-se do pressuposto de que os direitos de liberdade ou não implicavam despesa ou exigiam apenas quantias de dinheiro quase irrisórias. A sua concretização contaria com a sua directa inscrição orçamental, sem necessidade de verificação prévia dos recursos disponíveis. Estes seriam directamente aplicáveis e os termos do reconhecimento constitucional vinculariam o legislador e seriam objecto de controlo por parte do poder judicial. Significativa deste entendimento é a afirmação actual também de Gomes Canotilho: "Os direitos de liberdade não custam, em geral, muito dinheiro, podendo ser garantidos a todos os cidadãos sem se sobrecarregarem os cofres públicos" (Canotilho, J. J. Gomes, 2003, p. 481).

[1563] De um lado, estariam os direitos (ditos clássicos) de abstenção por parte do Estado, os quais se aplicariam de forma imediata, visto que não estariam dependentes de qualquer prestação por parte do Estado. Do outro, estariam os direitos, ditos sociais, dependentes de intervenção concretizadora do Estado e, portanto, dominados pela ideia da escassez de recursos disponíveis. Desta perspectiva de custos, resultou um Pacto Internacional dos Direitos Económicos, Sociais e Culturais sujeito a um regime mais brando em relação àquele a que se sujeitava o pacto dos direitos civis e políticos, sem órgão de fiscalização e assente num comprometimento dos países no que toca à adopção de medidas legislativas tendentes a "atingir progressivamente a plena efectividade dos direitos aqui

custos que, entre outros aspectos, conduziu em Portugal ao tratamento constitucional distinto destes dois tipos de direitos: a separação dos dois tipos de direitos encontrava-se para o PS, PPD e CDS explicada por estarmos perante direitos de estrutura diferenciada, de direitos negativos e direitos positivos[1564].

Para tentar obviar estes abusos, a aceitação da *reserva do possível* como parte de uma teoria de despesa justa vai obrigar-nos, por isso, quer a conjugar a aceitação dos seus termos com uma perspectiva da teoria dos direitos, mais voltada para o seu tratamento unitário, quer a reponderar a utilização daqueles conceitos que a doutrina tem invocado ao longo do tempo para contrabalançar a limitação do controlo judicial que ela traz associada perante o legislador orçamental: o mínimo de existência; o conteúdo mínimo dos direitos sociais a salvaguardar; e a proibição de retrocesso social ou o dever de realização progressiva dos direitos sociais.

A concepção que aqui defenderemos coloca assim a *reserva do financeiramente* possível no centro, demonstrando que a visão constitucionalmente mais adequada de despesa pública justa não se pode construir sem se equilibrar o poder do legislador orçamental com o do poder judicial, não deixando, porém, de refutar alguns aspectos do seu entendimento tradicional. Para melhor se perceber o que propomos, explicaremos quais os domínios em que o legislador orçamental não é livre e em que, portanto, a *reserva do possível* actua limitadamente.

6. Limites à actuação da reserva do possível

6.1. A despesa que decorre do reconhecimento da dignidade da pessoa humana: a afirmação de um direito a um mínimo de existência condigna

Quando se trata de descortinar quais os limites jurídicos de actuação do Estado, não podemos deixar de olhar, desde logo, para o princípio da dignidade da pessoa humana, assumido logo no artigo 1º da Constituição.

---

reconhecidos", "até um máximo de recursos" (artigo 2º, nº 1). "Não por acaso o art. 22º da Declaração Universal liga os direitos económicos, sociais e culturais «ao esforço nacional e à cooperação internacional, de harmonia com a organização e os recursos de cada povo»" – MIRANDA, Jorge, 2012, p. 483. Sobre a influência deste entendimento na Assembleia Constituinte – *vide* VIEIRA, M. B. e SILVA, F. C., 2010, p. 109.

[1564] "Como explica Costa Andrade, os primeiros «conferem ao cidadão um poder de agir e impõem ao Estado uma abstenção», ao passo que os segundos «tornam o cidadão credor de prestações positivas por parte do Estado»" – VIEIRA, M. B. e SILVA, F. C., 2010, p. 148. Embora, como nos relatam MÓNICA BRITO VIEIRA e FILIPE CARREIRA DA SILVA, este tratamento distinto tenha sido criticado pelos partidos à esquerda do PS. Para o PCP, por exemplo, os direitos deveriam beneficiar de um regime unificado – *Ibidem*, p. 148-149.

Ao reconhecer este princípio, a nossa Constituição adere inquestionavelmente a uma perspectiva moderna de despesa. Tributária de uma visão kantiana[1565] e de uma visão personalista do Homem, a dignidade humana é tomada como o alicerce da República e da Constituição e como a fonte dos direitos fundamentais[1566]. Com base nesta ideia de dignidade da pessoa, a Constituição adere a um "personalismo constitucional que faz da dignidade de cada pessoa humana viva e concreta o fundamento de validade de toda a ordem jurídica e a razão de ser do Estado"[1567].

Embora possamos, como assinalámos, retirar do debate constituinte ou da colocação constitucional dos direitos uma clara influência do personalismo fundado na doutrina social da Igreja[1568], a dignidade da pessoa surge, na nossa

---

[1565] OTERO, Paulo, 2009, p. 36, apontando para as três respostas kantianas para a pergunta "O que é o Homem?" e que estão no centro da compreensão constitucional.
[1566] CANOTILHO, J. J. Gomes, 2006, pp. 165 e ss. e OTERO, Paulo, 2009, pp. 27-32 – sobre o hegelianismo democrático que se opõe a esta visão kantiana colocando o Estado no centro da Constituição.
[1567] OTERO, Paulo, 2009, p. 33.
[1568] Pode retirar-se – como o fazem ISABEL MOREIRA ou PAULO OTERO – o reconhecimento da dignidade da pessoa como base dos direitos fundamentais e o entendimento do carácter social dos direitos que este gera, da ideia de que a Constituição adere às ideias personalistas afirmadas pela Doutrina Social da Igreja (MANUEL CLEMENTE in TRIBUNAL CONSTITUCIONAL, 2012, p. 57). Concordamos em grande parte com esta afirmação. De facto, também nos parece que tal como a doutrina social da Igreja, também a nossa Constituição, por força da consagração do princípio da dignidade da pessoa humana, coloca a pessoa no centro e o Estado ao serviço do bem comum, interligando a perspectiva do desenvolvimento social com a promoção do desenvolvimento integral da personalidade (até a própria evolução do texto constitucional – no sentido do reforço do princípio da subsidiariedade ou da consagração expressa do princípio do desenvolvimento integral da personalidade – parecem aproximar o seu texto de uma certa influência do catolicismo social). Tal como ISABEL MOREIRA ou PAULO OTERO, também nos parece que a referência à doutrina social da Igreja nos oferece mesmo uma das chaves de leitura do catálogo dos direitos fundamentais, que nos permite uma aproximação ou mesmo uma "solução" – para usar a expressão certeira de ISABEL MOREIRA – dos direitos fundamentais (que preconizaremos quando defendermos os "direitos sociais mínimos" – vide infra). A fusão do bem comum e da dignidade da pessoa humana proposta pela doutrina social da Igreja, propõe-nos olhar para certos direitos sociais até como mais intimamente ligados à dignidade da pessoa humana do que certos direitos de liberdade e propõe-nos olhar para os direitos de liberdade "pela lente da dignidade da pessoa humana, embutida de socialidade" (MOREIRA, Isabel, 2007, p. 135), vendo neles vertentes que são de direitos sociais. Parafraseando PAULO OTERO, "a dignidade do eu não é independente da dignidade do tu [...] [;] a minha dignidade é função da dignidade que é reconhecida a todos os restantes seres humanos" (PAULO OTERO in TRIBUNAL CONSTITUCIONAL, 2012, p. 46). Pensamos até que a influência da doutrina social da Igreja que se faz sentir sobre este conceito personalista de dignidade humana poderá até – através da defesa que faz do princípio da solidariedade – explicar a ideia de promoção das relações sociais entre todos, como falar de um atravessamento das barreiras de classe social, de geração, ou mesmo barreiras de nacionalidade, introduzindo-os aos conceitos de solidariedade

Constituição, claramente como sendo mais do que um conceito moral[1569] e com claros efeitos obrigacionais para o Estado. O reconhecimento da dignidade humana como princípio basilar do Estado Português tem, aliás, reflexos claros, quer ao nível do modo de agir do Estado, quer ao nível da despesa pública que ora nos ocupa.

Em primeiro lugar, quanto ao modo de actuação do Estado, o respeito pela dignidade humana implica, desde logo, a necessidade do consentimento democrático para autorização de imposições estatais que possam afectar o direito de autodeterminação[1570]; depois, a sujeição das imposições estatais a crivos de igualdade, proibição do excesso, proporcionalidade e protecção da confiança[1571], uma vez que a afectação desses princípios coloca em causa a própria dignidade do homem; e também – e sobretudo para o que aqui nos interessa – a proibição de afectação ou esvaziamento do "núcleo mínimo de possibilidades de levar uma vida digna em condições de liberdade e de auto-

---

intergeracional e internacional. Por força da influência da doutrina social da Igreja e do personalismo, podemos fazer derivar da ideia constitucional de socialidade, implícita na de dignidade da pessoa, a ideia de solidariedade intergeracional e internacional.

Porém, esta ligação que vemos estabelecida com a dignidade da pessoa humana não nos tolherá de procurar outras teorias favorecedoras do entendimento personalista que defendemos.

[1569] "O que une, hoje, crentes e ateus, é o reconhecimento fundante da liberdade digna e a dignidade livre do homem contra ortopraxis históricas de unificação e de instrumentalização humanas" – Canotilho, J. J. Gomes, 2006, pp. 179-180. Veja-se neste sentido o Acórdão do Tribunal Constitucional nº 105/90, reconhecendo a dignidade da pessoa humana como "um princípio aberto, não apriorístico, eminentemente cultural e historicamente concretizado". Tal como em muitos ordenamentos jurídicos influenciados pela Constituição de Bona, no nosso a dignidade da pessoa é tomada pela Constituição da República Portuguesa à maneira kantiana como um valor normativo ou um dever-ser jurídico, e não apenas como um valor moral: a pessoa é tomada como fim em si mesma, "como indivíduo singular e não enquanto membro de qualquer corpo ou realidade transpersonalista, seja a família, a corporação, a classe ou a casta, a nação ou a raça" – Novais, J. Reis, 2004, p. 52.

Sugerindo a neutralidade moral do conceito de dignidade da pessoa, atente-se sob a "fórmula do objecto de Dürig", que muito recorda a máxima kantiana: "uma ordem jurídica orientada por valores de justiça e assente na dignidade da pessoa humana não deve ser mobilizada para garantir, enquanto expressão de liberdade de acção, situações e actividades cujo "princípio" seja o de que uma pessoa, numa qualquer dimensão (seja a intelectual, seja a física, seja a sexual), possa ser utilizada como puro instrumento ou meio ao serviço de outrem" (Acórdão nº 144/2004 – reiterado pelos Acórdãos nºs 196/2004, 303/2004 e 170/2006) – Tribunal Constitucional, 2007, pp. 2, 3, 20 e 21 e Miranda, Jorge, e Alexandrino, J. de Melo, p. 11.

[1570] Embora haja limites ao consentimento. O consentimento não pode anular ou destruir as condições futuras de autodeterminação e de livre desenvolvimento da personalidade, não pode inibir a pessoa de conformar a sua vida de acordo com planos livremente concebidos, nem implicar uma degradação irreversível – Novais, J. Reis, 2004, p. 61.

[1571] Novais, J. Reis, 2004, p. 63.

conformação que vêm implicadas na necessária consideração do indivíduo como sujeito", por meio de intervenções do Estado[1572].

No que toca à despesa pública, são de destacar efeitos particulares. Desde logo, é a centralidade jurídica da dignidade da pessoa que coloca o Estado ao serviço do Homem impedindo-o de assumir despesa para se servir, antes de mais, ou exclusivamente a si próprio. De facto, sob a lente da dignidade da pessoa humana, percebemos quais as primeiras necessidades a ter em conta quando falamos nas necessidades colectivas: as necessidades pessoais. E sobretudo percebemos que estas se devem sobrepor às necessidades colectivas. Por isso, qualquer tentativa de sujeição a uma ética de bem comum da colectividade ou da comunidade – entendida como sujeição da pessoa ao interesse colectivo –, que desloque a edificação da essência constitucional para "uma componente axiológica diferente do valor da pessoa humana e da sua dignidade [...] mostra-se metodologicamente desadequada"[1573]. Trata-se aqui do reconhecimento da própria evolução jurídico-constitucional no sentido de afirmar que "o ser humano antes de ser cidadão é pessoa e, nessa qualidade, tem direitos universais cuja essencialidade é superior e anterior à participação e comunicação política"[1574].

Para além destas considerações genéricas, é ainda possível determinar concretamente deveres de despesa pública a partir deste valor fundante. O próprio Tribunal Constitucional tem extraído do princípio da dignidade da pessoa, não só imperativos de abstenção perante certas dimensões da vida, mas também e claramente uma dimensão positiva ou "uma operatividade transformadora", que em muito tem contribuído para enriquecer o catálogo dos direitos fundamentais, com impacto evidente sobre a despesa pública. De acordo com o Tribunal Constitucional, esta "operatividade transformadora" manifesta-se "em três domínios essenciais: (i) Na adequação progressiva do direito penal e do direito processual penal à ordem constitucional, sobretudo pela identificação – a partir da 'ideia da dignidade' da pessoa – dos princípios estruturantes tanto do direito substantivo quanto do direito adjectivo;

[1572] NOVAIS, J. Reis, 2004, p. 58.
[1573] OTERO, Paulo, 2009, p. 33. PAULO OTERO associa esse modo de ver ao discurso neo-republicano, quando adoptam a postura metodológica "que parte da *polis* para a pessoa e não da pessoa para a *polis*". Este autor chama mesmo a atenção para o risco de se cair num "totalitarismo de face humana" quando se defende a prevalência do bem comum da colectividade sobre os direitos individuais (*Ibidem*, p. 34).
[1574] OTERO, Paulo, 2009, p. 35, distinguindo "soberania do povo" de "soberania do género humano", demonstrando que a vontade popular deve radicar no ser humano e não num abstracto bem comum.

(ii) Na 'descoberta' – justamente a partir da ideia de 'dignidade' – de direitos fundamentais não escritos, sobretudo na «descoberta' e na afirmação de um direito [fundamental] ao mínimo de sobrevivência condigna; (iii) Na delimitação do âmbito de protecção de diferentes direitos"[1575]. Foi, aliás, com base no princípio da dignidade humana e nesta dimensão positiva que dele se extrai, que o Tribunal Constitucional antecipou o direito geral de personalidade, hoje já vertido na Lei Fundamental sob a fórmula de "livre desenvolvimento da personalidade"[1576].

Uma parte importante desta matéria, com reflexos directamente sobre a despesa constitucionalmente justa, é a relativa ao direito ao mínimo vital. Centremo-nos nele por ora.

O mínimo vital pode ser encarado de várias formas. Pode ser encarado tanto como um direito negativo (fixando limites mínimos de rendimento que devem ser respeitados, nomeadamente, pela administração fiscal, penal e credores ou bancos, em caso de crédito)[1577], quanto como um direito com

---

[1575] TRIBUNAL CONSTITUCIONAL, 2007, p. 6.
[1576] TRIBUNAL CONSTITUCIONAL, 2007, pp. 13 e 14.
[1577] O Tribunal Constitucional afirmou várias vezes o princípio da dignidade humana com uma dimensão negativa (MOREIRA, Isabel, 2007, p. 140), apontando para a garantia de uma sobrevivência minimamente condigna. Tendo em vista a efectivação da mesma, impediu a penhora de salários e prestações sociais (na medida em que estas punham em causa a sobrevivência digna dos pensionistas – *Vide* Parecer da Comissão Constitucional nº 479 de 25 de Março de 1983 e Acórdãos do Tribunal Constitucional nºs 232/91, 434/91, 411/93, 130/95, 318/99, 62/02, 177/02 e 96/04, onde o Tribunal Constitucional afirmou o direito "à não tributação do rendimento necessário ao mínimo de existência". No Acórdão nº 349/91, o mesmo órgão jurisdicional, pronunciando-se pela impenhorabilidade de pensões, acaba mesmo por se afirmar que mesmo "em casos de *colisão* ou *conflito* entre aqueles dois direitos [do credor ao pagamento da dívida e do devedor à subsistência], deve o legislador, para tutela do valor supremo da dignidade da pessoa humana, sacrificar o direito do credor, na medida do necessário e, se tanto for preciso, mesmo totalmente, não permitindo que a realização deste direito ponha em causa a sobrevivência ou subsistência do devedor".
Mesmo sendo negativa esta prestação jurídica, ela acaba por ter reflexos financeiros. Com efeito, como explica VIEIRA DE ANDRADE ela tem custos económicos para o Estado que não devem ser ignorados: "se o Estado não é obrigado a assegurar positivamente o mínimo de existência a cada cidadão, ao menos que não lhe retire aquilo que ele adquiriu e é indispensável à sua sobrevivência com o mínimo de dignidade" Como o afirma o próprio Tribunal Constitucional, esta jurisprudência teve tanta relevância que chegou a influenciar "de forma decisiva a reforma do processo civil, nesta parte. Com efeito, com o Decreto-Lei nº 329-A/95, de 12 de Dezembro, passou a fazer-se uma destrinça entre impenhorabilidade absoluta, relativa e parcial e a figura da penhorabilidade subsidiária" (Acórdão do Tribunal Constitucional nº 318/99). O Código do Processo Civil de 2013 é até mais claro do que o anterior apontando claramente prevendo simultaneamente o salário mínimo como o "mínimo dos mínimos" a ser respeitado para efeitos de impenhorabilidade e uma ponderação concreta do juiz que permita salvaguardar mais o que o mínimo.

dimensão positiva (direito ao salário mínimo; direito à assistência social em caso de necessidade; rendimento mínimo garantido). Na sua dimensão positiva, pode ainda ser encarado ou como um direito fundamental de natureza análoga aos direitos, liberdades e garantias ou como um direito social ou ainda como um direito fundamental de natureza híbrida[1578].

Não esclarecendo exactamente em que qualidade o reconheceu, o Tribunal Constitucional afirmou o direito ao mínimo de existência, na sua dimensão positiva, equacionando "um direito a exigir do Estado o tal mínimo de existência condigna [...], o que implica um direito a prestações"[1579]. No Acórdão nº 509/2002[1580], os juízes do Palácio Ratton não se coibiram de ordenar directa-

---

[1578] VIEIRA DE ANDRADE levanta a questão de saber se o direito ao mínimo de existência condigna é um direito análogo aos direitos de liberdade. Ele próprio, não pensa que o seja – quando muito considera como tal apenas "o direito à não ablação [...] e à não tributação do rendimento necessário ao mínimo de existência", embora pondere doutrina e jurisprudência que assim o consideram – Vide ANDRADE, J. Vieira de, 2012, p. 374 – vide nota 51).

REIS NOVAIS em 2004 abre espaço para o reconhecimento do direito fundamental a um mínimo vital ou "no âmbito do direito à vida ou como direito fundamental autónomo" (NOVAIS, J. Reis, 2004, p. 63). Porém, em 2010, mostra parece simpatizar com "o modelo do mínimo social [...] por funcionar como menor denominador comum das várias aproximações ao tema da dimensão positiva dos direitos sociais ou como modelo de confluência que esconde divergências mais profundas no domínio dos direitos sociais (NOVAIS, J. Reis, 2010, pp. 205-209).

ISABEL MOREIRA defende que este é um direito de natureza híbrida, na fronteira entre os direitos de liberdade e os direitos sociais: um direito de liberdade (com uma dimensão negativa expressa na impenhorabilidade de certos rendimentos de forma a não afectar as necessidades básicas de sobrevivência do executado). Este direito tem uma marcada componente social na medida em que "é um direito de liberdade, ainda que intrinsecamente ligado à condição social do titular do direito fundamental" – MOREIRA, Isabel, 2007, pp. 146-148. Diz ISABEL MOREIRA: "Em suma, temos duas caracterizações do (possível) direito ao mínimo de existência, às quais haverá que somar uma terceira: (i) trata-se de um direito análogo aos direitos, liberdades e garantias, deduzível do princípio da dignidade da pessoa humana; (ii) será antes um direito social derivado do direito à vida; ou (iii) diminuído o seu conteúdo para um direito (negativo) à não tributação do rendimento necessário ao mínimo de existência, será um direito, liberdade e garantia" – MOREIRA, Isabel, 2007, p. 141.

[1579] MOREIRA, Isabel, 2007, p. 143 e TRIBUNAL CONSTITUCIONAL, 2007, pp. 15-20.

[1580] O Acórdão do Tribunal Constitucional nº 509/2002 reconheceu – seguindo os passos já dados nos Acórdãos nºs 349/91 e 318/99 – o direito a um mínimo de sobrevivência condigna como direito positivo, "oponível à própria comunidade política estadual e enquanto direito realizado através de prestações a cargo desta última" (TRIBUNAL CONSTITUCIONAL, 2007, p. 18). Em concreto, "entendeu-se aqui que a exclusão sistemática, do universo dos destinatários das subvenções estatais [rendimento social de inserção], dos jovens de idade compreendida entre os 18 e 25 anos lesava o conteúdo mínimo do direito a um mínimo de existência condigna – direito esse constitucionalmente garantido – dado não «[existirem] outros instrumentos que o possam assegurar, com um mínimo de eficácia jurídica». – TRIBUNAL CONSTITUCIONAL, 2007, p. 18. Vide também neste sentido ANDRADE, J. C. Vieira de, 2004 (II), p. 26, falando do "direito às condições mínimas de

mente despesa pública ao Estado, a partir do texto constitucional e da perspectiva de despesa que, de acordo com a sua interpretação, a Constituição perfilharia[1581]. Retirando directamente quer do princípio da dignidade da pessoa humana, quer da própria ideia de Estado social em que se funda a despesa pública[1582] a ideia de prestações estaduais, "que permitam uma existência autodeterminada, sem o que a pessoa, [seria] obrigada a viver em condições de penúria extrema"[1583], o Tribunal deixa claro que o Estado deve assumir preocupações redistributivas através da despesa. Servindo-se dos seus réditos, o Estado deve assumir a anulação das condições de pobreza extrema que pudessem fazer perigar a vida das pessoas. Os indivíduos passam assim a poder exigir ao Estado a garantia da sua existência material[1584/1585].

existência condigna" como um direito a prestações estaduais e MIRANDA, Jorge, e ALEXANDRINO, J. de Melo, p. 5.

[1581] Com o destaque da componente positiva da dignidade da pessoa, deixa-se para trás a perspectiva mais comum de referência exclusiva às omissões estatais de todos os comportamentos atentatórios da dignidade. Para REIS NOVAIS, este direito surge "de forma porventura algo inesperada – atendendo à debilidade fáctica do nosso Estado social" (NOVAIS, J. Reis, 2004, p. 64). Porventura – diremos nós – talvez seja essa mesma debilidade do Estado social que contribui para uma afirmação mais forte dessa componente positiva da dignidade da pessoa humana.

[1582] Não parece aliás inocente a descolagem deste direito por parte dos juízes do Palácio Ratton do direito à Segurança Social. Vide, desde logo, no Acórdão 349/91: "Este preceito constitucional [artigo 63º] poderá, desde logo, ser interpretado como garantindo a todo o cidadão a percepção de uma prestação proveniente do sistema de segurança social que lhe possibilite uma *subsistência condigna* em todas as situações de doença, velhice ou outras semelhantes. Mas, ainda que não possa ver-se garantido no artigo 63º da Lei Fundamental um direito a um *mínimo de sobrevivência*, é seguro que este direito há-de extrair-se do princípio da dignidade da pessoa humana, condensado no artigo 1º da Constituição".

[1583] NOVAIS, J. Reis, 2004, p. 64.

[1584] MOREIRA, Isabel, 2007, p. 133.

[1585] Em conformidade com o que dissemos acima, é óbvio que não temos de associar necessariamente o mínimo existencial a um Estado social. Fazemos esta afirmação no contexto do nosso ordenamento jurídico-constitucional, sem pretensões de a generalizar. Como vimos, a ideia do reconhecimento de um direito ao mínimo de existência é uma ideia que não é exclusiva dos defensores de uma concepção moderna de despesa. Mesmo da parte dos seus detractores, a ideia de rendimento mínimo não era estranha. Com efeito, uma das conclusões que retirámos da Parte I foi justamente no sentido de que hoje a defesa das ideias pré-modernas em que assentam em última linha as ideias de libertação dos Estado, acabam por se intersectar com preocupações modernas. Ainda que esses autores não queiram assumir que se trata de um reflexo da função de distribuição do Estado, alguns acabam por atribuir esse dever do Estado, revestindo-o de um mecanismo que possa temperar os efeitos do jogo do mercado, como o fez HAYEK.
Note-se até, a este propósito, que esta ideia do mínimo essencial se manifestou pela primeira vez numa ordem jurídico-constitucional não consagradora de direitos sociais (até antes de surgir a regulamentação infraconstitucional das prestações a fornecer pela Segurança Social 1962 – *Bun*-

A recepção do mínimo existencial, em contextos jurídico-constitucionais como o nosso, assume claramente uma visão moderna de despesa[1586], segundo a qual a benevolência está integrada no seio da Justiça e que, por isso, o Estado não deve ser indiferente às necessidades das pessoas. Isto tem, desde logo, como implicação lógica o questionamento da *reserva do possível* e da absolutidade dos poderes orçamentais. Com efeito, este direito a um mínimo de existência surge como *determinável* a partir do princípio do Estado social[1587]. Claro que não se nega que haja alguma margem de escolha política no que toca à forma como se concretiza este dever de assegurar a sobrevivência mínima, mas a verdade é que a realização objectiva desse mesmo direito – assegurar a sobrevivência mínima a todos – nunca pode ser posta em questão. Assim e associando este direito com uma componente de socialidade[1588], a afirmação deste mínimo existencial conduz à afirmação de um direito directamente

---

dessozialhilfegesetz). A discussão acerca do mínimo de existência iniciou-se nos trabalhos constituintes da Constituição de Bona e OTTO BACHOF foi dos primeiros defensores desta ideia, logo no pós-guerra – BACHOF, Otto, 1954, pp. 42 e 43. ISABEL MOREIRA assinala até a curiosidade de os juízes do Tribunal Constitucional no Acórdão nº 509/2002 se terem apoiado "na doutrina e jurisprudência alemãs que não suportam um texto fundamental com direitos sociais – MOREIRA, Isabel, 2007, p. 143.

[1586] Como mostra, o seu reconhecimento teórico e prático remonta ao período do pós-guerra, período que apontamos como aquele em que se desenvolveu exponencialmente este paradigma – *vide* para além do texto de BACHOF a que já nos referimos a decisão do Tribunal Federal Administrativo da Alemanha de 24 de Junho de 1954 – BVerwGE 1, 159 (161 e ss.). Só mais tarde (1975) é que este mínimo foi reconhecido pela jurisprudência do Tribunal Constitucional Federal Alemão: "Cuidar dos necessitados é certamente um dos deveres óbvios de um estado de bem-estar. Isso inclui, necessariamente, a assistência social aos cidadãos que em virtude da sua precária condição física ou mental, se encontram limitados no seu desenvolvimento pessoal e social e sejam incapazes de se sustentar. A comunidade estadual deve, em qualquer caso assegurar as condições mínimas para uma existência digna e além disso, na medida do possível, fazer um esforço por reintegrar essas pessoas na sociedade, para promover o seu atendimento adequado na família ou por terceiros e para prestar os serviços de cuidados necessários. Este dever geral de protecção não pode terminar em uma determinada idade [...]", – BVerfGE 40, 121 (Waisenrente II). Este Acórdão teve eco em vários outros proferidos pelo mesmo órgão jurisdicional, nomeadamente nos BVerfGE 82, 60 (Steuerfreies Existenzminimum) – referindo-se apenas à dimensão negativa deste direito – e 125, 175 (Hartz IV). Este último já mais recente (2009).

[1587] "O princípio da solidariedade, que vimos ser o fundamento imediato dos direitos sociais, pelo menos a partir da revogação do originário artigo 50º da CRP, é traduzível pela ideia de "bem comum", sobretudo surgindo este como realidade a construir, não apenas reclamando que cada pessoa tenha, em abstracto, o direito ao seu sustento, como mais exigindo de todos uma utilização solidária dos bens e recursos" – MOREIRA, Isabel, 2007, p. 139.

[1588] "Os direitos de liberdade são lidos pela lente da dignidade da pessoa humana embutida de socialidade, pelo que eles mesmos encerram vertentes que são direitos sociais" – MOREIRA, Isabel, 2007, p. 137.

invocável, levando até a um questionamento da absolutidade dos poderes orçamentais e a um estreitamento da *reserva do possível* que se poderia ver implícito no seu seio[1589]. Trata-se aqui de reconhecer um direito (a um mínimo de sobrevivência) que nem mesmo alguns autores libertários recusariam[1590] (embora, como vimos, por exemplo em HAYEK, este apenas admita a concessão de um mínimo de subsistência para que a pessoa se mantenha viva e saudável). Trata-se, no fundo, da concretização da ideia de que devemos "ajudar aqueles que não conseguem ajudar-se a si próprios"[1591].

Estamos, pois, perante a primeira manifestação daquilo que é a despesa constitucionalmente justa. Ou seja, independentemente de a Constituição ter ou não normas expressas sobre a distribuição justa de bens, é, pois, possível extrair dela imperativos de despesa devidos por imperativos de justiça[1592]. E, por aqui, começamos a vislumbrar as primeiras consequências – com efeitos directos na despesa pública – da adesão a um modelo de despesa em que o Estado assume algumas funções no cuidado dos mais desfavorecidos.

Uma das primeiras consequências é justamente o reconhecimento de que os poderes orçamentais não são ilimitados como pareciam à primeira vista: o poder orçamental está subordinado, pelo menos, perante o mínimo existencial que o Estado nunca pode recusar[1593]. Esta construção leva-nos assim a afir-

---

[1589] Há até quem fale na atribuição de um rendimento garantido ou uma dotação única de dinheiro como forma de assegurar o princípio da diferença rawlsiano, como é o caso de PHILLIPPE VAN PARIJS quando se refere ao rendimento básico incondicional de cidadania (PARIJS, P. Van, 1992, *passim*) ou de BRUCE ACKERMAN, falando de uma herança social de cidadania (ACKERMAN, Bruce e ALSTOT, Anne, 1999, *passim*). Não obstante, pelo que acima expusemos sobre os autores que defendem a libertação do Estado, a defesa de um rendimento mínimo de garantia pode também ser defendida de um ponto de vista liberal ou libertário. Como vimos, neste ponto em particular esses autores questionam menos esse subsídio do que o carácter coercivo das medidas que o Estado impõe para as aplicar – *vide* ROSAS, J. Cardoso, 2011, p. 47.

[1590] HAQ, Mahbub ul, 1995, p. 143: "Every society develops a certain social consensus on how to balance market efficiency and social compassion".

[1591] ESPADA, J. C., 2004, p 98.

[1592] Consequentemente discordamos com o voto de vencido da Conselheira Fátima Mata-Mouros ao Acórdão do Tribunal Constitucional nº 575/2014, na parte em que esta vislumbra um amplo espaço de conformação legislativa para a fixação de pensões mínimas independentes da carreira contributiva. Decorre do que acima dizemos que, não obstante reconhecermos que há alguma margem de liberdade quanto ao máximo a fixar (sublinhamos, alguma pois se o sistema é de repartição, o máximo deveria ser fixado pelos recursos a repartir), reconhecemos nesse domínio uma limitação legislativa, uma vez que da Constituição deriva uma obrigação de fixação pelo menos do mínimo para a sobrevivência que deve ser sempre respeitada.

[1593] "Os direitos individuais podem ter mais peso do que as razões de política financeira. [...] Todos os direitos fundamentais limitam a competência do legislador; frequentemente fazem-no de uma

mar duas ideias fundamentais. A primeira é a de que este direito de existência mínima ou sobrevivência mínima corresponde ao conteúdo mínimo – ao "mínimo dos mínimos" – da função de distribuição que o Estado assume. O Estado não pode, assim, à luz deste direito deixar alguém morrer por falta de meios mínimos de subsistência[1594].

A segunda consequência é a de que este mínimo deve ser tomado como prioritário[1595]: antes de se comprometer com qualquer despesa (por exemplo, leis ou contratos anteriores, como resulta de uma interpretação literal do artigo 105º da nossa Constituição), o Estado tem pois de arranjar meios para distribuir bens, de forma a assegurar, pelo menos, a existência das pessoas que compõem o seu substrato. Fica, desta forma, impedido de invocar a *reserva do financeiramente possível*. Foi, aliás, desta forma que o Tribunal Constitucional reconheceu este direito. Como um direito que vincula o Estado "independentemente de dificuldades financeiras circunstanciais ou de particulares orientações políticas"[1596]. A esta luz, no seio da despesa constitucionalmente imposta surgem, assim, deveres de prestação que substituem rendimentos para o acesso aos bens essenciais para a sobrevivência: um rendimento mínimo que permita suprir a falta de qualquer rendimento para assegurar a sua subsistência mínima ou até fundos para garantia de alimentos a quem juridicamente é credor deles[1597]. Mesmo a resposta que o Estado tem

---

forma incómoda para este e, às vezes, afectam também a sua competência orçamental quando se trata de direitos financeiramente mais gravosos" – ALEXY, Robert, 1997, p. 495.

[1594] MOREIRA, Isabel, 2007, p. 140: "Há mesmo quem afirme, a partir de uma interpretação do Estado Social, que a missão do legislador está, antes de mais, dirigida, a assegurar o mínimo existencial a cada pessoa".
ALEXY sublinha que isto deve fazer-se sob certas e apertadas condições, entre elas o respeito pela competência orçamental do Parlamento – ALEXY, Robert, 1997, p. 495: "Habrá que considerar que una posición de prestación jurídica está definitivamente garantizada iusfundamentalmente si (1) la exige muy urgentemente el princípio de la libertad fáctica y (2) el princípio de la división de poderes y el de la democracia (que incluye la competência presupuestaria del parlamento) al igual que (3) principios materiales opuestos [...] son afectados en una medida relativamente reducida a través de la garantía iusfundamental de la posición de prestación jurídica y las decisiones del Tribunal Constitucional que la toman en cuenta". Distinguindo também reserva do possível de reserva do Orçamento – TORRES, Ricardo Lobo, 2009, pp. 103 e ss.

[1595] TORRES, Ricardo Lobo, 2009, p. 8 e BARCELLOS, Ana Paula, 2003, p. 236 e ss.

[1596] NOVAIS, J. Reis, 2004, p. 67 e 68.

[1597] Discordamos neste ponto, portanto, do entendimento desenvolvido do Tribunal Constitucional. Com efeito, os seus juízes parecem mais inclinados para achar que "não resulta que o Estado tenha de assumir, por imposição constitucional, uma posição jurídica de garante da prestação alimentar dos progenitores" já que "a prestação pública radica num típico direito social derivado do nº 1 do artigo 69º da CRP [...]" (Acórdãos do Tribunal Constitucional nºs 54/2011 e 481/2014).

dado ao problema da alimentação nas cantinas escolares, permitindo que elas fiquem abertas fora do período escolar, parece entroncar nestes deveres de cumprimento do mínimo de subsistência[1598].

Há, para além destas, uma terceira consequência a assinalar: nestas prestações mínimas, a dignidade humana impõe o afastamento de uma perspectiva utilitarista. A esta luz, mesmo que a realização destas prestações não represente um benefício económico visível para a comunidade (ou mesmo que implique alguma perda de bem-estar para a comunidade ou implique uma solução que não seja óptima, no sentido paretiano do termo, para o bem-estar), elas devem ser realizadas. A esta luz, o "mínimo dos mínimos" não deve recusado a ninguém: idosos, doentes mentais, marginais ou outros desfavorecidos[1599].

Para este órgão jurisdicional, mesmo reconhecendo que se está perante a hipótese de se assegurar a "existência condigna" – como sucede claramente no Acórdão 481/2014 – isso não é suficiente para afastar "o reconhecimento do amplo poder de conformação do legislador perante a indeterminação típica das normas constitucionais relativas ao direito social em causa e o carácter multímodo das suas vias de concretização". *Vide* a este propósito SILVA, J. Pereira da, 2014, p. 63 – criticando o Acórdão do Tribunal Constitucional nº 400/2011, referindo-se também ao Fundo de Garantia de Alimento devido a Menores, na parte em que este afirma que são os pais e não o Estado que tem o dever de prover às necessidades dos seus próprios filhos. Para JORGE PEREIRA DA SILVA, com este Acórdão, o Tribunal Constitucional deixa na sombra o dever de protecção pública dos filhos em relação aos seus próprios pais. É de notar que a jurisprudência desta Acórdão tem sido reiterada – Acórdão nº 274/2013 e 481/2014.

[1598] Ligando este tema à austeridade e às carências alimentares – TRUNINGER, Mónica, TEIXEIRA, José, HORTA, Ana, ALEXANDRE, Sílvia e SILVA, Vanda A. da, 2013, pp. 11-19.

[1599] TORRES, Ricardo Lobo, 1990, p. 69: "A dignidade da pessoa humana não pode retroceder aquém de um mínimo, do qual nem os prisioneiros, os doentes mentais e os indigentes podem ser privados". Com uma decisão de inconstitucionalidade em relação a uma lei que limitava a atribuição do rendimento social de inserção aos cidadãos nacionais com residência legal em Portugal há, pelo menos, um ano ver Acórdão do Tribunal Constitucional nº 141/2015. *Vide* ainda MATHIEU, Bertrand e VERPEAUX, Michel, 2002, p. 522.

Admite-se porém que em relação a estrangeiros ou apátridas se possa exigir prova de residência em Portugal. Como se chama a atenção no Acórdão nº 141/2015, o TJUE tem entendido "que, em certas situações, é legítimo que um Estado-Membro só conceda determinadas prestações sociais a nacionais de outros Estados-Membros que demonstrem um certo grau de integração na sociedade desse Estado, *sendo que a exigência de um período mínimo de residência pode justamente servir tal fim* (acórdão de 15 de março de 2005, Bidar, C-209/03, Colet. p. I-02119, n.os 56-57 e 59-61 e acórdão de 18 de novembro de 2008, Förster, C-158/07, Colet. p. I-08507, nº 49-60) [itálico nosso]. E na sua mais recente jurisprudência, o TJUE veio estabelecer um equilíbrio entre os direitos de cidadãos da União economicamente não ativos e os interesses legítimos dos Estados-Membros de acolhimento em proteger os seus sistemas de segurança social do chamado «turismo social», ao reconhecer que os Estados-Membros devem ter a possibilidade de recusar a concessão de prestações sociais a cidadãos da União economicamente não ativos que exerçam a sua liberdade de circulação com o

Notamos, porém, que a defesa de um mínimo vital, nos termos da Constituição, não deve cingir-se a um mínimo de sobrevivência para que a pessoa se mantenha viva. Ou seja, não deve limitar-se ao mínimo para alimentação ou habitação (como sucede com o actual rendimento social de inserção, que nas grandes cidades apenas cobre, por via de regra, as despesas de habitação, deixando todas as outras necessidades básicas sujeitas à satisfação por parte da benevolência voluntária). A dignidade da pessoa humana que é reconhecida pela Constituição deve obrigar a um entendimento mais exigente. Ele deve incluir não só o direito a um mínimo de sobrevivência, mas também o direito a um mínimo de existência condigna[1600]. Apresenta-se-nos, portanto, um Estado que mais do que assegurar o mínimo de subsistência para todos, deve intervir no sentido da promoção de uma vida condigna para todos; a promoção da "vida minimamente condigna" (*minimally decent life*) de que fala CÉCILE FABRE[1601]. Nestes termos, do reconhecimento da dignidade da

---

único objetivo de obter benefícios sociais de outro Estado-Membro, apesar de não disporem de recursos suficientes para gozarem de um direito de residência nesse Estado-Membro (acórdão de 11 de novembro de 2014, Dano, C-333/13, nº 78)". Não obstante esta chamada de atenção, o Tribunal Constitucional não se coíbe de afirmar que ao limitar o acesso dos cidadãos de Estados-Membros da União Europeia, o legislador poderá comprometer, por força da condição de reciprocidade, a atribuição do mesmo subsídio a portugueses que residam noutro país da União.

[1600] Na linha do que reconhece, aliás o Tribunal Constitucional alemão no BVerfGE 125, 175: "Article 1.1 of the Basic Law declares human dignity to be inviolable and obliges all state authority to respect and protect it [...]. As a fundamental right, the provision is not only a defensive right against encroachments on the part of the state. The state must also protect human dignity in positive terms [...]. If a person does not have the material means to guarantee an existence that is in line with human dignity because he or she is unable to obtain it either out of his or her gainful employment, or from own property or by benefits from third parties, the state is obliged within its mandate to protect human dignity and to ensure, in the implementation of its social welfare state mandate, that the material prerequisites for this are at the disposal of the person in need of assistance" – *Vide* REIS NOVAIS, 2010, p. 199, nota 214-A, referindo "que esta decisão é tanto mais significativa quanto, num momento de profunda crise económica internacional, obriga tendencialmente o Estado social alemão a um incremento não negligenciável do montante das prestações sociais".

[1601] *Vide* FABRE, Cécile, 2000, *passim*, defendendo mais do que o direito a um mínimo existencial, um direito a uma "vida minimamente decente". CÉCILE FABRE defende que o direito a uma "vida minimamente decente" (*minimally decent life*) deve resultar da Constituição ("We should concentrate on making sure that people have the prerequisites demanded by minimal autonomy and well-being [...] I would deny that we should maximize people's autonomy by giving them whatever resources they need in order to pursue their conception of good life, to the extent that they have chosen this conception and should therefore take some responsibility for it. In other words, autonomy and well-being are important enough to impose on people duties to give others the resources necessary for them to be able to lead a minimally decent life" – *Ibidem*, secção 1.4.1.). Neste incluem-se os direitos a um rendimento mínimo adequado, direito a habitação e direito a

pessoa humana deve resultar um imperativo de cobertura de outras necessidades para além das de abrigo e alimentação, suficientes para manter a pessoa viva. Outras necessidades têm de ser tomadas em conta, nomeadamente, as necessidades básicas de habitação condigna[1602], de acesso à saúde, à educação, à informação, de acesso ao Direito e apoio judiciário e até de utilização do espaço público (incluindo, por exemplo, necessidades com vestuário e calçado adequado de forma a que a pessoa não surja, com vergonha, no espaço público)[1603].

cuidados médicos. Estes direitos são encarados nesta perspectiva como pressupostos essenciais de uma vida autónoma e de bem-estar para todos os membros da sociedade.
O direito a uma "vida minimamente decente" incluiria em concreto direito a uma prestação (a quem não possuísse outro meio de subsistência) que tivesse em conta as necessidades sentidas por uma pessoa enquanto ser humano (alimentação, roupa e calçado decente) e por uma pessoa enquadrada numa determinada sociedade (ex. acesso a televisão); o direito a exigir do Estado uma educação que permitisse ter noções de numeracia e literacia funcionais; o direito a exigir cuidados médicos primários (medicina preventiva: vacinas) e cuidados médicos para as pessoas que se encontram à partida abaixo do limiar de pobreza ou, que por virtude do custeamento do tratamento, fiquem nessa posição.
No que toca ao mínimo social há quem fale, diferentemente, quer de um mínimo existencial fisiológico (teoria absoluta), o mínimo corresponde ao mínimo vital exigido pelo respeito da dignidade da pessoa humana ou pelas meras necessidades e interesses de sobrevivência – TORRES, Ricardo Lobo, 2009, p. 8 defende que o Estado está vinculado apenas ao cumprimento das condições mínimas de existência da pessoa e não ao cumprimento da totalidade das suas necessidades. E há quem fale de um mínimo existencial sócio-cultural, em que o mínimo é determinado de acordo com uma ideia de razoabilidade, de proporcionalidade (proibição do défice) ou até ditado pelo contexto em que se vive. Vide SARLET, Ingo, 2009, p. 322 (baseando-se na ideia que a vida humana não pode ser reduzida à mera existência). Para SARLET: "o conteúdo essencial do mínimo existencial encontra-se directamente fundado no direito à vida e na dignidade da pessoa humana [...] [;] o assim designado mínimo sociocultural encontra-se fundado no princípio do Estado Social e no princípio da igualdade no que diz com o seu conteúdo material" (SARLET, Ingo e FIGUEIREDO, Mariana Filchtiner, 2008).
[1602] MATHIEU, Bertrand e VERPEAUX, Michel, 2002, p. 520 referindo-se expressamente à ligação entre a dignidade da pessoa humana e o direito a um alojamento condigno.
[1603] BVerfGE 125, 175: "The statutory benefit claim must be shaped such that it always covers the total needs necessary for the existence of each individual fundamental right holder". Para tanto, o Tribunal exige que o Governo forneça ("In order to facilitate this constitutional review, there is an obligation for the legislature to disclose the methods and calculations used to determine the subsistence minimum in the legislative procedure") e aceda aos dados de despesa necessários para a existência de cada um de forma transparente ("To this end, it must initially assess the types of need, as well as the costs to be expended for them, and on this basis must determine the amount of the overall need. The Basic Law does not prescribe to it a specific method for doing so [...]; it may, rather, itself select the method within the bounds of aptitude and expedience. Deviations from the selected method however require a factual justification") e com processos que se adaptem rapidamente à realidade ("The result thus found is also to be reviewed and refined on an ongoing basis because a person's elementary requirement for life can in principle only be satisfied at the

Diga-se até que o entendimento que o Tribunal Constitucional tem defendido em relação à consideração de uma vida condigna – ainda que para efeitos negativos, ou seja, de protecção de determinado rendimento em casos de penhora – nos deve levar a elevar a fasquia no que toca à exigência que se deveria ter em relação às prestações que são devidas pelo Estado. No Parecer da Comissão Constitucional nº 479 de 25 de Março de 1983 e nos Acórdãos do Tribunal Constitucional nºs 232/91, 349/91, 434/91, 411/93, 130/95, 318/99, 62/02, 177/02 e 96/04, os juízes do Palácio Ratton demonstram o reconhecimento da protecção pública contra a privação de um mínimo para uma vida condigna, numa medida que extravasa largamente um mínimo de sobrevivência. O Tribunal reconhece até que a esfera de protecção abrange o salário mínimo[1604].

Partindo do reconhecimento desta esfera, defendemos pois que o Estado deve senão unificar, pelo menos, aproximar-se mais do critério de vida condigna que utiliza quando impõe sacrifício aos credores, na satisfação das suas dívidas, fazendo intervir para a definição do mínimo, considerações próximas daquelas que considera em termos negativos. Tanto na sua vertente positiva, quanto na sua vertente negativa, não pode deixar de se considerar uma só ideia de vida minimamente condigna, como o corolário do princípio da dignidade da pessoa humana, "vector axiológico estrutural da própria Constituição"[1605].

A esta luz, não podemos, pois deixar de criticar o entendimento que tem sido defendido para a consideração daquela que deve a ser a prestação do Estado no que toca ao rendimento social de inserção. Recordamos que presentemente essa prestação não chega sequer a duzentos euros, menos de metade do salário mínimo nacional, o que não é suficiente sequer para assegurar alimentação e alojamento em simultâneo (!).

Ora, um rendimento que só assegura a aquisição mínima de bens alimentares ou[1606] que só assegura o acesso a um alojamento (que, muitas vezes,

---

moment when it arises [...]. The legislature must therefore take measures to react promptly to changes in the economic framework, such as price increases or increases in consumer taxes, in order to ensure at all times that the actual needs are met [...]").

[1604] Relativamente à protecção do salário mínimo, por exemplo, a jurisprudência do Tribunal Constitucional parece-nos até bastante generosa (diga-se até que na esteira deste reconhecimento jurisprudencial, o artigo 738º do novo Código de Processo Civil refere até actualmente, para efeitos de consideração dos casos de protecção deste mínimo de vida condigna, a possibilidade de alargamento desse mesmo mínimo – que é o salário mínimo – atendendo ao montante e à natureza do crédito exequendo, bem como às necessidades do executado e do seu agregado familiar).

[1605] Acórdão do Tribunal Constitucional nº 306/2005.

[1606] Reforço propositadamente aqui a conjunção disjuntiva *ou* pelo facto de actualmente o rendimento social de inserção não ser suficiente para assegurar a cumulação de ambas as necessidades em simultâneo.

não mais do que um quarto para dormir), deve, pois, ser considerado como constitucionalmente *insuficiente* para assegurar o cumprimento dos deveres mínimos de benevolência que o Estado foi assumindo desde o século XVIII. Tomando aqui de empréstimo as palavras de Elizabeth Anderson – ainda que proferidas noutro contexto – pode dizer-se que "um rendimento mínimo tão baixo pode ser satisfatório para um vagabundo de pé descalço, que seja feliz a acampar na praia"[1607], mas não cumpre os requisitos de um modelo de despesa pública de uma sociedade contemporânea, como a nossa, ainda por cima fundada nos pressupostos kantianos e personalistas, segundo os quais cada pessoa tem um valor moral intrínseco e o direito a ter uma vida com perspectivas de realização que vão bem para além de assegurar o mínimo de sobrevivência a cada dia que passa[1608].

Esta ideia de consideração de uma vida condigna a assegurar pelo Estado parece-nos ser, antes de mais, uma decorrência lógica do entendimento actual que é feito dos direitos fundamentais a partir da teoria do custo dos direitos e da insatisfação que ela provoca no que toca à divisão artificial entre os direitos fundamentais. É a visão que melhor espelha, portanto, a dificuldade em distinguir, em termos de esforço financeiro, a protecção dos direitos sociais dos direitos, liberdades e garantias que com eles intimamente se interligam.

Para além disso, este entendimento do mínimo dos mínimos a conceder pelo Estado, nos termos em que o defendemos – o direito a uma vida mini-

---

[1607] "Such a low basic income might be satisfactory to footloose beach bums, who might be happy camping on the beach" – Anderson, Elisabeth, 1999, p. 299
[1608] É certo que Jorge Miranda e Melo Alexandrino chamam a atenção para o facto deste entendimento do Tribunal Constitucional – tanto no sentido da consideração de prestações negativas como das prestações positivas a partir da dignidade da pessoa humana – ter tido o seu expoente máximo em 2002 (*Vide* para além do Acórdão nº 509/02 já citado os Acórdãos do Tribunal Constitucional nºs 62/02 e 177/02 – Miranda, Jorge, e Alexandrino, J. de Melo, p. 6) e depois disso ter vindo a sofrer um declínio, já pressentido desde os votos de vencido aos Acórdãos nºs 177/02 (reproduzidos nos Acórdãos do Tribunal Constitucional nºs 96/04 e 509/02). Jorge Miranda e Melo Alexandrino apontam mesmo para os Acórdãos do Tribunal Constitucional nºs 442/06, 518/06 e 28/07 como a consubstanciação do referido declínio.
Porém, não achamos que com esta jurisprudência o Tribunal tenha prescindido, de todo, de um conceito de vida condigna. Nestes Acórdãos, não obstante o Tribunal Constitucional ter concluído pela não desconformidade constitucional da norma que permitia a perda do direito à pensão por um período de três anos, por não ver aí uma violação do princípio da dignidade humana, não deixou porém de reconhecer que esta perda não impediria a sobrevivência mínima condigna do pensionista, uma vez que este sempre poderia "recorrer aos mecanismos assistenciais normais" (Acórdão do Tribunal Constitucional nº 442/06).

mamente condigna – parece corresponder ao sentido histórico da evolução jurídico-constitucional do paradigma moderno de distribuição de bens, num contexto em que se alargaram as tarefas do Estado: de redistribuidor de riqueza para obviar os casos mais graves de carência, o Estado assumiu ao longo do século XX funções – de estabilização, de promoção do pleno emprego, de financiamento de sistemas de educação, saúde e segurança social universais e quase-gratuitos... – que em muito extravasam os primeiros desideratos. As necessidades de despesa que se vão afirmando com estes deveres, caracterizadores da adesão a um paradigma moderno mostram que o Estado não pode ficar indiferente à sorte das pessoas que se encontram no seu substrato, devendo, isso sim, promover uma vida em que todas as pessoas se apresentem como seres autónomos, livres de sofrimento, com capacidade de tomar decisões e com a possibilidade de aproveitar as oportunidades que as podem ajudar a realizar-se[1609].

Para nós, este círculo que se desenha como nuclear de despesa pública justa deve abarcar apenas os gastos ligados a assegurar um mínimo de vida condigna para aqueles que não têm outros meios para o fazer – ou seja a partir de uma situação de pobreza extrema a que seja necessário acorrer. Destacamos aqui apenas os casos de pobreza absoluta – ausência de recursos para a satisfação das necessidades básicas – no intuito do reconhecimento de uma prioridade imperiosa às situações mais prementes de pobreza extrema[1610]. Excluímos, para já e apenas para efeitos de determinação do núcleo mínimo da despesa pública justa, a ideia de pobreza relativa, ou seja, de carência de riqueza em relação ao rendimento médio da sociedade[1611]. Com isto, queremos apenas deixar claro que entendemos que a preocupação no sentido de equiparar ou igualar aritmeticamente rendimentos não decorre directamente do imperativo constitucional da dignidade da pessoa humana, podendo, isso sim, decorrer, em maior ou menor medida, de preocupações do legislador democrático. Não colocamos assim estas preocupações neste núcleo, mas no

---

[1609] Defendendo também a ideia de um mínimo alargado BILCHITZ, David, 2007, pos. 4795 (versão kindle).
[1610] Afastamo-nos assim da ideia de rendimento básico defendida por VON PARIJS, um rendimento a atribuir a todos, independentemente de outras fontes de rendimento e de verificação de trabalho presente ou passado – PARIJS, P. Van, 1992, pp. 1-2.
[1611] BICHITZ, David, 2007, pos. 4758, na parte em que reconhece que, no seu país (África do Sul), há millhões a viver em situação de pobreza deplorável, mas que apesar de tudo o Estado deve dar prioridade àqueles que são mais vulneráveis ("some whose very survival is threatened by the conditions in which they live [...]. Such individuals are to be given priority [...]").

conjunto de situações que consideramos englobadas num segundo círculo de despesa pública justa, em termos que serão enunciados de seguida[1612].

Tal como SARLET diz, também nos parece que a consideração deste mínimo não invalida a consideração autónoma do conteúdo essencial dos direitos sociais[1613].

Poderíamos desenhar este círculo nuclear de despesa justa a partir dos direitos sociais, falando de uma dimensão subjectiva dotada de carácter preceptivo e implicando despesa pública que o Estado não poderá negar-se a fazer. Neste caso, poderíamos ir a reboque da proposta sugestiva de RICARDO LOBO TORRES falando de "direitos sociais mínimos" (*kleinen Sozialrechte*)[1614], ligando este direito a uma vida minimamente condigna a direitos fundamentais mínimos e associando os deveres públicos de promoção deste mínimo existencial a um subsistema no seio dos direitos fundamentais[1615]. Mas, para

---

[1612] Notamos, neste ponto, que apesar de nos basearmos para defesa de uma prestação pública para evitar a pobreza extrema não defendemos que a prestação tenha de ser igual para todos (embora excluamos a possibilidade de compensação pública de gostos excêntricos ou ofensivos – *vide* COHEN, G. A., 1989, *passim*). Haverá casos em que este dever poderá intensificar-se tendo em conta as necessidades especiais sentidas pelas pessoas em concreto. Estamos em pensar no caso das pessoas que sofrem de alguma incapacidade ou deficiência, por exemplo, que as impossibilite mental ou fisicamente de criar as suas próprias condições para prover a uma vida condigna para si próprias – sobre o tema ver, por exemplo, PARIJS, P. Van, 1995, p. 68.

[1613] "[...] Mesmo não tendo um conteúdo que possa ser directamente reconduzido à dignidade da pessoa humana, ou de modo geral, a um mínimo existencial, os direitos fundamentais em geral e os direitos sociais em particular nem por isso deixam de ter um núcleo essencial" – SARLET, Ingo e FIGUEIREDO, Mariana Filchtiner, 2008. Neste texto de SARLET E FIGUEIREDO *vide* com interesse referência expressa ao direito à saúde, concretizando aquilo que serão as prestações e os problemas que se apresentam na esfera da salvaguarda do mínimo existencial, chamando a atenção para que "os princípios da proporcionalidade e da razoabilidade devem sempre servir de critério para a decisão judicial". No que toca especificamente ao problema dos tratamentos ou prestação de medicamentos previamente elencados nas listas do sistema nacional de saúde ou indicados por médicos sem vinculação ao sistema público, falam mesmo da "revitalização do papel activo do Judiciário nestas questões".

[1614] TORRES, Ricardo Lobo, 1990, p. 70 e RICARDO LOBO TORRES *in* SARLET, Ingo W. e TIMM, L. Benetti, 2008, pp. 78-79. Não deixamos porém de reconhecer o mérito desta abordagem para obviar os inconvenientes do modelo Sul-Africano da razoabilidade que acaba por relativizar este direito a um mínimo de existência (na África do Sul quem contraria esta ideia é BILCHITZ, 2007, *passim*, com a ideia de *minimum core approach*).

[1615] Referindo-se aos "direitos sociais mínimos", RICARDO LOBO TORRES ancora, no fundo, uma certa ideia de vinculatividade dos direitos sociais a uma ligação que estabelece entre o direito e a moral que a sociedade defende (TORRES, Ricardo Lobo, 2009, pp. 13-14). INGO SARLET faz um entendimento diferente de LOBO TORRES, embora não deixe de compreender aquilo que aquele autor diz. Para SARLET, não se trata de recusar a fundamentalidade aos direitos sociais, mas sim de reconhecer naqueles direitos ligados com o mínimo existencial uma "fundamentalidade

nós, essa visão tem o perigo de sujeitar este mínimo de existência condigna à interpretação que se faça dos direitos sociais; como se o mínimo de existência condigna pudesse ser relativizado tendo em conta as disponibilidades financeiras do Estado.

Assim sendo, e não invalidando a ideia de conteúdo essencial dos direitos sociais, este mínimo de existência condigna de que aqui falamos, deve aferir-se a partir das necessidades das pessoas concretamente consideradas, não dependendo nem de uma avaliação das disponibilidades do Estado, nem de uma visão puramente legalista que se limita a partir dos deveres públicos de actuação que se extraem da interpretação de normas constitucionais. É isto que resulta da aceitação da dignidade humana enquanto valor fundante da nossa ordem jurídica. Seguimos, portanto, aqui as cautelas recomendadas por Jorge Pereira da Silva quando este explica que do conceito da dignidade de pessoa humana de que se parte para a compreensão dos direitos fundamentais não resulta sem mais a ideia do estabelecimento de um núcleo para todos os direitos fundamentais. Sufragamos pois a sua opinião no sentido de ver aqui um núcleo irredutível *a se* no cômputo dos direitos fundamentais[1616].

A visão absoluta – recusando a redução ao mínimo social ou a aplicação de modelos de razoabilidade como o sul-africano[1617] – que ora desenvolvemos justifica-se pela consideração da ideia de que se trata aqui do reconhecimento da imperatividade de deveres de despesa para o Estado, apenas em situações particulares de carência extrema. Ela não invalida naturalmente que ao Estado possam ser impostos mais deveres de despesa, fundados estes em preocupações igualitárias (não se limitando a sua actuação apenas à correcção das situações mais graves de indigência).

Para nós, não há dúvida que este é o mínimo de despesa pública com que um Estado como o nosso – que adira a um paradigma moderno de despesa – se deve comprometer. E aqui aplicamos as ideias que já tínhamos avançado em relação ao entendimento do mínimo vital. O direito a uma vida minimam-

---

material" – Sarlet, Ingo, 2009, p. 311.). Se aderíssemos ao seu entendimento concordaríamos essencialmente com esta afirmação – propondo não só o alargamento deste mínimo existencial à tal vida minimamente condigna, mas também a generalização desta visão a todos os direitos fundamentais –, mas e atendendo ao que ficou dito na primeira parte, não sugerimos propriamente uma relação entre o direito e a moral, mas entre o direito e a concepção moderna de distribuição de bens, tal como foi sendo absorvida pelo nosso ordenamento jurídico e que impede o Estado de ser indiferente às situações pessoais de vida indigna.

[1616] Silva, J. Pereira da, 2014, pp. 95-97.
[1617] Sobre este *vide* Novais, J. Reis, 2010, pp. 210 e ss.

ente condigna deve ser encarado pelo Estado como uma despesa de inscrição prioritária, até mesmo à frente das despesas decorrentes de leis e de contratos que nos termos da Constituição pareciam ser as únicas limitações ao legislador orçamental[1618]. Isto porque, como vimos, esta é uma despesa que deve ser considerada isenta da invocação da *reserva do financeiramente possível*[1619]. Para além disso, a sua aplicação deve ser feita independentemente de considerações de utilidade económica[1620]. Embora, naturalmente, não se exclua que possa ser sujeita a juízos de eficiência de forma a racionalizar e a maximizar a utilização de recursos. O financiamento desta despesa deve, assim, assentar num dever de solidariedade, que resulta claro com a afirmação do Estado Social, donde brota um conteúdo solidário que obriga a uma releitura do dever de contribuir para os gastos públicos, como explica CRISTINA PAUNER CHULVI[1621]. Se outrora – no Estado liberal –, este dever apenas visava a conservação do Estado, com a assunção de tarefas de justiça social, este passa a ter de sustentar o papel de redistribuição pública de bens. "Graças a isto, o dever de contribuir para o sustento da despesa pública beneficia de uma influência «quase ética» ou melhor de justiça [...] gerando um sistema de cooperação social baseado no princípio da solidariedade"[1622]. Tal como faz CRISTINA PAUNER CHULVI no país vizinho, em Portugal é possível fundar este dever de solidariedade ou no imperativo constitucional de contribuir para o financiamento das despesas do

---

[1618] Para nós, é esta ideia que nos faz não temer que este direito soçobre em situações de dificuldades económicas – como objecta NOVAIS, J. Reis, 2010, pp. 206-207. Não há despesa que seja constitucionalmente mais prioritária do que esta. Por isso, não vemos em que medida o Estado tenha de estabelecer prioridades.

[1619] Neste sentido, *vide* RICARDO LOBO TORRES *in* SARLET, Ingo W. e TIMM, L. Benetti, 2008, pp. 80-81 e TORRES, Ricardo Lobo, 2009, pp. 83 e ss., afastando também a aplicação da reserva do possível da consideração de um mínimo existencial.

[1620] MATHIEU, Bertrand e VERPEAUX, Michel, 2002, p. 520: "Le principe de la dignité est un principe inhérent à la qualité humaine de l'individu. Nulle considération, tenant en particulier au statut juridique, ne peut conduire á priver tel ou tel individu des droits qui découlent de l'exigence de dignité. Ainsi il ne pourrait être justifié d'écarter, par exemple, les étrangers en situation irrégulière du champ d'application du droit à un logement décent".

[1621] CHULVI, C. Pauner, 2001, p. 70 e p. 71: "La conexión entre el deber de contribuir al sostenimiento de los gastos públicos y el princípio de solidaridad resulta inegable [...]". Referindo-se também a um princípio de solidariedade, fazendo-o derivar do carácter social da República e do principio da igualdade – MATHIEU, Bertrand e VERPEAUX, Michel, 2002, p. 666. Para estes autores, este princípio estaria na base do direito à assistência, do direito à segurança material ou até na origem de leis que visam dar auxílio às vítimas de terrorismo ou de às vítimas de contaminação pelo vírus da sida (VIH).

[1622] CHULVI, C. Pauner, 2001, p. 73.

Estado ou até mesmo na consagração constitucional de que o sistema fiscal assume a tarefa de realizar a justiça distributiva[1623/1624].

Tendo em conta este entendimento da dignidade da pessoa humana – sobretudo atendendo ao impacto não despiciendo desta despesa pública obrigatória –, não podemos deixar de reconhecer que ele se defronta com algumas críticas.

As primeiras críticas que a este propósito se podem fazer, dizem respeito ao facto de esta despesa poder colocar problemas intergeracionais e de sustentabilidade. Problemas estes que estão, aliás, intimamente ligados. Um segundo conjunto de críticas a este entendimento prende-se com o problema da separação de poderes. E um terceiro grupo de críticas encontramo-lo na argumentação dos autores que defendem a libertação do Estado.

Comecemos por abordar o tema da sustentabilidade.

Em geral, numa perspectiva intergeracional de custos, poderemos a este propósito considerar duas visões antagónicas na protecção da dignidade da pessoa humana. Uma: nos termos da qual só o presente interessaria, sendo por isso legítimo o recurso ao endividamento para custear as despesas respectivas. E outra: em que se conjugaria a dignidade com a ideia da sustentabilidade, conduzindo nalguns casos à preterição dos direitos das gerações presentes[1625].

Na hipótese concreta que apresentamos, tendo em conta que neste núcleo não colocamos todas as despesas sociais[1626], mas apenas aquelas que resolvem os problemas mais prementes daqueles que na sociedade se encontram numa situação mais desfavorecida, não temos problemas em assumir que deve valer aqui a ideia da prioridade à geração presente[1627], no sentido de

---

[1623] Artigo 103º, nº 1 da Constituição: "O sistema fiscal visa [...] uma repartição justa dos rendimentos e da riqueza". CHULVI, C. Pauner, 2001, p. 90. *Vide* ainda p. 95, onde a autora explica que este entendimento permite apresentar o sistema tributário como um meio de transformação social. O dever de contribuir para o sustento das despesas públicas assume-se assim como um pressuposto irrenunciável do cumprimento do mandato constitucional para o Estado de estabelecer um direito social.

[1624] "Il dovere di «tutti» di «concorrere alle spese pubbliche in ragione della loro capacità contributiva» è dunque espressione di tale dovere di solidarietà nel campo económico, politico e sociale" – FRANCESCO MOSCHETTI *in* MOSCHETTI, F., LORENZON, G., SCHIAVOLIN, R. e TOSI, L., 1993, p. 5.

[1625] AMARO, A. Leitão, 2012, pp. 410-412.

[1626] MOREIRA, Isabel, 2007, p. 135 e SARLET, Ingo e FIGUEIREDO, Mariana Filchtiner, 2008, falando de um "impacto económico [...] muito expressivo [do mínimo existencial contido no direito à saúde] (comparado com o «custo» do mínimo existencial em outros casos, como o da moradia e do ensino fundamental, por exemplo).

[1627] Entendida evidentemente de forma a que não se ponha em causa nem a existência presente nem futura do Estado em questão. É neste sentido que lemos JORGE PEREIRA DA SILVA quando

dar um sentido efectivo à regra, que deve prevalecer, de impossibilidade de invocação da *reserva do possível*. Isto porque o interesse das gerações futuras é meramente hipotético e o das presentes é real[1628]. Claro que esta afirmação não pode ser lida no sentido de uma pura e simples indiferença em relação a este tema[1629]. Neste ponto, concordamos com a Conselheira MARIA LÚCIA

fala de uma ideia de perenidade (dizendo mesmo que os direitos são "imprescritíveis") dos direitos fundamentais aponta para a necessidade de cruzar a dignidade com o tema da sustentabilidade: "[...] do que se tem cuidado desde as revoluções liberais até hoje não é apenas dos direitos de todos os homens e em todos os lugares, mas também dos direitos dos homens de todos os tempos" (SILVA, J. Pereira da, 2010, p. 487). De acordo com esta última perspectiva, os direitos acabam por ter uma dimensão intrageracional e intergeracional e ambas devem conjugar-se.
Sobre a inadaptação dos actuais sistemas políticos às tarefas de concretização dos princípios de justiça entre gerações – SILVA, J. Pereira da, 2010, p. 476: "[...] a regra da maioria [...] foi concebida para funcionar sincronicamente, mas não diacronicamente. Ela foi pensada para decidir questões de justiça social em sentido lato [...], mas não para decidir questões de justiça entre gerações [...]". *Vide* ainda no mesmo texto p. 479 sugerindo que a limitação de mandatos deveria limitar os efeitos da acção governativas e até mesmo proibir a tomada de decisões irreversíveis. Ainda sobre as inúmeras dificuldades que o tema da poupança justa convoca, *vide* ainda as considerações que PAZ FERREIRA já tecia em 1995. Como diz PAZ FERREIRA "a sociedade ideal seria [...] aquela que mostrasse uma capacidade total para [...] prever com rigor as necessidades e recursos disponíveis ao longo dos tempos e deliberar, consequentemente, em cada momento, qual a parcela de rendimento que deveria ser afecta ao consumo e a que deveria ser desviada para a poupança" (FERREIRA, Eduardo da Paz, 1995, p. 71). Neste ponto provavelmente a questão do respeito pelas gerações futuras seria mais fácil de resolver: seria uma "simples questão de racionalidade económica, que implicaria que as escolhas financeiras se reduzissem a uma mera questão de avaliação do melhor perfil de distribuição temporal dos recursos" (FERREIRA, Eduardo da Paz, 1995, p. 71, embora alertando para a impossibilidade de uma escolha racional tendo em vista vários factores: o "desconto psicológico do futuro", condições de riqueza, de demografia e desenvolvimento tecnológico (pp. 71-72)). Mas esta racionalidade económica não é perfeita. Quer porque as condições económicas, demográficas e tecnológicas se vão alterando, quer porque não vivemos na tal sociedade ideal. Como o demonstra a velha discussão em torno das finanças públicas – no sentido de determinar a que ramo da ciência pertence, se à pura análise económica, se à teoria dos fenómenos políticos ou mesmo que à sociologia – as decisões em termos de despesa não são puramente racionais (*Vide* referências a esta discussão em FERREIRA, Eduardo da Paz, 1995, p. 76-78, nota 19).

[1628] Está aqui em causa a afirmação de que não conhecemos o futuro. Embora como BRIAN BARRY defende, haja limites para a afirmação desse desconhecimento: " Of course, we don't know what the precise taste of our remote descendants will be, but they are unlikely to include a desire for skin cancer, soil erosion, or the inundation of all low-lying areas as a result of the melting of the ice-caps" – BARRY, Brian, 1977, pp. 268-84.

[1629] O tema tem vindo a ser objecto de tratamento pela nossa ordem jurídica, de uma forma que não podemos ter por despicienda. A primeira referência ao princípio da equidade intergeracional surge no nosso texto constitucional, em 1997. Desde aí, o artigo artigo 66º, nº 2, alínea *d*), da Constituição, fala do "respeito pelo princípio da solidariedade entre gerações" (Como explica JORGE MIRANDA, encontram-se aí as ideias-chave das políticas públicas ambientais, de desenvol-

AMARAL quando afirma que "liminarmente excluída fica, portanto, toda e qualquer orientação segundo a qual o Estado não se encontra juridicamente obrigado a actuar em protecção das gerações vindouras"[1630]. Porém, da Constituição e do nosso ordenamento jurídico não conseguimos retirar mais do que limitações genéricas que terão de se aplicar a estas e a todas as despesas[1631].

vimentos sustentável e de solidariedade entre gerações – JORGE MIRANDA *in* MIRANDA, Jorge, e MEDEIROS, Rui, (tomo I), 2005, p. 682).
Claro que daqui não poderemos de imediato extravasar uma influência, seja para o tratamento, seja para o controlo da despesa pública. Com efeito, como ensina JORGE PEREIRA DA SILVA, todos os exemplos constitucionais de reconhecimento da solidariedade intergeracional inscrevem-se "na narrativa constitucional de afirmação do «Estado de Direito Ambiental»" SILVA, J. Pereira da, 2010, p. 485. Embora seja claro hoje que este tema vai muito para além dos problemas do ambiente. O tema foi expressa e directamente abordado num contexto jurídico-financeiro apenas no presente século, por meio da revisão da Lei de Enquadramento Orçamental, operada pela Lei nº 48/2004, de 24 de Agosto (com o aditamento do artigo 10º à Lei nº 91/2001, de 20 de Agosto). Este princípio da equidade intergeracional foi, sobretudo, pensado para as responsabilidades contratuais plurianuais, "o investimento público, em virtude do seu efeito multiplicador; o investimento em capacitação humana, co-financiado pelo Estado pela sua projecção futura; os encargos com a dívida pública; as necessidades de financiamento do sector empresarial do Estado; as pensões de reforma ou de outro tipo" (MARTINS, G. Oliveira, 2010/2011 (Capítulo 5), p. 10). *Vide* a este propósito explicando a incidência, em particular, no que toca aos orçamentos locais, o artigo 9º do Regime Financeiro das Autarquias Locais.
Mais recentemente, as referências à equidade/solidariedade intergeracional surgiram na discussão do Tribunal Constitucional com o intuito de serem aplicadas à matéria da despesa pública. A primeiríssima referência ao tema encontra-se no Acórdão do Tribunal Constitucional nº 437/2006 referindo-se de passagem à "solidariedade intergeracional". Neste caso, a referência servia para justificar o sistema de repartição da Segurança Social (MARIA BENEDITA URBANO, *in* RIBEIRO, G. Almeida e COUTINHO, L. Pereira, 2014, 2014, p. 44).
No sentido de limitação da despesa pública, as primeiras palavras em relação à responsabilidade para com as gerações futuras foram proferidas pela Conselheira MARIA LÚCIA AMARAL no voto de vencido ao Acórdão do Tribunal Constitucional nº 353/2012 ("Embora se não estabeleçam na Constituição limites quantitativos ao endividamento do Estado, dela decorrem implicitamente limites qualitativos, que coincidem com os limites do ónus que as gerações presentes podem impor às gerações futuras sem condicionar gravemente a sua autonomia"), embora esta constitucionalista não se coíba de reconhecer que deste princípio ainda não é possível retirar um limite concreto. No mesmo sentido, a mesma Juíza Conselheira também se refere a ela na sua declaração de voto ao Acórdão nº 474/2013, afirmando que "não há constituição que racionalmente eleja como princípio orientador da ordem pública a 'irresponsabilidade' (ou a indiferença) da geração presente perante a autonomia das gerações futuras". Este princípio foi depois reconhecido expressamente no texto do Acórdão nº 862/2013, sustentando que este foi ponderado na apreciação das medidas restritivas de direitos sociais e no contexto da crise económico-financeira.

[1630] SILVA, J. Pereira da, 2010, p. 481.
[1631] Acompanhando esta tendência de considerar a solidariedade entre gerações como um limite em termos de actuação do Estado, têm sido feitas várias tentativas de apontam para limites concretos para a intervenção pública. Veja-se o caso da Conselheira MARIA LÚCIA AMARAL, que no voto

É que na verdade, em Portugal, se é certo que poderiam ter sido concebidos constitucionalmente limites ao endividamento público (ou limites quan-

de vencido, já referido, defende que o justo limite de encargos a deixar para o futuro "se ultrapassa quando se oneram as gerações seguintes de tal forma que é a sua própria esfera de decisão que é esvaziada — não pode deixar de ser também, ela própria, um dos princípios estruturantes da Constituição" (GOMES CANOTILHO associa a ideia de justiça ao imperativo categórico de não viver à custa dos outros – ricos e pobres/ gerações presentes e futuras (*apud* AMARO, A. Leitão, 2012, p. 412)). Ou de FERNANDO RIBEIRO MENDES, quando fala a propósito da Segurança Social do estabelecimento de um hipotético "contrato a três idades", em que defende um entendimento entre as várias gerações quanto a um esquema de financiamento neutro a respeito da posição relativas das gerações (MENDES, F. Ribeiro, 2011, pp. 43-45, sendo a primeira idade a infância; a segunda idade a que vai desde o início até ao fim da vida activa; e a terceira idade correspondente à retirada da vida activa. Neste contrato, a geração activa compromete-se a pagar os encargos com os seus antecessores, depois destes se retirarem do mercado de trabalho. Em contrapartida, "realizam-se investimentos vultosos na educação e em outros bens infra-estruturais, funcionando como contrapartida sucessória do esforço a pedir as gerações futuras para pagarem os benefícios conferidos às antecessoras". Dando nota sobre os traços da segurança social que resultam das sucessivas reformas, falando da autonomia do saúde e das prestações familiares feitas apenas para os mais carenciados – *vide Ibidem*, pp. 62-64).
É também interessante assinalar, como prova do interesse crescente por esta temática, o interessante contributo de JORGE PEREIRA DA SILVA, na abordagem a este tema. JORGE PEREIRA DA SILVA defende que a responsabilidade para com o futuro deve ser considerada como um limite imanente (quando não mesmo uma restrição implícita ao direito) na consideração dos direitos fundamentais: "[...] os direitos das gerações presentes terminam aí onde o seu exercício irrestrito (ou abusivo) ponha em causa a subsistência dos direitos das gerações futuras [...]" (SILVA, J. Pereira da, 2010, p. 490: "os direitos fundamentais presentes incorporam como limites (imanentes), se não mesmo como restrições, a responsabilidade dos seus actuais titulares para com todos aqueles que lhes hão-de suceder nessa posição". Que direitos estariam abrangidos por esta limitação? Os direitos consagrados em cada momento na Constituição "desconsiderando todos os eventuais alargamentos subsequentes" (*Ibidem*, p. 493)). Nesta solução, nem teria de existir a consagração expressa de um direito das gerações futuras nem estas teriam sequer de ser representadas por uma entidade específica, sendo sempre considerados os seus interesses pelos órgãos do Estado (SILVA, J. Pereira da, 2014, p. 121, porém, não exclui que se crie um "sujeito geração" para ocupar a posição de potencial lesado numa relação triangular). Os direitos das gerações futuras surgem assim não como os tradicionais direitos – com prevalência do lado passivo da geração actual sobre o activo – mas absorvendo a lógica não sinalagmática proposta por HANS JONAS, inscrita num princípio de responsabilidade para com o futuro, que só tem um sentido. Estes direitos impor-se-iam na óptica deste autor "por meio de conceitos correntes da teoria do cerceamento, efectivação e ponderação dos direitos fundamentais", estando sujeitos a boa parte das "ferramentas institucionais, processuais e procedimentais comuns de tutela jusfundamental" (SILVA, J. Pereira da, 2010, pp. 502-503. PEREIRA DA SILVA admite mesmo a possibilidade de o Provedor de Justiça agir em defesa das gerações futuras). Este limite imanente impediria colocar em perigo o gozo de certos direitos – "o direito à vida, o direito à integridade física, o direito à saúde, os direitos ao ambiente e ao ordenamento do território, o direito à segurança social [...]" (SILVA, J. Pereira da, 2010, p. 494). O dever estadual de protecção dos direitos fundamentais leva o Estado a garantir que as gerações posteriores beneficiam de oportunidades de vida e de liberdade idênticas às da geração presente (SILVA, J. Pereira da, 2010, p. 495).

titativos ao endividamento de forma a evitar passar para as gerações futuras encargos muito significativos[1632] ou, pelo menos, a definição das despesas que pudessem ser financiadas por recurso ao crédito), a verdade, é que não foram. No que toca ao primeiro tipo de limites, Portugal, como já vimos, acabou por ficar de fora do movimento europeu de introdução de normas constitucionais consagradoras de limite ao endividamento e défice público, iniciado já no nosso século[1633]. No que toca à definição de despesas a serem financiadas

A formulação destes limites – sobretudo na parte em que não se consegue deixar definido um limite claro no que toca à actuação do Estado – mostra de forma cristalina que o tema é bastante complexo. Complexo, porque a definição do justo limite de poupança de umas gerações para as outras é quase uma quimera. Encontramos esta incerteza desde logo espelhada no pensamento filosófico sobre o tema, em que o limite é encarado como puramente ético, pois nem sequer há consenso quanto à medida da riqueza a transmitir: para NOZICK, por exemplo, teria de se transmitir "o conjunto de instituições que se tinham revelado adequadas à regulação da vida em sociedade" (FERREIRA, Eduardo da Paz, 1995, p. 89), o que, em última análise, pode significar transmitir menos do que se recebeu; para BRUCE ACKERMAN, por seu turno, haveria uma obrigação de transmitir de geração em geração uma quantidade de riqueza exactamente igual à que se recebeu (ACKERMAN, 1980, pp. 201 e ss. Discordando especificamente de NOZICK – vide Ibidem, p. 221: "if the first generation enjoyed a condition of undominated equality, it is under the plainest dialogic obligation to pass this inheritance to its children"); já, para RAWLS, diferentemente, a geração presente teria o dever de acrescentar à riqueza recebida, transmitindo assim à geração futura mais do que aquilo que recebeu (é nisto que consiste a ideia de justa poupança) (Vide ACKERMAN, 1980, p. 223. Interessante a este propósito é a sua proposta no sentido da criação de uma herança social de cidadania, depositada pelo Estado e resgatável pelos cidadãos aos 21 anos: "As citizen of the United States, each American is entitled to a stake in his country: a one-time grant of eighty thousand dollars as he reaches early adulthood. This stake will be financed by an annual 2 percent tax levied on the nation's wealth. The tie between wealthholding and stakeholding expresses a fundamental social responsibility. Every American has an obligation to contribute to a fair starting point for all" – ACKERMAN, Bruce e ALSTOT, Anne, 1999, p. 5). Com referências a este diálogo – ROSAS, J. Cardoso, 2012, p. 48.
Ainda que haja incertezas quanto àquilo que se deixa ou deve deixar às gerações subsequentes, há porém algumas certezas que importa sublinhar e que encontram consenso entre aqueles que estudam o tema com mais profundidade. A primeira é a de que a escolha deve ser deixada à geração presente, segundo critérios éticos. A segunda é a de que a prioridade deve ser sempre dada à geração presente.

[1632] Há limites quantitativos previstos no Tratado sobre o Funcionamento da União Europeia, embora estes não sejam associados ao problema da sustentabilidade/solidariedade intergeracional: "tem sido generalizadamente posta em evidência a questão da total aleatoriedade dos valores previstos no Tratado, que não correspondem a qualquer critério económico razoável, não espelhando, designadamente, a problemática da «sustentabilidade» da dívida e antes reflectindo, simplesmente, um valor médio registado em certa altura nos países da Comunidade" – FERREIRA, Eduardo da Paz, 1995, p. 128.

[1633] Não obstante, no panorama europeu, a nossa Constituição não é uma das que ignora o tema do equilíbrio orçamental. Se é verdade que na maior parte das Constituições dos Estados da zona Euro encontram-se normas sobre o Orçamento do Estado, o certo é que na maior parte destes

com recurso ao crédito, depois da revogação do artigo 67º Constituição de 1933 não houve, aliás, qualquer tentativa de editar qualquer norma constitucional limitadora de recurso ao crédito. Na verdade, no que toca especificamente ao tema do endividamento público, a Constituição "limita-se a consagrar explicitamente a necessidade de autorização parlamentar sob a forma de lei [...], para que o Governo realize operações passivas ou activas de crédito [...], e concede igualmente competência à Assembleia da República para estabelecer no Orçamento, o limite máximo dos avales a conceder em cada ano pelo Governo, sem que tal prejudique a definição pela Assembleia das condições de tal concessão", admitindo "ainda um controlo *a posteriori* da Assembleia relativamente ao crédito público"[1634].

Não obstante a falta de limites constitucionais ao endividamento público, há alguns limites orçamentais máximos que não poderão deixar de ser invocados e que, na prática, poderão ter de ser equacionados em sede de decisão orçamental e em sede de controlo jurisdicional respectivo e que valem tanto para estas despesas, como para qualquer outro gasto a orçamentar. Desde logo, a orçamentação da despesa tem de respeitar os limites previstos para o recurso ao crédito público[1635], nos termos do que hoje dispõe a Lei de Enquadramento Orçamental. A esta luz, o recurso à dívida pública em Portugal apenas serve para amortizar empréstimos de anos anteriores[1636]. Fica, pois fora de causa o recurso ao crédito público para financiar o défice do ano orçamental em causa[1637]. Recorde-se que presentemente o princípio da estabilidade orçamental impõe a existência de um saldo orçamental anual equilibrado ou excedentário, calculado de acordo com a deinição constante do Sistema

---

Estados, estas normas constitucionais referem-se sobretudo a procedimentos de aprovação orçamental. Só em duas Constituições se encontra espelhada a preocupação de equilíbrio orçamental: a portuguesa e a francesa. A Constituição Austríaca, embora não prevendo expressamente este princípio de equilíbrio orçamental, prevê, desde 2004, a autorização federal de tectos de despesa; a necessidade de autorização nas leis financeiras federais para utilização de despesa extraordinária e imprevista; os casos de ultrapassagem extraordinária dos limites legalmente impostos.

[1634] SANTOS, António Carlos dos, GONÇALVES, Maria Eduarda e MARQUES, Maria Manuel, 2014, p. 81.

[1635] Como já acima foi referido, a tendência recente tem sido mesmo a de impor cada vez mais limites. Pelo menos, assim interpretamos a passagem do critério do activo patrimonial do Estado para o critério do activo de tesouraria, hoje utilizado.

[1636] Ainda assim, não poderá de se deixar de achar este critério demasiado vago. Ao se permitir o financiamento dos défices de anos anteriores, abre-se a porta a que qualquer despesa – e não só aquelas que pela sua particular natureza, função e esforço financeiro exigido – seja financiada por recurso ao crédito, onerando assim as gerações futuras.

[1637] No caso dos serviços integrados o recurso ao crédito serve também, pela opção pelo saldo primário, para pagamento dos encargos correntes da dívida pública.

Europeu de Contas Nacionais e Regionais. Estão até previstos mecanismos correctivos a nível europeu, os quais visam fomentar a coordenação dos vários orçamentos do sector público e prevenir derrapagens.

Na consideração da relevância destes limites, é de recordar aqui que a Lei de Enquadramento Orçamental não é uma lei qualquer, uma vez que goza de valor reforçado. E, por isso, o seu desrespeito gera uma ilegalidade qualificada, também qualificada de inconstitucionalidade indirecta (Gomes Canotilho). No entanto, não há como negar que os efeitos práticos das limitações impostas por esta lei não foram muito significativos. É de notar que podendo intervir, o Tribunal Constitucional nunca o fez. Não existe, com efeito, uma única declaração de inconstitucionalidade do Orçamento por desrespeito de qualquer destes limites nem se esboça sequer na jurisprudencial orçamental qualquer tentativa de questionar a verdade das previsões de receitas ou de despesas que o legislador aí prevê.

Numa perspectiva de *jure condendo* – para quem veja que estas limitações correspondem a quase nada – é útil a este propósito recordar aquilo que Buchanan nos ensina. Tendo em conta a fragilidade e a inoperância prática destes limites, talvez não seja, afinal, má ideia voltar a olhar para a Constituição como um meio de limitar a livre manobra das decisões financeiras públicas, tendo em vista a eliminação do risco das pressões quotidianas do processo político corrente, que acabam por promover a contracção de receita e a expansão de despesas, o que gera défices orçamentais. Ainda que não defendamos propriamente um retorno às regras clássicas de equilíbrio como Buchanan fazia, concordamos com a ideia geral de uma limitação constitucional de despesa para que os governantes se limitem a comprometer, por via de regra, a comunidade política presente com os gastos de solidariedade, sem onerar a geração futura. Ou seja, admitimos que a Constituição possa conter normas especiais que favoreçam o equilíbrio orçamental, em situações de emergência, e com mecanismos de ajustamento automático para a protecção do cidadão contra os aumentos de impostos excessivos (é o tal limite superior de impostos que Buchanan sugeria). Não defendendo o retorno a uma concepção clássica nem a uma regra rígida de equilíbrio, sustentamos, porém – absorvendo aqui alguns elementos da reflexão mais crítica ao Estado social – que se é certo que a prioridade deve ser dada às gerações presentes, isso não pode corresponder simplesmente a atirar os problemas, o mais possível, para as gerações futuras.

Para além destes limites orçamentais máximos que podem ser invocados contra estas despesas, deve notar-se que deve valer também a regra de que devem ser aceites, pelo poder judicial, compressões a este direito a uma vida minimamente condigna, no caso de uma concreta prova de impossibilidade de acção por parte do Estado. Neste juízo, devem pois os juízes basear-se numa prova concreta de escassez real de recursos. Entendemos, assim que não pode deixar aqui de valer o princípio segundo o qual *ultra posse nemo obligatur*. Pensamos, porém, que esta prova que deve ser sempre ponderada à luz da ideia de que as verbas de que o Estado dispõe devem ser afectadas prioritariamente a resolver os casos de emergência social[1638].

Para além deste tema da sustentabilidade, o direito a uma vida minimamente condigna depara-se também necessariamente com o problema da separação de poderes. Se pensarmos bem nisso, este dever de orçamentar a verba correspondente a esta vida minimamente condigna parece vir associado ao perigo de uma total subordinação à interpretação que os juízes fizerem desse direito.

Porém, afastaremos esta crítica afirmando que o nosso entendimento não procura subverter a lógica da repartição de poderes orçamentais prevista na Constituição. Embora tenhamos assinalado que a distinção entre normas *determináveis* e *indetermináveis* é insuficiente para perceber que deveres de despesa o Estado tem, entendemos que há uma parcela da sua teoria – sobretudo no que toca ao cruzamento com o tema da *reserva do financeiramente possível* – que pode ser, neste caso, aplicada para garantir a salvaguarda do princípio da separação de poderes. Defendemos, assim, nos termos daquilo que é dito *supra* em relação às normas *determináveis*, que perante a orçamentação – seja ela anual ou plurianual – da despesa relativa ao mínimo de existência condigna, o juiz deve ficar, à partida, impedido de questionar o *como* e o *quanto* previsto pelo legislador no Orçamento do Estado para a concretização deste imperativo da dignidade da pessoa, pois que há um espaço de conformação

---

[1638] Note-se que não subsumimos a uma situação de escassez real de recursos a ausência de verba orçamentada. Como vimos, há meios jurídicos para contornar esta falta de inscrição (*vide* tema das despesas obrigatórias). A escassez real de recursos corresponde à falta de verba, já depois de ultrapassados os limites de dívida ou em casos de impossibilidade de recurso a essa mesma dívida para fazer face a necessidades de financiamento público. A escassez real de recursos não deriva de uma valoração politica, como a ponderação feita ao abrigo da reserva do possível. Ela deriva, sim, de uma impossibilidade técnica que é passível de ser demonstrada. Esta escassez distingue-se da escassez moderada de recursos, que está ligada com a invocação normal da reserva do possível – *vide* sobre isto José REINALDO DE LIMA LOPES *in* SARLET, Ingo W. e TIMM, L. Benetti, 2008, pp. 178-193. *Vide* ainda STERN, Klaus, 1988, p. 719.

legislativa que deve ser respeitado[1639/1640]. Porém, no caso de manifesta insuficiência da verba e em todos as situações concretas em que a verba orçamentada se mostre insuficiente para acorrer a situações de carência absoluta, o juiz deve condenar o Estado ao pagamento ou à prestação devida, mesmo que não haja cabimento orçamental expresso para tal. Nesse caso, o Estado deverá ser obrigado a suprir a falha orçamental pelos meios normais relativos às despesas obrigatórias, que já referimos quando falámos das vinculações orçamentais às leis anteriores e contratos (utilizando, por exemplo, a dotação provisional). Tal como dissemos atrás, a ideia é, pois, afirmar que pelo menos neste núcleo, a justiça da despesa pública deve corresponder – senão efectivamente, pelo

---

[1639] É certo que a garantia de um mínimo (qualquer que ele seja) é sempre difícil de fixar, uma vez que não beneficia de directivas constitucionais claras para a sua fixação. Assim, e atendendo à impossibilidade de fixação de um valor para esse mínimo a partir da Constituição, teremos inevitavelmente de reconhecer que se abre um espaço para a conformação legislativa, susceptível de controlo apenas nos casos em que a violação do mínimo desta vida condigna nas dimensões mínimas apontadas – alimentação, habitação, acesso à saúde e utilização do espaço público – seja evidente, uma vez que não há nada na Constituição que aponte para o modo de concretização deste mínimo (logo no primeiro Acórdão em que se refere a este mínimo, o Tribunal Constitucional Federal Alemão fala desta liberdade de conformação legislativa que nós também aqui reconhecemos: "[...] existem muitas possibilidades para realizar a protecção oferecida. É no princípio da liberdade do legislador, especialmente entre as várias formas de assistência financeira para a manutenção e cuidados para as pessoas frágeis, que deve escolher e definir a elegibilidade correspondente Ele também tem [..] de decidir a medida em que o apoio social pode ser concedido, tendo em conta os recursos existentes e outras funções do Estado, dentro os requisitos mínimos indicados" – BverfGE 40, 121). "A dificuldade residirá, [...] na busca dos critérios que permitam delimitar esse mínimo no estrito respeito e observância do princípio da separação de poderes, ou seja, em última análise, como é que o poder judicial fixa um mínimo susceptível de ser imposto à observância dos poderes públicos, legislador e administração, sem violar os respectivos limites funcionais de distribuição de poderes em Estado de Direito" – NOVAIS, J. Reis, 2010, p. 193.
No que toca à configuração do controlo deste mínimo nós defendemos, portanto, a aplicação de um critério de evidência – Vide SARLET, Ingo e FIGUEIREDO, Mariana Filchtiner, 2008: "a liberdade de conformação do legislador encontra seu limite no momento em que o padrão mínimo para assegurar as condições materiais indispensáveis a uma existência digna não for respeitado, isto é, quando o legislador se mantiver aquém desta fronteira" (citando no mesmo sentido – Sentença do Tribunal Constitucional Espanhol nº 113/1989). Vide com interesse para este tema SILVA, J. Pereira da, 2014, p. 102 e AMARAL, D. Freitas do e MEDEIROS, Rui, 2000, p. 369 e CÉCILE FABRE, a qual, em caso de violação de um dos direitos referidos, defende que "the constitutional court should tell the government when it has breached a right and should set a deadline for the provision of remedies, but should not tell the government which remedies to provide and how it should provide them" (FABRE, Cécile, 2000, loc. 130-33 – versão Kindle).
[1640] O reconhecimento da margem de conformação legislativa admite obviamente que nada impedirá o legislador orçamental de estender o mínimo de vida condigna.

menos, tendencialmente – à capacidade financeira do Estado, para responder às situações de sofrimento das pessoas que se encontram no seu substrato.

Para evitar ter de aplicar um critério de evidência, poderia pensar-se, para evitar que se pise a linha da separação de poderes, à maneira do que exige o Tribunal Constitucional alemão, na obrigação do Governo dar a conhecer os métodos e cálculos que usa para determinar o mínimo de existência condigna[1641].

Para além destas críticas, não podemos deixar de equacionar algumas outras, nomeadamente as que são feitas pelos autores que defendem a libertação do Estado de despesas públicas e de tarefas de redistribuição de riqueza.

Deste âmbito, afastaremos tão-só a crítica contra a centralização da distribuição de recursos feita pelo Estado, baseada na ideia de que as pessoas devem gerir a sua própria vida, pelas razões acima já apontadas. Descartada esta crítica, atentaremos sobre as outras que mais comummente são dirigidas. Entre elas, destaca-se aquela segundo a qual a despesa pública de subsidiação das necessidades básicas dos mais pobres constituiria um desincentivo à produção e correlativamente um incentivo à preguiça ou até uma subversão às regras do funcionamento eficiente do mercado. Contra esta ideia, há desde logo um primeiro argumento a apontar: o de que há circunstâncias que nenhuma pessoa deveria suportar. A sociedade deve, pois assentar num consenso que respeite o igual valor e dignidade de todos[1642] e assumir o risco moral de suportar custos, mesmo que economicamente sejam ineficientes. A perspectiva de Justiça que deriva do paradigma moderno de despesa pública impõe o desenvolvimento de uma ideia de solidariedade que reparta por todos o fardo da cobertura das situações de sofrimento mais prementes. A alternativa a este estado de coisas é – como vimos, de resto, pela apresentação dos

---

[1641] BVerfGE 125, 175, de 20 de Outubro de 2009 (Hartz IV).

[1642] É uma visão não discriminatória, que bem se poderia fundar no consenso que BUCHANAN fala. Recorde-se o que acima dissemos acerca da primeira fase de pensamento deste autor em que este toma a resolução dos problemas do Estado de bem-estar e da expansão dos orçamentos como uma espécie de moralização da vida pública e defendendo a celebração de um novo contrato social, sob a forma de uma nova Constituição, cujas normas seriam definidas por meio decisões unânimes. Tendo em conta que a despesa com erradicação do sofrimento poderá interessar a todos os membros da sociedade – uma vez que ninguém está livre de cair numa situação de extrema necessidade – poderia entender-se estabelecida com base numa unanimidade que deriva de um imperativo de igual consideração de todos na sociedade. Mesmo sem seguir o radicalismo da proposta de VAN PARIJS consideramos que o reconhecimento deste mínimo de vida condigna, pelo menos para os mais pobres, constituirá um avanço moral profundo do Estado social ao mesmo nível do que foi feito pela abolição da escravatura e da introdução do sufrágio universal – PARIJS, P. Van, 1992, p. 5.

principais paradigmas de distribuição de bens que se discutem – a sujeição à benevolência voluntária, a qual, as mais das vezes, além de ser insuficiente, sujeita as pessoas a situações indignas ou a juízos morais sobre o seu comportamento. O que constitui um retrocesso de séculos quanto à forma de encarar os mais pobres da sociedade, devolvendo-nos ao entendimento pré--moderno a que no início fizemos referência. Poder-se-á ainda acrescentar a isto que a atribuição desta prestação pública poderá ser mais ou menos ampla consoante o legislador orçamental assim o entenda. Como vimos, de resto, a própria Constituição, apesar de definir algumas orientações em matéria de despesa e de redistribuição pública de bens, deixa espaço de manobra para o legislador desempenhar essa tarefa, seja com políticas mais igualitárias ou mais liberais. Mesmo a forma como hoje encaramos a própria concretização dos direitos fundamentais obriga-nos, depois da aceitação da teoria do custo dos direitos, a olhar para os direitos como realidades que o legislador – desde que não comprometa os fins a atingir – pode concretizar utilizando uma de entre as várias possibilidades que se abrem à sua frente. Esta questão acaba por devolver-nos a uma outra que já foi referida atrás neste trabalho que é a da reciprocidade, abordada a propósito da compatibilização do liberalismo económico com preocupações igualitárias. Como acima dissemos, num clima política mais liberal, a tendência será inevitavelmente de exigir mais condições (de troca, no fundo) para se poder auferir desta prestação, ao passo que com um governo mais igualitarista a tendência será a de restringir menos o recurso a esta prestação social. Não obstante o reconhecimento de uma margem de manobra legislativa, o importante será a proibição da negação absoluta deste tipo de auxílio, recordando que, em todo caso, os tribunais – mesmo contra a vontade do legislador ordinário – podem e devem condenar o Estado à prevenção de situações de vida indigna.

Aproveitando a afirmação provocatória feita por VAN PARIJS defendendo uma prestação pública para os surfistas (apontando assim para um grupo de pessoas que *voluntariamente* leva um estilo de vida sem se preocupar com a obtenção de rendimentos)[1643], diremos até que o imperativo da dignidade humana obriga à consideração de um tipo de cooperação, em que o auxílio que é dado o deve ser na ausência de qualquer julgamento moral sobre a conduta do indivíduo que pede ajuda e prova a sua situação de extrema

---

[1643] Referimo-nos aqui a um artigo de PHILIPPE VAN PARIJS de 1991, intitulado "Why surfers should be fed: the liberal case for an unconditional basic income", publicado na revista *Philosophy and Public Affairs*, nº 20, 1991, pp. 101-131.

pobreza[1644]. Poderíamos até dizer que deve ser aqui seguido, por parte do Estado, o princípio de *no questions asked*. O objectivo não é o de estigmatizar nem humilhar as pessoas no momento em que fazem esse pedido, pois isso pode mesmo desencorajar o esforço de sair da situação de indigência em que se encontram. Assim, mesmo que, por hipótese, um surfista se encontre voluntariamente numa situação de extrema pobreza, que faça perigar a existência concreta de uma vida condigna, o Estado terá o dever de o auxiliar a obtê-la. Só assim se faz valer verdadeiramente a igual consideração por todos numa sociedade. E se este argumento é válido para um surfista, a mesma lógica valerá – por maioria de razão, até porque se tratam de situações distintas – para todos aqueles que acabem, ainda que voluntariamente, numa situação de extrema pobreza. Estamos a pensar, em especial, no caso das pessoas que se assumem como cuidadoras de crianças ou idosos ou das pessoas que trabalham voluntariamente em ocupações perigosas. Esta é, parece-nos, a opção que melhor se coaduna com o que defenderemos no que toca aos imperativos de despesa pública que resultam dos direitos sociais mínimos. Como explica ELIZABETH ANDERSON, se nos limitarmos a aplicar a lógica híbrida entre o capitalismo e o Estado de bem-estar que parece estar por detrás da defesa de muitos autores contemporâneos liberais-igualitários, poderíamos ter de concluir que nestes casos, como eram vítimas da sua própria escolha, teriam de suportar as consequências da sua opção[1645]. No entanto, esta lógica não parece coadunar-se com o imperativo de respeito da dignidade da pessoa que estamos a considerar. O sentido da própria evolução constitucional da ideia de prestações públicas – passando a englobar deveres que eram outrora entregues à benevolência privada – que está, nos tempos que correm, implícito no reconhecimento da dignidade da pessoa humana e da igual consideração e respeito por todos, não parece satisfazer-se com menos do que com o reconhecimento de um mínimo para uma vida condigna para todos. Só desta forma se evita que as pessoas numa situação de extrema pobreza – seja qual for a situação em que se encontrem ou coloquem – fiquem expostas a situações de submissão, exploração, dominação, violência ou extrema carência[1646].

[1644] Ligando a dignidade da pessoa humana ao reconhecimento de direitos que decorrem de uma qualidade ontológica de Homem: "c'est alors la protection de l'homme dans son essence ou existence dont il s'agit. On ne peut pas laisser mourir un homme de froid, de faim ou de maladie et reconnaître, à la fois, son égale appartenance à l'humanité" – MATHIEU, Bertrand e VERPEAUX, Michel, 2002, p. 521 e 522.

[1645] ANDERSON, Elisabeth, 1999, p. 308.

[1646] ANDERSON, Elisabeth, 1999, p. 297 e 298. ANDERSON dá nestas páginas conta dos argumentos contrários a esta ideia expendidos por RAKOWSKI para ilustrar a sua perspectiva. Entre eles

6.2. Conteúdo mínimo de despesa pública derivado dos direitos, liberdades e garantias e direitos fundamentais de natureza análoga

Se nos ficássemos por uma visão de despesa pública justa correspondente ao direito ao mínimo de existência condigna ou dos direitos fundamentais mínimos de que há pouco falávamos, ficar-nos-íamos por uma visão próxima do utilitarismo negativo sugerido por KARL POPPER. É certo que este traria a vantagem associada de permitir chegar facilmente a consensos quanto à despesa pública justa que o Estado devesse satisfazer, pois para tanto bastaria definir os factores de sofrimento e resolvê-los. Não obstante, na determinação do núcleo de despesa justa, não nos devemos bastar com o minimalismo do direito a uma vida minimamente condigna, já que do extenso catálogo de direitos fundamentais, reconhecido pela Constituição, não podemos deixar de extrair consequências mais profundas. Aliás, a ideia da *determinidade* constitucional de algumas normas, associada à consideração dos direitos fundamentais como um feixe de direitos principais e instrumentais, com a presença constante de uma dimensão positiva – tal como resulta da teoria do custo dos direitos – dá-nos confiança suficiente para prosseguir na identificação de situações de despesa constitucionalmente obrigatória, para além das que já assinalámos.

É certo que a teoria do custo dos direitos torna insuficiente a classificação das normas constitucionais em *determináveis* e *indetermináveis*, no que toca à identificação dos deveres de despesa a partir da Constituição e faz com que a *reserva do possível* seja aplicável a todos os direitos. No entanto, fazendo-nos perceber que a *reserva do possível* pode ter vários graus de aplicação, consoante a imperatividade que se tira da Constituição para a fixação de despesa, abre espaço para que percebamos exactamente até onde vai a liberdade do legislador na conformação orçamental das normas de direitos fundamentais. As normas determináveis apontam-nos portanto para o conteúdo mínimo dos direitos, liberdades e garantias que o legislador deve realizar e orçamentar.

Fora do núcleo da dignidade humana, tomada *de per si* como fonte de despesa, voltamo-nos, então, em primeiro lugar, para as normas *determináveis*

---

chama a atenção para o seu argumento segundo o qual "if women don't want to be subject to such poverty and vulnerability, they shouldn't choose to have children". Perante esta linha de ideias, ANDERSON responde "one wonders how children and infirm are to be cared for, with a system that offers so little protection to their caretakers against poverty and domination", duvidando que o respeito que o Estado deve às pessoas se coadune com um entendimento como o de RAKOWSKI (notando inclusivamente que em muitos casos o cuidado dos dependentes resulta de obrigações legais, não sendo meramente facultativo).

constantes do texto constitucional, para daí retirar deveres de prestação positiva do Estado. As normas *determináveis* apontam-nos, portanto, para o conteúdo mínimo dos direitos, liberdades e garantias que o legislador deve realizar e orçamentar.

No âmbito das normas *determináveis* referimo-nos, antes de mais, às situações em que normas constitucionais conjugam imperativos de despesa para o Estado com o reconhecimento de direitos directamente exigíveis. Estamos, pois, a pensar, antes de mais, nas normas consagradoras de direitos, liberdades e garantias.

Nestas normas, não podemos deixar de abordar a aplicação da *reserva do possível* de uma de forma mais atenuada, quando comparada com outras situações que serão referidas adiante.

Como bem sabemos, quando conjugada com um direito directamente exigível a partir da Constituição, esta *reserva do possível* nunca poderá conceder liberdade legislativa plena para a definição dos direitos em si mesmos, sob pena de restrição inconstitucional do direito, limitando ao invés a escolha legislativa dos instrumentos mais adequados à protecção do bem em causa. Nesta medida, a actividade do legislador orçamental poderá e deverá ser controlada pelo poder jurisdicional, no sentido deste último aferir da constitucionalidade das escolhas feitas[1647]. Tendo em conta esta aplicação limitada da *reserva do possível*, os tribunais devem, pois, poder controlar a decisão em relação aos direitos fundamentais dotados de *determinidade* constitucional, no que toca a saber se a concretização feita pelo legislador restringe inconstitucionalmente o direito. Aliás, no que toca aos direitos, liberdades e garantias esta questão fica clarificada pela letra do artigo 18º, nº 3, da Constituição, quando se autoriza o poder judicial a impedir todos os atentados contra o conteúdo essencial dos preceitos constitucionais. Em relação a estes a *reserva do possível* nunca pode ser invocada.

Apesar de limitada, a aplicação do *reserva do possível* em relação a estes direitos não deixa de se fazer sentir com alguns efeitos positivos. Ela acaba, assim, por gerar um campo para a manifestação da liberdade legislativa, a que chamaremos *reserva geral de ponderação financeira*[1648]: se é certo que o controlo judicial deve impedir as definições dos direitos directamente aplicáveis ou a restrição desses mesmos direitos, ele não deve, excepto em casos de evidente violação

---

[1647] NOVAIS, J. Reis, 2003, p. 107.
[1648] Na esteira do conceito de reserva geral imanente de ponderação, sugerido por REIS NOVAIS – NOVAIS, J. Reis, 2003, p. 569-581.

dos mesmos, interferir com as decisões orçamentais tomadas pelo legislador para os concretizar. Ou seja, o juiz não poderá controlar, por princípio, o *como* e o *quanto* decididos pelo legislador no que toca à concretização desse mesmo direito, entendendo-se assim que esse *como* e *quanto* cabem dentro da *reserva geral de ponderação financeira* desses direitos[1649]. Porém, e uma vez que estamos no âmbito das chamadas normas *determináveis*, não podemos deixar de dizer que o juiz não deve ser totalmente arredado dessas decisões orçamentais. Pelo contrário, o juiz poderá sempre apreciar as medidas legislativas orçamentais, quer de acordo com os limites impostos quer pelo Estado de Direito (igualdade, proporcionalidade e proibição do excesso), quer de acordo com o parâmetro mínimo de respeito pelo conteúdo essencial do direito.

Pelo que fica dito, não podemos deixar de reconhecer que, no âmbito dos direitos, liberdades e garantias o conteúdo mínimo de despesa pública se aproxima muito do controlo do conteúdo essencial destes direitos. Assim sendo, perante esta *reserva geral de ponderação financeira*, só no caso de o Estado ter ficado evidentemente aquém daquilo que deveria ter feito em termos de cumprimento efectivo ao direito em causa é que é possível fazer intervir o controlo judicial.

Pela possibilidade que abrimos de controlo judicial da despesa que decorre das normas constitucionais *determináveis*, não podemos deixar de considerar que vale também aqui, aquilo que dissemos em relação às outras despesas constitucionalmente impostas já descobertas: a atenuação da *reserva do possível* – a tal *reserva geral de ponderação financeira* – que se considera em relação a estas normas constitucionais faz com que no caso de manifesta insuficiência da verba orçamentada e em todas as situações concretas em que a verba orçamentada se mostre insuficiente para acorrer a situações de inoperatividade mínima do direito, o poder judicial fica habilitado – nos termos gerais em que integra lacunas – a condenar o Estado ao pagamento ou à prestação devida, mesmo que não haja cabimento orçamental expresso para tal. Aplicamos aqui o regime geral das despesas obrigatórias, por se tratarem de despesas impostas pela Lei Fundamental.

Estes são os casos-regra relativos às normas *determináveis*. É possível, porém, reconhecer que há casos em que é possível estreitar ainda mais a *reserva do*

[1649] "É que, como vimos, enquanto que o controlo de um dever de omissão é funcionalmente adequado a uma decisão judicial exclusivamente fundada em critérios jurídico-constitucionais, já o juízo sobre o modo e o sentido da satisfação de um dever de acção tem uma dimensão de escolha política dificilmente reconduzível aos limites funcionais do poder judicial em Estado de Direito" – Novais, J. Reis, 2003, pp. 134 e 135. *Vide* ainda *Ibidem*, pp. 89-90.

possível no âmbito destas normas. É o que sucede, nomeadamente, quando a Constituição comete especificamente ao legislador a adopção de despesas públicas específicas em normas em que a Constituição "impede qualquer avaliação, excepção ou adaptação de caso concreto"[1650]. Nestes casos, em que a Constituição prescreve ela própria despesa, todas as pretensões baseadas no imperativo constitucional em causa devem ser satisfeitas, sem olhar a custos[1651]. Nestes casos, o legislador tem uma margem de manobra ainda mais pequena do que nos demais casos de normas *determináveis*. As despesas que decorrem destas normas impõem-se perante o legislador, que deve limitar-se a inscrevê-las como obrigatórias no Orçamento do Estado, ainda que os recursos sejam escassos. Mais uma vez, nestas situações, os tribunais vêm o seu poder de controlo aumentar para garantir o cumprimento dessa despesa[1652], já que este resulta directamente da Constituição. Destes casos de clara compressão da *reserva do possível* resulta assim uma redução do espaço de liberdade de conformação legislativa, o que contribui para que também aqui vejamos espaço para a afirmação de despesa constitucionalmente justa. Nestes casos, os órgãos jurisdicionais podem, então, controlar a actividade legislativa, tendo em vista o estrito cumprimento das normas constitucionais. Não se tratará aqui de proteger um conteúdo mínimo de despesa ou conteúdo essencial da norma, mas de garantir que a norma se aplicará *ipsis verbis*.

Não obstante, como sublinha KLAUS STERN, devemos considerar que à semelhança do que admitimos para os casos de despesa justa derivada do imperativo da dignidade da pessoa humana que também nestes casos de normas com conteúdo constitucionalmente *determinável*, tem de ser considerada uma hipótese extrema de aceitação da *reserva do possível* por parte do poder judicial: a da escassez real de recursos. Neste caso, o juiz deve aceitar a compressão (e diremos nós também a suspensão, por maioria de razão,) dos direitos. Mas, mais uma vez: a aceitação desta escassez deve basear-se numa concreta prova de impossibilidade de acção, já que em relação a estes direitos a alegação da possibilidade da insusceptibilidade de realização da obrigação é insuficiente[1653].

[1650] NOVAIS, J. Reis, 2003, p. 578.
[1651] NOVAIS, J. Reis, 2003, pp. 577-578, fala a este propósito do dever de o Estado observar, sem olhar a custos, a proibição de pena de morte ou prisão perpétua ou as garantias processuais contra todas as formas de intromissão abusiva da vida privada. Mas para além destas despesas, poderíamos também pensar na imposição de realização dos sufrágios para eleição dos órgãos de soberania, impostos pela Constituição.
[1652] STERN, Klaus, 1988, p. 718.
[1653] STERN, Klaus, 1988, p. 719.

Chegados a este ponto – de admitir que estes direitos podem ceder perante o argumento da escassez real de recursos – é legítimo perguntar como se compagina esta aplicação da *reserva do possível* em relação às normas *determináveis* – ainda que apresentada sob a forma atenuada de *reserva geral de ponderação* – com o carácter preceptivo de muitos dos direitos que elas reconhecem.

Para responder a esta questão é preciso notar que mesmo que seja impossível para um Estado suportar os custos destes, os direitos que resultem de normas *determináveis* nunca deixam de se impor. Determinados que estão pela Constituição, eles não estão sujeitos a qualquer condição e continuam, por isso, a poder ser invocados, embora percam a efectividade perante a ausência real de recursos. Eles pré-existem à intervenção legislativa. A *reserva do financeiramente possível* (mesmo que na sua versão mais atenuada) não entra no plano do direito, condicionando-o apenas no plano da efectividade. Podemos, pois, afirmar, com KLAUS STERN, que "a carência de financiamento das acções do Estado não é portanto estruturalmente incompatível com a vinculatividade dos direitos fundamentais"[1654]. Os direitos não deixam de ser reconhecidos e declarados tal como constitucionalmente previstos. Mas quando o são, são-no tendo em conta a *reserva geral de ponderação* a que estão sujeitos. Com base nisto, muitos autores admitem, em caso extremo, a suspensão de direitos, causada por motivos económicos (nos termos do artigo 19º, n.º 1 da Constituição)[1655]. Nesse caso, aplicando uma regra geral, segundo a qual *ultra posse nemo obligatur*. É, porém, de reconhecer que a defesa desta ideia apresenta algumas fragilidades tendo em conta os elementos literais texto constitucio-

---

[1654] STERN, Klaus, 1988, p. 618.
[1655] *Vide* STERN, Klaus, 1988, pp. 718 e 719, em que este admite que "a impossibilidade de cumprimento dos deveres é um fenómeno jurídico geral, que também pode apresentar-se nos direitos negativos de defesa". JORGE MIRANDA, falando em 2012, no contexto da crise remeteu para uma ideia de proibição de retrocesso quando admitiu que alguns direitos sociais fossem afectados pela falta de dinheiro público, mas esclarecendo que se trataria aí tão-só de uma suspensão e não de uma perda definitiva de direitos – Artigos do *Correio da Manhã* e do *Expresso* de 14 de Abril de 2012, *apud* HESPANHA, António M., 2012, p. 33 (HESPANHA, a este propósito, acaba por afirmar, com argúcia, que a distinção entre suspensão e a perda definitiva de direitos não é garantia de nada, uma vez que "as suspensões temporárias [...] podem ser indefinidamente renovadas"). Porém, no *Manual de Direito Constitucional*, JORGE MIRANDA fixa condições muito estreitas para a admissão destas suspensões de direitos – MIRANDA, Jorge, 2012, p. 496. GOMES CANOTILHO e VITAL MOREIRA também admitem a restrição à proibição de retrocesso, por incapacidade financeira do Estado, devendo sempre salvaguardar o conteúdo mínimo necessário de satisfação desse direito (CANOTILHO, J. J. Gomes, e MOREIRA, Vital, 1991, p. 131 e CANOTILHO, J. J. Gomes, 2003, p. 339 admitindo a possibilidade da reversibilidade fáctica dos direitos sociais em caso de recessões e crises económicas).

nal. A nossa Constituição não prevê a existência um estado de "emergência financeira, económica e social"[1656], para permitir, em circunstâncias de crise a suspensão de direitos. Nem mesmo dos direitos sociais, os quais mais facilmente são associados a uma plena actuação da *reserva do possível*.

Não obstante esta fragilidade, MARIA BENEDITA URBANO e MELO ALEXANDRINO, nomeadamente, não hesitaram, perante a crise económica que enfrentamos desde o ano 2009, em sufragar esta teoria[1657]. Por um lado, MARIA BENEDITA URBANO defendendo que "é possível encontrar um fundamento constitucional convincente para um direito de crise", sustentando que "ainda que [...] não seja possível aplicar analogicamente figuras excepcionais como as previstas no artigo 19º, [se] afigura [...] legítimo que as medidas de combate à crise se possam valer das ideias-chave que lhes subjazem [...]. São elas as seguintes: estado de anormalidade constitucional, estado de necessidade, alteração das circunstâncias, preservação e sobrevivência do Estado, força maior, preservação da ordem pública, garantia das condições económicas que assegurem a independência nacional, promoção do aumento do bem-estar e da qualidade de vida das pessoas baseada numa estratégia de desenvolvimento sustentável, etc."[1658]. Por outro lado, também, neste sentido, MELO ALEXANDRINO entende que a perturbação, gerada pelo "contexto de

---

[1656] MARTINS, A. Oliveira, 2012, p. 93. Chamando a atenção para o facto de não haver previsão constitucional de um "estado de excepção por razões económico-financeiras" e apontando para a Constituição do Brasil como exemplo de uma previsão deste género – HESPANHA, António M., 2012, p. 34.

[1657] Embora haja depois a defesa de soluções mitigadas de aplicação deste estado de excepção. Por exemplo falando da suspensão, dentro de certos limites, de direitos MARTINS, A. Oliveira, 2012, p. 93: "Uma vez superada a situação de crise, aqueles direitos antes adquiridos e aquela obrigação estadual seriam repristinados".

[1658] MARIA BENEDITA URBANO *in* RIBEIRO, G. Almeida e COUTINHO, L. Pereira, 2014, p. 20. Não obstante, considera a prevalência de um princípio *in dubio pro medidas anti-crise* (*Ibidem*, p. 25). Caso não seja possível afastar medidas anti-crise, a declaração da existência de um estado de crise não pode dispensar o controlo do Direito, no sentido de aferir a sua conformidade com a Constituição. Nas suas palavras, "a principal tarefa dos juízes constitucionais nestas alturas de crise é a de conciliar os imperativos de necessidade com a observância da legalidade". A esta luz MARIA BENEDITA URBANO acaba por defender a actuação do Tribunal Constitucional. Por um lado, justificando a sua alteração de perspectiva em 2011 (falando, porém, de um direito de crise já a propósito do Acórdão nº 399/2010 – *Ibidem*, pp. 14-16)). E, por outro, explicando o maior exigência que o Tribunal Constitucional tem invocado no controlo às medidas de despesa. Para esta autora, todas as medidas que escapem em relação àquilo que pode ser considerado um direito de crise "(por exemplo, foi determinado um corte permanente de uma prestação social, de um salário), [...] os juízes constitucionais deverão apreciá-las de acordo com os padrões típicos dos estados de normalidade constitucional" (*Ibidem*, p. 28).

verdadeira excepção constitucional não declarada", "não pode deixar de ter repercussão na interpretação e na aplicação da Constituição". Não obstante, defende uma "necessária adaptação no entendimento e no funcionamento dos diversos poderes do Estado"[1659]. Prevalecerá nestes autores, de certo modo, a ideia, como explica GOMES CANOTILHO, de que na falta desta previsão "a revisão [da Constituição] acaba por ser substituída por certa ideia de necessidade pública, de saúde pública que obriga os governos a ultrapassar certas formalidades constitucionais para responderem aí às exigências, digamos assim, aos desafios que nos são colocados"[1660]. A necessidade acaba por ser a lei.

Com esta associação de uma *reserva geral de ponderação* em relação às normas *determináveis* de direitos, é importante notar que não cingimos a despesa obrigatória ao cumprimento de direitos, liberdades e garantias enunciados no título II da Parte I da Constituição.

Antes de mais, porque parece ser pacífico até mesmo no seio daqueles autores que distinguem as normas *determináveis* das *indetermináveis*, aproximando-as tendencialmente dos direitos, liberdades e garantias e dos direitos económicos, sociais e culturais, respectivamente, se reconhece que há imperativos de despesa pública, constantes na parte da Constituição relativa aos direitos sociais, que limitam a liberdade orçamental quanto à ponderação de despesa pública. Entramos, pois, no campo dos chamados direitos fundamentais de natureza análoga. Ao dizermos isto, estamos a pensar, por exemplo, nas despesas que são expressamente determinadas pela Constituição fora do catálogo dos direitos, liberdades e garantias, constando de normas constitucionais também elas *determináveis*. Um bom exemplo destas despesas corresponde à prestação daquilo que é designado por escolaridade obrigatória[1661]

[1659] MELO ALEXANDRINO in RIBEIRO, G. Almeida e COUTINHO, L. Pereira, 2014, p. 57.
[1660] *Apud* HESPANHA, António M., 2012, p. 33.
[1661] Por exemplo, ANDRADE, J. Vieira de, 2012, p. 368, nota 33. Quando falamos nesta despesa, referimo-nos concretamente a despesas com construção de escolas, a despesas com pessoal docente e não docente, a despesas derivadas do funcionamento das escolas – utilização de bibliotecas, laboratórios, material informático, material para realização de provas e exames, acção social escolar – bolsas de estudo para livros e outro material escolar necessário, alojamento para quem vem de fora, alimentação, transporte, assistência médica, seguros para prática desportiva. "No ensino tornado obrigatório, tem inteiro cabimento uma gratuidade tanto universal como integral" – MIRANDA, Jorge, e MEDEIROS, Rui, 2010, p. 1417.
Para além do preceito constitucional relativo à escolaridade obrigatória poderíamos falar também do que impõe a existência de um serviço nacional de saúde – "[...] em relação à criação e manutenção de um serviço nacional de saúde, como componente do direito à protecção à saúde, constitucionalmente consagrado (artigo 64º, nº 2, alínea a)), o Tribunal Constitucional teve já oportunidade de afirmar que se trata aí de uma obrigação constitucional do Estado como meio de realização de

– pelo menos, em relação ao ensino básico, como diz a Constituição. É verdade que a norma se parece com tantas outras normas programáticas, mas neste caso, a diferença – ou seja, aquilo que a faz tornar-se *determinável* – encontra-se no facto de fixar uma meta que se cumula com um direito subjectivo de base concretamente exigível perante o Estado: o de aceder ao ensino obrigatório de forma gratuita[1662/1663].

No caso da escolaridade obrigatória, embora não prevendo um *quantum* a despender no que toca a estas prestações, a Constituição prescreve directa e inequivocamente deveres de despesa. Como já dissemos, por meio de normas *determináveis* até: estes deveres de despesa, apesar de estarem integrados em normas de direitos sociais são inequivocamente considerados como vinculativos, não estando sequer dependentes de uma qualquer lei nesta matéria[1664], nem sequer dependentes da vontade do legislador orçamental. A esta luz, o Estado não pode recusar a integração de alunos na rede de ensino público obrigatório e gratuito. E portanto, não se pode recusar a fazer despesa que cubra as necessidades reais correspondentes a esta prestação. O que significa, em concreto, que contra a integração de alunos no ensino obrigatório não pode sequer invocar a *reserva do financeiramente possível*. Neste caso, a prestação gratuita e obrigatória, por parte do Estado, está intimamente ligada com a obrigatoriedade que a Constituição impõe. Por imperativo constitucional, o legislador orçamental não pode deixar de prever verbas para garantirem a integração de todas as crianças e jovens que queiram aderir ao sistema público

---

um direito fundamental, e não uma vaga e abstracta linha de acção de natureza meramente programática" – vide Acórdão do Tribunal Constitucional nº 39/84, reiterado pelo Acórdão nº 221/2009.

[1662] CANOTILHO, J. J. Gomes, 2008, p. 66.

[1663] Pensamos que o direito à saúde para salvaguarda do direito à vida também se poderá incluir neste grupo de despesas, sendo possível adaptar os termos do exemplo que acima se apresenta. O direito à saúde sempre que está em causa a dignidade da pessoa humana é olhado não como um direito social mas como um direito de liberdade. A este respeito, fala-se da protecção mínima/conteúdo mínimo que está associada este direito: a prestação de cuidados urgentes a quem se encontre em Portugal, pois a isso o impõe a dignidade da pessoa humana – RUI MEDEIROS *in* MIRANDA, Jorge, e MEDEIROS, Rui, 2010, p. 1312. Também no mesmo sentido GUSTAVO AMARAL e DANIELLE MELO *in* SARLET, Ingo W. e TIMM, L. Benetti, 2008, pp. 87-109.

[1664] Como explica MANUEL AFONSO VAZ, não se exclui que a *determinidade* constitucional do conteúdo dos direitos se aplique a normas que a Constituição classifica como direitos sociais (VAZ, Manuel Afonso, 1998, pp. 435 e 436). Para este Autor, nada impede os direitos económicos, sociais e culturais *"se afirmem ou venham a afirmar, com suficiente determinação constitucional e, nessa medida, se acolham à reserva material de constituição"*. Um dos exemplos que aponta disto mesmo é justamente o carácter universal, obrigatório e gratuito do ensino básico (VAZ, Manuel Afonso, 1992, pp. 379 e 380 e VAZ, Manuel Afonso, 1998, p. 445). No mesmo sentido JORGE MIRANDA *in* MIRANDA, Jorge, e MEDEIROS, Rui, 2010, p. 1415.

de ensino. E tudo isto sem fazer distinção de situação económica ou social dos pais. Nestes termos, podemos dizer que estamos perante um "bem público por imposição constitucional"[1665].

Não obstante as limitações à liberdade orçamental que esta perspectiva inevitavelmente coloca, não podemos deixar de notar que também aqui se abre algum espaço de liberdade na concretização orçamental de algumas matérias que dizem respeito à educação obrigatória. É a tal *reserva geral de ponderação financeira* que vimos surgir em relação aos direitos, liberdades e garantias e que aqui também faz pleno sentido aplicar. Entre as matérias relacionadas com o ensino obrigatório, relativamente às quais o legislador orçamental terá a mão mais livre, destacamos as seguintes: *a)* definição do número de alunos por turma, uma vez que a Constituição não diz especificamente qual o rácio aluno/professor a aplicar; *b)* número de escolas que compõem a rede escolar, em função do número de alunos que as frequentam; *c)* definição das condições para subsidiação de escolas privadas ou cooperativas (quando não mesmo concessão de ensino gratuito, em caso de suprimento de falhas do sistema público)[1666]; e *d)* até a própria forma de financiamento desta despesa[1667].

Mas visto isto, é legítimo perguntar até que ponto tem o legislador a mão inteiramente livre nestas matérias.

[1665] NABAIS, Casalta, 2008, p. 16. Este autor relaciona os bens assim qualificados com a sua forma de financiamento: "É por força de uma estrita exigência constitucional, que os custos com esses bens têm de ser suportados por todos os contribuintes, e não apenas por quem é seu destinatário" (NABAIS, Casalta, 2008, p. 16).

[1666] A menos que isso coloque em perigo alunos cuja área de residência não é servida por nenhum estabelecimento público de ensino (ou que não é viável o transporte ou alojamento noutra localidade que o seja), o apoio dependerá sempre de vontade política e, portanto, de uma ponderação dos recursos disponíveis. É neste âmbito que se abre também para o legislador a liberdade de conformação para o Estado optar por um modelo de subsidiação das escolas ou por um modelo de apoio directo aos alunos às famílias – JORGE MIRANDA in MIRANDA, Jorge, e MEDEIROS, Rui, 2010, p. 1419. *Vide* com interesse a este propósito a discussão travada quanto ao cheque-ensino. Falando, por exemplo, da necessidade de o financiamento público se estender a todas as escolas "na medida do possível e do razoável", JORGE MIRANDA menciona alguns problemas concretos: escassez de meios, autonomia de gestão e dos projectos educativos específicos – JORGE MIRANDA in MIRANDA, Jorge, e MEDEIROS, Rui, 2010, p. 1418. A Lei nº 9/79, de 19 de Março prevê a concessão de subsídios a escolas particulares e cooperativas, dando prioridade a escolas que "se localizem em áreas carenciadas de rede pública escolar", "bem como a jardins-de-infância e a escolas de ensino especial, nomeadamente em áreas geográficas carenciadas". (*vide* artigo 8º, nº 3).

[1667] Em cada uma destas ponderações que se fazem abrir-se-ão hipóteses, não se excluindo que as mesmas sejam preferidas com base em juízos de eficiência. Ou seja, nas alternativas possíveis podem fazer-se juízos de custo-benefício, de forma a que as decisões sejam tão racionais quanto possível.

Há, desde logo, um primeiro argumento prático que nos leva a recusar a ilimitação da intervenção legislativa nestas matérias e que parte da ideia empírica de que, em cada um destes pontos, a liberdade nunca poderá total, sob pena de se negar o direito que se pretende afirmar. Por exemplo, na fixação da rácio aluno/professor, a liberdade nunca poderá ser total, atendendo ao limite físico que um professor, em concreto, tem para poder proporcionar a todos os seus alunos a aquisição de conhecimentos efectiva[1668]; ou até no que toca à definição do número de escolas que compõem a rede escolar, pois, neste caso, o número de escolas não poderá ser impeditivo da integração de todas as crianças que queiram frequentar o ensino público (admitimos, porém, que a esta definição poderão aparecer associadas as despesas com transporte – ou se for caso disso com alojamento – para os alunos que não consigam deslocar-se pelos seus próprios meios para a escola). Mesmo no que toca à forma de financiamento desta despesa, se é verdade que podemos dizer que teoricamente o Estado poderia livremente optar por uma de duas vias de financiamento da educação obrigatória – ou assumir ele próprio a prestação desse ensino, através da constituição de uma rede ensino público, ou dar subsídios às escolas privadas para que elas assegurem essa prestação – não menos rigoroso é reconhecer que a Constituição limitou a margem de liberdade nesse domínio exigindo a criação de um sistema público de ensino[1669], admitindo-se, no entanto, que, para colmatação das falhas da rede pública, o Estado faça contratos com escolas privadas – mas neste caso, o Estado deve assegurar a gratuidade de ensino para os alunos que frequentem essas escolas.

Esta despesa pública surge pois, numa parte, como vinculada, por um lado, na medida em que obriga o Estado a integrar todas as crianças que queiram aceder ao ensino obrigatório[1670] e, noutra parte, como concedendo algum

---

[1668] Vide COUTINHO, L. Pereira, 2012, p. 80, admitindo porém que a concretização disto mesmo – "número de anos de escolaridade, número de alunos por turma" – dependa de uma avaliação prognóstica de condições económicas e financeiras existentes em cada momento.

[1669] Vide artigo 74º, nº 2, alínea. a) e Lei nº 9/79, de 12 de Março, alterada pela Lei nº 33/2012, de 23 de Agosto. Neste sentido, JORGE MIRANDA in MIRANDA, Jorge, e MEDEIROS, Rui, 2010, p. 1418.

[1670] Paradigmáticas, no sentido de o poder judicial fazer exigências concretas para obrigar o Estado a cumprir os seus deveres em matéria de educação são as decisões proferidas pelo Supremo Tribunal de Nova Jérsia, no seguimento da acção *Abbott vs. Burke*, interposta em 1981. Reconhecendo o subfinanciamento do Estado em relação àqueles que são os deveres constitucionais no que toca à educação das crianças mais pobres, este tribunal tem vindo desde 1985 – data em que a acção de 1981 foi objecto de sentença – a declarar este mesmo subfinanciamento e a ordenar a previsão de despesa para que o Estado desse cumprimento aos deveres constitucionais de provimento das necessidades escolares dos estudantes mais desfavorecidos – Abbott I, 100 N.J. 269 (July 1985); Abbott II, 119 N.J. 287 (June 1990); Abbott III, 136 N.J. 444 (July 1994); Abbott IV, 149 N.J. 145

espaço de manobra ao legislador. Ou seja, o que vemos surgir, no que toca a estas despesas determinadas a partir da Constituição, é a *reserva geral de ponderação financeira* a que já há pouco nos referíamos, tal como a configuramos para os demais direitos, liberdades e garantias. Não se trata, portanto, aqui de impedir o juiz de apontar um nível máximo de realização de despesa para concretização destes objectivos constitucionais ou até de o obrigar a aceitar, sem mais, a alegação da insusceptibilidade de realização da obrigação do legislador. Pelo contrário, os objectivos a atingir poderão sempre ser objecto de controlo judicial, para se evitarem restrições inconstitucionais àquilo que é o conteúdo mínimo, em termos de despesa pública, desses direitos. No entanto, por aplicação da *reserva do possível*, a concretização desses direitos não poderá, por via de regra, – à semelhança aliás do que dissemos em relação ao núcleo de despesa que já referimos – ser controlada nem no que respeita ao *como* nem no respeita ao *quanto* decididos pelo legislador orçamental, pela dimensão de escolha política que necessariamente está associada a essa definição. A menos que evidentemente esse *como* e esse *quanto* sejam manifestamente insuficientes para cumprir os objectivos fixados pela Constituição (ou por incumprimento dos princípios do Estado de Direito ou por incumprimento da proibição de défice). No entanto, mais uma vez, o poder judicial poderá sempre, em sede de fiscalização concreta, condenar o Estado a assegurar a qualquer criança em Portugal, cujos pais manifestem essa vontade, o acesso à rede pública de escolaridade obrigatória, pois esse objectivo deve ser assumido sem reservas. Mais uma vez, a invocação da *reserva do possível* só tolherá o poder judicial de controlo, no que toca ao cumprimento deste objectivo, em caso de escassez real de recursos.

6.3. Conteúdo mínimo de despesa pública derivado dos direitos económicos, sociais e culturais
a) Considerações gerais

Se nos ficássemos por aqui, estaríamos a admitir que todo o estudo sobre paradigmas de despesa pública justa poucas novidades nos trazia em relação

(May 1997); Abbott V, 153 N.J. 480 (May 1998); Abbott VI, 163 N.J. 95 (Mar. 2000) ; Abbott VII, 164 N.J. 84 (May 2000); Abbott VIII, 170 N.J. 537 (Feb. 2002); Abbott IX, 172 N.J. 294 (June 2002); Abbott X, 177 N.J. 578 (June 2003); Abbott XI, 177 N.J. 596 (July 2003); Abbott XII, 180 N.J. 444 (June 2004); Abbott XIII, 182 N.J. 153 (Nov. 2004); Abbott XIV, 185 N.J. 612 (Dec. 2005); Abbott XV, 187 N.J. 191 (May 2006); Abbott XVI, 2006 WL 1388958 (May 2006); Abbott XVII, 193 N.J. 34 (May 2007); Abbott XVIII, 196 N.J. 451 (Feb. 2008); Abbott XIX, 196 N.J. 544 (Nov. 2008); Abbott XX, 199 N.J. 140 (May 2009); Abbott XXI (May 2011).

àquilo que já era dito pela dogmática jurídico-constitucional. No entanto, a compreensão da própria evolução do paradigma moderno faz-nos querer ir mais longe do que estas ideias de associação da despesa pública justa, quer à dignidade da pessoa humana, quer à ideia do conteúdo mínimo dos direitos, liberdades e garantias e direitos fundamentais de natureza análoga.

Daremos então um passo adiante, procurando aprofundar os deveres de despesa que resultam da Constituição, avançando um pouco mais no catálogo dos direitos fundamentais. Entramos, pois, no domínio dos direitos económicos, sociais e culturais puros. É por esta via que teremos a oportunidade de demonstrar que a perspectiva de despesa pública justa que vemos emergir da Constituição não se fica pelo núcleo que acabamos de desenhar e que a divisão de direitos fundamentais não é tão clara quanto possa à primeira vista parecer, para efeitos de determinação de deveres para o Estado.

Uma primeira aproximação à ideia que a nossa Constituição não defende um modelo de Estado cuja despesa pública é apenas ditada pelo texto das normas de direitos, liberdades e garantias ou direitos análogos, pode ser feita seguindo o trilho do princípio rawlsiano da igualdade equitativa de oportunidades, reconhecido pela nossa Constituição nos artigos 73º, nº 2, e 74º, nº 1. Com efeito, de acordo com a visão rawlsiana era claro que o Estado tinha um papel na resolução das desigualdades sociais e na correcção da distribuição desigual dos rendimentos. É certo que JOHN RAWLS menciona que o Estado deve garantir o mínimo social para cobrir as necessidades básicas do indivíduo, mas acaba por ir para além desse mesmo mínimo. Como já dissemos, a cooperação social que resulta dos princípios de justiça definidos na *Teoria da Justiça* mostra que – tanto no plano intrageracional como no plano intergeracional – se vai no sentido de uma exigência para o Estado, quer da promoção da correcção das divergências de condições socioeconómicas em que cada um vive, quer da promoção da igualdade de oportunidades, através de prestações públicas (por exemplo, através da criação de um sistema de ensino público ou da prestação de subsídios às escolas privadas). Mesmo o *princípio da compensação* – subprincípio do *princípio da diferença* rawlsiano – sugere que pode haver transferências entre grupos de pessoas na mesma sociedade, promovidas pelo Estado com o intuito da minimização dos factores arbitrários (transferências para os mais pobres ou para grupos menos beneficiados) ou mesmo uma limitação das grandes fortunas pela via fiscal, uma vez que os grandes desequilíbrios de riqueza geram desigualdade de oportunidades[1671]. Recordando o que dissemos anteriormente, trata-se de pre-

---

[1671] ROSAS, J. Cardoso, 2011, pp. 28 e 29.

ver deveres públicos de correcção de algumas diferenças sociais e culturais, de forma a suavizar as diferenças quanto às condições socioeconómicas em que cada um vive e a oferecer vantagens a todos aqueles que têm as mesmas motivações[1672]. E, sobretudo, de concentrar os esforços de redistribuição da riqueza nas classes mais desfavorecidas[1673] – maximizando o mínimo que cada um pode obter. Como o próprio RAWLS admite, o liberalismo que defende, acomoda certas preocupações de igualitarismo[1674], já que o seu objectivo é a defesa de uma sociedade em que existe "um sistema justo de cooperação que perdura no tempo, de uma geração para a outra"[1675]. As ideias de RAWLS acabam, assim, por promover um sistema de cooperação, em que se conciliam a possibilidade de escolha individual, por um lado, e a igualdade, por outro. Desenha-se assim, à sua luz, um esquema distributivo público que procura, através da prestação de bens primários, minimizar a influência dos factores arbitrários nas condições a reconhecer a cada membro da sociedade, defendendo a partilha dos benefícios da distribuição.

A teoria de RAWLS tem demonstrado, porém, problemas. Antes de mais, porque como bem explica WALZER, não é certo que o princípio da diferença resolva todos os problemas de desigualdade social. É que, mesmo que a distribuição de dinheiro entre todos os membros da sociedade fosse igual e permitisse a todos a mesma educação, por exemplo, a diferença instalar-se-ia através do predomínio do talento natural, da educação familiar, da habilidade para provas escritas e do êxito académico. Ou seja, a destruição do predomínio do dinheiro, daria lugar ao predomínio dos talentosos[1676], fazendo, afinal, com que a desigualdade se impusesse, assumindo novas formas.

Para além disso, a teoria rawlsiana não resolve todas as questões de Justiça. Ela deixa ainda questões difíceis por resolver, sobretudo depois de levantado o véu da ignorância. Numa procura de responder ao problema de saber como se resolviam os problemas de justiça distributiva depois de levantado o véu da ignorância, a leitura de RAWLS – muito por influência do pensamento de RONALD DWORKIN, também ele marcante no pensamento liberal-igualitário contemporâneo –, acaba por desembocar naquilo que se designa

---

[1672] Para uma ideia das consequências e da dimensão desta despesa pública, em termos estatísticos vide CARMO, Renato Miguel do e BARATA, André, 2014, pp. 52 e ss.
[1673] ROSAS, J. Cardoso, 2012, p. 69.
[1674] RAWLS, John, 2005, p. 6: "the two principles [of Justice] express an egalitarian form of liberalism [...]".
[1675] RAWLS, John, 2005, p. 15.
[1676] WALZER, Michael, 1999, p. 31.

por igualitarismo da sorte (*luck egalitarianism*). A justiça social que se associa ao pensamento contemporâneo acabou assim por cair numa visão que ficou presa, numa lógica híbrida, entre o igualitarismo e o liberalismo económico, procurando reduzir o apoio público apenas àqueles que sofressem as consequências de actos que não são resultado de "apostas deliberadas e calculadas". A lógica de que apenas os factores arbitrários devem ser colectivizados, acaba por conduzir àquele fenómeno de ELIZABETH ANDERSON chama de "abandono dos prudentes"[1677]. Dá-se assim preferência à comunitarização dos factores que resultam da sorte bruta (*brute luck*) e não daquilo que designa de "sorte por opção" (*option luck*).

É certo que este foi esquema de justiça social que influenciou durante muitos anos a nossa Constituição – o que, de resto, não é de estranhar tendo em vista a difusão que este igualitarismo liberal teve no último quartel do século XX. No entanto, não podemos deixar de notar que, hoje, o nosso ordenamento jurídico-constitucional alargou a base deste igualitarismo de que partira, não se identificando mais com a aceitação pura e simples dos ideais rawlsianos ou dworkianos de distribuição de bens. Com efeito, não é difícil actualmente reconhecer que os conteúdos programáticos da nossa lei fundamental acabam por ser actualmente bem mais inclusivos e mais generosos quanto à perspectiva igualitária de base (embora também na nossa Constituição se possa falar, como vimos, de uma mistura de elementos de liberalismo económico e de preocupações igualitárias). Nestes termos, embora sujeita a limites – entre eles, a existência do mercado livre e a coexistência entre os sectores público, privado e cooperativo, como vimos –, não temos dúvidas em dizer que a intervenção pública no sentido de uma redistribuição de riqueza correctiva acaba por não se cingir ao igualitarismo da sorte de que acima falávamos. Veja-se o caso paradigmático do nosso serviço nacional de saúde que é inclusivo, ao ponto de se abrir ao financiamento público de tratamentos que resultam das consequências de actos voluntários, assumindo, por exemplo, o tratamento de pessoas que sofrem acidentes por causa da prática de desportos radicais ou o tratamento de doenças provocadas pelo consumo imoderado de álcool ou pelo tabaco.

Se há coisa que o estudo da justiça da despesa pública em termos filosóficos, feito na primeira parte deste trabalho, nos permite concluir é que a noção de justiça social se tem vindo a desenvolver num sentido que supera o

---

[1677] "Those who gamble and loose are left with the result of theirs; I should accept the costs of voluntary taken gambles" – ANDERSON, Elisabeth, 1999, p. 308.

de Rawls e que nos permite acompanhar mais de perto a visão de igualdade defendida pela nossa realidade constitucional.

Se o predomínio das ideias utilitaristas e tributárias do pensamento de Rawls nos conduziu inevitavelmente, durante grande parte da segunda metade do século XX, a um Estado de bem-estar, não podemos hoje deixar de pensar que devemos caminhar no sentido de um Estado de "bem-estar reforçado", na esteira do desenvolvimento das potencialidades (*capabilities*) de que fala Amartya Sen ou até mesmo fazendo uso da noção de *desenvolvimento humano* acolhida pela ONU e que incorpora esse mesmo conceito. Cada vez mais se questiona se é suficiente a prestação pública de bens primários e se não será necessário exigir que o Estado promova o desenvolvimento pessoal de potencialidades ou de instrumentos que permitam às pessoas a sua realização plena.

Neste sentido e na esteira, aliás, do que já afirmámos anteriormente, a visão de "bem-estar reforçado" parece-nos bem mais de acordo com o actual texto da nossa Lei Fundamental, sendo até corroborada por inúmeros imperativos que resultam da Constituição a partir da leitura do catálogo de direitos fundamentais. Com efeito, mais do que o fornecimento de bens primários, a nossa Constituição fala-nos de metas programáticas que o Estado deve cumprir[1678]. Como exemplo de metas fixadas pelo próprio texto da lei fundamental, temos: objectivos de realização pessoal (a Constituição refere-se expressamente à preocupação com o desenvolvimento da personalidade e do espírito de tolerância, de compreensão mútua, de solidariedade e de responsabilidade[1679]), de inserção na vida profissional ou até de elevação do panorama cultural geral; a promoção de um sistema universitário e de investigação para corresponder à necessidade de desenvolvimento económico e das capacidades intelectuais[1680]; a democratização do acesso à cultura[1681]; o de ter um serviço público de saúde – também ele não excludente e adstrito ao cumprimento de metas mínimas de bem-estar (: promoção da vida até ao limite, promoção de políticas públicas de saúde que envolvem muitas vezes cuidados preven-

---

[1678] Lemos assim os deveres públicos que resultam da tarefa de concretização dos direitos fundamentais como impondo uma concepção de igualdade substancial – "Todos los derechos prestacionales son expressiones concretas de la igualdad sustancial", embora seja certo que a Constituição não contém um programa preciso de distribuição – Sanchìs, Luis Prieto, 1995, pp. 22 e 33.

[1679] *Vide* artigo 73º, nº 2, da Constituição.

[1680] No artigo 76º, nº 1, a Constituição refere que o regime de acesso ao ensino superior tem em conta "as necessidades em quadros qualificados e a elevação do nível educativo, cultural e científico do país".

[1681] *Vide* artigo 73º, nº 3, da Constituição.

tivos e paliativos que vão para além daquilo que seriam as preocupações de bem-estar expressas abstractamente pelos indivíduos); a existência de uma política de imigração, tendo em vista a promoção do direito de decidir onde viver; a protecção ambiental[1682]; a promoção dos direitos das mulheres, com recurso inclusivamente a medidas de discriminação positiva de forma a abolir alguns obstáculos e promover uma sociedade mais paritária[1683]; a existência de um sistema de segurança social muito abrangente que supre as falhas de rendimento e dá assistência em caso de invalidez, velhice e morte; a integração dos deficientes na sociedade (a Constituição impõe deveres de realização de uma política nacional de prevenção e de tratamento, reabilitação e integração dos cidadãos portadores de deficiência, de apoio às suas famílias, e até de desenvolvimento de uma pedagogia que sensibilize a sociedade quanto aos deveres de respeito e solidariedade para com eles) e, quando possível, numa vida activa[1684]; a protecção dos direitos das crianças[1685], etc.[1686]

Porém, como começamos a perceber, ao entrarmos no âmbito de análise de objectivos e metas, saímos da esfera daquilo que poderíamos considerar de despesa exigida directamente pelo texto constitucional – despesa derivada do imperativo de dignidade da pessoa e dos direitos fundamentais que gozam de aplicabilidade directa. Entramos, pois, aqui num novo capítulo: no domínio das orientações constitucionais que acomodam certas preocupações que se ligam com a promoção de uma certa visão de igualdade substancial.

Perante isto, a primeira questão que logo se nos depara diz respeito a saber a que regime está sujeita a despesa que o Estado tem de realizar para a prossecução destes objectivos de promoção deste "bem-estar reforçado". Na abordagem que é feita pelo próprio AMARTYA SEN, em relação às despesas públicas, implicadas na sua defesa do desenvolvimento das potencialidades humanas, este não esconde que há aqui constrangimentos orçamentais que devem ser tomados em consideração: "dada a limitação dos recursos económicos, há escolhas sérias aqui implicadas que não podem ser ignoradas em

---

[1682] É que a prossecução do *desenvolvimento humano* liga intimamente os problemas ambientais à pobreza – muitos são causados e até mesmo agravados pela situação de extrema vulnerabilidade em que se encontram as pessoas (PNUD, 1991, p. 79).
[1683] *Vide* artigos 9º, alínea *g*), 59º, nº 2 alínea *c*) e 109º da Constituição.
[1684] *Vide* artigo 71º, nº 2, e artigo 74º, nº 2, alínea *g*), da Constituição.
[1685] *Vide* artigo 69º da Constituição.
[1686] MATHIEU, Bertrand e VERPEAUX, Michel, 2002, p. 656 referindo-se a alguns direitos (à saúde; às condições necessárias ao desenvolvimento do indivíduo e da família; à segurança material; ao repouso e aos tempos livres) como objectivos de valor constitucional, na esteira das decisões 99-416 DC e 89-269 DC.

bloco com base nalgum princípio «social» pré-económico"[1687]. Esta afirmação – sobretudo conjugada com a preocupação que temos em relação ao problema da separação de poderes – leva-nos a destacar, a partir daqui, um novo círculo de despesas justas, relativamente às quais a *reserva do possível* não aparece tolhida de forma explícita. Já não estamos, pois, no círculo delimitado pela pobreza, nem estamos sob o regime de impossibilidade absoluta de invocação da *reserva do possível*, por associação a direitos que gozam de aplicabilidade directa, nos termos do texto constitucional[1688], ao contrário do que se passava com as despesas que anteriormente mencionamos. Passaremos então à explicitação deste círculo de despesa justa – aparentemente mais sujeita a uma aplicação plena da *reserva do possível* – , embora aqui assumamos, desde já, a preocupação manifestada por AMARTYA SEN, a este propósito, no sentido de afastar a ideia de que o desenvolvimento humano é "uma espécie de luxo que só os países ricos podem permitir-se"[1689/1690].

[1687] SEN, Amartya, 2003, p. 143. Para conseguir este financiamento público, o PNUD sugere até a reformulação dos orçamentos internos de forma a que haja recursos suficientes para investir em desenvolvimento humano – PNUD, 1991, p. 14 (como diz SEN, em muitos países pobres importaria corrigir o desequilíbrio entre as despesas militares e as despesas com cuidados de saúde e educação: "o conservadorismo financeiro deveria ser o pesadelo do militarismo, não do professor ou da enfermeira" – SEN, Amartya, 2003, P. 157). Sendo quer o financiamento tanto deve ser público como privado – PNUD, 1991, pp. 38 e 78.

[1688] SEN, Amartya, 2003, p. 153 chama porém a atenção para que as "exigências [do conservadorismo financeiro anti-défice orçamental] devem ser interpretadas à luz dos objectivos gerais de política pública. [Pois,] o papel da despesa pública para gerar e garantir muitas potencialidades básicas requer atenção [...]".

[1689] Corroborando este entendimento, o próprio PNUD acaba por reconhecer algumas limitações orçamentais que podem impedir de cumprir cabalmente a promoção de uma vida condigna para todos. E, neste caso, refere que para além da acção individual dos Estados, se deverá considerar seriamente a possibilidade haver cooperação entre os Estados. Com efeito, pressupondo que a resolução de alguns problemas está para além da capacidade individual de resolução de cada um dos Estados, apela mesmo a uma ideia de governança global que corrobore esta visão – SEN, Amartya, 2003, p. 156. ANTÓNIO CORTÊS fala-nos mesmo de uma perspectiva exigente do Estado social: "exigente no sentido em que os direitos fundamentais têm de ser protegidos, numa medida social, cultural e civilizacionalmente exigível, mesmo em situações de constrangimento orçamental ou de crise económica e financeira" – CORTÊS, 2012, p. 57.

[1690] Embora seja de reconhecer que algumas medidas que se preconizam neste sentido acabam por não prescindir de uma intervenção concertada do Estado ou com outras organizações internacionais ou com outros Estados: "Some problems are beyond the capacity of individual states to deal with effectively, such as international migration, equitable trade and investment rules, and international threats, most notably climate change. These require a global governance system" – PNUD, 2010, p. 109. Embora no que toca a este aspecto, o PNUD não se coíba de enumerar os problemas que esta governança global acarreta: "Two elements of global governance critical to human development are democratic accountability and institutional experimentation. Demo-

Um dos primeiros temas que o problema do cumprimento de metas programáticas suscita tem a ver com o universo de pessoas para quem o Estado deve prestar gratuitamente serviços. Não estamos a falar de serviços em que a despesa pública é prevista expressamente pela Constituição (como a da escolaridade obrigatória), mas de serviços que a Constituição prevê como correspondendo aos objectivos de aprofundamento da sua visão de Justiça Social.

A Constituição contém expressamente normas que apontam para o Estado o dever de prestação de serviços – ainda que não obrigatórios[1691] – de forma gratuita. Estamos a pensar, concretamente, na protecção da saúde ou no fornecimento de ensino não obrigatório gratuito – como é o caso do ensino superior público –, tal como se prevê nos artigos 64º, nº 2, alínea a) e 74º, nº 2, alínea e). Perante preceitos como estes, pergunta-se: que tipo de igualdade está implícito nos imperativos aqui contidos? Qual o alcance do conceito de gratuidade usado pela Constituição para efeitos da definição das prestações que o Estado deve fazer e a quem deve o Estado prestar esses serviços? Porá o Estado em causa as metas programáticas a que se comprometeu constitucionalmente se não fizer uma prestação universal gratuita desses serviços?

Houve já um debate importante desenvolvido na doutrina sobre este tema e que nos mostra visões bem distintas sobre o tema. Esse debate referia-se à prestação pública do ensino superior e ao pagamento de propinas.

De um lado, neste debate, temos a perspectiva de quem sustenta a gratuidade *para todos* dos bens fornecidos pelo Estado, com o argumento de que a atribuição deste direito apenas a alguns, esbarra inevitavelmente "com a universal titularidade do direito ao ensino, que nunca toleraria diferentes modos da sua atribuição subjectiva activa"[1692]. Um dos defensores desta ideia

---

cratic accountability requires that global institutions adequately represent the views of people and countries around the world and do not reinforce the deep inequalities in the distribution of economic and political power. It requires broader representation of developing countries in the governance of international financial institutions, perhaps through double majorities (requiring approval by a majority of votes and voting shares). Institutional experimentation means opening up policy and institutional spaces to allow people and societies to adjust, adapt and frame their own development strategies. It involves rethinking the frameworks of conditionality premised on ineffective one-size fits all approaches to policy-making. Solutions must of course be adapted to the institutions needing reform and the problems being addressed. Yet the basic principles can be broadly applied: a global governance system that promotes democratic accountability, transparency and inclusion of the least developed countries; a stable and sustainable global economic climate; and financial stability" – PNUD, 2010, pp. 109 e 110.

[1691] Excluímos portanto aqui a apreciação do artigo 74º, nº 2, alínea a) que acabamos de analisar a propósito da prestação pública da escolaridade obrigatória.

[1692] GOUVEIA, J. Bacelar, 1995, pp. 267-268.

foi BACELAR GOUVEIA para quem era claro que o direito ao ensino "está na titularidade de todos, pobres e ricos"[1693]. De acordo com esta posição, não se trataria aqui de olhar em especial às necessidades concretas das pessoas, mas de colocar os mesmos bens à disposição de todos.

Com argumentos que contrariam este entendimento, JORGE MIRANDA defendia que a prestação de bens, como o ensino superior não obrigatório, deveria ser feita pelo Estado a pensar especialmente nas pessoas mais pobres, ou seja, a pensar naqueles que numa situação de exposição pura e simples às regras de mercado, nunca poderiam ter acesso a eles. Isto porque só "faz sentido enquanto contribui para diminuir ou vencer desigualdades; não, se, porventura, as mantém ou agrava"[1694]. Deste entendimento, e no que diz concretamente respeito à prestação de ensino superior, este Professor de Lisboa extrai que, por via de regra, a gratuidade só faz sentido "quando as condições dos alunos o reclamem"[1695].

Não deixa de ser interessante notar que, no caso das propinas, não obstante este entendimento, JORGE MIRANDA não prescinde de uma prestação universal do direito (ou pelo menos de uma parte do mesmo). Para MIRANDA, um aluno do ensino superior – qualquer que seja a sua situação económica – nunca deverá pagar aquilo de que efectivamente beneficia[1696]. É isso que para este autor justifica a limitação à fixação das propinas, entendendo que estas, não obstante a sua funcionalização à protecção dos mais desfavorecidos, não devem reflectir o custo total do ensino, mesmo para os alunos que o pudessem pagar. É que, para MIRANDA, resulta da Constituição um dever de prestação universal do ensino superior, pelo menos em parte, no que corresponda ao benefício comunitário do ensino superior[1697]. Com isto, MIRANDA afasta assim simultaneamente as ideias da menorização deste direito social, por um lado, e por outro, de que este direito deveria ser primariamente satisfeito por privados, sendo apenas excepcionalmente confiado às entidades públicas[1698].

[1693] GOUVEIA, J. Bacelar, 1995, p. 268.
[1694] MIRANDA, Jorge, 1993, p. 485.
[1695] MIRANDA, Jorge, 1993, p. 486.
[1696] Embora possa intervir aqui o princípio da proporcionalidade para o graduar em concreto, evitando que o pagamento seja simbólico.
[1697] JORGE MIRANDA in MIRANDA, Jorge, e MEDEIROS, Rui, 2010, p. 1418: "O pagamento a cargo dos alunos (daqueles alunos que *podem pagar e até onde podem pagar*, claro está) nem há-de ser simbólico, nem superior à parcela (ou a uma parcela) do benefício de que auferem – mas tudo sem quebra da regra da proporcionalidade".
[1698] CANOTILHO, J. J. Gomes, 2008, p. 260, associando esta visão com os argumentos liberais que se esgrimem contra o Estado social.

Para este Professor, este direito impõe ao Estado um dever de prestação universal do ensino superior, embora não o obrigue a pagar todas as despesas. MIRANDA coloca, assim, o Estado no dever de prestação de bens e serviços, em relação à generalidade da população, mas defendendo que só lhe pode ser exigido que o faça na medida em que isso corresponda à cobertura da exterioridade/externalidade positiva desse bem. Só em relação aos alunos mais desfavorecidos é que entende que o dever de prestação vai mais longe, de forma a colocá-los em situação de igualdade em relação aos mais favorecidos.

As ideias de JORGE MIRANDA acabam por defender que o ensino superior não deve ser encarado como um bem público puro (ou mesmo como um "bem público por imposição constitucional", no sentido em que classificamos o ensino obrigatório), dados os benefícios privados que os estudantes do ensino superior obtêm (melhores perspectivas de empregabilidade e de rendimentos futuros)[1699]. Ainda assim, a sua defesa de uma limitação das propinas a exigir aos estudantes em geral, de forma a que estes não fossem chamados – pelo menos, no sistema público – a suportar todos os custos, acaba por aceitar a perspectiva de que o ensino superior provoca externalidades positivas que devem ser suportadas pelo Estado. É a ideia de que se o financiamento for integralmente assumido pelo privado, aumenta o risco de desinvestimento no ensino superior, podendo pôr em causa o desenvolvimento da sociedade[1700].

Interessante na defesa da sua posição são os diferentes escalões de gratuidade que associa à frequência no ensino superior: um primeiro escalão relativo a propinas, inscrições e matrículas; um segundo escalão relativo a pagamentos de despesas adicionais de ensino (taxas de biblioteca ou centros de documentação, etc.); e um terceiro escalão, englobando o pagamento de livros e material escolar. Com estes escalões, JORGE MIRANDA procura demonstrar que a igualdade, aqui em causa, não é "formal ou geométrica, mas aquela que propicie a efectivação da igualdade de oportunidades de acesso e de êxito escolar". Ou seja, JORGE MIRANDA diz que para a boa aplicação do preceito constitucional, que impõe a gratuidade de todos os graus de ensino tem de

---

[1699] Esta ideia teve um fortíssimo impulso dado por um defensor das ideias de libertação do Estado (MILTON FRIEDMAN), logo na década de 50 (*The Role of Government in Education*, 1955 – neste texto FRIEDMAN defendia já a ideia de que quem pudesse, deveria pagar a sua própria educação) – CERDEIRA, Luísa, 2009 (a), pp. 30-31, 84.

[1700] CERDEIRA, Luísa, 2009 (a), p. 32 defende que "a existência de externalidades justifica e fundamenta a defesa de uma intervenção substancial dos governos na política de financiamento do ensino superior, ainda que se possa questionar e problematizar qual o peso adequado entre o financiamento público e privado".

ter em conta as necessidades em concreto da pessoa (e a gratuidade pode até ser integral quando se chega ao terceiro escalão). Para JORGE MIRANDA, a compreensão deste preceito constitucional impõe, não só a isenção de propinas, como também a assunção de custos "pela colectividade dos demais custos do ensino relativamente àqueles cujas condições económicas e sociais não permitem, que por si ou pelas suas famílias, os suportem"[1701]. Restringindo a prestação universal do ensino superior, JORGE MIRANDA reforça a parte correspondente à prestação em relação aos mais desfavorecidos, indo ao ponto de extrair da Constituição a exigência do pagamento de um salário escolar "para compensação do salário profissional que deixam de granjear aqueles que não tenham outros meios de subsistência"[1702], por parte do Estado. JORGE MIRANDA condiciona porém esta despesa à *reserva do possível*[1703/1704]. Assinalamos aqui esta especificidade do pensamento de JORGE MIRANDA, porquanto o entendimento que se lhe opunha de BACELAR GOUVEIA não oferecia a possibilidade de extensão das despesas do Estado nem ao segundo nem ao terceiro escalão referidos[1705], ficando-se pelas referências às propinas, inscrições e matrículas.

Retrospectivamente, podemos dizer que a visão de JORGE BACELAR GOUVEIA é a que corresponde à visão defendida "[...] até aos anos oitenta do século passado, na maioria dos países ocidentais, [segundo a qual] os Governos assumiram a principal responsabilidade de financiar as universidades [...], dado que entendiam ser da sua esfera de responsabilidade social e económica, na medida em que se tratava de formar os indivíduos necessários para as actividades económicas e, simultaneamente, assegurar a equidade e acessibilidade do ensino superior"[1706]. E nem sequer se pode dizer que ela não faz sentido.

[1701] MIRANDA, Jorge, 1993, p. 487.
[1702] MIRANDA, Jorge, 1993, p. 488. MIRANDA volta a defendê-lo em 2010 – JORGE MIRANDA in MIRANDA, Jorge, e MEDEIROS, Rui, 2010, p. 1418.
[1703] JORGE MIRANDA in MIRANDA, Jorge, e MEDEIROS, Rui, 2010, p. 1417: "[...] a sua concretização [da gratuidade integral do ensino superior] tem de ser determinada considerando três ordens de factores, inerentes às premissas constitucionais: a disponibilidade dos recursos, a mais ou menos ampla soma de beneficiários [...] e a capacidade económica destes beneficiários".
[1704] JORGE MIRANDA fala ainda da obrigação de concessão do mesmo regime das escolas públicas de ensino superior a escolas privadas e cooperativas "se no país não existirem escolas públicas em número suficiente para certo curso reconhecido como satisfazendo necessidades em quadros qualificados" (JORGE MIRANDA in MIRANDA, Jorge, e MEDEIROS, Rui, 2010, pp. 1418-1419).
[1705] Parece ser esta percepção que motiva o comentário de JORGE MIRANDA "Muitas vezes, reduz-se a gratuidade ao primeiro escalão – a inexistência de taxas de frequência ou propinas – e esquecem-se os outros" – JORGE MIRANDA in MIRANDA, Jorge, e MEDEIROS, Rui, 2010, p. 1417.
[1706] CERDEIRA, Luísa, 2009 (a), p. 31.

A ideia de BACELAR GOUVEIA parece ser, de facto, a que melhor se coaduna com o esforço de reconhecer nas normas de direitos sociais verdadeiros direitos fundamentais.

Contudo, contra este ponto de vista, sempre se poderá dizer que não tem em conta o universo de pessoas que chegam ao ensino superior, acabando por beneficiar mesmo aqueles que poderiam pagar os seus estudos[1707] e até que pode acabar por gerar escassez de recursos, podendo pôr em causa um apoio maior aos mais desfavorecidos. A seu favor, militam os argumentos de que o ensino superior traz ganhos ou retornos para a sociedade; de que a educação é um direito fundamental; de que a fixação de propinas tem um impacto negativo, em termos de igualdade social e benefícios sociais; ou até de que os custos de manutenção de um estudante estão acima das possibilidades de muitas famílias[1708].

Já a perspectiva de JORGE MIRANDA, parecendo mais permeável às críticas de libertação do Estado, assenta, pelo menos em parte (mas não naquela que se refere a uma propina limitada para todos), na ideia de que muitos dos estudantes do ensino superior são de uma classe socioeconómica que lhes permitiria assumir as despesas com a sua educação[1709]. No entanto, os seus argumentos parecem não levar tão a sério o direito à frequência no ensino superior.

Ou seja, os pontos fortes de uma argumentação constituem os pontos fracos da outra, numa posição quase simétrica.

No que toca a esta discussão, o Tribunal Constitucional acabou, nos casos em que se pronunciou sobre este tema (*maxime* no aresto sobre as propinas), por não ser tão restritivo quanto JORGE MIRANDA, mas também não tão generoso como BACELAR GOUVEIA. No aresto referido, o Tribunal Constitucional teve em conta apenas "o que poderá qualificar-se como conteúdo essencial mínimo de qualquer ideia de «gratuitidade»"[1710]. Isto significa que

---

[1707] CERDEIRA, Luísa, 2009 (a), p. 234: "[...] constata-se que há uma sobre-representação do grupo dos estudantes cujos pais possuem uma habilitação de grau superior, ao mesmo tempo que é reduzido o peso do grupo dos estudantes cujos pais possuem o nível básico de escolaridade, contrariando assim o previsto na Constituição Portuguesa, a qual prevê a democratização do acesso e frequência do ensino superior". Continua esta autora dizendo que só o ensino politécnico é mais aberto no recrutamento social (*Ibidem*).
[1708] CERDEIRA, Luísa, 2009 (a), p. 39.
[1709] "O apoio e a concessão de subsídios ao ensino superior pode ser regressivo, porque se constata que ao nível do ensino superior, com especial incidência no ensino universitário, os estudantes tendem a vir das classes mais abastadas ou da classe média, em detrimento das classes mais desfavorecidas" – GURRIA *apud* CERDEIRA, Luísa, 2009 (a), p. 138.
[1710] Acórdão do Tribunal Constitucional nº 148/94.

para este órgão jurisdicional, a despesa pública de educação não deveria ser tomada necessariamente desacompanhada de qualquer esforço por quem dela beneficia, já que o conceito de gratuidade não deveria ser interpretado num sentido puramente etimológico, excluindo qualquer tipo de pagamento pelos utentes (os juízes estavam pois cientes de que o acesso ao ensino superior tem um tratamento diferente do que é dado ao acesso ao ensino básico obrigatório, em que não há qualquer dúvida no que toca à sua gratuidade). Esta interpretação do conceito de gratuidade tinha, porém, limites claros para os juízes do palácio Ratton: não poderia admitir um tal desprendimento do conceito *gratuito* de forma a transferir para eles o custo da contraprestação estadual em causa (mesmo que parcialmente).

Não obstante a não admissão deste desprendimento, a ideia da progressiva gratuidade expressa por esse mesmo preceito constitucional, não impediu os juízes do Palácio Ratton de defenderem que o legislador ordinário pudesse pôr termo ao congelamento dos valores das propinas, permitindo-lhe assim proceder a actualizações do valor já cobrado. Mas o Tribunal Constitucional entendeu-o apenas de forma limitada. Nesse caso, este órgão jurisdicional não foi além da admissão de uma mera actualização de valores. Entendeu-se, assim, que esta actualização não contrariaria a norma, contida no artigo 74º, nº 3, alínea e), de realização progressiva, de acordo com as disponibilidades públicas, como se, "com a consagração de tal princípio, a Constituição pretend[esse] apenas não subverter o funcionamento do sistema de ensino público, só impossibilitando «aumentos drásticos»"[1711/1712]. Parece, pois, resultar do entendimento do Tribunal Constitucional que a prescrição de gratuidade progressiva dos graus de ensino traz associada uma proibição específica de retrocesso (conclusão, aliás, reforçada em muitos votos de vencido do

---

[1711] GOUVEIA, J. Bacelar, 1995, p. 258.
[1712] Porém, para o Tribunal Constitucional, este poder de actualização está balizado, proibindo que se "subverta o funcionamento de um sistema de ensino público, claramente definido na mesma CRP". Nesta linha, o Tribunal admitiu que "uma actualização do montante das propinas, que corresponda a «uma simples actualização face ao crescimento geral dos preços», é constitucionalmente admissível, sendo que a expressão percentual máxima de 25% do quociente [da divisão das despesas de funcionamento e de capital das instituições do ensino superior público do ano imediatamente anterior pelo número total dos alunos inscritos nessa instituição nesse mesmo ano lectivo] [...], se contém dentro de uma ordem de grandeza que respeita aqueles limites [...] ". Os 25% referidos pelo Tribunal Constitucional representam, pois, "o limite razoável dentro do qual se poderá falar da lógica constitucional da possível gratuitidade do ensino superior e não da lógica do pagamento parcial dos custos do ensino superior pelos respectivos utentes" (dando conta dos desentendimentos entre os juízes sobre a opinião prevalecente *vide* GOUVEIA, J. Bacelar, 1995, pp. 259-261).

Acórdão em causa[1713]). Nesta interpretação, o Estado deveria assumir a despesa para cobrir os gastos educativos, em tudo aquilo que não fosse coberto pelas propinas para todos os alunos que frequentassem o ensino superior público. A comparticipação dos alunos cobriria apenas uma parte dos custos envolvidos com a sua formação superior. Os alunos pagariam o correspondente a inscrições e taxas de frequência. O Estado suportaria as despesas de pessoal e funcionamento das escolas e dos os demais custos do ensino. Só nos casos em que as condições económicas e sociais dos alunos não permitissem o pagamento dessas propinas (ou de parte delas, uma vez que é possível introduzir aqui graduações), é que se imporia "a gratuidade no ensino superior"[1714/1715].

É de notar que esta discussão não se cinge ao universo da educação. Na interpretação deste conceito constitucional de gratuidade, a doutrina e a jurisprudência, aliás, têm feito uma aproximação do dever de prestação gratuita do ensino superior e do dever de prestação gratuita do sistema nacional de saúde. Tal como em relação ao ensino superior, discute-se aqui a amplitude do dever de prestação de cuidados de saúde. Não obstante e dado o

---

[1713] CANOTILHO, J. J. Gomes, 1994, p. 153-154. CANOTILHO concorda com a aplicação da lei pelo Tribunal Constitucional, uma vez que o texto constitucional não impõe nem proíbe a utilização de um sistema de indexação. Para este autor "o núcleo essencial do direito ao ensino superior progressivamente gratuito tem como centro de densificação uma política de isenção e de bolsas compensatórias das propinas impeditiva de um retrocesso social injusto, o que se traduz não só no direito à manutenção de um sistema de apoios sociais para aqueles que já haviam demonstrado incapacidade económica relativamente a montantes anteriores de propinas como para aqueles que não possam suportar os «preços» actualizados das mesmas".

[1714] JORGE MIRANDA in MIRANDA, Jorge, e MEDEIROS, Rui, 2010, p. 1416.

[1715] Falando de uma construção "constitucionalmente artificiosa" – GOUVEIA, J. Bacelar, 1995, p. 269. BACELAR GOUVEIA que não segue o entendimento do Tribunal Constitucional, pensando que o artigo 6º, nº 2 da Lei 20/92 é inconstitucional, por haver um aumento do valor das propinas num "afastamento, de natureza assaz divergente, do objectivo constitucional da progressiva gratuidade". Se para este autor é verdade que a utilização constitucional do advérbio progressivamente é demonstrativa da dificuldade instantânea de concretização desse objectivo, a solução não poderá deixar de passar pela manutenção da lei em vigor e nunca por um aumento do valor das propinas. Portanto, para este autor, a colaboração nos custos do financiamento do ensino superior não poderia deixar de ser menor ainda do que aquilo que o legislador pretendia. Caso contrário, estar-se-ia a fazer aquilo que "talvez por lapso e por falta de visão de futuro" o legislador constituinte não fez ao abster-se – ao contrário do que fizera no artigo do serviço nacional de saúde que deixou de ser gratuito para ser tendencialmente gratuito – de alterar a norma constitucional que prescreve a gratuidade progressiva de todos os graus de ensino (sobre o problema da antecipação de uma revisão constitucional vide CANOTILHO, J. J. Gomes, 1994, p. 152). Para poder fazer uma lei em sentido contrário, BACELAR GOUVEIA abre apenas a hipótese de uma revisão constitucional no sentido da eliminação da progressiva gratuidade do ensino público, uma vez que os direitos sociais não estão abrangidos pelos limites do artigo 288º (Vide GOUVEIA, J. Bacelar, 1995, p. 265 e 268).

leque amplíssimo de prestações que aqui podem estar em causa, acaba por haver aqui um maior consenso no sentido de que o direito à saúde está, na sua concretização, sujeito, em grande medida, a escolhas e opções político-legislativas[1716]. O legislador não está, portanto, vinculado "a garantir a todos um acesso a cuidados de saúde numa acepção amplíssima"[1717], afirmando-se aqui mais claramente a ideia de "uma ineliminável dimensão de escolha"[1718]. Nem sequer se afirma que o Estado está vinculado à utilização de todos os "recursos humanos, técnicos, infra-estruturais possíveis"[1719].

Muito por força do paralelo feito entre estas duas prestações, a discussão sobre o acesso ao ensino superior acabou ir atrás daquela que se fazia quanto às prestações de saúde devidas pelo Estado. Assim, as expressões "serviço nacional de saúde tendencialmente gratuito" ou estabelecimento da "progressiva gratuidade do ensino" acabaram por ter uma leitura semelhante: não uma leitura feita num sentido etimológico, mas uma leitura que comporta "um certo halo de indeterminação" que o legislador pode ir preenchendo de acordo com as disponibilidades financeiras do momento[1720].

[1716] Sobre os problemas de sustentabilidade da saúde, *vide* GUSTAVO AMARAL e DANIELLE MELLO *in* SARLET, Ingo W. e TIMM, L. Benetti, 2008, pp. 98-99. Estes autores apontam para questões muito concretas que fazem perceber por que razão os gastos com a saúde são tão difíceis de controlar: 1) por ser repugnante discutir custos quando se fala da vida e da saúde; 2) porque a ética médica requer que os médicos prescrevam tratamentos sem olhar a custos; e 3) porque a liberdade médica é incompatível com constrangimentos orçamentais.

[1717] RUI MEDEIROS *in* MIRANDA, Jorge, e MEDEIROS, Rui, 2010, p. 1312.

[1718] RUI MEDEIROS *in* MIRANDA, Jorge, e MEDEIROS, Rui, 2010, p. 1312.

[1719] RUI MEDEIROS *in* MIRANDA, Jorge, e MEDEIROS, Rui, 2010, p. 1313.

[1720] No que toca à possibilidade de exigir taxas moderadoras, em troca das prestações feitas no serviço nacional de saúde, o Tribunal Constitucional tem feito uma leitura do conceito de gratuidade constante do artigo constante do artigo 64º, nº 2, al. *a*), como não impeditivo da existência de taxas moderadoras (*vide* Parecer da Comissão Constitucional nº 35/82 e também a este respeito o Acórdão nº 330/89, o qual mesmo antes da introdução no artigo 64º da Constituição do advérbio de modo tendencialmente, interpretava a expressão "gratuito" aí contida como admitindo a cobrança de taxas moderadoras, deixando mesmo em aberto a possibilidade de "uma actuação «gradualística» (que leve em conta as condições sócio-económicas e as possibilidades efectivas do Estado em cada momento, função, decerto, dos recursos então disponíveis)" – Sublinhando isto mesmo *vide* RUI MEDEIROS *in* MIRANDA, Jorge, e MEDEIROS, Rui, 2010, p. 1309). Está aqui em causa uma leitura do termo "gratuito" num sentido não literal.

Para o Tribunal Constitucional o imperativo de gratuidade não é incompatível com a ideia de cobrança de taxas moderadoras se:

a. estas não corresponderem a pagamentos dos utentes pelos serviços que utilizam, ou seja, que não podem correspondam a "retribuição de um «preço» pelos serviços prestados". Está em causa a afirmação da ideia de gratuidade constitucional como garantia de que os "utentes que não terão eles de suportar individualizadamente os custos daquelas prestações". Ou seja, o Tribunal

Se se tratasse apenas, como JORGE BACELAR GOUVEIA, de levar a sério os direitos sociais e de procurar extrair elementos favoráveis ao tratamento igualitário dos cidadãos, teríamos de estender a sua argumentação até ao limite – ela não se limitaria a exigir o ensino superior e o acesso à saúde para todos. Ela teria de se estender, por exemplo, à educação pré-escolar, na parte não obrigatória (já que o Estado assume o estabelecimento da gratuitidade de todos os graus de ensino)[1721], ao acesso à cultura (visto que nos termos da

Constitucional admite as taxas moderadoras desde que elas não sejam um pagamento ou uma "contraprestação *destinada directamente a transferir* (ainda que só parcialmente) para eles o custo da prestação em causa".
b. se elas visarem uma maior racionalidade na utilização dos limitados recursos de que dispõe o serviços nacional de saúde (estas servem para "moderar a procura de cuidados de saúde, evitando assim a sua utilização para além do razoável");
c. não dificultarem a utilização destes serviços (seja pelo montante a que correspondem, seja por abrangerem pessoas sem recursos), já que a Constituição impõe que a gratuidade integral seja garantida aos grupos sociais mais carenciados.
Note-se que também no Acórdão do Tribunal Constitucional nº 92/85, o Tribunal Constitucional se pronunciou no sentido da não inconstitucionalidade de taxas moderadoras aplicáveis aos subsistemas de saúde, em relação aos serviços prestados aos respectivos beneficiários, que não imponham encargos aos beneficiários do serviço nacional de saúde: "E, não sendo este despacho a impor qualquer pagamento aos beneficiários dos subsistemas de saúde — como se referiu, o que ele teve em vista foi fazer uma mera repartição de encargos entre os hospitais e os subsistemas de saúde —, também quanto a esses beneficiários não há violação do mesmo princípio [da gratuidade]" (Criticando este entendimento RUI MEDEIROS *in* MIRANDA, Jorge, e MEDEIROS, Rui, 2010, pp. 1316 e 1317).
Ainda a propósito das taxas moderadoras, o Tribunal Constitucional chegou ainda a pronunciar-se, em 2008 e 2009 (Acórdãos do Tribunal Constitucional nºs 512/08 e 221/09, embora com um Acórdão contra pelo meio: o Acórdão do Tribunal Constitucional nº 67/07), pela não inconstitucionalidade material da imposição ao utente (mesmo que economicamente carenciado) do efectivo pagamento dos serviços clínicos prestados como consequência do incumprimento de uma demonstração da titularidade ou requerimento do cartão de utente do serviço nacional de saúde, no prazo de dez dias a contar da interpelação dos serviços de saúde.
É de notar com MENESES DO VALE que mesmo após a revisão constitucional de 1989 que substituiu a expressão "gratuito", constante do artigo 64º, nº 2, alínea *a*) da Constituição da República Portuguesa pela de "tendencialmente gratuito", o Tribunal não alterou muito a jurisprudência anterior a essa mesma revisão constitucional – *vide* Acórdão do Tribunal Constitucional nº 731/95 (VALE, L. Meneses do, 2006, pp. 25 e 26, não obstante BACELAR GOUVEIA entender que houve em 1989 uma mudança de entendimento: GOUVEIA, J. Bacelar, 1995, p. 268. Ver, com um entendimento de que o Tribunal Constitucional poderia ter ido mais longe no sentido de afimar que o legislador pode impor pagamento aos que tenham meios económicos suficientes, ou seja, reconhecendo que a tendencial gratuidade deve interpretada tendo em conta a situação financeira do Estado – RUI MEDEIROS *in* MIRANDA e MEDEIROS, 2010, pp. 1314 e 1315).

[1721] No âmbito do ensino não obrigatório, não podemos deixar de considerar o ensino pré-escolar (na parte não obrigatória já que a obrigação do artigo 74º, al. *b*) não pode deixar de dizer respeito

Constituição o Estado está obrigado a promover a democratização do seu acesso) ou até mesmo na protecção integral dos cidadãos na doença, velhice, invalidez, viuvez e orfandade, bem como no desemprego e em todas as outras situações de falta ou diminuição de meios de subsistência ou de capacidade para o trabalho (como parece resultar do artigo 63º, nº 3 da Constituição). Porém, esta defesa – não obstante ser sedutora pela proposta de maximização dos deveres de prestação do Estado – é incompatível com o enunciado destes direitos por parte da Constituição, antes de mais. Com efeito, não negando uma relação entre a educação ou a saúde e a igualdade, a Constituição não assume ela própria a definição dessa despesa pública (o que fica patente, de resto, na discussão que se faz em torno destes temas), deixando assim uma grande margem de conformação legislativa para decidir quem pode usufruir dos serviços fornecidos pelo Estado[1722]. Para além disso, ela não se coaduna com preocupações como a da sustentabilidade ou a da preocupação para com o futuro. E se há uma coisa que a discussão sobre paradigmas de despesa justa mostra é que hoje não podemos passar ao lado de temas como esses. E isso terá inevitavelmente de nos levar a defender um entendimento menos linear do que BACELAR GOUVEIA, embora com a mesma firmeza quanto à afirmação dos direitos sociais como direitos fundamentais por direito próprio. Mesmo as discussões travadas em torno da prestação pública à saúde e ao ensino superior público mostram que a exigência perante o Estado pode admitir a conjugação da ideia da gratuidade com a da necessidade de ter em conta as condições económicas e sociais dos cidadãos (artigo 64º, nº 2, alínea *a*))[1723].

à educação pré-escolar obrigatória) ao lado do ensino superior. Embora reconheçamos que, no que toca à educação pré-escolar, a Constituição não apresente a mesma clareza que usa quanto à criação de um sistema público de ensino obrigatório. Com efeito, a alínea *b)* do artigo 74º não vai além de um vago imperativo de "desenvolver o sistema geral de educação pré-escolar", o qual qual não sugere mais do que uma abertura de espaço para a conformação legislativa, com total submissão à reserva do possível. Neste momento, a consagração do ensino pré-escolar obrigatório a partir dos 5 anos feita a partir de 2009 oferece um conteúdo mínimo ao artigo à última parte do artigo 74º, alínea *b)*.

[1722] MATHIEU, Bertrand e VERPEAUX, Michel, 2002, p. 659 e 660.

[1723] Aplicando os mesmos termos ao acesso ao ensino superior: a gratuidade aqui deverá ser outrossim função das condições económicas e sociais – JORGE MIRANDA *in* MIRANDA, Jorge, e MEDEIROS, Rui, 2010, p. 1416.

b) Conteúdo mínimo dos direitos económicos, sociais e culturais e proibição do retrocesso

Conteúdo mínimo

As preocupações com a sustentabilidade financeira, impõe-nos, pois, que, por via de regra, em todos os domínios que referimos de bens cujo fornecimento corresponda a metas que o Estado pretende concretizar, defendamos uma visão que parte necessariamente de uma abertura à conformação do legislador orçamental, para que este em cada momento possa adequar as despesas às necessidades e aos recursos do momento.

Trata-se aqui, antes de mais, de reconhecer *ex professo* a aplicação da *reserva do financeiramente possível*, como regra, em relação à realização dos conteúdos programáticos reconhecidos na Lei Fundamental. As decisões a tomar nestes domínios – no que toca à medida e forma de protecção – não podem assim deixar de ser feitas com base em juízos da comunidade política. Ou seja, com base nas ponderações feitas *prima facie* pelo legislador orçamental. Elas impedem, assim, por via de regra, ao julgador o controlo não só do *como* e do *quanto* da prestação orçamentada para a concretização do direito em causa, mas também do *quando* dessa mesma concretização.

Este entendimento não deve impedir, porém, que, em certos casos a ideia da *reserva do possível* possa ser travada. Até porque caso contrário, impediríamos que a ponderação orçamental fosse balizada. É aqui justamente que refutamos o entendimento de REIS NOVAIS, segundo o qual nos direitos sujeitos a "reserva geral imanente do financeiramente possível [...], a última palavra é, em princípio, dos titulares do poder político, designadamente do legislador"[1724].

Se pensamos que o tema das prestações gratuitas – assim como, em geral, o tema da realização dos direitos sociais – deve ser encarado dentro da lógica do Estado de "bem-estar reforçado", ou seja, atendendo às metas ou objectivos que o Estado vai assumindo, então vamos ter de considerar que a liberdade orçamental se tolhe à medida que estas metas ou objectivos se vão definindo e desenvolvendo. De acordo com esta perspectiva de Estado de "bem-estar reforçado", tal como a defendemos, não se trata, pois, de obrigar o Estado à criação ou à multiplicação contínua de prestações ou subsídios, incompatível com o reconhecimento de uma liberdade de conformação orçamental, mas de o obrigar continuamente à promoção de esforços no que toca ao aumento das potencialidades (*capabilities*) e do poder (*empowerment*) das pessoas[1725].

[1724] NOVAIS, J. Reis, 2010, p. 108.
[1725] Com especial atenção aos direitos das mulheres – PNUD, 2010, p. 7. Para um maior desenvolvimento desta questão – deste ponto de vista do desenvolvimento das potencialidades (*capabilities*) – *vide* NUSSBAUM, Martha, 2000.

Manifesta-se aqui, de novo, a preocupação de ancorar o conceito de despesa pública justa a um critério substancialista: o Estado pode não ter, nos termos da Constituição, definida exactamente a despesa que tem de fazer, mas tem uma obrigação clara no sentido do afastamento progressivo de certas condições que possam afectar a vida satisfatória das pessoas que se encontram no seu substrato. É, pois, a afirmação da ideia de que as metas fixadas na lei fundamental são para cumprir, tal como já defendera ALEXY[1726], pois não se devem ler como trechos de poesia legislativa enxertados no texto constitucional. É mesmo de recordar que o cumprimento de muitos destes objectivos passou a constituir um parâmetro de avaliação por instâncias internacionais, como forma de avaliar se os fins prosseguidos em termos de políticas públicas, por parte dos Estados, são ou não legítimos (como acima referimos com alusão aos relatórios do PNUD).

Aquilo que o presente trabalho propõe é, pois, que a concretização da Justiça Social seja cada vez mais entendida, não apenas como a realização de normas, mas como a concretização de uma visão de Justiça Social – compatível com as metas exigentes de um Estado de "bem-estar reforçado" como o nosso – que promova o desenvolvimento da dignidade e das potencialidades (*capabilities*) de cada um. Pensamos que esse é o entendimento que mais protege a dignidade humana que deve reger toda a interpretação que fazemos dos direitos fundamentais.

Esta defesa tem como objectivo fazer com que a imagem de Justiça Social a prosseguir não dependa mais das múltiplas interpretações que se podem fazer acerca da concretização das normas de direitos sociais, por um lado, e conseguir finalmente uma unificação no tratamento dos direitos fundamentais. Na concretização dos mesmos, o legislador deve agir indo ao encontro daquilo que é a concretização de uma visão concreta de Justiça Social. Não se trata mais de exigir o cumprimento – mais ou menos cabal – das normas constitucionais, mas de colocar a liberdade legislativa sujeita ao escrutínio dos imperativos de Justiça.

Para fugir a *standards* de Justiça e assim evitar o arbítrio que um governo de juízes pode proporcionar, propõe-se que a despesa pública justa seja ancorada numa ideia geral de protecção do conteúdo mínimo dos direitos fundamentais, tal como ele se vá consolidando na ordem jurídica, que nos ajude a balizar a concretização feita dos objectivos constitucionais programáticos. Portanto, o que se defende, neste trabalho, é que não só as normas de direitos,

---

[1726] ALEXY, Robert, 1986, p. 406.

liberdades e garantias, mas também as consagradoras de direitos económicos, sociais e culturais têm um núcleo mínimo, a partir do qual se recortam deveres de dispêndio público. Estamos pois bem longe da ideia de que os direitos sociais não poderiam fundar directamente direitos concretos ou obrigações positivas por parte do Estado.

Nestes termos, mesmo que se entenda que o legislador tem, por via de regra, liberdade para decidir em relação aos direitos económicos, sociais e culturais, acerca de *quando, como* e *em que termos* presta serviços gratuitos, ele não tem uma margem de conformação legislativa ilimitada em relação a esses direitos. Apontamos assim para um patamar mínimo de vinculação, tal como já fizemos anteriormente. Levando a sério a fundamentalidade dos direitos sociais, o critério de vinculação aos mesmos deveria ser material: o legislador ordinário deve conjugar a sua liberdade com deveres de protecção em relação àqueles que podem ficar numa situação de vulnerabilidade. Esse é, para nós, o conteúdo mínimo de qualquer prestação gratuita ou de qualquer conteúdo programático que a Constituição prevê. Não se trata aqui de voltar atrás e adoptar de novo o limite da pobreza económica que adoptámos para falar dos deveres de despesa que decorrem da ideia de dignidade da pessoa humana. Trata-se, aqui sim, de procurar construir o conceito de despesa justa a partir de uma ideia que procure a defesa de um consenso mínimo quanto à igualdade que deve ser promovida pelo Estado e, ainda assim, tomando como base as orientações mais recentes no que toca à distribuição de bens, na esteira de AMARTYA SEN e do seu conceito de desenvolvimento humano. Ou seja, trata-se aqui de potenciar a ideia de solidariedade em que a Constituição está alicerçada e defender que a despesa justa começa, antes de mais, pelo alívio das múltiplas situações de vulnerabilidade que se manifestam na sociedade (num reconhecimento, portanto que as situações de vulnerabilidade – opressão, repressão, violência, submissão – não resultam só da pobreza extrema).

O reconhecimento de um conteúdo mínimo em relação aos direitos sociais tem aqui uma mensagem clara: não arredar a justiça de nenhum capítulo dos direitos fundamentais.

Que critérios podemos usar para encontrar o conteúdo mínimo dos direitos?

Ligando o tema da promoção pública da igualdade com a ideia de "bem-estar reforçado", poderemos, desde logo, dizer que neste conteúdo mínimo devem estar contemplados direitos que constituem pré-requisitos de outros direitos[1727]. O que nos leva a uma visão que alarga a despesa pública justa –

[1727] BILCHITZ, David, 2007, pos. 4264.

fora os casos de despesa determinada pela Constituição – bem para além das preocupações de sobrevivência ou mínimo existencial tal como a tínhamos concebido, desde logo, a propósito da dignidade humana. Trata-se aqui de extrair – não já propriamente do texto constitucional, mas sim da visão de Justiça Social que o mesmo promove – deveres públicos de actuação, nomeadamente, no que toca à promoção de uma vida de qualidade, evitando mortes prematuras; no que toca a promover a qualidade no fornecimento de serviços de saúde; no que toca ao acesso universal à água ou a uma alimentação e habitação adequada; no que toca à utilização das capacidades intelectuais, informadas e cultivadas por uma educação adequada; no que toca à promoção da liberdade de consciência; no que toca à promoção do auto-respeito, não-humilhação e não discriminação, etc. O que nos leva ao encontro, justamente, daquela que é visão de MARTHA NUSSBAUM – na parte em que ela tenta complementar a ideia de desenvolvimento humano de AMARTYA SEN – [1728] e do tal mínimo da Justiça Social que a mesma defende[1729].

Ao invés de entregar os direitos económicos, sociais e culturais à pura discricionariedade legislativa, esta ideia de mínimo gera obrigações que o Estado tem necessariamente tem de realizar e promover, sob pena de se concluir que o Direito não tem qualquer operatividade.

Retornando ao tema do universo para quem o Estado deve prestar serviços gratuitamente, juntamos a isto – de forma a facilitar a tarefa de encontrar o conteúdo mínimo nos direitos económicos, sociais e culturais – uma sugestão no sentido da importação do conceito de capacidade contributiva, desenvolvido no seio de um tema simétrico a este que tratamos nesta dissertação – o da justiça fiscal. Para o distinguir, designaremos este conceito socorrendo-nos de uma designação simétrica do conceito que importamos: *necessidade receptiva*. Procuramos, com isto, ir ao encontro daquela que foi considerada a "bandeira ética da tributação"[1730] e adoptá-la como fundamento para o nosso conceito de despesa pública justa. Trata-se aqui, tal como sucede no conceito simétrico, de procurar limitar o arbítrio do legislador[1731] recorrendo, mais uma

---

[1728] NUSSBAUM, Martha, 2003, pp. 41 e 42.
[1729] "The minimum core approach does require us to take a rigid stance in one respect: it requires us to recognize that it is simply unacceptable for human beings to have to live without sufficient resources to be free from threats to their survival. A state must exert great effort to rectify such a situation, and we must be intolerant of such living conditions" – BILCHITZ, David, 2007, pos. 4751 – versão kindle).
[1730] F. WESTON *apud* PALMA, Clotilde Celorico, 2001, p. 119.
[1731] NABAIS, Casalta, 2005, p. 156.

vez, a um critério substancial, que, ao mesmo tempo, permita ao Estado poder realisticamente assumir a despesa que esta visão implica.

Com a colagem ao conceito central da justiça fiscal procuramos que ambos os princípios da justiça na tributação e da justiça na distribuição tenham a mesma importância[1732]. O desenvolvimento deste tema surge, portanto, ligado à preocupação de não querermos admitir que se faça um tratamento díspar dos dois braços de actuação do Estado, receitas e despesas. Se a justiça fiscal não encontrar do lado da despesa um conceito norteado pelos mesmos valores, corremos o risco de receitas e despesas serem utilizadas de formas distintas. Cai-se assim no risco de o Estado destruir com a "mão da despesa" aquilo que faz com a "mão do imposto"[1733].

Tal como o princípio da capacidade contributiva, o da *necessidade receptiva* que aqui chamamos à colação visa pôr em destaque, em primeiro lugar, a ideia de solidariedade[1734] sobre a qual deve assentar a noção de despesa pública justa, uma vez que esta não pode deixar de se aplicar quando falamos da concretização da visão constitucional do Estado social. Com esta ideia de solidariedade notamos, por um lado, que o Estado não pode deixar de fazer prestações de certos bens reputados essenciais aos grupos que deles careçam e, por outro, que ninguém se deve furtar a pagar – por meio de tributos – esses mesmos encargos.

Para além disso, a ideia da *necessidade receptiva* ajuda-nos a descobrir um núcleo de despesa pública que vai para além do mínimo, preconizando a existência de um Estado que tudo deve fazer para a promoção do bem-estar e das metas para uma vida minimamente satisfatória. Ao mesmo tempo que o conceito de capacidade contributiva obriga à protecção face à ingerência do Estado não só de um mínimo para viver[1735], mas até de um salário médio – que cubra as necessidades pessoais e até familiares normais em matéria de saúde, educação, alimentação, vestuário, cultura, educação e recreio[1736] – também

---

[1732] SANCHES, J. L. Saldanha 2010, p. 15.
[1733] Usamos aqui a expressão do Senador FUENTES QUINTANA defendendo o princípio da justiça da despesa pública no Congresso dos Deputados em 1978, *apud* CHULVI, C. Pauner, 2001, p. 97.
[1734] VASQUES, Sérgio, 2005, p. 17, falando disto a propósito do afastamento da ideia de equivalência que a capacidade contributiva traz implícita.
[1735] CAMPOS, D. Leite de, e CAMPOS, M. Leite de, p. 145. Por força do princípio da capacidade contributiva, não se deve sujeitar "a imposto pessoal aqueles que tenham rendimentos inferiores a um certo montante havido como indispensável para viver" – FAVEIRO, Vítor António Duarte, 1984, p. 80.
[1736] NABAIS, Casalta, 2005, p. 158: podemos dizer que vale aqui por analogia o artigo 6º da LGT, reconhecendo a solidariedade e os encargos familiares.

a interpretação que fazemos da Constituição obriga o Estado à promoção (e aqui com prestações positivas) de condições de vida claramente para além de um mínimo de vida condigna. Com esta observação, entramos no âmbito das despesas devidas pelo Estado com preocupações igualitárias.

Que despesa estará aqui implicada?

Só se defendêssemos a promoção constitucional de um igualitarismo puro, obrigaríamos o Estado à prestação universal e indiferenciada de bens. Falaríamos então de ensino superior ou de saúde para todos, para pegarmos nos exemplos que acima foram mencionados. Mas não é isso que aqui sustentamos.

Antes de mais, restringimos os deveres de prestação pública e generalizada de bens aos casos em que estes sejam não só necessários para uma vida satisfatória mas também não possam ser fornecidos eficientemente pelo mercado (por exemplo em caso de falha de mercado). Vemos aqui radicados, por exemplo, os deveres de financiamento da Segurança Social.

Fora estes casos excepcionais e falando aqui de bens que são prestados pelo Estado, ao mesmo tempo que são também fornecidos pelo mercado, tal como se defende na justiça fiscal, preconiza-se que, para a determinação da despesa pela qual o Estado deve ser responsável, deve aplicar-se uma ideia de personalização. Ou seja, que "se pergunte pela pessoa que está por trás dela [da despesa] e pelas condições em que se encontra"[1737]. Tal como é incompatível com o texto constitucional a defesa – mesmo em nome da solidariedade – que todos paguem o mesmo imposto, também não deve defender-se uma obrigação de prestação de todos os bens previstos constitucionalmente, de forma indiferenciada. E aqui deve valer o inverso daquilo que se defende em termos de justiça fiscal: quem tem capacidade para aceder aos bens que também são objecto de prestação pública, não deve ser objecto de prioridade no que toca à definição dos deveres despesa pública. A despesa deve ser, antes de mais, feita em relação àqueles que demonstrem, quer incapacidade para a fazer, quer que sem essas prestações poderiam ficar numa situação de vulnerabilidade. Tal como impõe o princípio da justiça fiscal, as pessoas devem também para efeitos de despesa, ser de alguma forma tendencialmente colocadas numa situação de igualdade de sacrifício. Tal como a capacidade contribu-

---

[1737] VASQUES, Sérgio, 2005, p. 19. À semelhança do que se passa em relação à receita, também a despesa deve começar por olhar para os rendimentos e bens de cada um. É a mesma ideia que leva a dizer que "o imposto de capitação [...] constitui a negação mais elementar do princípio da capacidade contributiva: que se possua cabeça não quer dizer que se possua mais coisa alguma" –VASQUES, Sérgio, 2005, p. 18.

tiva se relaciona intimamente com a progressividade do imposto[1738], também a *necessidade receptiva* se deveria ligar a uma certa ideia de degressividade nas prestações: assim como aqueles que têm maior rendimento devem contribuir mais para o bolo de receitas tributárias, inversamente aqueles que podem ficar expostos a situações de vulnerabilidade deveriam poder receber com prioridade e mais do Estado. Importa-se, portanto, aqui também para a despesa pública, a mesma ideia que está na base do escalonamento das taxas de imposto[1739].

Neste ponto, defendemos que se deve obrigar o Estado a uma permanente e multiforme intervenção no sentido de destruir ou constranger os monopólios emergentes e de reprimir novas formas de predomínio, com o sentido de dar cumprimento ao princípio de igualdade nas distribuições que está implicado no paradigma de despesa que a nossa Constituição adoptou. Entra, aqui, a ideia de igualdade complexa de WALZER, nascida, como acima dissémos, criticando a igualdade de oportunidades de RAWLS. A igualdade complexa supõe que se parta do princípio de que "as qualidades pessoais e os bens sociais têm as próprias esferas de acção nas quais produzem livre, espontânea e legitimamente os seus efeitos"[1740]. O objectivo com que invocamos este conceito aqui é de favorecer, por um lado, que entre as pessoas se estabeleça um conjunto tal de relações que torne a dominação impossível e, por outro, se possam considerar os bens a prestar pelo Estado individualmente para que as pessoas a eles acedam apenas se isso for necessário para estabelecer a igualdade. Nas palavras do próprio WALZER, "em termos formais, a igualdade complexa significa que a situação de qualquer cidadão em determinada esfera ou com respeito a determinado bem social, nunca pode ser abalada pela sua situação noutra esfera ou com respeito a outro bem social"[1741]. A ideia da igualdade complexa é, pois, a de admitir a existência de predomínio na

---

[1738] *Vide* artigo 104º, nº1: "O imposto sobre o rendimento pessoal visa a diminuição das desigualdades e será único e progressivo, tendo em conta as necessidades e os rendimentos do agregado familiar". *Vide* FRANCO, A. L. Sousa, 2001 (vol. II), pp. 192-197.

[1739] Parece poder ver-se aqui uma concretização do artigo 81º, alínea. *b)* da Constituição impondo ao Estado a correcção das desigualdades na distribuição da riqueza. Esta ideia de degressividade pode até ajudar a densificar a expressão usada pela Constituição segundo a qual a ideia da gratuidade deve ter em conta as condições económicas e sociais dos cidadãos (artigo 64º, nº 2, alínea *a)*). Aplicando os mesmos termos ao acesso ao ensino superior: a gratuidade aqui deverá ser outrossim função das condições económicas e sociais – JORGE MIRANDA *in* MIRANDA, Jorge, e MEDEIROS, Rui, 2010, p. 1416.

[1740] WALZER, Michael, 1999, p. 35

[1741] WALZER, Michael, 1999, pp. 35 e 36.

obtenção de certos bens mas contê-lo em determinadas esferas, esferas estas que se devem autonomizar de forma a que se torne impossível a um indivíduo tornar-se dominante em todas elas. E, simultaneamente, assegurar que nenhum bem social é distribuído sem que se tenha em atenção o significado desse mesmo bem (ou seja, impedir que os bens sejam distribuídos de acordo com factores estranhos à sua esfera).

Nestes termos, defendemos – pensando ir assim ao encontro da lógica personalista e personalizante implícita na ideia da dignidade humana – que o cumprimento da visão igualitária, constante da nossa Constituição, apenas impõe a ideia de que a despesa pública deve privilegiar primariamente a prestação de bens essenciais para uma vida satisfatória a pessoas que ou não possam aceder a eles ou que podendo teoricamente aceder a eles, fiquem na prática – e por terem suportado essa despesa – ou incapacitadas de prover às suas necessidades elementares ou expostas a situações que façam perigar uma vida condigna (as tais situações de violência, opressão, repressão, exploração ou de extrema pobreza de que falávamos quando falávamos da protecção da dignidade da pessoa). A ideia geral é, pois, a afirmação de que a Justiça social e a acomodação que faz de ideias igualitaristas que resulta do texto da Constituição não obriga a nenhum tipo de cegueira perante a capacidade económica que as pessoas têm. Antes pelo contrário, o nivelamento das condições de vida que uma visão de justiça social impõe, deve respeitar as diferenças entre as pessoas. Se a ideia de Estado social impõe a ideia de um imposto progressivo, a prossecução da justiça social que está na sua base obrigará, para efeitos de despesa pública, a que os cidadãos sejam tomados como diferentes e o nivelamento igualitarista comece sempre por baixo[1742].

Nada impede, naturalmente, que a cobertura da prestação pública se estenda a outros grupos de pessoas[1743] para além deste que aqui se menciona, se o decisor orçamental assim o entender. Mas, nesse caso, a concretização do direito deve ficar sujeita à liberdade de conformação legislativa (e portanto, à *reserva do possível*), tolhendo-se, assim, claramente a possibilidade de controlo judicial no que toca à definição da despesa que daí resulta. Não se pode falar aqui propriamente de um dever de prestação.

[1742] VASQUES, Sérgio, 2002, p. 31
[1743] A mesma coisa vale simetricamente para a justiça fiscal: "a política de fomento de determinadas actividades tidas como convenientes para o desenvolvimento económico e social pode, pelo mesmo critério de justiça social, levar ao estabelecimento de normas de isenção, estimulantes de iniciativas de quem se disponha a realizar tais acções e a enfrentar os incómodos e os riscos que elas envolvem" – FAVEIRO, Vítor António Duarte, 1984, p. 80.

É importante salientar que ao defendermos esta ideia de consideração das disponibilidades financeiras das pessoas, não estamos a defender o fornecimento dos bens públicos apenas aos pobres. O conceito de *necessidade receptiva* – e a consideração das disponibilidades financeiras que traz implícita – que aqui defendemos deve ser plástico o suficiente para permitir ponderações concretas autorizando, como defendia JORGE MIRANDA, a consideração de patamares diferentes de despesa pública, atendendo às diferentes necessidades das pessoas e até de casos em que o Estado suporta totalmente a despesa em causa. Nesta lógica, defendemos que os deveres de prestação ou fornecimento público de bens se podem estender, em certos casos, mesmo a grupos sociais que sejam considerados privilegiados, em termos de distribuição de bens. Porque até mesmo estes podem, em certos casos, ficar expostos a situações de vulnerabilidade que façam perigar uma vida condigna. O conceito que aqui propomos deve pois ter plasticidade suficiente para sustentar, por exemplo, a prestação pública de bens essenciais a uma vida condigna a pessoas que, embora consideradas ricas não tenham capacidade para aceder a eles (estamos a pensar no acesso a certos tratamentos oncológicos ou a medicamentos economicamente inacessíveis à generalidade das pessoas).

Como não se trata de fazer face a situações de carência extrema e se trata de fazer uma ponderação concreta, tendo em conta as disponibilidades financeiras das pessoas, vemos aqui abrir-se uma grande margem de manobra para partilha de custos entre quem beneficia deles e quem os presta. Abre-se portanto, aqui espaço para a aplicação das tão controversas taxas moderadoras dos serviços de saúde, custas judiciais ou de propinas[1744]. Nestes termos, sem-

---

[1744] O Estado tem, aliás, vindo a aumentar um pouco mais a participação dos estudantes e das famílias no que toca ao pagamento das propinas universitárias, como o demonstra a evolução da despesa neste domínio:
a) Até 1992 entendeu-se que a progressiva gratuidade do ensino superior público estava ser concretizada pela abstenção legislativa no que toca à actualização do valor das propinas (que se manteve indicado desde 1942) (Criticamente JORGE MIRANDA *in* MIRANDA, Jorge, e MEDEIROS, Rui, 2010, p. 1417: "as normas programáticas concretizam-se por acção, não por omissão, e nada permitiria extrair da inércia ou de silêncio do legislador qualquer adequação à finalidade que encerram"). As propinas representavam nesta altura uma receita simbólica.
b) Após a saída da lei da autonomia das universidades (1989), o Orçamento do Estado suportava 95% das despesas do ensino superior, sendo apenas os restantes 5% suportados pelas receitas próprias das universidades (venda de bens e serviços e outros subsídios). Desde aí, este peso tem vindo a reduzir-se: 1992 – 92% das despesas suportadas pelo OE; 8% suportadas pelas receitas próprias (CERDEIRA, Luísa, 2009 (a), p. 248). Ainda assim, neste período, a dependência das instituições públicas em relação ao Orçamento do Estado era muito significativa (só para ficarmos com uma ideia dos custos: em 1980 – 27 milhões de euros; em 1990 – 263 milhões de euros. Neste

pre que as pessoas consigam aceder a esses bens sem pôr em causa a existência de uma vida condigna, o legislador ganha mais margem de conformação

intervalo de anos, o crescimento da despesas foi de 877%, ao passo que o crescimento de alunos foi de apenas 81% – *Ibidem*, p. 247).

c) Desde 1992 (mais concretamente da entrada em vigor da Lei nº 20/92, de 14 de Agosto, alterada depois pela Lei nº 5/94, de 14 de Maio) em diante tem-se ido mais no aumento da colaboração dos alunos no financiamento do ensino superior, embora respeitando a limitação das propinas (até 2003, o valor das propinas nunca ultrapassa 8% do orçamento das instituições do ensino superior – CERDEIRA, Luísa, 2009 (a), p. 251), como um resquício quer da interpretação dada pelo Tribunal Constitucional, quer do reconhecimento de que há uma parcela dos custos do ensino superior que devem ser suportadas pela comunidade. De notar, porém que a evolução das leis das propinas não foi linear (*Ibidem*, 2009 (a), pp. 250-252):

d) De 1992 a 1996, o ministério da educação assumiu a fixação do valor das propinas perante a recusa do Conselho de Reitores das Universidades Portuguesas (CRUP) e Conselho de Coordenadores dos Institutos Superiores Politécnicos (CCISP) em fixar o mesmo.

e) Em 1996, a Lei nº 1/96, de 9 de Janeiro volta a fixar a propina "de acordo com o sistema que data dos anos 1950 e 1960"

f) Em 1997, a Lei nº 113/97, de 16 de Setembro fixa o valor das propinas indexando-as ao salário mínimo nacional.

g) Lei 37/2003, de 22 de Agosto – fixa uma taxa de frequência variável (que vai desde um valor mínimo de 1,3 do salário mínimo nacional a um valor máximo que não poderá ser superior ao valor fixado no nº 2 do artigo 1º da tabela anexa ao Decreto-Lei nº 31.658, de 21 de Novembro, actualizado através da aplicação do Índice de Preços no consumidor do INE – LUÍSA CERDEIRA estima "que a receita arrecada, caso todas as instituições tivessem fixado o valor da propina máxima, poderia representar 16% do Orçamento para 2004" – *Ibidem*, p. 252). Esta lei de 2003 foi alterada pela Lei nº 49/2005, de 30 de Agosto, introduzindo no nosso ordenamento jurídico adaptações ao processo de Bolonha. Com este diploma, passa a prever-se a cobrança de propinas nos cursos de pós-graduação (só nos casos dos mestrados integrados e nos casos em que o mestrado constitui um requisito para o acesso à actividade profissional é que a propina é igual à praticada no 1º ciclo) – Referindo a inexistência de impacto negativo do aumento das propinas no que toca à evolução dos estudantes inscritos – *Ibidem*, p. 253. LUÍSA CERDEIRA apenas denota que em 2003/2004 começa a notar-se uma ligeira quebra no número de alunos inscritos. A autora, porém, considera que não pode associar-se esta quebra directamente à alteração legal de 2005, devendo considerar-se outros factores como a tendência demográfica negativa e o abandono e a taxa de insucesso no ensino secundário. O processo de Bolonha deve ser encarado com um ponto de partida no que toca à assunção de despesas públicas. Bolonha pode abrir a possibilidade de a participação do Orçamento do Estado diminuir no ensino superior: "O Governo pode considerar, agora ou no futuro, que não faz parte da sua responsabilidade social financiar, total ou parcialmente, os estudantes do 2º ciclo, os quais terão de assim entra mais cedo no mercado de trabalho ou perspectivar a obtenção de apoios familiares ou outros, como sejam os empréstimos estudantis, para poderem continuar a sua formação académica" – *Ibidem*, p. 283.

Não obstante, esta evolução as despesas públicas com ensino superior continuam a revelar uma tendência de crescimento: em 2000, a despesa era de 856 milhões de euros; em 2006 – 1.102 milhões de euros (*Ibidem*, p. 247). Se em 1996, 87% dos custos suportados pelo Orçamento do Estado e 13% de receitas próprias; no final dos anos 90, as receitas próprias atingiram 30% dos orçamentos

legislativa, podendo ponderar até a cobrança de valores que se aproximem dos valores reais de prestação dos serviços. Isto, porque apenas vemos na Constituição um dever de prestação pública dos serviços a quem não os passa pagar. Admitimos, porém, que o Estado não queira fazer esta aproximação aos valores reais da prestação dos serviços, atendendo a metas ou objectivos que queira atingir (por exemplo, de Investigação e Desenvolvimento (I&D) ou de patamares de assistência médica e medicamentosa). Não obstante, entendemos que, nesse caso, já se está no domínio da *reserva do possível*. Contestamos aqui a ideia de JORGE MIRANDA no sentido do financiamento público das externalidades/exterioridades positivas da existência de unidades públicas de ensino, posto que o que aqui defendemos é que o paradigma moderno de despesa a que adere a Constituição apenas obriga a prestações públicas aos mais desfavorecidos e nada mais. Tudo o resto que o Estado queira e possa fornecer para além deste mínimo não lhe deve poder ser exigido. Pois aqui já se está no domínio da *reserva do possível*.

Concretização da Justiça Social e proibição do retrocesso
Tendo em conta que as normas de direitos sociais vão sendo progressivamente concretizadas e que admitimos que a promoção do desenvolvimento humano é um processo em contínuo aprofundamento, perguntamo-nos se os passos que o legislador vai dando nesse sentido não tolhem de alguma forma a liberdade legislativa. Poderemos falar de uma proibição de retrocesso quanto às medidas que o legislador vai implementando no cumprimento da sua visão de solidariedade constitucional?

É certo que a proibição do retrocesso surgiu no contexto da Constituição alemã sem direitos sociais e, que hoje é vista, como diz REIS NOVAIS, como "uma invenção engenhosa destinada a justificar uma protecção jurídica reforçada a direitos a que se recusara natureza constitucional, jusfundamental"[1745].

---

das instituições de ensino superior (*Ibidem*, p. 249). Em termos de investimento, é de considerar que se atingiu o pico entre 1990 e 2000, em especial em 1993, por causa do financiamento feito pelos fundos comunitários: PRODEP I (1990-1993) e PRODEP II (1994-1999) (*Ibidem*, p. 286). LUÍSA CERDEIRA refere, porém, uma tendência generalizada na Europa, no sentido da redução do financiamento público do ensino superior (embora não identifique propriamente a altura em que essa redução se iniciou). Para esta Professora, não se trata aqui de um avanço puro e simples das ideias neoliberais avançadas nas décadas de 50 ou 60. Esta redução é, isso sim, fruto da afirmação de um novo modelo de financiamento prevendo novas fontes de receitas. (*Ibidem*, pp. 33 e 35). Esta redução de financiamento faz com que a despesa pública em educação se centre na educação básica. *Vide* Lei nº 20/92 de 14 de Agosto; Lei nº 5/94 de 14 de Março e Lei nº 113/97, de 16 de Setembro.
[1745] NOVAIS, J. Reis, 2010, p. 241.

No entanto foi também adoptada pela nossa jurisprudência e doutrina[1746], embora haja autores que contestem esta adesão, com base no argumento de que esta só se justificaria em ordens sociais em que os direitos sociais não são direitos fundamentais[1747].

A relação que se estabeleceu, desde logo, entre a proibição do retrocesso e a *reserva do possível* prendeu-se, em parte, com o facto de os direitos sociais estarem associados a direitos dispendiosos, sobretudo quando comparados com os direitos, liberdades e garantias, olhados como direitos sem custos. A proibição do retrocesso está, de certa forma, ligada a uma ideia de cautela perante os direitos sociais e dos encargos públicos que eles implicam, de forma a salvaguardar o Estado perante os direitos "mais caros". Está, por um lado, aqui em causa a sua vertente positiva, chamando a atenção para o facto de os direitos sociais não serem de concretização imediata pelo Estado. É o reconhecimento da ideia de que eles são de concretização progressiva e estão sujeitos a um juízo de oportunidade política, económica e financeira[1748]. Por outro lado, não podemos deixar também de reconhecer que a proibição do retrocesso está também associada a uma ideia de defesa dos próprios direitos sociais. Isto porque o facto de estarem dependentes de uma actuação conformadora do legislador, poderia colocá-los, sem mais protecção, à mercê das opções orçamentais, como se fossem meras liberalidades ou concessões graciosas, livremente decididas pelas maiorias que ocupam o poder. Segundo esta linha de ideias, a proibição do retrocesso destinar-se-ia também a cristalizar juízos de oportunidade e juízos sobre a disponibilidade de recursos já feitos, impedindo o legislador de retornar sobre os seus próprios passos.

[1746] Embora como nota JORGE PEREIRA DA SILVA não seja uma invenção portuguesa – SILVA, J. Pereira da, 2003, pp. 245 e 246.

[1747] NOVAIS, J. Reis, 2010, p. 241 – Se não custa admitir a proibição do retrocesso em relação a uma Constituição que não consagra direitos sociais ou em relação a direitos sociais que apenas têm um reconhecimento legal e não constitucional, é difícil de compreender em relação a uma Constituição como a nossa. No contexto jurídico-constitucional português não deveria a determinação da violação dos direitos sociais pelo legislador ordinário "ser algo independente do grau de realização que esse legislador tenha ou não concedido aos mesmos direitos"? (COUTINHO, L. Pereira, 2012, p. 76).
Para os autores que negam a proibição do retrocesso, a sua aceitação tornaria incompreensível o facto de os direitos sociais terem força não só em países mais ricos como França e Bélgica, mas também em países mais pobres como a Índia ou a África do Sul.

[1748] *Vide* artigo 2º, nº 1, do PIDESC. ALEXANDRINO, J. de Melo, 2006, p. 230 e 231: "Esta dependência marcada da realidade [...] anuncia que o programa de realização desses direitos fundamentais sociais não está apenas dependente nem da vulgar maquinaria do Estado de Direito, nem das decisões políticas do Estado".

A aceitação da proibição do retrocesso teve, durante alguns anos, efeitos no modo de encarar o poder do controlo judicial da constitucionalidade das leis que concretizam direitos sociais. À sua luz, o Tribunal Constitucional sentiu-se habilitado a passar por cima da *reserva do possível* implicada nas normas de direitos sociais, controlando a inconstitucionalidade de normas que violassem os direitos sociais, tal como reconhecidos na Constituição, nomeadamente, por violação do mínimo de protecção ou por voltarem atrás na concretização dos direitos, mesmo que esta fosse feita por direito ordinário. Ou seja, por força da proibição do retrocesso, o Tribunal Constitucional sentiu-se autorizado a aprofundar o controlo das normas constitucionais à partida *indeterminadas,* nomeadamente entrando na apreciação de factores externos ao estrito cumprimento das normas e que normalmente não controlaria: quer a existência de recursos financeiros disponíveis para concretização da norma, quer a oportunidade política da actuação legislativa[1749].

Um entendimento rígido sobre proibição do retrocesso foi expresso no Acórdão do Tribunal Constitucional nº 39/84, indo buscar à figura das garantias institucionais fundamento para impedir ao legislador o "retorno sobre os seus próprios passos". Para os juízes do palácio Ratton, em 1984, a Constituição protegeria os direitos apenas depois de eles terem sido criados pelo legislador ordinário. Assim, no caso em concreto, a protecção do direito à saúde feita pelo legislador ordinário foi apresentada como correspondente à protecção de uma garantia institucional[1750/1751] e, portanto, insusceptível de ser violado.

Vozes críticas porém, desde logo, se levantaram em relação à aceitação pura e simples desta proibição[1752]. Para quem se recusava a aceitá-la, ela implica-

---

[1749] *Vide* COUTINHO, L. Pereira, 2012, p. 76, distinguindo inconstitucionalidade por violação do direito social e retrocesso social.

[1750] Como já afirmámos na nossa tese de mestrado, a ideia em que o Tribunal assentou o dito aresto foi de que, uma vez concretizada a referência constitucional a uma instituição ou instituto, estas ficariam ao abrigo das ameaças de aniquilamento ou desvirtuamento – MARTINS, M. Oliveira, 2007, p. 146. *Vide* criticamente a esta perspectiva COUTINHO, L. Pereira, 2004, nota 202, e NOVAIS, J. Reis, 2010, p. 244, chamando a atenção para o facto desta rigidez absoluta não ter paralelo na protecção constitucional dos demais direitos fundamentais "conhecida que é a admissibilidade de cedência destes [...] sempre que tal se mostre necessário e adequado à protecção de outros bens e interesses igualmente dignos de protecção jurídica".

[1751] Rígido também e neste sentido é de assinalar o pensamento de JORGE MIRANDA, GOMES CANOTILHO E VITAL MOREIRA, falando na elevação dos direitos derivados a um nível constitucional material. Para GOMES CANOTILHO trata-se da "força dirigente irradiante das normas constitucionais" (SILVA, J. Pereira da, 2003, p. 253). É de assinalar, porém, que estes autores têm vindo a mitigar o seu entendimento (*vide* MIRANDA, Jorge, 2012, pp. 485-495).

[1752] Como explica JORGE PEREIRA DA SILVA, a proibição do retrocesso "apresentava-se como uma garantia dos direitos sociais enquanto instrumentos para alcançar progressivamente o socialismo"

ria, por um lado, aceitar o progressivo crescimento dos recursos e, por outro, que seria possível caminhar sempre para uma melhoria na concretização dos direitos sociais[1753]. A rejeição – ou pelo menos o aligeiramento – desta proibição foi tida como implicando necessariamente um afrouxamento do controlo jurídico-constitucional relativo às normas de direitos sociais, em nome do princípio da alternância democrática, pois que o problema que o reconhecimento da proibição de retrocesso colocava verdadeiramente era o de saber até que ponto poderia o juiz constitucional controlar o juízo feito pelo legislador, no sentido da concretização de um direito social.

Num reconhecimento cada vez maior desta ideia de alternância democrática, a proibição do retrocesso foi porém sendo progressivamente contrariada. Reis Novais reconhece, aliás, já nos Acórdãos do Tribunal Constitucional n.os 330/89, 148/94, 590/04 uma "condescendência para com as opções políticas do legislador, mesmo quando aparentemente, elas contradizem o sentido daquelas imposições constitucionais"[1754]. Este autor fala até de um relativo abandono da proibição do retrocesso por parte da jurisprudência do Tribunal Constitucional, dando lugar à ideia de que o legislador tem sempre liberdade conformadora só estando impedido de destruir a cobertura constitucional que já fazia parte do acervo constitucional[1755].

Nos Acórdãos n.os 3/2010 e 188/09, o Tribunal Constitucional afirma, aliás, com clareza que apenas aceita a proibição de retrocesso numa "acepção restrita, valendo, por conseguinte, apenas quando a alteração redutora do conteúdo do direito social se faça com violação de outros princípios constitucionais"[1756]. No âmbito desse entendimento, a proibição de retrocesso só valeria verdadeiramente em dois casos: ou em conjugação com normas constitucionais determináveis[1757] ou em casos limite[1758].

(Silva, 2003, p. 249). Nesta perspectiva, a proibição do retrocesso era o "cavalo de Tróia do socialismo" (Silva, 2003, p. 249. Vide também Rui Medeiros in Miranda e Medeiros, 2007, p. 885), tendo subjacente uma concepção historicista e igualitarista da realidade. Historicista, como se a realidade fosse um caminho em que não é possível voltar para trás, sendo apenas necessário percorrê-lo. Igualitarista, no sentido de conferir a todos, todos os direitos sociais de forma a possa haver acesso universal ao pleno exercício da liberdade (criticamente Silva, J. Pereira da, 2003, p. 250).

[1753] Embora seja muito difícil distinguir avanços e recuos na concretização dos direitos – Atria, Fernando, 2004. Vide contra Andrade, J. C. Vieira de, 2004, pp. 307 e ss e Andrade, J. C. Vieira de, 1989, p. 695; Vaz, Manuel Afonso, 1992, pp. 384 e ss.; Medeiros, 1999, p. 509.
[1754] Novais, J. Reis, 2006, p. 193.
[1755] Novais, J. Reis, 2006, p. 195.
[1756] Acórdão do Tribunal Constitucional nº 3/2010.
[1757] "Aí, por exemplo, onde a Constituição contenha uma ordem de legislar, suficientemente precisa e concreta, de tal sorte que seja possível «determinar, com segurança, quais as medidas jurídicas

Não há que negar que a cedência perante o argumento da alternância democrática vem inevitavelmente de mãos dadas com o aumento da *reserva do financeiramente possível*. Como já acima dissemos, isto explica cabalmente a razão pela qual o Tribunal Constitucional quase sempre que está perante um direito social afirme que a sua "efectividade está dependente da chamada «reserva do possível»".

É de notar, no entanto, que nem mesmo a jurisprudência mais condescendente para com a liberdade legislativa deixou de considerar que havia limites no que tocava à consideração desta mesma liberdade. A possibilidade de auto-revisão dos termos de concretização dos direitos sociais acaba por ser travada pelo mínimo de existência condigna e pelos princípios da igualdade, proporcionalidade ou protecção da confiança. Mas todos estes limites têm independência em relação à proibição do retrocesso.

No que em particular toca à ideia de *mínimo*, veja-se o Acórdão nº 509/02, ou até mesmo no Acórdão nº 685/04 em que o Tribunal Constitucional retira directamente dos artigos 64º, 65º e 66º o impedimento da negação do acesso "ao consumo da água e às condições ambientais e de qualidade de vida por ela proporcionadas" numa lógica pura de protecção empresarial -, enquanto o direito não tivesse concretização legislativa. Para este órgão jurisdicional, o limite encontrava-se justamente na parte desses preceitos e das prestações correspondentes que fosse determinado pela Constituição, em regra, apenas num *mínimo*. Porém, este mínimo estava reduzido à ideia de dignidade da pessoa humana, apenas depois de passar pelo crivo da evidência. O princípio da alternância democrática assim o impunha. Para este órgão jurisdicional se de um preceito da lei fundamental não se retirava uma tarefa concreta, então dificilmente se poderia falar de obrigação de manter as soluções anteriormente estabelecidas[1759].

---

necessárias para lhe conferir exequibilidade» (cfr. acórdão nº 474/02), a margem de liberdade do legislador para retroceder no grau de protecção já atingido é necessariamente mínima, já que só o poderá fazer na estrita medida em que a alteração legislativa pretendida não venha a consequenciar uma inconstitucionalidade por omissão – e terá sido essa a situação que se entendeu verdadeiramente ocorrer no caso tratado no já referido acórdão nº 39/84" (Acórdão do Tribunal Constitucional nº 509/2002).

[1758] "Noutras circunstâncias, porém, a proibição do retrocesso social apenas pode funcionar em casos-limite, uma vez que, desde logo, o princípio da alternância democrática, sob pena de se lhe reconhecer uma subsistência meramente formal, inculca a revisibilidade das opções político-legislativas, ainda quando estas assumam o carácter de opções legislativas fundamentais" (Acórdão do Tribunal Constitucional nº 509/2002).

[1759] Acórdão do Tribunal Constitucional nº 465/2001: "em nenhum dos diversos números do artigo 65º da Constituição, designadamente nas três alíneas do nº 2, é cometida ao Estado uma tarefa da qual resulte, de alguma forma, a obrigação geral de *manter soluções jurídicas* anteriormente estabele-

Não obstante este entendimento apontar para um *mínimo*, cremos que ele não é suficiente. Defendendo uma visão substancialista da despesa pública, derivada da promoção do desenvolvimento humano e defendendo que um há conteúdo mínimo mesmo nos direitos fundamentais *não determináveis*, não vemos outra forma de operacionalizar essa visão, sem ser por força do alargamento do poder de controlo judicial, em relação a certas opções do legislador orçamental – mesmo nas matérias em que aparentemente este tem a mão mais liberta de constrangimentos –, já que, para nós, a adopção de um paradigma moderno de despesa nos leva a defender que os todos os direitos fundamentais devem ser levados a sério[1760].

Nesta medida, tal como a REIS NOVAIS, também nos parece redutor retornar a uma proibição de retrocesso que menoriza os direitos sociais[1761]. No entanto, é impensável prescindir dos seus efeitos, em nome de uma ideia de alternância democrática que parece ignorar a reflexão que tem sido desenvolvida em torno do paradigma de despesa assumido pela nossa Constituição, acabando por colocar o legislador orçamental numa situação de quase total liberdade, como se a cada momento lhe fosse permitido ir definindo novas visões de Justiça Social.

Com isto, dizemos que mesmo sem procurar reeditar a proibição do retrocesso social, na parte em que esta menoriza os direitos sociais, não podemos deixar de dizer que, para nós, o reconhecimento do conteúdo mínimo dos direitos sociais só faz sentido se esses mesmos direitos puderem ter uma leitura dinâmica. Isto é, admitindo que o desenvolvimento humano não é coisa que surja de um momento para o outro, mas uma visão que vai concretizando progressivamente. Assim, mesmo com cautelas relativamente à proibição do retrocesso, não hesitamos em afirmar que sempre que o legislador dê passos na concretização da Justiça Social, no sentido de promover melhorias nas situações concretas das pessoas e de as tirar de situações de vulnerabilidade, deve ficar impedido – na medida em que a protecção que o Estado vai concedendo, se vá consolidando na consciência jurídica geral, como integrando a

---

cidas"), com os óbvios limites da igualdade (Apreciada no Acórdão do Tribunal Constitucional nº 465/01), da protecção da confiança (apreciada no Acórdão do Tribunal Constitucional nº 508/99) ou do respeito dos direitos adquiridos – Acórdão do Tribunal Constitucional nº 509/02.

[1760] Como já GOMES CANOTILHO sugeria em 1984 no seu texto "Tomemos a sério os direitos económicos, sociais e culturais" – *vide* CANOTILHO, J. J. Gomes, 2008, pp. 35 e ss.

[1761] NOVAIS, J. Reis, 2006, p. 197, na parte em que defende que do regime dos direitos sociais "faz igualmente parte uma força de resistência constitucional que retira, por definição, os direitos sociais da disponibilidade do legislador ordinário".

ideia de Justiça Social prosseguida publicamente – de colocar as pessoas que estavam protegidas por essa medida numa situação pior do que aquela que já tinha sido encontrada ou até de desprotecção. Não se trata assim de uma protecção apenas de um mínimo ligado com a dignidade da pessoa humana, mas da afirmação da ideia que o Estado deve continuamente trabalhar na promoção da igualdade e do desenvolvimento humano.

Ilustraremos com alguns dois exemplos a nossa ideia.

Se o Estado voltasse, por hipótese, atrás na idade da escolaridade obrigatória deveria ser impedido pelo poder judicial. Não porque resulte directamente da Constituição uma duração concreta da escolaridade obrigatória (porque de facto isso não sucede). Mas porque as obrigações que o Estado vai assumindo no sentido da protecção das crianças e jovens de situações de exploração, violência, pobreza, opressão devem ser progressivamente tomadas com fazendo parte do conteúdo mínimo desse direito. Ou seja, ainda que a letra da Constituição limite o ensino obrigatório ao ensino básico, hoje os deveres de despesa que o Estado foi assumindo e que se foram consolidando no âmbito da Constituição material, à luz das metas que foi fixando para a sua acção, não podem deixar de elevar o limite da escolaridade obrigatória para além do ensino básico. Os objectivos a definir pelo Estado no que toca às metas curriculares mínimas não podem deixar de apresentar uma relação estreita não só com a promoção de um determinado nível cultural e de literacia e numeracia entre os portugueses, mas também com outros factores que não podem ficar sem consideração quando o legislador orçamental pondera os recursos a alocar à escolaridade obrigatória. Estamos a pensar em concreto em como a escolaridade obrigatória se relaciona intimamente, por exemplo, com a proibição do trabalho infantil, com a promoção dos direitos das mulheres e das crianças ou até mais genericamente com os deveres de promoção do desenvolvimento das potencialidades (*capabilities*) de todas as pessoas, para que estas tenham meios de se governar e de prover autonomamente à sua subsistência. Isto já para não falar na forma como a escolaridade obrigatória se relaciona intimamente com metas e compromissos que o Estado vai assumindo em matéria de investigação e desenvolvimento (I&D).

O mesmo deve valer para o caso de uma reorganização do serviço nacional de saúde que impossibilitasse o acesso das pessoas de determinadas localidades a cuidados de saúde. É certo que literalmente, nos termos da Constituição, não se diz quantos são os hospitais que devem fazer parte da rede de cuidados de saúde, no entanto, a verdade é que o caminho que o legislador tem vindo a seguir permite falar de uma consolidação no seio da Constituição material de uma certa visão dos cuidados de saúde que são prestados publicamente que não pode ser descurada quando pensamos no conteúdo essencial do direito à saúde.

Não se trata aqui obviamente de proteger arroubos voluntaristas ou impulsos legislativos passageiros. Trata-se, sim, quando defendemos a ideia de conteúdo mínimo, de proteger trajectórias que se vêm consolidando na nossa ordem constitucional material, ao longo dos anos, e que por isso mesmo não devem ser desconsideradas, nem desvalorizadas na hora de procurar o conteúdo mínimo de um direito social. No caso, por exemplo do ensino obrigatório não estamos a falar de um capricho legislativo, mas de um aumento de anos de escolaridade que corresponde a uma trajectória consolidada ao longo dos anos pelo Estado. Já desde a década de 1970, o universo da escolaridade obrigatória se tem vindo a alargar progressivamente. "Em 1973, no âmbito da Reforma Veiga Simão, foram estabelecidos seis anos de escolaridade como limiar mínimo obrigatório e, em 1986, com a Lei de Bases do Sistema Educativo, esse limiar passou para nove anos. Em 2009, foi instituída a obrigatoriedade de frequência do ensino secundário, ao mesmo tempo que o ensino pré-escolar se tornava igualmente obrigatório para todas as crianças portuguesas"[1762]. Hoje, a Lei nº 85/2009, de 27 de Agosto estabelece como obrigatória a escolaridade desde os 5 até aos 18 anos de idade contando assim o ensino básico conta com três ciclos.

A reedição da proibição do retrocesso – ainda que num contexto de tratamento unitário dos direitos fundamentais – conduz-nos a uma outra ideia que contraria de certa forma uma ideia pura de defesa da alternância democrática, invocada pelo Tribunal Constitucional no tratamento dos direitos sociais. Para nós, *reserva do possível* é dinâmica e não estática. Ela deve tolher-se à medida que o Estado vai consolidando uma visão concreta de Justiça Social. O ponto de partida para a entender será sempre a Constituição. Mas o carácter *determinável* ou *indeterminável* das normas não pode ser decisivo. É preciso, pois, a propósito do direito em causa, ver *se* e *como* ele contribuiu para o desenvolvimento material da Justiça Social. Esta parece-nos ser a visão que melhor se coaduna não só com a visão contemporânea de Justiça Social, mas também com uma Constituição que reconhece uma cláusula aberta de direitos fundamentais (artigo 16º da Constituição). Encolhida a possibilidade de invocação da *reserva do possível*, os tribunais devem poder verificar se o conteúdo mínimo de uma norma consagradora de direitos fundamentais foi ou não respeitado.

[1762] CARMO, Renato Miguel do e BARATA, André, 2014, p. 53.

Poderemos compreender melhor esta ideia se usarmos a imagem do "direito dúctil", sugerida por ZAGREBELSKY[1763]. As normas da Constituição não devem ter uma só leitura possível, no sentido de ditarem mais ou menos espaço de manobra legislativa, tendo em conta aquilo que o legislador disse ou deixou de dizer num determinado momento histórico. A Constituição deve ser lida como um documento pluralista e dúctil, que deve permitir a afirmação do desenvolvimento dos seus princípios e de uma noção de Justiça Social que se vá consolidando no tempo. À medida que crescem os anos de aplicação de uma determinada Constituição programática como a nossa, a exigência perante o Estado deve ser acrescida. A leitura da Constituição não pode ser, por isso, literal ou agarrada à visão do seu momento fundador; pelo contrário, ela tem de reflectir as preocupações e o estádio de evolução do tempo presente. Aquilo que o presente trabalho propõe é, pois, que a concretização de uma visão de Justiça Social fique ao abrigo das múltiplas interpretações que se podem fazer acerca da concretização das normas de direitos sociais e conseguir finalmente uma unificação no tratamento dos direitos fundamentais. Na concretização dos direitos, o legislador deve agir, indo ao encontro daquilo que é a concretização da Justiça Social. Não se trata mais aqui de exigir o cumprimento – mais ou menos cabal – das normas constitucionais, mas colocar a liberdade legislativa sujeita ao escrutínio dos imperativos de Justiça.

Esta perspectiva substancialista da Justiça Social, sugere-nos então que a invocação da *reserva do possível* deve ser travada pelo poder judicial – mesmo no caso em que aparentemente a Constituição não determine ela própria a despesa – pelo menos, nas situações em que o legislador já se comprometeu com a protecção dos grupos mais vulneráveis. E aqui o entendimento deve ser lido como aplicável tanto na interpretação de direitos de liberdade como de direitos sociais[1764]. Está, pois em causa, a protecção dos grupos mais vulneráveis contra situações de violência, opressão, repressão, exploração ou de extrema pobreza, a qual deve, nestes termos, ser considerada como o conteúdo mínimo das preocupações igualitárias do Estado.

[1763] ZAGREBELSKY, Gustavo, 2011.
[1764] NOVAIS, J. Reis, 2006, p. 197: "Sempre que a reserva do financeiramente possível não é objectiva e fundamentalmente accionável, os direitos sociais apresentam uma resistência face à intervenção do legislador idêntica à que apresentam os direitos de liberdade". Será, portanto, aqui aplicado o regime das restrições aos direitos fundamentais, tal como se faria na violação de um direito de liberdade.

Ainda os direitos, liberdades e garantias

Esta consideração de um conteúdo mínimo dos direitos sociais, reeditando a proibição do retrocesso, leva-nos a ter de afinar o entendimento que expendemos em relação ao gasto constitucionalmente devido em função dos direitos, liberdades e garantias. Pensamos até que isto complementa a visão unitária dos direitos fundamentais que aqui se defende. Abrimos, por isso, aqui um parêntesis que complementa a visão já expressa em termos de direitos, liberdades e garantias.

Na parte relativa a esses direitos, dissémos que a Lei Fundamental estrangulava a aplicação da *reserva do possível*, quer nos casos em que o seu próprio texto ditava despesa para o Estado, quer nos casos em que estivesse em causa o conteúdo mínimo do direito de liberdade em causa.

Atendendo ao facto de termos clarificado, no âmbito dos direitos sociais, uma visão substancialista que permite ao poder judicial travar a mão do legislador, não podemos deixar de dizer que este entendimento se aplica também ao espaço que, no seio dos direitos, liberdades e garantias, parecia ficar à mercê da liberdade de conformação legislativa: os casos de restrição desses direitos em que não fosse atingido o seu conteúdo essencial, no qual reconhecemos o conteúdo mínimo de despesa. Estamos aqui a pensar, por exemplo, nos casos actuais de redução de hospitais, centros de saúde ou tribunais.

É certo que, em muitos casos, a reorganização da rede pública de prestação de serviços tendente a assegurar a efectivação dos direitos, liberdades e garantias não põe em causa o conteúdo essencial desses direitos. Por isso, aparentemente, nos termos da Constituição, sendo a decisão de despesa, uma decisão política, estes casos – aparentemente ainda sujeitos à aplicação plena da *reserva do possível* – limitariam o controlo dos tribunais destas decisões aos normais controlos de constitucionalidade: igualdade, proporcionalidade e protecção da confiança. No entanto, esta ideia formalista não nos pode satisfazer na resposta a esta questão. Tendo em conta que o paradigma moderno de despesa pública é substancialista, também aqui entendemos que a *reserva do possível* pode, em certos casos, ser travada pelo poder judicial. Assim sendo, entendemos que, nestes casos, o poder judicial pode intervir mais activamente.

Em termos genéricos, o poder judicial poderia sempre intervir em caso de violação da proibição de défice (*Untermassverbot*). Recorde-se justamente que esta proibição surgiu para garantir que os direitos são ou se mantêm operativos[1765].

[1765] Ela no fundo corresponde ao mínimo da dimensão positiva existente em qualquer direito: "Genericamente, poderá dizer-se que o dever de protecção se traduz numa obrigação abrangente

Mas a ideia da limitação da *reserva do possível* vai permitir-lhe ir mais além: ao defendermos esta ideia estamos pois a dizer que o entendimento que fazemos em relação aos direitos sociais vale também em relação aos direitos liberdades e garantias. E isso sucede até por maioria de razão. Se os direitos sociais são os que estão mais expostos à *reserva do possível* e, ainda assim, nós lhes reconhecemos limites, atendendo à concretização que vai sendo feita (e se vai consolidando) ao longo do tempo, então relativamente aos direitos, liberdades e garantias – direitos bastante menos sujeitos a esta liberdade de conformação e cujas restrições devem ser entendidas com carácter restritivo (artigo 18º da Constituição) – não devemos entender de forma muito diferente. A forma como os direitos, liberdades e garantias se vai consolidando no tempo não deve ser indiferente ao poder judicial. Por isso se defende, mais uma vez, que o tema da realização dos direitos, liberdades e garantias também deve ser encarado dentro da lógica do Estado de "bem-estar reforçado", ou seja, atendendo às metas ou objectivos que o Estado vai assumindo, tolhendo-se inevitavelmente a liberdade legislativa à medida que estas metas ou objectivos se vão definindo e desenvolvendo. Mais uma vez, trata-se aqui de obrigar o Estado continuamente à promoção de esforços no que toca ao aumento das potencialidades (*capabilities*) e do poder (*empowerment*) das pessoas[1766]. Manifesta-se, de novo, a preocupação de ancorar o conceito de despesa pública justa a um critério substancialista: o Estado pode não ter, nos termos da Constituição, definida exactamente a despesa que tem de fazer, mas tem uma obrigação clara no sentido do afastamento progressivo de certas condições que possam afectar a vida satisfatória das pessoas que se encontram no seu substrato. Mais uma vez, propõe-se que a despesa pública justa seja ancorada numa ideia geral de protecção do conteúdo mínimo dos direitos fundamentais, tal como ele se vá consolidando na ordem jurídica. Isto faz com que admitamos que o poder judicial possa ter uma palavra a dizer quanto ao desmantelamento de alguns serviços que o Estado já prestava às populações. Não se trata aqui de o auto-

---

de o Estado conformar a sua ordem jurídica de tal forma que nela e através dela os direitos fundamentais sejam garantidos e as liberdades neles sustentadas possam encontrar efectivação" – NOVAIS, J. Reis, 2003, p. 89. *Vide* sobre dever estatal de protecção – *Ibidem*, pp. 86-95. A proibição de défice (*Untermassverbot*) corresponderá assim a uma inacção do Estado "que se possa, excepcionalmente, deduzir com suficiente determinabilidade da imposição de realização objectiva do direito fundamental" (*Ibidem*, p. 89).

[1766] Com especial atenção aos direitos das mulheres – PNUD, 2010, p. 7. Para um maior desenvolvimento desta questão – deste ponto de vista do desenvolvimento das potencialidades (*capabilities*) – *vide* NUSSBAUM, Martha, 2000.

rizar a transpor a linha de separação de poderes, mas de o colocar ao serviço de uma visão de Justiça, tal como ela se vai consolidando ao longo do tempo.

6.4. A despesa pública justa e as sentenças aditivas

Depois de termos defendido que há limites claros na definição de prioridades, por parte do Estado e do legislador orçamental, não podemos terminar esta dissertação, sem fechar o círculo da análise constitucional que fizemos e sem afastar uma das ideias que mais nos parecia favorecer o descontrolo da despesa pública: a ideia de que a decisão de despesa é uma decisão puramente política e que tem como única fonte a Lei do Orçamento.

Fecharemos assim este trabalho, com um dos temas mais interessantes sobre a despesa pública e que se prende com a questão de saber se as decisões judiciais de controlo de legalidade ou constitucionalidade podem elas próprias constituir uma fonte autónoma e imediata de despesa pública para além da lei do Orçamento. Referimo-nos aqui, portanto, ao problema das *sentenças aditivas, modificativas* ou *manipulativas.* Ou seja, às sentenças que implicam a enunciação de novas normas na decorrência de processos de fiscalização da constitucionalidade por parte do Tribunal Constitucional[1767] e que, por essa via, implicam a realização de prestações por parte do Estado. Prestações estas que originam novas despesas[1768].

Antes de mais, é preciso notar que o desenvolvimento da figura das *sentenças aditivas* está indelevelmente conotado com o reconhecimento de um Estado Social, com o qual importaria cortar em período de redimensionamento do Estado. Em pleno desenvolvimento do paradigma moderno de despesa, não era muito difícil encontrar quem defendesse a extensão judicial da intervenção pública e do bem-estar, com o aumento da despesa pública: "no período do Estado Social, em que se reconhece que a própria omissão de medidas

---

[1767] O problema que estaria na origem destas sentenças seria justamente aquilo que as normas em apreciação não dizem/ omitem. Perante esta omissão, o Tribunal resolveria a questão, por um lado, derrogando uma parte do texto legal e, por outro, aumentando o seu conteúdo normativo, restabelecendo a conformidade com a Constituição. PRAELI, F. J. Eguiguren, 2008, p. 329 e 325: "Esta situación nos lleva a constatar la existencia de grandes similitudes con los países del sistema jurídico del *common law*, donde los jueces se encuentren premunidos de la capacidad de «crear» virtuales normas jurídicas, de alcance general, con eficácia «*erga omnes*» y no sólo *inter*-partes".

[1768] Referimo-nos aqui apenas às sentenças aditivas de prestação que implicam a aquisição de direitos de conteúdo patrimonial (retribuição, indemnização, pensões) e de prestações de serviços, por parte de determinadas categorias de sujeitos que se encontravam ilegitimamente privados dos mesmos por uma lei discriminatória – vide ELIA, Leopoldo, 1985, p. 313. Sobre a noção de efeito aditivo vide BRANCO, Ricardo, 2009, pp. 117 e ss.

soberanas pode pôr em causa o ordenamento constitucional, torna-se necessária a intervenção activa do Tribunal Constitucional"[1769]. De acordo com esta perspectiva, não se via como sujeitar o poder criativo do tribunal a limitações financeiras[1770]. Esta linha de argumentação casa bem com a concepção de equilíbrio orçamental, tal como decorre da perspectiva moderna de despesa: esta aceita a normalidade do recurso às receitas creditícias, ao lado das demais receitas – tributárias e patrimoniais – para cobertura das despesas[1771]. A abertura em relação às *sentenças aditivas* alterou-se, todavia, com a crise do Estado social[1772]. O declínio deste modelo e os seus problemas de desequilíbrio orçamental puseram em evidência os elevados custos que estas decisões poderiam provocar[1773].

Comprovando esta ligação com a existência de um Estado Social, em Portugal, embora com tendência decrescente, o Tribunal Constitucional, ao longo da sua história, não se coibiu de fazer adição de despesa ou não apresentando uma razão para o fazer; ou escudando-se na excepcionalidade do regime mais favorável, para defender a extensão da normação mais favorável[1774]; ou apresentando simplesmente o argumento de que a nivelamento da igualdade deveria ser no sentido da aplicação da "solução mais favorável"[1775].

[1769] MEDEIROS, Rui, 1999, p. 494. Esta ideia reflecte-se por exemplo em GROSSO, Enrico, 1991, p. 7.

[1770] Como explica GROSSO, de acordo com esta aceitação das sentenças criativas, as despesas que delas decorrem tornam-se obrigatórias, competindo à Assembleia da República e ao Governo procederem às alterações orçamentais devidas para as acomodarem – GROSSO, Enrico, 1991, p. 43. A sua aceitação combina de resto bem com a percepção de que as decisões orçamentais são mais técnicas do que políticas, o que originou uma certa decadência dos Parlamentos nacionais no período áureo das finanças intervencionistas – FRANCO, A. L. Sousa, 2001 (vol. I), p. 64-65.

[1771] As críticas com base em argumentos financeiros provocaram o recuo deste tipo de soluções – GROSSO, Enrico, 1991, p. 26.

[1772] MEDEIROS, Rui, 1999, pp. 465 e 505 e DUARTE, Tiago, 2007, p. 237, nota 493, dando nota do desenvolvimento posterior desta ideia: "O Tribunal parece estar a desenvolver, aos poucos, com alguma hesitação, uma jurisprudência em que considera que as suas sentenças não são *auto--aplicativas*, sem prévia intervenção legislativa que incida sobre o assunto, tendo em atenção o sentido da decisão judicial".

[1773] GROSSO chama a atenção para uma auto-contenção do Tribunal Constitucional italiano nos anos 80 por causa dos elevados custos financeiros que as mesmas provocavam – GROSSO, Enrico, 1991, p. 48.

[1774] MEDEIROS, Rui, 1999, p. 475.

[1775] MEDEIROS, Rui, 1999, p. 476, embora reconheça que o Tribunal Constitucional, em certos casos, ponderou, antes de avançar para uma situação de estabelecimento de igualdade, qual a solução inadmissível do ponto de vista constitucional. Apesar disto, MEDEIROS reconhece que as diferenças que assinala quanto às soluções que o Tribunal adopta deixam "no ar a suspeita de que o nosso juiz constitucional, na escolha do tipo de decisão, opera mais como juiz de oportunidade

Uma vez que a complexidade deste tema vai bem para além daquilo que são os gastos envolvidos, é preciso dar conta que a aceitação ou não destas *sentenças aditivas* tem dividido a doutrina. Na doutrina portuguesa, este tema é essencialmente abordado a propósito de decisões judiciais sobre o princípio da igualdade. E a discussão centra-se em saber se o julgador pode ou não impor uma solução legislativa, restabelecendo a igualdade preterida, à custa da imposição de "maiores despesas do que as previstas na lei do Orçamento"[1776/1777].

Para a doutrina, esta consideração das sentenças como fonte autónoma de despesa levanta problemas complexos. O maior de todos é o que respeita à separação de poderes, desde logo, porque o reconhecimento destas sentenças traz sempre implícita a ideia de que os tribunais têm uma tarefa a desempenhar em termos de redistribuição de bens.

Do lado de quem defende estas sentenças, um dos argumentos mais invocados vai no sentido da defesa de um papel activo para o Tribunal Constitucional[1778/1779]. Muitos daqueles que sustentam a existência das *sentenças aditivas* acomodam assim o argumento da separação de poderes. Para muitos autores, a admissibilidade destas sentenças depende do afastamento da discricionariedade de apreciação por parte do Tribunal Constitucional[1780].

---

e político do que como juiz da constitucionalidade das leis" – MEDEIROS, Rui, 1999, p. 477. *Vide* ainda ALMEIDA, L. Nunes de,1989, pp. 959-961).

[1776] DUARTE, Tiago, 2007, p. 237, nota 493.

[1777] *Vide* MEDEIROS, Rui, 1999, pp. 456-530 (embora reconhecendo que o tema não se esgota aí), MIRANDA (tomo VI), 2006, pp. 88-93, LUÍS NUNES DE ALMEIDA *in* COELHO (coord.), 1989, p. 959.

[1778] Para VITALINO CANAS, o Tribunal pode assumir uma função de direcção política na concretização do programa constitucionalmente fixado – *vide* CANAS, Vitalino, 1984, sobretudo nas pp. 187, 188 e 193 e CANAS, Vitalino, 2003, p. 203.

[1779] Como ensina RUI MEDEIROS "os arautos das decisões modificativas, além de sublinharem o papel de indirizzo político que cumpre ao Tribunal Constitucional desempenhar, insistem, não só no papel que lhe cabe na concretização da ordem de valores incorporada da Constituição, como na insuficiência dos instrumentos decisórios clássicos – MEDEIROS, Rui, 1999, p. 493.

[1780] PRAELI, F. J. Eguiguren, 2008, p. 330: "Es precisamente este requisito de "validez" de las sentencias aditivas, que permite contrarrestar las críticas que contra ellas han surgido, con base alínea argumento que alínea expedirlas el Tribunal Constitucional, se aparta de su natural función de "legislador negativo" para pasar a ejercer una función "paralegislativa" ". MEDEIROS, Rui, 1999, pp. 462-463 e 465-468, referindo esta limitação quer na jurisprudência italiana (a ideia de uma *legislazione a rime obbligate* ou *a rime obbligatissime*), quer na jurisprudência alemã, não deixando porém de reconhecer que "o Tribunal Constitucional italiano é muito mais generoso na admissibilidade das decisões modificativas" (p. 464). Na Alemanha, estas sentenças só seriam aceites "quando a Constituição impõe uma determinada forma de correcção da desigualdade ou quando [...] se possa afirmar que o legislador seguiria determinado caminho caso tivesse previsto o juízo de inconstitucionalidade" (p. 467). Referindo-se também à limitação reconhecida pelo Tribunal

Mesmo em Itália[1781], país das *sentenças aditivas*, os autores que as foram defendendo argumentaram, desde logo, no sentido da necessidade de assegurar que o legislador estivesse estritamente vinculado a uma decisão e que houvesse a convicção de que a solução seria sempre a adoptada pelo legislador, limitando a margem de discricionariedade judicial. Para muitos, não se tratava de admitir que estas sentenças, criadoras ou não de despesa, pudessem assegurar a substituição do legislador pelo julgador[1782]. Não se encarava este poder como legislativo, portanto. Para muitos, atribuía-se a criatividade desta função à mera explicitação dos princípios já presentes no ordenamento jurídico (*creazione "a rime obbligate"*[1783]). Para os seus defensores, o Tribunal Constitucional é encarado como o mediador dos conflitos sociais e políticos[1784]. Desta perspectiva, estas decisões modificativas "integram-se [...] no movimento de valorização do momento jurisprudencial do direito"[1785]. Admitindo este amplo poder para os tribunais, não custava pois admitir que, em caso de omissão legislativa parcial, se pudesse obter o suprimento imediato de omissão legislativa inconstitucional.

Todavia, para outros esta argumentação não colhe, por ser incompatível com a separação de poderes[1786]. Dizem esses autores que contestam a vali-

---

Constitucional italiano neste sentido – GROSSO, Enrico, 1991, p. 9 e p. 33 em que criticamente afirma "sebbene la Corte riconosca ormai in línea generale l'insidicabilità delle scelte discrezionali del legislatore, e tenda sempre di più ad esercitare i propri poteri con prudenza, adottando il massimo del *self-restraint*, un equilíbrio definitivo non è ancora stato raggiunto [...]".
Em Portugal, admitindo também estas sentenças *vide* SILVA, J. Pereira da, 2003, pp. 210 e ss. também admite estas sentenças em caso de suprimento de omissões do legislador.

[1781] SORACE, Domenico, 1984, p. 254 e ELIA, Leopoldo, pp. 313, 322, chamando a atenção para os seus problemas de cobertura financeira. Mas PIZZORUSO, 1990, p. 276, chama a atenção para o facto destas sentenças, não obstante os problemas que colocam, serem na prática operativas.

[1782] "A ideia fundamental é a de que ao juiz constitucional só compete averiguar se a lei é ou não contrária à Constituição, mas não lhe compete substituir-se ao legislador na formulação de soluções conformes à Constituição" (VITAL MOREIRA *apud* MEDEIROS, Rui, 1999, p. 495 – RUI MEDEIROS também subscreve esta posição: "recusa-se a possibilidade de o Tribunal Constitucional restabelecer a igualdade através do alargamento do âmbito de aplicação do regime menos favorável – *Ibidem*, p. 496).

[1783] GROSSO, Enrico, 1991, p. 37.

[1784] GROSSO, Enrico, 1991, p. 35.

[1785] Em casos em que ficasse em causa a situação de vida de quem tinha o seu problema já resolvido e/ou em que isso prejudicasse interesses públicos e privados e em que não fosse credível que o legislador produzisse uma nova regulamentação a breve trecho. É o que defende VITALINO CANAS – MEDEIROS, Rui, 1999, p. 493.

[1786] PRAELI, F. J. Eguiguren, 2008, p. 325, dando nota dos problemas que se geraram no ordenamento jurídico italiano entre o poder judicial e o poder legislativo.

dade das *sentenças aditivas* que nem o Tribunal é um órgão legislativo, nem as sentenças são iguais a leis[1787]. No seio de uma abordagem, com consideração estrita da separação de poderes, os tribunais, perante uma norma inconstitucional, deveriam limitar-se a declarar a sua inconstitucionalidade, abstendo-se de substituir a norma inconstitucional por outra. O problema da separação de poderes, denunciado em relação às *sentenças aditivas* parece, aliás, apontar para a necessidade do respeito da estrita legalidade orçamental da despesa, afirmada textualmente pela Constituição, impondo portanto a devolução para o legislador do tratamento da questão, como, de resto, bem o demonstra RUI MEDEIROS. Para este autor, o estrito respeito pela legalidade orçamental supõe que o Tribunal Constitucional assuma um poder negativo, deixando sempre o poder de alteração das leis para o legislador. A função que primariamente cabe a este tribunal, como a qualquer outro, de resto, é uma função de controlo, e portanto, negativa: "ele é um contralegislador e não outro legislador"[1788]. A esta luz, o Tribunal Constitucional não deveria, portanto, cair na tentação de substituir o julgador pelo legislador: "é à maioria democraticamente legitimada para governar que compete fazer as leis e não aos juízes, mesmo ao juiz constitucional"[1789].

À luz de uma negação das *sentenças aditivas* como esta, perante uma concreta violação do princípio da igualdade, o Tribunal Constitucional deveria lançar mão ou da figura da inconstitucionalidade por omissão (283º da Constituição)[1790], (concebendo-se a possibilidade de cumular-se esta solução

---

[1787] As sentenças, ao contrário das leis que regulam situações gerais e abstractas, visam "uma avaliação do direito que deve regular os casos particulares que são trazidos a juízo"- PIZZORUSSO, 1990, pp. 276-277, dizendo mesmo que "nè tal differenza di struttura viene meno nei casi in cui il controllo di costituzionalità assume carattere astratto, poichè anche allora il compito del giudice costituzionale no sta en trovar ela soluzione più opportuna ai problemi pratici che il legislatore ha affrontato, ma soltanto nel valutare la compatibilità con i principi costituzionali della soluzione che questo ha concretamente accolta".

[1788] MEDEIROS, Rui, 1999, p. 496, complementando esta sua defesa com a sustentação de que o contrário – atribuição de uma função positiva ao legislador – redundaria na ideia absurda de abrir caminho a que, em última análise, os juízes constitucionais pudessem, "perante uma omissão total de medidas legislativas necessárias para tornar exequíveis as normas constitucionais, aprovar legislação transitória".

[1789] Tal como para RUI MEDEIROS também nos parece que o princípio da maioria e da separação de poderes devem necessariamente impor limitações ao exercício do poder do Tribunal Constitucional – MEDEIROS, Rui,1999, p. 495.

[1790] Recusando, porém, a hipótese da mera verificação da inconstitucionalidade por omissão, pelo facto de isso permitir a subsistência de uma norma contrária à Constituição e pelo facto de apenas

com a da declaração simultânea da inconstitucionalidade por acção[1791]) ou da limitação dos efeitos da inconstitucionalidade a declarar, como meio de evitar que a anulação imediata das normas crie uma situação gravosa para aqueles que já eram beneficiados por acção legislativa.

É preciso dizer, porém, que este tema não pode ser apenas abordado do prisma da separação de poderes: é que a negação pura e simples das *sentenças aditivas* também traz associados problemas. Desde logo, em relação às questões de aplicação estrita do princípio da igualdade em que geralmente se aplica. E aqui é que a questão das *sentenças aditivas* ganha complexidade. Interligadas uma com a outra, mencionamos desde já as dificuldades relacionadas, por um lado, com o respeito pelos direitos dos beneficiários já contemplados pelo legislador e, por outro, com a falta de confiança no legislador.

No que toca à resolução estrita de problemas de igualdade, a rejeição das *sentenças aditivas* implicaria um nivelamento por baixo, em casos de violação da igualdade. Ou seja, em vez de ser o tribunal a procurar o restabelecimento da constitucionalidade ou da legalidade, imposta no caso concreto, este deveria limitar-se a uma declaração da inconstitucionalidade da norma tal como ela foi estabelecida, remetendo sempre para o legislador a resolução – sabe-se lá quando – do problema da valoração da situação de igualdade em relação ao problema de cobertura financeira que coloca. Esta é, aliás, uma das razões que sustentam a existência das *sentenças aditivas*: é o facto de o restabelecimento imediato da igualdade pelo tribunal ser tomado como o meio de não perder a vantagem para aqueles em relação aos quais o legislador já tinha alcançado privilégios. Este argumento está ligado com a ideia de que, em certos casos, a expulsão de uma norma do ordenamento jurídico pode ser demasiado gravosa. Para os autores que perfilham este entendimento, a mera declaração de inconstitucionalidade – sem possibilidade de restabelecimento imediato de igualdade – de uma norma por violação da igualdade teria apenas o efeito negativo de anulação da norma, gerando uma situação em que se poderia gerar uma inconstitucionalidade ainda maior do que aquela que se pretendia evitar. De facto, o efeito meramente negativo da decisão atingiria, não só o grupo discriminado que ficaria sem nenhuma medida a seu favor, mas também o grupo em relação ao qual o problema já tinha sido resolvido, pois também nessa parte o juízo de inconstitucionalidade teria de produzir efeitos

---

dificilmente se admitir que a omissão continuada convole a inconstitucionalidade por omissão em inconstitucionalidade por acção – MEDEIROS, Rui, pp. 512-521.
[1791] MEDEIROS, Rui, 1999, p. 520.

(pois a subsistência dos direitos dos beneficiários da norma sempre dependeria da generalização a, pelo menos, todos os sujeitos na mesma posição)[1792/1793].

Como ensina RUI MEDEIROS, prescindir das *sentenças aditivas* no nosso ordenamento jurídico – seja em nome da separação de poderes, seja em nome da estrita observância da legalidade orçamental – não é juridicamente impossível, nem sequer constitucionalmente aberrante. Em primeiro lugar, porque os problemas dos beneficiários decorrentes da eliminação das normas legais por inconstitucionalidade "podem ser facilmente evitados através da limitação do alcance da decisão de inconstitucionalidade"[1794], isto porque "nada impede que [por força do nº 4 do artigo 282º] a eliminação da discriminação para o futuro coexista com a manutenção de um regime discriminatório quanto ao passado"[1795]. Em segundo lugar, porque a solução constitucional aparentemente mais adequada para os problemas que suscitam a resposta das sentenças aditivas é "a decisão de invalidade total, ainda que com limitação de efeitos"[1796]. Mais uma vez, esta parece ser a solução também mais consentânea com o respeito estrito pela legalidade orçamental: a violação da igualdade não deve ser pretexto para o juiz se substituir ao legislador numa valoração que é constitucionalmente concebida como político-legislativa. A decisão de inconstitucionalidade é aquela que devolve ao legislador a resolução da questão, pondo quem de direito (e, como já dissemos, no nosso ordenamento jurídico as decisões orçamentais são político-legislativas, ou seja tomadas em exclusivo pela Assembleia da República) a pesar os recursos existentes para a resolução da questão da despesa que em concreto se coloca.

Para além disso, RUI MEDEIROS diz ainda, que ao procurarem com as *sentenças aditivas* a resolução de problemas de igualdade, os Tribunais, se limitam a procurar uma solução auto-aplicativa, demonstrando a sua desconfiança em relação à acção do legislador[1797] para intervir em tempo útil para adequar a

---

[1792] Vide PRAELI, F. J. Eguiguren, 2008, p. 330. RUI MEDEIROS defende até que, para justificar o surgimento da doutrina das sentenças manipulativas em Itália, é necessário ter em conta que nesse país, as sentenças de inconstitucionalidade produzindo um efeito imediato e retroactivo eram tidas como provocando "o perigo de vazios normativos, e consequentemente, de situações de maior inconstitucionalidade" – MEDEIROS, Rui, 1999, pp. 499 e 522-528.

[1793] JORGE MIRANDA agarra-se a este argumento para defender a permissão destas sentenças (para o mesmo, nestes termos, uma inconstitucionalidade por omissão parcial seria igual a inconstitucionalidade por acção). Criticamente MEDEIROS, Rui, 1999, pp. 511 e ss.

[1794] MEDEIROS, Rui, 1999, p. 500.

[1795] MEDEIROS, Rui, 1999, p. 510.

[1796] MEDEIROS, Rui, 1999, p. 522.

[1797] As sentenças aditivas são muitas vezes admitidas, embora sabendo que o ideal seria o Tribunal Constitucional declarar a inconstitucionalidade por violação da igualdade e legislador resolver rapidamente a questão – GROSSO, Enrico, 1991, p. 71.

legislação à decisão de inconstitucionalidade do Tribunal[1798]. Numas vezes porque lhes "era legítimo supor que o legislador não quisesse ver aquela situação de desvantagem substituída por uma outra de sinal contrário"[1799]. Noutras, vendo que, com a lentidão com que actua, o legislador poderia pôr em perigo os já beneficiados com a norma. No entanto, conclui que esse argumento também não o convence: essa desconfiança não deve ser por si só considerada decisiva para a solução para este problema.

Noutros ordenamentos jurídicos já foram gizados mecanismos tendo em vista a formulação de uma alternativa a estas sentenças aditivas, com o objectivo de afastar as consequências da anulação da disposição inconstitucional (sobretudo não prejudicando aqueles que já tinham sido beneficiados pelo tratamento legislativo, "dando tempo ao legislador para adequar a norma contrária à Constituição mediante a eleição de uma das muitas opções possíveis"[1800/1801]). E essas alternativas mostram à saciedade que as *sentenças aditivas* não são uma solução incontornável, na generalidade dos casos[1802].

[1798] "[...] quella inaffidabilità che negli anni passati ha indotto la Corte ad imboccare próprio la strada delle pronunzie «autoaplicative»" – GROSSO, Enrico, 1991, p. 65.

[1799] MEDEIROS, Rui, 1999, p. 475.

[1800] JAVIER VECINA *apud* PRAELI, F. J. Eguiguren, 2008, p. 331.

[1801] Embora haja autores que perfilhem outras soluções – *vide* referindo-se aos autores que defendem um nivelamento por baixo: declaração da inconstitucionalidade da norma tal como ela foi estabelecida, remetendo para o legislador a resolução do problema da valoração da situação de igualdade em relação ao problema de cobertura financeira que coloca (GROSSO, Enrico, 1991, pp. 63-64) e propondo uma solução diferente, respeitadora do limite de despesa (*Ibidem*, pp. 73 e ss.).

[1802] Na Alemanha, o respeito pela separação de poderes ditou a regra de que, perante uma violação da igualdade, o Tribunal não poderia procurar restabelecer essa mesma igualdade, por via de regra, devendo antes proferir uma mera declaração de incompatibilidade da lei discriminatória (Utilizamos aqui a terminologia usada em MEDEIROS, Rui, 1999, p. 464), contornando assim o problema do prejuízo daqueles que já tinham sido beneficiados com a medida em análise. Com efeito, esta solução permite que uma declaração de incompatibilidade da lei com a Constituição não se junte necessariamente com uma declaração de nulidade da norma questionada (PRAELI, F. J. Eguiguren, 2008, p. 333. Embora RUI MEDEIROS chame a atenção para o facto de esta declaração de incompatibilidade não impedir que em momento ulterior se declare a nulidade da lei – MEDEIROS, Rui, 1999, p. 515). Como explica PRAELI, esta solução é considerada menos "traumática", uma vez que contorna a retroactividade que adviria da declaração de inconstitucionalidade. Para o Tribunal Constitucional alemão a eliminação da inconstitucionalidade caberá sempre ao legislador, pelo que não lhe cumprirá a declaração da nulidade absoluta da lei. Inclui-se, portanto, nesta sentença "uma espécie de «exortação ao poder legislativo», a fim de que a disposição inconstitucional seja substituída dentro de um determinado prazo" (PRAELI, F. J. Eguiguren, 2008, p. 333). Na Alemanha esta solução é usada por via de regra. Excepcionalmente admite-se a declaração de nulidade da violação da igualdade. As sentenças aditivas seriam assim a excepção da excepção: "a modificação da lei através de uma declaração de nulidade parcial pressupõe assim que a redacção da lei

No entanto, nenhuma destas soluções parece adaptar-se à nossa realidade constitucional.

É certo que se defendermos que as *sentenças aditivas* se justificam com base na ideia de que "cabe [...] aos órgãos de fiscalização da constitucionalidade uma função geral de adequação da ordem legislativa à Constituição"[1803], estamos aparentemente a subverter o esquema de repartição dos poderes pelos órgãos de soberania o que significaria, sem dúvida, atropelar a própria ideia de consentimento que está até na génese das finanças públicas tal como as conhecemos hoje.

Todavia, prescindir em todos os casos dessas *sentenças aditivas* pode também ter efeitos perniciosos. Por um lado, porque a pura e simples negação das sentenças aditivas acaba por comprimir inevitavelmente o poder judicial,

---

permita que se atinja o referido resultado através da eliminação de parte da lei. O argumento da técnica legislativa fundamenta assim a excepção à excepção" – MEDEIROS, Rui, 1999, p. 467-468. Na Áustria, também com a mesma preocupação, em vez de se suprir a igualdade preterida, limitam-se os efeitos de anulação para o futuro ("El Tribunal se encuentra facultado para establecer un plazo (que no puede superar un año) a partir del cual la ley inconstitucional perderá su vigencia" – PRAELI, F. J. Eguiguren, 2008, p. 332) – o que impede que os efeitos não retroajam prejudicando aqueles que já beneficiavam da norma Na Áustria, "a anulação parcial (aditiva) é acompanhada por uma *Fristsetzung* e, por essa via, o Tribunal Constitucional austríaco oferece ao legislador a possibilidade de aprovar, em tempo útil, uma nova regulamentação da matéria" – MEDEIROS, Rui, 1999, p. 469. *Vide* também PRAELI, F. J. Eguiguren, 2008, p. 331, referindo-se à introdução dos nºs 5 e 7 do artigo 140, permitindo o diferimento dos efeitos das sentenças. Trata-se aqui de uma anulação com efeitos diferidos.

Em Itália, nos casos em que as sentenças aditivas não eram possíveis surgiram as sentenças de inadmissibilidade (GROSSO, Enrico, 1991, pp. 8, 9, 40) ou sentenças de rejeição com verificação de inconstitucionalidade (PRAELI, F. J. Eguiguren, 2008, p. 334). Nestes casos, o Tribunal reconhece a inconstitucionalidade da norma impugnada sem declarar a sua nulidade. Por isso, a lei continua em vigor (embora com a sua aplicação bloqueada – MEDEIROS, Rui, 1999, p. 516), exortando-se (ou quase – GROSSO, Enrico, 1991, p. 29, falando de uma "quase exortação" dos tribunais no confronto com o legislador) o legislador a adequá-la à Constituição, avisando-o de que se nada fizer, isso poderá ditar a declaração de nulidade da lei (PRAELI, F. J. Eguiguren, 2008, p. 334 dando nota das críticas: "Las críticas en contra surgidas en torno a este tipo de pronunciamientos sostienen que éstos encierran una contradicción y falta de coherencia entre el fallo, que es desestimatorio, y la motivación, que se encuentra dirigida a demostrar su inconstitucionalidad"). Em comum, todas estas soluções tentam simultaneamente limitar a eficácia retroactiva das sentenças e atirar para um momento futuro o efeito da anulação derivada da inconstitucionalidade (GROSSO, Enrico, 1991, p. 67).

Não obstante esta substituição em muitos casos das sentenças aditivas, as sentenças aditivas subsistem. Nuns países, como a Itália, com mais abertura e noutros, como é o caso da Alemanha, consideradas como casos excepcionais. *Vide* comparação destes três ordenamentos jurídicos – MEDEIROS, Rui,1999, pp. 460-469.

[1803] MEDEIROS, Rui, 1999, p. 497.

libertando totalmente a mão do legislador quanto à despesa que o Estado deve satisfazer. E, neste ponto, não podemos deixar de afirmar que mesmo o consentimento do legislador democrático tem limites. Por outro lado, porque prescindir, sem mais, das *sentenças aditivas* pode impedir que da Lei Fundamental se deixem de retirar as consequências orçamentais devidas. O que representa, também isso, um entorse à visão de Justiça Social com que a sociedade e a própria ideia de consentimento está comprometida e a que o legislador ordinário não deveria furtar-se.

Assim sendo, admitimos que os tribunais possam, nalguns casos proferir *sentenças aditivas*, colmatando as falhas do legislador quanto à previsão das despesas que ele deveria ter incluído no Orçamento, nos termos da despesa imposta pela Constituição ou pela lei[1804]. Parece-nos, de resto, a única maneira de assegurar que a despesa imposta pela Constituição é obrigatoriamente inscrita no Orçamento.

É verdade que as *sentenças aditivas* representam hoje o que o Estado social teve de pior, na medida em que o recurso a elas se tornou abusivo e por isso gerador de despesa de uma forma incontrolável. Não obstante, cortar cerce com estas sentenças acaba também e justamente por acentuar um dos traços do regime da despesa que está justamente na origem do descontrolo da mesma: uma despesa pública totalmente politizada e nas mãos do legislador. E, portanto, insusceptível de ser controlada – mesmo nos seus contornos constitucionais – pelo órgão em quem a Constituição confia para fazer cumprir as opções fundamentais nela vertidas.

Defendemos, portanto, admitir a esta luz – embora repudiando todos os seus excessos – que as *sentenças aditivas* sejam tomadas também como fonte de despesa. Pensamos, pois, que a solução contra estes problemas e abusos, em geral das *sentenças aditivas* passa pela afirmação de uma perspectiva de aceitação restritiva das mesmas: apenas defendemos as *sentenças aditivas* em casos em que a despesa surge como claramente imposta pela visão que a Constituição sufragou. Ou seja, sentenças *"a rime obbligate"* à italiana, não sentenças

---

[1804] MEDEIROS, Rui, 1999, pp. 504-507 chamando atenção para a distinção necessária entre "leis constitucionalmente *obrigatórias*" para a salvaguarda e realização de uma norma constitucional e "leis de conteúdo constitucionalmente vinculado", devendo ter-se este último conceito como ponto de partida e não o primeiro, ainda que reconhecendo que nestes casos pode haver ainda margem de manobra legislativa: "a modificabilidade da lei comprova que uma lei constitucionalmente obrigatória não é sinónimo de uma lei de conteúdo constitucionalmente vinculado ou, o mesmo é dizer, de uma lei que intervenha num domínio em que a Constituição só permite uma única disciplina legal".

que permitam que o julgador se substitua ao legislador, mas como decisões que procedem a uma mera explicitação dos princípios já presentes no ordenamento jurídico. Trata-se aqui, portanto, de recorrer ao critério da evidência.

Como vimos, quer no caso da despesa que resulta da dignidade da pessoa humana, quer no caso da despesa que deveria resultar do conteúdo essencial dos direitos fundamentais, do que se trata é de defender despesa que resulta, não de um capricho, mas que se baseia numa visão de justiça social que é afirmada pela Constituição ou pelo desenvolvimento da nossa Constituição material, operada progressivamente pelo legislador ordinário e que deve ser defendida a todo o custo do excesso de liberdade de ponderação orçamental. A defesa das *sentenças aditivas* surge, desta forma, como um ponto nevrálgico de uma qualquer concepção de despesa justa: sem a possibilidade de controlo judicial das sentenças e até mesmo de imposição de gastos ao Estado, qualquer perspectiva de despesa justa perderá a sua operatividade. O reconhecimento de que existe a despesa pública justa implica necessariamente a defesa de que sempre que o controlo judicial detectar uma lacuna orçamental deve supri-la imediatamente.

Não escondemos que defender, sem mais, esta solução, tem algumas dificuldades.

Antes de mais, porque as *sentenças aditivas* podem ser geradoras de transtornos na gestão da despesa pública.

Uma das dificuldades mais notórias prende-se com o respeito das regras de equilíbrio orçamental, pois, na realidade, estas sentenças implicam mobilização de meios que acabam por acrescer às despesas que já estavam orçamentadas no ano da respectiva execução[1805], sendo ao mesmo tempo incapazes de indicar os meios financeiros para fazer face a elas[1806]/[1807]. E como se isto não fosse suficiente, estas sentenças, como implicam aumento de despesa em pleno período de execução orçamental, podem acabar por dificultar a tarefa do Governo, enquanto executor orçamental.

Além do mais, estas decisões judiciais aditivas – muitas vezes casuísticas – acabam por não partir de uma valoração, tal como ela devia ser feita, para

---

[1805] SORACE, Domenico, 1984, p. 247. Com a mesma referência *vide* PIZZORUSSO, 1990, pp. 273 e 274.

[1806] GROSSO, Enrico, 1991, pp. 7, 21 (o desequilíbrio orçamental "não é sanável por obra desse mesmo Tribunal, o qual não surge apetrechado com os poderes necessários para esse fim").

[1807] "Dall'obbligo di indicazione dei mezzi di copertura di una legge di spese deriva l'impossibilità di stablire nuove spese pubbliche in tutti i casi in cui non sia possibile reperire tali mezzi" – GROSSO, Enrico, 1991, p. 55.

ditar as decisões de orçamentar. Elas, pura e simplesmente, não partem de uma definição do universo dos beneficiários ou do montante a atribuir individualmente ou até de uma valoração acerca da possibilidade ou impossibilidade de cabimentar o montante total exigido por essa definição dos beneficiários e do montante das atribuições[1808]. Este problema ganha particular gravidade quando pensamos que as *sentenças aditivas* não correspondem, muitas vezes, a decisões conscientes de despesa pública, tendo em conta o quadro global de receitas e despesas[1809]. É preciso não esquecer que os tribunais não têm sequer meios para calcular despesas.

Uma via para favorecer este controlo e, simultaneamente, obviar este problema, não deixando de conceber uma sentença com os mesmos efeitos auto-aplicativos das *sentenças aditivas* – de forma a não deixar a decisão de despesa totalmente entregue ao legislador –, que não alterasse o equilíbrio entre receitas e despesas já pensadas pelo legislador, é a que ENRICO GROSSO propõe. ENRICO GROSSO defende, neste sentido, que se ao mesmo tempo que o tribunal, numa decisão, por hipótese, visando a restauração do princípio da igualdade, aumentar o universo de beneficiários e operar uma redução do benefício patrimonial a atribuir[1810], lançando mão de uma "sentença correctiva do benefício unitário"[1811], poderá evitar a separação de poderes. No entanto, esta resposta não nos parece minimamente convincente. Primeiro, porque ela pressupõe que se reconheça aos tribunais competências que eles não têm[1812]: dar ordens aos organismos administrativos no sentido de reduzirem a prestação a conceder ou pedir ao Governo que imponha essa solução. Segundo, porque este cálculo nem sempre é imediato. Como o admite GROSSO, nem sempre as normas determinam com exactidão o número de beneficiários ou o benefício patrimonial, devendo antes recorrer-se nesses casos a cálculos

---

[1808] Quando inseridas no processo orçamental, esta valoração conjunta acaba muitas vezes por ter como efeito a redução de um ou dos dois deles: ou redução do universo de beneficiários ou da prestação ou de ambas. *Vide* GROSSO, Enrico, 1991, pp. 74-75, referindo-se aos três elementos que compõe uma norma de despesa: previsão de determinado benefício patrimonial; identificação do número de sujeitos beneficiários e ponderação quanto à cobertura dessa despesa.

[1809] Defendendo que só o Parlamento está em posição de tomar uma decisão consciente – GROSSO, Enrico, 1991, p. 59.

[1810] GROSSO, Enrico, 1991, pp. 80-81: "la pretese che può essere valere no è il godimento *dello stesso* trattamento *quale previsto dalla legge impugnata*, ma soltanto il godimento di *uno stesso* trattamento, quale che esso sia".

[1811] GROSSO, Enrico, 1991, p. 83.

[1812] GROSSO, Enrico, 1991, pp. 81-82 fala de uma ordem dada aos organismos administrativos no sentido de reduzirem a prestação a conceder ou de um convite ao Governo para intervir por meio de regulamento.

presumidos[1813]. E terceiro, porque essa prerrogativa de recalcular os benefícios pode acabar por pôr em causa as próprias finalidades da lei que pretendia salvaguardar. Pense-se, por exemplo, na satisfação de interesses mínimos ou de valores mínimos a atribuir pelo Estado que poderiam ficar em causa com esta correcção do benefício unitário[1814].

Mesmo rejeitando aqui a hipótese de GROSSO, vislumbramos uma saída para que a despesa pública justa também não fique presa a abusos ou entregue a decisões irracionais: a hipótese de lançar mão da chamada lei-travão ou dispositivo-travão, prevista no artigo 167º, nº 2, da Constituição para que a emissão de uma *sentença aditiva* reduza o seu impacto orçamental. É certo que ela não foi pensada para fazer face ao poder dos tribunais, mas a sua *ratio* – protecção do Governo das alterações orçamentais que possam dificultar a sua execução – parece não excluir a sua aplicação a todos os poderes que possam ter de alguma forma iniciativa orçamental[1815]. Com efeito, ainda que a nossa Constituição não contenha um artigo semelhante ao artigo 81º, 4º parágrafo, da Constituição italiana[1816], o certo é que a elaboração e execução do orçamento se subordinam ao princípio do equilíbrio orçamental. Facto que impede que as despesas sejam pensadas de forma independente das receitas[1817]/[1818].

[1813] GROSSO, Enrico, 1991, pp. 87-91.

[1814] O próprio ENRICO GROSSO reconhece que, nestes casos, haveria situações em que o Tribunal seria levado a subordinar o princípio da obrigação de cobertura orçamental à equidade retributiva, mandando aplicar o valor indicado na própria lei e não outro que resulte da dita "correcção do benefício unitário" (pensando por exemplo na satisfação de interesses mínimos que a lei deva satisfazer). Embora também aponte para que isto possa resultar num "stimolo al legislatore per il riesame dell'intera dispozione e la eventuale correzione dello stanziamento globale" – GROSSO, Enrico, 1991, p. 91.

[1815] GROSSO, Enrico, 1991, pp. 61-63, defendendo que se o Tribunal Constitucional assume o papel de suplência na legislação social, então as exigências de equilíbrio orçamental que se fazem sentir em relação ao legislador também se lhe devem aplicar. ENRICO GROSSO apenas admite uma derrogação a este princípio quando a lei a apreciar entre em conflito directo com uma norma constitucional de tutela directa de um direito fundamental (direito a retribuição mínima, assistência social e de saúde): "In tali ipotesi, [...] la Corte sarà costretta ad operare un bilanciamento di valori costituzionali, ed a sacrificarei il principio di corrispondenza tra spesa e stanziamento".

[1816] O artigo 81, 4º parágrafo da Constituição italiana diz que "Ogni altra legge che importi nuove o maggiori spese deve indicare i mezzi per farvi fronte".

[1817] *Vide* GROSSO, Enrico, 1991, p. 57: "Soltanto attraverso una attenta analisi della ratio delle norme costituzionali in materia di finanza pubblica, si può stablire se sia presente nel nostro ordinamento un principio generale di inviolabilità dei limiti fissati dalle norme di copertura, alínea rispetto del quale la Corte debba ritenersi, almeno in línea generale, vincolata".

[1818] Embora esta relação esteja longe de ser concebida como pacífica. Esta relação entre receitas e despesas é até vista como problemática. Já em 1967, SOARES MARTINEZ apontava como uma das razões para o aumento da despesa pública o alargamento dos poderes tributários, no sentido de

Desta forma, reduzem-se os seus efeitos orçamentais mais gravosos que são justamente aqueles que se reflectem no ano económico em curso[1819]. Pois para o futuro, as *sentenças aditivas* não levantam problemas especiais em matéria de despesa. Em relação à despesa que estas sentenças impõem em anos subsequentes, haverá sempre a mediação do legislador orçamental para as inserir no Orçamento, o que nos remete para o problema já tratado das despesas obrigatórias. Nesse caso, tal como sucede com as leis ou os contratos previamente existentes, as sentenças só indirectamente são fontes de despesa para os anos subsequentes, uma vez que carecem de cabimentação orçamental para serem executadas. Embora aqui valham as considerações que fizemos quanto à impossibilidade de as alterar por parte do Parlamento em relação a elas.

De qualquer forma, o próprio Tribunal Constitucional quando profere uma *sentença aditiva* no sentido de impor despesa constitucionalmente justa poderá sempre limitar os seus efeitos, nos termos do artigo 282º, nº 4, da Constituição, resolvendo o problema do agravamento dos encargos, sobretudo para contornar aqueles que causam dificuldades no ano económico em curso para a execução orçamental.

Não se invoque contra o nosso entendimento a ideia de que a admissão das *sentenças aditivas* passa por cima da discricionariedade, implícita na ponderação da utilização dos recursos disponíveis[1820/1821] ou de que nos termos

indicar que não são sempre as despesas que ditam o número de receitas a cobrar, mas o inverso. Isto porque como explicava "quando os governantes se apercebem de que têm maior facilidade em obter receitas tendem a definir com mais largueza o âmbito das necessidades do Estado e, consequentemente, ao montante das despesas públicas" (vide MARTINEZ, P. Soares, 1967, p. 69). O que se compreende tendo em vista o que já foi dito em relação à evolução das despesas, que foi claramente neste sentido – receitas primeiro e despesas depois. Recorde-se o que dissemos relativamente ao período do pós-guerra. Mas SOARES MARTINEZ não é o único a fazer este reparo. Muitos autores, falando sobre o artigo 103º, nº 1, sugerem que nem nos termos da Constituição o sistema fiscal surge ligado com as despesas. Com efeito este relaciona-se, isso sim, mas com "a satisfação das necessidades financeiras do Estado e de outras entidades públicas". O que faz com que, como diz JOSÉ A. TAVARES se parta "do estado e não do cidadão e indivíduo. [...] Das receitas numa perspectiva de entesouramento, e não da natureza das despesas, sua necessidade e plausibilidade"- JOSÉ A. TAVARES *in* FFMS, 2011 (pos. 863).

[1819] Também no mesmo sentido da limitação dos efeitos imediatos das sentenças aditivas – FERNANDO FACURY SCAFF *in* SARLET, Ingo W. e TIMM, L. Benetti, 2008, p. 172.

[1820] RUI MEDEIROS pondera especificamente a questão das sentenças aditivas que implicam aumento de despesa, usando-as como exemplo da sua posição restritiva: "Salta portanto à vista que, na medida em que a concretização das normas constitucionais implique escolhas políticas (frequentemente muito delicadas), num quadro limitado de meios financeiros e materiais, a decisão deve estar reservada ao legislador" – MEDEIROS, Rui, 1999, p. 505.

[1821] ENRICO GROSSO chama a atenção, por exemplo, para que nos casos de ampliação do universo das prestações, o Tribunal ao proceder a um aumento brusco das despesas, pode acabar por bulir

da Constituição, esta valoração é da exclusiva competência do poder legislativo. Com efeito, sublinhamos que a aceitação que dessas sentenças fazemos é limitada e está subordinada à ideia de concretização da Justiça Social, já feita pelo legislador.

Apesar de parecer uma ideia defendida em contraciclo, a aceitação das sentenças aditivas não deve, de resto, ser tida como estranha. Pois, em grande parte dos casos em que o Tribunal se pronuncia sobre despesa acaba por não ser possível afastar completamente os efeitos aditivos das suas sentenças. Pense-se nos casos em que a parte ablativa da sentença tem consequências reconstrutivas[1822]; ou nos casos em que "a decisão contém simultaneamente a supressão de certa disciplina legislativa e a enunciação da nova regulamentação que a vai substituir"[1823]; ou no casos das decisões de jurisprudência obrigatória materialmente idênticos às leis interpretativas; ou até no caso das normas de despesa declaradas inconstitucionais com repristinação de normas de despesa anteriores que exigem o gasto de maiores verbas orçamentais[1824/1825]. Já para não falar das mais óbvias: sentenças que fixam indemnizações em casos de expropriação de utilidade pública; ou sentenças de anulação de prazos para exercício de direitos de crédito[1826].

com a faculdade de política legislativa de querer ampliar gradualmente esse mesmo universo, tendo em conta as disponibilidades financeiras – "gradualità che nasce in primo luogo dalla necessita di rendere compatibili indirizzi di riforma e consistenza delle risorse finanziarie" – GROSSO, Enrico, 1991, p. 47. Em 1982, o Presidente do Tribunal Constitucional alertava para que este mesmo Tribunal não deveria trocar "por direito constitucionalmente garantido e de imediata realização situações que dependam effectivamente de condições económicas aleatórias" – *apud* GROSSO, Enrico, 1991, p. 47.

[1822] Por exemplo, nos casos de supressão de uma norma de exclusão de certas pessoas de uma determinada prestação estadual em que se procede inevitavelmente ao alargamento do universo de beneficiários dessa mesma prestação – MEDEIROS, Rui, 1999, p. 479.

[1823] MEDEIROS, Rui, 1999, p. 480.

[1824] MEDEIROS, Rui, 1999, p. 484.

[1825] RUI MEDEIROS, o qual não obstante reconhecer a excepcionalidade das sentenças aditivas, acaba por reconhecer que não é possível evitar a todo o custo aumentos de sentenças produzidos por sentenças judiciais. Com efeito mesmo quando a eficácia da decisão é negativa, o efeito de repristinação da norma revogada pela norma inconstitucional pode conduzir a uma situação de aumento inesperado de despesa ("[...] o efeito repristinatório pode conduzir à eliminação da discriminação: «se até certa altura uma lei não fizer acepção de situações ou de pessoas e, depois vier uma nova lei abrir diferenciações não fundadas, esta lei, será inconstitucional e continuará a aplicar-se a preexistente»" – MEDEIROS, Rui, 1999, p. 491) E aqui o efeito aditivo da sentença é meramente aparente – MEDEIROS, Rui, 1999, p. 492. O mesmo acontece no caso em que as normas legais são desaplicadas pelas normas constitucionais directamente aplicáveis ao caso concreto (MEDEIROS, Rui, 1999, p. 492).

[1826] GROSSO, Enrico, 1991, pp. 16-17, referindo-se também as sentenças de inconstitucionalidade de um tributo ou imposto provocando inevitavelmente uma redução das receitas.

Vejam-se exemplificativamente os Acórdãos que fazem a apreciação dos Orçamentos de 2012, 2013 e 2014[1827], com efeitos reconhecidamente aditivos. O primeiro declarando a inconstitucionalidade da suspensão dos subsídios de férias e de Natal, pagos a todas as pessoas que auferem remunerações salariais de entidades públicas, e a todas as pessoas que auferem pensões de reforma ou aposentação através do sistema público de segurança social; o segundo declarando a inconstitucionalidade da suspensão total e parcial do subsídio de férias, pagos a todas as pessoas que auferem remunerações salariais de entidades públicas e a aposentados ou reformados; e o terceiro declarando a inconstitucionalidade das reduções salariais de todos aqueles que exercem funções no sector público.

Em todos estes casos, as sentenças foram fontes de despesa. Ou seja, deram origem a despesa pública para além da que estava especificada no Orçamento. Não obstante, é de notar que em qualquer desses casos esteve ao alcance do Tribunal Constitucional pesar – e até mesmo limitar – as consequências financeiras das suas decisões, como o demonstra a existência do artigo constitucional que consagra a possibilidade da limitação de efeitos das declarações de inconstitucionalidade (artigo 282º, nº 4). Nestes Acórdãos recentes de 2012 a 2014, não temos dúvida que os efeitos financeiros das suas decisões foram pesados. Embora seja de reconhecer que não de forma muito consistente: em 2012, o tribunal com os argumentos de que "a execução orçamental de 2012 já [ia] em curso avançado" ou de "as consequências da declaração de inconstitucionalidade acima anunciada, sem mais, poderiam determinar, inevitavelmente, esse incumprimento [das condições do PAEF], pondo em perigo a manutenção do financiamento acordado e a consequente solvabilidade do Estado" ou ainda de haveria "interesse público de excepcional relevo", restringiu os efeitos da declaração de inconstitucionalidade ao ano de 2013 em diante, impedindo que eles se repercutissem logo no orçamento que estava a ser executado; em 2013, embora o panorama em relação ao ano anterior não tivesse alterações significativas (tirando o facto de o Acórdão ser de Abril e não de Julho, como o do ano anterior), a declaração de inconstitucionalidade produziu efeitos *ex tunc*, ou seja, retroagindo à entrada em vigor do orçamento de 2013, sem que se tivesse lançado mão da limitação dos seus efeitos financeiros; e em 2014, a declaração de inconstitucionalidade voltou a reflectir esta ponderação dos efeitos financeiros, mas desta vez atribuindo à sentença efeitos *ex nunc*: "considerando a necessidade de evitar a perda para o Estado

---

[1827] Acórdãos do Tribunal Constitucional nºs 353/2012; 187/2013 e 413/2014.

da poupança líquida de despesa pública já obtida no presente exercício orçamental por via das reduções remuneratórias, apesar de excederem o limite do sacrifício que se entende constitucionalmente admissível em relação aos trabalhadores que auferem por verbas públicas, com base no disposto no nº 4 do artigo 282º da Constituição, e em atenção a esse interesse público de excepcional relevo, o Tribunal decide atribuir efeitos *ex nunc* à declaração de inconstitucionalidade das referidas normas, que, assim, se produzirão apenas a partir da data da sua decisão".

7. Uma teoria da despesa pública justa tem sempre espaço para a invocação plena da reserva do financeiramente possível

Todo o exposto conduz ao entendimento de que a despesa pública justa não é incompatível com a plena afirmação de uma ideia de liberdade legislativa.

Fora os constrangimentos substanciais que vemos surgir por força da visão de Justiça Social preconizada pela Constituição formal ou material – dignidade da pessoa humana e conteúdo mínimo de despesa pública, derivado do cumprimento dos direitos fundamentais – a decisão orçamental deve ser assumida como uma decisão legislativa, assumida com plena liberdade de conformação legislativa. Ganha aqui sentido a ideia de que a decisão de despesa é, apesar de tudo, uma decisão essencialmente política, nos termos do que acima tínhamos apontado a propósito da análise que fizemos da Constituição e de que, no fundo, a ideia de que a intervenção social – apesar de ter de se ater a mínimos – não tem limites máximos de intervenção pública.

De acordo com o que acima dissemos, vale aqui plenamente o regime da *reserva do financeiramente possível*: os direitos só serão invocáveis na medida da previsão legal e da previsão orçamental e o poder judicial ficará limitado, na sua acção, por força do princípio da separação de poderes. Sem que haja previsão orçamental, o juiz nunca poderá adiantar-se ao legislador. Aplica-se aqui a ideia, acima referida, nos termos da qual a *reserva do financeiramente possível* vedará a definição de prioridades e a definição óptima de recursos e até mesmo a definição do *quando*, do *modo* e do *quanto* no que toca à realização do direito[1828]. Neste espaço, bastará que o legislador invoque a escassez

---

[1828] Tal como acima indicámos a reserva do financeiramente possível será inoperante apenas em casos extremos, nos termos já acima apontados: por exemplo, quando a norma constitucional indeterminada que se aplica se refere a uma situação em que os particulares assegurem o acesso ao bem referido através de meios próprios. Neste caso, o juiz deve poder controlar a intervenção do Estado que seja lesiva do acesso a esse bem, afastando a reserva do possível que possa ser invocada – NOVAIS, J. Reis, 2010, p. 290.

(mesmo que moderada) de recursos para travar qualquer pretensão de aprofundamento da Justiça Social, mesmo que não demonstre a real falta de meios.

Claro que com isto, não dizemos que, fora do âmbito que desenhámos para a despesa pública justa, a decisão é arbitrária. Nada disso. Trata-se apenas de reconhecer aí uma decisão discricionária, sujeita a alguns limites gerais. Continuam aqui a valer os limites válidos para todas as decisões de despesa: nomeadamente, limites de competência (a decisão orçamental de despesa assenta num processo rígido de separação de poderes entre a Assembleia da República e o Governo); sujeição às regras de previsão orçamental de despesa pública (quer as constantes na lei de enquadramento orçamental, quer as constantes dos vários tratados e acordos europeus); limites que resultam da separação de poderes (a Assembleia da República não pode alterar decisões de despesa que tenham sido tomadas por outros órgãos e as quais lhe esteja vedado questionar – *v.g.* decisões tomadas por instâncias internacionais ou comunitárias ou tomadas pelos tribunais, como acima explicámos); ou até mesmo os limites impostos pela existência de um Estado de Direito (igualdade, proporcionalidade ou protecção da confiança...).

Daqui resulta obviamente que a aplicação plena da *reserva do possível* não terá como efeito a impossibilidade absoluta da fiscalização da constitucionalidade das normas. Assim, ainda que totalmente sujeita à *reserva do financeiramente possível* e fora os limites da decisão dominada pelos imperativos de Justiça Social, a decisão de despesa continua pois a ser juridicamente sindicável pelos Tribunais, nos termos gerais em que o são as demais decisões do Estado.

CONCLUSÕES

A despesa pública não pode ser cabalmente compreendida sem distinguir dois paradigmas de distribuição justa de bens: o pré-moderno e o moderno:

1. Até ao século XVIII assume-se a ideia de que a distribuição de bens segue critérios de justiça baseados nas ideias aristotélico-tomistas do mérito (justiça pré-moderna);
2. A partir do século XVIII, por influência do pensamento de Rousseau, Adam Smith e Kant, o Estado passa a assumir uma postura correctiva da distribuição de bens.
3. O desenvolvimento desta ideia foi lento e assentou na progressiva integração da benevolência na Justiça, sendo propiciado, no século XVIII, pelo surgimento de uma nova mentalidade em relação aos mais pobres: estes deixaram de ser olhados como indolentes, passando a ser olhados como indivíduos a carecer de auxílio de todos;
4. A intervenção pública correctiva da distribuição de bens foi propalada pela Revolução Francesa;
5. Este comportamento mais intervencionista pelo Estado deve ser associado a um novo paradigma de distribuição de bens, que designamos por moderno, atendendo à sua ligação com a Revolução Francesa.

Como se desenvolveu a Justiça moderna?

6. O paradigma moderno de distribuição de bens implicou, desde logo, um acréscimo de despesas públicas, tendo em conta a assunção de deveres em relação aos mais pobres da sociedade;

7. Portugal acompanhou este movimento de aumento da despesa pública. A "caridade oficial" foi assumida como dever do Estado no século XIX, pela Constituição de 1822, pela Carta de 1826 e pela Constituição de 1838.
8. A assunção de um paradigma moderno de despesa pública não deve ser, porém, tomada como a única causa de aumento exponencial do gasto público nos séculos XIX e XX. Com forte impacto no aumento da despesa pública, devemos considerar vários outros factores, nomeadamente o aumento dos impostos com as guerras, que geraram propensão para o Estado aumentar sua intervenção; o desenvolvimento da ideia de dignidade da pessoa humana como reacção à situação que tinha originado a II Guerra Mundial; e, por fim, a difusão do pensamento de KEYNES, favorável ao aumento de despesa público como meio de promover o crescimento económico, associado a uma perspectiva de equilíbrio que permitia a verificação de défices orçamentais em determinados anos económicos;
9. Para compreender cabalmente o paradigma moderno de distribuição de bens, consideramos três grandes famílias de pensamento: utilitarismo, igualitarismo e personalismo:
10. O utilitarismo procurando concentrar os esforços de intervenção do Estado no aumento da utilidade total dos membros da sociedade;
11. O igualitarismo almejando assegurar que a intervenção do Estado permita atingir a igualdade plena entre os seus cidadãos (igualitarismo horizontal) ou pelo menos, evitar uma grande disparidade entre eles (igualitarismo vertical);
12. E o personalismo buscando assegurar que a intervenção do Estado fosse favorecedora do desenvolvimento integral de todas as pessoas que integram o seu substrato, não deixando porém de considerar que há margem para a caridade como cuidado das pessoas entre si;
13. A influência das ideias baseadas no paradigma moderno de distribuição de bens contribuiu para o aumento da despesa pública e para o consequente desequilíbrio orçamental que se lhe associa.

Crítica ao pensamento baseado na Justiça moderna:

14. O paradigma moderno foi porém sujeito a duras críticas. As que mais se destacam são as que são dirigidas pelos autores que defendem a libertação do Estado das tarefas de distribuição de bens;

15. Neste texto, destacaram-se os pensamentos de NOZICK, HAYEK e BUCHANAN como paradigmáticos destas ideias de libertação. NOZICK, pela defesa radical de um Estado mínimo em que a intervenção pública surge sempre subordinada à liberdade e aos direitos das pessoas que tem no seu substrato. HAYEK o qual, ao mesmo tempo que advoga que o instrumento de distribuição justa de bens é o mercado, acaba por temperar a sua recusa de uma visão de Justiça Social com a possibilidade de algumas intervenções públicas mínimas, tendo em vista assegurar o acesso a esse mesmo mercado, em condições de igualdade. E BUCHANAN por conseguir conjugar uma visão individualista com a ideia de que, por intermédio do consenso constitucional, se podem, definir algumas zonas de intervenção pública.

A Constituição da República Portuguesa de 1976 é aparentemente indiferente a esta discussão da distribuição justa de bens:

16. A análise do texto constitucional parece mostrar indiferença em relação ao tema da despesa pública justa;
17. Antes de mais, porque não contém nenhuma norma semelhante ao artigo 31º, nº 2, da Constituição Espanhola, o qual prevê um critério de despesa pública justa;
18. E também porque todas as referências constitucionais nos remetem para uma identificação da decisão de despesa como uma decisão orçamental e portanto política;
19. Os únicos limites que aparecem expressamente referidos no texto da Lei Fundamental, impondo-se à decisão orçamental, são a vinculação a leis e contratos anteriores, mas eles não tolhem verdadeiramente a liberdade legislativa.
20. As leis anteriores não o fazem, posto que como a Lei do Orçamento do Estado também é ela própria uma lei, as vinculações de despesa podem a todo o momento ser ultrapassadas pelo legislador orçamental. Apenas no caso de não tomar uma posição expressa de revogação, alteração ou derrogação dessas despesas, será o legislador orçamental obrigado a cabimentar essa mesma despesa;
21. Também os contratos anteriores, celebrados pelo Governo, não constituem verdadeiros constrangimentos à liberdade orçamental, na medida em que é a Assembleia da República a detentora da última decisão no que toca à autorização de despesas que esses mesmos contratos possam implicar.

22. A proibição de referendo no que toca a questões e actos de conteúdo orçamental, tributário ou financeiro ou de iniciativas legislativas populares nestas mesmas matérias reforçam a identificação da decisão de despesa pública com uma decisão político-orçamental;

Os constrangimentos mais visíveis da decisão de despesa pública encontram-se nos critérios de convergência:

23. Não sendo explícitos no texto da Lei Fundamental, os constrangimentos mais visíveis à liberdade do decisor orçamental encontram-se nos critérios de convergência, impostos pela União Europeia, e nas limitações às decisões de despesa pública que parecem implicar;
24. De uma visão constitucional aparentemente liberta de constrangimentos à decisão de despesa, somos aparentemente transportados, pela via dos critérios de convergência, europeus para uma perspectiva próxima dos autores que defendem os critérios de libertação do Estado;
25. A recepção dos critérios de convergência produziu efeitos inevitáveis na forma de encarar a despesa pública e sobretudo permite falar claramente de limites à decisão de despesa pública. Destes limites deriva toda uma série de mudanças no panorama orçamental: as estratégias orçamentais passam a ser avaliadas em função do cumprimento de valores de referência; implementam-se técnicas de racionalização do gasto público; surgem novos deveres de transparência orçamental e de responsabilidade orçamental.
26. Isto contribui para o desenvolvimento de uma visão contabilística da despesa pública, em que a decisão orçamental é tomada como mais técnica e menos política e em que o foco passa a ser o dos cortes de despesa, da eficiência e da racionalização, relegando para segundo plano a compreensão dos deveres de justiça do Estado.

Sob esta aparência, é, todavia, possível falar da adesão constitucional a um paradigma moderno e a partir daqui iniciar a construção de um conceito de despesa pública justa:

27. Não obstante ser este o plano de análise dominante nos dias que correm, é preciso não esquecer que a Constituição defende, desde a sua versão originária, uma concepção de despesa pública que corresponde à adesão a uma paradigma moderno de distribuição de bens.

CONCLUSÕES

28. Esta resulta, desde logo, do compromisso das correntes marxistas e personalistas, proporcionado logo em 1976;
29. Não obstante "desideologização ou desdogmatização marxista da Constituição" e do desenvolvimento de uma prática de economia mercado mais liberalizante, que foi sendo progressivamente assumida pela Constituição formal, o paradigma de despesa adoptado continua, porém, a ser, indubitavelmente, o moderno, mantendo-se "uma concepção amiga dos desfavorecidos";
30. A partir desta constatação, voltamos ao texto constituinte, procurando elementos que nos permitam sair do plano das referências explícitas à despesa pública;
31. A primeira conclusão a que chegamos é que há deveres de despesa impostos pela Constituição e que, nos seus termos, o Estado português não é nem um Estado mínimo nem um mero supridor de falhas de mercado;
32. Rejeitamos assim o carácter tendencialmente excepcional da intervenção do Estado.
33. Em primeiro lugar, entendemos que o Estado goza de uma grande liberdade nas escolhas que faz. Não há propriamente um limite constitucional estabelecido em relação à intervenção pública. Esta ideia escuda-se, quer no facto de a Constituição não tomar uma posição expressa quanto à dimensão concreta do sector público, quer na ideia de que tem de existir obrigatoriamente um sector público (quando muito, admitimos que a Constituição defina as falhas de mercado como o conteúdo mínimo da intervenção pública);
34. Em segundo lugar, a Constituição autoriza o fornecimento público de bens de mérito, ao estabelecer imperativos claros de intervenção pública que vão para além da intervenção sobre as falhas de mercado, intervindo sobre bens que até são fornecidos pelo mercado, mas em que o Estado deseja intervir;
35. Parece-nos até que a nossa Constituição vai mais longe ao afastar o minimalismo da intervenção pública, quando incumbe o Estado do cumprimento de tarefas na definição de metas e na promoção das boas condições de vida para as pessoas, tal como é suposto num "Estado de bem-estar reforçado". Estado este baseado nas considerações de AMARTYA SEN e plenamente inserido num contexto de paradigma moderno de distribuição de bens;
36. A dogmática jurídico-constitucional também parece sufragar o entendimento que da Constituição resultam deveres de despesa

pública com a contraposição, dentro dos direitos fundamentais, entre normas *determináveis* e *indetermináveis*. Das primeiras extrair-se-iam directamente deveres de despesa e das outras apenas por intermediação legislativa;
37. As normas dotadas de *determinidade* ou *determinabilidade* associam-se às que correspondem aos direitos, liberdades e garantias e as que não têm essas características associam-se aos direitos económicos, sociais e culturais, embora esta associação tenha um carácter meramente tendencial;
38. Esta distinção favorece a separação de direitos, liberdades e garantias e direitos económicos, sociais e culturais, com repercussão no entendimento da despesa pública: só das primeiras se extraem deveres de despesa que se impõe ao legislador orçamental, ao passo que às normas constitucionais dotadas de *indeterminidade* se associa uma *reserva do financeiramente possível* que aumenta a liberdade na decisão de despesa e tolhe o espaço de controlo judicial (sendo, no entanto, sempre possível o controlo de inconstitucionalidades inadmissíveis);
39. É de notar que a recente adesão à teoria do custo dos direitos tem contribuído para mitigar da ideia da diferenciação dos direitos sociais e para uma tentativa de unificação do tratamento dos direitos fundamentais, estendendo – através da generalização da aplicação da *reserva do possível* – a liberdade de conformação legislativa das normas dotadas de *indeterminidade* às demais normas de direitos fundamentais. Facto que acentua a ideia de que a decisão de despesa é uma decisão política, e portanto limitadamente sujeita a controlo.
40. Este é um problema que nos conduz à necessidade de reapreciação da situação jurídico-constitucional.

A nossa proposta de despesa pública justa, partindo da insuficiência dos elementos constitucionais já fornecidos pela história e pela dogmática jurídico-constitucional:

41. Recusamos uma perspectiva contabilística de despesa pública, temendo que a teoria do custo dos direitos possa fazer perigar certos direitos em face da aleatoriedade do exercício do poder orçamental, tentando, em simultâneo, aliá-la a uma concepção substancialista de despesa pública que de alguma forma contrarie este estado de coisas;
42. Propomos, a partir daqui, um conceito de despesa pública justa baseado, não na estrutura das normas de direitos fundamentais, mas

sim numa concepção de justiça distributiva que procura um equilíbrio entre as várias influências que se cruzam no texto constitucional, sobretudo a liberal-igualitária e a personalista;

43. Nesta construção tomámos a *reserva do financeiramente possível* como elemento central, recusando porém, com isso, a menorização dos direitos sociais no seio dos direitos fundamentais;
44. Para explicitar os imperativos de despesa pública que decorrem da Lei Fundamental, expusemos os domínios em que, na decisão de despesa pública, o legislador orçamental não é livre e em que, portanto, a *reserva do possível* actua de forma limitada.
45. E identificámos três níveis de despesa justa, nos termos da Constituição:
46. O primeiro, decorrente do reconhecimento constitucional da dignidade da pessoa humana, com a afirmação de um direito a um mínimo de existência condigna;
47. Este direito de existência mínima corresponde ao conteúdo mínimo – ao "mínimo dos mínimos" – da função de distribuição que o Estado assume. Antes de se comprometer com qualquer despesa, o Estado tem pois de arranjar meios para distribuir bens, de forma a assegurar as necessidades básicas que as pessoas têm para levarem uma "vida minimamente condigna";
48. Este círculo que se desenha como nuclear de despesa pública justa deve partir de uma situação de pobreza extrema a que seja necessário acorrer, sem que o Estado possa fazer qualquer julgamento moral sobre a conduta do indivíduo, que pede ajuda e prova a sua situação de extrema pobreza.
49. O segundo nível de despesa obrigatória corresponde à identificação de um conteúdo mínimo de realização dos direitos, liberdades e garantias e direitos fundamentais de natureza análoga;
50. No âmbito destes direitos retiramos deveres de despesa essencialmente a partir das normas constitucionais *determináveis*;
51. Nestas normas, a aplicação da *reserva do possível* está muitas vezes reduzida a uma *reserva geral de ponderação financeira*;
52. Esta *reserva geral de ponderação financeira* impede o poder judicial de controlar, por princípio, o *como* e o *quanto* decididos pelo legislador orçamental; porém, e uma vez que estamos no âmbito das chamadas normas *determináveis*, não podemos deixar de dizer que o juiz não deve ser totalmente arredado dessas decisões orçamentais: ele

poderá sempre apreciar as medidas legislativas orçamentais, de acordo com os limites impostos quer pelo Estado de Direito, quer de acordo com o parâmetro mínimo de respeito pelo conteúdo essencial do direito.
53. Aproximamos, assim, o conteúdo mínimo de despesa pública no seio dos direitos, liberdades e garantias ao controlo do conteúdo essencial destes direitos;
54. No seio dos direitos, liberdades e garantias e direitos fundamentais de natureza análoga, a *reserva do possível* estreita-se ainda mais quando a Constituição comete especificamente ao legislador a adopção de despesas públicas específicas;
55. O terceiro nível de despesa obrigatória corresponde à identificação de um conteúdo mínimo de realização dos direitos económicos, sociais e culturais;
56. Na determinação deste conteúdo mínimo partimos da superação constitucional de uma visão rawlsiana de distribuição de bens, aderindo a uma ideia de Estado de "bem-estar reforçado", tendo em vista as metas que a Constituição fixa para a intervenção pública;
57. Atendendo a preocupações com a sustentabilidade financeira, defendemos, neste domínio, uma visão que parte necessariamente de uma abertura à conformação do legislador orçamental, para que este em cada momento possa adequar as despesas às necessidades e aos recursos do momento; reconhecemos assim a aplicação da *reserva do financeiramente possível*, como regra: ela impede, assim, por via de regra, ao julgador o controlo não só do *como* e do *quanto* da prestação orçamentada para a concretização do direito em causa, mas também do *quando* dessa mesma concretização;
58. Este entendimento não deve impedir, porém, que, em certos casos a ideia da *reserva do possível* possa ser travada;
59. Encarado a realização dos direitos sociais dentro da lógica do Estado de "bem-estar reforçado", consideramos que a liberdade orçamental se tolhe à medida que estas metas ou objectivos constitucionalmente fixados se vão definindo e desenvolvendo; não se trata aqui de obrigar o Estado à criação ou à multiplicação contínua de prestações ou subsídios, incompatível com o reconhecimento de uma liberdade de conformação orçamental, mas de o obrigar continuamente à promoção de esforços no que toca ao aumento das potencialidades (*capabilities*) e do poder (*empowerment*) das pessoas;

60. Aquilo que o presente texto propõe é, pois, que a concretização da Justiça Social seja cada vez mais entendida, não apenas como a realização de normas, mas como a concretização de uma visão substancialista de Justiça Social;
61. Propõe-se, então, que a despesa pública justa seja ancorada numa ideia geral de protecção do conteúdo mínimo dos direitos fundamentais, tal como ele se vá consolidando na ordem jurídica;
62. No que toca à definição do universo de pessoas para quem o Estado deve prestar serviços gratuitamente, propomos a adopção do conceito de *necessidade receptiva* para melhor se compreender este conteúdo mínimo dos direitos económicos, sociais e culturais;
63. Este conceito afasta o igualitarismo puro e adere a uma perspectiva de igualdade complexa (WALZER), obrigando o Estado a uma permanente e multiforme intervenção, impondo-lhe a prestação de serviços a todos aqueles que demonstrem, quer incapacidade para aceder a eles, quer que sem essas prestações poderiam ficar numa situação de vulnerabilidade ou numa situação que pudesse fazer perigar uma vida condigna;
64. Nada impede, naturalmente, que a cobertura da prestação pública se estenda a outros grupos de pessoas para além deste que aqui se menciona, se o decisor orçamental assim o entender, mas nesse caso, a concretização do direito deve ficar inteiramente sujeita à liberdade de conformação legislativa;
65. Defendendo uma visão substancialista da despesa pública, derivada da promoção do desenvolvimento humano, e advogando a existência de um conteúdo mínimo mesmo nos direitos fundamentais *não determináveis*, sustentamos que o reconhecimento do conteúdo mínimo dos direitos sociais só faz sentido se esses mesmos direitos puderem ter uma leitura dinâmica, reeditando de novo uma certa ideia de proibição de retrocesso: não hesitamos, assim, em afirmar que sempre que o legislador dê passos na concretização da Justiça Social, no sentido de promover melhorias nas situações concretas das pessoas e de as tirar de situações de vulnerabilidade, deve ficar impedido de colocar as pessoas que estavam protegidas por essa medida numa situação pior do que aquela que já tinha sido encontrada ou até de desprotecção;
66. Esta consideração de um conteúdo mínimo dos direitos sociais, reeditando a proibição do retrocesso, leva-nos a alargar o âmbito de despesa obrigatória que vislumbramos no seio dos direitos, liberdades e garantias;

67. Aplicando também aí uma visão substancialista que permita ao poder judicial travar a mão do legislador, advogamos que, até mesmo nos casos de restrição desses direitos em que não seja atingido o seu conteúdo essencial, o poder judicial deve poder intervir mais activamente no sentido de garantir a forma como os direitos, liberdades e garantias se vai consolidando no tempo; isto faz com que admitamos que o poder judicial possa ter uma palavra a dizer quanto à reorganização e ao desmantelamento de alguns serviços que o Estado leva a cabo, puramente por razões de poupança;
68. A perspectiva de Justiça adoptada neste texto, obriga-nos também a rever a ideia de que a única fonte de despesa é o Orçamento do Estado, que parece resultar da Constituição;
69. Admitimos, desta forma, que os tribunais possam, nalguns casos proferir *sentenças aditivas*, colmatando as falhas do legislador quanto à previsão das despesas que ele deveria ter incluído no Orçamento do Estado, nos termos da despesa imposta pela Constituição ou pela lei;
70. Não obstante a defesa desta ideia, repudiamos todos os excessos que têm sido apontados às *sentenças aditivas* enquanto fontes de despesa: apenas defendemos as *sentenças aditivas* "*a rime obbligate*" à italiana, em casos em que a despesa surge como claramente imposta pela visão que a Constituição sufragou;
71. Fora os constrangimentos substanciais que vemos surgir por força da visão de Justiça Social preconizada pela Constituição formal ou material, a decisão orçamental deve ser assumida como uma decisão legislativa, com plena liberdade de conformação legislativa;
72. Vale aqui plenamente o regime da *reserva do financeiramente possível*: os direitos só serão invocáveis na medida da previsão legal e da previsão orçamental e o poder judicial ficará limitado na sua acção por força do princípio da separação de poderes;
73. Isto não significa, porém, que a decisão possa ser tida como arbitrária; pelo contrário, fora dos limites da despesa justa, a decisão sobre gasto público deve ser tida como correspondendo ao exercício de um poder discricionário com limites, estando, por isso, sujeita à fiscalização judicial sempre que se ultrapassarem as fronteiras de legalidade e de constitucionalidade.

BIBLIOGRAFIA CONSULTADA

ABRAMOVICH, Victor e COURTIS, Christian – *Los Derechos sociales como derechos exigibles*. Madrid: editorial Trotta, 2002.

ABREU, Laurinda – "A especificidade do sistema de assistência pública português: linhas estruturantes". *In* Arquipélago. História, 2ª série, VI (2002), pp. 417-434.

ACKERMAN, Bruce – *Social Justice in the Liberal State*. New Haven & London: Yale University Press, 1980.

ACKERMAN, Bruce e ALSTOT, Anne – *The Stakeholder Society*. New Haven & London: Yale University Press, 1999.

ADAM, François, FERNAND, Olivier e RIOUX, Rémy – *Finances Publiques*. Paris: Dalloz, 2010.

ADLER, Mathew D. – "Análise custo-benefício: novas considerações". *In* Cadernos de Ciência de Legislação, nºs 42/43, Janeiro/Junho 2006, Instituto Nacional de Administração.

AFONSO, Antonio, SCHUKNECHT, Ludger e TANZI, Vito – "Public Sector Efficiency: an international comparison. Banco Central Europeu" – Working Paper nº 242, July, 2003 (disponível em http://papers.ssrn.com/sol3/papers.cfm?abstract_id=434002 último acesso em 06.02.2013).

AGHION, Philippe e TIROLE, Jean – "Formal and Real Authority in Organizations", 1997 (disponível em http://dash.harvard.edu/bitstream/handle/1/4554125/Aghion_FormalRealA.pdf último acesso em 21.02.2013)

ALEXANDRINO, José de Melo – *A estruturação do sistema de direitos, liberdades e garantias na Constituição Portuguesa*, vol. II. Coimbra: Almedina, 2006.

ALEXANDRINO, José Melo – "L'indivisibilité des droits de l'Homme devant la dogmatique constitutionelle", 2010 (disponível em http://www.juridicas.unam.mx/wccl/ponencias/10/182.pdf último acesso em 14.09.2011).

ALEXY, Robert – *Theorie der Grundrechte*. Frankfurt: Suhrkamp, 1986.

ALEXY, Robert – *Teoria de los derechos fundamentales*. Madrid: Centro de Estudios Constitucionales, 1997.

ALEXY, Robert – *Derechos Sociales y ponderación*. Madrid: Fundación Colóquio Jurídico Europeo, 2009.

ALMEIDA, J. J. Marques de e MARQUES, Maria da Conceição Costa – "A Contabilidade Pública e o Setor da Educação em Portugal". *In* Education Policy Analysis Archives, vol. 11, nº 42, 2003 (disponível em http://epaa.Asu.edu/epaa/v11n42 24.01.2008 16:29).

ALMEIDA, Luís Nunes de – "O Tribunal Constitucional e o conteúdo, a vinculatividade e os efeitos das suas decisões". *In*

Coelho, Mário Baptista (coord.) – *Portugal – O Sistema Político e Constitucional, 1974-1987*, Lisboa: Instituto de Ciências Sociais da Universidade de Lisboa, 1989 pp. 941-972.

Amador, João e Cunha, Jorge Correia da – "Regras Orçamentais na UE: Algumas linhas de orientação para a sua reforma". *In* Boletim Económico Banco de Portugal, Dezembro 2004, p. 32 (disponível em http://docentes.fe.unl.pt/~jamador/Textos/BE_PEC.pdf última consulta em 07.07.2011).

Amador, Olívio Mota – "O Dilema Teleológico do Orçamento num Contexto de Incerteza". *In* Estudos em Homenagem ao Professor Doutor Paulo de Pitta e Cunha, vol. II. Coimbra: Almedina, 2010, pp. 637 e ss.

Amador, Olívio Mota – "O sistema Orçamental Português em mutação". *In* Revista de Finanças Públicas e Direito Fiscal, ano 5, nº 1, 2012, pp. 202 e ss..

Amaral, Diogo Freitas do/ Medeiros, Rui – "Responsabilidade civil do Estado por omissão de medidas legislativas – O caso Aquaparque". *In* RDES, 2000, nºs 3 e 4.

Amaral, Diogo Freitas do – *Curso de Direito Administrativo* (vol. II). Coimbra: Almedina, 2011.

Amaral, Diogo Freitas do – *História do Pensamento Político Ocidental*. Coimbra: Almedina, 2012.

Amaro, António Leitão – "O Princípio constitucional da sustentabilidade". *In* Estado em Estudos em Homenagem ao Prof. Doutor Jorge Miranda, vol. II. Coimbra: Almedina, 2010.

Anderson, Elizabeth – "What is the point of equality?". *In* Ethics, vol. 109, nº 2 (Jan. 1999), pp. 287-337.

Anderson, Elizabeth – "Sen, Ethics and Democracy". *In* Feminist Economics, vol. 9, Issue 2-3, 2003 (disponível em http://www-personal.umich.edu/%7Eeandersn/SenEthicsDemocracy.pdf último acesso em 20.09.2013).

Anderson, Elizabeth – "Welfare, Work Requirements, and Dependant-Care". *In* Journal of Applied Philosophy, Vol. 21, nº 3, 2004.

Andrade, José Carlos Vieira de – "Direitos e garantias fundamentais". *In* Coelho, Mário Baptista (coord.) – *Portugal – O sistema político e constitucional* – 1974-1987, Lisboa, 1989.

Andrade, José Carlos Vieira de – O "direito ao mínimo de existência condigna" como direito fundamental a prestações estaduais positivas – Uma decisão singular do Tribunal Constitucional (Anotação ao Acórdão nº 509/02). *In* Jurisprudência Constitucional, nº 1, Jan./Mar., 2004, pp. 4 e ss.

Andrade, José Carlos Vieira de – *Os Direitos Fundamentais na Constituição Portuguesa de 1976*. Coimbra: Almedina, 2012.

Antunes, Luís Filipe Colaço – "Interesse público, proporcionalidade e mérito: Relevância e Autonomia processual do princípio da proporcionalidade". *In* Estudos em Homenagem à Professora Doutora Isabel de Magalhães Collaço, vol II. Almedina, 2002, pp. 539 e ss.

Aquino, S. Tomás de – *Commentaire de l'Éthique a Nicomaque* (trad. Yvan Pelletier) (disponível em http://www.thomas-d-aquin.com/Pages/Traductions/pelletier/Ethic5.pdf último acesso em 01.07.2009).

Aquino, S. Tomás de – *Summa Theologica* (disponível em versão inglesa em http://www.newadvent.org/summa/3066.htm último acesso em 08.10.2008).

Araújo, Fernando – *Adam Smith – O Conceito Mecanicista de Liberdade*. Coimbra: Almedina, 2001.

ARAÚJO, Fernando – *Introdução à Economia*. Coimbra: Almedina, 2006.

ARISTÓTELES – *Ética a Nicômaco*. São Paulo: Martin Claret, 2003.

ARISTÓTELES –*Política*. Lisboa: Vega, 1998.

ARROW, Kenneth J. e SCITOVSKY, Tibor (ed.) – *Readings in Welfare Economics*. London: George Allen and Unwin Ltd, 1969.

ARTHUR, John – "World, Hunger and Moral Obligation: The case against Singer, 1984 (reimpressão disponível em http://www.food.unt.edu/arguments/singer_arthur.pdf)

ASHLEY, W.J. – "The Rehabilitation of Ricardo". *In* The Economic Journal, vol. I, nº 3 (Sep., 1891), pp. 474-489. (http://www.jstor.org/stable/2956112 último acesso em 25.11.2009).

ATKINSON, Anthony B. – "The Restoration of Welfare Economics". *In* American Economic Review: Papers and Proceedings, 2011, 101:3, pp. 157-161.

ATRIA, Fernando – "Réplica: derecho y politica a propósito de los derechos sociales". *In* Discussiones: Derechos Sociales nº 4, 2004 (disponível em http://bibliotecadigital.uns.edu.ar/scielo.php?script=sci_arttext&pid=S1515-73262004000100007 último acesso em 22.11.2013)

BACHOF, Otto – "Begriff und Wesen des sozialen Rechtsstaates". *In* Veröffentlichungen der Vereinigung der Deutschen Staatsrechtslehrer, nº 12, 1954, pp. 37-80.

BALEEIRO, Renan e BALEEIRO NETO, Jayme – "O princípio de eficiência e os tribunais de contas". *In* Os Tribunais de Contas e as Reformas Constitucionais. Salvador: Tribunal de Contas do Estado da Bahia, 1999, pp. 61-69.

BALTA, Evangelia – "The Modern Financial Control Greek Reality and European Experience". *In* Revue Hellénique de Droit International, 64ème année, 2/2011, pp. 639 e ss.

BARCELLOS, Ana Paula – *A eficácia jurídica dos princípios constitucionais*. Rio de Janeiro: Renovar, 2003.

BARILARI, André e BOUVIER, Michel – *La LOLF et la nouvelle gouvernance financière de l'État*. Paris: L.G.D.J., 2010.

BARRY, Brian – "Justice between generations". *In* Law, Society and Morality: Essays in Honour of H. L. A. Hart. Oxford: Clarendon Press, 1977.

BASTIAT, Frederic – *The Bastiat Collection*. Alabama: Ludwig von Mises Institut, 2007, vol. II.

BECKERS, J. – "A auditoria de resultados do Tribunal de Contas belga no contexto da Administração Pública". *In* Revista do Tribunal de Contas, nº 35, Jan./Jun. 2001.

BELLERS, John Quaker – *Proposals for raising a Colledge Industry of useful trades and Husbandry with profit for the rich*. London: T. Sowle, 1696.

BENTHAM, Jeremy – *Chrestomathia*. London: Payne and Foss Pall-Mall, and J. Ridgway 1815.

BENTHAM, Jeremy – *Principles of the Civil Code*. In JEREMY BENTHAM – The Works of Jeremy Bentham, vol 1. Edinburgh: William Tait, 1843.

BENTHAM, Jeremy – *Manual of Political Economy*. *In* JEREMY BENTHAM – The Works of Jeremy Bentham, vol. 3, Edinburgh: William Tait, 1843.

BENTHAM, Jeremy – *Tracts on Poor Laws and Pauper Management*. *In* JEREMY BENTHAM – The Works of Jeremy Bentham, vol. 8 Edinburgh: William Tait, 1843.

BENTHAM, Jeremy – Constitutional Code. In JEREMY BENTHAM – The Works of Jeremy Bentham, vol. 9. Edinburgh: William Tait, 1843.

Bentham, Jeremy – *An Introduction to the principles of morals and legislation*. Oxford: Clarendon Press, 1907 (edição que reproduz a de 1823).

Bento XVI – *Deus é Amor (Deus Caritas Est)*. Lisboa: Paulinas, 2006.

Bento XVI – *Caridade na Verdade (Caritas in Veritas)*. Lisboa: Paulinas, 2009.

Bento, Vítor – "A desorçamentação das despesas públicas". *In* Revista do Tribunal de Contas, nº 34, Jul/Dez. 2000.

Berlin, Isaiah – *Two concepts of liberty. In Four Essays on Liberty*. Oxford: Oxford University Press, 1969.

Bieler, Andreas – *Globalisation and Enlargement of the European Union – Austrian and Swedish social forces in the struggle over membership*. London: Routledge, 2000.

Bilchitz, David – *Poverty and Fundamental Rights: the Justification and Enforcement of Sócio-Economic Rights*. Oxford: Oxford University Press, 2007.

Birch, Stephen e Donaldson, Cam – Valuing the benefits and costs of health care programmes: where's the "extra" in extra-welfarism?", in Social Science and Medicine 56 (2003), pp. 1121-1133.

Bittencourt, Fernando Moutinho Ramalho – "A missão das ISC e a auditoria operacional". *In* Revista do Tribunal de Contas, nº 34 Jul./Dez. 2000.

Blyth, Mark – *Austerity – The History of a Dangerous Idea*. Oxford: Oxford University Press, 2013.

Bonefeld, Werner – "British Experience: Monetarism hiding behind Europe". *In* Journal of European Area Studies, vol. 7, nº 1, 1999, pp. 55-71.

Bougrine, Hassan (org.) – *The Economics of Public Spending: Debts, Deficits and Economic Performance*. Cheltenham: Edward Elgar Publishing, 2000.

Bouvier, Michel, Esclassan, Marie-Christine e Lassale, Jean-Pierre – *Finances Publiques*. Paris: LGDJ, 2010.

Bouvier, Michel – « Crise des finances publiques, crise d'un modèle politique et naissance de «l'État intelligent» ». *In* Revista de Finanças Públicas e Direito Fiscal, ano 3, nº 3, 2010, pp. 149 e ss.

Braham, Matthew – "Adam Smith's Concept of Social Justice", 2006 (disponível em www.capabilityapproach.com/pubs/6_3_Braham.pdf último acesso em 25.11.2008).

Branco, Ricardo – *O Efeito Aditivo da Declaração de Inconstitucionalidade com Força Obrigatória Geral*. Coimbra: Coimbra Editora, 2009.

Brebner, J. Bartlet– "Laissez Faire and State Intervention in Nineteenth-Century Britain". *In* The Journal of Economic History, vol. 8, supplement: The Tasks of Economic History (1948), pp. 59-73 (http://www.jstor.org/stable/2113564 último acesso em 25.11.2008).

Brentano, Lujo – *Hours and Wages in relation to production*. Londres: Swan Sonnenschein e Co. 1894.

Brito, Miguel Nogueira de – "Comentário ao Acórdão nº 353/2012 do Tribunal Constitucional". *In* Direito e Política, Out/Dez 2012, pp. 108 e ss.

Brouwer, Werner B. F., Culyer, Anthony J., Exel, N. Job A. van, e Rutten, Frans F. H. – "Welfarism vs. Extra-welfarism". *In* Journal of Health Económica 27 (2008), pp. 325-338.

Bourrinet, Jacques – "Quelle credibilité peut-on accorder au Pacte de Stabilité et Croissance dans le cadre de l'Union économique et monétaire européene?", in Revue du Marché Commum et de l'Union Européene, nº 472, 2003.

Bourrinet, Jacques e Vigneron, Philippe – *Les paradoxes de la zone euro*. Bruxelles: Bruyant, 2010.

Buchanan, David – *Observations on the Subjects Treated in Dr. Smith's Inquiry into the*

Nature and Causes of the Wealth of Nations. Londres: John Murray, 1814.

BUCHANAN, James – "The Limits of Liberty. Between anarchy and leviathan", 1975 (disponível em www.econlib.org).

BUCHANAN, James – "Clarifying Confusion about the balanced budget amendment". *In* National Tax Journal, 48, nº 3 (September 1995), pp. 347-355.

BUCHANAN, James – "The balanced budget amendment: Clarifying the arguments". *In* Public Choice 90, 1997, pp. 117-138.

BUCHANAN, James – "Public Choice: Politics without Romance". *In* Policy, vol 19, nº 3, Spring 2003, pp. 13-18.

BUCHANAN, James M., BURTON, John e WAGNER, R. E. – *The Consequences of Mr. Keynes.* Sussex: The Institute of Economic Affairs, 1978.

BUCHANAN, James e MUSGRAVE, Richard A. – *Public Finance and Public Choice: Two Contrasting Visions of the State.* Cambrigde e Londres: The MIT Press, 1999 (Kindle edition).

BUCHANAN, James M. e TULLOCK, Gordon – *The Calculus of Consent – Logical Foundations of Constitutional Democracy.* Michigan: The University of Michigan Press, 1962.

BURDEAU, Georges – *Les libertés publiques.* Paris : Librairie Générale de Droit et Jurisprudence, 1972.

BURDEAU, Georges – *Traité de Science Politique* (tome VII). Paris : Librairie Générale de Droit et Jurisprudence, 1973.

BURDEAU, Georges – *Traité de Science Politique* (tome IX). Paris : Librairie Générale de Droit et Jurisprudence, 1976.

CABANES, Arnaut – *Essai sur la Gouvernance publique – Un constat sans concession… quelques solutions sans ideologie.* Paris: Gualino éditeur, 2004.

CABRAL, Nazaré da Costa – *Programação e Decisão Orçamental.* Coimbra: Almedina, 2008.

CABRAL, Nazaré da Costa – "O Princípio da Sustentabilidade e a sua Relevância nas Finanças Públicas". In Estudos em Homenagem ao Professor Doutor Paulo de Pitta e Cunha, vol. II. Coimbra: Almedina, 2010, pp. 613 e ss.

CABRAL, Nazaré da Costa – "A "nova" Lei de Enquadramento Orçamental – Reflexões breves sobre a sua forma, conteúdo e efeitos". *In* Estudos em Homenagem ao Prof. Doutor Jorge Miranda, vol. V. Coimbra: Almedina, 2012.

CABRAL, Nazaré Costa e MARTINS, Guilherme W. d'Oliveira – *Finanças Públicas e Direito Financeiro*, Lisboa: AAFDL, 2014.

CAETANO, Marcello – *Manual de Ciência Política e Direito Constitucional.* Coimbra: Coimbra Editora, 1969.

CAIADO, António C. Pires – "A contabilidade pública em Portugal e as normas da IFAC" (disponível em www.min-financas.pt último acesso em 12.02.2008).

CAMPOS, Diogo Leite de e CAMPOS, Mónica Horta Neves Leite – *Direito Tributário.* Coimbra: Almedina, 1996.

CANAS, Vitalino – *Introdução às decisões de provimento do Tribunal Constitucional.* Lisboa, 1984.

CANAS, Vitalino – *Referendo Nacional – Introdução e Regime.* Lisboa: Lex, 1998.

CANAS, Vitalino – "Os efeitos das decisões do Tribunal Constitucional: a garantia de segurança jurídica, da equidade e do interesse público". *In* Revista Brasileira de Direito Constitucional, nº 2, Julho/Dezembro, 2003, pp. 225-239 (disponível em http://www.esdc.com.br/seer/index.php/rbdc/article/download/48/48)

CANOTILHO, J. J. Gomes – *Direito Constitucional.* Coimbra: Almedina, 1993.

CANOTILHO, J. J. Gomes – Acórdão do Tribunal Constitucional nº 148/94, de 8 de Fevereiro (A problemática constitucional da Lei das Propinas, Lei nº 20/92, de 14 de Agosto). *In* Revista de Legislação e Juriprudência, nºs 3841/3842, Agosto--Setembro, 1994, pp. 115 e ss.

CANOTILHO, J. J. Gomes – "Omissões normativas e deveres de protecção". *In* Estudos em Homenagem a Cunha Rodrigues. Coimbra: Coimbra Editora, 2001.

CANOTILHO, J. J. Gomes – *Direito Constitucional e Teoria da Constituição*. Coimbra: Almedina, 2003 (7ª edição).

CANOTILHO, J. J. Gomes – *"Brancosos" e Interconstitucionalidade – Itinerários dos discursos sobre a historicidade constitucional*. Coimbra: Almedina, 2006.

CANOTILHO, J. J. Gomes – *Estudos sobre Direitos Fundamentais*. Coimbra: Coimbra Editora, 2008.

CANOTILHO, J. J. Gomes e MOREIRA, Vital – *Fundamentos da Constituição*. Coimbra: Coimbra Editora, 1991.

CANOTILHO, J. J. Gomes e MOREIRA, Vital – *Constituição da República Portuguesa Anotada*. Coimbra: Coimbra Editora, 1993.

CANOTILHO, J. J. Gomes e MOREIRA, Vital – *Constituição da República Portuguesa Anotada*. Coimbra: Coimbra Editora, 2007, vol I e II.

CARREIRA, Henrique Medina – *Portugal, a União Europeia e o Euro: Ensaio sobre a Tributação e a despesa pública*. Lisboa: Fisco, 2001.

CARMO, Renato Miguel do e BARATA, André (org.) - *Estado Social de todos para todos*. Lisboa: Tinta da China, 2014.

CARSON, Tom – "Hare on utilitarianism and intuitive morality". *In* Erkenntnis 39, 1993, pp. 305-331.

CERDEIRA, Luísa – *O Financiamento do Ensino Superior Português – A partilha de custos*. Doutoramento em Ciências da Educação, 2009 (disponível em http://www.opest.ul.pt/pdf/TeseLuisaCerdeira2Abril2009.pdf, último acesso em 06.08.2014)

CERDEIRA, Luísa – "O Financiamento do Ensino Superior em Portugal – A evolução recente e opções futuras". *In* Revista de Finanças Públicas e Direito Fiscal, ano 2, nº 3, Outono, 2009, pp. 40 e ss.

CHACIM, Ana Rita e MARTINS, Guilherme d'Oliveira – A "Lei dos Compromissos" no âmbito da boa gestão financeira e orçamental: o caso especial da autonomia financeira local. *In* Revista de Finanças Públicas e Direito Financeiro, ano 5, nº 1, 2012, pp. 21 e ss.

CHULVI, Cristina Pauner – *El deber constitucional de contribuir al sostenimiento de los gastos públicos*. Madrid: Centro de Estudios Políticos y Constitucionales, 2001.

CÍCERO, Marco Túlio – *Dos Deveres*. São Paulo: Martins Fontes, 1999.

CIPRIANI, Gabriele – *The EU Budget: Responsibility without accountability*. Brussels: Centre for European Policy Studies, 2010.

COASE, R. H. – Adam Smith's View of Man, 1976 (disponível em www.chicagogsb.edu/faculty/selectedpapers/sp50a.pdf último acesso em 25.11.2008).

COAST, Joanna, SMITH, Richard D. e LORGELLY – "Welfarism, extra-welfarism and capability: The spread of ideas in health economics". *In* Social Science & Medicine, nº 67 (2008), pp. 1190-1198.

COELHO, Mário Baptista (coord.) – *Portugal – O sistema político e constitucional, 1974-1987*. Lisboa: Instituto de Ciências Sociais da Universidade de Lisboa, 1989.

COHEN, Alain-Gérard – *La Nouvelle Gestion Publique – Concepts, outils, strutures, bonnes et mauvaises pratiques*. Paris: Gualino, 2012.

COHEN, G. A. – On the Currency of Egalitarian Justice. *In* Ethics, vol 99, nº 4 (Jul 1989).

CONAN, Mathieu – *La non-obligation de dépenser*. Paris: L.G.D.J., 2004.

CONDORCET, Nicolas de – *Outlines of a Historical View of the Progress of the Human Mind*. London: J. Johnson, 1795.

COMISSÃO PONTIFÍCIA JUSTIÇA E PAZ – "Ao serviço da Comunidade Humana: Uma consideração ética da dívida internacional", 1986 (disponível in www.vatican.va).

CONSELHO PONTIFÍCIO "JUSTIÇA E PAZ" – *Compêndio da Doutrina Social da Igreja*. Cascais: Principia, 2005.

COQ, Guy – *Mounier: O Compromisso Político*. Lisboa: Gradiva, 2012.

CORREIA, Fernando Augusto Monteiro – "Medidas de desempenho de gestão pública – economia, eficácia e eficiência. *In* Revista de Economia, Finanças e Contabilidade, ano 34, nº 444, Out 2002, pp. 275-283 (1ª parte).

CORREIA, Fernando Augusto Monteiro – "Medidas de desempenho de gestão pública – economia, eficácia e eficiência. *In* Revista de Economia, Finanças e Contabilidade, ano 34, nº 445, Nov. 2002, pp. 301-309 (2ª parte).

CORREIA, José Manuel Sérvulo – "As Relações Jurídicas Administrativas de Prestação de Cuidados de Saúde". *In* Estudos em Homenagem ao Professor Doutor Paulo de Pitta e Cunha, vol. III. Almedina, 2000, pp. 529 e ss.

CORREIA, José Manuel Sérvulo – *Legalidade e Autonomia Contratual nos Contratos Administrativos*. Coimbra: Almedina, 2003.

CORSETTI, Giancarlo – "Has austerity gone too far?", April 2012, disponível em http://www.voxeu.org/article/has-austerity-gone-too-far-new-vox-debate, último acesso 04.09.2014.

CORTÊS, António – "O princípio da dignidade humana em Kant", *in* Boletim da Faculdade de Direito, vol. LXXXI, Coimbra, 2005, pp. 601-631.

CORTÊS, António – *Jurisprudência dos princípios*. Lisboa: Universidade Católica Editora, 2010.

CORTÊS, António – "O Paradigma Social do Desenvolvimento Humano – Contributo para uma Refundação Ética dos Direitos Fundamentais?, in *Estudos em Homenagem ao Prof. Doutor Jorge Miranda*, vol. VI, Coimbra, 2012, pp. 41-60.

COUTINHO, Luís Pereira – *As faculdades normativas universitárias no quadro do direito fundamental à autonomia universitária – O caso das universidades públicas*. Coimbra: Almedina, 2004.

COUTINHO, Luís Pereira – "Do que a República é: uma República baseada na Dignidade Humana", 2010 (disponível em versão pdf em http://www.icjp.pt/sites/default/files/media/397-446.pdf)

COUTINHO, Luís Pereira – "Os direitos sociais e a Crise: Breve Reflexão". *In* Direito e Política, Out/Dez 2012, pp. 74 e ss.

CULLIS, John e JONES, Philip – *Public Finance and Public Choice*. London: Macgraw-Hill Book Company, 1992.

CUNHA, Paulo Ferreira da – "O Comentário de S. Tomás de Aquino ao Livro V da Ética a Nicómaco de Aristóteles", 2002 (Conferência no III Seminário Internacional Cristianismo, Filosofia, Educação e Arte – Faculdade de Educação da Universidade de São Paulo, 25-6-02). *In* http://www.hottopos.com/videtur14/paulo2.htm último acesso em 30.07.2009.

CUNHA, Paulo de Pitta e – "Equilíbrio Orçamental e Política Financeira Anti-Cíclica". *In* Cadernos de Ciência e Técnica Fiscal, nºs 40-41, 1962.

CUNHA, Paulo de Pitta e – "Marx e Keynes". *In* Estudos Jurídicos e Económicos em Homenagem ao Professor João Lumbrales. Coimbra: Coimbra Editora, 2000, pp. 933 e 953.

CUNHA, Paulo de Pitta e – "Depois do Tratado sobre a Disciplina Orçamental". *In* Revista de Finanças Públicas e Direito Fiscal, ano 5, nº 1, 2012, pp. 13 e ss.

DOBNER, Petra, e LOUGHLIN, Martin (ed.) – *The Twilight of Constitutionalism?* Oxford: Oxford University Press, 2012.

DOUAT, Étienne e BADIN, Xavier – *Finances Publiques*. Paris: PUF, 1999.

DUARTE, Tiago – *A Lei por detrás do Orçamento*. Coimbra: Almedina, 2007.

DUVERGER, Maurice – *Finances Publiques*. Paris: PUF, 1975.

DWORKIN, Ronald – *Sovereign Virtue – The Theory and Practice of Equality*. London: Harvard University Press, 2002.

ECO, Umberto (org.) – *Idade Média: Bárbaros, Cristãos e Muçulmanos* (vol. I). Lisboa: Dom Quixote, 2011.

EDMUNDSON, William Atkins – *An introduction to rights*. Cambridge: University Press, 2004.

ELIA, Leopoldo – "Le sentenze additive e la più recente giuriprudenza della Corte Costituzionale (ottobre 1981-luglio 1985)". *In* Sritti sul a giustizia costituzionale in onore di Vezio Crisafulli, I, Padova: CEDAM, 1985, p. 299 e ss.

ESPADA, João Carlos – *Direitos sociais de cidadania*. Lisboa: Imprensa Nacional Casa da Moeda, 2004.

ESTEVES, Alexandra – "Da caridade à filantropia: o auxílio aos presos pobres da cadeia de Ponte de Lima no século XIX". In Estudios Humanísticos. História, nº 7, 2008, pp. 221-236.

ESTORNINHO, Maria João – *A fuga para o direito privado*: contributo para o estudo da actividade de Direito Privado da Administração Pública. Almedina: Coimbra, 1996.

ESTORNINHO, Maria João – *Curso de Direito dos Contratos Públicos – Por uma contratação sustentável*. Coimbra: Almedina, 2012.

EUROPEAN COMMISSION – *European Economy – Public Finances in EMU 2006*, Directorate-General for Economic and Financial Affairs, 2006.

FFMS (FUNDAÇÃO FRANCISCO MANUEL DOS SANTOS) – *A Constituição Revista*, 2011 (e-book, disponível em http://www.ffms.pt/ebook/5/a-constituicao-revista/).

FABRE, Cécile – *Social Rights under the Constitution*. Oxford: Clarendon Press, 2000.

FALLA, Fernando Garrido, CAZORLA, Luís Maria, ENTRENA, Rafael, ENTRENA, Ramon, GALVÉS, F. Javier, RECORDER, Emílio, SANTAMARIA, Juan A., OLALLA, F. Santa, SERRANO, José Maria – *Comentários a la Constitución*. Madrid: Editorial Civitas, 2001.

FARBER, Daniel A. e FRICKEY, Philip P. – *Law and Public Choice*. Chicago and London: The University of Chicago Press, 1991.

FARO, Júlio Pinheiro e GOMES, Marcelo Sant'Anna Vieira – "Sobre o Mínimo imune a tributos: entra a justiça distributiva de John Rawls e as necessidades básicas". *In* Revista de Finanças Públicas e Direito Fiscal, ano V (2012), Verão, pp. 165-186.

FAVEIRO, Vítor António Duarte – *Noções Fundamentais de Direito Fiscal Português*. Coimbra: Coimbra Editora, 1984.

FELD, Lars P. e KIRCHGÄSSNER, Gebhard – "The role of direct democracy in the European Union". Cesifo Working Paper nº 1083, 2003 (disponível em http://papers.ssrn.com/sol3/papers.cfm?abstract_id=466584 último acesso em 20.02.2013).

FERNANDES, António Eduardo – "A agonia entre dois sistema de saúde". *In* jornal Público de 28 de Agosto de 2014.

FERREIRA, Eduardo da Paz – *Da dívida pública e das garantias dos credores do Estado*. Coimbra: Almedida, 1995.

FERREIRA, Eduardo da Paz – *Direito da Economia*. Lisboa: AAFDL, 2001.

FERREIRA, Eduardo da Paz – "O visto prévio do Tribunal de Contas. Uma figura a caminho da extinção?". *In* Estudos em Homenagem ao Professor Doutor Inocêncio Galvão Telles, vol I. Coimbra: Almedina, 2002.

FERREIRA, Eduardo da Paz – *Ensinar Finanças Públicas numa Faculdade de Direito*. Coimbra: Almedina, 2005.

FERREIRA, Eduardo da Paz – "A regra da unidade de tesouraria e a boa gestão financeira do sector público". *In* Estudos em Homenagem ao Prof. Doutor Jorge Miranda, vol. V. Coimbra: Almedina, 2012.

FERREIRA, José Eugénio Dias – *Tratado de Finanças Públicas* (I volume). Lisboa, 1949.

FERREIRA, Rui Cardona – "Responsabilidade civil em caso de recusa de visto do Tribunal de Contas". *In* Cadernos de Justiça Administrativa, nº 99 (Maio/Junho de 2013), pp. 16-29.

FIGUEIREDO, João – "Eficiência e legalidade na Administração Pública". *In* Revista do Tribunal de Contas, nº 51, Janeiro/junho 2009, pp. 48-67.

FLEISCHACKER, Samuel – *A Short History of Distributive Justice*. Cambridge: Harvard University Press, 2004.

FLEW, Anthony – "Socialism and Social Justice". *In* Journal of Libertarian Studies 11:2 (Summer 1995), pp. 76-93.

FRANCO, António L. de Sousa – "O controlo da Administração Pública em Portugal". *In* Revista do Tribunal de Contas, nºs 19/20, 1993.

FRANCO, António L. Sousa – *Sumários de Direito da Economia/Direito Económico* (ano letivo 2002/2003, da Faculdade de Direito da Universidade Católica Portuguesa), inédito.

FRANCO, António L. de Sousa – *Finanças Públicas e Direito Financeiro*, vol. I. Coimbra: Almedina, 2001.

FRANCO, António L. de Sousa – *Finanças Públicas e Direito Financeiro*, vol. II. Coimbra: Almedina, 2001.

FRANCO António L. de Sousa e MARTINS, GUILHERME D'OLIVEIRA – *A Constituição económica portuguesa – Ensaio Interpretativo*. Coimbra: Coimbra Editora, 1993.

FREITAS, Tiago Fidalgo de – "O princípio da proibição de retrocesso social". *In* Estudos em Homenagem ao Prof. Doutor Marcello Caetano (vol. II) 2006.

FRIEDMAN, Barry – *The History of the Countermajoritarian Difficulty*, Part One, 1998 disponível em http://papers.ssrn.com/sol3/papers.cfm?abstract_id=60449.

FUNK, Patricia e GATHMANN, Christina – "Does Direct Democracy Reduce the Size of Government? New Evidence from Historical Data, 1890-2000". 2009 (disponível em http://papers.ssrn.com/sol3/papers.cfm?abstract_id=1091981 último acesso em 21.02.2013)

GAINER, Mitch – "Assessing Happiness Inequality in the welfare State : Self-reported Happiness and the Rawlsian Difference Principle". *In* Soc. Indic Res, 2003, 114, pp. 453-464.

GAMEL, Claude – "Hayek et Rawls sur la justice sociale: Les differences sont--elles "plus verbales que substancielles"?", Agosto de 2009 (disponível em http://halshs.archives-ouvertes.fr/docs/00/40/96/72/PDF/2006-12.pdf último acesso em 31.01.2013).

GANDJOUR, Afschin e LAUTERBACH, Karl Wilhelm – "Utilitarian Theories Reconsidered : Common Misconceptions, More Recent Developments, and Health Policy Implications". *In* Health Care Analysis, vol. 11, nº 3, Setembro 2003.

Garcia, Maria da Glória Dias – *Da Justiça Administrativa em Portugal*. Lisboa: Universidade Católica Portuguesa, 1994.

Garcia, Maria da Glória – *Direito das Políticas Públicas*. Coimbra: Almedina, 2009.

Garcia, Maria da Glória Dias – *Sumários de Fundamentos de Direito Público* (ano lectivo 2012/2013), inédito.

Gaudemet, Paul Marie e Molinier, Joël – *Finances Publiques* (tome 1). Paris: Éditions Monchrestien, 1996.

Geremek, Bronislaw – A piedade e a forca. *História da miséria e da caridade na Europa*. Lisboa: Terramar, 1995.

George, Lloyd – Discurso proferido em Limehouse, em 30 de Julho de 1909 (disponível em http://www.liberalhistory.org.uk/item_single.php?item_id=47&item=history).

Gilles, William – *Les príncipes budgétaires et comptables publics*. Paris: L.G.D.J., 2009.

Godwin, William – "An account of the seminary". London: T. Cadell, 1783 (disponível em http://dwardmac.pitzer.edu/anarchist_archives/godwin/seminary.html último acesso em 17.03.2009).

Godwin, William – "The Enquirer. Reflections On Education, Manners, And Literature". *In* A Series Of Essays. London: G.G. and J. Robinson, 1797 (disponível em http://dwardmac.pitzer.edu/anarchist_archives/godwin/enquirer.html último acesso em 17.03.2009)

Godwin, William – Enquiry concerning Political Justice and its influence on morals and happiness. London: J. Watson, 1842 (disponível em http://dwardmac.pitzer.edu/anarchist_archives/godwin/PJfrontpiece.html último acesso em 17.03.2009).

Gomes, Carla Amado – *Risco e Modificação do Acto Autorizativo Concretizador de deveres de Protecção do Ambiente*, 2007 (disponível em http://www.fd.unl.pt/docentes_docs/ma/cg_ma_17157.pdf).

Gonçalves, Pedro, Gomes, Carla Amado, Melo, Helena e Calvão, Filipa – "Until debt tear us apart" – A crise e o Direito Público. VI Encontro de Professores de Direito Público. Lisboa: ICJP, 2013 (disponível em www.icjp.pt/publicacoes/1/4290 último acesso em 14.08.2014).

Gonzalez Malaxechevarria, Angel – "Da auditoria integrada à auditoria global no setor público: análise dos objetivos e conteúdo da informação nacional produzida pelo Estado moderno". *In* Revista do Tribunal de Contas, nº 29, Jan./Jun 1998.

Gouveia, Jorge Bacelar – "A inconstitucionalidade da lei das propinas – anotação ao Acórdão nº 148/94 do Tribunal Constitucional". *In* Revista da Faculdade de Direito da Universidade de Lisboa, XXXVI, Lisboa, 1995, nº 1, pp. 257 e ss.

Gouveia, Jorge Bacelar – "O crédito bonificado à habitação e da Região Autónoma dos Açores". *In* Revista da FDUL, ano XXXVII, nº 1, 1996, pp. 304 e ss.

Gouveia, Jorge Bacelar – *Manual de Direito Constitucional*. Coimbra: Almedina, 2011.

Goyard, Claude – S. Rials, "Le juge administratif français et la technique du standard (Essai sur le traitement juridictionnel de l'idée de normalité)" (recensão). *In* Revue internationale de droit comparé. Vol. 33 N°3, Juillet-Septembre 1981. pp. 898-900 (disponível em http://www.persee.fr/web/revues/home/prescript/article/ridc_0035-3337_1981_num_33_3_3213 último acesso em 22.04.2014).

Grócio, Hugo – *De Jure belli ac pacis*. Oxford Clarendon Press, 1925.

Gros, Daniel – "How to Achieve a Better Budget for the European Union". 2008, p. 16 (disponível em http://ec.europa.eu/dgs/policy_advisers/conference_docs/gros_bepa_conference_final.pdf último acesso em 08.07.2011)

Grosso, Enrico – *Sentenze Costituzionali di spesa "che non costino"*. Torino: G. Giappichelli Editore, 1991.

Guimarães, Rodrigo – "Orçamento e Conta". *In* Subsídios para o Estudo das Finanças Portuguesas. C.E.F. do Instituto Gulbenkian de Ciência, 1966.

Häberle, Peter – *Novos Horizontes e Novos Desafios do Constitucionalismo*. In Direito Público. Porto Alegre, ano 4, nº 13, jul./set.2006, pp. 99-120 (disponível em http://dspace.idp.edu.br:8080/xmlui/handle/123456789/546 último acesso em 22.04.2014).

Habermas, Jürgen – *The Postnational Constellation*. Cambridge: Polity, 2007.

Habermas, Jürgen – *Um Ensaio sobre a Constituição da Europa*. Lisboa: Edições 70, 2012.

Haq, Mahbub ul – *Reflections on Human Development*. Oxford: Oxford University Press, 1995.

Harsanyi – "Cardinal wealfare, individualistic ethics, and interpersonal comparisons of utility". *In* Kenneth J. Arrow e Tibor Scitovsky (ed.) – *Readings in Welfare Economics*. London: George Allen and Unwin Ltd, 1969.

Häussling, Eva M. K. – *Soziale Grundrechte in der portugiesischen Verfassung von 1976: Verfassung und soziale Wirklichkeit*. Baden-Baden: Nomos, 1997.

Hayek, F.A. – "Fatal Conceit", *in* The Collected Works of Friedrich August Hayek, vol. I, London: Routledge, 1988 (disponível em http://www.libertarianismo.org/livros/fahtfc.pdf último acesso em 01.02.2013).

Hayek, F.A. – *The Road to Serfdom*. London: Routledge, 2001.

Hayek, F. A. – *The Constitution of Liberty*. London: Routledge, 2003.

Hayek, F.A. – *Law, Legislation and Liberty*. London and New York: Routledge, 2013 (kindle edition).

Heller, Peter S. – "Understanding Fiscal Space. IMF Policy Discussion Paper" – March 2005 (disponível em http://www.imf.org/external/pubs/ft/pdp/2005/pdp04.pdf último acesso em 08.08.2014).

Herber, Bernard – *Modern Public Finance*. Illinois: Richard D. Irwin, 1983.

Hespanha, António Manuel – "A Revolução neoliberal e a subversão do "modelo jurídico". Crise, Direito e Argumentação Jurídica". *In* Revista do Ministério Público, ano 33, Abr/Jun 2012, pp. 9 e ss.

Holmes, Stephen e Sunstein, Cass R. – *The Cost of Rights*. New York: W.W. Norton & Company, 1999.

Hont, Istvan and Ignatieff, Michael (ed.) – *Wealth and Virtue*. Cambridge: Cambridge University Press, 1985.

Hume, David – *Enquiries concerning the Human Understanding and concening the Principles of Morals*. Oxford: Clarendon Press, 1963.

Ikeda, Yukihiro – "Friedrich Hayek on Social Justice: Taking Hayek Seriously", Conferência na Universidade de Sydney, 2010.

Jesus, Maria Antónia Jorge de – *A Contabilidade Pública e a Contabilidade Nacional: principais divergências e implicações no défice público em Portugal*. ISCTE Business School, setembro de 2008 (in http://luisflorencio.com/Textos/ContabPub_Nac.pdf 20.07.2011 11:17).

João XXIII – *Mater et Magistra* (1961) (disponível em www.vatican.va).

João XXIII – *Pacem in Terris* (1963) (disponível em www.vatican.va).

João Paulo II – *Laborem Exercens* (1981) (disponível em www.vatican.va).

João Paulo II – *Solicitudo Rei Socialis* (1988) (disponível em www.vatican.va).

João Paulo II – *Centesimus Annus* (1991) (disponível em www.vatican.va).

Johansson, Karl Magnus – "Party Elites in Multilevel Europe – The Christian Democrats and the Single European Act". In Party Politics, July 2002, vol 8, nº 4, pp. 423-439.

Johansson, Karl Magnus – "Another road to Maastricht: The Christian Democrat Coalition and the quest for European Union". In Journal of Common Market Studies, vol. 40, Issue 5 (Dec 2002), pp. 871-893).

Johnson, Marianne – "The Wicksellian unanimity rule: The competing interpretation of Buchanan and Musgrave". In Journal of Histoty of Economic Thought, vol. 28, number 1, March 2006, pp. 57-79.

Jonas, Hans – *El princípio de responsabilidad – Ensayo de una ética para la civilización tecnológica*. Barcelona: Berder, 2004.

Joumard, Isabelle e Kongsrud, Per Mathis – "Fiscal relations across government levels". In OECD Economic Studies, nº 36, 2003 (disponível em http://www.oecd.org/tax/public-finance/33638994.pdf último acesso em 08.08.2014).

Judt, Tony – *O século XX Esquecido*. Lisboa: Edições 70, 2011.

Judt, Tony – *Pensar o século XX*. Lisboa: Edições 70, 2012.

Kafubwanga, Eric Ngoy – "O destino universal dos bens na Sollicitudo Rei Socialis: um princípio regulador da justiça social" (resumo da dissertação de doutoramento). In Doutrina Social e Missão, 2011.

Kant – *Bemerkungen zu den Beobachtungen über das Gefühl des Schönen und Erhabenen*, 1764 (Akademie Ausgabe, vol. XX) (disponível em http://www.korpora.org/Kant/aa20/Inhalt20.html último acesso em 06.07.2009)

Kant, Immanuel – *A Paz Perpétua e Outros Opúsculos*. Lisboa: Edições 70, 2002.

Kant, Immanuel – *The Moral Law – Groundwork of the Metaphysics of Morals*. Londres: Routledge, 2008.

Kant, Immanuel – *The Metaphysics of Morals*. Cambridge: University Press, 2008.

Kaufman, Arthur – *Filosofia do Direito*. Lisboa: Fundação Calouste Gulbenkian, 2004.

Keynes, John Maynard – *The end of laissez-faire*. 1926 (disponível em http://www.panarchy.org/keynes/laissezfaire.1926.html último acesso em 08.02.2013)

Kymlicka, Will – *Contemporary Political Philosophy*. Oxford: Oxford University Press, 2002.

Kukathas, Chadran e Pettit, Philip – *Rawls «Uma Teoria da Justiça» e os seus críticos*. Lisboa: Gradiva, 1995.

Lacerda, Bruno Amaro – "O pensamento de Aristóteles e as reflexões filosóficas atuais", 2001 – disponível em http://jus2.uol.com.br/doutrina/texto.asp?id=2046 último acesso em 29-09-2008.

Lago, Miguel Ángel Martínez e Mora, Leonardo García de la – *Lecciones de Derecho Financiero y Tributario*. Madrid: Justel, 2011.

Lambert, Édouard – *Le Gouvernement des Juges et la lutte contre la législation sociale aux États-Unis*. Paris: Marcel Giard & Cie, 1921.

Lascombe, Michel e Vandendriessche, Xavier – *Les finances publiques*. Paris: Dalloz, 2013, pp. 15-16 e 24 -25.

Lassalle, Ferdinand – "Offenes Antwotschreiben. An das Zentralkommitee zur Berufunf eines Allgemeinen Deutschen

Arbeiterkongresses zu Leipzig" (1 de março de 1863) (disponível em http://www.marxists.org/deutsch/referenz/lassalle/1863/03/antwortschreiben.htm último acesso em 10.03.2009)

LAUGERO, Audrey – *François Perroux, un économiste à la croisée des chemins*. Université de Provence, 2003 (disponível em http://www2.univ-mlv.fr/artfperroux/Laugero.pdf último acesso em 13.03.2012).

LEÃO XIII – *Quod Apostolici muneris* (1878) (disponível em www.vatican.va).

LEÃO XIII – *Rerum Novarum* (1891) (disponível em www.vatican.va).

LEBRET, Louis-Joseph – *Dynamique concrète du développement*. Paris: Editions Ouvrières, 1967.

LEITÃO, Luís Teles de Menezes – "Anotação ao Acórdão do Tribunal Constitucional, nº 396/2011". *In* Revista da Ordem dos Advogados, ano 71, Out/Dez 2011, pp. 1225 e ss..

LEITÃO, Luís Teles de Menezes – "Anotação ao Acórdão do Tribunal Constitucional, nº 353/2012". *In* Revista da Ordem dos Advogados, ano 72, Jan/Mar 2012, pp. 359 e ss..

LIGHTFOOT, Simon – *Europeanizing Social Democracy?: The Rise of the Party of European Socialists*. Oxon: Routledge, 2005.

LIMA JR., Jayme Benvenuto – *Os Direitos Humanos Econômicos, Sociais e Culturais*. Rio de Janeiro: Renovar, 2001.

LISTER, Andrew – "The 'Mirage' of Social Justice: Hayek against (and for) Rawls. University of Oxford", 2011 (disponível em http://social-justice.politics.ox.ac.uk/materials/SJ017_Lister_MirageofSocialJustice.pdf último acesso em 16.01.2013).

LOCKE, John– *Two Treatises of Government*. Cambridge: University Press, 1988.

LOCKE, John – "An essay on the Poor Law". *In* JOHN LOCKE – Political Essays. Cambridge: University Press, 1997.

LOUREIRO, João Carlos Simões Gonçalves – *O procedimento administrativo entre a eficiência e a garantia dos particulares*. Studia Juridica nº 3 – Boletim da Faculdade de Direito da Universidade de Coimbra. Coimbra: Coimbra Editora, 1995.

LUKES, Steven – "Social Justice: the Hayekian Challenge". *In* Critical Review, vol. II, nº 1, winter, 1997, pp. 65-80.

MACIEIRINHA, Tiago – "Avaliar a avaliação custo-benefício: um olhar sobre a concepção francesa do princípio da proporcionalidade". *In* Estudos de Homenagem ao Prof. Doutor Jorge Miranda, vol. IV. Coimbra: Coimbra Editora, 2012, pp. 833-863.

MACEDO, Adalberto – "Das infracções e responsabilidades financeiras". *In* Revista do Tribunal de Contas, nºs 21/22, 1994.

MACEDO, Stephen – "Hayek's Liberal Legacy". *In* Cato Journal, Vol. 19, No. 2 (Fall 1999) (disponível em http://www.cato.org/sites/cato.org/files/serials/files/cato-journal/1999/11/cj19n2-6.pdf último acesso em 01.02.2013).

MACHADO, E. M. Jónatas e COSTA, Paulo Nogueira da – "O Tribunal de Contas como guardião da Constituição? A Relevância Constitucional do Controlo Financeiro em tempos de crise". *In* Estudos em Homenagem ao Prof. Doutor Jorge Miranda, vol. II. Coimbra: Almedina, 2012, pp.

MAGALHÃES, Lídio de – "O controlo da contratação pública pelo Tribunal de Contas". *In* Revista do Tribunal de Contas, nº 46, Jul./Dez., 2006.

MAGALHÃES, Lídio de – "Os fundamentos de recusa de visto do Tribunal de Contas e as «bagatelas administrativas»". *In* Direito Regional e Local, nº 6 Abril/Junho 2009, pp. 27-37.

MALTHUS, T.R. – *An Essay on the Principle of Population* (vol. I). Londres: John Murray, 1826.

Malthus, T.R. – *An Essay on the Principle of Population* (vol. II). Indianapolis: Liberty Fund (com o texto da edição de Londres: John Murray, 1826).

Mandeville, Bernard – *The fable of the bees: or private vices, public benefits* (vol. I). Indianapolis: Liberty Fund, 1988 (reprodução fotográfica da edição de 1924 publicada pela Oxford University Press).

Marino, Anthony M. e Matsusaka, John G. – "Decision Processes, Agency Problems, and Information: An Economic Analysis of Capital Budgeting Procedures". *In* Revue of Financial Studies (Spring 2005) 18 (1): 301-325.

Marques, Maria da Conceição da Costa – "Tendências recentes de abordagem à contabilidade pública em Portugal". *In* Revista da Contabilidade e Finanças – USP, São Paulo, nº 31, p. 105 (disponível em www.eac.fea.usp.br último acesso em 24.01.2008).

Marques, Maria da Conceição Costa – "A importância da gestão financeira na Administração Pública", Abril 2004, (disponível em www.acede.org.pdf último acesso em 12.02.2008).

Marshall, P. – *Demanding the Impossible. A history of anarchism*, London: Fontana, 1993.

Martin, Raul Ybarra San – *El Princípio del Equílibrio Presupuestal*. Uruguai: Montevideo, 1964.

Martinez, Pedro Soares – "Esboço de uma Teoria das Despesas Públicas". *In* Cadernos de Ciência e Técnica Fiscal, 1967.

Martins, Afonso d'Oliveira – "A Constituição e a Crise". *In* Estudos em Homenagem ao Prof. Doutor Jorge Miranda, vol I. Coimbra: Almedina, 2012, pp. 85 e ss.

Martins, António – *A jurisprudência constitucional sobre a leis do Orçamento do Estado e (in)constitucionalidade do OE2014*. Coimbra: Almedina, 2014.

Martins, Guilherme d'Oliveira – *Lições sobre a Constituição Económica Portuguesa (vol. II) – A Constituição Financeira*. Lisboa: AAFDL, 1984-85.

Martins, Guilherme d'Oliveira – *Sumários de Finanças Públicas 2010/2011* (disponível em www.lis.ulusiada.pt)

Martins, Guilherme d'Oliveira, Martins, Guilherme W. d'Oliveira e Martins, Maria d'Oliveira – *Lei de Enquadramento Orçamental Anotada e Comentada*. Coimbra: Almedina, 2009.

Martins, Guilherme W. d'Oliveira e Martins, Maria d'Oliveira – *A reforma da Lei de Enquadramento Orçamental e as novas regras financeiras*. *In* Revista de Finanças Públicas e Direito Fiscal, Ano IV, primavera, 2011.

Martins, Guilherme W. d'Oliveira – *Consolidação Orçamental e Política Financeira*. Coimbra: Almedina, 2014.

Martins, Maria d'Oliveira – *O valor reforçado da Lei de Enquadramento Orçamental*. In *Estudos jurídicos e económicos em homenagem ao Prof. Doutor António de Sousa Franco*, vol. III. Coimbra: Coimbra Editora, 2006

Martins, Maria d'Oliveira – *Contributo para a compreensão das garantias institucionais*. Coimbra: Almedina, 2007.

Martins, Maria d'Oliveira – *Lições de Finanças Públicas e Direito Financeiro*. Coimbra: Almedina, 2012.

Martins, Maria d'Oliveira – "Será a imposição de limites ao défice orçamental e à dívida pública compatível com o Estado Social?". *In* Direito e Política, nº 3, Abril/Junho 2013, pp. 118-119.

Mathieu, Bertrand e Verpeaux, Michel – *Contentieux Constitutionnel des Droits Fondamentaux*. Paris: L.G.D.J., 2002.

Mattoso, José (dir.) – *História de Portugal* (vol. V). Lisboa: Círculo de Leitores, 1993.

MATOS, André Salgado de – *O direito ao ensino na Constituição. Contributo para uma dogmatica unitária dos Direitos fundamentais*. Lisboa (inédito), 1998.

MEDEIROS, Rui – "A protecção processual do adjudicatário em face de uma recusa de visto no âmbito da fiscalização prévia de contratos pelo Tribunal de Contas". *In* Revista de Contratos Públicos, nº 1 (Janeiro-Abril 2011).

MEDEIROS, Rui – *A decisão de inconstitucionalidade: Os autores, o conteúdo e os efeitos da decisão de inconstitucionalidade da lei*. Lisboa: UCP Editora, 1999.

MENDES, Fernando Ribeiro – *Segurança Social – O Futuro Hipotecado*. Lisboa: FFMS, 2011.

MILL, John Stuart – *On Liberty*. Ontario: Batoche Books, 2001 (com o texto da edição de 1859).

MILL, John Stuart – *On Liberty and other essays*. Oxford: University Press, 1991.

MINISTÉRIO DAS FINANÇAS – *Reforma da Lei de Enquadramento Orçamental – Trabalhos Preparatórios e Anteprojeto*. Lisboa: Ministério das Finanças, 1998.

MIRANDA, Jorge – "Sobre a Noção de Povo em Direito Constitucional". *In* Estudos em Honra do Professor Marcello Caetano. Lisboa: Edições Ática, 1973, pp. 201 e ss.

MIRANDA, Jorge – "Sobre as Propinas Universitárias". *In* Revista da Faculdade de Direito da Universidade de Lisba, vol XXXIV, 1993, pp. 484 e ss.

MIRANDA, Jorge – *Teoria do Estado e Constituição*. Rio de Janeiro: Editora Forense, 2007.

MIRANDA, Jorge – *Manual de Direito Constitucional*, tomo I, Coimbra: Coimbra Editora, 2011.

MIRANDA, Jorge – *Manual de Direito Constitucional*, tomo IV, Coimbra: Coimbra Editora, edições de 2000, de 2008 e de 2012.

MIRANDA, Jorge – *Manual de Direito Constitucional*, tomo V, Coimbra: Coimbra Editora, 2004.

MIRANDA, Jorge – *Manual de Direito Constitucional*, tomo VI, Coimbra: Coimbra Editora, edições de 2001 e de 2006.

MIRANDA, Jorge e MEDEIROS, Rui – *Constituição Portuguesa Anotada*. Coimbra: Coimbra Editora,
– tomo I, 2010;
– tomo II, 2006;
– tomo III, 2007.

MIRANDA, Jorge e ALEXANDRINO, José Melo – As grandes decisões dos Tribunais Constitucionais Europeus (disponível em http://pt.scribd.com/doc/72073504/Grandes-Decisoes-Do-Tribunal-Constitucional-PT último acesso em 20.09.2012).

MODESTO, Paulo – "Notas para um debate sobre o princípio da eficiência. *In* Revista do Tribunal de Contas do Estado de Minas Gerais. Ano XIX, nº 2, 2001, pp. 193-212.

MONTEIRO, José Augusto – *Manual de Classificação Orçamental das Despesas Públicas*. Lisboa: PCM, 1999.

MORAIS, Carlos Blanco de – *As leis reforçadas*. Coimbra: Coimbra Editora, 1998.

MORE, Thomas – *Utopia*, versão de 2001 para ebook (disponível em eBooksBrasil.org).

MOREIRA, Isabel – *A Solução dos Direitos, Liberdades e Garantias e dos Direitos Económicos, Sociais e Culturais na Constituição Portuguesa*. Coimbra: Almedina, 2007.

MORENO, Carlos – *Gestão e controlo dos dinheiros públicos*. Lisboa: UAL, 1998.

MORISON, Samuel Taylor – "A Hayekian Theory of Social Justice". *In* 1 NYU Journal of Law and Liberty, nº 225, 2005 (disponível em http://law.nyu.edu/ecm_dlv2/groups/public/@nyu_law_website__journals__journal_of_law_ and_liberty/documents/documents/ecm_pro_060892.pdf último acesso em 22.01.2013).

Mounier, Emmanuel – *O Personalismo*. Coimbra: Ariadne Editora, 2004.

Moschetti, F., Lorenzon, G., Schiavolin, R. e Tosi, L. – *La Capacità Contributiva*. Milão – Cedam, 1993.

Mossner, Ernest Campbell e Ross, Ian Simpson (ed.) – *The Correspondence of Adam Smith*. Oxford: Clarendon Press, 1977.

Musgrave, Richard A. – *The Theory of Public Finance*. New York: Mcgraw-Hill Book Company, 1959.

Musgrave, Richard A. e Musgrave, Peggy B. – *Public Finance in Theory and Practice*. New York: McGraw-Hill Book and Company, 1989.

Nabais, Casalta – *Os direitos fundamentais na jurisprudência do Tribunal Constitucional*. Separata do Boletim da Faculdade de Direito de Coimbra, 1990.

Nabais, Casalta – *Direito Fiscal*. Coimbra: Almedina, 2005.

Nabais, Casalta – "A face oculta dos direitos fundamentais; os deveres e os custos dos direitos fundamentais: os deveres e os custos dos direitos". *In Por uma liberdade com responsabilidade*. Coimbra: Coimbra Editora, 2007

Nabais, Casalta – *Reflexões sobre quem paga a conta do Estado Social*. In Ciência e Técnica Fiscal, Janeiro – Junho, 2008, nº 421, pp. 7-46.

Nemo, Philippe e Petitot, Jean – *Histoire du libéralisme en Europe*. Paris: PUF, 2006.

Nogueira, Sónia Paula da Silva e Ribeiro, Nuno Adriano Batista – *Divergências entre Contabilidade Pública e Contabilidade Nacional: Análise às Contas da Administração Pública Portuguesa*. (2007) In http://dialnet.unirioja.es/servlet/fichero_articulo?codigo=2233239&orden=75136 último acesso em 19.07.2011).

Novais, Jorge Reis – *Restrições aos direitos fundamentais não expressamente autorizadas pela Constituição*. Coimbra: Coimbra Editora, 2003.

Novais, Jorge Reis – *Os princípios estruturantes da República Portuguesa*. Coimbra: Coimbra Editora, 2004.

Novais, Jorge Reis – *Direitos Fundamentais – Trunfos contra a maioria*. Coimbra: Coimbra Editora, 2006.

Novais, Jorge Reis – *Direitos Sociais*. Coimbra: Coimbra Editora, 2010.

Nozick, Robert – *Anarchy, State and Utopia*. Oxford: Blackwell Publishing, 2006.

Nunes, A. Colaço – "Interesse público, proporcionalidade e mérito: relevância e autonomia processual da proporcionalidade". *In Estudos em Homenagem à Professora Doutora Isabel de Magalhães Collaço*, vol. II. Coimbra: Almedina, 2002.

Nunes, A. J. Avelãs – *O keynesianismo e a contra-revolução monetarista*. Coimbra: Coimbra Editora, 1991.

Nunes, Ana Bela e Valério, Nuno – *As finanças públicas no parlamento português – estudos preliminares*, Lisboa: Edições Afrontamento, 2001.

Nunes, Elisa Rangel – *Lições de Finanças Públicas e de Direito Financeiro*. Viseu: Anistia Edições, Lda, 2007.

Nussbaum, Martha – *Women and Human Development – The Capabilities Approach*. Cambridge: Cambridge University Press, 2000.

Nussbaum, Martha – "Capabilities as Fundamental Entitlements: Sen and Social Justice". In Feminist Economics 9 (2-3), 2003, pp. 33-59.

Observatório do QREN – "A Política de Coesão até 2007" – http://www.observatorio.pt/item1.php?lang=0&id_channel=18&id_page=13 último acesso em 13.07.2011)

OCDE – "Integrity in Public Procurement", 2007 (disponível em http://www.oecd.org/development/effectiveness/38588964.pdf).

OCDE – "Principles for Integrity in Public Procurement", 2009 (disponível em http://www.oecd.org/gov/ethics/48994520.pdf).

OCDE – "Social spending during the crisis", 2012 (disponível em http://www.oecd.org/els/soc/OECD2012SocialSpendingDuringTheCrisis8pages.pdf último acesso em 20.04.2013)

OLIVEIRA, M. Esteves de, GONÇALVES, P. Costa E AMORIM, J. Pacheco – *Comentário ao Código de Procedimento Administrativo*. Coimbra: Almedina,1997.

OÑA, Fernando Vallespín – *Nuevas teorías del Contrato Social*. Madrid: Alianza Editorial, 1985.

ORR, Daniel – "Book Review: "The Limits of liberty: between anarchy and Leviathan". *In* Jounal of Economic Literature, 2001, pp. 463-464.

OTERO, Paulo – *O Poder de Substituição em Direito Administrativo, Enquadramento Dogmático-Constitucional*, vol. II. Lisboa: Lex, 1995.

OTERO, Paulo – *Vinculação e Liberdade de conformação jurídica do sector empresarial do Estado*. Coimbra: Coimbra Editora, 1998.

OTERO, Paulo – *Legalidade e Administração Pública*. Coimbra: Almedina, 2003.

OTERO, Paulo – *Instituições Políticas e Constitucionais* (vol. I). Coimbra: Almedina. 2009.

OTT, Jan – "Level and Equality of Happiness in nations: Does Happiness of a greater number imply greater inequality of happiness?". *In* Journal of Happiness Studies, special issue on Inequality of Happiness in nations, 6, pp. 397-420.

PAINE, Thomas – *The Rights of Man*. South Australia: The University of Adelaide, 2012 (versão e-book – disponível em http://ebooks.adelaide.edu.au/p/paine/thomas/p147r/index.html último acesso em 20.06.2013).

PALMA, Clotilde Celorico – "Da evolução do conceito de capacidade contributiva". *In* Ciência e Técnica Fiscal, Abril-Junho 2001, nº 402, pp. 109-145.

PARIJS, Philippe Van – "Why surfers should be fed: the liberal case for an unconditional basic income". *In* Philosophy and Public Affairs, nº 20, 1991, pp. 101-131.

PARIJS, P. Van – "Competing justifications of basic income". *In* PARIJS, P. Van (ed.) – *Introduction to Arguing for Basic Income*. London: Verso, 1992, 3-43 (disponível em versão PDF em https://www.uclouvain.be/cps/ucl/doc/etes/documents/1992.Verso_-_Intro__Competing_.final.pdf).

PARIJS, Philippe Van – *Real Freedom for All*. Oxford: Oxford University Pressm 1995.

PASSMORE, John – *Man's Responsibility for Nature*. London: Duckworth, 1974.

PANCRAZI, Laurent – *Le principe de sincerité budgétaire*. Paris: L'Harmattan, 2012.

PAULA, Ana Paula Paes de – *Por uma nova gestão pública: limites e potencialidades da experiência contemporânea*. Rio de Janeiro: FGV Editora, 2007.

PAULO VI – *Gaudium et Spes* (1965) (disponível em www.vatican.va).

PAULO VI – *Populorum Progressio* (1967) (disponível em www.vatican.va).

PAULO VI – *Octogesima Adveniens* (1971) (disponível em www.vatican.va).

PEART, Sandra J. e LEVY, David M. – "Discussion, construction and evolution: Mill, Buchanan and Hayek on the constitutional order". *In* Constitutional Political Economy, 2008, nº 19, pp. 3-18.

PECH, Laurent – "Le remède au gouvernement des juges: le *judicial self restraint*?". *In* CENTRE DE RECHERCHE DE DROIT

Constitutionnel – *Gouvernement des juges et démocratie*. Paris: Publications de la Sorbonne, 2001, pp. 63-113.

Pereira, Paulo Trigo, Afonso, António, Arcanjo, Manuela e Santos, José Carlos Gomes – *Economia e Finanças Públicas*. Lisboa: Escolar Editora, 2005.

Perogordo, Bayona de, e Roch, Soler, – *Derecho Financiero*, Vol. I. Alicante: Librería Compás, 1989.

Perroux, François – *Ensaio sobre a Filosofia do Novo Desenvolvimento*. Lisboa: Fundação Calouste Gulbenkian, 1981.

Petsoulas, Christina – *Hayek's Liberalism and Its Origins: His Idea of Spontaneous Order and the Scottish Enlightenment*. London: Routledge, 2001.

Piçarra, Nuno – *A Reserva de Administração*. Separata da Revista "O Direito", ano 122, 1990 (II, III, IV).

Pigou – *The Economics of Welfare*. London: Macmillan an Co., 1932.

Pillay, Navanethem – "The rights to health: from rhetoric to reality". *In* www.thelancet.com, vol. 372, pp. 2005-2006.

Pio IX – *Qui pluribus* (1846) (disponível em www.vatican.va).

Pio XI – *Miserentissimus Redemptor* (1928) (disponível em www.vatican.va).

Pio XI – *Quadragesimo anno* (1931) (disponível em www.vatican.va).

Pio XI – *Caritate Christi* (1932) (disponível em www.vatican.va).

Pio XI – *Acerba animi* (1932) (disponível em www.vatican.va).

Pio XI – *Dilectissima Nobis* (1933) (disponível em www.vatican.va).

Pio XI – *Divini Redemptoris* (1937) (disponível em www.vatican.va).

Pizzorusso, Alessandro – *Giudizio "a quo" e promovimento del proceso costituzionale – Atti del Seminário svoltosi in Roma Palazzo della Consulta nei giorni 13 e 14 1989*. Milano: Giuffrè, 1990.

PNUD (Programa das Nações Unidas para o Desenvolvimento) – Human Development Report 1991 (disponível em http://hdr.undp.org).

PNUD (Programa das Nações Unidas para o Desenvolvimento) – Human Development Report 1996 (disponível em http://hdr.undp.org).

PNUD (Programa das Nações Unidas para o Desenvolvimento) – Human Development Report 1997 (disponível em http://hdr.undp.org).

PNUD (Programa das Nações Unidas para o Desenvolvimento) – Human Development Report 1998 (disponível em http://hdr.undp.org).

PNUD (Programa das Nações Unidas para o Desenvolvimento) – Human Development Report 2000 (disponível em http://hdr.undp.org).

PNUD (Programa das Nações Unidas para o Desenvolvimento) – Human Development Report 2005 (disponível em http://hdr.undp.org).

PNUD (Programa das Nações Unidas para o Desenvolvimento) – Human Development Report 2006 (disponível em http://hdr.undp.org).

PNUD (Programa das Nações Unidas para o Desenvolvimento) – Human Development Report 2007/2008 (disponível em http://hdr.undp.org).

PNUD (Programa das Nações Unidas para o Desenvolvimento) – Human Development Report 2009 (disponível em http://hdr.undp.org).

PNUD (Programa das Nações Unidas para o Desenvolvimento) – Human Development Report 2010 (disponível em http://hdr.undp.org).

PNUD (Programa das Nações Unidas para o Desenvolvimento) – Human Development Report 2011 (disponível em http://hdr.undp.org).

PNUD (Programa das Nações Unidas para o Desenvolvimento) – Human Development Report 2013 (disponível em http://hdr.undp.org).

PNUD (Programa das Nações Unidas para o Desenvolvimento) – Human Development Report 2014 (disponível em http://hdr.undp.org).

PORTO, Manuel – *O Orçamento da União Europeia*. Coimbra: Almedina, 2006.

POPPER, Karl – *The Open Society and Its Enemies. Volume One: The Spell of Plato*. London: Routledge, 2003.

PRAÇA, José Joaquim Lopes – *Direito Constitucional Portuguez – Estudos sbre a Carta Constitucional de 1826 e Acto Adicional de 1852* (vol. I.) Coimbra: Imprensa Literária, 1878 (edição facsimilada publicada no Boletim da Faculdade de Direito da Universidade de Coimbra em 1997).

PRAELI, Francisco José Eguiguren – "Las sentencias interpretativas o "manipulativas" y su utilización por el Tribunal Constitucional Peruano". *In* La Ciência del Derecho Procesal Constitucional – Estúdios en homenaje a Héctor Fix-Zamudio en sus cinquenta años como investigador del derecho. México: Marcial Pons, 2008.

PRÉLOT, Marcel e LESCUYER, Georges – *História das Ideias Políticas*. Lisboa: Editorial Presença, vol. I 2000 e Vol. II 2001.

PRIETO, Luis María Cazorla – *Derecho Financiero y Tributario (Parte General)*. Navarra: Aranzadi, 2006.

PUFENDORF, Samuel – *The Two Books on the Duty of Man and Citizen According to the Natural Law*. New York/London: Oceana Publications, 1964 (disponível em http://www.constitution.org/puf/puf-dut.htm último acesso em 20.08.2009)

PUFENDORF, Samuel – *La Loi de la nature et des gens*. Basle: E. Thourneisen, 1750.

PUFENDORF, Samuel – *The political writings of Samuel Pufendorf*. Oxford: University Press, 1994.

QUEIROZ, Cristina – "O plano na ordem jurídica". *In* Revista da Faculdade de Direito da Universidade de Lisboa, vol. XXX (1989).

QUENTAL, Antero de – "Causas de Decadência dos Povos Peninsulares nos Últimos Três Séculos". Discurso proferido em 27 de Maio de 1871, durante a 1ª sessão das Conferências Democráticas do Casino Lisbonense (disponível em http://aulaportuguesonline.no.sapo.pt/causas.htm último acesso em 20.07.2013).

RAWLS, John – *Uma teoria da Justiça*. Lisboa: Editorial Presença, 2001.

RAWLS, John – *Political Liberalism*. Columbia: Columbia University Press Edition, 2005.

RAWLS, John – *Palestras sobre a História da Filosofia Política*. Lisboa: Instituto Piaget, 2013.

REBELO, Marta – "O sistema europeu de contas nacionais e regionais (SEC 95) como limite à iniciativa económica pública". In Revista do Tribunal de Contas, nº 39 – Janeiro/Junho, 2003.

REGAN, Tom e SINGER, Peter (eds.), Animal Rights and Human Obligations, New Jersey, 1989, pp. 148-162 (excertos disponíveis em www.utilitarianism.net/singer/ último acesso em 20.09. 2013).

RIALS, Stéphane – *Le juge administratif et la technique du standard*. Paris: Librairie Générale de Droit et Jurisprudence, 1980.

RIBEIRO, Gonçalo Almeida e COUTINHO, Luís Pereira (org.) – *O Tribunal Constitucional e a Crise*. Coimbra: Almedina, 2014.

RIBEIRO, J. J. Teixeira – "O abandono do equilíbrio do orçamento ordinário". *In* Boletim de Ciências Económicas, vol. XIX, 1976, pp. 49-62.

Ribeiro, J. J. Teixeira – *Lições de Finanças Públicas*. Coimbra: Coimbra Editora, 1997.

Ribeiro, Jorge Humberto Vaz e Pascoal, Telmo Manuel Rebola – "Contabilidade de gestão no setor público administrativo português. Evolução histórica recente" (Comunicação apresentada no I encontro iberoamericano de contabilidade de gestão, em Valência, Nov. 2000) (disponível em www.observatorio-iberoamericano.org último acesso em 12.02.2008).

Ricardo, David – *On the Principles of Political Economy and Taxation*. Ontario: Batoche Books, 2001 (com o texto da 3ª edição de 1821 da John Murray, Londres).

Rimlinger – "Smith and the Merits of the Poor". *In* Wood, John Cunningham (ed.) – Adam Smith Critical Assessements (vol. IV). London: Croom Helm, 1983.

Roach, Paul – "Bentham's utilitarism in Victorian England", s.d. http://jeromekahn123.tripod.com/utilitarianismtheethicaltheoryforalltimes/id30.html último acesso em 12.03.2009.

Rocha, Joaquim Manuel Freitas – "As modernas exigências do princípio da capacidade contributiva". *In* Ciência e Técnica Fiscal, Abril-Junho de 1998, nº 390.

Rodrigues, António dos Reis – *Sobre o uso da riqueza: do destino universal dos bens*. Lisboa: Principia, 2004.

Rosas, João Cardoso – *Concepções da Justiça*. Lisboa: Edições 70, 2011.

Rosas, João Cardoso – *Futuro Indefinido – Ensaios de Filosofia Política*. Famalicão: Edições Húmus, 2012.

Rousseau, Jean-Jacques – *Discours sur l'origine et les fondements de l'inegalité parmi les hommes*. Amesterdão: Marc Michel Rey, 1755.

Rousseau, Jean-Jacques – *The Social Contract and discourses*. London: J. M. Dent & Sons, 1913.

Rousseau, Jean-Jacques – *Émile, ou de l'Éducation*. *In* Jean-Jacques Rousseau – Collection Complete des Oeuvres de Rousseau, tomo VII. Genebra, 1782.

Rothbard, Murray N. – *Algunas Teorias Alternativas sobre la Libertad*. Madrid: Unión Editorial, 1995 (disponível em http://www.eumed.net/cursecon/textos/Rothbard_libertad.pdf).

Sá, Isabel dos Guimarães e Lopes, Maria Antónia – "História Breve das Misericórdias Portuguesas (1498-2000)". Apresentação feita na International Conference "O Combate à Pobreza e à Exclusão Social: estratégias para o século XXI" – e-GEO Lisbon City Hall, 15 e 16 de Março de 2007 (disponível em http://academia.edu/346697/Historia_Breve_das_Misericordias_Portuguesas_1498-2000 último acesso em 20.07.2013).

Sanches, J. L. Saldanha – *Justiça Fiscal*. Lisboa: FFMS, 2010.

Sanchez, Manuel Gonzalez – *Situación y protección jurídica del ciudadano frente al gasto público*. Salamanca: Departamento de Derecho Financiero y Tributário de la Universidad de Salamanca, 1979.

Sanchìs, Luis Prieto – "Los Derechos sociales y el princípio de igualdad sustancial". *In* Revista del Centro de Estudios Constitucionales, nº 22 (Septiembre – diciembre, 1995), pp. 9-57.

Sandel, Michael – *Liberalism and the Limits of Justice*. Cambridge: Cambridge University Press, 1982.

Santos, António Carlos dos, Gonçalves, Maria Eduarda e Marques, Maria Manuel – *Direito Económico*. Coimbra: Almedina, 2014.

Santos, Jorge Costa – *Bem-estar social e decisão financeira*. Coimbra: Almedina, 1993.

SARLET, Ingo – *A eficácia dos direitos fundamentais*. Porto Alegre, 2009.

SARLET, Ingo e FIGUEIREDO, Mariana Filchtiner – Reserva do possível, mínimo existencial e direito à saúde: algumas aproximações. *In* Revista de Doutrina da 4ª Região, nº 24, 2008 (disponível em http://www.revistadoutrina.trf4.jus.br/index.htm?http://www.revistadoutrina.trf4.jus.br/artigos/edicao024/ingo_mariana.html último acesso 23.07.2014)

SARLET, Ingo Wolfgang e TIMM, Luciano Benetti – *Direitos Fundamentais: orçamento e reserva do possível*. Porto Alegre: Livraria do Advogado, 2008.

SCHMITT, Carl – *La Teoria de la Constitución*. Madrid: Alianza Editorial, 1982.

SCHMITT, Carl – *Théorie de la Constitution*. Paris: PUF, 1993.

SCHROTH, Jorg – Distributive Justice and Welfarism in Utilitarianism. *In* Inquiry, vol. 51, nº 2, Abril, 2008, pp.123-146.

SCHULTZE, Charles L. – "The balanced budget amendment: Needed? Effective? Efficient?". *In* National Tax Journal, vol. 48, nº 3 (Sept. 1995), pp. 317-328.

SEN, Amartya – "Rawls versus Bentham: An Axiomatic Examination of the pure distributive problem". *In* Theory and Decision 4, 1974, pp. 301-309 (disponível em http://download.springer.com/static/pdf/336/art%253A10.1007%252FBF00136651.pdf?auth66=1384955660_eb2175e28f2a3712d4c7f07925b5ac8d&ext=.pdf último acesso em 16.07.2013).

SEN, Amartya – *O desenvolvimento como liberdade*. Lisboa: Gradiva, 2003.

SEN, Amartya – "Capability and well-being". *In* NUSSBAUM, Martha (ed.) – The Quality of Life, 2003 (b) (disponível em www.oxfordscholarship.com).

SEN, Amartya – "Why and how is health a human right?". *In* www.thelancet.com, vol. 372, 13 de Dezembro de 2008.

SEN, Amartya – "The Economist Manifesto". *In* New Statesman, 26 de Abril de 2010, pp. 29 e 30.

SEN, Amartya – "On James Buchanan". *In* Journal of Economic Behavior & Organization, 80, 2011, pp. 367-369.

SEN, Amartya – *A Ideia de Justiça*. Coimbra: Almedina, 2012.

SEN, Amartya e WILLIAMS, Bernard – *Utilitarianism and beyond*. Cambridge: Cambridge University Press, 1982.

SGARBOSSA, Fernando – Do Estado-Providência ao Mercado-Providência: Direitos sob a "reserva do possível" em tempos de globalização neoliberal. Curitiba, 2009, pp. 79 e ss. (disponível em http://dspace.c3sl.ufpr.br:8080/dspace/bitstream/handle/1884/18011/DISSERTACAO%20SGARBOSSA.pdf;jsessionid=7B9C7C3E81DC96A71F2FA6390DE452BB?sequence=1 último acesso em 26.05.2011).

SIDGWICK, Henry – The Methods of Ethics, 2011 (disponível em http://www.earlymoderntexts.com/pdf/sidgmeth.pdf último acesso em 15.05.2013).

SILVA, Jorge Pereira da – *Dever de legislar e protecção jurisdicional contra omissões legislativas*. Lisboa: UCP Editora, 2003.

SILVA, Jorge Pereira da – "Breve ensaio sobre a protecção constitucional dos direitos das gerações futuras". *In* Em Homenagem ao Professor Doutor Diogo Freitas do Amaral. Coimbra: Almedina, 2010 p. 459 e ss.

SILVA, Jorge Pereira da – *Deveres do Estado de Protecção dos Direitos Fundamentais*, 2014 (versão pdf, disponibilizada pelo autor).

SILVA, Moacir Marques da – "Auditoria de gestão: o desempenho de actividade pública sob o enfoque da economia, eficiência e eficácia". *In* Revista do Tribunal de Contas do Município de S. Paulo, ano II, nº 6, Junho 2000, pp. 46-49.

SILVA, Vasco Pereira da – *Para um contencioso administrativo dos particulares: esboço de uma teoria subjectivista do recurso directo de anulação*. Coimbra: Almedina, 1989.

SILVA, Vasco Pereira da – *A Cultura a que Tenho Direito – Direitos Fundamentais e Cultura*. Coimbra: Almedina, 2007.

SILVEIRO, Fernando Xarepe – *O Tribunal de Contas, as sociedades comerciais e os dinheiros públicos*. Coimbra: Coimbra Editora, 2003.

SINGER, Peter – "The Triviality of the Debate Over 'Is-Ought' and the Definition of 'Moral' ". *In* American Philosophical Quarterly, X, 1, January 1973 (disponível em www.utilitarianism.net/singer/).

SINGER, Peter – Practical Ethics, Cambridge, 1979, chap. 3 (excertos disponíveis em www.utilitarianism.net/singer/).

SINGER, Peter – Practical Ethics, Cambridge, 1993, pp. 175-217 (excertos disponíveis em www.utilitarianism.net/singer/).

SINGER, Peter (ed) – In Defense of Animals New York: Basil Blackwell, 1985, pp. 1-10 (excertos disponíveis em www.utilitarianism.net/singer/).

SINGER, Peter – "The Escalator of Reason". *In* How are we to live? New York, 1995 (excertos disponíveis em www.utilitarianism.net/singer/).

SINGER, Peter – Ethics into Action, Oxford, 1998 (excertos disponíveis em www.utilitarianism.net/singer/).

SINGER, Peter – "Living High and Letting Die". *In* Philosophy and Phenomenological Reseach, vol. 59, nº 1, Março 1999, pp. 183-187.

SINGER, Peter – *Um Só Mundo. A ética da globalização*. Lisboa: Gradiva, 2004.

SINGER, Peter – "Homosexuality is not immoral". *In* Project Syndicate, 2006 (excertos disponíveis em www.utilitarianism.net/singer/).

SINGER, Peter – "Famine, Affluence, and Morality", 1972 (disponível em http://www.utilitarian.net/singer/by/1972----.htm 08.10.2008 14:00).

SORACE, Domenico – "Note in tema di sentenze della Corte Costituzionale che importano nuove o maggiori spese e art. 81 Cost.". *In* Stato ed economia. Scritti in ricordo di Donatelo Serrani. Milano: Giuffrè, 1984, pp. 233 e ss.

SOUSA, A. Rebelo de e MARTINS, G. Oliveira – *Democracia Incompleta*. Lisboa: Fundação Oliveira Martins, 1978.

SOUSA, António Rebelo de – *Manual de Economia do Desenvolvimento*. Lisboa: Instituto Superior de Ciências Sociais e Politicas, 2009.

SOUSA, Marcelo Rebelo de – "10 questões sobre a Constituição, o Orçamento e o Plano". In Miranda, Jorge (org.) – Nos Dez Anos da Constituição. Lisboa: Imprensa Nacional Casa da Moeda, 1986, pp. 113-141.

SOUSA, Marcelo Rebelo de e MATOS, André Salgado de – *Direito Administrativo Geral* (tomo III). Alfragide: D.Quixote, 2010.

SOUSA, Virgínia Maria Granate Costa e – *Sistema Europeu de Contas*. Porto: VidaEconómica, 2011.

SMART, J. J. C. – *An outline of system of utiliarian ethics*. Melbourne University Press, 1961 (disponível em http://www.utilitarianism.net/smart.pdf).

SMART, R. N. – "Negative utilitarianism". *In* Mind, Vol. 67, nº 268, Oct., 1958, pp. 542-543 (disponível em http://www.utilitarianism.com/rnsmart-negutil.html)

SMITH, Adam – *Riqueza das Nações*. Lisboa: Fundação Calouste Gulbenkian, 2006.

SMITH, Adam – *The Theory of Moral Sentiments*. Oxford: Clarendon Press, 1976.

SMITH, Adam – *Lectures on Jurisprudence*. Indianapolis: Liberty Fund, 1982 (reprodução fotográfica da edição de 1978 publicada pela Oxford University Press).

SMITH, M. K. – "William Goodwin and informal education". *In* The Encyclopaedia of Informal Education, 1998 – http://www.infed.org/thinkers/et-good.htm 16.03.2009 16:24.

SOARES, Rogério – *Princípio da legalidade e Administração constitutiva*. In Boletim da Faculdade de Direito de Coimbra, LVII (1981), p. 169 e ss.

SOUSA, Domingos Pereira de – *Finanças Públicas*. Lisboa: Universidade Técnica de Lisboa, 1992.

SOUSA, Marcelo Rebelo de – *Lições de Direito Administrativo*, vol. I. Lisboa: Lex, 1999.

SOUZA, Marnoco e – *Constituição Politica da Republica Portuguêsa – Commentario*. Coimbra: F. França Amado, Editor, 1913.

SPANNEUT, Michel – *Os padres da Igreja – séc. IV-VIII*. S. Paulo: Ed. Loyola, 2002.

SPENCER, Herbert – *Social Statics*. Indianápolis: Liberty Fund, 2009 (a partir da edição de 1951 de John Chapman, Londres).

SPENCER, Herbert – *The Man versus the State, with Six Essays on Governement, Society and Freedom*. Indianápolis: Liberty Fund, 2009 (a partir da edição de 1981 da Liberty Classics de Indianápolis).

STERN, Klaus – *Das Staatsrecht der Bundesrepublik Deutschland*, vol. III/1, Munchen: C.H. Beck, 1988.

TANZI, Vito e SCHUKNECHT, Ludger – *Public Spending in the 20th Century*. Cambridge: Cambridge University Press, 2000.

TAVARES, José F. F., e MAGALHÃES, Lídio de – *Tribunal de Contas – Legislação anotada*. Coimbra: Almedina, 1990.

TAVARES, José F. F. – *O Tribunal de Contas – Do visto prévio em especial*. Coimbra: Almedina, 1998.

TAVARES, José F. F. – *Estudos de Administração e Finanças Públicas*. Coimbra: Almedina, 2004.

TAVARES, José F. F. – "Extensão e limites dos poderes do Tribunal de Contas". *In* Cadernos de Justiça Administrativa, nº 71, 2008.

TAVARES, José F. F. – "O Tribunal de Contas – Jurisdição, atribuições e competência". *In* Estudos de Administração e Finanças Públicas. Coimbra: Almedina, 2014.

TELES, Miguel Galvão – *Direito Constitucional*, sumários desenvolvidos, Lisboa, 1970,

TEIXEIRA, Sabino – "Conta do Estado". *In* Dicionário Jurídico de Administração Pública, 2º vol., 1990.

TER-MINASSIAN, Teresa – "Fiscal Rules for Subnational Governments: Can they promote Fiscal Discipline?". *In* OECD Journal on Budgeting, vol. 6, nº 3, 2007.

TOBIN, James – "On limiting th domain of inequality". *In* Journal of Law and Economics, vol. 13, nº 2 (Oct. 1970), pp. 263-277.

TORRES, Maria do Rosário – "Controlo e Avaliação – Instrumentos Indispensáveis numa Administração Pública Moderna". *In* Revista do Tribunal de Contas, nº 26, Jul./Dez. 1996.

TORRES, Ricardo Lobo – "O Mínimo existencial e os Direitos Fundamentais". *In* Revista de Direito Processual Geral, Rio de Janeiro, nº 42, 1990, pp. 69-78.

TORRES, Ricardo Lobo – *O direito ao mínimo existencial*. Rio de Janeiro: Renovar, 2009.

TOSEL, André – *Kant Révolutionnaire*. Paris: PUF, 1990.

TRIBUNAL CONSTITUCIONAL – "O Princípio da Dignidade da Pessoa Humana na Jurisprudência Constitucional" (relatório da delegação portuguesa), 2007 (disponível em http://www.scribd.com/doc/60158880/O-Principio-da--Dignidade-da-Pessoa-Humana-na--Jurisprudencia-Constitucional último acesso em 18.09.2012).

Tribunal Constitucional – *35º Aniversário da Constituição de 1976* (1º volume). Coimbra: Coimbra Editora, 2012.

Tribunal de Contas – "Acompanhamento da situação económico-financeira do SNS", 2007.

Tribunal de Contas – "Manual de Auditoria e Procedimentos", vol. I (disponível em www.tcontas.pt último acesso em 11.01.2008).

Truninger, Mónica, Teixeira, José, Horta, Ana, Alexandre, Sílvia e Silva, Vanda A. da – "Estado Social e alimentação escolar: alimentação na austeridade". *In* Fórum Sociológico, nº 23, 2013, pp. 11-19.

Tucker, Josiah – *A brief essay on the advantages and disadvantages which respectively attend France and Great Britain, with regard to trade*. Londres: T. Trye, 1753.

Unger, Peter K. – *Living High and Letting Die: Our Illusion of Innocence*. Oxford: Oxford Press University, 1996.

Vale, Luís Meneses do – "A Jurisprudência do Tribunal Constitucional sobre o acesso às prestações concretizadoras do direito à protecção da saúde: alguns momentos fundamentais". *In* Jurisprudência Constitucional, nº 12, Outubro-Dezembro de 2006, pp. 12-47.

Vaz, Manuel Afonso – *Lei e Reserva de Lei*. Porto: Universidade Católica Portuguesa, 1992.

Vaz, Manuel Afonso – "O Enquadramento jurídico-constitucional dos "Direitos Económicos, Sociais e Culturais„". *In* Juris et de Jure. Porto: UCP Editora, 1998.

Veenhoven, Ruut – "Is happiness a trait? Tests of the Theory that a Better Society does not Make People any Happier". *In* Social Indicators Research nº 32, 1994, pp. 101-160.

Vieira, Mónica Brito e Silva, Filipe Carreira da – *O Momento Constituinte – Os Direitos Sociais na Constituição*. Coimbra: Almedina, 2010.

Vieira, Renato Paulo Marinhelane de Campos – "A adopção do POCP nos Serviços e Fundos Autónomos: revolução ou harmonização?" Coimbra, 2008 (disponível em https://estudogeral.sib.uc.pt/bitstream/10316/11408/1/Dissertacao_POCP_Renato_de_Campos_Vieira.pdf)

Waldron, Jeremy – "The Core of the Case Against Judicial Review". *In* The Yale Law Journal, nº 115, 2006, pp. 1346-1406.

Walzer, Michael – As esferas da justiça. Lisboa: Editorial Presença, 1999.

West, Edwin G. – "Liberty and Education". *In* The Journal of the Royal Institute of Philosophy, April 1965 (disponível em http://www.ncl.ac.uk/egwest/pdfs/liberty.pdf último acesso em 16.03.2009).

Wilson, Thomas e Skinner, Andrew– The Market and the State. Oxford: Clarendon Press, 1976.

Wolff, Martin – *Reichverfassung und Eigentum*. Tubinga: Verlag von J. C. Mohr (Paul Siebeck), 1923.

Wolff, Robert Paul – *Para Comprender a Rawls – una reconstrucción y una critica de la teoria de la justicia*. Mexico: Fondo de Cultura Economica, 1977.

Wood, John Cunningham (ed.) – *Adam Smith Critical Assessments* (vols. I, II, III e IV). London: Croom Helm, 1983.

Woodard, Christopher – "Classifying Theories of Welfare". *In* Philos Stud (2013), 165, pp. 787-803.

Zagrebelsky, Gustavo – *El derecho dúctil. Ley, derechos, justicia*. Madrid: Editorial Trotta, 2011.

Zippelius, Reinhold – *Teoria Geral do Estado*. Lisboa: FCG, 1997.

JURISPRUDÊNCIA CITADA

Jurisprudência Constitucional:
- Parecer da Comissão Constitucional nº 17/82
- Parecer da Comissão Constitucional nº 35/82.
- Acórdão do Tribunal Constitucional nº 39/84.
- Acórdão do Tribunal Constitucional nº 25/85.
- Acórdão do Tribunal Constitucional nº 92/85.
- Acórdão do Tribunal Constitucional nº 135/85.
- Acórdão do Tribunal Constitucional nº 81/86.
- Acórdão do Tribunal Constitucional nº 82/86.
- Acórdão do Tribunal Constitucional nº 317/86.
- Acórdão do Tribunal Constitucional nº 71/87.
- Acórdão do Tribunal Constitucional nº 205/87.
- Acórdão do Tribunal Constitucional nº 423/87.
- Acórdão do Tribunal Constitucional nº 461/87.
- Acórdão do Tribunal Constitucional nº 186/88.
- Acórdão do Tribunal Constitucional nº 267/88.
- Acórdão do Tribunal Constitucional nº 330/89.
- Acórdão do Tribunal Constitucional nº 105/90.
- Acórdão do Tribunal Constitucional nº 287/90.
- Acórdão do Tribunal Constitucional nº 303/90.
- Acórdão do Tribunal Constitucional nº 232/91.
- Acórdão do Tribunal Constitucional nº 349/91.
- Acórdão do Tribunal Constitucional nº 101/92.
- Acórdão do Tribunal Constitucional nº 130/92.
- Acórdão do Tribunal Constitucional nº 131/92.
- Acórdão do Tribunal Constitucional nº 358/92.
- Acórdão do Tribunal Constitucional nº 411/93.
- Acórdão do Tribunal Constitucional nº 444/93.
- Acórdão do Tribunal Constitucional nº 148/94.
- Acórdão do Tribunal Constitucional nº 130/95.
- Acórdão do Tribunal Constitucional nº 156/95.

- Acórdão do Tribunal Constitucional nº 637/95.
- Acórdão do Tribunal Constitucional nº 731/95.
- Acórdão do Tribunal Constitucional nº 786/96.
- Acórdão do Tribunal Constitucional nº 1/97.
- Acórdão do Tribunal Constitucional nº 32/97.
- Acórdão do Tribunal Constitucional nº 624/97.
- Acórdão do Tribunal Constitucional nº 24/98.
- Acórdão do Tribunal Constitucional nº 222/98.
- Acórdão do Tribunal Constitucional nº 162/99.
- Acórdão do Tribunal Constitucional nº 318/99.
- Acórdão do Tribunal Constitucional nº 457/99.
- Acórdão do Tribunal Constitucional nº 508/99.
- Acórdão do Tribunal Constitucional nº 680/99.
- Acórdão do Tribunal Constitucional nº 24/2000.
- Acórdão do Tribunal Constitucional nº 532/2000.
- Acórdão do Tribunal Constitucional nº 304/2001.
- Acórdão do Tribunal Constitucional nº 465/2001.
- Acórdão do Tribunal Constitucional nº 62/2002.
- Acórdão do Tribunal Constitucional nº 141/2002.
- Acórdão do Tribunal Constitucional nº 177/2002.
- Acórdão do Tribunal Constitucional nº 472/2002.
- Acórdão do Tribunal Constitucional nº 509/2002.
- Acórdão do Tribunal Constitucional nº 4/2003.
- Acórdão do Tribunal Constitucional nº 212/2003.
- Acórdão do Tribunal Constitucional nº 196/2004.
- Acórdão do Tribunal Constitucional nº 303/2004.
- Acórdão do Tribunal Constitucional nº 567/2004.
- Acórdão do Tribunal Constitucional nº 590/2004.
- Acórdão do Tribunal Constitucional nº 685/2004.
- Acórdão do Tribunal Constitucional nº 170/2006.
- Acórdão do Tribunal Constitucional nº 11/2007
- Acórdão do Tribunal Constitucional nº 67/2007.
- Acórdão do Tribunal Constitucional nº 143/2007.
- Acórdão do Tribunal Constitucional nº 406/2007.
- Acórdão do Tribunal Constitucional nº 620/2007.
- Acórdão do Tribunal Constitucional nº 238/2008.
- Acórdão do Tribunal Constitucional nº 346/2008.
- Acórdão do Tribunal Constitucional nº 512/2008.
- Acórdão do Tribunal Constitucional nº 129/2009.
- Acórdão do Tribunal Constitucional nº 221/2009.
- Acórdão do Tribunal Constitucional nº 3/2010.
- Acórdão do Tribunal Constitucional nº 54/2011.
- Acórdão do Tribunal Constitucional nº 214/2011.
- Acórdão do Tribunal Constitucional nº 251/2011.

- Acórdão do Tribunal Constitucional nº 396/2011.
- Acórdão do Tribunal Constitucional n.º 400/2011
- Acórdão do Tribunal Constitucional nº 613/2011.
- Acórdão do Tribunal Constitucional nº 352/2012.
- Acórdão do Tribunal Constitucional nº 353/2012.
- Acórdão do Tribunal Constitucional nº 187/2013.
- Acórdão do Tribunal Constitucional nº 176/2014.
- Acórdão do Tribunal Constitucional nº 202/2014.
- Acórdão do Tribunal Constitucional nº 214/2014.
- Acórdão do Tribunal Constitucional nº 413/2014.
- Acórdão do Tribunal Constitucional nº 481/2014.

Actos do Tribunal de Contas:
- Relatório de Auditoria do Tribunal de Contas nº 8/2009 (2ª S/SS), de 5 de Março – Auditoria Financeira ao Hospital de Curry Cabral.
- Relatório de Auditoria do Tribunal de Contas nº 17/2009 (2ª/PL), de 28 de Maio – Auditoria a Empreendimentos de Obras Públicas por Gestão Directa.
- Relatório de Auditoria do Tribunal de Contas nº 21/2009 (2ª S/SS), de 29 de junho – Auditoria Financeira Hospital de Faro.
- Relatório de Auditoria do Tribunal de Contas nº 26/2009 (2ª S/PL), de 14 de Julho – Concessão do Terminal de Contentores de Alcântara.
- Relatório de Auditoria do Tribunal de Contas nº 43/2009 (2ª S/SS), de 25 de Novembro – Benefícios Fiscais ao Investimento de Natureza Contratual.
- Relatório de Auditoria do Tribunal de Contas nº 2/2001 (2ª S/SS), de 27 de Janeiro – Auditoria ao Município de Lamego.
- Relatório de Auditoria do Tribunal de Contas nº 16/2011 (2ª S/SS), de 6 de Maio – Auditoria aos Transportes Públicos Urbanos nas Cidades de Lisboa e Porto.
- Acórdão do Tribunal de Contas nº 142/94 (1ª secção)
- Acórdão do Tribunal de Contas nº 52/95
- Acórdão do Tribunal de Contas nº 61/95
- Acórdão do Tribunal de Contas nº 57/2011 (1ª S/SS)
- Acórdão do Tribunal de Contas nº 69/2011 (1ºS/SS)
- Acórdão do Tribunal de Contas nº 14/2012 (1S/PL)

Jurisprudência alemã:
- BVerwGE 1, 159, de 24 de Junho de 1954.
- BverfGE 7, 198, de 15 de Janeiro de 1958 (Lüth)
- BVerfGE 33, 303, de 18 de Julho de 1972 (Numerus Clausus I)
- BVerfGE 35, 79, de 29 de Maio de 1973 (Hochschul Urteil)
- BVerfGE 40, 121, de 18 de Junho de 1975 (Waisenrente II)
- BVerfGE 43, 291, de 8 de Fevereiro de 1977 (Numerus Clausus II)
- BVerfGE 82, 60, de 29 de Maio de 1990 (Steuerfreies Existenzminimum).
- BverfGE 88, 203, de 28 de Maio 1993 (Schwangerschaftsabbruch II)
- BVerfGE 125, 175, de 20 de Outubro de 2009 (Hartz IV).

Jurisprudência espanhola:
- STC 134/1987, de 21 de Julho.
- STC 137/1987, de 22 de Julho.
- STC 135/1992, de 5 de Outubro.
- STC 3/2003, de 16 de Janeiro.
- STC 130/2013, de 4 de Junho.

Jurisprudência francesa:
- Decisão do Conselho Constitucional nº 84-184 DC, de 29 de Dezembro de 1984.
- Decisão do Conselho Constitucional nº 89-269 DC, de 22 de Janeiro de 1990.
- Decisão do Conselho Constitucional nº 93-320 DC, de 21 de Junho 1993
- Decisão do Conselho Constitucional nº 94-351 DC, de 29 de Dezembro 1994
- Decisão do Conselho Constitucional nº 99-416 DC, de 23 de Julho de 1999.
- Decisão do Conselho Constitucional nºs 2012-653 DC, de 9 de Agosto de 2012.
- Decisão do Conselho Constitucional nº 2012-658 DC, de 13 de Dezembro de 2012.
- CE, 28 mai 1971 – Ville Nouvelle Est.
- CE, 26 octobre 1973 – Grassin.
- CE, 27 juillet 1979 – Delle Drezel.
- CE, 28 mars 1997 – Autoroute Transchablaisienne.

Jurisprudência Comunitária:
- Acórdão nº 6/64 Costa vs. ENEL (1964).
- Acórdão nº 106/77 Simmenthal SpA (1978).

Jurisprudência do Supremo Tribunal de Nova Jérsia:
- Abbott I, 100 N.J. 269 (July 1985)
- Abbott II, 119 N.J. 287 (June 1990)
- Abbott III, 136 N.J. 444 (July 1994)
- Abbott IV, 149 N.J. 145 (May 1997)
- Abbott V, 153 N.J. 480 (May 1998)
- Abbott VI, 163 N.J. 95 (Mar. 2000)
- Abbott VII, 164 N.J. 84 (May 2000)
- Abbott VIII, 170 N.J. 537 (Feb. 2002)
- Abbott IX, 172 N.J. 294 (June 2002)
- Abbott X, 177 N.J. 578 (June 2003)
- Abbott XI, 177 N.J. 596 (July 2003)
- Abbott XII, 180 N.J. 444 (June 2004)
- Abbott XIII, 182 N.J. 153 (Nov. 2004)
- Abbott XIV, 185 N.J. 612 (Dec. 2005)
- Abbott XV, 187 N.J. 191 (May 2006)
- Abbott XVI, 2006 WL 1388958 (May 2006)
- Abbott XVII, 193 N.J. 34 (May 2007)
- Abbott XVIII, 196 N.J. 451 (Feb. 2008)
- Abbott XIX, 196 N.J. 544 (Nov. 2008)
- Abbott XX, 199 N.J. 140 (May 2009)
- Abbott XXI (May 2011)

ÍNDICE

INTRODUÇÃO   11

PARTE I: A DESPESA PÚBLICA JUSTA DE UM PONTO DE VISTA FILOSÓFICO   15

1. Visão geral do tema: do conceito pré-moderno ao conceito moderno de Justiça distributiva   15
2. Visão analítica dos principais critérios de distribuição de bens   20
   - 2.1. Justiça pré-moderna: o conceito aristotélico-tomista de justiça   20
   - 2.2. Da justiça pré-moderna à moderna ou da benevolência como forma de justiça   25
   - 2.3. Critérios de justiça moderna   57
     - *a)* Justiça moderna: ascensão e declínio   57
     - *b)* Critérios utilitaristas e o Estado de bem-estar   73
     - *c)* Critérios igualitaristas   104
     - *d)* Critérios personalistas   142
     - *e)* Critérios de justiça moderna e finanças públicas   163
   - 2.4. Defesa de uma libertação do Estado das suas tarefas de distribuição de bens: o retorno a uma concepção próxima da pré-moderna   175
     - *a)* Críticas pré-keynesianas   177
     - *b)* Críticas pós-keynesianas   185

PARTE II: A DESPESA PÚBLICA JUSTA DO PONTO DE VISTA DA CONSTITUIÇÃO DA REPÚBLICA PORTUGUESA   225

1. Introdução: a recusa de uma visão meramente apoiada na "técnica do standard"   225
2. A aparente irrelevância do tema da despesa pública justa no texto da Constituição da República Portuguesa   227

    2.1. Da inexistência de um preceito constitucional semelhante
ao artigo 31º, n.º 2, da Constituição Espanhola 227
    2.2. A despesa pública influenciada pela perspectiva jurídico-orçamental 233
3. A pressão existente no sentido de adaptar a Constituição às correntes de libertação do Estado por efeito da recepção dos critérios de convergência 264
    3.1. A consagração dos critérios de convergência 264
    3.2. A afirmação de uma noção contabilística de despesa pública como um dos efeitos da recepção dos critérios de convergência 278
4. Concepção moderna de despesa pública: uma ideia que se afirma no catálogo dos direitos sociais desde a Assembleia Constituinte 287
    4.1. A adesão a uma concepção moderna de despesa pública: o percurso constitucional de um Estado socializante afirmado desde logo pela Assembleia Constituinte a um Estado social de bem-estar 287
    4.2. O Estado português não é um mero supridor das falhas de mercado 296
    4.3. A enunciação dos direitos fundamentais na Constituição como suporte de uma perspectiva material de despesa pública 312
5. A necessidade da afirmação de uma teoria da despesa pública justa com base na ideia de um consenso necessário para evitar injustiças ou iniquidades graves e procurando ir ao encontro do paradigma moderno assumido pela Constituição 335
    5.1. Sobre a necessidade de um conceito de despesa pública justa 335
    5.2. A reserva do possível como elemento central para a compreensão da despesa pública justa 346
6. Limites à actuação da reserva do possível 351
    6.1. A despesa que decorre do reconhecimento da dignidade da pessoa humana: a afirmação de um direito a um mínimo de existência condigna 351
    6.2. Conteúdo mínimo de despesa pública derivado dos direitos, liberdades e garantias e direitos fundamentais de natureza análoga 382
    6.3. Conteúdo mínimo de despesa pública derivado dos direitos económicos, sociais e culturais 392
        a) Considerações gerais 392
        b) Conteúdo mínimo dos direitos económicos, sociais e culturais e proibição do retrocesso 409
    6.4. A despesa pública justa e as sentenças aditivas 430
7. Uma teoria da despesa pública justa tem sempre espaço para a invocação plena da reserva do financeiramente possível 446

CONCLUSÕES 449

BIBLIOGRAFIA CONSULTADA 459